"十三五"国家重点出版物出版规划项目

知识产权经典译丛（第4辑）

国家知识产权局专利复审委员会◎组织编译

国际版权法律与政策

INTERNATIONAL COPYRIGHT LAW AND POLICY

[德] 西尔克·冯·莱温斯基◎著

万　勇◎译

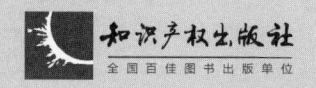

知识产权出版社
全国百佳图书出版单位

图书在版编目（CIP）数据

国际版权法律与政策/（德）西尔克·冯·莱温斯基著；万勇译. —北京：知识产权出版社, 2017.10

（知识产权经典译丛）

书名原文：International Copyright Law and Policy

ISBN 978-7-5130-5228-3

Ⅰ.①国… Ⅱ.①西…②万… Ⅲ.①版权—著作权法—研究 Ⅳ.①D913.04

中国版本图书馆CIP数据核字（2017）第259966号

INTERNATIONAL COPYRIGHT LAW AND POLICY was originally published in English in 2008. This translation is published by arrangement with Oxford University Press. Intellectual Property Publishing House Co., Ltd. is solely responsible for this translation from the original work and Oxford University Press shall have no liability for any errors, omissions or inaccuracies or ambiguities in such translation or for any losses caused by reliance thereon.

© csilke von Lewinski, 2008.

| 责任编辑：齐梓伊　唱学静 | 责任校对：潘凤越 |
| 装帧设计：张　冀 | 责任出版：刘译文 |

知识产权经典译丛

国家知识产权局专利复审委员会组织编译

国际版权法律与政策

［德］西尔克·冯·莱温斯基　著

万　勇　译

出版发行：	知识产权出版社有限责任公司	网　　址：	http://www.ipph.cn
社　　址：	北京市海淀区气象路50号院	邮　　编：	100081
责编电话：	010-82000889转8176	责编邮箱：	qiziyi2004@qq.com
发行电话：	010-82000860转8101/8102	发行传真：	010-82000893/82005070/82000270
印　　刷：	三河市国英印务有限公司	经　　销：	各大网上书店、新华书店及相关专业书店
开　　本：	720mm×1000mm　1/16	印　　张：	34
版　　次：	2017年10月第1版	印　　次：	2017年10月第1次印刷
字　　数：	620千字	定　　价：	148.00元

ISBN 978-7-5130-5228-3

京权图字：01-2017-6795

出版权专有　侵权必究

如有印装质量问题，本社负责调换。

序

当今世界,经济全球化不断深入,知识经济方兴未艾,创新已然成为引领经济发展和推动社会进步的重要力量,发挥着越来越关键的作用。知识产权作为激励创新的基本保障,发展的重要资源和竞争力的核心要素,受到各方越来越多的重视。

现代知识产权制度发端于西方,迄今已有几百年的历史。在这几百年的发展历程中,西方不仅构筑了坚实的理论基础,也积累了丰富的实践经验。与国外相比,知识产权制度在我国则起步较晚,直到改革开放以后才得以正式建立。尽管过去三十多年,我国知识产权事业取得了举世公认的巨大成就,已成为一个名副其实的知识产权大国。但必须清醒地看到,无论是在知识产权理论构建上,还是在实践探索上,我们与发达国家相比都存在不小的差距,需要我们为之继续付出不懈的努力和探索。

长期以来,党中央、国务院高度重视知识产权工作,特别是十八大以来,更是将知识产权工作提到了前所未有的高度,做出了一系列重大部署,确立了全新的发展目标。强调要让知识产权制度成为激励创新的基本保障,要深入实施知识产权战略,加强知识产权运用和保护,加快建设知识产权强国。结合近年来的实践和探索,我们也凝练提出了"中国特色、世界水平"的知识产权强国建设目标定位,明确了"点线面结合、局省市联动、国内外统筹"的知识产权强国建设总体思路,奋力开启了知识产权强国建设的新征程。当然,我们也深刻地认识到,建设知识产权强国对我们而言不是一件简单的事情,它既是一个理论创新,也是一个实践创新,需要秉持开放态度,积极借鉴国外成功经验和做法,实现自身更好更快的发展。

自2011年起,国家知识产权局专利复审委员会携手知识产权出版社,每年有计划地从国外遴选一批知识产权经典著作,组织翻译出版了《知识产权经典译丛》。这些译著中既有涉及知识产权工作者所关注和研究的法律和理论问题,也有各个国家知识产权方面的实践经验总结,包括知识产权案件的经典判例等,具有很高的参考价值。这项工作的开展,为我们学习借鉴各国知识产权的经验做法，了解知识产权的发展历程，提供了有力支撑，受到了业界的广泛好评。如今，我们进入了建设知识产权强国新的发展阶段，这一工作的现实意义更加凸显。衷心希望专利复审委员会和知识产权出版社强强合作，各展所长，继续把这项工作做下去，并争取做得越来越好，使知识产权经典著作的翻译更加全面、更加深入、更加系统，也更有针对性、时效性和可借鉴性，促进我国的知识产权理论研究与实践探索，为知识产权强国建设做出新的更大的贡献。

当然，在翻译介绍国外知识产权经典著作的同时，也希望能够将我们国家在知识产权领域的理论研究成果和实践探索经验及时翻译推介出去，促进双向交流，努力为世界知识产权制度的发展与进步做出我们的贡献，让世界知识产权领域有越来越多的中国声音，这也是我们建设知识产权强国一个题中应有之意。

2015 年 11 月

《知识产权经典译丛》编审委员会

主　任　申长雨

副主任　张茂于

编　审　葛　树　　诸敏刚

编　委　（按姓氏笔画为序）

马　昊　　王润贵　　石　竞　　卢海鹰

朱仁秀　　任晓兰　　刘　铭　　汤腊冬

李　琳　　李　越　　杨克非　　高胜华

温丽萍　　樊晓东

作译者简介

西尔克·冯·莱温斯基（Silke von Lewinski），德国马克斯-普朗克创新与竞争研究所资深研究员，国际与欧洲版权法部负责人，柏林自由大学法学博士。美国新罕布什尔大学富兰克林·皮尔斯（Franklin Pierce）法律中心客座教授，美国哥伦比亚大学法学院首位沃尔特·明顿（Walter Minton）访问学者。国际文学和艺术联合会（ALAI）副主席兼德国分会主席。1996年作为欧盟代表团成员与法律顾问参加缔结 WCT 和 WPPT 的外交会议；2012年、2013年作为德国代表团副团长参加缔结《视听表演北京条约》以及《马拉喀什条约》的外交会议。担任欧盟委员会法律顾问，就欧共体出租权指令等立法提供咨询意见，并担任多个中东欧国家及苏联加盟共和国版权法立法的首席法律顾问。主要著作有：《WIPO 因特网条约评注》《原住民遗产与知识产权：遗传资源、传统知识和民间文学艺术》《欧洲版权法评注》等。

万勇，中国人民大学法学院、知识产权学院教授，博士研究生导师。德国马克斯-普朗克创新与竞争研究所访问学者、客座研究员；美国加州大学伯克利分校法学院、黑斯汀分校法学院访问学者。主要译著有：《国际版权与邻接权——伯尔尼公约及公约以外的新发展》《版权法与因特网》《WIPO 因特网条约评注》等。

目 录

第一编 "经典"公约的法律规定

第一章 国际版权与邻接权法导论 ………………………………… (3)
    A. "国际法"的概念 ………………………………………………… (3)
    B. 在版权与邻接权领域需要国际保护 …………………………… (5)

第二章 国际版权法的历史发展 …………………………………… (12)
    A. 早期对国际保护的个人要求 …………………………………… (12)
    B. 双边条约 ………………………………………………………… (13)
    C. 第一个多边条约的发展历程 …………………………………… (21)

第三章 版权体系与作者权体系的比较 …………………………… (30)
    A. 引 言 …………………………………………………………… (30)
    B. 两种体系基本理论的发展 ……………………………………… (33)
    C. 版权体系与作者权体系的主要区别 …………………………… (37)

第四章 对 TRIPS 缔结之前的主要"经典"版权与邻接权公约的概述 ………………………………………………… (59)
    A. 引 言 …………………………………………………………… (59)
    B. 主要的邻接权公约 ……………………………………………… (78)
    C. 小 结 …………………………………………………………… (88)

第五章 保护文学和艺术作品伯尔尼公约（1971 年巴黎文本） … (90)
    A. 保护原则 ………………………………………………………… (90)
    B. 保护的实质标准 ………………………………………………… (109)
    C. 执 法 …………………………………………………………… (163)
    D. 框架和制度条款 ………………………………………………… (165)

第六章 1961 年《罗马公约》 …………………………………… (172)
    A. 保护原则 ………………………………………………………… (172)

B. 保护的实质标准 …………………………………………… (183)
　　C. 框架条款 …………………………………………………… (200)

第七章　《伯尔尼公约》与《罗马公约》在条约解释中面临的新挑战 ……………………………………………… (203)
　　A. 解释规则 …………………………………………………… (203)
　　B. 举　例 ……………………………………………………… (207)

第八章　成员方违反条约以及对条约解释出现分歧的法律后果 ……… (218)
　　A. 引　言 ……………………………………………………… (218)
　　B. 与条约有关的一般国际公法条件 ………………………… (218)
　　C. 条约的国内适用 …………………………………………… (223)
　　D. 国际法视野下的争端解决方式 …………………………… (225)

第二编　在贸易条约和贸易措施中引入版权与邻接权

第九章　向贸易领域转移的原因 ……………………………………… (233)
　　A. 《伯尔尼公约》最后一次修订之后与《罗马公约》
　　　　缔结之后的实践发展 …………………………………… (233)
　　B. 现行公约的潜力 …………………………………………… (234)
　　C. 选择 GATT 作为新的论坛 ………………………………… (236)

第十章　将版权与邻接权规定纳入关贸总协定/世界贸易组织 ……… (238)
　　A. 关贸总协定/世界贸易组织概述 …………………………… (238)
　　B. 《与贸易有关的知识产权协定》 …………………………… (244)
　　C. 对将版权与邻接权纳入 TRIPS 的评价
　　　　——与《伯尔尼公约》和《罗马公约》相比较 ………… (283)

第十一章　NAFTA 和其他区域协定中的版权和邻接权 ……………… (285)
　　A. NAFTA ……………………………………………………… (285)
　　B. 其他区域贸易协定（RTAs） ……………………………… (293)

第十二章　双边条约 …………………………………………………… (310)
　　A. 美国与其他国家缔结的条约 ……………………………… (310)
　　B. 欧共体与非欧共体之间的条约 …………………………… (327)
　　C. 其他国家之间的双边条约 ………………………………… (334)
　　D. 不同模式的比较 …………………………………………… (340)

第十三章　单边贸易措施 (342)
　　A. 美国采取的措施 (342)
　　B. 欧共体采取的措施 (348)
　　C. 小　结 (352)

第十四章　对于在贸易框架内纳入版权与邻接权的整体评估 (353)
　　A. 版权与邻接权在贸易协定中扮演的角色 (353)
　　B. 在贸易框架内纳入版权和邻接权的结果 (356)

第三编　TRIPS 协定缔结后版权议题在世界知识产权组织框架内的发展

第十五章　世界知识产权组织简介 (365)
　　A. 世界知识产权组织的发展 (365)
　　B. 世界知识产权组织的架构和工作机制 (367)
　　C. 世界知识产权组织的职责 (368)
　　D. 展　望 (372)

第十六章　争端解决条约草案 (373)
　　A. 制定争端解决条约计划的出现 (373)
　　B. 讨论和起草条约 (374)
　　C. 讨论结果 (375)

第十七章　1996 年《世界知识产权组织版权条约》（WCT）和《世界知识产权组织表演和录音制品条约》（WPPT） (377)
　　A. 1996 年 WIPO 条约的背景和发展历程 (377)
　　B. 外交会议的程序 (382)
　　C. WCT 和 WPPT 中的保护原则与先前国际法的比较 (388)
　　D. 保护的实质性标准 (395)
　　E. 执法条款 (424)
　　F. 没有获得通过的提案 (425)
　　G. 两个条约的框架条款 (429)
　　H. 两个条约的行政条款与最终条款 (432)
　　I. WIPO 条约评述：与《伯尔尼公约》《罗马公约》和 TRIPS 相比较 (433)

第十八章 保护视听表演 (438)
   A. 1996年WIPO外交会议 (438)
   B. 1996—2000年的活动 (441)
   C. 2000年外交会议 (442)
   D. 2000年之后的发展 (447)

第十九章 保护广播组织权公约计划 (449)
   A. 在WIPO框架下就保护广播组织进行谈判的启动和发展 (449)
   B. 作为广播组织条约可能内容的主要议题概述 (454)
   C. 小　结 (460)

第二十章 保护民间文学艺术 (461)
   A. 引言：系争议题 (461)
   B. 保护民间文学艺术的现有可能 (463)
   C. 为民间文学艺术提供国际保护的已有尝试 (467)
   D. WIPO政府间委员会 (471)
   E. 前景展望 (473)

第二十一章 WIPO发展议程 (475)
   A. 背　景 (475)
   B. 后续活动 (476)
   C. 提案的主要内容 (477)
   D. 前景展望 (478)

第二十二章 1996年之后WIPO讨论的其他议题 (479)
   A. 对数据库的特殊保护 (479)
   B. 其他议题 (481)
   C. 前景展望 (485)

第四编　总结与展望

第二十三章 主要国际版权与邻接权条约内容比较表 (489)
   A. 版　权 (489)
   B. 邻接权 (494)

第二十四章 不同条约之间的关系 (499)
   A. 引　言 (499)

B. 条约之间的关系 …………………………………………… (499)
C. 管辖权 …………………………………………………… (506)
D. 小　结 …………………………………………………… (507)

第二十五章　国际版权与邻接权保护发展历程的全面评估 …………… (508)
A. 前　言 …………………………………………………… (508)
B. 选择的议题 ……………………………………………… (508)
C. 小　结 …………………………………………………… (519)

第二十六章　展望：国际版权与邻接权法的发展前景 ……………… (521)
A. 另一场危机？ …………………………………………… (521)
B. 未来之路 ………………………………………………… (523)
C. 版权与邻接权的总体发展 ……………………………… (526)

第一编

"经典"公约的法律规定

第一章
国际版权与邻接权法导论

A. "国际法"的概念

（1）与外国国内法的区别

1.01 国际法是什么？为什么在版权与邻接权法领域，需要国际法？要理解国际版权与邻接权法的基本内容，就必须要搞清楚上述问题。首先，"国际法"这一概念通常被误认为是指外国国内法或者比较法。然而，正如"国际法"这一词汇的拉丁语起源所显示的那样，它是指处理国家之间（internationes），即主权国家之间关系的法律。① 不过，国际法这一传统的概念已经现代化了，从而也涉及"国家的行为、国际政府组织的行为……国家与国际政府之间的关系以及……它们与自然人和法人之间的某些关系"。② 在版权与邻接权领域，最重要的国际法规范是有关条约的法律规范，它们主要处理有关条约的制定、适用、修订、解释（参见本书第八章和第七章）以及涉及相同或类似主题的不同条约之间的关系（参见本书第二十四章）。需要特别注意的是，有关条约解释的法律规范与通常主要处理国内法律的解释的规范是有显著区别的——这一点通常为那些主要依据条约语言来解释国内版权法的有关人士所忽略。大部分有关条约解释的法律规范，已经作为国际习惯法的一部分内容被纳入《维也纳条约法公约》（以下简称《维也纳公约》）之中。③

---

① 在本书中，"国家"（states）这一概念是在国际法的语境中使用；在国际法上，要构成国家，需要拥有领土、居民、政府以及进行外交或对外关系的能力。因此，构成联邦的各个州，例如，美国的各州以及联邦德国的各联邦州（Länder）都不能被称为"国家"。

② American Law Institute, Restatement of the Foreign Relations Law of the United States (Third) s 101 (1987).

③ UN Doc A/CONF 39/27 (1969); 8 ILM 679 (1969).

1.02 由于本书主要是讨论国际法的问题，因此就不对各国国内法或者比较法展开详细的论述了。不过，因为国际法在很大程度上都是在国内法的基础上发展起来的，所以在理解国际法时，应考虑主要国家的法律制度，尤其是那些对起草具体条约规定有影响的一些国家的法律。④ 因此，本书对国内法律的讨论主要集中在以下两个方面：一是在对版权法体系与作者权体系进行比较的背景下（第三章）来讨论；二是在对理解一些特殊的条约规定有必要或有帮助的情况下来讨论。

（2）与国际私法的区别

1.03 第二，国际法，通常也被称为"国际公法"，它不同于"国际私法"，后者也被称为"私国际法""法律适用法""冲突法"或者"法律选择法"。尽管"国际私法"这一用语中使用了"国际"一词，但实际上它指的却是用来规定在涉外私法关系的案件中作为准据法适用的外国法或本国法。尽管国际私法具有这一特点，但这并不排除为了协调各国在国际私法领域的法律规范而制定有关的条约或条约条款。不过，迄今为止，在国际层面，还没有专门为版权和邻接权制定专门的国际私法规范。⑤ 对这一问题的进一步探讨，需要对具体的国内法律予以分析，这并非本书所专注的国际视角。此外，国际私法规范也是十分复杂的，即便是在某一国家的法律之中，尤其是在版权与邻接权法的领域，涉及国际私法规范的解释也是非常有争议的；由于本书的篇幅有限，无法对此问题展开深入的分析。事实上，从根据世界知识产权组织（WIPO）的委托而开展的关于将表演者的权利向视听制作者转让的国际私法问题的研究，就可以看出在版权与邻接权的领域，有关国际私法的问题是多么复杂。⑥ 因此，尽管国际私法是一个非常重要的领域，但本书基本上将不予涉及。

---

④ 然而，国际法不应依据国内法来加以解释，而应依据其自身来进行解释；对此，《维也纳公约》第31条第（1）款已经作了默示的规定。有关条约解释的一般规则，参见下文第7.02段、第7.07段以下。

⑤ 海牙国际私法会议已经通过了多个国际私法领域的公约，但其中没有一个是专门涉及版权或邻接权的。不过，有一些学者认为，地域性原则已经被《伯尔尼公约》以及后续签订的有关公约作为寻求保护的国家的国民待遇原则纳入进去了，因而也可视为是国际私法规范（参见注11）。2005年6月30日《海牙选择法院协议公约》只涉及国际管辖的问题。对相关问题的一般性接受以及各国法律的规定，参见J Fawcett and P Torremans 的长篇著作 *Intellectual Property and Private International Law* (1998)，该书论述了有关管辖权、法律选择、外国法院判决的承认与执行的问题。

⑥ 参见J Ginsburg and A Lucas 的研究，WIPO Doc AVP/IM/03/04 Add of 12 May 2004，该文件是2003年版本的后续版本，这两个文件的编号是相同的；以及下文第18.23～18.24段。也参见JR Obòn Léon 对墨西哥做的相关研究，WIPO Doc AVP/IM/03/4A Rev；H MacQueen and C Waelde 对英国做的相关研究，WIPO Doc AVP/IM/03/4B；H Bodrawi 对埃及做的相关研究，WIPO Doc AVP/IM/03/4C；S von Lewinski and D Thum 对德国做的相关研究，WIPO Doc AVP/IM/03/4D Rev；P Anand 对印度做的相关研究，WIPO Doc AVP/IM/03/4E；以及 M Dogouchi and T Ueno 对日本做的相关研究，WIPO Doc AVP/IM/03/4F。

（3）与跨国法的区别

1.04 最后，本书所讨论的国际法也不同于"跨国法"。跨国法这一概念，首先是由杰塞普（Jessup）提出来的，它包括"所有调整跨越国境的行为或事件的法律"。⑦ 因此，跨国法这一概念不仅包括国际公法，也包括国际私法，还包括国际程序法、国际刑法、国际行政法，以及其他涉及国际经济关系的法律规范。因此，就本书所讨论的主题而言，跨国法这一法律概念所涉及的范围实在太广泛了。

B. 在版权与邻接权领域需要国际保护

1.05 为什么在版权与邻接权法领域需要国际保护呢？答案并非是不言自明的，尤其是考虑到曾经有一段时期，对版权与邻接权只有国内法律的保护，而没有国际保护；在第一批版权与邻接权的国际条约被缔结以后，仍有许多国家在相当长的时期都没有加入这些国际条约。在版权与邻接权领域需要国际保护，有多方面的原因：普遍实行的地域性原则；通常对外国人予以歧视待遇（在缺乏国际义务的情况下是可以的）；即使外国人并没有完全排除给予保护，要获得平等待遇而需要满足的条件也是十分困难的，尤其是考虑到在版权发展的初期阶段，各国之间对实质上的互惠待遇以及保护标准的规定各不相同。

（1）地域性原则

1.06 根据地域性原则，一个国家的版权与邻接权法律的效力限于该国的领域内，不具有域外效力。⑧ 因此，作者或邻接权权利人并不享有统一的、具有全球效力的版权或邻接权；而是只享有一些单独的、仅具有国内效力的权利，获得这些权利的条件，权利的内容、范围以及效力由每一个国家的法律来确定——当然前提是作者或邻接权权利人在其他国家有资格获得保护。由于版权与邻接权的效力的范围有限，因此，地域性原则也可以被视为是一种国际私法规范——保护国法主义（lex loci protectionis）。⑨

1.07 地域性原则并没有在任何法律文本中被明确加以规定。⑩ 不过，随

---

⑦ P Jessup, *Transnational Law*（1956）2.

⑧ 例如，G Boytha, "Some Private International Law Aspects of the Protection of Authors' Rights"［1988］Copyright 399, 400；E Ulmer, Intellectual Property Rights and the Conflict of Laws（1978）9；P Goldstein, International Copyright（2001）§ 3.1.2。

⑨ 进一步的讨论，参见 P Katzenberger, vor §§ 120ff, 载 G Schricker（ed）, Urheberrecht（3rd edn, 2006）no 124。

⑩ G Koumantos, "Private International Law and the Berne Convention"［1988］Copyright 415, 417.

着历史的发展，该原则已经为法律实践和理论所接受。此外，该原则在一些重要的国际版权与邻接权公约中也得到了体现。[11] 从历史上来看，地域性原则在现代版权法诞生之前就有其历史渊源了——中世纪的统治者，例如国王、诸侯以及教会授予私人出版商以及后来授予作者的特权制度。当特权制度被私法领域的现代版权制度取代以后，版权的地域性特点仍然保留了下来。[12] 此外，从国家主权的角度来看，地域性原则也是具有正当性的：任何国家都有权对其地域范围内的所有作品和其他邻接权客体的版权和邻接权的保护问题作出规定。[13] 最后，从使用者利益的角度来看，地域性原则也是正当的。例如，根据这一原则，任何希望在特定国家的国内市场上利用作品的使用者，都只需要了解和遵守该国的法律规范，而无须考虑该作品是本国作品还是外国作品。[14]

1.08 通常，地域性原则与普遍性原则是相区别的。不过，更准确地说，应该是将保护国法主义与来源国法主义相区分。目前的国际版权与邻接权法采纳的是保护国法主义。唯一采纳来源国法主义的国际版权条约是1889年1月11日签订的《蒙得维的亚艺术和财产公约》。[15] 根据该公约第2条的规定，作品的作者及其继承人应在所有签署公约的国家享有其作品首次出版或制作的国家的法律授予他/她的权利。换句话说，作品来源国的版权法律规范原则上会"跟随"该作品到其他利用该作品的公约签署国。例如，来源于阿根廷的作品原则上应在所有其他公约签署国，依据阿根廷的法律受到保护。

1.09 《蒙得维的亚艺术和财产公约》这一美洲公约本来是有可能成为世界性的公约的，因为它也对美洲以外的国家开放，只要该国被公约接受为成员方。[16] 事实上，有几个欧洲国家就加入了该公约。[17] 然而，该公约后来在与《伯尔尼公约》以及《世界版权公约》的竞争中败下阵来；后两个公约采用的

---

[11] Boytha（同前注8），第399页；Katzenberger（同前注9），no 120；E Ulmer, Urheber – und Verlagsrecht (3rd edn, 1980) § 13 II. 4。

[12] MM Boguslawski, *Urheberrecht in den internationalen Beziehungen* (1977) 23；Boytha（同前注8），第401页。

[13] Goldstein（同前注8），§ 3.1；Katzenberger（同前注9），no 123。

[14] 同上注。

[15] 参见公约文本，载 S Ladas, *The International Protection of Literary and Artistic Property* (1938) Vol II, 1175；W Nordemann, K Vinck, P Hertin and G Meyer, *International Copyright* (1900) 604；(1889) Droit d'auteur, 52。

[16] 1889年附加议定书第6条。

[17] 在1896年至1931年，有法国、西班牙、意大利、比利时、澳大利亚、德国和匈牙利加入了该公约，Ladas（同前注15），第636页。

都是保护国法主义。后两个公约"压倒"了《蒙得维的亚艺术和财产公约》[18]，由于后两个公约的成员方人数众多，因而现在国际社会就不再适用《蒙得维的亚艺术和财产公约》了。[19]

1.10 主张（尤其是在互联网的环境下主张）适用来源国法主义以及作品的来源国法律应具有域外效力的人[20]，应好好考虑一下为什么来源国法主义没有获得更广泛的支持。尽管第一眼看上去，采取来源国法主义似乎对作者更有利，因为按照该原则，作品的版权在所有公约缔约国都受来源国的法律管辖；但是，在外国行使权利时，将遇到很多的障碍。因为在任何一国领域利用外国作品，使用者、律师、法官以及执法机构将不得不去了解管辖外国作品保护的各种外国法律。即使缔约国有义务将其法律文本送交其他国家政府，这也起不了太大作用，因为仅仅依据法律文本是很难准确和充分地理解外国法律的。[21]

（2）歧视

1.11 需要国际版权与邻接权法的另一个原因是，一般性的国际公法（与具体条约相对）并没有要求成员方承认或为外国作品和邻接权客体提供保护，[22] 因此，自版权保护出现以后，大多数国家都表现出了强烈的倾向，歧视外国作品和邻接权客体。[23] 一般来说，在 19 世纪中叶以前，对外国作品和邻接权客体的歧视还不是很明显，因为此时，对外国人的法律地位，包括他们拥有财产权的能力，给予国民待遇，被认为是地域性原则的必然推论。然而，随着（版权领域的）特权制度被私权制度所取代，（给予外国人）国民待遇就不再包括作者权利的领域了，主要原因是因为众多的国家反对，这些国家的印刷行业需要依靠重印和翻译外国作品。唯一的例外是法国[24]和比利时，这两个国家单方面地给予外国作者国民待遇。由于法国和比利时是唯一给外国作品提供国民待遇而不要求获得互惠待遇的国家，它们分别在 1921 年和 1964 年放弃了

---

[18] 《世界版权公约》第 19 条，《伯尔尼公约》第 20 条。对条约之间关系的论述，参见下文第二十四章；对蒙得维的亚公约的论述，参见下文 4.29～4.31 段。

[19] 仍需要考虑过渡条款以及已经获得的权利的效力，参见 Katzenberger（同前注 9），no 67。

[20] Koumantos（同前注 10），第 423 页以下；进一步的讨论，参考 Katzenberger（同前注 9），no 122。

[21] Boytha（同前注 8），第 406 页，在讨论蒙得维的亚公约及其无效率的问题时的论述。

[22] Boguslawski（同前注 12），第 26 页。

[23] 例如，在 1886 年之前，在希腊、葡萄牙、西班牙、瑞典、芬兰以及美国，只有具有该国国籍的作者才能获得保护，参见 S Ricketson and J Ginsburg, *International Copyright and Neighboring Rights：The Berne Convention and Beyond* (2006), 1.26。

[24] 在法国大革命时期的博爱原则的背景下的讨论，参见 Boytha（同前注 8），第 401 页；然而，B Linder 提到了一些不一致的判例法，它们有时会要求作品在法国首先出版或登记，因此在法国首先出版实际上是获得确定保护所必需的条件。

这一做法。㉕

　　(3) 获得同等保护的条件以及不同的标准

　　1.12 即使一些国家并没有完全排斥给予外国作者的作品以保护，但要在这些国家获得（与国内作者的作品）同等的保护，需要满足的条件也是十分困难的。例如，根据德国1870年的法律以及1876年的法律，外国作品要在德国获得保护的前提条件是，由德国出版商出版。㉖ 在其他国家，外国作品要获得保护，需要满足的条件可能简单一些，因为这些国家只要求在其领域内出版即可，而对出版商（或作者）的国籍没有要求。㉗ 在一些国家，只要作者居住在其境内即可获得保护，而不管作品首次在哪个国家出版。㉘ 也有一些国家规定，按照国内法来保护外国作品，但条件是需要符合形式上或实质上的互惠要求。㉙

　　1.13 形式上的互惠（formal reciprocity）与国民待遇没有区别。它是指，如果本国作品或作者在外国享有当地作品/人的待遇，则给予外国作品（或外国人创作的作品）与本国作品（或本国作者创作的作品）同样的待遇。例如，根据葡萄牙《1867年7月1日民法典》第578条的规定，如果外国给予葡萄牙作者与其本国作者同样的待遇，则葡萄牙也给予该外国作者与葡萄牙作者同样的待遇。不过，形式上的互惠通常要受到各种条件的约束。例如，根据墨西哥《1884年民法典》第1270条的规定，居住在墨西哥以外的国家的作者，如果其作品出版地的国家给予墨西哥作者与其本国作者同样的待遇，则墨西哥也给予该作者与墨西哥人同样的待遇。㉚

　　1.14 实质上的互惠是指，如果本国作者或作品在外国可以按照本国法的方式完全获得保护（即完全对等），或者获得实质上的相同保护，则给予外国作者或作品与本国作者或作品同样的待遇。大多数对版权提供较高水平保护的国家都会选择适用实质上的互惠原则。适用完全对等原则的例子有西班牙《1879年1月10日知识产权法》第50条，根据该条的规定，如果外国对西班牙作者提供的保护与西班牙1879年知识产权法的保护相同，则该外国作者可

　　㉕ Boytha（同前注8），第401页；有关（合法）利用外国作品而又不对它们提供保护的广泛实例，参见 Ricketson/Ginsburg（同前注23），第1.20～1.21页。

　　㉖ 同上注，1.26，提到了其他例子。

　　㉗ 同上注。

　　㉘ 瑞士1883年4月23日文学和艺术财产法第10条第（1）款［repr（1888）Droit d'auteur, 14ff］。

　　㉙ Ricketson/Ginsburg（同前注23），1.27，提到了其他例子。

　　㉚ 这些例外以及其他的相关例子，参见 Anon, " Les Dispositions légales concernant la réciprocité dans les divers pays" (1907) Droit d'auteur 42, 43。

以在西班牙依据西班牙法律获得保护。㉛ 适用实质上的相同保护原则的例子有意大利 1882 年 10 月 19 日版权法第 44 条第（2）款，根据该条的规定，外国法律提供的保护不得在实质上与意大利法律的规定不同。㉜ 从细节上来看，各国法律对互惠条件的规定存在很大的区别。例如，在玻利维亚，㉝ 该国对外国作者提供的保护，与外国给予居住在该国的玻利维亚作者的保护相同。在哥伦比亚，依据实质上的互惠原则提供的保护，只适用于来自讲西班牙语国家的作者。芬兰的法律则明确规定，未在芬兰境内居住或者出版其作品的外国人，只有在芬兰在条约中同意适用互惠原则的情况下，才能依据互惠原则在芬兰获得保护。㉞

1.15 由于通常很难判断是否符合了互惠条件，尤其是实质上的互惠，因此一些国家选择采用所谓的"外交互惠"，即由有关的有权机关在正式的声明中，例如在皇室的敕令中宣布某一国家是否符合了互惠条件。㉟ 另一些国家则选择采用所谓的"法律互惠"，即由法院依法来判断某一国家是否符合了互惠条件。㊱

1.16 尤其是在国家适用实质上的互惠原则的情况下，作者将不得不投入大量的时间和精力去确定他们在各个不同的外国国家是否受到保护。作者必须要考虑他们是否符合各国对适用实质上互惠原则所要求的各种条件，如果符合了这些条件，还要考虑各国实体性法律的规定。在 19 世纪要作上述工作，尤其麻烦，因为与现在相比，当时各国法律规定之间的差异要大得多；现在由于一些重要的国际条约获得了世界范围内的广泛接受，因此大多数国家的保护水平都很相似。例如，在 19 世纪前半叶，一些国家还是采取特权制度的保护形式，那时只有文学作品或某些其他类型的作品可以获得保护。直到大概《伯尔尼公约》缔结的时候，大多数类型的作品才在大多数国家可以获得保护；不过，各国在是否保护建筑作品、摄影作品、口头作品的问题上，还是存在不同的做法。㊲ 此外，在有关授予的权利、对保护的限制、保护的期限、对手续

㉛ 其他的例子还有哥斯达黎加 1896 年的法律以及希腊 1833 年刑法典，同上注。
㉜ 其他的例子还有奥地利、丹麦、英国、冰岛、挪威、瑞典的法律，同上注。
㉝ 玻利维亚《1879 年 8 月 13 日文学和艺术作品法令》第 9 条，同上注。
㉞ 哥伦比亚《1886 年 10 月 26 日文学和艺术财产法》第 25 条第（1）款，以及芬兰《1880 年 3 月 15 日关于作者及艺术家就其作品成果所享有的权利的法律》第 32 条第（2）款，同上注，第 45 页。
㉟ 在 1907 年，选择采用这一原则的国家有奥地利、丹麦、美国、芬兰、英国、冰岛、意大利、挪威、瑞典，同上注，第 42 页。
㊱ 在 1907 年，选择采用这一原则的有关国家有玻利维亚、哥伦比亚、哥斯达黎加、西班牙、希腊、意大利、墨西哥、摩纳哥、尼加拉瓜、葡萄牙、罗马尼亚、瑞士，同上注。
㊲ Ricketson/Ginsburg（同前注 23），第 1.09 段。

的要求以及执法措施的问题上，各国的法律规定也还存在实质性的不同。[38] 除了各国法律的保护水平不同之外，一些国家的法律缺乏透明度，[39] 也对作者在那个时候顺利地行使版权造成了进一步的阻碍。

1.17 下面的例子可以很好地证明在19世纪中叶，要在多个国家获得保护需要付出多么多的精力。作曲家费利克斯·门德尔松·巴托尔迪（Felix Mendelssohn Bartholdy）希望在德国、法国和英国，就其为戏剧《仲夏夜之梦》所创作的音乐获得保护。他要想在这三个国家获得保护，就只有将其作品在这三个国家首次出版，这也就意味着要在同一天出版。一般来说，要达到上述目的，作者通常会选择由同一家出版商来负责在不同的国家行使权利、组织同时出版。因为将出版权授予不同的出版商可以给门德尔松带来更多的收入，因此他在每一个国家都找了一家出版商，并且要他们相互配合，以便能够做到同一天在三个国家出版。在这种情况下，作曲家门德尔松就要自己来协调，而不能（像在采取通常做法的情况下）由一家出版商自己来协调。在19世纪中叶，交通和通讯设施并不发达，因此要做到同一天在三个国家出版，需要花费大量的精力，同时也要冒巨大的风险。由于英吉利海峡结冰，导致运送《仲夏夜之梦》乐曲手稿的船只受阻，到达英国的时间被推迟，因此门德尔松不得不一接到通知以后，立即要求法国和德国的出版商延期出版。[40] 事实上，当时普遍的做法是用在音乐杂志上发表出版声明的方式来取代在某一国实际的出版，只要该声明与在其他国家出版的音乐杂志上发表的声明是在同一天——不过，此种做法并没有任何法律依据；当然，此种做法可以在一定程度上避免发生上述例子中提到的问题。[41]

1.18 上述列举的门德尔松为在外国就其作品获得保护以及为克服有关的障碍而做出的各种努力的例子，有力地证明了需要建立一个在国外保护作品的更稳定、更易获得以及一致的制度。在19世纪，跨越国境的作品发行活动越

---

[38] 对19世纪下半叶各国法律在此方面问题的详细分析，参见 A Darras, Du Droit des auteurs et des artistes dans les rapports internationaus（1837）nos 303－427；19世纪中叶，德国的各州、法国和英国有关保护文学和艺术作品的各种相关国内法律规定，包括法令、条例、以及其他形式的法律规范，参见 CF Eisenlohr, *Sammlung der Gesetze und internationalen Verträge zum Schutze des literarisch－artistischen Eigenthums in Deutschland, Frankreich und England*（1856）1－155；19世纪下半叶各国法律规定的简要介绍，参见 Ricketson/Ginsburg（同前注23），1.07－1.19，以及 J Cavalli, *La Genèse de la Convention de Berne pour la protection des oeuvres littéraires et artistiques du 9 September* 1886（1986）28－68（对1886年9月9日伯尔尼公约的签署国的法律进行了分析）。

[39] Darras（同前注38），nos 256，257。

[40] Lindner（同前注24），第251～254页，援引了门德尔松·巴托尔迪的书信的内容。

[41] 同上注，第254～255页。

来越多，因此在这一背景下，作者开始呼吁建立此种保护制度。最终，作者的呼吁导致了各国缔结了一些有关处理文学和艺术作品国际保护的国际条约。

1.19 尽管上述对需要国际版权和邻接权保护这一问题的分析主要是从历史背景的角度来展开的，但从原则上说，这一分析对当今的情况也是同样适用的。事实上，一个没有加入任何版权和邻接权领域的国际条约（或者有关国际条约对其不适用）的国家，通常对外国人不会提供任何保护，或者即便提供保护，也要求他们符合某些条件才予提供，而且提供保护的范围也是有限的。可以想象，如果各国未受国际条约的约束，那么，现今各国的保护标准将会大大的不同。

第二章
国际版权法的历史发展

A. 早期对国际保护的个人要求

2.01 在第一批涉及对作者的权利进行国际保护的条约出现很久以前，就有法律专家及其他群体的人主张引入此种国际保护。早期提出在国际条约中对作者权利进行保护的人有巴塞尔大学的法学教授——约翰·鲁道夫·特尼森（Johann Rudolf Thurneysen），他在1738年出版的著作（*De recursione librorum fortiva*）中提出了这一建议。① 当时，世界上第一部版权法——英国《1709年安娜法》才诞生28年。② 此后不久，荷兰律师及图书管理员埃利·卢扎克（Elie Luzac）向1745年召开的艾克斯拉沙佩勒和平会议提交了一个反对盗版的法律提案，希望与会的各国能够予以批准，并将其作为一项协议纳入到和平条约之中。③ 显然，该提案太超前了。正如德国法学家约翰·斯蒂芬·普特尔（Johann Stephan Pütter）在其所撰写的论述书籍盗版问题的著作中所提到的那样，当时与会的外交代表认为，该提案是"根据圣皮埃尔修道院院长未完成的博爱理想做的一个美梦。"④ 不过，普特尔倒是认为卢扎克的提案是非常重

---

① Anon, "Publication nouvelle: Die geschichtliche Entwicklung der Urheberrechtsgesetzgebung auf dem Gebiete der Schweizerischen Eidgenossenschaft"（1943）Droit d'auteur 132；J Cavalli, *La Genèse de la Convention de Berne pour la protection des oeuvres littéraires et artistiques du 9 Septembre 1886*（1986）69.

② 8 Anne c 19, 1710.

③ F Ruffini, *De la protection internationale des droits sur les oeuvres littéraires et artistiques*（1927）62；Cavalli（同前注1），第70页；E Röthlisberger, *Die Berner Übereinkunft zum Schutze von Werken der Literatur und Kunst und die Zusatzabkommen*（1906）2，提到了1748年召开的亚琛会议。

④ JS Pütter, Der Büchernachdruck nach ächten Grundsätzen des Rechts geprüft（1774）117，Ruffini（同前注3），第62页，Cavalli（同前注1），第70页以及Röthlisberger（同前注3），第2页中也都援引了这句话（这句话的英文为本书作者所译）。

要的，并且主张应对外国人与本国人提供同等的保护。⑤

2.02 到了 19 世纪，有越来越多的人表示希望能够在其他国家获得版权保护。例如，乔巴德（Jobard）于 1837 年写道："一个伟大的进步时代将在我们面前开启，在这个时代，思想领域的财产将由国际法来规范；在这个时代，天才的作品将获得世界护照；无论护照上显示的友国还是盟国，作品都可获得各国的保护。"⑥ 两年以后，西蒙（Siméon）子爵敦促法国上议院在制定法律时不要偏离其他国家的法律太多，"因为国际法对热爱文学之邦笑脸相迎。"⑦ 1841 年，拉马丁（Lamartine）在巴黎的法国下议院就盗版问题做了如下发言："人人都在抱怨，人人都呼吁制定国际法，因此必须为人们制定国际法。"⑧

B. 双边条约

（1）双边条约的发展

2.03 在讲同一种语言的国家，例如早期德国的各州，尤其需要在境外对版权予以保护。例如，德国作家约翰·沃尔夫冈·冯·歌德（Johann Wolfgan von Goethe）为了在德国联邦各州就其作品获得特权，需要到 39 个领地去申请。⑨ 歌德于 1825 年在联邦下议院提出在全德国领地都授予其特权的申请，没有成功。⑩ 不过，此后，大多数领地（不包括巴伐利亚和乌腾堡的领地）至少不再坚持要求歌德必须向它们单独提出申请。⑪ 尽管 1815 年 6 月 8 日的联邦法律要求联邦下议院为作者和出版商提供统一的保护措施，以制止非法复制作品的行为，但联邦下议院很长一段时间都未采取任何行动。不过，普鲁士认为其本地作品在德国其他州也需要获得保护，因此它在 1827—1829 年，与德国

---

⑤ Ruffini（同前注 3），第 62~63 页，Cavalli（同前注 1），第 70 页。

⑥ M Jobard, *De la propriété de la pensée et de la contrefaçon*, considérée comme droit d'aubaine et de détraction (1837) 10, Cavalli（同前注 1），第 89 页中也援引了这句话（这句话的英文为本书作者所译）。

⑦ Ruffini（同前注 3），第 63 页，Cavalli（同前注 1），第 89 页中以及 Röthlisberger（同前注 3），第 2 页中也都援引了这句话（这句话的英文是本书作者翻译的）。

⑧ Ruffini（同前注 3），第 63 页，Cavalli（同前注 1），第 89 页中都援引了这句话（这句话的英文为本书作者所译）。

⑨ 此时，保护作者作品的法律基础还是特权制度。

⑩ 联邦下议院没有任何属于其自己的权限。参见歌德于 1825 年 1 月 11 日提出的要求，载 M Tietzel, "Goethes Strategien bei der wirtschaftlichen Verwertung seiner Werke", Börsenblatt no 22 of 19 March 1999, Buchhandelsgeschichte 1999/1, B15。

⑪ 同上注，B2, B16。

的另外 31 个州签订了双边协议，根据形式上的互惠原则提供保护。⑫ 可能是由于普鲁士的这一政策，导致了联邦下议院加速了它的工作，并且最终于 1832 年和 1837 年通过了决议；决议要求，联邦各州应废除在盗版问题上对各州居民所给予的区别保护，同时，应制定一些共同的最低保护标准。⑬

2.04 在德国各州之间签订了一系列的条约之后，第一个由使用不同语言的国家之间订立的双边条约诞生了，即奥地利与撒丁岛在 1840 年 5 月 2 日签订的条约。⑭ 该条约的一个最重要的特点是，它对特定范围的第三国开放，这也使得该条约可能成为范围有限的多边条约。在 1840 年，奥地利占领了伦巴底－威尼西亚王国，并且在帕尔马、摩德纳、托斯卡纳地区也有重要影响。撒丁岛王国的疆域广阔，包括皮埃蒙特和萨沃伊。考虑到各种语言地区，很自然，该条约允许"意大利的其他地区以及提契诺州只需同意即可加入本条约"。⑮ 后来，摩德纳、卢卡、帕尔马、罗马以及托斯卡纳都加入了该条约。⑯ 此后，欧洲各国与萨尔瓦多以及哥伦比亚之间共签订了 80 多个双边条约或范围有限的多边条约。⑰ 双边条约、宣言以及其他性质的协定的数目之所以这么多，一个重要的原因是因为其他国家需要与德国的 32 个独立的州之间签订单独的条约；不过，在 1868 年之后，各国与德国的各州之间签订的单独的条约就不再有效了，取而代之的，先是各国与北德联邦之间签订的条约，后来则是与德意志帝国之间签订的条约。类似的，早期各国与撒丁岛以及托斯卡纳签订的条约，后来也被它们与意大利签订的新条约所取代。这样，在 1886 年缔结《伯尔尼公约》的时候，只剩下了 33 个双边条约，涉及的国家有 15 个。⑱

（2）19 世纪签订的双边条约的内容

（a）国民待遇

2.05 （ⅰ）概述 19 世纪签订的双边条约的内容，有很多不同的地方，

---

⑫ S Ricketson and J Ginsburg, *International Copyright and Neighboring Rights*：*The Berne Convention and Beyond*（2006）1.29；Cavalli（同前注 1）第 70 页；Ruffini（同前注 3）第 63 页。普鲁士与德国的其他州之间签订的 31 个条约，载 CSM Eisenlohr, *Sammlung der Gesetze und internationalen Vertäge zum Schutz des literarisch－artistischen Eigenthums in Deutschland，Frankreich und England*（1856）Supplement 50－51。

⑬ Cavalli（同前注 1），第 29～30 页。

⑭ 载 Eisenlohr（同前注 12），第 239～243 页，以及 31 British and Foreign State Papers 117。

⑮ 奥地利－撒丁岛条约第 27 条，同上注。

⑯ Eisenlohr（同前注 12）第 243 页；Ricketson/Ginsburg（同前注 12）第 1.29 段。

⑰ 截至 1886 年，根据签署的先后顺序进行的条约列表，参见 Cavalli（同前注 1），第 73～75 页；也参见 Ricketson/Ginsburg（同前注 12）第 1.30 段；根据国家进行的条约列表，参见 S Ladas, *The International Protection of Literary and Artistic Property*（1938）Vol I，第 49～50 页。

⑱ Cavalli（同前注 1），第 75 页；Ladas（同前注 17），第 49 页。

但同时在一些基本特征方面，也有类似的地方。[19] 各条约对于互惠保护，基本上采用的都是国民待遇原则，不过，在架构上存在一些区别，同时，对适用国民待遇也规定了不同的条件或限制。例如，有些条约规定国民待遇是将作品首次在某一国家出版所享有的待遇给予在其他国家首次出版的作品的作者。[20] 另一些条约则将国民待遇定义为，将一国国民享有的待遇授予其他国家的国民。[21]

2.06 大多数条约也对作者的法定代表人以及继承人予以保护。[22] 对于作者是缔约国以外的国家的国民，如果该作品是在一个缔约国境内出版，一些条约也对出版该作品的出版商予以保护。[23]

2.07 各条约对国民待遇规定了一个共同的限制，即都会回过头去参考作品起源国或作者本国提供的保护水平。例如规定，作者（在寻求保护的国家）要求获得的权利不得比其在本国享有的权利更多，[24] 或者规定，作者只在其作品的起源国或者其国籍国或者作品的首次出版国规定的保护期内享有国民待遇。[25] 此外，国民待遇的适用范围也通常仅限于条约专门规定的某些权利。[26] 因此，19世纪签订的双边条约对国民待遇的限制，比后来的《伯尔尼公约》要多得多。

2.08 （ii）**权利与限制** 在19世纪签订的双边条约中，国民待遇通常只适用于复制权或重印权（有时甚至还要参考复制权在国内法上的定义和范围）[27]，有时也适用于音乐作品、戏剧作品和音乐—戏剧作品的公开表演权。

---

[19] 对双边条约的内容的简要比较分析，参见 Ladas（同前注17），第50~67页；Ricketson/Ginsburg（同前注12）第1.32~1.42段；Cavalli（同前注1），第76~83页。

[20] 例如，汉诺威与法国在1851年10月20日签订的条约第1条的规定，载 Eisenlohr（同前注12）第156，第158页。

[21] 例如，黑塞与法国在1852年9月18日签订的条约第1条的规定，载 Eisenlohr（同前注12）第166页。

[22] 例如，汉诺威与法国在1851年10月20日签订的条约第1条第（2）款的规定（同前注20）；Ricketson/Ginsburg（同前注12）第1.33段。

[23] 同上注。

[24] 例如，法国与荷兰于1855年3月29日签订的条约第1条第（2）款的规定，载 Eisenlohr（同前注12），第284页；Ladas（同前注17），第57页；A Darras, *Du Droit des auteurs et des artistes dans les rapports internationaux* (1887) 603。

[25] 《伯尔尼公约》也将这一"期限的比较"规则作为。其实，很多条约都规定了该规则，参见 Anon, "Les Arrangements particuliers entre pays de l'Union littéraire et artistique", (1892) Droit d'auteur 106；法国于瑞士在1882年签订的条约第1条第（2）款；Darras（同前注24），612 no 492。

[26] 参见下文第2.08段，第2.09段。

[27] 例如，汉诺威与法国签订的条约（同前注20）第5条第（2）款。这些权利通常被称为复制"专有权"或"财产权"。

如果双边条约中规定了公开表演权,通常也会对其施加各种限制,例如要求表演发生在双边条约生效以后,而且两个缔约国的国内法律都对其予以了承认,[28] 或者作品此前已经出版。通常而言,双边条约也会回过头去参考国内法律对行使公开表演权规定的条件;一些国家的法律规定,(作者)要行使公开表演权,必须在作品的复制品上明确标明,该权利由作者保留。[29]

2.09 大多数条约也规定了翻译权,不过,通常也对该权利施加了某些限制,例如,要求作者在作品的首页明确标明翻译权由作者保留,应在较短的期限内行使(例如自原作出版后 3 年内),自原作在起源国出版后 3 年内在寻求保护的国家将原作予以提交和注册,在较短的期限内出版授权的译作(例如在一个缔约国提交和注册原作以后 3 年内)。[30] 一般来说,双边条约中都会同时规定上述条件中的好几个条件。除了复制权、公开表演权、翻译权以外,许多双边条约也会规定,禁止发行(例如通过销售或进口的方式发行)非法复制的复制品。[31]

2.10 双边条约中也有专门的条款来规定对这些权利的限制,例如,允许为教育或科学目的复制作品的摘要,允许在报纸上转载文章。[32]

2.11 (iii) 保护期 不同的条约对一般的保护期通常都是规定各种不同的固定期限,例如:自作者死后或其他事件发生以后 10 年、20 年或 50 年;[33] 不过,对于翻译权,大多数条约规定的都是较短的保护期,自首次出版后 5 ~ 10 年。[34] 在有些条约中,是根据寻求保护国的国内法律来确定保护期的。不过,更常见的情况是,条约会规定保护期应适用期限的比较原则,[35] 即在任何情况下,都不应超过寻求保护国给予其国民的保护期限。[36]

2.12 (iv) 作品 原则上讲,受双边条约涵盖的作品,是以不同的方式予以规定的。通常,双边条约使用以下一般用语,例如:"智力或艺术作品"[37]

---

[28]　汉诺威与法国签订的条约(同前注 20)第 2 条。

[29]　Cavalli(同前注 1),第 81 ~ 82 页。

[30]　尤其参见德国 12 个州与英国于 1855 年 6 月 4 日签订的附加公约第 3 条的规定,载 Eisenlohr(同前注 12)第 219 页。有关翻译权与其他权利相比所享有的较短期限的保护,参见下文第 2.11 段。

[31]　例如,汉诺威与法国签订的条约(同前注 20)第 4 条;法国与荷兰于 1885 年 3 月 29 日签订的条约(同前注 24)。Ladas(同前注 17),第 65 ~ 66 页。

[32]　Ricketson/Ginsburg(同前注 12),第 1.37 段。

[33]　Ladas(同前注 17),第 61 ~ 62 页。

[34]　尤其参见德国 12 个州与英国于 1855 年 6 月 4 日签订的附加公约第 3 条的规定,载 Eisenlohr(同前注 12)第 219 页。

[35]　同注 25 及其提到的相关条约的规定。

[36]　有关保护期,参见 Ricketson/Ginsburg(同前注 12)。

[37]　汉诺威与法国签订的条约(同前注 20)第 1 条。

或者"人类智力或艺术的作品或成果"[38];在使用上述一般用语以后,有的条约只接着列举一些作品类型,例如:"书籍、文字作品、戏剧作品、乐曲……"[39] 有的条约则对一些单独的作品类型专门作出规定,例如:戏剧作品、译作、音乐改编、大百科全书或期刊中的单篇文章,以及专门的艺术作品。[40] 有一些条约从一开始,就将涵盖的作品类型限制为某些类型的作品,例如限制为文学和科技作品,[41] 或限制为已出版作品,而不是同时包括已出版和未出版作品[42];另一些条约则明确地将某些类型的作品,例如摄影作品,排除在其涵盖范围之外。[43] 这些限制通常都反映了缔约国国内法的保护水平;缔约国都不愿意对外国人提供的保护,超过本国人。例如,荷兰于 1855 年和 1858 年分别与法国和比利时签订的条约,就都沿袭荷兰法的规定,没有涵盖艺术作品。[44]

2.13 然而,需要指出的是,即便是那些通常由双边条约涵盖的作品,也不能依据条约本身(iure conventionis)来获得保护,而只能依据国民待遇原则来获得。这也就意味着,这些作品应依据寻求保护的国家的法律来受到保护。此外,要享有国民待遇,通常还要取决于作品来源国或作者国籍国存在版权保护。[45]

(b) 手续与审查

2.14 对完全享有保护,通常施加的另一项限制,就是在其他国家要承认和行使权利,需履行某些手续。有些条约规定,这些手续需包括,在来源国以及在寻求保护的国家都要交存或注册作品。[46] 有些条约则规定,只需证明在来

---

[38] 奥地利与 Sardinia 于 1840 年 5 月 22 日签订的条约第 1 条,载 Eisenlohr(同前注 14)。
[39] 汉诺威与法国签订的条约(同前注 20)第 1 条。
[40] 上述奥地利与 Sardinia 签订的条约第 2、3、9、10、12 条(同前注 20)。
[41] 法国与荷兰于 1855 年 3 月 29 日签订的条约(同前注 24);1884 年,依据一项宣言的规定,该条约的涵盖范围被扩展至包括音乐作品,参见 Ladas(同前注 17),第 54 页。
[42] 很少有条约规定未出版作品,例如:法国与意大利于 1884 年 7 月 9 日签订的条约第 1 条;Ladas(同前注 17),第 54 页。
[43] 德国与比利时于 1883 年签订的附加议定书;Ladas(同前注 17),第 54 页。德国与法国于 1883 年 4 月 19 日签订的最后附加议定书第 6 条,参见 Rivèire(同前注 36),第 133 页。
[44] Cavalli(同前注 1),第 79 页;Ladas(同前注 17),第 54 页。德国与比利时于 1883 年签订的附加议定书也将摄影作品排除在外,这也体现了德国法的规定,Rivèire(同前注 36),第 133 页。
[45] 参见上文 2.07 段。
[46] 英国于 1846 年至 1860 年之前签订的所有条约,比利时与葡萄牙于 1866 年 10 月 11 日签订的条约以及奥地利与法国于 1866 年 12 月 11 日签订的条约;Cavalli(同前注 1),第 82 页。

源国存在版权保护以及完成手续,即可在其他国家获得保护。㊼ 只有少数条约不要求履行手续。㊽

2.15 除了要求履行手续以外,大多数双边条约还规定,允许国内法就作品的利用进行审查以及施加类似的限制作出规定。㊾

(c) 最惠国待遇条款

2.16 很多双边版权条约都规定了最惠国待遇条款。最惠国待遇条款通常是贸易条约的标准要件。其概念可以追溯至 12 世纪;随着 15 世纪和 16 世纪世界商务的发展,以及重商主义的势弱,最惠国待遇条款变得越来越重要。㊿ 双边版权条约通常都会与范围较广的贸易条约挂钩,版权条约也正是从后者那里借鉴了最惠国待遇条款。从原则上说,依据最惠国待遇条款,每一缔约国都有义务将其给予第三国的任何特权或利益,给予其他缔约国。因此,该条款就使得一缔约国与另一缔约国和任何第三国之间,构成某种形式的非歧视。例如,比利时与法国于 1861 年签订的条约中规定,允许不经作者许可公开表演戏剧作品;然而,比利时与葡萄牙(1866 年)以及瑞士(1867 年)分别签订的条约,都规定对此种利用作品的行为应获得作者的授权。因此,法国籍作家左拉(Zola)、Busnach 以及 Gastineau 可以依据最惠国待遇条款,要求授予他们对作品"L'Assomoir"享有公开表演权。[51]

2.17 最惠国待遇条款在双边版权条约,与在一般贸易条约中一样,都存在不同的形式。最惠国待遇条款,可以不规定任何条件,也可以规定条件,例如互惠、同等条件或者国内法。[52] 在无条件的最惠国待遇条款中,一缔约国授

㊼ 法国与荷兰于 1855 年 3 月 29 日签订的条约,比利时与荷兰于 1858 年 8 月 30 日签订的条约,法国与西班牙于 1880 年 6 月 16 日签订的条约,意大利与西班牙于 1880 年 6 月 28 日签订的条约;Cavalli(同前注 1),第 82 页。

㊽ 比利时与法国于 1880 年 6 月 26 日签订的条约,德国与意大利于 1884 年 6 月 20 日签订的条约,德国与法国于 1883 年 4 月 19 日签订的条约;Cavalli(同前注 1),第 82 页。

㊾ 例如,汉诺威与法国签订的条约(同前注 20)第 8 条。

㊿ 有关最惠国待遇条约的历史发展概述,参见 Subcomm on Int'l Trade, Senate Comm on Finance, 93rd Congress, 2nd Sess, Executive Branch GATT Studies no 9, 第 133～135 页(1973),转引自 J Jackson, W Davey, and A Sykes, *Legal Problems of International Economic Relations* (3rd edn, 1995) 440。

[51] 1880 年 5 月 17 日布鲁塞尔上诉法院判的判决,(1881) Sirey, part IV, 9, 进一步的讨论,载于 Cavalli(同前注 1),第 78～79 页,以及 Rivère(同前注 36),130－1n 3。

[52] Anon, "La Clause de la nation la plus favorisée dans les traités et accords concernant la protection du droit d'auteur", 2nd pt (1908) Droit d'auteur 17－20, 摘录了各个不同的条约以举例。一般来说,直到 18 世纪,在欧洲是直到 19 世纪后半叶,最惠国待遇条款都是以无条件的形式出现的,因为之前盛行的是自由贸易以及自由主义。在 19 世纪后半叶的欧洲,最惠国待遇条款以有条件的形式出现则是十分普遍的。参见 Subcomm on Int'Trade(同前注 50)。

予最惠国待遇，不以其他缔约国提供任何补偿为条件。例如，缔约国 X 授予缔约国 Y 最惠国待遇，如果 X 授予 Z 的待遇超过 X 与 Y 之间签订的条约所规定的内容，则 X 应将该更优惠的待遇授予 Y，而不得要求从 Y 那里获得任何补偿。

2.18 对于有条件的最惠国待遇条款而言，下述例子可以体现其运行机制。① 互惠：假如在上述情况下，X 授予 Y 最惠国待遇以互惠为条件，如果 X 授予 Z 的待遇超过 X 与 Y 之间签订的条约所规定的内容，则只有当 Y 授予 X 以互惠的利益的情况下，X 才需将该更优惠的待遇授予 Y。② 同等条件：假如在上述情况下，X 只在某种专门的条件下授予 Z 更优惠的待遇，[53] Y 只有在履行了与 Z 同样条件的情况下，才能向 X 要求授予最惠国待遇。③ 国内法——最惠国待遇条款应遵守每一缔约国法律的规定（如下述真实的例子：瑞士与哥伦比亚于 1908 年 3 月 14 日签订的条约）：哥伦比亚在其与西班牙于 1885 年签订的条约中规定了翻译权，但其国内法却规定，除非作品是在以西班牙语为主要语言的国家出版，否则允许自由翻译以外文出版的作品，不授予翻译权。因此，瑞士不得依据最惠国待遇条款主张翻译权。[54]

2.19 最惠国待遇条款除了有无条件和有条件这两种形式之外，双边版权条约中的最惠国待遇条款还有很多其他的不同形式。尤其是，一些条约规定，只有未来签订的条约所授予的利益，才属于最惠国待遇的范围；而另一些条约则规定，之前签订的条约所授予的利益，也应予以考虑。[55] 此外，最惠国待遇条款并非总是能够予以一般适用的，在有些情况下，它只能适用于某些特殊的权利或某些特殊类型的作品。[56]

2.20 在相当长的一段时期内，在版权条约中规定最惠国待遇条款一直是颇受争议的。[57] 一方面，该条款受到赞扬（尤其是受到国际文学协会的赞扬），原因是它能够直接实现国际法的理想目标——对于来自各国的作者都给予平等的保护；该条款被视为只是为作者提供帮助，使其能够从现有的条约中最大化地受益。支持者认为，法律顾问能够解决在适用该条款中出现的任何实际问题。[58]

---

[53] 例如，法国与巴西于 1893 年签订的条约中，规定的条件是法国必须削减其对咖啡征收的关税，参见 Ladas（同前注 17）第 175 页。

[54] 同上注。

[55] Anon 的著作对当时各个条约在此方面存在的区别做了一个表格（同前注 52），第 17~18 页。

[56] Ricketson/Ginsburg（同前注 12），第 1.42 段；Ladas（同前注 17），第 66 页。

[57] 例如，在国际文学协会公报上的讨论（1894 年会议），2nd series no 22, pp 19ff。在此次会议的最后，与会者否决了 Darras 先生提交的报告，该报告认为：基于简化和明确的目的，最好不要再在版权条约中规定任何最惠国待遇条款；也参见 Anon（同前注 52），第 17~18 页。

[58] 同上注。有关支持的意见，也参见 Rivèire（同前注 36），第 129~130 页。

2.21 另一方面,最惠国待遇条款也遭到了很多的批评。主要的反对理由是:在版权领域规定该条款不合适,因为类似于关税领域中所存在的竞争情形(第三国可能因某国给予另一个国的特殊优惠而受到损害)在版权领域并不会出现。[59] 另一项反对理由是,因未规定互惠原则所可能引发的不良后果:假如 A 国首先与 B 国签订了一项以互惠为基础、保护水平较低的条约,后来 A 国对 C 国授予了更多的利益,在适用最惠国待遇条款时,就将对 B 有利,然而这将打破 A 国与 B 国之间签订的条约的平衡,因为 A 国不得不将该更多的利益授予 B 国,而 B 国却可以继续对 A 国提供较低水平的保护。[60] 不过,上述批评意见已经没有什么市场了,因为有越来越多的国家选择不授予第三国更多的利益,或者从一开始就规定只在互惠的条件下提供最惠国待遇。[61]

2.22 更有说服力的批评意见则是:最惠国待遇条款存在一些现实方面的问题。作者为了解在某一时期在其他国家享有什么权利,不仅需要分析其国籍国与该国已经签订的双边条约,同时也要关注该国与任何第三国签订的所有条约以及存在的商业关系,看它们是否授予了第三国更多的利益。由于"每一天都可能会签署新的条约",因此,要完成上述任务就变得更加困难。[62]

(d) 条约的期限

2.23 19 世纪大多数的双边版权条约都是不稳定的。首先,它们的有效期很短,比如五年或十年,如果没有缔约国宣布条约失效,可能会心照不宣地延长一定的期限。[63] 其次,因为有很多版权条约都与涵盖范围较广的贸易条约挂钩,而贸易条约通常都会重新谈判,因此版权条约的效力基本上都要受到动态的贸易环境的影响。例如,法国与荷兰于 1855 年签订的(版权)条约的有效期,持续至 1859 年 7 月 25 日;该条约的命运与 1840 年通商和航海条约挂钩。因此,宣布后一条约失效,将自动导致前一条约失效。[64] 第三,战争的出现也会导致条约失效。[65] 最后,条约也可能因缔约各方之间一致同意而予以修

---

[59] Darras(同前注 24),第 555 页。

[60] 同上注,第 563~564 页。

[61] Rivèire(同前注 24),第 130 页。

[62] Darras(同前注 24),第 556 页。

[63] 例如,比利时与英国于 1854 年 8 月 12 日签订的条约第 15 条第(2)款[Eisenlohr(同前注 12),第 287 页,第 294 页]规定:条约的有效期为条约生效以后 10 年,此后每次自动延长 1 年,除非有一方提前 1 年宣布条约失效。

[64] 法国与荷兰于 1855 年 3 月 29 日签订的条约第 11 条第(3)款(同前注 24)。

[65] Rivèire(同前注 36),第 117 页。

改。⑥⑥ 由于上述各种因素，因此条约的法律确定性受到严重影响。

（3）双边条约小结

2.24 最惠国待遇条款存在的一些不利因素，双边条约的有效期很短暂，而且还会经常失效，双边条约的数量很多、内容五花八门，以及实质性互惠与要求履行手续的各种条件，导致双边条约处于一种高度复杂且不确定的法律环境之中。⑥⑦ 鉴于双边条约存在上述缺陷，很显然，双边条约仅仅是朝着促进国际版权法发展的道路上前进了一步而已，并非是理想的解决方案。⑥⑧

C. 第一个多边条约的发展历程

（1）初始发展简介

2.25 各方对于双边条约体系感到不满意，是向第一个保护版权的多边条约进一步发展的原因之一。另一个原因是国际社会频繁提出要承认作品的世界性质，以及提供世界性保护。⑥⑨ 朝第一个多边条约迈进的初始步骤包括：为了讨论是否可能以及如何提供国际性的、世界性的版权保护而召开的众多国际性的大会——在19世纪中叶，以组织国际会议的形式讨论问题是十分普遍的情况。⑦⓪ 相关的会议包括：1858年布鲁塞尔会议，⑦① 1861年和1877年讨论艺术作品的安特卫普会议，⑦② 在1878年巴黎世界展览会的系列活动中，由法国作

---

⑥⑥ 法国与荷兰于1855年3月29日签订的条约第11条第（3）款（同前注24）以及比利时与英国于1854年8月12日签订的条约第15条第（3）款（同前注63）。

⑥⑦ 例如，Cavalli（同前注1），第83～85页。

⑥⑧ Anon（同前注52），第19页；Rivèire（同前注36），第117页（作者提到了一种建立"世界法"的方式）以及第136～137页［也提到了，双边条约在作者权的国际承认方面所具有的积极作用（"由于自身不完善，因而孕育了发展"，这句话的英文为本书作者所译）］。

⑥⑨ Cavalli（同前注1），第89页；E Romberg, *Comptes rendues des travaux du Congrès de la Propriété Littéraire et Artistique* (1859) Vol I, 2, 提到了1858年会议组织者准备的提案。

⑦⓪ Ricketson/Ginsburg（同前注12），第2.05段。

⑦① 1858年9月27~30日召开的文学和艺术财产大会，参见会议记录：Romberg（同前注69）（共有2卷，包括了其他文件并在附录中附有当时有效的各国版权法律的内容）；下文第2.26～2.29段。

⑦② 参见1861年大会记录，E Gressin Dumoulin, *Comptes rendues des travaux du Congrès Artistique d'Anvers* (1862)。1877年第二次大会的部分内容是由前一次的1876年不莱梅大会准备的，后者则是由国家法律统一与改革协会负责组织。国家法律统一与改革协会授权了一个委员会来处理有关国际规范的事务。有关德国、英国、北美法律的共同原则的成果，在1877年安特卫普会议上提交［Rothlisberger（同前注3）5］；下文第2.30～2.31段。

家协会于 6 月组织的国际文学大会，[73] 以及在工业产权大会结束之后于 9 月召开的国际艺术财产大会。[74] 在国际文学大会上，成立了国际文学协会；此后不久，该协会在推动由各国参加的大会来建立一个保护文学财产联盟——后来的伯尔尼联盟——的活动中起到了重要作用。[75] 与此同时，一些私人协会也展开了进一步的活动；尽管这些活动主要是在国家层面展开，但其目的却是促进版权的国际保护。[76] 最后，在召开了三次外交会议以后，《伯尔尼公约》终于在1886 年获得通过。[77]

（2）1858 年布鲁塞尔大会

2.26 需要注意的是，为讨论版权国际保护而召开的第一次大会的时间，是在大约有 30 多个双边条约（不包括德国各州之间签订的条约）已经缔结的第一波浪潮出现，并且已经显现出弊端的时候。[78] 比利时是最初主办世界版权国际大会的东道国，这是非同寻常的，因为当时比利时是主要的盗版国；之所以如此，原因之一是因为比利时本国国民在比利时享有的保护水平要低于外国人。选择在比利时召开大会，可能反映了比利时代表希望改善比利时在版权保护领域的声誉，并且影响比利时政府完善其国内法律以有利于其本国国民。[79] 此次大会以及其他在伯尔尼公约缔结之前召开的大会，都是由"杰出人士"[80] 发起和运作，由政治、司法以及艺术领域的著名人士组织的。[81] 这些大会的参加者在今天可以被称为利益方。例如：布鲁塞尔大会大约有来自 14 个国家的81 个协会的近 300 名与会者；其中有 62 名作家，54 名著名学者，47 名来自大学的代表，40 名公共服务机构以及国家机关的代表，29 名律师，29 名书籍销售商，24 名艺术家，21 名经济学家以及 60 名记者。[82] 因此，公民社会（civil

---

[73] 法国作者协会此前一直努力在 1867 年于巴黎召开的另一届世界展览会上举办这样一次大会，不过，未获得成功，Cavalli（同前注 1），第 117 页。

[74] 有关文学大会的内容，参见上注，第 116～131 页；有关 9 月 18—21 日艺术大会的讨论，参见上注，第 132～140 页；有关这两次大会的内容，参见下文第 2.32～2.34 段。

[75] Ricketson/Ginsburg（同前注 12），第 2.09 段，第 2.10 段；下文第 2.35～2.38 段。

[76] 例如：Rothlisberger（同前注 3）在第 4～5 页中提到：德国书籍贸易协会在 1871 年要求用德国联邦与其他州签订的条约来取代德国各州之间签订的双边条约。

[77] 下文第 2.39～2.45 段。

[78] 有关双边条约的弊端的讨论，参见上文第 2.24 段及之前的段落。

[79] Cavalli（同前注 1），第 91～92 页。

[80] Romberg（同前注 69），Vol I, 1："hommes distingués"。

[81] 例如：1858 年布鲁塞尔大会的组织者，载于 Romberg（注 69），Vol I, 3 - 4，以及 Cavalli（同前注 1），第 90～91 页；有关 1861 年安特卫普会议，Cavalli（同前注 1），第 108 页，提到了 Gressin Dumoulain（同前注 72），第 1 页以下。

[82] Rothlisberger（同前注 3），第 3 页（注释 1）；Ricketson/Ginsburg（同前注 12），第 2.05 段。

society）是《伯尔尼公约》的根基。(83)

2.27 召开布鲁塞尔大会的目的也反映了当时版权法的法律环境存在问题：由于当时很多国家没有规定版权保护，在存在版权保护的国家，各国的法律规范又很不相同，因此大会将其主要任务定为：准备“知识产权世界法的一般基本原理”(84)——这些基本原理能够成为各国法律的组成部分，并且一旦按照类似的方式发展，可以成为世界法。因此，大会的工作计划所包括的详细问题，不仅有涉及国际保护机制的内容，同时也有协调各国国内法的实体性法律规范。这些问题经由组织委员会做出评论意见以后，才提交给大会。(85) 有关实体性版权法，在总共 18 个问题中，涉及了诸如以下方面的内容：翻译权、复制权、公开表演与改编音乐作品的权利，以及艺术作品的问题。其中最具争议性的一个问题是保护期多长才适当，以及更基本的问题：保护究竟应当是永久性的还是有期限的；对于后一个问题，大会的有关机构最终以 56 票对 36 票的表决结果，主张采取有限期的保护制度。(86)

2.28 最后，大会以决议的形式对各个问题做了回答，(87) 大部分的答案都采纳了组织委员会的意见。(88) 有关国际保护的决议内容，要求各国即使在不存在互惠的条件下也应对文学和艺术财产予以国际承认，完全给予国民待遇，保护国不得要求履行手续才提供版权保护，在一致的基础上制定国内法。有关实体法规范的决议内容，包括下述专有权：发表权、复制权、发行权、翻译权（受到一定的限制）、音乐改编权、公开表演戏剧和音乐作品的权利，作者死后或配偶死后 50 年的一般保护期与专门保护期，以及有关艺术作品的特殊规定。

2.29 大会主席似乎已经预见到了此次会议的重要性：因为他在向与会者讲话时使用了以下文字：“……你们应当为能够以某种方式成为知识产权法典的作者而感到荣幸。”(89) 此外，主席还作了如下预测：“这些决议将在知识产权

---

(83) 现在，这一点尤其值得强调：因为消费者协会似乎认为，版权保护与公民社会的利益是相悖的（更详细的讨论，参见下文第 25.27 ~ 25.32 段）。

(84) Romberg（同前注 69），Vol I，2。

(85) 这些问题的法文（原始）形式，参见 Gavalli（同前注 1），第 94 ~ 95 页，以及 Romberg（同前注 69），Vol I，4 – 6。

(86) 同上注，第 126 页；有关的讨论，参见第 100 ~ 126 页。有关不具名作品和假名作品的保护期的讨论，参见同上注，第 135 ~ 137 页。

(87) 同上注，第 175 ~ 178 页；决议的法文（原始）形式，参见 Gavalli（同前注 1），第 104 ~ 107 页，决议的大部分内容的英文形式，载于 Ricketson/Ginsburg（同前注 12），第 2.05 段。

(88) Cavalli（同前注 1），尤其是第 100 ~ 104 页对各个问题的讨论。

(89) Romberg（同前注 69），Vol 8. I，第 173 ~ 174 页（该英文引文为本书作者所译）。

领域成为新的权威性内容。”(90) 在此次大会上，利益方所做的基础性决定，对各国版权法的后续发展以及后来《伯尔尼公约》中规定的基本原则都有着重要影响。(91)

（3）1861 年、1877 年安特卫普大会

2.30 1861 年第一次安特卫普大会的运作方式与 1858 年布鲁塞尔大会很相似，不过，它讨论的问题要少一些，主要涉及艺术作品作者权利的相关问题。(92) 就国际保护而言，有关各国政府就艺术财产的一般性保护如何能最好地达成一致的方式问题，由于时间有限，未能展开充分的讨论；只提出了一项一般建议：使用可以采取的各种措施。不过，1858 年布鲁塞尔大会通过的有关承认作品的国际保护以及完全给予国民待遇的前三项决议，在此次大会上，在专门针对艺术作品的范围内，又获得通过。(93)

2.31 1877 年关于艺术作品的第二次安特卫普大会的任务之一，是在艺术作品的财产权的国际立法方面建立基础。这次大会最后只通过了一项决议，鼓励朝着制定“具有国际性质的法律”的方向开展工作，(94) 同时请国际法研究院准备一项艺术作品世界法草案。(95) 不过，该请求未得到实施，后来，随着国际文学协会于 1878 年成立［（该协会后来于 1884 年扩展为国际文学和艺术协会（ALAI）］，就由该协会担负起筹备《伯尔尼公约》的领导作用，上述请求也就被废弃了。

（4）1878 年国际文学和艺术大会

2.32 成立国际文学协会，确实是 1878 年在巴黎召开的国际文学大会的一项主要成就。在此次国际文学大会要结束的时候，在维克多雨果的主持下，大会决定成立国际文学协会，该协会应“在各国发展和维护知识产权的基本原则，审查国际条约，使国际条约更臻完善”(96) ——这些职能，国际文学协会一直严格履行。(97)

---

(90) Romberg（同前注 69），第 94 页（该英文引文为本书作者所译）。

(91) Cavalli（同前注 1），第 108 页。

(92) 组织委员会的问题，重印于 Cavalli（同前注 1），第 109 ~ 110 页，注释 67。

(93) 同上注，第 113 页；关于 1861 年大会的全部讨论内容，参见上注，第 110 ~ 113 页。

(94) Rothlisberger（同前注 3），第 5 页。

(95) Darras（同前注 24），第 523 页；Rothlisberger（同前注 3），第 5 页。国际法研究院是在此次大会召开四年前在日内瓦创立的。

(96) Rothlisberger（同前注 3），第 6 页（该英文引文为本书作者所译），作者提到了 6 月 21 日、25 日召开的第三次委员会会议，以及 1878 年 6 月 29 日召开的最后一次委员会会议；Ricketson/Ginsburg（同上注 12），第 2.08 段，认为是 6 月 27 日作的决定，Ladas（同上注 17），第 74 页，则认为是 6 月 28 日作的决定。

(97) 下文第 2.35 ~ 2.38 段。

2.33 此外，国际文学大会通过了以下愿景（voeu）：希望法国政府承担召集由各国政府代表出席的国际会议的任务，以制定一个有关使用文学财产权的统一公约，在该公约中要体现国际文学大会已经通过的决议的内容，尤其是国民待遇原则。[98]

2.34 1878年艺术大会也取得了类似重要的进展；此次会议，在国际版权史上第一次提出在欧洲各国以及其他国家之间建立一个"普遍的联盟"，以便在艺术财产权领域制定一项统一的法律。建立该联盟的条约的内容，借鉴了1878年艺术大会通过的决议的内容（包括国民待遇原则），在法国相关职能部门的部长的推动下，建立联盟的相关事务继续向前进展。[99] 事实上，在版权领域建立联盟的建议提出几天之前，在有关的巴黎国际大会上已经有与会者提出在工业产权领域建立类似的联盟的请求。[100] 然而，当时大的政治气候似乎不利于召开建立该联盟的国际大会；此外，法国一直忙于筹备即将到来的1879年有关工业产权的国际条约的外交会议（外交会议的成果是1883年巴黎公约）。[101] 在1878年大会提出建立联盟的建议五年以后，另一个国家瑞士完成了召开建立该联盟的国际会议的任务。

（5）国际文学协会的工作

2.35 国际文学协会[102]于1878年成立之后，每年组织召开一次涉及版权、作家待遇以及文学问题的国际大会。[103] 在制定伯尔尼公约的外交会议召开之前的那些年里，国际大会讨论的最重要的法律问题包括：翻译权及保护期限；改编权及音乐改编权；作者权的保护期限；文学、科学和艺术作品的定义；巴西和俄国的大规模文学盗版问题；以及国民待遇。[104]

2.36 有一届年会，即1882年罗马大会，尤其值得特别指出，因为在此次大会上，De Marchi 律师提交了一项包含有超过130个条款，对文学财产权

---

[98] Cavalli（同前注1），第131页；Rothlisberger（同前注3），第6页。

[99] 第20号和第21号决议，重印于 Cavalli（同前注1），第138页；Rothlisberger（同前注3），第7页。第21号决议授权大会与法国教育与艺术部长共同采取行动，成立一个正式的国际委员会，以建立该联盟。

[100] Rothlisberger（同前注3），第7页。

[101] 同上注，第8~9页。

[102] 国际文学协会于1884年扩展成为国际文学和艺术协会，也即是今天的ALAI；也参见上文第2.31~2.32段。

[103] Cavalli（同前注1），第142页；例如，在1881年维也纳国际大会上，就有与会者提交提案，建议通过一项决议，要求释放一名已在西伯利亚被监禁了18年的俄国作者；尽管大会就该问题展开了讨论，不过，最终该决议并未获得通过。

[104] 有关伦敦大会（1879年）、里斯本大会（1880年）、维也纳大会（1881年）以及罗马大会（1882年）的内容的更详细的概述，参见 Cavalli（同前注1），第141~155页，提到了"ALAI"相关公报的内容。

进行法典化的研究报告。De Marchi 认为，制定统一的法律尽管是很困难的，但也并非是不可能完成的任务，因为这是统一人类智力的直接结果。[105] 他认为，"尽管各种族与文明之间存在差异"，但我们应当拥有在文学财产权领域完成法律统一的雄心壮志。[106] 由于他的提案的内容非常冗长且十分模糊，大会甚至对其未予审议。

2.37 相比较而言，由德国书籍贸易商协会总干事 Paul Schmidt 提交的提案，在此次大会上却得到了各方一致的接受。[107] Paul Schmidt 以已经成立的邮政联盟为模板，以文学和音乐领域所有利益相关方的立场为基础，再次提出了建立文学产权联盟的建议。他建议，在各国报刊上就建立该联盟进行充分的讨论，并且为创建文学产权联盟设定期限和开会地点。很快，大会就作出决定，于 1882 年在伯尔尼召开创建文学产权联盟的会议；伯尔尼是瑞士的中立领域，很多国际组织机构都将总部设在此地，例如电报和电话联盟已将其总部设在此地，保护工业产权国际联盟国际局即将把其总部设在此地。[108]

2.38 拟定的国际文学协会大会最终于 1883 年召开。此次大会得到了瑞士政府的支持，瑞士政府还表示，如果需要，它已经做好了为缔结一个国际公约而举办一次外交会议的准备。[109] 1883 年大会共有大约来自各利益集团的 25 名代表与会。[110] 在已经开展的筹备工作——筹备工作主要是由瑞士国家委员会以及另外三个国家委员会来负责——的基础上，大会仅仅经过三天的讨论，即通过了由十个条文构成的公约草案；这十个条文中的大部分内容，最终都为 1884—1886 年召开的三次外交会议的与会代表所接受，而被纳入《伯尔尼公约》的最终文本中。[111] 公约草案提交给了瑞士联邦委员会，作为向各国政府以及外交会议进一步讨论设立联盟的公约草案的基础。[112]

（6）在《伯尔尼公约》缔结之前召开的外交会议

2.39 1883 年大会通过的公约草案的涵盖范围非常有限，甚至比一些已

---

[105] Cavalli（同前注 1），第 151 页。

[106] 同上注。

[107] 同上注，第 153 页；Rothlisberger（同前注 3），第 9～10 页。

[108] Cavalli（同前注 1），第 152～154 页。

[109] Ricketson/Ginsburg（同前注 12），第 2.10 段；有关此次大会，也参见 Cavalli（同前注 1），第 158～162 页，以及 Rothlisberger（同前注 3），第 10～11 页。

[110] 同上注，第 11 页。

[111] Ricketson/Ginsburg（同前注 12），第 2.11、第 2.12 段；Cavalli（同前注 1），第 160～162 页；在 162 页，参见引用的国际文学协会主席的总结讲话，表明他已经注意到了此次大会的重要性［尤其是："……尽管我们只超前走了一小步，但因为在我们之前从未有人涉足该领域，因此任何人要想再涉足该领域，只能在我们的脚印上前行"（该英文引文为本书作者所译）］。

[112] Rothlisberger（同前注 3），第 11 页。

经缔结的双边条约所涉及的内容都要有限。例如，公约草案既没有涉及权利的保护期的问题，也没有列举应予承认的具体权利类型及对权利的限制。公约草案包括的主要内容只有：国民待遇原则及与之相关的内容，"文学和艺术作品"的定义，翻译与改编专有权及保护译作，"追溯"适用，允许联盟成员方之间签订专门协定，以及为即将成立的联盟建立一个国际办公室（主要职能是为了提供各成员方版权法的相关信息）。[113]

2.40 尽管公约草案的涵盖范围很窄，但瑞士政府受到了它的激励，开展了为缔结多边条约而采取的下一步行动，即向"所有文明国家"的政府发出照会，详细阐述：由于双边条约存在缺陷，国际社会缺乏统一保护，因此有必要对文学和艺术产权提供多边保护。瑞士政府还宣布，如果收到照会的国家，倾向于在原则上同意："文学或艺术作品的作者应在各国获得与该国国民平等的保护，而无论作者的国籍和出版地，是一项自然权利"——通过联盟在各国应予实现的一项原则，它将举办一次外交会议。[114] 很多国家都作了积极的回应，[115] 瑞士政府认为，这些回应是非常重要的，因此有必要在1884年召开第一次外交会议，不过当时还没有预想要在此次外交会议上通过一些有约束力的决议。

2.41 在1884年召开的第一次外交会议上，[116] 有11个国家[117]对于以瑞士的提案——该提案是在1883年国际文学协会通过的提案的基础上草拟的——为基础草拟的公约草案进行了讨论。[118] 瑞士政府就文学和艺术产权领域的法律与条约的最重要的条款的共同特点而出版的研究报告，已经向大会提交，为大会工作提供了便利。12天以后，与会国家通过了公约草案以及附加条款草案和最后议定书草案，并将这些草案提交给感兴趣的政府加以研究。只有法国对1884年会议成果表示反对。公约草案的内容有了很多重要进展；尽管该草案

---

[113] 有关公约草案的更详细的讨论，参见 Ricketson/Ginsburg（同前注12），第2.13～2.17段。公约草案的文本，重印于 ALAI 公报1883年11月18日，第19页，以及（1883）Journal du droit international privé, 563–564。

[114] 照会的内容重印于 Ricketson/Ginsburg（同前注12），第2.18段，以及 Cavalli（同前注1），第163页，注18。

[115] 有关积极回应与消极回应的内容，参见 Cavalli（同前注1），第163页；有关美国以商业关系为依据提出的反对意见，同上注，第163～164段；Ricketson/Ginsburg（同前注12），第2.19段。

[116] 有关此次会议及成果的详细讨论，参见 Cavalli（同前注1），第162～166段；Ricketson/Ginsburg（同前注12），第2.19～2.37段；Rothlisberger（同前注3），第12～16页。

[117] 这十一个国家分别是：德国、奥匈帝国、比利时、哥斯达黎加、法国、英国、海地、荷兰、瑞典、挪威以及瑞士；意大利和西班牙由于霍乱的原因，无法派代表出席此次会议，Cavalli（同前注1），第164页。

[118] 上文第2.39段。

借鉴了瑞士政府提案的内容,但前者走得更远。[119]

2.42 在1885年召开的第二次外交会议上,有更多的国家派代表参会,从而使得参与讨论的范围更广泛。有鉴于此,同时为了让更多的国家签署最终的协定,所以,在公约通过之前,需要给各国政府留出更多的时间予以准备。因此,在1885年会议上,与会的16个国家里,有12个国家签署了没有约束力的公约草案、附加条款以及最终议定书,并授权瑞士政府筹备下一次外交会议,在此次会议上,公约草案要么整体获得通过,要么整体获得否决。最终,在第三次外交会议上,比利时、法国、德国、英国、海地、意大利、利比亚、西班牙、瑞士以及突尼斯在1886年9月9日签署了《伯尔尼公约》。[120] 除了利比里亚以外,其他所有签署国都在1887年9月5日批准了《伯尔尼公约》。[121]

2.43 对围绕《伯尔尼公约》每一条款展开的争论进行详细的讨论,[122] 不在本书的主旨范围之内。不过,讨论的一些特点可以在这里予以强调指出:在1884年外交会议上,会议讨论受到了德国代表团的很大影响,德国代表团对于会议的圆满成功起到了重要作用。[123] 首先,德国代表团提交了一份问卷,目的是对瑞士代表团提交的草案予以澄清、修改和补充。因此,德国代表团就使得各方讨论的范围更加聚焦,同时也推动了各方的讨论。法国(通常发挥领导作用)以及英国则只对于1885年召开的外交会议上可能通过的公约应包含的内容施加了某些影响。[124] 需要特别指出的是,法国代表团主张应提供高水平的版权保护,而英国代表团一直持相反意见,倾向于采用"单纯和简单的"国民待遇原则来达到版权的国际保护的目的。[125] 因此,公约的最终文本采取了一种妥协方案,也允许只打算提供较低水平保护的国家加入公约——只能将该妥协视为通向完全和统一的国际保护之路上迈出的第一步(反映在《伯尔尼公约》第17条有关对公约进行常规修订的内容中)。[126]

2.44 其次,德国代表团按照作者和艺术家协会以及很多私人团体表达的观点,促成了各方就国际保护的基本方式问题进行讨论。德国代表团建议,应在联盟各国,以统一的方式规定所有的版权条款,从而达到作者权保护的世界

---

[119] Cavalli(同前注1),第165~166页;Ricketson/Ginsburg(同前注12),第2.37段,引用了亚当斯(Adams)的发言,他提到:"普通的计划"转化成了"具有相当广度的公约草案"。

[120] Cavalli(同前注1),第166~168页。

[121] Anon, "La Constitution de l'Union (III.)" (1888) Droit d'auteur 23.

[122] 对此,可参见Ricketson/Ginsburg(同前注12),第2.21~2.37段;第2.42~2.49段。

[123] 同上注,第2.37段,第2.24段。

[124] 同上注,第2.24~2.26段以及2.40段。

[125] 同上注,第2.40段,第2.49段。

[126] 同上注,第2.49段。

统一。[127] 换句话说，德国代表团提出的上述统一保护形式，与早期很多其他国家曾提出的一样，采取的都是可以在各缔约国直接适用的一部统一法的形式。不过，其他代表团对该提案表示反对，它们认为，要完全消除各国版权法现在所存在的区别，是不现实的。[128] 因此，1884 年外交会议最终采取了更务实的方案，即继续保留各国的不同法律，以之作为国际保护的基础，同时在公约中规定国民待遇原则和最低限度的权利。这一方案最终被写进了 1884 年外交会议的最终会议记录，会议记录包含有很多原则，其中有提到：各国现行的法律之间存在的区别是达成为各方广泛接受的统一保护的障碍，同时也提到：希望在版权法领域继续进行统一化和国际化。[129]

2.45 就这一问题，与瑞士政府在 1884 年外交会议上早期提出的一项妥协动议类似，最终会议记录也体现了当时国际社会的观点：在世界范围内采用一部法典化的统一法是最佳和最理想的方案，而外交会议所选择的方案只是次佳方案，但却是能够为最可能多数的国家立即接受的唯一现实的方案，至少也是朝着统一化进程继续发展的中间一步。[130] 这一基本选择也有助于确保《伯尔尼公约》经过未来的发展让最大多数的国家能够加入公约：如果连 12 个国家都无法就一部统一法达成一致意见，那么在未来，要让更多的国家有兴趣加入该公约就更不可能了。事实上，尽管近来版权领域出现了一些发展，令世界各国法律的内容得到了相当程度的接近——至少在表面上是如此，但直到今天，实现各国法律完全统一的目标，仍未完成。[131]

---

[127] 该提案是以下述问题的方式提出的："如果不采用在国民待遇原则的基础上缔结公约的方式，可否采用在公约的框架内，以统一的方式为整个拟建立的联盟制定一部法典，同时在公约的框架内，将与保护版权有关的所有条款规定在一起？"，Actes de la conférence internationale pour la protection des droits d'auteur réunie à Berne du 8 au 19 Septembre 1884, 24；Ricketson/Ginsburg（同前注 12），第 2.24 段。

[128] 同上注。

[129] 同上注，第 2.36 段。

[130] Actes de la conference 1884（同前注 12），第 29 页；瑞士政府的动议，转引自 Ricketson/Ginsburg（同前注 12），第 2.24 段。对会议成果表示失望的进一步讨论，参见上注，第 2.37 段。

[131] 参见下文第 14.24 段、第 25.34 段。

第三章
版权体系与作者权体系的比较

A. 引 言

(1) 不同的体系

3.01 目前,大多数国家的版权法实际上都可归为两种主要的保护体系之中:即盎格鲁—撒克逊或盎格鲁—美国"版权体系"与欧洲大陆的"作者权"(authors' rights 或 droit d'auteur)体系。这两种体系源于不同的哲学基础,因此,每一种体系所体现出来的法律特征也有显著不同。这两种体系之间所存在的差异,一直以来都是发起和缔结国际协定甚至进行区域协调的主要问题源;尤其是自20世纪80年代中期开始,随着版权在经济上的地位越来越重要,加剧了竞争,为了通过国际贸易法的方式来保护本国产业利益,各国对于版权保护的呼声越来越强烈。此外,随着美国于1989年加入《伯尔尼公约》,美国在国际版权法领域施加了更多的影响,并且积极推动版权体系的基本要素获得国际承认,[1] 从而进一步强化了这两种体系之间的"竞争"。为了"填补漏洞",使这两种体系之间存在的差异实现最小化,最常见的方式就是将版权体系的基本要素纳入国际公约的框架之中。[2]

---

[1] 例如,尝试将录音制品纳入到《伯尔尼公约》的框架内予以保护,参见下文第17.05段;近来此方面的活动,主要发生在双边条约领域,参见下文第12.11段,第12.32~12.35段,第12.40段以及第12.64段;A Francon, *Cours de propriété littéraire et artistique* (1999) 114f; S von Lewinski, "Copyright in Modern International Trade Law" (1994) 171 RIDA 5, 57–59.

[2] 暗示采用此种方式的观点,参见 S von Lewinski, "Intervention" in J Rosén and PJ Nordell (eds), *Copyright, Related Rights and Media Convergence in the Digital Context: ALAI Nordic Study Days, June 18–20, 2000, Stockholm* (2001), 59; 也参见 R Kreile, "Bericht über die WIPO Sitzungen zum moglichen Protokoll zur Berner Konvention und zum 'Neuen Instrument' im September 1995" (1995) ZUM 815 and 824。

3.02 由于保护体系通常被认为体现了国家的基本文化和身份特征，而不单单只是通过法律进行规则的中立工具，因此，各国之间努力影响地区或国际解决方案的斗争，通常都是非常激烈，有时甚至是情绪化的；这些斗争被称为"宗教战争"（religious wars）③ 或"大型战役"（a big battle）④。"大型战役"尤其发生在《与贸易有关的知识产权协定》（TRIPS）、《WIPO版权条约》（WCT）以及《WIPO表演和录音制品条约》（WPPT）的谈判过程中。因此，对于版权体系与作者权体系的基本立法方式及二者之间的区别进行阐释，是理解国际版权法非常重要的背景资料。

3.03 尽管本书重点关注的是版权体系与作者权体系的主要区别，不过，为了使讨论的体系完整起见，本书也将简要地提及第三种体系，也就是所谓的"社会主义体系"。"社会主义体系"主要存在于社会主义时期的中东欧国家。个人财产权与社会共同体以及国家控制的概念是格格不入的；当个人利益与社会整体利益发生冲突时，通常是后者优先，而且利用作品的职能通常也是由国有公司来控制和履行的。⑤ 不过，现在，中东欧的前社会主义国家以及苏联的各国，采用的是作者权体系。

3.04 在具体讨论版权体系与作者权体系的区别之前，还有另一项有助于理解国际版权法的内容需要指出。版权体系和作者权体系都起源于欧洲，作为西方世界的概念扩展至世界其他地方。然而，在世界某些地方，尤其是在亚洲，在很长一段时期里，对于创作秉持了一种截然不同的看法：⑥ 作者主要是为了令社会承认其所具有的艺术成就而奋斗；其作品受到复制，表明其受欢迎，同时也承认了其在艺术领域具有重要地位。对于艺术家而言，社会身份比从作品中直接获利要更重要，尽管艺术家通常情况下都是受雇他人。这与欧洲中世纪的情形很相似。此外，西方式的激进执法模式，与亚洲传统文化可能格格不入。⑦ 不过，亚洲社会正在激烈地发生变革；艺术家需要通过利用其作品

---

③ N Turkewitz, "Authors' Rights are Dead" (1990) 38 J Copyright Soc USA 41, 45.

④ "Une bataille de grande envergure", B Edelman, "Entre copyright et droit d'auteur: l'intégrité de l'oeuvre de l'esprit" (1990) Recueil Dalloz, Chronique 295.

⑤ S Stewart, *International Copyright and Neighbouring Rights* (2nd edn, 1989) n 1.17, 有关苏联法律的讨论，参见上注，第19章。

⑥ 有关伊斯兰国家的特殊立场，参见 M Amanullah, "Author's Copyright: An Islamic Perspective" (2006) 9/3 Journal of World Intellectual Property 301ff。

⑦ C Antons, "Legal Culture and its Impact on Harmonisation" in C Antons, M Blakeney, and C Heath (eds), *Intellectual Property Harmonisation within ASEAN and APEC* (2004) 35; 不过，Antons 也提到了由于其他方面的弊端，例如腐败，导致执法存在问题。

来谋生,因而也乐见其作品受到版权的保护。⑧ 西方的版权概念,随着西方式的市场以及个人主义一道,逐渐地不仅融入了亚洲的法律,同时也融入到了亚洲的文化之中。⑨ 不过,主张西方式的概念是强加给亚洲社会的,它们与亚洲文化是不容的观点,继续被用于反对国际社会要求提高亚洲的知识产权保护水平。⑩

(2) 地理上的扩展

3.05 无论是版权体系,还是作者权体系,都是在18世纪起源于欧洲,随后通过殖民的方式,近年来则是通过大国在经济上施压的方式,逐步在世界范围内扩展。因此,并不仅仅只有英国才采用版权体系,它的前殖民地以及英联邦国家,例如美国、新西兰、澳大利亚、英国以前在非洲的殖民地、斯里兰卡以及印度,也都是采用版权体系。采用作者权体系的国家则有欧洲大陆国家以及它们以前的殖民地,例如拉丁美洲国家,法国以前在非洲的殖民地,以及一些亚洲国家,例如印度尼西亚和越南。

3.06 一些受到各种不同势力影响的国家,采用的则是混合体系,例如加拿大,其在魁北克地区受到法国的影响,而其他地区则受到英国的影响;又比如菲律宾和巴拉马最开始受到西班牙的影响(因而采用的是作者权体系),后来又受到美国的影响。一些非殖民地——尤其是亚洲——国家,例如泰国,通常则是同时借鉴版权体系和作者权体系的基本内容,来建构其自己的法律体系。⑪ 类似的,中国第一部现代著作权法——1990年著作权法,大部分内容借鉴的是作者权体系,但同时也吸收了版权体系的某些基本内容,尤其是有关实际实施的内容。⑫

3.07 尽管前社会主义国家采用了作者权体系,不过,近年来,它们中的大多数国家,尤其是苏联的一些国家(与很多发展中国家一样)将版权体系的一些基本内容纳入到了它们的法律中;之所以如此,一个重要的原因是因为美国一直施压要求与这些国家签订双边条约,而这些双边条约中的许多具体内

---

⑧ 有关这方面发展的详细讨论,参见 Antons,同前注7,第29页,第32页以下。不过,传统社区的大部分创作所采用的进路,与西方观点还是存在重要差别,参见下文第20.02~20.04段。

⑨ 亚洲的很多国家在19世纪末,就已经开始引进版权保护的法律规范,只不过实际应用的较少而已,同上注,第34页。

⑩ 同上注。

⑪ 同上注,第34~35页;大多数学者认为,泰国的法律体系属于欧洲大陆法系的范畴。

⑫ 参见 A Dietz, "The Chinese Copyright Law: Copyright or 'Droit d'auteur'"? (2004) Auteurs & Media 14ff; P Ganea, "Copyright" in C Heath (ed), Intellectual Property Law in China (2005) 205, 211, 对中国著作权法的新修订的内容作了介绍。

容都是以版权体系为模板制定的。⑬ 此外，版权体系的国家在加入《伯尔尼公约》或任何以《伯尔尼公约》为基础发展的版权公约之前，已经在其国内法中实施了作为《伯尔尼公约》主要特点的作者权体系中的一些基本内容。因此，由于各方面因素的影响，目前，大多数国家都不会再完全只依循一种体系，而是同时也吸收另一种体系的某些内容。

3.08 需要指出的是，不应将下文对版权体系和作者权体系所做的比较分析，误解为同一体系内的各个国家的法律基本上都是相同的。例如，法国和德国——两者都属于作者权体系的国家——的法律，在很多基础性问题上就存在系统性的不同；⑭ 同时，版权体系的国家，例如美国、加拿大和英国，在诸如独创性、限制与例外（包括像合理使用或合理处置这些概念）这些问题上，也采取了不同的做法。

B. 两种体系基本理论的发展

（1）肇始于 18 世纪

3.09 18 世纪，现代版权制度开始逐渐取代欧洲的特权制度。现代版权制度肇始于 1710 年的英国《安娜女王法》，随后则是 1783 年以后美国早期的各州制定的法律和 1787 年《美国宪法》，以及法国大革命之后的 1791 年和 1793 年的法律。⑮ 尽管早期的特权制度是由君主授予，因此可以被视为（出版）审查的工具，但现代版权制度则在主要发源于 17 世纪和 18 世纪欧洲的一些哲学思想的基础上建立起来的。这些哲学思想尤其包括，在法国大革命时期所宣扬的现代自由的概念上发展起来的新的法律和财产权的正当性理论。财产权被视为是个人确保其自由的工具。这些重要思想是那个被称为"启蒙"时期的重要内容；第一个（系统）阐述这些思想的人是约翰·洛克，随后，卢梭、康德、费希特、黑格尔也作了进一步的阐述。

3.10 例如，洛克认为，每个人都是他自身的主人，并且对其劳动成果享有财产权。⑯ 此外，在 18 世纪最后三分之一个世纪里的许多哲学家，都推崇主要由格劳秀斯和普芬道夫创立起来的自然法理论，并将其作为论证智力作品

---

⑬ 第 12.09 段以下，尤其是第 12.11 段以下。

⑭ 尤其是德国和法国在精神权利的问题上，分别采取的是一元论和二元论；对此的简要分析，参见 E Adeney, The Moral Rights of Authors and Performers (2006) 8.24 and 9.12。

⑮ 例如，Francon（同前注 1），第 116~119 页；有关法国的介绍，参见 A Lucas and HJ Lucas, Traité de la propriété littéraire et artistique (3rd edn, 2006), 9ff.

⑯ J Locke, Second Treatise of Government (1689) §27, 31.

存在财产权的正当性基础。与早期由君主授予的特权不同，此种权利可以用来实现权利人的自由。因此，任何创作作品的人，都将自动对其智力成果享有财产权。[17] 因此，过去作为特权制度的受益人——出版商，而非作者，要享有权利，就只能通过与作者之间签订合同的方式来实现。尽管作者可以在合同中向出版商发放许可，但原则上作者仍是其作品的所有人，并因此拥有最基本的自由权。

(2) 19 世纪的清晰分割

(a) 两种体系所采取的主要保护方式

3.11 法律的发展一直深受哲学的影响，尽管此种影响并不总是立竿见影。早期英国和美国的版权法授予作者有限的专有复制权，同时充分强调公共利益是提供版权保护的理由：版权可以用来鼓励创作，丰富公共资源。[18] 当然，要细加分析以下问题，可能会有一些争议：即能否认为早期的英国法和美国法具有非常浓厚的实用主义色彩，而法国最开始的法律保护作者，仅仅是因为作者创作了与其自身存在联系的作品；还是应当认为，早期这两种法律体系之间存在着更多的共同要素。[19] 但不管怎么说，英国和美国的法律，以及法国的法律，在 19 世纪是分别朝着不同的方向发展的。

3.12 英国、美国以及后来版权体系的其他国家的法律，采取的都是实用主义进路，认为之所以提供版权保护，原因在于其对鼓励创作，从而提高社会的整体福利而言是必要的。从逻辑上来说，只有当版权能够实现上述功能，才能认为它是正当的。按照这种实用主义进路，财产权具有鼓励创作以及向公众传播的功能。因此，从原则上来说，出版业以及其他传播产业具有与作者同等重要的作用；就为实现向社会提供新作品这一总体目标而言，版权的经济效用是根本。[20]

3.13 相比较而言，欧陆的作者权体系自 19 世纪以来，一直主要受自然法理论以及人格理论的影响。因此，作者的创作物自然就属于他所有，对创作物予以保护的正当性基础，只是因为保护本身就具有正当性。仅仅因为创作这

---

[17] 类似的，JS Pütter, Der Büchernachdruck nach achten Grundsatzen des Rechts geprüft (1774) 25。

[18] 这一理由反映在了《安娜女王法》的名称和序言之中，同时也反映在了《美国宪法》的有关条款之中。《美国宪法》规定："国会有权……为促进科学和实用技术的发展，保障作者和发明者在有限的期间内就他们各自的作品和发现享有专有权利。"（第 1 条第 8 款第 8 项）

[19] J Ginsburg, A Tale of Two Copyrights："Literary Property in Revolutionary France and America"(1991) 147 RIDA 125ff（认为相同的特征更多）; Lucas/Lucas（同前注 15），第 10~11 页（对涉及法国法的内容，与 Ginsburg 存在某些不同观点）。

[20] 有关实用主义正当性的详细论述，参见 A Strowel, Droit d'auteur et copyright (1993) 191, 234。

一事实,即在作者与其作品之间建立起了联系;应将作品作为作者的财产予以保护,而无论此种保护对社会是否具有实用价值。人格理论使得以人格权而不是财产权为基础,对作者在其作品上的人格和经济利益予以保护具有正当性;[21] 即便没有采用人格理论,所有作者权体系国家的法律都在其保护体系中赋予了作者——创作作品的人——以中心地位。例如,德国著作权法即规定,"作者权保护作者与作品之间以及作品使用过程中的精神及人身关系。"[22]

3.14 即使作者权体系国家的法律不是以自然法为基础建立的,[23] 也深深植根于其中,并且体现了自然法理论很多方面的内容;[24] 自然法理论在对法律的解释方面也具有重要影响,至少在缺少相反的法律规定时如此。例如,德国最高法院认为作者对其作品的控制,是"其知识产权的自然结果,法律只不过是以更确切的用语对这一事实加以承认而已";[25] 据此,最高法院认为,作者享有的专有权能涵盖各种新的作品利用形式,因此,即使在法律缺乏明确规定的情况下,作者也有权就任何使用其作品的行为获得报酬。[26]

3.15 尽管版权体系和作者权体系的发展是相互独立的,但二者之间也有相互影响。特别是,例如,美国版权法就受到了自然法的影响,而法国法中也可以看到一些实用主义的影子。[27]

(b) 两种体系在术语和法律架构上的区别

3.16 版权体系和作者权体系强调的不同重点——一个强调版权对社会的实用性,另一个则强调作者的作品之所以应当获得保护是出于正义的要求——在有关法律的术语中也得到了反映。例如,作者权体系国家的法律将"权利"作为保护的一项内容,这显然是有利于作者。但是,很多版权体系国家的法律,例如英国1988年《版权、外观设计和专利法》(CDPA)使用的则是诸如"受到版权限制的行为"这类用语。[28] 采用不同的术语,反映了各国法律的不同立场:使用"权利"一语是从作者的角度来确定保护范围的,而从使用者的角度来看,这些则是"受到限制的行为"。毫不奇怪,作者权体系国家的法

---

[21] 有关德国的情况,参见 O von Gierke, *Deutsches Privatrecht I* (1895) 762f.
[22] 经修订后的1965年德国著作权法第11条第1款。
[23] Strowel 认为保护在地域方面的限制是理由之一,Strowel(同前注20),第140~142页。
[24] 详细讨论,参见下文第3.20段以下。
[25] *Tonband v Grundig – Reporter*, German Supreme Court(BGH)18 May 1955, BGHZ 17, 266.
[26] 对该案件以及法国的相关案件所体现的自然法理论对解释作者权法律的影响,参见 Strowel(同前注20),第142~144页。
[27] 同上注,第139~142页。
[28] 尤其参见英国《版权、外观设计和专利法》第16~21条;不过,该法律第二章的名称以及第16条第(1)款的开头,却分别使用了"权利"和"专有性权利"这两个用语。

律使用"限制"与"例外"这些用语,也是从作者的角度来考虑的;而版权体系国家的法律通常使用的则是诸如"被允许的行为""合理处置""合理使用"或"自由使用"这类用语,这些都是从使用者的角度来考虑的,因为属于这些术语涵盖范围内的行为是被法律所允许的,或者是合理的、自由的。㉙

3.17 更重要的是,"版权"(copyright)和"作者权"(author's rights)这两个术语本身就体现了差别,即一个强调作品的复制品本身应受到保护,制止复制;另一个强调的是创作作品的人——作者。在版权体系下,由于复制品是为公众利益发行作品的手段,因而十分重要;而在作者权体系下,作者的权利则是关心的焦点。

3.18 作者权体系的国家使用诸如 droit d'auteur、Urheberrecht、auteursrecht、diritto d'autore、derecho d'autor、Avtorskoe pravo 这些用语,它们的含义都是指作者权,而并非与"版权"有关的意思。除了法律所使用的相关用语,法律的开篇条款所使用的措辞也体现了版权体系重视复制品,而作者权体系重视作者这一区别。例如,法国《知识产权法典》第1条规定:"智力作品的作者,仅仅基于其创作的事实,就该作品享有专有性……无形财产权。"㉚ 类似的,其他作者权体系国家的法律也将"作者"放在其各自法律的概述条款的开头,即作者就其作品享有保护或权利。㉛ 相比较而言,英国《版权、外观设计和专利法》则以如下词句开篇:"版权是一种财产权,其存在于下述各种作品之中……"㉜ 类似的,美国版权法规定的则是:"版权保护存在于作者的独创性作品之中……"㉝ 因此,版权体系国家的法律似乎关注的是客体,而并非创作者;作者权体系国家的法律首要关注的则是与作品有关的作者。㉞

3.19 由于本书原文是以英文写作,因此,在一般情况下使用的是"版权"这一用语,而"作者权"这一用语则主要是在涉及作者权体系国家法律的相关上下文时予以使用。

㉙ 例如,英国《版权、外观设计和专利法》第三章第29、30条的名称;适用此种术语与各版权体系国家的法律是不符的,不过,这却反映了两种体系都有不同的哲学基础;例如,对于某种属于版权涵盖范围内的行为,使用"专有性权利",而不使用(或也使用)"受到限制的行为",以及使用"限制",而不使用"被允许的行为",参见《美国版权法》(《美国法典》第17章)第106、110条。

㉚ 法国《知识产权法典》第 L111−1 条。

㉛ 例如德国1965年著作权法第1条。

㉜ 英国《版权、外观设计和专利法》第1条。

㉝ 《美国版权法》(《美国法典》第17章)第102条(a)款。

㉞ 学术文献确认了这一观点;相关概述,参见 Strowel(同前注20),第20~23页。

C. 版权体系与作者权体系的主要区别

（1）概述
（a）介绍两种体系的纯粹形式

3.20 下述对版权体系和作者权体系典型内容区别的分析，是以其纯粹形式为参照物的，这样有利于读者理解这两种体系的区别。不过，正如上文所述，现在，很多国家的法律已经不再严格地只遵循一种体系。尤其是，大多数版权体系的国家，都已经加入了《伯尔尼公约》、TRIPS 或 WCT，因而将这些条约中部分源于作者权体系国家法律的内容，纳入其本国法律之中。反过来，很多作者权体系的国家出于履行双边协定，主要是与美国签订的双边协定的义务，也将版权体系国家法律的一些内容纳入了进来。[35]

（b）植根于普通法系和大陆法系的一般区别

3.21 普通法系与大陆法系的版权法之间所存在的一般区别，植根于它们的法律制度的特点。在普通法体系中，（成文）法典通常被认为仅仅是用来对判例法所确立的原则加以具体化的辅助手段；据此，对法典进行解释时，采用严格主义。相应的，所有具体细节都应在法典中予以规定；因此，版权体系国家的版权法的篇幅通常都很长。[36] 不过，这些国家的版权法的篇幅在近代之所以很长，也有部分原因是因为存在特殊的游说机制，以及受那些有个人考虑因素的游说人士的影响。

3.22 相比较而言，大陆法系国家的法律则是以原则为基础，抽象化程度更高，因此，在内容上不是很详细，篇幅也更短；但它们却更容易解决现在以及将来出现的各种各样的问题。此外，大陆法系国家的法官可能要更多地应付如何解释法律中的抽象用语的挑战。解决之道，即法律解释方法，在大陆法系国家因而也就更为重要。因而，在大陆法系国家受教育的人士，通常就更易于理解条约解释方法，因为这与他们对国内法所采用的解释方法非常相似。

3.23 作者权体系与版权体系之间所存在的主要区别之一是，前者的法律

---

[35] 参见下文第 12.11、第 12.32~12.35、第 12.40 段以及第 12.64 段。
[36] 尤其参见英国《版权、外观设计和专利法》；美国《版权法》（《美国法典》第 17 章）；爱尔兰《2000 年版权法》，澳大利亚《2006 年版权修正法》（第 158/2006 号）；这些法律都超过了 200 页。

通常都缺乏对相关术语进行定义,㊲而后者通常都有篇幅很长的定义列表。㊳需要指出的是,在1991年以后,苏联国家(以及一些中东欧国家)尽管采用的是作者权体系,但它们的法律也广泛使用了定义列表的形式;不过,后来的这一发展,主要是因为这些国家受到了来自通常采用定义列表形式的国家以及WIPO(WIPO向这些国家提供的非正式的示范法都有定义列表)的技术援助的结果。㊴但是,我们可以发现,这些国家立法的最新发展,却是回归到了初始的法律基础体系,表现形式之一就是删除了定义列表。㊵不过,为这些国家提供技术援助的人士可能认为在法律中规定定义列表对这些国家来说是有用的,因为在社会主义时期,这些国家的著作权法在法律诉讼程序中很少被应用,因而人们在这一领域的经验就很缺乏。以诉讼为导向的普通法系与法律具有条理性、系统性的大陆法系之间的另一显著区别是,"侵权"这一概念在普通法系的版权法中具有非常重要的地位。例如,英国《版权、外观设计和专利法》第16~26条的标题都用了"侵权"这一用语,而规定的内容主要涉及的是法律授予权利的范围;版权体系国家论述版权法的主要著作也会在涉及侵权的章节中阐述提起侵权诉讼的要件,例如拥有所有权,受保护的作品或作品的一部分受到未经授权行为的影响等。在大陆法系国家,有关侵权的著作主要阐述的则是侵权的主观要件(例如知道或目的)以及可以获得的救济,而其他内容,例如著作权归属以及权利内容,自然就源于专门涉及这些内容的部分。

3.24 向来自其他法律体系国家的人提供法律建议者,或解释外国法律者,应牢记下述基本区别:在解释版权体系国家的法律时,通常应采严格解释主义;在解释作者权体系国家的法律时,则可以采用更为灵活的、但以规则为

㊲ 不过,作者权体系国家的法律通常在需要定义的术语的上下文中,直接对一些术语进行定义,或者用单独的一个条款来进行定义,例如,德国《1965年著作权法》(被修正过)第15条第(3)款(对"公众"进行了定义)、第17条第(3)款(对"出租"进行了定义),克罗地亚《2003年著作权法》第3条(对"公众"进行了定义)。

㊳ 例如,参见英国《版权、外观设计和专利法》第172~178条以及第179条详细列举的定义;爱尔兰《2000年版权与相关权法》第2条以及第202条;《美国法典》第17章第101条的篇幅则超过了6页。

㊴ S von Lewinski,"Américanisation" in M Vivant, Propriété intellectuelle et mondialisation: la propriété intellectuelle est – elle une merchandise? (2004) 13, 20f.

㊵ 例如,亚美利加《1999年12月8日著作权法》,以及2006年6月15日的新法律,都没有定义列表;俄罗斯的情况也很类似,其2006年12月18日通过的新著作权法(《民法典》第四部分)[官方公报2006年12月22日第289(4255)号]也不再有定义列表,而之前的1993年7月9日著作权法(被修正过)却有定义列表。然而,阿尔巴利亚2005年4月28日的著作权法却仍然有定义列表;相比之下,克罗地亚173/2003号著作权法(官方公报167/2003号,2007年被修正)却没有定义列表。

导向的法定解释主义。[41] 例如，与在单边措施以及双边条约谈判的框架中所主要采用的某些实践不同，请求国没有必要非得坚持引入与（外国法律）完全一样的法律条文，如果这些法律条文的内容依据某一（大陆法）法律制度进行解释时已经被明确地涵盖到了该国的法律之中；这样做，反而会造成其本国的法律制度出现一些不必要的不协调，从而会引发新的解释问题。

（2）保护的起源

（a）手续

3.25 （i）**作者权体系** 在作者权体系国家里，作品要获得保护，只需存在创作这一事实即可，并不需要履行任何手续。这一点在《法国知识产权法典》第 L111-1 条第（1）款中得到了很好的体现："智力作品的作者，仅仅基于其创作的事实，就该作品享有专有的……无形财产权。"克罗地亚《版权法》第 9 条第（2）款也有类似的规定："作者仅仅基于其创作作品的事实，对作品享有作者权。"不要求履行手续作为获得保护的条件，体现了自然法哲学的思想；因为按照自然法哲学，作者对其作品享有财产权，是基于其通过智力创作作品的自然结果；因而，作者不再需要依赖任何国家行为，例如中世纪的国家特权，才能享有作者权保护。如果作者权体系的国家要求在中央图书馆或其他机构交存出版物，通常这些国家也的确是这样要求的，此种义务属于公法性质的义务，与作者权没有任何关系。

3.26 （ii）**版权体系** 版权体系要求履行手续，这与它们强调社会利益是相对应的：如果作者没有主观上的努力通过履行手续来获得保护，就不予以保护，因为对作品不同方面的保护建立至少是表面上的证据可以增强法律的安定性。在英国和美国的早期法律中，履行手续，例如在出版同业公会注册或使用版权标记，是获得版权保护的基本要求。英国在 1842 年版权法中将履行手续由原先的作为获得保护的强制性的基本要求，修改为仅仅只是提起侵权之诉的要求；在 1908 年伯尔尼公约柏林修订会议禁止将履行手续作为获得版权保护的条件之后，英国在 1911 年版权法中就完全删除了履行手续的要求，并建立了"自动保护"原则。[42] 1911 年版权法还可以适用于英王的大多数领地和管辖地，例如加拿大、澳大利亚以及非洲的领地，诸如北尼日利亚保护国和南

---

[41] 有关这些基本区别及其更多的表现形式，也参见 Strowel（同前注 20），第 147~149 页；有关英国法中所涉及的转化的国际法的讨论，参见 W Cornish and D Llewelyn, Intellectual Property: Patents, Copyright, Trade Marks and Allied Rights (5th edn, 2003), 1-25, 也提到了在解释法律时，不仅会考虑字面解释，也会考虑其他解释方法的发展趋势。

[42] 有关这一原则的详细论述，参见下文第 5.54~5.61 段。

尼日利亚保护国。[43]

3.27 美国直到1989年加入《伯尔尼公约》时，才废除了其有关使用版权标记作为获得版权保护的基本要求，而且最开始的时候，废除这一要求只是为了符合《伯尔尼公约》的要求，因此只适用于外国作品。[44] 现今，版权体系的国家通常都不再将履行手续作为获得版权保护的条件，这主要是由于受到了《伯尔尼公约》的影响。

3.28 （iii）自愿履行手续 有一些版权体系的国家可能仍然有要求作者履行手续——例如注册——的规定，不过，这只是自愿性质，且履行手续的目的主要是为了建立享有（版权的）初步证据或要求获得法定赔偿。[45] 版权体系的国家继续要求采用非强制的形式履行手续，表现的形式是在这些国家存在版权局。但在作者权体系的国家，除了主要是苏联的国家以外，通常都没有版权局，而苏联国家版权局主要承担的也只是制定规范的政治性职能。

3.29 近年来，非强制性的注册作为一种法律选择模式，引起了人们极大的兴趣，尤其是在数字环境下适用更是如此；不过，采取此种选择的利弊，仍有待详细分析。[46]

（b）固定

3.30 （i）作者权体系 与要求履行手续不同，《伯尔尼公约》允许联盟成员方将以某种物质形式固定作品作为获得（版权）保护的条件。[47] 作者权体系的国家不要求固定，因而先前未被固定的作品，例如，即兴演奏的音乐、跳舞或演讲，自表达之时起，即受保护。因此，任何人未经授权录制或以其他方式固定或传播该即兴表演，构成侵犯作者权。这也符合自然法哲学的思想，因为按照自然法哲学，一旦作品被创作出来，无论其以何种形式表达，作品上的权利即自动产生。

---

[43] 1911年版权法第25~28条，参见 Copinger and Skone James on Copyright (13th edn, 1991)，17-122ff。有关尼日利亚，参见 J Asein, Nigerian Copyright Law & Practice (2004) 28-29；英国1911年版权法在被1970年版权法废除为止，一直在尼日利亚予以适用。

[44] 有关法律修正案的详细论述，参见 W Patry, Patry on Copyright (2007) § 6：75-6：77；也参见§23：21，注释5，有关《美国法典》第17章，第411条（a）款的论述。

[45] 例如，加纳《2005年5月17日版权法》第39条；参见《美国法典》第17章第408条；有关美国的详细介绍，参见 Strowel（同前注20），299~309页，其中分析了1909年版权法以及1976年版权法的规定。

[46] 尤其值得注意的是，WIPO将这一主题列为讨论的议题，并公布了一些成员方回复的调查问卷表，参见下文第22.13段以及 WIPO Doc SCCR/13/2 of 9 November 2005；也参见下文第5.61段。

[47] 《伯尔尼公约》第2条第（2）款；参见下文第5.71~5.73段。

3.31　（ⅱ）版权体系　相比较而言，版权体系的国家通常都会要求固定。[48] 即兴表演作品的作者通常只能通过合同的形式获得保护，或者获得间接的保护，即作为表演者享有固定权的保护。[49] 在美国，作者可以依据普通法就其即兴表演获得保护。[50] 在回答究竟是表达作品的人还是首次固定作品的人应被视为作者这一问题时，通常的答案会倾向于认为是表达作品的人。[51] 固定的要求通常会被认为是思想——表达二分法的推论，后者的理论假设是：表达只能以永久的形式存在，即通过固定而存在。不过，从真实且十分常见的即兴表演的情形可以看出，表达事实上并不非得通过固定而存在。

（3）受保护的作品

（a）作者权体系

3.32　作者权体系国家的法律通常在定义受保护的作品时，都会使用如下类似的用语，诸如"个人的智力创作成果"或者"智力作品，而无论其体裁、表达形式、艺术价值或功能目的"。[52] 尽管这些抽象的用语通常都会在判例法和法律原则予以详细的阐释，但它们都反映了自然法哲学的思想：作品是人类智力的创作成果，[53] 因而要求具有某种主观上的新颖性或创作性的要素。就作品要受到保护所需具备的创作性程度而言，判例法规定了不同的标准，例如应当是人格的体现或具备一定程度的个性。对作者权体系的国家所要求的创作性程度进行详细的比较分析，已经超出了本书的讨论范围。[54] 在此只简单地提及以下内容：作者权体系的国家对获得版权保护所要求的创作性程度或个性程度，比版权体系的国家要高。因此，在作者权体系的国家，可以获得版权保护的作品，比版权体系的国家要少。

（b）版权体系

3.33　版权体系国家的法律通常都不会使用"创作"或个人智力活动这

---

[48] 例如，英国《版权、外观设计和专利法》第3条第（2）款、第（3）款；《美国法典》第17章，第102条（a）款；加纳《2005年版权法》第1条第（2）款（b）项。

[49] Cornish/Llewelyn（同前注41），第10～33页；有关表演者所享有的固定权，参见《罗马公约》第7条第（1）款，TRIPS第14条第（1）款，WPPT第6条第（i）款，以及下文第6.39段、第10.91段以及第17.125段。

[50] M Leaffer, Understanding Copyright Law (4th edn, 2005), § 2.06.

[51] 有关英国的情形，参见Cornish/Llewelyn（同前注41），第10～34页；《美国法典》第17章第101条在定义"被固定的"作品时，要求固定应是"由作者或经作者授权"进行的；因此，第三人未经授权录制即兴表演的行为，并不会令该盗版者（pirate）成为即兴表演的作者。

[52] 德国《著作权法》第2条第（2）款，法国《知识产权法典》L112-1条第（1）款。

[53] 有关该原则的例外，即"集合作品"，参见下文第3.37段。

[54] 有关法国、比利时、德国与美国和英国法律规定的比较，参见Strowel（同前注20），第401～480页。

样的措辞，而只是简单地用"独创性"这一表达来修饰受保护的作品。⑤ 版权体系的各国法律对"独创性"的定义各不相同。不过，大多数国家的法律适用的都是英国法所要求的非常低的独创性标准，即只要不是抄袭的，就认为具有独创性。从这个意义上来看，"独创性"的含义只是指：作品必须要来源于作者，即源于其技巧、劳动以及判断。按照这一要求，很自然的，任何人只要为创作作品投入了劳动、资金，都可受到保护。因此，很多在版权体系可获得保护的作品，在作者权体系却无法获得保护，因为它们无法达到作者权体系对创作性的必要要求。⑤

3.34 不过，1991年美国联邦最高法院在著名的 Feist 案中并未采用这一非常低的独创性标准。⑤ 在该案中，最高法院认为：电话簿的地址汇编要获得保护，仅仅满足"额头流汗"的标准是不够的，还必须至少要具备"一点点的"（a modicum of）独创性；不过，最高法院并没有要求哪怕是最低限度的"创作性"。⑤ 美国最高法院在这一重要判决中所创立的标准，不仅为美国低级别的法院所采纳，而且加拿大最高法院在涉及一个类似作品——即黄页号码簿——的案件中，也采纳了该原则。⑤ 不过，澳大利亚联邦法院却没有采用 Feist 案建立的标准，而是继续沿用英国法的标准。⑥

（c）录音制品与类似的保护客体

3.35 从上述比较分析来看，很显然，在版权体系能获得保护的某些类型的产品（products），即录音制品、广播以及类似的工业产品，在作者权体系却无法获得保护。在作者权体系，作品必须要是智力创作物，而且要具有一定程度的创作性——如果相关行为主要是与工业、投资有关的行为，是无法满足前述要求的。为了保护这些有价值，且需要受到保护的产品，作者权体系的国家发展出了"邻接权"的概念。⑥

3.36 相比较而言，在版权体系国家，只要产品来源于作者，通常即可满足对作品独创性的要求，因此，只要在劳动以及资金上有投资，通常就足以获

---

⑤ 例如，英国《版权、外观设计和专利法》第1条第（1）款（a）项；《美国法典》第17章第102条（a）项；加纳《2005年版权法》第1条第（2）款（a）项。

⑤ Cornish/Llewelyn（同前注41），第10-08～10-10页。

⑤ Feist Publications v Rural Telephone 499 US 340, 111 S Ct 1282 (1991); D Gervais, "Feist Goes Global: A Comparative Analysis of the Notion of Originality in Copyright Law" (2002) 49 J Copyright Soc USA 949, 951; Strowel（同前注20），第448～450页。

⑤ 同上注，第449页。

⑤ Tele-Direct Publications v American Business Information (1997) 76 CPR (3d) 296 (FC).

⑥ Desktop Marketing Systems v Telstra (2002) 119 FCR 491.

⑥ 参见下文第3.39段以及第3.68段。

得保护。因而，在版权体系国家，将录音制品以及广播作为作品予以保护，并不存在任何障碍。不过，英国对不要求独创性的"企业"（entrepreneurial）版权与要求独创性的属于《伯尔尼公约》意义下文学和艺术作品的"古典"（classical）版权，作了区分。[62] 由于企业版权保护的是投资，因此它们也被认为是一种变相的邻接权。[63] 在版权体系国家，企业版权享有的保护水平要低于"古典"版权。

（4）著作权归属

（a）作者权体系

3.37 毫不奇怪，作者权体系的国家所采纳的原则是，只有自然人才能成为作者，法人或公司都不能成为作者，因为只有自然人才有智力，从而才能进行智力创作活动。此外，只有创作作品的自然人，而不是其他人——例如委托创作作品的人，才能成为作者。上述原则与作者权的人格概念是相符的，也可被视为是自然法哲学的直接推论，后者在克罗地亚《著作权法》中得到了很好的阐述："作者权*自然*应归属于创作作品的自然人。"[64] 这与作品是个人智力创作成果的概念是相符的。通常来说，各国法律是以明确、简单的措辞来表述上述原则的，诸如："作者是作品的创作者"，[65] 或者"作品的作者是创作该作品的自然人"。[66] 不过，需要指出的是，有一些作者权体系的国家也允许对该原则存在一个例外，即"集体作品"；在集体作品的情况下，是由集体项目的发起人享有产品的著作权，即使该发起人是法人，没有在创作上做出任何贡献。[67] 不过，通常而言，集体作品的概念与作者权体系国家的法律是格格不入的，因而在适用上受到严格的限制。[68]

3.38 依据上述原则，很自然的，作者权应归属于实际创作者，包括诸如：受雇佣的作者、电影导演以及其他对电影做出创作性贡献的人，教授的助理，以及捉刀代笔者。如果雇主、电影制片人或其他没有创作作品的人要从作

---

[62] 有关"经典"作品，参见英国《版权、外观设计和专利法》第3条、第4条；有关不需要独创性的录音制品、电影、广播或有线节目，以及出版作品的版式设计安排，参见《版权、外观设计和专利法》第5～8条；也参见第1条第（1）款（a）项 vs（b）项和（c）项。

[63] Cornish/Llewelyn（同前注41），第10-29～10-31页。

[64] 2003年12月8日的法律第2条第（1）款；斜体为本书作者所加。

[65] 德国《著作权法》第7条。

[66] 克罗地亚《2003年著作权法》第9条第（1）款。

[67] 例如法国《知识产权法典》第113-2第（3）款对法国法上的集体作品作了定义。在1991年以后，很多中东欧国家以及苏联国家都引入了集体作品的概念，因为它们都采用了WIPO为过渡国家（countries in transition）提供的示范法。

[68] 对法国法有关集体作品的规定的批判性分析以及要求对其予以严格解释的内容，参见Lucas/Lucas（同前注15），第170～180页，尤其是第175～177页以及注219。

者那里获得作者权,只能通过合同的方式来获得。在某些情况下,法律是倾向于保护雇主或电影制片人的利益的,因为其规定,此种合同在未明确作出规定的情况下,推定所有权利或至少是一些专门的权利转让给了雇主或电影制片人;不过,通常来说,该推定是可被推翻的。

3.39 上述原则——著作权只能归属于创作者——的第二项推论是,只是表演创作成果,而并非亲自创作的其他所有人,都不是作者。特别需要指出的是,在作者权体系的国家,只是表演已有作品的表演者并不是作者。这一结论也同样适用于其他投资者,例如录音制品制作者、电影制片人、广播组织,这些人只是为将作品向公众提供起到一些帮助性作用;他们的主要活动是组织制作或广播,包括租借录音,雇佣工作人员,与艺术家签订合同,购买技术装备,投入资金。这些行为并不是创作性质的行为。不过,一般来说,这些人对于作品的传播具有重要的作用,因而作者权体系国家的法律通常用所谓的邻接权或相关权——从字面上来看,也就是与作者权"相邻"或"相关"的权利——来保护他们。引入邻接权的概念,使得作者权体系国家的法律一方面能对法人提供保护,另一方面又无须扭曲其现有的保护体系;通常来说,邻接权的保护范围比作者权的保护范围要窄。⑩

3.40 上述原则的第三项推论,与术语有关:作者权体系国家的法律只使用"作者"这一术语,但其范围自动包括权利继承人。当法律授予作者享有某种权利时,其继承人也将自动享有该权利。只要存在有效的继承,在法律文本中,无须提及作者的继承人。《伯尔尼公约》也采用了此种模式,它一方面规定:本公约的保护适用于作者及其权利继承人,⑩另一方面(在规定授予权利时)又只使用"作者"这一用语。由于在作者权体系除了作者及其权利继承人以外,其他的权利人都无法享有作者权的保护,因而这一体系的法律就没有使用诸如"或其他权利所有人"或仅仅只是"权利所有人"这样的用语。

(b) 版权体系

3.41 由于版权体系的国家对于仅仅只是投资和劳动的成果也作为作品予以保护,因而在这些国家,规定版权不仅归属于创作作品的自然人,同时也可归属于其他人,包括在作品上进行投资的法人,并不存在任何障碍。例如,根据版权体系国家强烈的以产业为导向,而非以创作者为导向的倾向,这些国家的法律通常都规定,作品的经济权利原则上应归属于雇主甚至是作品的委托

---

⑩ 有关邻接权的论述,参见下文第 3.68 段。
⑩ 《伯尔尼公约》第 2 条第(6)款。

者，当然这需要符合其他条件。⑪ 明显的例外是《尼日利亚版权法》的规定：除非书面合同有相反的规定，版权的最初所有权归属于雇员或受托创作作品的人。⑫ 就录音制品以及类似的客体的制作者而言，许多国家的法律只是简单地将他们归为"作者"；而《英国版权、外观设计和专利法》却在创作作品的作者与被视为作者的人——为录音制品或类似的客体进行必要的编排——之间作了区分。⑬ 因此，相关的法律条款区别使用了以下两个术语：著作权归属与所有权归属。⑭

3.42 版权体系的国家不需要引入邻接权的概念，因为它们的版权概念足以将在录音制品以及类似产品上投资的法人涵盖进来；不过，这些国家通常都不承认表演者是作者或版权的初始所有者，而是对表演者提供单独的保护。⑮

3.43 就术语而言，版权体系国家的法律通常使用的是诸如"权利所有人""权利初始所有人"或"权利持有人"这类术语；这些术语反映了版权体系国家的下述立法理念：首要的保护对象不是作者，而是保护的客体，而不管谁是权利所有人——自然人或法人。在国际层面，版权体系国家对 TRIPS 的影响是非常显著的。在 TRIPS 中，在规定出租权时，使用了"作者及其合法继承人"这一用语，而"合法继承人"在作者权体系国家的法律中被认为是没有必要提及的；此外，TRIPS 还使用了"权利持有人"（而不是作者）的合法利益这一用语。⑯ 相比较而言，WCT 则与《伯尔尼公约》保持一致，更多地依循的是作者权体系，使用的是"作者"这一用语。

---

⑪ 例如，《美国法典》第 17 章第 101 条、第 201 条（b）款，以及《英国版权、外观设计和专利法》第 11 条第（2）款所规定的著名的"雇佣作品"理论，其将雇主规定为"作品上任何版权的最初所有权人"；加纳《2005 年版权法》第 7 条规定，经济权利直接归属于雇主或委托创作作品的人。

⑫ 《尼日利亚 1988 年版权法》（已修订）第 9 条第（2）款；也参见 J Asein,"Redefinition of First Ownership under Nigerian Copyright Law：Lessons from Inchoate Mutation"（2007）38/3 IIC 299ff。

⑬ 《英国版权、外观设计和专利法》第 9 条第（1）款 vs 第（2）款和第（3）款。

⑭ 相比较而言，作者权体系相对应的术语则是"作者"和"邻接权权利持有人"或者邻接权的"著作权归属"与"所有权归属"。

⑮ 例如，《英国版权、外观设计和专利法》第二部分的位置，就排在第一部分：版权之后，而在第三部分：外观设计权之前；尽管表演者权可被视为邻接权的一种类型［(Cornish/Llewelyn（同前注 41），第 13~32 页）]，但起初英国是用一部单独的法律（即 1925 年音乐表演者权保护法案，后来是 1958—1972 年表演者保护法案）对表演者权加以保护。美国的情况，参见《美国法典》第 17 章第 1101 条——尽管该条款是以商业条款而非版权条款为基础制定的，但出于行政管理上的便利，还是规定在版权法中了，参见 W Patry, Copyright and the GATT：An Interpretation and Legislative History of the Uruguay Round Agreements Act（1955）10。澳大利亚的情况，参见《1968 年版权法》（已修订）第 XIA 部分。

⑯ TRIPS 第 11 条、第 13 条。

(5) 权利

(a) 精神权利

3.44　（i）基本背景与当前的地位　精神权利最初是在 19 世纪由法国的判例法发展起来的，当时，人格主义对作者权体系的影响非常大。[77] 不管是何种精神权利理论，基本思想都是：在经济利益之外，对作者的智力、艺术以及类似的非经济利益提供保护。作者与其作品之间的这种整体观，在法国法以及德国法中得到了充分的体现。依据法国法，作者权"包括智力和精神方面的权利以及财产方面的权利"；[78] 依据德国法，"作者与作品之间以及作品使用过程中的精神及人身关系"受到保护。[79]

3.45　因此，精神权利（moral rights）涉及的并不是有关人格（morality）的问题，而是作者在其作品上的非经济的、智力的以及艺术的利益。这一概念与作者权体系强调的内容是完全相符的：作者权体系更强调对个人创作者的保护，而且认为，创作者并不是那些生产在市场上可以进行利用的产品的人，而是在文化创作领域进行精巧的个性化工作的人。

3.46　那些主张精神权利只是 19 世纪过时的、具有浪漫色彩的概念的人，[80] 最好看看作者权体系国家的法院所充斥着的大量的争端以及汗牛充栋的判例法。例如，在法律诉讼程序尚未启动之前，慕尼黑曾举办过 1972 年奥运会的体育馆即得以"保存"，而免于被改建成足球体育馆；结果是，慕尼黑为 2006 年世界杯建了一座新的体育馆。其他著名的案例有，目前仍在进行中的柏林新中央火车站的设计师与德国铁路公司之间的诉讼；瑞典上诉法院的判决：电视台在播放几部电影时，在中间插播商业广告的行为，侵犯了电影导演的精神权利，因为电影的连续性和艺术性被中断了，由一个场景到下一个场景的过渡不存在了。另一个著名的案例是，电影导演 Stanley Kubrick 将匈牙利作曲家 G Ligeti 创作的三首曲子放到了其在 1968 年拍摄的电影"2001 太空漫游"的电影原声音乐中，Ligeti 对此感到很生气，尤其是 Kubrick 将他创作的曲子

---

[77]　O von Gierke 以及 J Kohler 被认为是人格主义的代表性人物，他们从法律而不是哲学的角度对精神权利进行了分析；康德发展了以下理论：作者权与创作智力成果的人之间具有密切的联系，这一理论对 A Morillot 产生了尤其重要的影响，而 Morillot 被认为是精神权利理论以及法国的人格主义作者权理论的创立者，参见 Strowel（同前注 20），第 491～492 页，第 516～521 页；有关法国与德国早期的判例法的论述，参见前注 76，第 482～489 页，第 522～527 页；有关早期法国法律的论述，参见 Lucas/Lucas（同前注 15），第 12～13 页。

[78]　《法国知识产权法典》第 L111－1 条第（2）款。

[79]　《德国 1965 年著作权法》第 11 条。

[80]　学术文献越来越多地关注版权在经济上的重要性、数字技术的影响，这与针对"浪漫作者"提出的反驳意见的陈词滥调（主要是美国），一起可能会（错误地）导致得出这一结论。

与小约翰·斯特劳斯以及理查德·斯特劳斯的作品靠得非常近。㉛

3.47 (ii) 三种基本权利　大多数作者权体系的国家至少都会规定以下三种基本权利，当然在形式上可能会略有不同：发表权；表明作者身份权或署名权；以及保护作品完整权。发表权允许作者决定是否发表其作品，以及在什么条件下发表——例如，在哪一时间，在哪一国家、城市，甚至在哪一电影院或其他地点，以及由哪一出版社或唱片公司发表。这些决定对于作品在公众中的第一印象是非常重要的，因而对作品后来能否取得成功也是非常重要的。原则上说，这些决定属于作者的特权范围，与公众的看法或利益没有关系。例如，当公众非常希望能阅读某著名作家的未发表作品，而该作家却认为这些作品不值得发表时（例如卡夫卡），发表权将优先尊重作者的决定。

3.48　表明作者身份权或署名权在《伯尔尼公约》中得到了承认，其内容包括：作者要求在作品上使用其本来姓名或假名的权利或者不具名的权利。尽管该权利对作者而言具有重要的经济价值，但它的首要目的是保护作者希望是否与其作品的关系得到公开确认，以便使得作者与其作品之间的智力联系是（或不是）可见的。㉜

3.49　《伯尔尼公约》也规定了保护作品完整权，保护作者在涉及作品上的智力和艺术判断，而无论一般公众的任何偏好或口味，也无论作品在市场上的潜力如何；不过，许多法律允许在牵涉到的各种不同的利益之间进行某种形式的平衡，尤其是在电影制作和建筑领域，因为在这些领域会涉及电影制片者和建筑委托人的重要经济利益。保护作品完整权包括禁止歪曲作品本身，以及任何间接影响作品但未修改作品的损害行为，例如，在改变作品印象的背景中展现作品的行为。有一些国家要求，只有当修改有损作者的荣誉或名声时，才构成侵犯保护作品完整权（这符合《伯尔尼公约》的最低保护标准）；而在其他国家，侵犯作品完整权并不需要这一条件。㉝

3.50　至于保护作品完整权是否可以涵盖禁止毁损作品的行为，不同的国家，规定不一。通常来说，毁损作品并不被视为影响了作者在保护作品完整上的利益，因为受到毁损的作品不再能够产生出任何作者不希望与之相联系的印象。㉞

㉛　Anon, work description "Lontano", New York Philharmonic Concert Program (Ocotober 2006) at 34.
㉜　对此的详细讨论，参见下文第 5.98～5.99 段。
㉝　有关《伯尔尼公约》的详细讨论，参见下文第 5.100～5.104 段。
㉞　有关德国法的规定，参见 Adeney（注 17），9.97（注 198）；有关荷兰判例法，参见荷兰最高法院 2004 年 2 月 6 日第 C02/282HR 号判决，Jelles v municpality of Zwolle（主要的推理依据是，法律条文的措辞以及立法者的目的——只是实施《伯尔尼公约》第 6 条之二，而并不打算超越其规定的范围），载 http://www.rechtspraak.nl/ljn.asp? ljn = AN7830，以及（2004）EIPR N-155（J Krikke 的注释）。

3.51 （ⅲ）国内法中规定的其他精神权利以及保护作者人格利益的其他体现　除了以上三种主要的精神权利之外，一些国家（主要是作者权体系的国家）的法律还规定，当作者的观点发生变化或者被许可人不实施许可时，作者享有收回经济权利的权利。例如，作者改变了观点，不再主张早期作品中的观点，他可以从出版商那里收回出版权（如果这样做会对出版商造成损害，需支出损害赔偿费），以制止其作品被重印。[85] 当出版社没有实施出版权时，赋予作者收回许可的权利，符合作者希望其作品能让公众获得的个人利益。如果出版商从作者那里获得了专有的出版权，该出版商就可以阻止其他出版商出版，这样，该出版商实际上就在履行着审查者的角色。[86]

3.52 最后需要指出的是，作者权体系国家的著作权法中还有一些条款尽管规定的并不是"精神权利"，但其目的也是保护作者的智力利益和人格利益。例如，有关合同的规定，不得转让未知的作品使用权，对于已转让的权利进行再转让时需得到作者的同意，以及作者有权接触作品的原件或复制品以便为其本人制作一份复制品。[87]

3.53 （ⅳ）精神权利的保护期与转让　许多国家（主要是，但并非必然是作者权体系的国家）都规定，精神权利的保护期限没有限制，而不是与经济权利拥有相同的保护期限。[88] 同样地，很多国家（主要是作者权体系的国家）的法律也规定，精神权利是不可分割、不可放弃、不可剥夺以及不可转让的，因为精神权利被认为与作者人格存在内在联系。精神权利因为具有上述特征，所以比较强大，也因而成为作者最后的"救命稻草"，尤其是当作者已经将其所有的经济权利转让（如果允许全部转让）的情况下。当作者因不行使其精神权利而可以获得利益时，例如作为捉刀代笔者而获得经济利益，在这些国家，通常会有一些务实的解决之道，例如在合同中规定作者不得行使其署名权；这并不是放弃精神权利（作者权体系的国家通常是不允许放弃精神权利的），因为在这种情况下，作者仍然拥有精神权利，而且还可以行使，当然这样会被认为是违约行为。[89]

---

[85]　例如，《德国著作权法》第42条。

[86]　例如，《德国著作权法》第41条。行使该权利也需要遵守很多条件，也可能需要支付损害赔偿。

[87]　有关德国法在广义的范围内对精神权利的保护和其他体现，参见 A Dietz, 载 G Schricker (ed), Urheberrecht (3rd edn, 2006), vor §§12 ff, nn 8–10。

[88]　例如，《法国知识产权法典》第L121–1条。

[89]　例如，Adeney（同上注14）第8.148段以下对法国的论述，以及第9.178段以下对德国的论述。

3.54 （v）版权体系国家的精神权利 ⑩版权体系国家强调，之所以保护作品，是为了一般公众的利益，而不是为了作者的利益；通常来说，精神权利这一概念对它们而言也是个外来词。即使在今天，大多数版权体系的国家为了履行《伯尔尼公约》以及 WCT 规定的国际义务，而在其国内法律中规定了精神权利，但精神权利仍然被视为是一种强加的保护因素，在版权制度的哲学体系中并没有任何位置。在版权体系国家，精神权利通常被视为"异物"，甚至被认为是阻碍电影制片商以及其他商业企业对作品进行无限制利用的"恶魔"，或者被认为是对合同自由的不适当的间接限制——对协议转让经济权利自由的限制。㉑ 在版权体系国家，尊重作者选择的价值，似乎比最大可能进行便利的商业化利用的价值要低。在版权体系国家，精神权利尽管被规定为是成文法上的权利，但通常是可以放弃或转让的；这并不令人感到惊讶。这些国家对待精神权利的态度，从整体上看还是有质疑的。㉒

3.55 早在版权体系国家在成文法中（如果有的话）规定精神权利很久以前，这些国家已经在不同的法律文件，例如普通法、不正当竞争规范、诽谤法或合同法中，涉及了精神权利的某些内容。㉓ 在版权体系制度中，版权只是一种财产权，㉔无法涵盖精神权利的内容，因此，有关精神权利的规定，只能与涉及版权保护的条款截然分离。从精神权利在这些国家的版权法中所出现的位置，可以看出其对精神权利的重视程度：通常而言，精神权利出现的位置（如果有的话），是在受保护的作品、权利归属、版权保护期、经济权利、间接侵权以及限制与例外（"可被允许的行为"）之后。㉕ 相比较而言，在作者权体系的国家，精神权利出现的位置通常是在著作权法的开头部分；而且在大多数国家，精神权利都是规定在经济权利之前，仅仅只在涉及作品和权利归属的基本规定之后。㉖

---

⑩ 对加拿大、英国和美国的详细论述，同上注，参见下文第 10.01 段以下（一般性介绍），以及第 11.01 段以下、第 13.01 段以下，第 15.01 段以下。

㉑ 对此内容，参见 Cornish/Llewelyn（同前注 41），第 12 ~ 102 页。

㉒ 例如，同上注，第 11 ~ 89 页；Adeney（同前注 14），第 10.07，16.03 ~ 04，17.01 ~ 02 段。

㉓ 有关英国的规定，参见 Cornish/Llewelyn（同前注 41），11 – 66 ~ 11 – 89；有关美国和加拿大的规定，参见 Strowel（同前注 20），第 538 ~ 582 页。

㉔ 例如，英国《版权、外观设计和专利法》第 1 条第（1）款。

㉕ 例如，英国《1988 年版权、外观设计和专利法》（精神权利规定在第四章之中）；爱尔兰《2004 年版权法》（精神权利规定在第七章之中）；在澳大利亚《1968 年版权法》（后经修订）中，精神权利出现的位置更靠后（规定在第九章中），仅仅只在杂项条款、过渡条款以及表演者的保护的规定之前。

㉖ 例如，法国《知识产权法典》第 L111 条第（1）款、第 L121 – 1 条以下（规定了精神权利）；德国《著作权法》第 11 条以及第 12 ~ 14 条。

(b) 经济权利

3.56　（i）专有权：宽泛的 v. 具体的权利　就经济权利而言，作者权体系与版权体系之间存在的区别，似乎不太明显。两种体系的法律在界定权利时尽管会存在区别，但通常来说，这种区别并不是以作者权体系——版权体系为界的。例如，销售和以其他方式转移所有权的行为，在有些国家是由"发行权"所涵盖的（例如德国）；在有些国家，则是由"向公众分发复制品的权利"所涵盖的（例如英国）；在有些国家，则是由在复制权基础上发展出的流通权所涵盖（例如法国）；在有些国家，则是由其他权利所涵盖；各国所规定的发行权，有的包括，也有的未包括出租以及其他形式的转移占有的行为。又比如说，"向公众传播"这一术语也以不同的方式被使用，而与保护体系究竟是版权体系还是作者权体系无关。至于权利的性质，专有权仍然是两种体系中经典的以及基本的保护形式。不过，在权利的保护范围上，两种体系之间仍然存在原则上的区别：很多作者权体系国家的法律都规定了宽泛的以有形和无形形式利用作品的权利，并通过举例的形式对该权利进行具体化。例如，法国法就规定了表演（无形形式的利用）权和复制（有形形式的利用）权这两种基本的权利。[97] 法国法对这两个术语都做了非常宽泛的定义，并通过举例的形式对其具体化，例如，就表演权而言，就列举了公开表演和广播这两种行为。[98] 类似的，在德国法中，无形形式的利用权这一宽泛的权利"尤其"包括复制权、发行权以及展览权，而对于向公众传播权这一宽泛的权利，法律则列举了五个例子，其中就包括广播权。[99]

3.57　这一模式与作者权的自然法属性是相符合的，因为根据自然法，作为一项原则，作者应享有完全地控制其作品利用的权利，而无论利用方式为何。据此，可以很自然地得出以下推论：任何新出现的作品利用方式，例如数字环境下的使用，都应自动地受到现有权利的保护，只要该使用属于宽泛的以有形和无形形式利用作品的基本权利的范围；因此，通常来说，作者权体系国家的法律就没有必要进行法律修改，以使其权利体系适应新的技术发展。自然法上的这一原则也意味着，明确承认一种新权利，例如在互联网上提供作品的权利，通常而言，并不表明作者权利得到了扩展，而只是对作者应享有以有形

---

[97] 法国《知识产权法典》第 L122-1 条。

[98] 关于这两种权利，分别参见第 L122-2 条以及第 L122-3 条，同上注。

[99] 德国《著作权法》第 15 条第（1）款、第（2）款。类似的，克罗地亚《2003 年著作权法》在两个单独的条文中，分别规定了以有形形式和无形形式利用作品的专有权，这两个条款明确指出，其列举的只是一些示例，参见第 18 条、第 21 条，对各列举的权利的详细解释，参见第 19 条、第 20 条以及第 22~30 条。

和无形形式利用其作品的专有权这一原则作出的回应。

3.58 自然法上的这一原则,在版权体系中并不存在;在版权体系,授予作者的专有权被全面列举,并且予以准确的界定。[100] 因此,任何新出现的作品使用方式,只要不在法律列举的名单之中,通常都需要立法者对法律作出明确的修改。这一模式与版权体系的基本思想是相符的:版权是由国家授予,而并非创作的自然结果。因此,国家必须认真考虑,并且对每一种使用形式的版权保护范围予以单独的限制——当立法者必须考虑版权对一般公众的效用时,例如按照美国法的规定,就更是如此。

3.59 (ii) 法定获得报酬权 法定获得报酬权,在作者权体系的国家比版权体系的国家要多得多。[101] 它们可以是单独存在的,例如追续权以及公共借阅权,也可以是在对权利作出限制时予以规定的。大多数情况下,这些权利的受益人都是作者,而不是出版商或类似的企业家。例如,追续权——因画廊或拍卖行对艺术作品进行商业性转售而获得报酬的权利[102]——通常来说不得放弃,因此其直接受益人是作者,而并非出版商或其他商家。类似的,作者通常也可以从公共借阅权——因公共图书馆向公众借阅文学和艺术作品而获得报酬的权利——中获得相当比例的,即便不是全部的报酬。[103]

3.60 在对权利作出限制时规定的获得报酬权的一个著名例子,就是适用于私人复制的法定获得报酬权。它通常也被称为"私人复制补偿金"——这是一个误导性的术语,它掩盖了规定该权利的正当性理由:因为重要的使用而对作者给予的补偿;它暗示的是,所支付的报酬可能是一种税。[104] 很多国家(主要是作者权体系的国家)都就私人复制行为,对复制专有权作了一定的限制;与此同时,为了补偿作者因该重要的从而合法的使用行为所遭受的损失,这些国家规定了私人复制的法定获得报酬权,报酬由复制设备或空白复制媒介的制造商、销售商或者运营商来支付。报酬通常是由代表作者(通常也包括出版者)的集体管理组织来收取。通常来说,采取此种获得报酬权的形式比采取专有权的形式,更有利于权利人;因为专有权实际上是很难行使的,除非

---

[100] 例如,英国《1988年版权、外观设计和专利法》第16条;爱尔兰《2000年版权法》第37条;《美国法典》第17编,第106条。

[101] 不过,需要指出的是,有着强烈的作者权传统的作者权体系的国家,例如法国,可能并没有太多的此类获得报酬权。

[102] 参见《伯尔尼公约》第14条之三,对此内容,参见下文第5.48段在讨论互惠问题时的论述。

[103] 对该权利,可参见 S von Lewinski, "Public Lending Right: General and Comparative Survey of Existing Systems in Law and Practice" (1992) 154 RIDA 3ff。

[104] 对该术语的批评,参见 S von Lewinski, "Stakeholder Consultation on Copyright Levies in a Converging World" (2007) IIC 65 (nn 1, 2)。

采取有效的技术保护措施。此外，从作者与公司的力量对比而言，作者通过集体管理组织来行使其获得报酬权，能获得更好的待遇，因为其在集体管理组织中主张获得充分的报酬份额时所享有的谈判地位，要比其享有专有权与公司单独签订合同的方式转让权利时要强势得多。

3.61 其他的法定获得报酬权，还包括为残疾人的使用或出版教科书而对作者权利进行的限制。[105] 这些获得报酬权对作者个人而言似乎具有特殊价值，同时也符合作者权体系的关注焦点。

（6）例外与限制

（a）作者权体系

3.62 原则上说，作者权体系的法律保护制度为限制与例外的适用所留下的空间比较狭窄，而且通常对其适用还予以限制性的解释；版权体系由于采用的是功利主义的立法进路，因此为限制与例外的适用留下的空间更为广阔。这一区别似乎也与这两种体系所立基的哲学思想是相符的——一种关注作者的保护，另一种则关注社会福利。事实上，我们可以在很多国家的法律中看到此种趋向。例如，法国著作权法在1985年之前没有任何有关强制许可的规定，而且直到今天，也只有1个条文、四个简短的段落对限制与例外作了规定。[106] 当然，其他很多作者权体系的国家规定了更多的限制与例外；不过，原则上，这些国家通常对限制与例外仍然是予以明确界定，并且予以限制性的解释。[107] 作者权体系各个国家的法律之间，在限制与例外这一领域所存在的区别，比其他领域要更大。在欧洲，法国和南欧国家与北欧国家，例如德国和荷兰，以及尤其是特别重视一般公众利益的斯堪的纳维亚国家相比，前者倾向于规定较少的限制与例外。

（b）版权体系

3.63 至少有一些版权体系的国家引入了较为宽泛的概念来对作者的权利予以限制，例如"合理处置"，以及美国的"合理使用"，这些概念使得法官在考虑一般公众的需要时能拥有更大的自由裁量权。不过，需要注意的是，澳大利亚国内最近曾讨论过是否在其法律中引入美国式的"合理使用"条款，不过，最终该建议被否决了，原因之一是因为"合理使用"条款在法律确定

---

[105] 例如，《德国著作权法》第49条第（1）款、第52条第（1）款以及第52a条第（4）款。

[106] 第L122-5条。为了实施欧共体计算机程序指令，新规定了第L122-6条；为了实施欧共体信息社会指令，在第L122-5条中又增加了一些限制条款。

[107] 例如，德国，参见 S von Lewinski, "News from Germany: Developments in Germany from mid-1997 to Spring 2005"（2005）206 RIDA 235, 247页以下，对近来的判例法予以了论述，认为这些判例确认了该原则，尽管也有一些学者似乎认为存在偏离该原则的情况。

性上存在一些问题。[108] 此外，限制条款在一些版权体系国家的法律中可能也是非常明确和范围有限的，例如，在英国法中就是如此。版权体系的各国法律之间，甚至不同体系的各国法律之间，在有关限制与例外这一问题上存在的区别，似乎并不存在明确的类型化的差异。

（7）保护期

3.64 在《伯尔尼公约》（以作者权体系国家的法律为基础制定的）对世界各国的国内立法产生影响之前，早期的版权体系国家的法律对作品的保护，自作品被发表开始——也就是从作品对公众有用之时，提供保护是因收回投资的需要。[109] 此外，在符合一定条件时，可以通过续展的方式，对较短的保护期予以延长。例如，《安娜女王法》就规定保护期，为作品发表之日起14年；如果作者在第一个14年保护期结束以后，仍健在，作品的保护期可以再续展14年；1814年，法定保护期得到了延长：初始保护期为作品发表之日起28年，如果作者在该期限结束时仍健在，作品的保护期可以得到续展，一直到作者去世。[110]

3.65 类似的，美国《1976年版权法》也规定了在履行相关手续后，作者享有初始的14年保护期，如果作者在该保护期结束后仍健在，则可继续获得14年的保护。后来，保护期被延长为在符合一定条件下的28年加可续展的14年；再后来，续展期被延长为自发表后的28年。[111]《美国1976年版权法》第203条规定了终止权，其授予作者在35年以后享有终止许可合同的权利，该权利不可转让，它取代了以往的续展保护期的制度；之所以规定该权利，是基于如下思想：在一定期限结束以后，应授予作者再次享有其版权的机会。[112]

3.66 规定自作品发表之后才开始提供保护，以及规定较短的、可续展的保护期，都体现了版权体系制度关注的是保护作品可否对社会产生效用。基于这一认识，因此，作者享有的保护期限不应超过实现版权保护目的——激励创作以及增进公共利益——所必需的期限。

3.67 相比较而言，在作者权体系，给予作者的保护，始于作品创作完成，终于作者逝世以后的一段相当长的时期——一般是作者终生及死亡后50年，《伯尔尼公约》1908年柏林修订文本的规定就是如此。自作品创作完成即

---

[108] 相关论述，参见 Australian Copyright Council, *Fair use*: *Issues & Perspectives*: *A Discussion Paper* (2006)。

[109] 有关英国的安娜女王法以及美国1976年版权法通过之前的版权法的论述，参见 Strowel（同前注20），第608~609页以及第615页。

[110] 同上注，第608~609页。

[111] 同上注，第615~616页。

[112] 同上注，第619页。

对其予以保护的立法模式，反映了作者权体系制度一直作为其立法基础加以适用的自然法哲学。与版权体系相比，作者权体系规定了较长的保护期，这也反映了作者权体系重视作者，采取的是非功利主义的正当性理由。[113] 不过，由于相关国际法的影响，现在这些区别已大大地消除了。

（8）邻接权

3.68 由于作者权不保护人类智力创作成果以外的其他任何东西，因此，某些被认为有充分的价值应予以保护的产品，就被排除在了作者权的保护范围之外。设立邻接权的目的，就是应对保护这些产品的需要。因为邻接权的概念并不是以自然法哲学为基础的，因此，邻接权获得的保护，就要比作者权有限得多。一般来说，作者享有范围宽泛的利用其作品的权利，从而可以很容易地涵盖未来出现的利用作品的形式，而邻接权所有人只被授予了获得保护具有必要的正当性理由的具体的权利。因此，当新的经济或技术情况产生，而出现新的利用形式时，它们并不能自动地被邻接权人所享有的某一宽泛的权利所涵盖，而只能通过有意识的立法的方式，重新获得保护。此外，邻接权在其他方面，例如保护期限以及传播权和广播权的范围上，也比作者权有限。

3.69 版权体系并不需要邻接权的概念，因为它们使用的版权概念的范围十分广泛，足以涵盖属于邻接权范围之内的产品。我们甚至可以发现在有些版权体系的国家，人们对邻接权这一概念还缺乏理解的情况，比如这些国家的版权产业对邻接权是"二等权利"提出质疑，希望改善邻接权在作者权体系国家的这一待遇，但他们并不了解邻接权在作者权体系存在的法律正当性理由是不同的。[114]

（9）版权法

3.70 作者权体系对作者的高度重视，也反映在了所谓的"著作权合同法"中：法律对合同自由作了限制性规定，或者改变合同的解释规则以有利于作者。通常来说，这些内容都规定在著作权法中，与合同法的一般条款予以同时适用；其内容可能包括解释著作权许可合同的强制性规则，或者直接限制合同自由的规则，以便改善在合同中处于弱势一方的地位。[115] 这类法律规定

---

[113] 有关两种体系下保护期的背景介绍，参见 S Ricketson and J Ginsburg, *International Copyright and Neighbouring Rights: The Berne Convention and Beyond* (2006) 9.09, 9.10。

[114] 也参见上文第 3.41～3.42 段；有关美国产业的观点，参见 IFAC – 3 – CAFTA, 2004, 10, http://www.ustr.gov/assets/Trade_Agreements/Regional/CAFTA/CAFTA_Reports/asset_upload_file571_5945.pdf 以及下文第 12.31 段，注 94。

[115] 相关示例，参见 P Katzenberger, "Protection of the Author as the Weaker Party to a Contract under International Copyright Contract Law" (1988) IIC 731ff。有关专门介绍德国关于报酬的规则（下注 118），以及对"著作权合同法"这一概念的一般性介绍，也参见 A Dietz, "International and European Aspects of Copyright Contract Law" (2004) Auteurs & Media 527ff。

有，当合同缺乏明确的规定时，应对权利的转让作出限制性解释；解释的规则是：如果对转让的权利未作出明确规定时，则转让的权利只包括那些为实现合同目的所绝对必需的权利。⑯ 其他的法律规定可能有对转让的保护期予以自动限制的内容，以便作者有第二次的机会就其权利的转让获得更好的回报。在"著作权合同法"领域，作者权体系还有另一项规则：不得转让在缔结合同时尚未出现的权利使用形式，例如，在数字时代出现之前转让的复制权，就不包括以 CD – ROMs 形式以及其他类似的数字形式进行的复制。⑰

3.71 有关应给予作者公平的报酬的一个著名的例子是 2002 年德国著作权法修正案的规定，根据该修正案，作者应享有从许可中获得公平报酬的权利，而无论合同内容为何；《德国著作权法》也对该公平报酬的确定作了规定。⑱ 另一种确保作者获得公平报酬的方式，在欧共体出租权指令第 4 条中作了规定；该规定也是德国法有关有线转播权的样板。⑲

3.72 相比较而言，版权体系则坚持"合同自由原则"，普通法也通常如此。⑳ 一般来说，该体系的国家没有对合同自由施加限制的法律规定。在普通法中，只有判例法才会在某些特殊的情形下，为作者提供一些帮助，以使其相对于比较强势的商业公司——如出版商或其他公司——所处于弱势的地位得到一些平衡。㉑ 为了让其他国家也接受美国的"合同自由"的传统以及以产业为导向的立法模式，美国的产业集团以及政府不断寻求在美国与其他国家签订的贸易协定中规定以下条款：权利可以自由地、单独地转让，通过合同获得或持

---

⑯ 例如，《德国著作权法》第 31 条第（5）款；《法国知识产权法典》第 L131 – 3 条第（1）款（所谓的"规范性规则"）。

⑰ 例如，《德国著作权法》第 31 条第（4）款，后于 2007 年被修订。有关判例法的介绍，参见 A Dietz, "Chronique d'Allemagne" (1998) 176 RIDA 167, 214ff。

⑱ A Dietz, "Amendement of German Copyright Law in Order to Strengthen the Contractual Position of Authors and Performers" (2002) IIC 828 – 848 (包含有修正案的内容)。

⑲ 有关《欧共体出租权指令》第 4 条的论述，参见 Vol II, ch 6；《德国著作权法》第 27 条第（1）款、第（3）款以及第 20b 条第（2）款。

⑳ Cornish/Llewelyn（同前注 41），第 12 – 02 页。

㉑ 有关英国法，尤其是涉及限制贸易以及不适当影响的原则的论述，参见 W Cornish, UK Report in G Roussel (ed), ALAI Conference Montebello 97, Conference Proceedings: Protection of Authors and Performers through Contracts (1998) 226, 230 – 233；类似的观点，参见 Cornish/Llewelyn（同前注 41），第 12 – 28 ~ 12 – 34 页；对贸易联盟的集体行动以及最短保护期进行了论述；对于版权体系与作者权体系在此方面的不同，可参见上注，第 12 – 02 ~ 12 – 03 页。有关美国的情况，参见最高法院于 2001 年 6 月 25 日对纽约时报公司诉 Tasini 案所做的判决 (206 F 3d 161)，该案对《美国版权法》第 201 条（c）款的适用进行了解释。美国最高法院认为：出版商未经作者授权，在数据库中纳入作者的文章，侵犯了作者的版权；出版商不能适用第 201 条（c）款。对该案的分析，参见 P Jaszi, Tasini and Beyond (2001) EIPR 595ff；H Abrams, The Law of Copyright (2004, Release 10/06)；§ 4：39。

有任何经济权利的人有权完全享有权利和利益——这些规定都与上述提到的作者权体系所规定的对作者的保护性条款直接冲突。

（10）权利的集体管理

3.73 对权利进行集体管理，主要发生在以下情形，即当单独行使权利不可能或者花费太高，而法律又对其作了强制性的规定。在权利集体管理的问题上，作者权体系与版权体系之间存在的最重要的区别是，版权体系国家对集体管理组织的活动只作了很少的管制，管制的内容通常也只涉及费用的确定（即与使用者相关的问题）应由法律予以规定这些问题。至于对通常具有垄断性质的集体管理组织的控制问题，版权体系的国家则基本上是交由一般竞争法或反垄断法来处理。相比较而言，作者权体系的国家则对权利的集体管理予以了更多的管制，其范围不仅包括集体管理组织与使用者之间的关系（包括费用的确定），而且还包括集体管理组织与权利所有人的关系；此外，除了通过一般的反垄断法或竞争法对集体管理组织的活动予以规制以外，作者权体系国家的法律还作了专门的规定。[122]

3.74 此外，在作者权体系的国家，作者在集体管理组织中的地位和待遇通常也要好一些——在有些国家，集体管理组织甚至被认为是"作者协会"，有些集体管理组织还不接受派生权利的所有人，例如出版社为其会员；相关的规则通常是为了确保作者与企业主相比在集体管理组织中享有适当的地位，采取的方式有诸如特殊的集体投票程序制度。相比较而言，企业主，例如出版商在版权体系国家，似乎起着更重要的作用。[123]

3.75 另外，需要指出的是，集体管理组织在两大体系的功能也不同：在版权体系国家，集体管理组织原则上只履行对权利进行集体管理的经济性职能，以反映各个权利所有人的作品被使用的财产权能。在作者权体系，集体管理组织通常还有其他的社会和文化职能；有时，这些社会和文化职能甚至是由法律强制规定的。[124] 作为一个集体管理组织，它可能有法律上的义务或者仅仅只是公认的惯例，来设立社会基金为作者提供社会保障，或者设立文化基金来

---

[122] P Katzenberger, "Les Dives Systèmes du droit de controle de la gestion collective de droits d'auteurs dans les Etats Européens" in R Hilty (ed), La Gestion collective du droit d'auteur en Europe (1995) 17ff.

[123] 有关各国对集体管理组织的规定，参见 D Gervais, *Collective Management of Copyright and Related Rights* (2006)。

[124] 欧洲议会一直强调该功能，并且建议集体管理组织继续保持该功能，参见"Report on the Commission Recommendation of 18 October 2005 on collective cross-border management of copyright and related rights for legitimate online music services"(2005/737/EC),(2006/2008 (INI)), http：//www.europarl.europa.eu/oeil/file.jsp? id -5303682。

促进作品的出版,或者提供奖励或奖学金,或者以其他方式资助年轻的艺术家或其他有潜力的人。除了设立这些基金以外,集体管理组织提供的文化评估,可以用来促进某些可能具有较高文化价值但没有被广泛使用的作品类型(例如,诗)的发展。在发行的制度环节设计中,对于作品类型之间存在的此种基本差异,应予以考虑:应当按照高于以使用频率为基础计算得出的百分比,给予某些类型的作品。在作者权体系的国家,集体管理组织通常也被认为是文化机构,其被赋予了重要的团结作者的职能,而不是像在版权体系国家那样,只充当一个仅仅履行经济职能的机构。

3.76 因此,就集体管理组织而言,作者权体系似乎主要考虑的是作者的需求,而不是企业主的需求,而且作者权体系的集体管理组织履行的是综合性的功能——包括经济的、社会的以及文化方面的功能——而不单单只是履行市场化的功能;版权体系关注的则是版权的财产权性质。两大体系在这一问题上存在的差别,也体现在了各自使用的术语上:英语中常用的"收取协会"(collecting societies)这一用语,体现的是纯经济性质,甚至可能被误解为仅包括从使用者手中"收取"费用,而不包括向作者分配。[125] 在使用英文之外的其他语言的作者权国家里,它们所使用的术语则是诸如"作者协会"以及"权利保护(或维护)协会"等,这些术语体现了作者权体系的集体管理组织所具有的更具综合性的职能。

(11) *版权法的结构*

3.77 前文对两大体系有关版权保护的各个方面的比较,将在这里以阐述这些内容在典型的版权法的结构中所出现的位置的方式而结束。总体来说,作者权体系与版权体系之间在立法模式上所存在的基本区别,在某种程度上也反映在了它们各自的版权法的结构中。

(a) 作者权体系

3.78 作者权体系国家的现代意义上的著作权法通常是由五大支柱组成:有关作者权保护的内容、有关邻接权保护的内容、著作权(以及邻接权)合同的法定规范、有关集体管理组织的规范,以及有关权利行使的专门规定。[126] 在有关保护作者和邻接权所有人的章节中,在一般条款之后,后面的条款通常是以如下顺序出现的:作品或邻接权客体、作者(不是"原始权利人")或邻接权所有人、精神权利、经济权利、限制与例外以及保护期;在不同国家的法

---

[125] 不过,最近在英语中,一般倾向于使用诸如"集体管理组织"这类用语。

[126] A Dietz,"Die fünf Säulen des Urheberrechtssystems und ihre Gefährdungen" in A Dümling (ed), *Musik hat ihren Wert*: 100 Jahre musikalische Verwertungsgesellschaft in Deutschland (2003) 336ff.

律中，上述顺序可能会存在一些小的差异。

(b) 版权体系

3.79 版权体系国家的版权法通常最开始规定的是定义条款，后面的内容通常包括：受保护的作品（包括某些在作者权体系属于邻接权涵盖范围的客体，例如录音制品和广播）、权利归属以及版权的原始所有权、版权的保护期、经济权利（或受版权限制的行为）、间接侵权、限制与例外（"允许的行为"）以及精神权利。表演权通常不属于版权的保护范围，而是作为一种单独的权利予以规定的。[127]

(12) 小结

3.80 由于多边条约，更重要的是双边协定对各国版权法的广泛协调，现在再来看两大体系之间的差别，第一眼看上去可能非常小了。的确，现在世界各国的版权法之间存在很多相似的地方。不过，深入挖掘，我们会发现两大体系在对版权法的理解、解释以及适用上，还是存在很重要的差别的。由于这些法律上的差异通常是与文化上的基本差异紧密相连的，因此，这些差异在未来可能会一直存在下去。那些强烈支持"填平"两大体系之间差异的人士，[128] 可能忽略了上述事实，或者只是简单地认为其所属的法律体系更有优势。在处理两大体系之间的这些差异方面，最"可持续的"方式应当是对于那些与两大体系的基本概念和文化立场密切相关的现有差异予以基本的尊重。[129]

---

[127] 例如，《英国1988年版权、外观设计和专利法》第二部分规定的是权利和表演（在第一部分有关版权的内容之后）；类似的，《爱尔兰2000年版权法》在第二部分规定了版权之后，在第三部分中规定了表演；有关美国和澳大利亚的规定，参见前注75。

[128] Von Lewinski（同前注2），第59页。

[129] 基于同样的原因，本书作者并不认为通过欧共体指令的方式建立统一的欧共体版权法是合适的，参见 Vol II, ch 25。

第四章
对 TRIPS 缔结之前的
主要"经典"版权与邻接权公约的概述

A. 引 言

（1）1886年《伯尔尼公约》及截至1971年进行的修订情况

（a）《伯尔尼公约》与双边条约：在伯尔尼公约早期的情形

4.01 缔结《伯尔尼公约》的目的是克服之前已经签订的双边条约所存在的不稳定、内容复杂、在法律上不确定以及保护不充分等缺点，以完善国际版权保护体系。①《伯尔尼公约》在缔结以后，并不能自动地完全取代已经订立的双边条约，也不妨碍伯尔尼联盟的成员方政府缔结新的双边条约，只要这些新签订的双边条约符合以下要求：授予作者及其代理人的权利多于《伯尔尼公约》或者规定不违反《伯尔尼公约》的其他条款。② 的确，有一些之前已经订立的双边条约所提供的保护水平要高于最初的《伯尔尼公约》，相关国家

---

① 对这些缺点的更详细的论述，参见上文第2.05段以下，尤其是第2.24段。
② 《伯尔尼公约》1886年文本第15条就未来签订的条约问题作了规定；第一次伯尔尼会议所缔结的附加条款就缔约国之间已经签订的条约问题作了规定。《伯尔尼公约》原始文本的内容，可参见，例如：W Nordemann, K Vinck, P Hertin and G Meyer, *International Copyright and Neighboring Rights Law* (1990) 519ff。有关《伯尔尼公约》成员方之间订立专门协定的条件，目前是规定在《伯尔尼公约》1971年文本第20条之中；该条款尤其是在处理涉及双边自由贸易协定（参见下文第12章）以及WCT（参见下文第17.158段）的问题上，履行了新的功能。

在相互关系中维持此种高水平的保护也是有其利益需要的。③

4.02 为避免产生新的法律不确定性问题，1896 年召开的首次修订《伯尔尼公约》的外交会议缔结了一项决议，要求伯尔尼联盟成员方确定有哪些双边条约的条款仍具有效力，并将这些条款通报给伯尔尼联盟国际局。④ 在 1886 年以后，大多数已签订的双边条约都被宣布废止，只订立了极少数的新条约——例如，1907 年，德国与比利时、德国与法国以及德国与意大利签订的条约所提供的保护，比当时最新的《伯尔尼公约》文本提供的保护水平要高。不过，当《伯尔尼公约》1908 年修订文本于 1910 年生效以后，即便是这三个双边条约也被废弃了（除了其中的最惠国待遇条款）。⑤ 此后，伯尔尼联盟成员方之间只订立了为数不多的一些双边条约，而且其中的大多数条约，存在的时间都不长或者重要性都不大。⑥ 不过，在非伯尔尼联盟成员方之间，以及一个伯尔尼联盟成员方与一个非伯尔尼联盟成员方之间，双边条约仍不断订立，而且十分重要。⑦ 在有些情况下，伯尔尼联盟成员方之间订立的双边条约，在相当长一段时期内，也仍然具有相当重要的影响。⑧ 此外，自 20 世纪 80 年代以后，通过缔结新的自由贸易协定，这些双边条约又重获重要地位。⑨

（b）伯尔尼联盟的行政组织

4.03 当《伯尔尼公约》于 1887 年 12 月 5 日生效时，伯尔尼联盟的管理机构是所谓的"国际局"（或"国际办公室"）；它是依据《伯尔尼公约》第 16 条的规定设立的，于 1888 年 1 月 1 日开始运行。在 1893 年 1 月 1 日之前，它是与已经设立的保护工业产权巴黎联盟国际局一起开展工作的。国际局在共同的总干事和秘书长领导下开展工作，同时设有两个秘书处，分别负责工业产权以及文学和艺术作品的事务。⑩ 直到 20 世纪 50 年代末期，该联合国际局才

---

③ 例如，法国在有关翻译权的问题上，参见 SP Ladas, *The International Protection of Literary and Artistic Property* Vol I (1938) 151-152。法国在与一些国家签订多双边条约中给予翻译权的保护期限与一般的版权保护期限是一样的（同上注，第 59 页），而《伯尔尼公约》1886 年文本［第 5 条第（1）款］给予翻译权的保护期限较短：只是自（原始）作品在某一伯尔尼联盟成员方出版之日起 10 年。

④ Ladas（同前注 3），第 152~153 页。

⑤ 同上注，第 153 页。

⑥ 后续双边条约的相关情况（20 世纪 30 年代以前），参见同上注，第 154~156 页。

⑦ 有关 1937 年以前的此类条约的情况，参见同上注，第 163~173 页。

⑧ 例如：1892 年 1 月 15 日德—美条约就不允许对早期管理德—美之间关系的规定，以及当美国于 1989 年加入《伯尔尼公约》时及其后来延长保护期之间进行期限的比较。详细论述参见 J Drexl, "Duration of Copyright Protection Accorded U. S. Authors in the Federal Republic of Germany: Changes due to the U. S. Accession to the Berne Convention" (1991) IIC 27-47 以及 204-218。

⑨ 参见下文第十二章。

⑩ Ladas（同前注 3），第 128 页。

被称为:"保护知识产权联合国际局",缩写为 BIRPI;此种指称仅是非正式的使用。⑪ 伯尔尼国际局的职责主要是汇集并出版有关保护版权的资料,从事版权领域的各项研究,应成员方的请求向他们提供相关信息,协助筹备修订会议,以及用法文编辑出版有关伯尔尼联盟事务的期刊。⑫ 事实上,自1888年1月起,伯尔尼联盟国际局就开始出版期刊——《作者权》(*Le Droit d'auteur*);自1965年以后,其期刊开始同时采用英文出版。国际局的上述职责是为实现《伯尔尼公约》的序言所宣示的如下目的而服务的:"以尽可能有效和一致的方式维护作者……权利"。国际局受瑞士政府的监督,瑞士政府有许多任务要完成,尤其是要监督国际局的财政,任命职员;除此之外,瑞士政府不得干预国际局的工作。⑬

4.04 国际局为"联盟"——该用语自19世纪后期就开始使用,来指称以协定为基础,追求共同目标的国家联合组织——服务。在19世纪设立的此种类型的其他联盟有:1865年设立的国际电报联盟以及1874年设立的万国邮政联盟。⑭ 不过,在国际公法领域,也曾使用过"联盟"一词,但未对其加以定义;对这一概念在法律上所存在的争议,后来才开始展开讨论。⑮

(c) 修订会议与临时措施

(i) 1896年巴黎修订会议

4.05 1896年伯尔尼外交会议的很多与会人员认为,1886年伯尔尼公约仅仅只是朝着更高水平保护迈出的第一步,未来甚至可能通过世界法的方式达到这一目的。⑯ 1886年伯尔尼公约有关未来应持续修订的条款,⑰ 以及附件议定书所规定的第一次修订会议应在伯尔尼公约生效后4~6年内在巴黎召开的内容,都体现了这些与会人员的这一想法。⑱ 因此,第一次修订会议本应最晚

---

⑪ S Ricketson and J Ginsburg, *International Copyright and Neighboring Rights*:*The Berne Convention and Beyond*(2006)16.30.

⑫ Final Protocol no 5 on Art 16 of Berne Convention(1886),对应的是《伯尔尼公约》1971年文本第22条[原文如此,实际上应当是第24条(译者注)]。

⑬ Ladas(同前注3),第130页。

⑭ 有关1901年已经设立的联盟的列表,参见 L Poinsard, Les Unions et ententes internationals(1901)4~5。

⑮ F Ruffini, *De La protection internationale des droits sur les oeuvres littéraires et artistiques*(1927)93,有关联盟的法律性质的讨论,参见第93~113页。有关这一概念的讨论,也参见 Ricketson/Ginsburg(同前注11),第5.60~5.82段;Ladas(同前注3),第108~109页。

⑯ 参见上文第2.45段;W Briggs, *The Law of International Copyright*(1906)464,认为:制定世界法的目标,可以依据公约的最低保护标准,通过各国国内法的不断接近来达成。

⑰ 1886年《伯尔尼公约》第17条。

⑱ 最后议定书,第6段。

在 1893 年召开，然而，后来的国际总体政治形势并不适合召开修订会议。法国保守势力在 19 世纪 90 年代开始所采取的措施导致各方之间的商业关系非常紧张，以至有些国家宣布废止它们与法国之间签订的双边著作权保护条约。不过，第一次修订会议最终还是在 1896 年得以召开。[19] 法国政府采取了较为现实的方案，提议本次会议只对伯尔尼公约文本作细微修订，内容主要针对翻译权。

4.06 尽管只是打算作细微修订，修订会议仍然不得不面对以下挑战：虽然大多数国家可能会同意对 1886 年伯尔尼公约的文本作出修订，但有两个国家表示反对，它们是：挪威和英国。挪威不希望修改其刚刚于 1893 年才通过的法律。英国则面临国内的问题——它已经根据 1886 年《伯尔尼公约》制定了一本新的、带有自由色彩的版权法，而且该部法律也得到了其殖民地的同意；如果《伯尔尼公约》在 1896 年外交会议上被修订了，英国将在无意之中引发其一些具有独立倾向的殖民地（例如加拿大）对于它们与伯尔尼联盟之间的关系的争论。[20] 在这种情况下，修订《伯尔尼公约》是不可能完成的任务；因为根据国际习惯法，任何对《伯尔尼公约》的修订，都需要获得成员方一致同意。[21]

4.07 一种可能的解决方案是大多数成员方再缔结一项新的国际公约（内容是在 1886 年文本的基础上进行修改），这样将建立一个新的、成员方有限的新联盟，该联盟将取代旧联盟。另一种解决方案，也是最终采用的方案，则是采用所谓的"附加文本"（Additional Act）的方式——并不要求所有成员方都同意，从而可以保证 1886 年《伯尔尼公约》不受影响；这一方案可以更好地实现维持 1886 年联盟，同时又不会对联盟成员资格施加限制的目的。[22] 因此，1896 年外交会议并没有导致《伯尔尼公约》被修订；外交会议对公约实质性条款的修改，是以附加文本的方式进行，而且通过了有关《伯尔尼公约》三个条款的独立的解释性宣言——也无须全体一致同意。不仅仅是挪威和英国，即使是那些新加入公约的成员方也可以自由地选择只加入 1886 年《伯尔尼公约》，而不受附加文本或解释性宣言的约束。因此，在 1908 年柏林修订会议召开之前，联盟内发生了分裂：有 12 个成员既加入了《伯尔尼公约》，也加入了附加文本和解释性宣言；英国及其殖民地只是《伯尔尼公约》和附加文本

---

[19] E Röthlisberger, *Die Berner Übereinkunft zum Schutze von Werken der Literatur und Kunst und die Zusatzabkommen* (1906) 18 – 19.

[20] 同上注，第 19 页。

[21] 1886 年《伯尔尼公约》第 17 条；Ladas（同前注 3），第 138 页。

[22] Actes de la Conférence réunie à Paris du 15 avril au 4 mai 1896 (1897) 179.

第四章　对TRIPS缔结之前的主要"经典"版权与邻接权公约的概述

的缔约方；挪威和瑞典则只是《伯尔尼公约》和解释性宣言的缔约方。㉓

4.08 这样一种分裂状态，对于《伯尔尼公约》未来的发展肯定不利；事实上，1896 年巴黎外交会议所采纳的一项（不具约束力的）决议也主张在下一次外交会议上进行深入探讨，以缔结《伯尔尼公约》的一个单一文本。㉔ 与 1886 年伯尔尼外交会议类似，巴黎外交会议也对下一次修订会议召开的地点和时间作了决议——在 1896 年之后的 6 ~ 10 年内在柏林召开。㉕ 不过，在 10 年期限到来之前，很多联盟成员方已经表达了它们希望延期召开外交会议的意见。尤其是作为联盟重要成员的英国希望延期 1 ~ 2 年召开，因为在 1896 年外交会议之后，它一直没有机会修改其国内版权法。㉖

(ii) 1908 年柏林外交会议

4.09 1908 年柏林外交会议比 1896 年外交会议更为重要：因为与会的国家和代表团更多，还有来自 21 个非联盟成员方的代表团作为观察员与会；制定出更高最低保护水平标准的压力和计划也更大。尤其是国际文学和艺术协会（ALAI）在 1900 年，为统一各国在文学和艺术财产领域的国内法草拟了一部示范法，而且提议对《伯尔尼公约》进行改革。㉗ 事实上，此次外交会议成功地制定了授予作者的许多最低保护标准内容。最后，1896 年巴黎外交会议希望缔结《伯尔尼公约》的一个单一文本的愿望实现了，尽管情形与巴黎外交会议类似：一些国家并不同意所有的修改内容。虽然之前 1886 年《伯尔尼公约》以及 1896 年巴黎外交会议的文本被合并成了一个文本，但是为了获得修订公约所要求的各方一致同意，必须提供很多保留。因此，结果是可以对公约进行修订，但获得这一结果只是因为成员方被允许只受 1886 年文本约束，或者只受经 1896 年修改的文本的约束，如果它们不能立即批准 1908 年的整个文本。为鼓励成员方批准公约，成员方也被允许在加入 1908 年文本的同时发表声明：他们希望就某些专门内容只受先前文本的约束。类似允许用先前文本替代 1908 年文本的可能性，也临时授予了新加入公约的国家。㉘

4.10 因此，对于那些没有批准 1908 年柏林文本，或者批准了该文本但

㉓ Ladas（同前注 3），第 140 页。

㉔ L Rivière, *Protection international des oeuvres littéraires et artistiques* (1897) 211，相关决议的文本，参见第 266 页，第 V 段；Röthlisberger（同前注 19），第 20 页。

㉕ Actes de la Conférence（同前注 22），146；Röthlisberger（同前注 19），第 21 页。

㉖ 同上注，第 20 ~ 21 页。

㉗ Ricketson/Ginsburg（同前注 11），第 3.08 段。示范法可参见 Briggs（同前注 16），第 798 ~ 801 页。

㉘ 1908 年柏林文本第 27 条和第 25 条分别对联盟国家和加入国作了规定；Ladas（同前注 3），第 140 页；Ricketson/Ginsburg（同前注 11），第 3.19 段。

发表声明对某些条款作出保留的国家，相应的先前文本仍然在这些国家与其他伯尔尼联盟成员方之间适用，即使后者已经批准了1908年文本。这样，柏林外交会议产生了一个单一文本，该文本可以被认为是对《伯尔尼公约》的第一次真正意义上的修订（后来，被称为"经修订的伯尔尼公约"）。不过，分裂状态仍然继续存在：在1928年召开罗马外交会议时，有19个国家已经批准了1908年公约文本而没有作任何保留，有18个国家对1908年公约文本的第2条、第8条、第9条、第11条、第18条作出了不同的保留，从而在此方面受某一先前文本的约束。产生这一复杂情形，似乎表明所采取的并不是一种理想的解决方案；然而，需要指出的是，为了维持伯尔尼联盟作为一个整体，不得不采用不同的联盟成员方可以选择适用不同文本的方式。

（iii）1914年附加议定书和第一次世界大战

4.11 在下一次修订会议召开之前，在英国的提议下以及在ALAI决议的支持下，1914年，各方在伯尔尼签署了一项附加议定书。英国在1912年批准了1908年《伯尔尼公约》之后，面临以下不公平的情势：大英帝国（British Empire）的作者基本上无法在美国（当时，美国不是伯尔尼联盟成员）获得保护，而美国作者却可以很容易地根据《伯尔尼公约》中的国民待遇原则，尤其是通过在某一伯尔尼联盟成员方首次出版的方式，在大英帝国以及所有伯尔尼联盟成员方获得保护。[29] 作为一种补救方式，1910年帝国版权会议提议允许保留，但这么做显然是不符合《伯尔尼公约》的。[30] 在大英帝国批准了1908年《伯尔尼公约》之后，加拿大拒绝批准，并请大英帝国提议缔结《附加议定书》。[31] 该议定书通过允许在某些条件（现在是规定在1971年《伯尔尼公约》第6条之中）下采取报复的方式，来重建公平的情势。[32] 由于担心如果不签署该附加议定书，英国就将退出伯尔尼联盟，因此，所有成员方都签署了，而且其中的大多数后来还批准了1914年《伯尔尼公约》的附加议定书。[33]

4.12 《伯尔尼公约》之所以在第一次世界大战结束以后仍然存在，是因为它被认为具有法律性质，而非政治性质，而且是出于保护私人利益而非国家利益而缔结；因此，没有成员方认为该公约应当因为战争的原因而被废除，

---

[29] 更详细的论述，参见下文第5.49~5.50段；Anon, Le Nouveau Protocol Additionnel à la Convention de Berne Révisée 1908（1914）Droit d'auteur 79ff, 93ff.

[30] 同上注，第80页；Ladas（同前注3），第95~96页。

[31] 同上注；Ricketson/Ginsburg（同前注11），第3.21段。

[32] 1971年文本中该条款的相关内容，参见下文第5.51~5.52段。

[33] Ladas（同前注3），第94~97页。

第四章 对TRIPS缔结之前的主要"经典"版权与邻接权公约的概述

尽管要完全适用该公约,将受到妨碍或延缓。㉞《伯尔尼公约》持续具有效力,也得到了1917年汉萨(Hanseatic)最高法院的一项判决的支持。㉟ 该判决认为:根据1916年8月10日的法律,《伯尔尼公约》应在德国得到适用,尽管英国不适用该公约,而将有利于敌国国民。

(iv) 1928年罗马外交会议

4.13 在1908年之后,修订会议每20年召开一次。虽然拟定的柏林修订会议的下一次会议在1915—1918年在罗马召开,但是第一次世界大战显然导致该计划落空了。㊱ 最后在1928年终于召开修订会议时,有34个联盟成员方㊲以及21个观察员国㊳参加了——与会国又比之前的会议多。不出意外,国家越多,要取得一致同意,比先前的外交会议要更困难。此外,各方认为,应尽力避免进一步的分裂以及避免因允许保留而可能导致情况变得复杂。最终,各方同意只对公约作较少的修订,且修订内容限于提高对作者的最低保护标准的水平;不过,此次修订会议至少取得了一项重要成果:对于可能作出保留的情形予以了限制。尤其是,对于那些新加入公约的国家而言,只能就翻译权提出保留:适用1886年文本第5条而不适用罗马文本第8条。㊴ 此外,不允许联盟成员方对于在罗马外交会议上新缔结的新文本提出任何保留。不过,成员方可以决定不批准罗马文本,而只受相关先前文本的约束。此外,联盟成员方可以继续维持之前作出的保留,只要他们在批准罗马文本时发表了此种声明,而不管他们是作为罗马文本的签署方,还是没有签署罗马文本、仅仅只是后来的加入方。㊵ 通过此种方案,至少避免了可能提出保留的情形进一步增多。

4.14 此外,罗马外交会议还取得了另一项重要成果:通过了一项关于统一《伯尔尼公约》和《布宜诺斯艾利斯/哈瓦那公约》的决议。㊶ 后者一直在独立地发展,其排除非美洲国家加入,而且美洲国家倾向于加入后者而非《伯尔尼公

㉞ Anon, Les Unions internationals et la guerre (1914) Droit d'auteur 118f; Ladas(同前注3),第102页、第103~107页:在《伯尔尼公约》的框架下,对《凡尔赛条约》以及其他和平条约的相关条款进行了论述;也参见 M Seligsohn, Die Bestimmungen des Friedensvertrages über den Schutz der Werke der Literatur und Kunst (1919) GRUR 229ff.

㉟ Decision of 14 July 1917, OLG Hamburg (1918) GRU 79; Ricordi 案判决也载于 (1918) Droit d'auteur 9; Ladas(同前注3),第102~103页。

㊱ 同上注,第97页。

㊲ 1928年,联盟成员数已增至36。

㊳ Actes de la Conférence réunie à Rome du 7 mai au 2 juin 1928 (1929) 131ff.

㊴ 《伯尔尼公约》罗马文本第27条第(3)款。

㊵ 同上注,第27条;Ricketson/Ginsburg(同前注11),第3.26段。

㊶ Actes(同前注38);英文文本,参见 Ladas(同前注3),第650页。

约》。这一发展方向与《伯尔尼公约》的宗旨——提供世界性保护——相悖。[42]

（v）1948年布鲁塞尔外交会议

4.15 与罗马外交会议类似，下一次修订会议原打算于1935年在布鲁塞尔召开，然而也被推迟了——最主要的原因是因为很多联盟成员方对于是否批准罗马文本犹豫不决，其次是因为要准备一个条约草案以确保伯尔尼公约成员方与布宜诺斯艾利斯/哈瓦那公约[43]缔约方之间的版权保护，花费的时间超出了预期。[44] 1936年，该条约草拟完成，比利时政府被要求组织一次向世界各国开放的专门会议（而不仅仅是修订《伯尔尼公约》的会议），以便探讨达成一个世界性协定的可能性问题。当时，该会议预计在1939年召开。第二次世界大战导致召开专门会议以及修订会议的计划都无法进行。在"二战"结束以后，两项计划分开进行：布鲁塞尔修订会议于1948年召开，而缔结一个世界性协定的计划在1947年以后，则由联合国教科文组织（UNESCO）负责，后者导致了1952年《世界版权公约》的诞生。[45]

4.16 在召开1948年外交会议时，伯尔尼联盟只比1928年时多了4个成员方——主要是因为一些成员方退出了公约，还有一些成员方由于不再具有独立主权身份而丧失了成员资格。[46] 有关保留的情况得到了改善，因为只有7个国家继续要求保留。[47] 布鲁塞尔外交会议并没有就作者的最低保护水平问题获得任何重要进展，原因可能是当时出现了以下一些新的发展趋势。首先，根据欧洲传统应当为作者权提供更高水平保护的要求，与强大的使用者产业（主要由于新技术的发展而壮大）利益、一般公众获取作品的利益以及发展中国家的相关需求之间发生了冲突。其次，联盟成员方的多样性也比1928年时更为明显。最后，主导性的语言由法语开始变成英语，也预示出从为作者制定一部理想的保护水平较高的世界性法律变成更具多元化的方案。[48]

（vi）1967年斯德哥尔摩外交会议

4.17 1967年斯德哥尔摩外交会议与之前的所有外交会议都不一样，因为在这次会议上，发展中国家第一次发挥重要作用。[49] 原因是非殖民化运动主

---

[42] 进一步发展，参见下文第4.32～4.35段。
[43] 参见上文第4.14段。
[44] Ricketson/Ginsburg（同前注11），第3.33段。
[45] 同上注，第3.33段、第18.18段；有关世界版权公约的论述，参见下文第4.33～4.48段。
[46] 例如：爱沙尼亚、拉脱维亚，参见Ricketson/Ginsburg（同前注11），第3.34段。
[47] 同上注。
[48] 同上注，第3.48段、第3.36段。
[49] 另一个重要特点是：对巴黎公约的部分议题、工业产权的相关协定以及建立世界知识产权组织的新公约同时进行谈判。

第四章 对TRIPS缔结之前的主要"经典"版权与邻接权公约的概述

要是在1948年外交会议之后开始发展起来的。结果是很多新国家得以自由地从殖民国独立。尽管这些国家中的大多数之前作为伯尔尼联盟成员方的附属领地而受《伯尔尼公约》的约束,但它们现在作为主权国家,有权决定是退出《伯尔尼公约》,还是继续受其约束。大多数国家选择继续受《伯尔尼公约》约束,不过,它们提出要求:希望它们的特殊关切能够得到更好的考虑。[50]

4.18 在斯德哥尔摩外交会议上,有超过1/3的伯尔尼成员方是发展中国家(共57个成员方,其中有21个)——这将改变争论的性质和焦点。因此,斯德哥尔摩外交会议的一项成果就是缔结了一个有关发展中国家的附加议定书。[51] 该附加议定书为发展中国家提供了一些"特权",例如:允许规定较短的保护期、对翻译权和复制权适用强制许可,以及为了教学、科研、研究目的、且符合其他条件的情况下适用强制许可。[52] 这些范围相当广泛的"特权"得以在斯德哥尔摩外交会议上被接受,主要原因是联盟因为不希望发展中国家退出公约而导致公约成员变少。[53]

4.19 不过,发达国家相当不情愿同意给予发展中国家这些特权。此外,发达国家的利益集团,尤其是代表作者和出版者的利益集团都对附加议定书表示反对,理由之一是:可以通过技术和经济援助这类更适当的方式来帮助发展中国家,而不应通过降低国际版权保护水平的方式;否则,受到损害的是那些在发达国家并不拥有最好生活条件的群体,即作者和出版者。[54] 此外,美国声明:该议定书如果获得生效,将会对其加入《伯尔尼公约》构成一项重要障碍。[55] 显然,就斯德哥尔摩文本(包括适用于发展中国家的议定书)的实质性条款而言,要很快生效是不可能的,而且在不远的将来也没有希望。[56]

4.20 这一情形可能是对伯尔尼公约的最大挑战:发展中国家可能离开伯尔尼联盟,选择加入低保护水平的《世界版权公约》(UCC),[57] 或者签订双边

---

[50] Ricketson/Ginsburg(同前注11),第14.05段。
[51] 其他成果,参见下文第4.27段,以及Ricketson/Ginsburg(同前注11),第3.57~3.63段。
[52] 更详细的论述,参见上文第14.18~14.32段。
[53] 同上注,第3.64段。
[54] ALAI于1968年4月23日通过的决议,第(2)段、第(3)段:建议发达国家至少在发展中国家披露其意图之前,暂停其批准和加入的决定,(1968)Copyright,第146页;国际出版商联合会的决议和建议将技术支持作为一个备选方案,(1968)Copyright,第188页以下;CISAC的建议,参见(1968)Copyright,第189页以下。
[55] Ricketson/Ginsburg(同前注11),第14.34段。
[56] 伯尔尼联盟成员方可以选择批准或加入包括实质性条款和经修订的行政条款和最后条款在内的全部斯德哥尔摩文本,或只批准部分内容。事实上,只有行政条款获得了大多数国家的批准。
[57] 不过,由于UCC规定了伯尔尼保障条款,这一做法可能并没有用,参见下文第4.38段。

协定而不管引起的负面效果,[58] 甚至完全游离于国际保护体系之外。

(vii) 1971 年巴黎外交会议

4.21 在斯德哥尔摩修订会议陷入僵局不久之后,各方通过共同努力,即在 1967 年 12 月,恢复了在《伯尔尼公约》、UCC 的框架下,达成能为各方接受的解决方案的谈判;这一努力最终导致 1971 年在巴黎同时召开伯尔尼公约修订会议以及 UCC 修订会议。[59] 外交会议是以伯尔尼公约委员会和 UCC 委员会提交的提案为基础开展讨论的。[60] 草案内容包括提高 UCC 最低保护标准、在两个公约中规定授予发展中国家特权以及新增规制两个公约有关发展中国家关系的条款。[61] 草案被认为是"一揽子交易",即发展中国家与发达国家之间的总体妥协:只能作为"一揽子"被接受或拒绝。[62] 有关伯尔尼公约的成果,可以从以下两方面分析。[63] 一方面,有利于发展中国家的新条款被作为附件(而不是议定书)获得通过,因此构成巴黎文本不可分割的一部分。[64] 与斯德哥尔摩议定书相比,附件授予发展中国家的特权要少一些,只有适用于翻译权与复制权的强制许可,而且要实施强制许可还须遵守复杂的程序性规则,并满足很多条件。另一方面,巴黎文本还包括了经由斯德哥尔摩文本修订的《伯尔尼公约》的实质性条款和行政条款;[65] 各方决定将斯德哥尔摩文本的这些实质性条款和行政条款作为一个全新的文本予以通过,而不是将其仍然作为斯德哥尔摩文本的一部分,而只将议定书纳入巴黎文本中。[66]

4.22 上述妥协方案获得了各方一致同意,而且巴黎文本仅仅在 3 年之后即生效[67]——《伯尔尼公约》在遇到的第一次重大危机中幸存下来了。[68] 与此同时,斯德哥尔摩外交会议和巴黎外交会议表明,新兴的南—北冲突比较尖锐,以及为修订伯尔尼公约而需获得的一致同意存在非常大的困难。有了这一

---

[58] 参见上文第 2.24 段。

[59] 1967 年之后的各次会议,参见 Ricketson/Ginsburg(同前注 11),第 14.36 ~ 14.45 段,以及 E Ulmer, The Revision of the Copyright Conventions in the Light of the Washington Recommendation (1970) IIC 235ff。值得注意的是,巴黎外交会议是第一次由新成立的世界知识产权国际局邀请,而非某一成员方邀请召开的修订会议。

[60] E Ulmer, The Revisions of the Copyright Conventions (1971) 4 IIC 345, 346。

[61] 1952 年 UCC 之前的伯尔尼保障条款对于发展中国家的规定相当严苛,参见下文第 4.38 段。

[62] 同上注。

[63] 有关 UCC 及其与《伯尔尼公约》的关系,参见下文第 4.39 ~ 4.42 段。

[64] 《伯尔尼公约》第 21 条。

[65] 分别是第 1 ~ 20 条以及第 22 ~ 26 条。

[66] Ulmer(同前注 59),第 348 页。

[67] 1974 年 10 月 10 日生效,参见(1974)Copyright 156。

[68] 很多人将 1967 年后的情况视为"危机",例如:Ulmer(同前注 59),第 235 页。

第四章　对TRIPS缔结之前的主要"经典"版权与邻接权公约的概述

经验之后，WIPO后来一直不愿意筹备和召开任何新的修订会议，而是倾向于采取一种不同的、更缓和的方式来促进国际版权法的发展，即所谓的"指导发展"。[69] 因此，1971年巴黎文本是《伯尔尼公约》迄今为止的最后一次修订，[70] 但这并不意味着多边条约制定的进程在版权领域就终结了；事实上，在巴黎修订会议结束20年后，另一个重要的多边文本获得了各方初步同意，并且缔结一项新的多边版权条约——WCT——的筹备工作也同时开展。[71]

(d) 1886—1971年《伯尔尼公约》内容的发展历史

4.23　就《伯尔尼公约》的内容而言，其主要发展历程如下。1886年《伯尔尼公约》规定，对于其他联盟国家的公民，就其已出版或未出版的戏剧作品或音乐戏剧作品、音乐作品（作者在音乐作品的首页或开头表明保留权利）的公开表演权以及改编权，适用国民待遇。[72] 1886年《伯尔尼公约》还规定，作为最低保护标准，应规定翻译权的保护期为自出版之日起10年。要享受公约的保护，应遵守作品来源国法律规定的条件和手续。公约还就"文学和艺术作品"列举了一些例子；翻译应作为原作获得单独的保护；规定了一些保护的基本例外；还规定了应扣押盗版作品、著作权归属的初步证据、政府审查权、有关所谓"追溯"适用的规则、联盟成员方之间缔结专门协定的权利、修订公约需获得一致同意以及行政和最后条款。与现代多边版权条约相比，1886年《伯尔尼公约》的语言和结构不是那么先进和呈体系性。

4.24　1908年柏林修订会议对于实质性保护要求提出了很多重要的修正案。尤其是作品列表明确增加了建筑作品、舞蹈艺术作品、哑剧作品以及改编和汇编、实用艺术作品（受到限制）和摄影作品。翻译在列表中获得了在体系上正确的位置。1908年柏林修订会议修改了国民待遇的适用方式，明确承认了最低限度保护原则，[73] 引入了"无手续"原则，规定了保护完全独立于作品来源国规定的条件和手续（不包括保护期）。1908年柏林修订会议还第一次规定了，作者终生及死后50年的非强制性的普遍保护期，并规定了摄影作品和其他作品有关期限的比较的内容。有关翻译权的保护期与其他权利保持一

---

[69] A Bogsch, "The First Hundred Years of the Berne Convention for the Protection of Literary and Artistic Works" (1986) Copyright 291, 327; M Ficsor, *The Law of Copyright and the Internet* (2002) n 1.02.

[70] 1979年10月2日伯尔尼联盟大会只通过了有关行政条款的一项修正案〔根据《伯尔尼公约》第26条第(3)款，自1984年11月19日生效〕：WIPO每年3次的预算被改为每年2次。

[71] 1991年TRIPS邓克尔文本以及WIPO关于可能的伯尔尼公约议定书专家委员会第一次会议，参见下文第九章有关TRIPS的发展，以及第17.01段以下有关WIPO版权条约的发展的相关论述。

[72] 1886年《伯尔尼公约》第9条提及了第2条有关国民待遇的规定。

[73] 第4条第(1)款的后半段与1971年《伯尔尼公约》第5条第(1)款的后半段一样；公开表演权与改编权也作了细微修改。

致。新技术的发展，也在相关条款中得到了体现：规定了音乐作品的机械复制和适用强制许可的可能，以及规定了电影改编权。总体上说，1908 年外交会议建构了《伯尔尼公约》的基本框架以及主要部分的内容；《伯尔尼公约》1971 年最新版本仍然维持该框架。

4.25 1928 年罗马外交会议取得的进展相对要少一些。在此次外交会议上，有关实质性条款增加的最重要的内容是：承认了精神权利，引入了广播与类似方式传播的专有权，在《伯尔尼公约》第 2 条中增加了演讲和其他口头作品。此外，1914 年《伯尔尼公约》附加议定书中规定的报复可能性，[74] 作为新的第 6 条被纳入了《伯尔尼公约》正文中。

4.26 1948 年布鲁塞尔外交会议主要是对公约条款作了相关更新与澄清，将 50 年的保护期规定为强制性的最低保护标准，对文学作品新规定了公开表演权和传播权，扩展了已有的广播权和传播权的范围，并且承认了追续权（尽管不是作为最低保护要求加以规定的）。

4.27 1967 年斯德哥尔摩外交会议除了新增《发展中国家附加议定书》以外，只对公约文本做了相对较小的改动；[75] 而且，该附加议定书最后并没有生效。值得提及的改动有：明确承认复制专有权是最低限度保护要求，并对其规定了可允许的例外，对电影作品、摄影作品以及实用艺术作品确定了专门的最低保护期限，规定是否将固定作为保护作品的要求适用成员方国内法，在第 14 条之二中规定了电影作品，规定了保护民间文学艺术，[76] 并对保护资格条件以及"来源国"和"已出版作品"等术语的定义作了修改。此外，作为未来管理伯尔尼联盟的《建立世界知识产权组织公约》也在此次外交会议上获得了通过，因此，《伯尔尼公约》的行政条款和最后条款也相应作了实质性修改。[77]

4.28 最后，巴黎外交会议使得斯德哥尔摩修订会议有关实质性条款的内容得以生效，并纳入了斯德哥尔摩修订会议通过的行政条款和最后条款，还新增了经修订的有关发展中国家特别条款的附件。[78]

---

[74] 参见上文第 4.11～4.12 段。

[75] 后来，它们作为 1971 年巴黎文本的一部分而生效。

[76] 《伯尔尼公约》第 15 条第（4）款。不过，该保护民间文学艺术的方案，并不成功，参见下文第 20.27～20.29 段。

[77] 有关世界知识产权组织的论述，参见下文第十五章，尤其是第 15.02 段以下。

[78] 《伯尔尼公约》1886—1948 年的各个文本，可参见 Nordemann/Vinck/Hertin/Meyer（同前注 2），第 519～583 页；有关第一次外交会议以及各次修订会议的简要论述，参见 Ricketson/Ginsburg（同前注 11），第 2.50～3.67 段。

第四章 对TRIPS缔结之前的主要"经典"版权与邻接权公约的概述

(2) 其他早期多边公约

(a) 蒙得维的亚公约

4.29 在1886年《伯尔尼公约》缔结3年之后，拉丁美洲第一个版权公约也获得了通过：《1889年1月11日保护文学和艺术作品蒙得维的亚公约》。[79] 需要在相同领域（即版权）缔结第二个条约的理由，与后来缔结《世界版权公约》的理由类似：许多拉丁美洲国家参加了《伯尔尼公约》的筹备工作，但认为该公约的条款不适合它们，因为它们是发展中国家。

4.30 《蒙得维的亚公约》有部分内容参考了《伯尔尼公约》文本，但与《伯尔尼公约》也存在很大差异。最重要的差异是：《蒙得维的亚公约》适用普遍型原则，即对于在某一缔约国首次出版的作品在其他缔约国的使用行为，适用来源国法律。[80] 此外，《蒙得维的亚公约》不保护未出版作品，不适用于已有客体，也没有设立一个具有中央办公室的联盟。不过，它规定的保护期比《伯尔尼公约》要长，例如，有关摄影作品和舞蹈艺术作品的保护；它完全承认翻译权，严格适用"无手续"原则。

4.31 至于《蒙得维的亚公约》为什么没有成为《伯尔尼公约》的一个强有力的"竞争者"，从长期来看，可能是由于其适用不大现实的普遍性原则。7个公约签署国，最后只有5个批准了公约；[81] 尽管于1889年在华盛顿召开的首届美洲国际会议通过了一项决议，号召所有美洲国家都加入《蒙得维的亚公约》，但其他美洲国家后来并没有选择加入。[82] 此外，非签署国不能自动成为公约的成员方，而是需要获得每一个成员方的单独同意后才能加入公约。[83] 因此，有一些欧洲国家加入了公约，但在大多数情况下，它们只需获得1个或2个成员方的同意；在有些情况下，需要获得3个成员方同意。乌拉圭和秘鲁拒绝欧洲国家加入公约，因此，这2个国家与欧洲国家在公约下不存在任何关系。今天，《蒙得维的亚公约》在涉及过渡条款以及已享有权利的有效性方面可能还需要加以考虑，[84] 在其他方面则不具有任何现实重要性。

---

[79] 公约文本，参见（1889）Droit d'auteur，第52页以下；英文文本，可参见Nordemann/Vinck/Hertin/Meyer（同前注2），第604页（其中也有1889年2月13日附加议定书）。

[80] 相比较而言，《伯尔尼公约》则适用保护国原则，参见上文第1.06~1.08段。

[81] 签署国包括：阿根廷、玻利维亚、巴西、智利、巴拉圭、秘鲁、乌拉圭；除智利和巴西以外，前述其他国家都批准了公约，Ladas（同前注3），第635页以下。

[82] 同上注，第639页；Minutes of the International American Conference (Washington, 1890) 81, 92, 220, 227, 235.

[83] 《蒙得维的亚公约》第13条、第16条，及其附加议定书第6条；有关各国对于是否同意非签署国的政策，参见Ladas（同前注3），第636页。

[84] Katzenberger, vor §§120ff, G Schricker (ed), Urheberrecht (3rd edn, 2006) no 67.

(b) 其他美洲公约

4.32 在《蒙得维的亚公约》缔结以后，美洲国家在20世纪前半叶又相继缔结了一系列公约：1911年7月17日的《加拉加斯公约》；多个中美洲公约，包括《和平友好条约》（1907年12月20日在华盛顿签署）；多个泛美公约，即《1902年墨西哥城公约》《1906年里约热内卢公约》——纳入并增补了《墨西哥城公约》《1910年布宜诺斯艾利斯公约》《1928年哈瓦那公约》——修订了《布宜诺斯艾利斯公约》以及最后的《1946年华盛顿公约》。[85] 上述公约都没有获得所有美洲国家的加入。它们的内容和成员方在很多方面存在差异，因此，在美洲国家就形成了十分复杂的关系网。[86] 当然，这一结果也归因于以下方面：在筹备缔结多边公约时，缺乏对相关国家国内法的比较研究以及缺乏像伯尔尼联盟或ALAI这样能够实施或促进此种比较研究的机构。[87] 这一不太令人满意的状况，加上美洲条约（除《蒙得维的亚公约》之外）并不对非美洲国家开放，最终导致各方开始第一次尝试将《伯尔尼公约》与泛美公约的国际保护进行联合。1952年，上述努力导致《世界版权公约》的缔结。[88]

(3) 世界版权公约

(a) 缔结世界版权公约的原因

4.33 拉丁美洲的上述发展解释了20世纪40年代中期，国际社会希望在《伯尔尼公约》之外再缔结另一个保护作者权多边公约的需求——尽管《伯尔尼公约》通过1948年的最新修订已经显示了其活力。事实上，在20世纪上半叶，版权领域的国际关系并非世界性的，而是在世界各主要部分之间分裂。《伯尔尼公约》是以欧洲为中心，其他多边公约则在美洲平行地发展[89]以规制北美和南美国家之间的关系。[90] 大多数美洲条约都排除非美洲国家加入。[91] 另

---

[85] 有关这些公约（除1946年公约之外）的论述，参见Ladas（同前注3），第654~666页；有关这些公约的发展历史以及相关筹备会议的情况，参见第635~653页；Ricketson/Ginsburg（同前注11），第18.03~18.11段。

[86] 有关1937年美洲国家之间版权关系的复杂性，Ladas非常好地进行了分析，参见Ladas（同前注3），第648页。

[87] 同上注，第649~650页。

[88] 参见下文第4.33~4.35段。

[89] 有关这些条约的论述，参见上文第4.32段。

[90] 尤其参见《布宜诺斯艾利斯美洲公约》(1910)、《哈瓦那公约》(1928) 以及由美国领导所缔结的《华盛顿公约》(1946)。

[91] E Ulmer, Der Entwurf eines Welturheberrechtsabkommens (1952) GRUR Auslands – und Internationaler Teil 16；以及上文第4.32段。

第四章 对TRIPS缔结之前的主要"经典"版权与邻接权公约的概述

一方面，大多数美洲国家也并非《伯尔尼公约》的成员方，⑨² 因为它们还没有准备好遵守相对而言更高水平的最低保护标准。美国则面临着其国内版权法制度的障碍，因为其版权法在有些内容上与《伯尔尼公约》所采用的作者权制度存在冲突。尤其是，美国版权法要求将履行手续作为享有版权保护的条件。此外，美国法规定版权保护期为：自出版之日起28年，可以续展一次再获得28年的保护。精神权利制度在美国版权法中也基本上不存在。此种分裂为两个独立的国际保护体系的发展状况，与《伯尔尼公约》希望建立世界性的国际保护的基本目标是背道而驰的。因此，缔结一个能够解决此种分裂状态的国际公约的想法，也就孕育而生。

（b）缔结世界版权公约的方式

4.34 为了进一步加速协调各个多边公约、以达成更具世界性的保护方案，《伯尔尼公约》1928年罗马协定会议通过了一项愿景，提出：应采取措施，以《伯尔尼公约》和布宜诺斯艾利斯/哈瓦那公约的相似规则为基础，以统一世界范围内的保护版权的法律为目标，筹备缔结一项一般协定。⑨³ 此外，1935年国际联盟大会授权两个国际机构⑨⁴开展相关工作。⑨⁵ 当时，各方提出了多种方案，例如：缔结一个世界公约以取代已有的所有公约，或者创设一个"桥梁"（roof）公约，以继续保留已有的《伯尔尼公约》与布宜诺斯艾利斯/哈瓦那公约，并使它们之间相互关联。⑨⁶ 然而，第二次世界大战使上述计划以及其他筹备工作都中断了。⑨⁷ 在第二次世界大战结束以后，上述计划不再在《伯尔尼公约》的框架下开展，⑨⁸ 而是由新成立的联合国教科文组织（UNESCO）负责。⑨⁹

4.35 当UNESCO于1947年和1949年在巴黎召开的版权专家委员会会议上启动上述计划时，版权专家们十分清楚，已有公约无法被取代，即使是一个"桥梁"公约也无法缔结。另一方面，所有国家，无论它们是否加入了已有的联盟或公约，都可以签署和批准一个新的公约，即使它们不是UNESCO的成员。有鉴于此，各方于1952年9月6日缔结了《世界版权公约》；该公约在获

---

⑨² 1952年1月1日，美洲国家中只有巴西和加拿大加入了伯尔尼联盟，（1952）Droit d'auteur 1, 2。
⑨³ Actes de la Conférence（同前注38），第350页；英文文本，参见Ladas（同前注3），第650页。
⑨⁴ 这两个国际机构是：国际智力合作研究所和罗马统一私法国际协会。
⑨⁵ Ricketson/Ginsburg（同前注11），第3.33段。
⑨⁶ Ulmer（同前注91），第16~17页。
⑨⁷ 参见上文第4.15段。
⑨⁸ 有关在伯尔尼公约框架下的相关讨论，参见上文第4.16段。
⑨⁹ UNESCO在版权领域提出的第一个提案就包括缔结一个世界公约，这反映了该机构对教育与科学的关注，以及认为版权对信息的自由流通构成阻碍的观点——该观点后来得到了修正；参见Anon, La Première Conférence Générale de l'UNESCO（1947）Droit d'auteur 4~5。

得 12 个国家批准以后，于 1955 年 9 月 16 日生效。[100] 其历史背景——避免伯尔尼体系和美洲保护体系持续分裂——在外交会议的出席方上也得以体现：大多数伯尔尼联盟成员方和美洲国家都签署了该公约。[101]

(c) 1952 年《世界版权公约》的主要内容

4.36 为了达到获得全世界各国加入的目标，自然也就需要获得保护水平较低、例如发展中国家（比以往的公约更多）的加入，以及获得美国和苏联的加入，因此，1952 年《世界版权公约》（UCC）的规定就不得不采用相对最低保护水平标准。[102]

4.37 例如，与《伯尔尼公约》不同，UCC 的序言并没有规定"尽可能有效、尽可能一致地"保护作者权利这一目标，而是只规定："出于保证在所有国家以版权保护"的愿望。最低限度权利保护原则难以在 1952 年文本中规定；除了规定"提供充分有效的保护"这一非常一般性的义务之外，公约只规定了范围非常有限的翻译权。[103] 与《伯尔尼公约》所采用的"无手续"原则不同，UCC 第 3 条第（1）款允许对外国作品适用手续要求，但只能采用该条款明确规定的手续。这一妥协方案使得像美国这样的国家能够继续维持其对国内作品的手续要求，同时又使来自其他 UCC 国家的作品在只履行 UCC 的有限要求之后，即可在美国或其他国家享有版权保护。UCC 第 4 条规定了一般性的最低保护期限：作者终生及死后 25 年，以及对摄影作品和实用艺术作品规定了特殊保护期限为 10 年。此外，过渡条款甚至还规定，任何缔约国在 UCC 对该国生效之日，已将某些种类作品的保护期限规定为自该作品首次出版以后的某一段时间，则该缔约国有权保持其规定，并可将这些规定扩大应用于其他种类的作品。由于成员方国内法在保护期限上存在的不同规定，UCC 引入了互惠原则。

4.38 UCC 规定的国民待遇原则与《伯尔尼公约》规定的方式略有不同。UCC1952 年版本也规定了"出版"的定义、[104] 适用时限规则、[105] 最后条款和行

---

[100] 由于 UCC 在日内瓦缔结，因此，它也被称为"日内瓦公约"。

[101] Ricketson/Ginsburg（同前注 11），第 18.20 段。

[102] 1952 年 UCC 文本，可参见 Nordemann/Vinck/Hertin/Meyer（同前注 2）的评述，第 213 页以下。

[103] 1952 年日内瓦文本第 5 条、第 1 条；总报告指出：该条款规定的是"文明国家一般授予作者的"权利，Actes de la Conférence Intergouvernementale du Droit d'Auteur (1954) 77（前述总报告内容为本书作者所译）。准备 1951 年基本谈判文本的委员会美国代表拒绝对最低限度权利作出任何具体规定，Ulmer（同前注 91），第 18 页。

[104] 1952 年 UCC 第 6 条。

[105] UCC 不适用于在被要求给予保护的国家已进入公有领域的作品（1952 年 UCC 第 7 条）。

政条款、框架条款⑯以及所谓的"伯尔尼保障条款"。⑰ 规定伯尔尼保证条款，是为了避免伯尔尼联盟成员方退出《伯尔尼公约》，只加入 UCC；如果它们这样做，它们的作品将无法在剩下的伯尔尼成员方获得保护。具体而言，某作品起源国为伯尔尼联盟成员方的国家，如在 1951 年 1 月 1 日之后退出《伯尔尼公约》，则相应作品在伯尔尼联盟的成员方不受 UCC 的保护。此外，伯尔尼保障条款还规定，如某些伯尔尼联盟成员方也是 UCC 缔约国，则 UCC 不应适用于起源国是伯尔尼联盟的一个成员方的作品。

(d) 1971 年巴黎修订文本

4.39 1971 年 UCC 巴黎修订会议是与《伯尔尼公约》巴黎修订会议同时召开的，⑱ 此次会议提交了很多针对 UCC 的重要修正案。巴黎修订文本于 1971 年 7 月 24 日缔结，1974 年 7 月 10 日生效。⑲ 巴黎修订文本在已有的翻译权之外，为作品的原著或演绎形式新增了一些基本的经济权利：复制权、公开表演权和广播权。此外，缔约国也被允许对这些权利规定例外，只要对权利已"给予合理而有效的保护"。⑳ 这些修正案回应了采取高水平保护的发达国家的需求，因为它们不希望一方面为其他国家的作者提供国民待遇，另一方面其本国作者又无法在其他缔约国获得任何有保证的相应保护。㉑

4.40 相比较而言，其他实质性修正案则基本上有利于发展中国家。尤其是，新的 UCC 第 5 条之二、第 5 条之三以及第 5 条之四规定了很多与《伯尔尼公约》附件类似的特权。这些条款允许发展中国家在某些特殊条件，在遵守程序性要求的前提下，对翻译权和复制权适用强制许可。这些条款的篇幅和复杂性，反映了持相反立场的国家集团之间达成妥协，以及在每一个细节上就各自不同的利益达成平衡的需要。㉒ 不过，强制许可在实践中几乎没有被使用过。㉓

4.41 另一项有利于发展中国家的条款是放松了 1952 年伯尔尼保证条款的严格程度，允许伯尔尼成员方退出伯尔尼联盟而又不丧失 UCC 的保护，前

---

⑯ 1952 年 UCC 第 8 ~ 16 条以及第 18 ~ 21 条。
⑰ 同上注，第 17 条及关于第 17 条的附加声明。
⑱ 参见上文第 4.21 ~ 4.22 段。
⑲ 参见 Nordemann/Vinsk/Hertin/Meyer（同前注 2），第 214 页以下的评论；Ulmer（同前注 60），第 350 ~ 371 页。
⑳ 1971 年 UCC 第 4 条之二。
㉑ 有关 1952 年的相同状况，参见上文第 4.37 段，注释 103。
㉒ 参见 Ulmer（同前注 60），第 356 ~ 370 页。
㉓ Ricketson/Ginsburg（同前注 11），第 14.106 段：对《伯尔尼公约》的相应条款作了论述。

提条件是其交存一份特别通知书。⑭ 不过，大多数发展中国家并没有选择退出伯尔尼联盟。⑮

4.42 UCC 的 1952 年文本与 1971 年文本关系如下：二者是独立的公约；加入 1971 年文本，也被视为加入了 1952 年文本；1971 年文本生效之后，任何国家均不得只加入 1952 年文本；如果有 UCC 成员方只加入了 1952 年文本，则其与其他 UCC 成员方之间的关系，只适用 1952 年文本。⑯

（e）1971 年之后 UCC 的发展

4.43 经过大约 40 年的发展，UCC 完成了在伯尔尼公约成员之外建立国际版权保护体系的目标。尤其是，大多数没有打算加入伯尔尼联盟的国家选择加入了 UCC，即大多数拉丁美洲国家以及美国。另一个长期游离于国际版权体系之外的重要国家是俄罗斯，⑰ 其于 1973 年作为苏联的一部分加入了 UCC。截至 2007 年，UCC 有 100 个成员。

4.44 不过，由于 UCC 的很多缔约国也加入了《伯尔尼公约》，因此 UCC 也丧失了其重要性，因为对于同时也是伯尔尼联盟成员方的 UCC 成员方之间的关系而言，UCC 不适用于起源国是伯尔尼联盟的成员方的作品。⑱ 20 世纪 80 年代末期以后，许多 UCC 成员方加入了《伯尔尼公约》，尤其是美国于 1989 年、俄罗斯联邦于 1995 年也加入了《伯尔尼公约》；此外，很多苏联成员方以及一些中东欧国家也从 20 世纪 90 年代早期以后，加入了《伯尔尼公约》。其他没有加入 UCC 的国家选择直接加入《伯尔尼公约》，例如：中国在 1992 年就是如此。另一波加入《伯尔尼公约》的浪潮，则部分归因于美国自 20 世纪 80 年代后期开始发起的双边协定——规定没有加入的相关国家有义务或至少鼓励其加入《伯尔尼公约》。⑲ 此外，1994 年 TRIPS 也有类似的效果：尽管它没有对其成员施加加入《伯尔尼公约》的义务，但要求它们遵守《伯尔尼公约》的实质性条款规定；因此，那些（为了加入 WTO）不得不遵守

---

⑭ 关于第 17 条的附加声明（1971 年文本）。

⑮ Nordemann/Vinsk/Hertin/Meyer（同前注 2），UCC 第 17 条，第 4 段；Ricketson/Ginsburg（同前注 11），第 18.39 段。

⑯ 1971 年 UCC 第 9 条及相关论述。

⑰ 有关俄罗斯所签订的数量较少且存续时间不长的双边协定的论述，参见 M Boguslawski, Urheberrecht in den internationalen Beziehungen (1977) 89–96。

⑱ UCC 第 17 条及相关宣言。

⑲ 参见下文第 12.09 段。欧共体签订的双边协定所规定的义务，不太严苛，参见下文第 12.48～12.49 段。

《伯尔尼公约》实质性条款的国家通常也都会选择加入《伯尔尼公约》。[120]

4.45 2007 年，只有老挝是 UCC 的成员方、但不是《伯尔尼公约》的成员方。不过，该国已经开始采取措施打算加入 WTO/TRIPS 以及《伯尔尼公约》，因此，在可预见的未来，UCC 可能对老挝不再适用了。

4.46 未来，可能有一些国家使 UCC 得以再生；这些国家就是那些尚未加入任何多边版权保护文件的国家（如厄立特里亚、埃塞俄比亚、伊朗、伊拉克、萨摩亚、圣多美和普林西比、塞舌尔、索马里、也门）。基于 UCC 最开始吸引各国加入的同样原因，这些国家可能选择加入 UCC 作为其迈入国际版权保护体系的第一步。不过，也有可能这些国家在选择拥抱国际版权保护体系之后，直接加入《伯尔尼公约》（就像中国在 1992 年所做的那样）、WTO/TRIPS 或同时加入二者。事实上，上述各国，除了厄立特里亚、萨摩亚和索马里之外，都已经提出了加入 WTO 的申请。

4.47 即使未来没有一个国家是 UCC 的成员方、但不是《伯尔尼公约》或其他新近缔结的条约的成员方，UCC 仍可以在一些情形（可能很少）下得以适用。尤其是，UCC 适用于以下情形：双方都是 UCC 的缔约国，同时又是《伯尔尼公约》罗马文本或布鲁塞尔文本的成员方，如果起源国（依据《伯尔尼公约》罗马文本或布鲁塞尔文本的规定）是伯尔尼联盟之外的一个国家，而作品是由伯尔尼联盟成员方的国民创作；当然，必须符合 UCC 第 2 条规定的保护资格标准。UCC 还适用于以下情形：上述其他条件不变，只改变以下条件，即两个伯尔尼成员方中的一个国家加入的是巴黎文本，另一个国家只加入了罗马文本或布鲁塞尔文本。[121] 截至 2007 年，只有不超过 5 个国家仅仅还是《伯尔尼公约》罗马文本或布鲁塞尔文本的成员方，[122] 因此，UCC 将只在这些情形下得以偶尔适用。

4.48 UCC 可能适用的情形，上文已经作了论述，但相关情形都存在一定的争议，而且事实上，在任何情况下，都不会导致任何实质性的适用。[123] 即使 UCC 不能在当下适用，当有必要确定某一专门作品是否在特定国家之间的

---

[120] 例如：截至 1988 年 1 月 1 日，伯尔尼公约共有 77 个成员方〔(1988) Copyright 6〕；截至 1995 年 1 月 1 日，共有 111 个成员方〔(1995) Copyright 14〕；截至 2007 年 7 月，共有 163 个成员方。

[121] 《伯尔尼公约》第 32 条。

[122] 它们是：黎巴嫩、新西兰、马耳他、巴基斯坦、津巴布韦（罗马文本）；巴哈马、乍得、斐济、马达加斯加以及南非（布鲁塞尔文本）。

[123] A Bogsch, *The Law of Copyright under the Universal Convention* (3rd edn, 1968) 120–122; Svon Lewinski, The Role and Future of the Universal Copyright Convention (2006) October e–Copyright Bulletin UNESCO 1, 6–10.

关系上受到保护时，UCC 仍然具有重要作用。在这种情况下，就必须按照时间顺序判定作品在这些国家之间的关系上的保护身份问题。[124] 不过，考虑到 UCC 在当下的重要性有限，本书有关 UCC 的详细论述就此结束。

B. 主要的邻接权公约

（1）1961 年罗马公约

（a）引入邻接权的早期探索

4.49 1961 年 10 月 26 日《保护表演者、录音制品制作者和广播组织的国际公约》（罗马公约）是第一个规定邻接权的多边公约。邻接权领域的第一个公约之所以在版权领域的第一个重要公约缔结很长时间（75 年）之后才诞生，主要有以下几方面的原因。第一，由于技术的发展，导致录制表演、其他声音和广播节目变得可能，因此，需要对表演者、录音制品制作者和广播组织提供保护。在版权领域，引发保护需要的技术发展是印刷作品技术的出现。尽管印刷术早在 1492 年就被约翰内斯·古腾堡所发明，但是录音技术在 1877 年才被爱迪生发明，而且直到 20 世纪初才被广泛使用。无线电广播技术则出现得更晚（例如，1923 年才在德国出现），电视广播则直到 20 世纪 30 年代才出现。[125]

4.50 早期承认并给予表演艺术家有利待遇的案例，包括 1900 年由柏林地区法院审理的一个案件；在该案中，法院对一位歌剧演唱家提供了保护，禁止对载有其声音的唱片进行复制。[126] 此外，ALAI 于 1903 年就独唱演员的保护问题开展讨论，讨论结论也是有利于表演者的。[127] 早在 1909 年，约瑟夫·科勒就提出要保护表演者；一直到 20 世纪 30 年代早期，有关邻接权客体保护的相关学术文献，主要是围绕表演艺术家展开；当然，有关保护录音制品制作者和广播组织的相关学术文献也开始慢慢多起来。[128] 与此同时，在 1933 年，国

---

[124] UCC 对德国法院近期审理的几个案件都有一定的影响：OLG Frankfurt/M of 7 October 2003 (2004) ZUM – RD 349（关于 1939 年在美国首次出版的一部作品是否应于 2000 年在德国获得保护的问题），以及 BGH（最高法院）of 29 March 2001, Lepo Sumera, (2001) GRUR 1134。

[125] BGH of 13 May 1982, (1982) GRUR 727, 730 – 731.

[126] LG Berlin (1900) GRUR 131 – 132。法院作出该判决，是因为其认为：演唱家对音乐的表演，体现了他的独创性。

[127] C Masouyé, Guide to the Rome Convention and to the Phograms Convention (1981) 7.

[128] J Kohler, Autorschutz des reproduzierenden Künstlers (1909) GRUR 230 – 232；有关 20 世纪 30 年代欧洲在该领域发表的文献，参见 A Baum, Über den Rom – Entwurf zum Schutze der vortragenden Künstlers, der. Hersteller von Phonogrammen und des Rundfunks (1953) GRUR International 197 – 198。

第四章 对 TRIPS 缔结之前的主要"经典"版权与邻接权公约的概述

际唱片业协会（IFPI）成立，并开始为唱片业寻求保护；类似的，诸如国际广播联盟和欧洲广播联盟等相关组织，也为其成员寻求保护。

4.51 早期保护邻接权，尤其是保护表演者和录音制品制作者的立法尝试，包括：《1901 年德国文学作者权法律》1910 年修正案，该修正案在第 2 条第（2）款中规定了一种法律拟制，即将表演者视为改编作品的作者，因为他通过"用于机械传播作品的机器设备"引起了作品的转换；此种转换类似于改编。在这种情况下，授予表演者以改编作品作者的权利的方案，也被瑞士、奥地利、捷克和匈牙利著作权法所采纳。不过，该权利通常被认为可以转让给录音制品制作者；例如，《1895 年奥地利著作权法》1920 年修正案就作了此种明确规定。[129] 很多其他早期相关法律也规定了类似的保护。相比较而言，英国 1925 年 7 月 31 日《戏剧与音乐表演者保护法》除对录音制品制作者提供版权保护之外，只对表演者提供了刑事保护，而未授予其专有权。[130] 20 世纪 30 年代中期之后，又有许多法律诞生；不过，它们都只对表演者和录音制品制作者提供了不完整的、同时也是种类不同的保护。

（b）在《伯尔尼公约》框架下开展国际层面保护的早期探索

4.52 在国际层面，早在 1908 年《伯尔尼公约》巴黎修订会议上，英国即提出质疑："在《伯尔尼公约》中纳入一个条款来专门规定：在适当的情况下，给予留声机转盘自动钢琴卷等以国际版权保护，是否合适。"不过，这一建议遭到了反对，因为"一客体处于工业产权和版权的边界地带，可能更适宜归入到工业产权的范围"。[131]

4.53 在 1928 年召开的《伯尔尼公约》罗马修订会议上，有提案建议，授予表演艺术家以广播专有权，并且在机械复制的情况下，授予表演艺术家就此种"改编"以作者权。[132] 此外，英国再次提议保护录音制品。[133] 不过，相关委员会拒绝了上述提案条款，理由是：这些事项被认为（尤其是法国）不属于《伯尔尼公约》的涵盖范围，而且在国际层面进行保护尚不成熟，因为即使是在国内法层面，相关领域的立法也几乎没有。[134] 最后，外交会议只通过一

---

[129] 同前注 128，第 199 页。
[130] 同上注，第 189 页；丹麦和波兰的国内法对表演者提供了版权保护，同上注。
[131] 同上注，第 199 页。
[132] 这一提案与早先有的国家的国内法有关将表演者视为改编作品作者的规定是一致的，参见上文第 4.51 段；有关第 11 条之二第（2）款、第 13 条第（1）款之二的提案，参见 Actes（同前注 38），第 260 页、第 262~264 页。
[133] Actes（同前注 38），第 263 页。
[134] 同上注，第 262~264 页。

项愿景：联盟各成员方应考虑采取保护表演艺术家权利的相关措施的可能性。[135]

（c）伯尔尼公约框架之外的独立行动

4.54 下一步行动是在伯尔尼联盟的框架之外开展，并且只与录音制品保护有关。1935年，意大利政府提议于1936年在罗马召开一次国际外交会议，以缔结一个保护录音制品的公约。意大利希望能在作者权利保护之外，因此也就是在《伯尔尼公约》之外采用一个独立的架构来回应录音产业的保护需求。然而，只有少数国家对意大利政府发出的邀请作了积极回应。尤其是，英国政府——当时，其录音产业在欧洲占有领导地位——拒绝了邀请，可能是因为当时由于阿比西尼亚战争导致英意关系紧张。最后，意大利政府不得不宣布取消此次会议。[136]

（d）1939年萨马登外交会议：伯尔尼公约附录草案

4.55 不久之后，版权专家委员会于1939年在萨马登（瑞士）召开；不过，此次会议是由伯尔尼联盟和统一私法国际协会主办的。会议的任务是在伯尔尼联盟国际局前局长——Ostertag博士草拟的条约草案的基础上，考虑制定一个保护表演者、录音制品制作者、广播组织以及其他客体（例如，追续权和字母的保护）的公约的可能性。拟定条约的基础包括：国民待遇原则、一些最低限度权利，以及表演艺术家的精神权利。拟定的条约被视为是一项与《伯尔尼公约》相关联的协定，因此，只对伯尔尼联盟成员方开放。[137]

4.56 就邻接权而言，专家委员会提出了两个条约提案（而并非像草案建议的那样只有一个），即一个规定关于表演者和录音制品制作者，另一个单独规定广播组织；不过，它们都作为《伯尔尼公约》的附录。条约提案的内容也与Ostertag草拟的提案存在实质性的差异。[138] 这两个《伯尔尼公约》的附录原本打算于1939年在布鲁塞尔召开的下一次《伯尔尼尔公约》修订会议上获得通过。[139] 然而，由于第二次世界大战的爆发，这一计划显然无法实现。

（e）在《伯尔尼公约》布鲁塞尔外交会议上的新启航

4.57 当布鲁塞尔修订会议最终于1948年召开时，上述附录并没有获得

---

[135] 参见愿景 V，(1928) Droit d'auteur 85。

[136] Baum（同前注128），第199页。

[137] 草案及解释，参见 F Ostertag, Nouvelles Propositions pour la Conférence de Bruxelles (1939) Droit d'auteur 71ff, 62ff。

[138] 参见 Anon, La Protection international des droits voisins du droit d'auteur (1940) 109ff, 125, 134; Baum（同前注128），第202页。

[139] Ricketson/Ginsburg（同前注11），第19.05段。

第四章 对TRIPS缔结之前的主要"经典"版权与邻接权公约的概述

通过；因为通常来说在战争结束后不久，进行谈判是比较困难的。因此，从一开始，各方就认为通过一个协定的可能性很低。这样，布鲁塞尔修订会议就将重心转而放在《伯尔尼公约》涵盖范围的议题讨论上。不过，就表演者、录音制品制作者和广播组织而言，至少有一点在此次外交会议上得到了澄清：根据大多数代表团的意见，保护此类客体（英国提议将它们纳入《伯尔尼公约》之中）的问题，不应在《伯尔尼公约》的框架下讨论，而应在其他地方进行规制。此次外交会议还通过了一项愿景：伯尔尼联盟成员方应对保护表演者、录音制品制作者和广播组织的问题开展研究，并应注意此种保护不得影响作者权。[140]

(f) 导致《罗马公约》诞生的后续工作

4.58 作为1948年布鲁塞尔外交会议的一项成果，伯尔尼联盟常设委员会被设立，并且自1949年9月开始定期召开会议。后来，该委员会开展了持续性且重要性的工作，最终完成了保护邻接权国际公约的工作。[141] 同样的，一些利害关系方的协会也在开展高强度的工作，例如：国际作者和作曲家协会联合会（CISAC）和ALAI（在1956年提交了一项共同提案，规定作者权应优于相关权的实施），[142] IFPI，国际广播组织（OIR，欧洲广播联盟的前身）以及国际音乐家联盟（FIM）。在1950年伯尔尼常设委员会会议上，国际劳工组织（ILO）的代表明确指出：长期以来，保护表演艺术家就一直是其关注的领域，它将进一步开展相关工作。[143] 然而，如果由ILO牵头制定一个单独的保护表演权的公约，可能导致不同条约的规定存在不一致的风险。与会各方，包括各利益相关方的代表都认为：存在冲突的各方利益，在一个将三类权利主体都涵盖进来的共同公约中进行协调能够达到最好的平衡。事实上，OIR和IFPI向1950年常设委员会提交了一项共同草拟的公约草案，其中就包括了三类主体；FIM没有参加进来，只是因为其直到1948年8月才成立。因此，ILO被邀请参加未来的工作，并且它也同意了。这一合作也为未来缔结《罗马公约》扫清了道路。

---

[140] 愿景 VI–VIII：布鲁塞尔外交会议文件，第428页、第587页；Masouyé（同前注127），第8页。

[141] Baum（同前注128），第204~209页；会议报告在《著作权》杂志上出版：（1949）Droit d'auteur 132；（1950）Droit d'auteur 127；（1951）Droit d'auteur 70, 122, 137；（1952）Droit d'auteur 100。

[142] Anon, Sixième Session du Comité permanent de l'Union international pour la protection des oeuvres littéraires et artistiques' (1956) Droit d'auteur 69, 71–73.

[143] 国际劳工组织已经于1926年——当时，机械录制已经开始威胁表演者的工作机会，因此损害其生活水准——开始此项工作，Masouyé（同前注127），第8页。

4.59 在《罗马公约》缔结之前，有很多机构都提交了条约草案，包括 1951 年 11 月草案（罗马文本）[144]：由伯尔尼联盟常设委员会与 ILO 和 UNESCO[145] 的代表，以及表演艺术家、录音制品制作者、广播组织以及 ALAI 和 CISAC 的代表共同草拟；1956 年 ILO 草案（日内瓦文本）；[146] 经伯尔尼联盟和联合国教科文组织邀请，来自 12 个国家的专家在摩纳哥起草的 1957 年草案（摩纳哥草案）；[147] 鉴于 ILO 提交的草案与伯尔尼联盟/UNESCO 提交的草案存在较大差异，伯尔尼联盟、UNESCO 和 ILO 的联合政府专家委员会草拟了海牙草案。[148] 上述最后一个共同草案构成了《罗马公约》的基础，《罗马公约》在 1 年之后获得通过，有 18 个国家签署。[149]

（g）《罗马公约》在 1961 年之后的发展

4.60 《罗马公约》在得到 6 个国家批准之后，于 1964 年 8 月 18 日生效。[150] 到目前为止，该公约都未被修订过。它的成员方数量在早期增长得比较缓慢；截至 1976 年 12 月 31 日，只有 9 个国家是《罗马公约》的缔约国。[151] 后来，罗马公约政府间委员会在 1974 年以《罗马公约》为基础，起草了"关于保护表演者、录音制品制作者和广播组织的示范法"，促进了各国在此领域的国内立法。[152]

4.61 《罗马公约》后来成了很多新近通过的国际条约（尤其是 TRIPS 和 WPPT）的模板，从而间接地赢得了新的影响力。[153] 它也对欧共体的区域一体化有一定的影响。[154] 截至 2007 年 8 月，《罗马公约》一共有 86 个缔约国。

---

[144] （1951）Droit d'auteur 140。根据伯尔尼国际局的授权，这些草案并没有根据萨马登和 OIR/IFPI 草案草拟。

[145] 由于 UNESCO 已经从 1947 年开始，在拟定的 UCC 相关的版权领域开始工作（参见上文第 4.34～4.35 段），很自然地，它也涉足邻接权的相关工作计划。

[146] （1956）Droit d'auteur 93。

[147] 有关此次会议的相关内容，参见（1957）Droit d'auteur 172；有关政府磋商以及摩纳哥草案，也参见上注，第 245 页。

[148] （1960）Droit d'auteur 161。

[149] 这些国家包括：阿根廷、奥地利、比利时、巴西、柬埔寨、智力、丹麦、联邦德国、法国、英国、冰岛、印度、意大利、墨西哥、西班牙、瑞典、梵蒂冈、南斯拉夫。

[150] Masouyé（同前注 127），第 75 页。

[151] Nordemann/Vinck/Hertin/Meyer（同前注 2），《罗马公约》第 2 条；相关原因，也参见下文第 4.63～4.64 段。

[152] 参见（1974）Copyright，第 163 页以下；Masouyé（同前注 127），第 12 页。

[153] 有关 TRIPS 第 14 条第（1）款至第（3）款和第（6）款的内容及评论，参见下文第 10.89～10.96 段以及第 10.100～10.102 段；有关 WPPT 的相关论述，参见下文第十七章。

[154] 《罗马公约》对 1992 年欧共体出租权指令第 8 条第（2）款和第 10 条的影响尤其大，参见第六章。

第四章　对TRIPS缔结之前的主要"经典"版权与邻接权公约的概述

4.62　与版权公约类似,《罗马公约》的基本原则有:国民待遇原则(尽管可能与《伯尔尼公约》的国民待遇原则的范围不同),[155] 对三类权利人的最低限度保护原则,以及只能对录音制品要求专门手续原则。由于该公约——直接或间接——在邻接权领域仍具有重要影响,因此,下文将对其予以详细论述。[156]

(2) 1971年日内瓦录音制品公约

(a) 缔结日内瓦录音制品公约的原因

4.63　为什么在《罗马公约》已经为录音制品制作者提供保护,并且在1964年生效仅仅几年之后,就有必要考虑再缔结一个保护录音制品制作者的新公约? 从《罗马公约》的成员方数量有限(截至1971年,只有11个成员方)[157] 这一点来看,似乎表明该公约并没有满足很多国家的需求。有着强烈作者权传统的作者权体系的国家基本上不愿意引入邻接权制度。版权体系的国家一开始似乎本应当是《罗马公约》的天然成员方对象,因为它们通常都为录音制品提供版权保护;然而,截至1971年,版权体系国家中,只有英国加入了《罗马公约》。影响版权体系国家加入《罗马公约》的主要障碍是,公约对表演者和广播组织提供了保护——而这些国家的国内法通常都没有规定此种保护。[158] 因此,尽管很多版权体系国家准备不仅在国内层面,同时也在国际层面保护录音制品,但它们不愿意为其他两类权利主体也提供保护。这一点对于美国——录音制品盗版十分泛滥的国家——而言,的确如此。[159] 因此,《罗马公约》由于规定了三类权利人主体,因此,无法吸引到很多国家加入。

4.64　另一个原因,可能是《罗马公约》第24条第(2)款项下的义务,即加入《罗马公约》之前,需要先加入《伯尔尼公约》或UCC。[160] 此外,对于很多国家而言,授予表演者和录音制品制作者就录音制品的二次使用享有获得报酬权,也是它们加入《罗马公约》的一个障碍,即使该条款允许保留。[161] 一方面,这些要求可能有些过分;另一方面,其他条款似乎也不能提供有效保

---

[155] 参见下文第6.27段及相关注释;有关WPPT的相关论述,参见下文第17.45~17.46段。

[156] 参见第六章。

[157] (1971) Copyright, 第12页。

[158] 英国只为表演者提供刑事保护。不过,这被视为《罗马公约》对英国的一种妥协,因为此种妥协被视为是赢得英国(其录音公约非常强大)加入《罗马公约》的一种非常重要的手段。

[159] E Ulmer, The Convention for the Protection of Producers of Phonograms against Unauthorized Duplication of their Phonograms (1972) IIC 317, 320.

[160] 参见 Masouyé(同前注127),第93页。

[161] 《罗马公约》第12条、第16条。

护。尤其是,仅仅授予录音制品制作者以复制专有权,[162] 被认为并不足以有效打击盗版;要达到这一目的,再授予其享有进口专有权或发行专有权,似乎是必要的。因此,录音产业界为了尽快打击盗版,强调呼吁缔结一个以打击盗版唱片为主要宗旨的国际条约。[163]

(b)筹备日内瓦录音制品公约

4.65 缔结该反盗版条约的呼吁,由英国在国际层面于1970年向世界版权公约政府间委员会和伯尔尼联盟常设委员会提出。这两个委员会表达了它们的希望:UNESCO和WIPO总干事应建立一个政府间专家委员会,以在该领域筹备公约。它们的上述希望迅速获得了响应;1971年5月,该计划即被实现:政府间专家委员会在美国、英国、法国和德国专家草拟的工作文件的基础上通过了一项公约草案,并且建议在当年召开外交会议。[164]外交会议后来的确于1971年10月召开;此次外交会议于1971年10月29日在日内瓦通过了《保护录音制品制作者防止未经许可复制其录音制品公约》(日内瓦录音制品公约)。有23个国家签署了该公约,公约于1973年4月18日生效。截至2007年8月,共有78个成员方。该公约创造的效率惊人——从正式启动到最后通过,只用了不到13个月,原因可能是因为有很多国家都希望缔结这一仅处理专门问题的公约——打击盗版录音制品,以及实施该公约具有很大的灵活性。公约采取涵盖范围有限、实施灵活的特点,也是为了在最短的时间内吸引尽可能多的成员方加入。[165]

(c)《日内瓦录音制品公约》的主要内容

4.66 该公约涵盖范围有限的特点,也反映在了其条款上:内容比较基础而且款项和范围有限。公约没有规定国民待遇义务。公约所规定的核心义务是:保护录音制品制作者,防止复制和进口复制品,只要此种复制或进口的目的是为了公开发行,以及防止公开发行此类复制品。[166] 公约就实施其条款的方式提供了一定的灵活性。尤其是,缔约国可以通过授予版权或邻接权的方式保护;通过有关不正当竞争的法律保护;通过刑事制裁的方式保护。[167]保护只需要授予其他缔约国的国民;在某些条件下,也可以适用其他标准,而不是

---

[162] 《罗马公约》第10条。

[163] Masouyé(同前注127),第93页。

[164] (1971)Copyright,第54页(会议报告:第54页以下;公约草案:第62页以下)。

[165] Masouyé(同前注127),第Ⅲ页(第9.4段)。

[166] 《日内瓦录音制品公约》第2条;有关"录音制品""录音制品制作者""复制品""公开发行"的定义,参见该公约第1条。

[167] 同上注,第2条。

第四章 对TRIPS 缔结之前的主要"经典"版权与邻接权公约的概述

（录音制品）制作者国籍标准。[168] 只有当某一缔约国选择通过版权或其他专项权利或通过刑事制裁的方式提供保护时，才可以对保护的限制进行规制。在这些情形下，缔约国可以规定与对作者权保护所作的相同的限制。但是，只有符合以下条件，才允许对复制权适用强制许可：复制品仅用于教学或科学研究的目的；仅适用于在授予强制许可的主管当局管辖的领土内进行的复制；应支付合理报酬。[169] 上述有关权利限制的条款，部分借鉴了《罗马公约》第15 条的规定。上述有关强制许可的规定，则是为了保护发展中国家的特殊利益，并且可以被视为是同一年通过的《伯尔尼公约》巴黎修订文本和 UCC 的简化版本；不过，它们之间还是存在一定的区别：日内瓦公约有关强制许可的规定，适用于所有国家，而并非只适用于发展中国家。

4.67 缔约国可自由选择是否规定专门的保护期；如果选择这样做，则保护期不应短于自录音制品首次被固定或首次出版之年年底起20 年。[170] 如果符合《日内瓦录音制品公约》第5 条具体规定的手续，则可以认为符合国内法有关手续的要求——类似《罗马公约》所采取的方案。不得要求缔约国将公约的条款适用于公约在该国生效之前已经固定的任何录音制品。[171] 与《罗马公约》不同，加入《日内瓦录音制品公约》，不需要以加入任何版权公约或邻接权公约为前提，因为缔约各方希望使得《日内瓦录音制品公约》尽可能地具有开放性。因此，只要是联合国和任何联合国专门机构、国际原子能机构或国际法院规约的任何成员方，均可加入《日内瓦录音制品公约》。[172]

4.68 如何保护表演者，公约明确规定，交由缔约国决定。其他国际条约或国内法律对作者、表演者、录音制品制作者或广播组织提供的已有保护，不受《日内瓦录音制品公约》的限制或妨碍。[173]

（d）行政条款与框架条款

4.69 尽管日内瓦外交会议是由 WIPO 与 UNESCO 一起筹备的，但缔约各国政府认为，如果公约只有一个组织来管理，会使公约的管理变得更加简单和高效；通过投票，选择将 WIPO 国际局作为管理机构。不过，作为与 UNESCO 的妥协，决定：公约以及批准书、接受书或加入书应当向联合国秘书长交存，

---

[168] 同前注166，第7 条第（4）款。
[169] 同上注，第6 条。
[170] 同上注，第4 条。
[171] 同上注，第7 条第（3）款。
[172] 同上注，第9 条第（1）款、第（2）款。
[173] 同上注，第7 条第（1）款、第（2）款。

联合国秘书长应当通知 WIPO 总干事、UNESCO 总干事和 ILO 总干事。[174] WIPO 国际局应当汇集、出版与保护录音制品有关的信息资料，为促进录音制品的保护开展研究和提供服务；但国际局无权负责公约的修订事宜：公约甚至都没有提及这一事宜。参与谈判的各方政府认为，公约的宗旨具有永久性质，而且由于打击盗版的迫切需要，不适宜修订公约。[175] 此外，与《罗马公约》不同，《日内瓦录音制品公约》也没有规定建立一个政府间委员会。[176]

（3）1974 年布鲁塞尔卫星公约

（a）缔结公约的原因

4.70 在许多方面，缔结《布鲁塞尔卫星公约》的原因以及为缔结公约所采取的方案，都与《日内瓦录音制品公约》比较相似。[177] 首先，对于人造卫星播送载有节目的信号的国际盗播行为，已经成了广播组织面临的严重问题，因此，广播组织自 20 世纪 60 年代后期即开始呼吁进行国际保护。[178] 其次，已有的《罗马公约》尽管规定了保护广播组织，但并不令人满意，主要原因如下：[179] 成员方数量较少，而且未来其成员方数量也没有迅速增加的太大希望；要成为《罗马公约》的成员方，需先加入《伯尔尼公约》或 UCC；《罗马公约》也没有明确规定，禁止非法截取和传输卫星播送的广播信号。尽管《罗马公约》政府间委员会的大多数代表国政府，以及参加布鲁塞尔卫星公约外交大会的大多数代表团，都认为：《罗马公约》适用于卫星广播，[180] 然而学术界提出了强烈质疑，因为在分布卫星和点对点卫星的情况下，公众并不能直接接受卫星发射的信号。[181] 此外，国内广播组织及其协会也在很多国家施加了影

---

[174] 同前注 166，第 9 条、第 13 条第（3）款；WIPO 也是退约通知书的保存方。

[175] Masouyé（同前注 127），第 91 页。

[176] 有关《日内瓦录音制品公约》各条款内容的缔结背景，参见 Ulmer（同前注 159），第 317、第 323～324 页。

[177] 参见上文第 4.63～4.64 段。

[178] G Straschnov, Comments on the Draft Convention against Unauthorized Distribution of Program – Carrying Signals Transmitted by Satellites（1972）19/6 Bulletin of the Copyright Society of the USA 429ff；Straschnov 就广播组织在此方面的利益作了阐释。

[179] 参见上文第 4.63～4.63 段有关罗马公约缺陷的论述。

[180] 更具体而言，包括通过散布卫星、点对点卫星进行的广播，以及通过直播卫星广播非法广播节目；参见 1971 年 11 月罗马公约政府间委员会第三次会议报告，（1971）Copyright，第 207 页（第 18 段）；1972 年会议报告，（1972）Copyright，第 221 页（第 12 段）；布鲁塞尔外交会议总报告，（1974）Copyright，第 267 页以下。

[181] G Straschnov, "Legal Protection of Television Broadcasts Transmitted via Satellite against their Use without the Permission of the Originating Organization"（1969）17 no 1 Bulletin of the Copyright Society of the USA 27, 35；J von Ungern – Sternberg, Die Rechte der Urheber an Rundfunkund Drahtfunksendungen（1973）159 – 161.

第四章 对 TRIPS 缔结之前的主要"经典"版权与邻接权公约的概述

响,反对批准《罗马公约》,[182] 认为:该公约规定了与其利益发生冲突的表演者和录音制品制作者的保护内容。[183] 广播组织也无法以作者的权利为基础,依据《伯尔尼公约》享受充分的保护,以制止非法转播直播卫星广播,因为在当时那个时期,直播卫星主要是用于播送"太空飞行计划"或体育赛事和新闻广播,而并非用于播送载有受保护作品的节目。[184]

(b) 筹备布鲁塞尔卫星公约

4.71 与《日内瓦录音制品公约》类似,《布鲁塞尔卫星公约》最开始也是由 UNESCO 和 WIPO 平行准备,后来则是由二者共同准备。[185] 1974 年在布鲁塞尔召开的外交会议通过了《关于播送由人造卫星传播载有节目的信号的公约》。[186] 有 15 个国家签署了该公约,公约于 1979 年 8 月 25 日生效。截至 2007 年 8 月,该公约共有 30 个缔约国。它的基本特点与《日内瓦录音制品公约》类似:范围十分有限,给予缔约国相当大的自由裁量空间,并且规定了很多与《日内瓦录音制品公约》相似的条款。

(c)《布鲁塞尔卫星公约》的主要内容

4.72 首先,《布鲁塞尔卫星公约》的涵盖范围仅限于保护广播组织,以防止播送者播送不是为了提供给它们的、由卫星传播的载有节目的信号。[187] 公约不适用于播送来源于由另一组织合法转播的信号。[188] 同样,公约也不适用于供一般公众从卫星直接接收的卫星广播,[189] 因为其已经受到了《罗马公约》的

---

[182] E Steup and E Bungeroth, "Die Brüsseler Konferenz zum Schutz der durch Satelliten übertragenen Sendungen"(1975) GRUR Int 124, 130.

[183] 为广播组织单独制定一个条约的想法,甚至强化了广播组织反对批准《罗马公约》的立场;此外,《罗马公约》的成员方希望避免对表演者和录音制品制作者的损害,因此,大部分成员主张将保护表演者和录音制品制作者的内容纳入《布鲁塞尔公约》中,但没有获得成功。不过,它们至少成功地要求制定一部平衡各方利益有关邻接权的示范法,这也得到了欧洲广播组织的同意,后者宣布其放弃反对《罗马公约》的立场。在 1974 年缔结布鲁塞尔公约外交会议期间,罗马公约政府间委员会通过了"示范法"[(1974) Copyright, 第 163 页以下],参见 Steup/Bungeroth (同前注 182), 第 130~131 页。

[184] E Ulmer, "Protection of Authors in Relation to the Transmission via Satellite of Broadcast Programs"(1977) LXXXXIII Revue internationale du droit d'auteur 4, 6.

[185] WIPO 的前身——BIRPI 于 1968 年就该主题召开了第一次专家工作组会议,载(1968) Copyright, 第 230 页;有关 1969 年 UNESCO 政府间专家委员会会议报告,参见(1970) Copyright, 第 57 页;有关 WIPO 和 UNESCO 联合于 1971 年在洛桑、1972 年在巴黎以及 1973 年在内罗毕召开的政府间专家委员会会议,参见(1971) Copyright, 第 102 页、(1972) Copyright, 第 142 页、(1973) Copyright, 第 147 页。

[186] 参见外交会议总报告,(1974) Copyright, 第 267 页以下。

[187] 有关"信号""卫星"/"节目""播送"等术语的定义,参见《布鲁塞尔卫星公约》第 1 条。

[188] 同上注,第 2 条第(3)款。

[189] 同上注,第 3 条。

保护。与《日内瓦录音制品公约》类似，《布鲁塞尔卫星公约》的缔约国也有相当大的自由裁量权来实施相关保护。此种保护可以仅仅是"采取适当的措施，防止播送……"[190] 可以通过邻接权法、版权法、刑事法律、行政法、通讯法或其他法律来提供保护。[191] 在某一缔约国能够获得保护的广播组织，应当是其他缔约国的国民。为了时事报道、引用以及——在发展中国家进行的教学和研究目的，可以在符合特殊条件下，对保护实施限制。[192]

4.73 至于保护期，《布鲁塞尔卫星公约》甚至比《日内瓦录音制品公约》的规定更具灵活性：如有时间限制，其限制期限应当由国内法律规定。[193]《布鲁塞尔卫星公约》甚至都没有最低期限要求，尽管洛桑和巴黎草案文本曾规定最低20年的保护期（与《日内瓦录音制品公约》的规定一样）。该保护期限后来也出现在了外交会议报告中，并被认为是足够的。[194]

4.74 《布鲁塞尔卫星公约》还有其他内容也与《日内瓦录音制品公约》一样：《布鲁塞尔卫星公约》不追溯适用；[195] 对其作出的解释不得限制或妨碍任何国内法律或国际协定给予作者、表演者、录音制品制作者或广播组织的保护；[196] 没有设立政府间委员会；没有条款规定修订公约的内容。此外，是由联合国秘书长，而不是由世界知识产权组织总干事，履行公约、批准书、接受书和加入书保存人的职责；获得文书交存以后，联合国秘书长尤其应通知联合国教科文组织、世界知识产权组织、国际劳工组织和国际电信联盟。[197] 此外，《布鲁塞尔卫星公约》对外开放、允许加入的国家范围，也与《日内瓦录音制品公约》相同。

C. 小　　结

4.75 正如本章所述，现在《伯尔尼公约》和《罗马公约》已成为在本章所提及的所有条约中，接受范围最为广泛且最具影响力的版权与邻接权领域的条约。因此，下文还有两章将专门论述这两个公约。本章提及的其他条约，

---

[190] 同前注187，第2条第（1）款。
[191] 参加总报告（同前注第186），第277页。
[192] 《布鲁塞尔卫星公约》第4条；也参见《日内瓦录音制品公约》第6条：不限于发展中国家。
[193] 同上注，第2条第（2）款。
[194] Steup/Bungeroth（同前注182），第128~129页。
[195] 《布鲁塞尔卫星公约》第5条。
[196] 同上注，第6条。
[197] 同上注，第12条。

第四章　对 TRIPS 缔结之前的主要"经典"版权与邻接权公约的概述

例如：UCC，现在几乎不再适用，而且成员方数量和涵盖范围有限，因此，下文就不再论述了。基于上述同样的原因，其他条约也不在下文中继续论述了。[198]

---

[198] 例如：1960 年 6 月 22 日《欧洲保护电视广播协定》、1965 年 1 月 22 日《欧洲防止国境外的电台广播的公约》、1994 年 5 月 11 日《欧洲关于跨国卫星广播中版权与邻接权诸问题的公约》、2001 年 1 月 24 日《欧洲关于对基于或包含一定条件的接入服务的法律保护的公约》、1989 年 4 月 20 日《视听作品国际注册条约》以及 2001 年 11 月 23 日《网络犯罪公约》。

第五章
保护文学和艺术作品伯尔尼公约
(1971年巴黎文本)

A. 保护原则

(1) 国民待遇和最低权利

(a) 起源、目的和先前版本的解决方案

5.01 **(i) 1886年文本的基本选择** 《伯尔尼公约》不是凭空产生的，而是有其产生背景的：当时，已有的双边协定网络已经不能满足作者的需求，因此，需要进一步的多边协定来改善这种情况。① 双边条约和《伯尔尼公约》的基本目的，都是在缔约国保护外国作品。在大多数情况下，双边条约通过不同变体的国民待遇原则达到了这一目标，例如，将国民待遇的适用范围限制为条约规定的专门权利，或者受到实质性互惠的限制；只有在某些情况下，双边条约中规定的专门权利必须得到保护。②

5.02 仅仅依靠国民待遇原则，是不足以充分保护外国作品的，因为它不能保证比被请求保护国的保护水平更高的保护；这样的保护水平可能是很低的，故不能满足作者的需要。因此，《伯尔尼公约》增加了最低限度权利原则，使其作为达至令人满意的国际保护水平的第二根支柱。这一原则将保证外国作品可以获得条约规定的特定水平的保护，而不管被请求保护国的国内法的保护水平如何。当《伯尔尼公约》的筹备工作表明，无法完成制定一部世界法这一最初的目标时，国民待遇原则和最低限度权利原则的结合就被选为了次

---

① 参见上文第2.24段。
② S Ladas, *The International Protection of Literary and Artistic Property* (1938) Vol I, 57–61.

第五章　保护文学和艺术作品伯尔尼公约（1971年巴黎文本）

优的解决方案。③

5.03　1886年《伯尔尼公约》的起草者面对的，是已有的双边条约下不同模式的国民待遇原则，以及条约筹备期间各方提交的不同提案。④ 起草者决定，就伯尔尼联盟国家的国民的未出版的作品以及其在某一伯尔尼联盟国家出版的作品而言，对该国民及其权利继受人给予国民待遇。在作者不是某一联盟国家的国民的情况下，如果其作品在某一联盟国家出版，则该作品仍然受到保护，以保护该作品的出版者的利益。⑤ 在被请求保护国，国民待遇的范围包括其国内法给予本国作者的所有权利，不论这些权利是已经存在的权利，还是未来将被授予的权利。将国民待遇的范围扩展至未来权利，在之前的双边条约中并不常见，这被认为是有利于作者的决定。⑥

5.04　另一个需要作出的决定是，在双边条约中相当普遍的实质性互惠，是否应当规定在《伯尔尼公约》中。最终的决定也对作者有利，公约规定：除了就保护期而言，不得比起源国规定的保护期更长以外，原则上不承认实质性互惠。⑦ 不过，国民待遇原则受到对起源国的条件和手续满足要求的限制，这一点并不那么有利于作者；这一选择在很大程度上，与已有的双边条约中的主流选择是一致的。

5.05　由于保护期和手续必须依据起源国的法律来确定，因此，必须对起源国加以定义。就未出版的作品而言，作者"所属"的伯尔尼联盟成员方被认为是起源国；就已出版的作品而言，首次出版的联盟成员方是起源国，这与英国参照其本国法的规定所提出的提案相一致。如果在几个联盟成员方同时出版，起源国是保护期最短的国家。⑧

5.06　（ii）后续版本的修订　《伯尔尼公约》的若干次修订会议作出了大量的澄清和补充。"已出版"这一术语被解释为"首次出版"；在一个联盟

---

③　参见上文第2.45段；不过，1886年文本并未明确地规定最低限度权利原则本身，而只在第15条（巴黎文本第20条）中予以提及，参见 S Ricketson and J Ginsburg, *International Copyright and Neighbouring Rights: The Berne Convention and Beyond* (2006) 6.81。

④　关于双边条约，参见上文第2.05段以下。关于国民待遇条款的发展，以及从1883—1886年的不同草案，参见 Ricketson/Ginsburg（同前注3）第6.74~6.75段；最低限度权利原则的发展在本书中未作讨论，参见同上注，第6.81~6.82段。

⑤　1886年《伯尔尼公约》第3条。

⑥　双边条约中包括未来权利的有，1883年德国和比利时之间的条约，以及1884年法国和意大利之间的条约，参见 Ladas（同前注2）第57页。

⑦　保护期的实质互惠是有争议的；考虑到各国的国内法在这一方面的区别，以及无法达成一个强制性的最低期限，大多数代表团最终选择了实质互惠，以此防止完全的国民待遇在这种情况下的任何不便，参见 Ricketson/Ginsburg（同前注3）第6.74段。

⑧　1886年《伯尔尼公约》第2条；Ricketson/Ginsburg（同前注3）第6.75段，关于英国法的模式。

国家和一个非联盟国家同时出版的情况下，只有联盟国家被认为是起源国；"同时"（1886年文本对该词未作定义，因此，交由国内法解释）⑨ 这一用语在1948年布鲁塞尔修订会议上被定义为一个30天的期间。⑩ 对于建筑作品和作为建筑物一部分的平面和立体艺术作品的起源国的确定，布鲁塞尔会议提出了另外的标准。在1908年，除了1886年《伯尔尼公约》中规定的最低限度权利以外，最低限度权利原则也在国民待遇原则的上下文中被明确提及。⑪

5.07 斯德哥尔摩修订会议最终实现了将与国民待遇有关的条款（包括起源国和作者资格的条款）体系化这一成果；⑫ 这次会议还进一步增加了作者的资格标准，并且修订了"已出版作品"和"起源国"的定义。⑬ 这些修正案在巴黎会议上被再次提出，并最终被接受为1971年巴黎文本的组成部分。⑭

（b）1971年巴黎文本下的适用条件和运作模式

5.08 《伯尔尼公约》第5条第（1）款规定了国民待遇原则⑮和最低限度权利原则，这两个原则需要与公约第3条和第4条有关受保护资格的规定，以及第5条第（4）款有关起源国的规定结合起来适用。下面这个假设的案例以及对其进行改编后的几个案例，说明了这些原则是如何运作的。⑯

5.09 作者A是老挝（非伯尔尼联盟成员方）的国民，并且在该国有惯常居所。A于2004年3月8日在老挝出版了一部小说，然后于2004年3月28日在墨西哥（伯尔尼联盟成员方）也出版了这部小说。之后，这部小说在美国（伯尔尼联盟成员方）未经作者同意而被利用。那么，该作者能否基于《伯尔尼公约》第5条第（1）款项下的国民待遇原则，在美国请求对其小说予以保护？为这个假设的案例提供的解决办法，体现在一系列有序的步骤中，并且是直接基于国际规范，而不管该国际规范在国内如何适用。⑰

---

⑨ 实际上，各国的国内法对"同时"定义了不同的期间，参见Ricketson/Ginsburg（同前注3）第6.77段。

⑩ 之前在罗马修订会议上曾经讨论过这个问题，Ricketson/Ginsburg（同前注3）第6.78段。

⑪ 柏林文本还将国民待遇原则从第2条调整为新的第4条。

⑫ 这一成果归功于第一委员会主席，Dr E Ulmer教授，当时的马克斯普朗克研究所所长；D Reimer, "Anknüpfungspunkte und Ursprungsland（Art 3 – 6）"（1967）GRUR Int 435 – 436。

⑬ Reimer（同前注12）第436~439页。

⑭ 关于斯德哥尔摩文本的结果，参见上文第4.19~4.21段。

⑮ 根据法文的命名（*principe d'assimilation*），国民待遇原则也被称为"同化原则"（principle of assimilation）。

⑯ 对这些原则的解释的一个非常特殊的问题，将在下文第7.27~7.30段予以分析。

⑰ 就对外国人的保护而言，大多数国内法（在其适用的）简单地诉诸"可以适用的国际条约"，并因此要求国民待遇的适用。

第五章　保护文学和艺术作品伯尔尼公约（1971年巴黎文本）

5.10　（i）作者受保护的资格标准　《伯尔尼公约》第5条第（1）款首先提到了国民待遇和最低限度权利原则的受益人，即"作者"。撇开作者身份含义——包括在《伯尔尼公约》中，是否只有自然人可以是作者，还是法律实体也可以是作者——这一问题，[18] 此处主要讨论在《伯尔尼公约》中作者受保护的资格问题。公约第3条一般性地处理了这一问题，第4条特别规定了电影作品、建筑作品和构成建筑物一部分的艺术作品的作者受保护的资格问题。《伯尔尼公约》第3条规定了3个可选的资格标准：某一伯尔尼联盟国家的国籍，在某一伯尔尼联盟国家的惯常居所，以及在某一伯尔尼联盟国家首次出版（或者在一个非伯尔尼联盟国家和一个伯尔尼联盟国家同时出版）。此外，第4条还规定了以下标准：对于电影作品的作者，作品制片人的总部或惯常居所在某一联盟国家内；对于建筑作品的作者，其作品建造在某一联盟国家内；对于构成建筑物或其他构筑物一部分的其他艺术作品的作者，建筑物或其他构筑物位于某一联盟国家内。

5.11　国籍　在上述假设性案例中，作者是一个老挝（非伯尔尼联盟成员方）的国民，因此，不能依据《伯尔尼公约》第3条第（1）款（a）项获得保护。

5.12　一般而言，"国籍"[19] 的定义和公民资格丧失的问题，应由被请求保护的联盟国家的国内法确定。《伯尔尼公约》中的"国民"这一用语，不包括无国籍人和难民，即使一些国家的国内法将他们视为国民。[20] 在作者的继承人或其他权利继受人是保护的受益人的情况下，[21] 该继承人或权利继受人的国籍是无关紧要的。

5.13　如果一个本来已经可以受到《伯尔尼公约》保护的作者改变国籍，成为一个非联盟国家的国民，则该作者仍然有资格受到保护；相反，如果该作者在联盟外首次出版作品后，才成为一个联盟国家的国民，则其作品在联盟国家已经进入了公有领域，并且将维持这种状态。[22] 就未出版的作品而言，在创作作品时或主张权利时，或者依据主流观点，在侵权行为发生时，特别是在未经授权向公众提供作品的情况下，是否要求作者拥有一个联盟国家的国籍，是

---

[18]　参见下文第5.84～5.86段。

[19]　这一英文术语（nationality）在1928年罗马文本中才被采用；在此之前，保护知识产权联合国国际局（BIRPI）将法文术语"ressortissants à"翻译为"国民或公民"（subjects or citizens）并使用，而英国使用"任何联盟国家的作者"，参见Ricketson/Ginsburg（同前注3）第6.04段。

[20]　W Nordemann, K Vinck, P Hertin, 和 G Meyer, *International Copyright*（1990），Art 3/4 BC n6.

[21]　参见《伯尔尼公约》第2条第（6）款第2句。

[22]　Reimer（同前注12）第436页，关于惯常居所。

有争议的;㉓ 这个问题必须由被请求保护国的国内法来决定。

5.14 惯常居所 在上述假设性案例中，来自老挝的作者在联盟国家没有惯常居所，因此，不能依据《伯尔尼公约》第3条第（2）款获得保护。

5.15 在起草《伯尔尼公约》1886年文本时，惯常居所标准即被提出（但被否决），最终直到1967/1971年文本中才被接受。该标准的支持者认为，非联盟国家的作者如果住在某一联盟国家，也与联盟建立了密切的联系，例如，住在法国的意大利作曲家罗西尼（Rossini）。反对者担心，这样一条规则可能会使非联盟国家打消加入联盟的念头，因为这些国家的作者只要简单地在某一联盟国家设立惯常居所，即可以获得联盟的保护。㉔

5.16 在1967年外交会议上，有提案建议使用"住所"一词，然而，引起了争议；这表明，对该用语存在差别很大的解释。最终，会议选择使用"惯常居所"一词，来强调居所的事实性质而非法律性质。㉕ 这也与公约中所有的资格标准背后的法理一致，即保护那些与联盟国家建立了密切联系的主体。关于惯常居所必须在某一联盟国家内持续居住的时间，以及变更惯常居所的效力，前述与国籍变更有关的原则同样适用之。㉖ 如果某一作者在包括一个联盟国家在内的多个国家有惯常居所，在这种情况下，该位于联盟国家的惯常居所是否满足受保护的资格的问题，由被请求保护国确定；各联盟成员方就此问题未达成一致意见。㉗

5.17 在某一联盟成员方首次或同时出版 在前述假设的案例中，作者既不是某一联盟成员方的国民，也不在某一联盟成员方内有惯常住所，因此，该作者有资格获得保护的唯一机会是依据公约第3条第（1）款（b）项的规定。依据这一条款，该作者的作品必须已经在某一联盟成员方首次出版㉘，或者在某一非联盟国家和某一联盟国家同时出版。例如，该作者的小说在一个非联盟国家（老挝）首次出版，20天后在一个联盟国家（墨西哥）出版。由于"同

㉓ 关于国籍的变更，参见 Nordemann/Vinck/Hertin/Meyer（同前注20）《伯尔尼公约》第3/4条注释11，以及进一步引用；Ricketson/Ginsburg（同前注3）第6.08段，关于首次向公众提供的时刻的特殊重要性，1967年外交会议的最终报告曾提到这一点。

㉔ Ricketson/Ginsburg（同前注3）第6.05段。在条约的关于视听表演的谈判中也使用了同样的论证理由，参见下文第18.21段。

㉕ Ricketson/Ginsburg（同前注3）第6.06段。

㉖ 参见上文；Ricketson/Ginsburg（同前注3）第6.07~6.08段；Nordemann/Vinck/Hertin/Meyer（同前注20）《伯尔尼公约》第3/4条注释11。

㉗ Ricketson/Ginsburg（同前注3）第6.09段。

㉘ 关于"出版"，参见下文第5.32~5.34段。

时"出版被定义为在首次出版后 30 天内出版,㉙ 上述案例满足了《伯尔尼公约》第 3 条第（1）款（b）项规定的标准，因此，根据《伯尔尼公约》第 5 条第（1）款，该案例中的作者有资格获得保护。

5.18　（ii）受保护的作品　作为《伯尔尼公约》第 5 条第（1）款项下的第二个要求，作者只能就"本公约保护的作品"请求获得保护。《伯尔尼公约》第 2 条和第 2 条之二确定了哪些作品受到保护。小说无疑属于《伯尔尼公约》第 2 条第（1）款所涵盖的文学作品。㉚

（iii）起源国以外的联盟国家

5.19　概述　作为第三个要求，作者必须在一个联盟成员方请求获得保护——"保护国"。在上述假设性案例中，作者在美国请求获得保护，而美国是联盟成员方。

5.20　保护国必须是"起源国以外"的某一国家。换句话说，国民待遇和最低限度权利原则在起源国不适用，而仅在其他联盟国家适用。这一规则说明，《伯尔尼公约》的适用仅限于国际情况；国内保护留给国内法解决。起源国被视为作品的"母国"，原则上在起源国只适用国内法。㉛《伯尔尼公约》第 5 条第（4）款提及了五种情况：（i）在一个联盟成员方首次出版；（ii）在几个联盟成员方同时出版；（iii）在一个非联盟国家和一个联盟国家同时出版；（iv）仅在一个非联盟国家出版；或（v）未以任何形式出版。

5.21　在上述假设性案例中，作者同时（即在首次出版后 30 天内㉜）在一个非联盟国家（老挝）和一个联盟国家（墨西哥）出版了一部小说，因此，根据《伯尔尼公约》第 5 条第（4）款（b）项，墨西哥是起源国。这意味着，作者在一个不是起源国（墨西哥）的联盟国家（美国）寻求保护，符合《伯尔尼公约》第 5 条第（1）款的基本规则。因此，作者满足了《伯尔尼公约》规定的主张国民待遇原则和最低限度权利原则的条件。

5.22　起源国　基本上来说，《伯尔尼公约》第 5 条第（4）款将首次出版的联盟成员方视为起源国，在没有（首次或同时）出版发生在联盟成员方的情况下，则以作者国籍所属的联盟国家为补充。因此，如果首次出版发生在一个联盟国家，该国就是起源国。如果在几个联盟国家同时出版（在首次出

㉙《伯尔尼公约》第 3 条第（4）款。
㉚ 对《伯尔尼公约》中的作品的更详细的分析，参见下文第 5.62 段以下。
㉛ 不过，参见《伯尔尼公约》第 5 条第（3）款，以及下文第 5.35～5.36 段。
㉜《伯尔尼公约》第 3 条第（4）款。

版后 30 天内），则起源国是保护期最短的联盟国家。㉝ 如果作品在一个联盟国家和一个非联盟国家同时（30 天内）出版，则起源国是该联盟国家。㉞

5.23 在首次出版没有（即使是同时）发生在某一联盟国家的情况下——在未出版的作品，以及作品首次在一个非联盟国家出版而未同时在一个联盟国家出版的情况——起源国的基本决定因素是作者的国籍。㉟ 不过，除了作者的国籍以外，其他适用于特定类型作品的标准有：对于电影作品而言，起源国是作品制片人的总部或惯常居所所在的联盟国家。对于建筑作品而言，起源国是作品所在的联盟国家；如果其他艺术作品构成某一建筑物或其他构筑物的一部分，则该建筑物或其他构筑物所在的联盟国家是起源国。

5.24　在没有规定的情况下确定起源国　一些情况在公约中没有明确规定；在所有这些未规定的情况中，被请求保护的联盟国家不得不确定起源国。尤其是《伯尔尼公约》第 5 条第（4）款（a）项对于在几个联盟国家规定相同的最短保护期的情况下，如何确定起源国没有作出规定。在这种情况下，可以采用以下几种解决办法，例如，承认所有这些国家都是起源国；㊱ 将作者的国籍国确定为起源国；或者将国内法对作者最有利的国家确定为起源国。㊲

5.25　在作者的国籍决定起源国的情况下，㊳ 也有几种情况没有被规定，例如，拥有不同国籍的合作作者的情况。对此，有建议认为：可类比适用《伯尔尼公约》第 5 条第（4）款（a）项。这样，起源国将是合作作者的国籍国中保护期最短的国家（在几个国家有相同的最短保护期的情况下，这些国家都是起源国）。㊴ 在另一种公约没有规定的情况下：作者拥有多个国家的国籍，其中只有一个国家是联盟成员方，则该联盟成员方是起源国；在作者拥有多个国家的国籍的情况下，也有建议认为，可类比适用《伯尔尼公约》第 5 条第（4）款（a）项，以保护期最短的国家为起源国。㊵

㉝ 同前注 32，第 5 条第（4）款（a）项。选择保护期最短的国家，这在 1886 年伯尔尼文本和更早的双边条约中已有规定，参见上文。

㉞ 同上注，第 5 条第（4）款（b）项。

㉟ 同上注，第 5 条第（4）款（c）项。

㊱ Nordemann/Vinck/Hertin/Meyer（同前注 20）《伯尔尼公约》第 5 条注释 8（c）; S Ricketson, *The Berne Convention* 1886 – 1986（1987）5.72。

㊲ Ricketson/Ginsburg（同前注 3）第 6.57 段第（ii）项。

㊳ 即，在某一作品未出版的情况下，或者某一作品在联盟外首次出版而未在某一联盟国家同时出版的情况下。

㊴ Ricketson/Ginsburg（同前注 3）第 6.57 段第（iii）项; Nordemann/Vinck/Hertin/Meyer（同前注 20）《伯尔尼公约》第 5 条注释 8（d）。

㊵ Ricketson/Ginsburg（同前注 3）第 6.68 段。

5.26 在第三种情况下，作者不是某一联盟国家的国民，但在某一联盟国家有惯常居所，则应当以该惯常居所所在的联盟国家为起源国，因为，在某一联盟国家有惯常居所的作者，"为实施本公约"，被"同化"（assimilated to）为该联盟国家的国民。[41] 在这种情况下，如果作者是一个联盟国家的国民，同时该作者的惯常居所在另一个联盟国家，则狭义上的国籍国必须被视为起源国，因为此时不需要适用《伯尔尼公约》第 3 条第（2）款项下的"同化"条款。[42] 在第四种没有规定的情况下：作者在不同的联盟国家之间改变了国籍，而作品在一个非联盟国家首次出版，则可以以首次出版时的作者的国籍来确定起源国。[43] 在该作者的作品未出版的情况下，似乎有不同的解决方案；这个问题将不得不由被请求保护国来解决。[44]

5.27 起源国可能发生变化，尤其是当某一联盟成员方的作者创作的一部未出版的作品，后来在另一个联盟成员方出版；在这种情况下，自出版时起，起源国是首次出版的联盟国家。[45] 如果一个联盟国家的作者在一个非联盟国家首次出版了一部作品，该非联盟国家后来加入了《伯尔尼公约》，则起源国将随之发生变化，由作者的国籍国变为作品的首次出版国。[46] 如果一部未出版的电影作品或者建筑作品，后来分别在一个并非制片人的总部所在国或者建筑物的建造所在国的联盟国家出版，则起源国也会发生变化。[47]

5.28 **（iv）国民待遇原则和最低限度权利原则的内容** 《伯尔尼公约》第 5 条第（1）款将国民待遇表述为授予"各该国（各成员方）法律现在给予和今后可能给予其国民的权利"。这一措辞提及了被请求保护的联盟国家的国内法对国民的保护。因此，在前述假设的案例中，作者可以主张美国法给予美国国民的保护。

5.29 一般而言，国民待遇的范围不仅包括保护国在加入《伯尔尼公约》时提供的保护水平，也自动包括其国内法的任何进一步修订（"现在给予和今

---

[41] 《伯尔尼公约》第 3 条第（2）款。
[42] Ricketson/Ginsburg（同前注 3）第 6.58 段。
[43] 同上注，第 6.66 段；对于在某一联盟国家首次出版的作品，该国家仍是起源国，同上注。
[44] 关于一个详细的分析，参见同上注，第 6.66 段；关于将国籍从某一联盟国家变更为某一非联盟国家这一不太可能的情况，参见同上注，第 6.67 段。
[45] Nordemann/Vinck/Hertin/Meyer（同前注 20）《伯尔尼公约》第 5 条注释 8（a）；关于对国籍国是否仍作为一个另外的起源国（本书作者并不同意这个观点）这一问题的分析，参见 Ricketson/Ginsburg（同前注 3）第 6.57 段。
[46] 关于更多细节，参见同上注，第 6.69 段；关于某一联盟国家作者的国家离开伯尔尼联盟这种不太可能的情况，参见同上注，第 6.70 段。
[47] Nordemann/Vinck/Hertin/Meyer（同前注 20）《伯尔尼公约》第 5 条注释 8（e）。

后可能给予")。㊽ "各……法律"一般是版权法,但也可能是处理作者对其作品的权利的任何其他国内法规范,甚至可能是该领域已经确立的判例法。㊾ 不能仅仅以"版权法"为名,来作为判断"各……法律"的决定性标准。版权法可能规定了不适用国民待遇的条款,而版权法以外的法律(例如与图书馆有关的法律)却可能规定了适用国民待遇的条款。第七章将进一步分析"各……法律"的问题。

5.30 满足《伯尔尼公约》第 5 条第(1)款项下的要求,使作者不仅可以享有国民待遇,也可以享有最低限度的权利:即"本公约所特别授予的权利"。这些权利被规定在《伯尔尼公约》的许多条款之中。㊿ 与国民待遇一样,这些权利仅在存在国际因素时被授予,即《伯尔尼公约》第 5 条所进一步明确规定的"外国作品"被授予的那些权利。《伯尔尼公约》不规制任何纯粹的国内情形;这些情形留给国内法去解决。因此,公约不要求联盟成员方对国内作品规定公约中的最低限度权利。尽管如此,大多数国家都选择这么做,因为它们一般不希望歧视国内作品而优待外国作品。[51] 因此,虽然最低限度权利原则的适用限于国际情况,但是,该原则实际上使各伯尔尼联盟成员方的法律达到了某种程度的趋同。

5.31 根据《伯尔尼公约》第 5 条第(2)款,保护的程度和救济的方法由"被请求保护国"的法律来规定。该国不是法院地法(*lex fori*)所属的国家,也不是提起诉讼所在的国家,而是寻求保护的国家。[52]

5.32 (v)特殊问题:"出版"的定义 下面对前述假设的案例[53]的改编,关注的是"出版"这一重要的用语。在改编后的案例中,作者(一个居住在老挝的该国国民)在墨西哥创作并首次演唱了一首歌曲。之后,作者对在美国(联盟成员方)的后续利用请求保护。在这种情况下,作者甚至没有资格获得保护,因此不能享有国民待遇和最低限度权利:作者既不是某一联盟

㊽ 这个广泛的和动态的国民待遇的概念,来自《伯尔尼公约》之前的一些双边条约,参见上文第 5.03 段。

㊾ Nordemann/Vinck/Hertin/Meyer(同前注 20)《伯尔尼公约》第 5 条注释 2。

㊿ 关于一个详细的介绍,参见下文第 5.94 段以下。

[51] 在某一国家不履行对外国作品规定某项最低权利的义务,并且不允许外国作品的作者直接适用《伯尔尼公约》的情况下,会产生一个不同的问题。例如,在前述假设的案例中,在认为美国法律没有完全规定《伯尔尼公约》第 6 条之二规定的精神权利的范围内,该作者不能完全获得这些权利的保护(参见 J Ginsburg and J Kernochan, "One Hundred and Two Years Later: The US Joins the Berne Convention" [1988] 13/1 Columbia – VLA Journal of Law&the Arts 1, 31 – 37)。这一问题与条约的国内适用和国际争端解决有关,参见下文第 8.11 段以下和第 8.16 段以下。

[52] 关于论证理由,参见 Ricketson/Ginsburg(同前注 3)第 6.100 段,其中也提及了异议观点。

[53] 上文第 6.09 段(原文如此,实际上应当是第 5.09 段)。

第五章 保护文学和艺术作品伯尔尼公约（1971 年巴黎文本）

国家的国民，也不是在某一联盟国家有惯常居所的居民，而且也没有（不同于上述假设的基础性案例）在墨西哥这一联盟成员方"出版"其作品[54]，因为对音乐作品的表演不构成"出版"。[55]

5.33　《伯尔尼公约》第 3 条第（3）款对"已出版作品"的定义，反映了"首次出版"这一用语在《伯尔尼公约》中的作用。"首次出版"这一用语在作者和伯尔尼联盟之间建立了一个特别的联结点，从而有利于与伯尔尼联盟成员方没有其他联结点（即国籍或惯常居所）的作者。正如上述假设的基础性案例所显现的，来自非联盟成员方的作者只要在一个联盟成员方首次（或同时）出版其作品，就可以在所有伯尔尼联盟成员方获得保护。《伯尔尼公约》第 3 条第（3）款旨在通过要求"圈外人"与联盟成员方之间有相对较强的联系，来防止这些人过于容易地享有广泛而强有力的公约保护。[56] 否则，非联盟国家可能感到没有必要、也没有动力加入《伯尔尼公约》。

5.34　这种较强的联系，尤其体现在以下规定中：得到作者同意后出版，且复制件的数量足以满足公众的合理需要。[57] 与此相反，戏剧、音乐戏剧、音乐或电影作品的表演，文学作品的公开朗诵，作品的有线传播或广播——上述每一种所表现的无形利用方式，一般而言都是短暂的。因此，上述利用方式的重要性不足以构成"出版"，从而使"圈外人"获得伯尔尼联盟项下的保护。[58] 在这一背景下，确定通过互联网提供作品是否构成《伯尔尼公约》意义上的"出版"，可能非常具有挑战性。[59]

5.35　**（vi）特殊问题：起源国的保护**　对假设案例进行另一种改编：来自老挝的作者在墨西哥而非在美国寻求保护。正如前文所述，墨西哥是起源国，因此，这种情况没有满足作者必须在一个"起源国以外"[60] 的联盟国家寻求保护这一条件。原则上来说，作者的待遇由墨西哥法律对外国人地位的规定来决定，而无论《伯尔尼公约》作何规定。《伯尔尼公约》第 5 条第（3）款第 1 句确认了这一点：此种情况下的保护仅由国内（墨西哥的）法律规定。从表面上来看，这将意味着来自老挝的作者不能在墨西哥受到保护（除非墨

---

[54]　《伯尔尼公约》第 3 条第（1）款（b）项。

[55]　同上注，第 3 条第（3）款第 2 句。

[56]　Ricketson/Ginsburg（同前注 3）第 6.44 段。

[57]　对《伯尔尼公约》第 3 条第（3）款的个别条件的分析超出本书的讨论范围；可参见 Ricketson/Ginsburg（同前注 3）第 6.27~6.42 段。

[58]　此外，这些方式很难证明，Ricketson/Ginsburg（同前注 3）第 6.45 段。关于对某一艺术作品的展览和某一建筑作品的建造的排除，参见同上注。

[59]　参见下文第 7.31~7.33 段。

[60]　《伯尔尼公约》第 5 条第（1）款。

西哥法律在前述情况下保护外国作品，但是很少有国家这样做）。㊽ 不过，就作者不是起源国的国民的情况而言，《伯尔尼公约》第 5 条第（3）款第 2 句作出了非歧视性规定。依据该规定，来自老挝的作者可以在墨西哥享有与墨西哥法律给予墨西哥国民的同等保护。㊾

5.36 与此同时，该作者在墨西哥不能享有《伯尔尼公约》项下的最低限度权利。不过，第 5 条第（3）款的实际效用不大，因为联盟成员方一般也对国内作品适用最低限度权利。㊿ 将作者"同化"为起源国的国民，与承认在起源国享有最低限度权利，二者的效果几乎相同。因此，尽管公约在起源国不适用，实际上，作品常常能在起源国获得充分的保护。

5.37 （vii）**总结** 总的来说，《伯尔尼公约》提供保护的体系性方法如下：首先，作者必须就其作品获得保护。公约本身规定了作者的资格标准，并且确定了受公约保护的作品类型。满足一项资格标准，作者即可受到公约保护。这些标准包括：某一联盟国家的国籍，在某一联盟国家有惯常居所，或者在某一联盟国家首次出版（或在一个非联盟国家首次出版后 30 天内在一个联盟国家出版）。电影作品、建筑作品和构成建筑物一部分的艺术作品的作者适用另外的标准。《伯尔尼公约》甚至还保护非国民和非居民作者的作品，只要其作者与某一联盟国家建立了其他强有力的联系；这一广泛的包容性旨在鼓励非联盟国家加入联盟，这些非联盟国家的作者可以通过首次出版体验到联盟保护的好处。这一体系是否的确产生了这些期望的效果，则是很难确定的。

5.38 此外，《伯尔尼公约》仅规定了国际保护，而未规定在作品"母国"的保护。"在母国"，即在国内情况下，《伯尔尼公约》原则上不适用。㉛ 作者在作品的"母国"只能依据国内法获得保护；为了确定作品的"母国"（在公约中被称为"起源国"），公约的起草者们没有选择最显而易见的标准，即作者的国籍；而是首先选择了在某一联盟成员方首次出版这一标准，仅在作品未出版或者在联盟以外的国家出版时，国籍标准才适用。

5.39 这一体系具有鼓励作者在一个拥有更高保护水平的联盟成员方首次出版其作品的效果，因为，在适用实质性互惠原则的情况下，作品可以从首次

㊽ 大多数国家区别对待外国作品和国内作品，除非这些国家依据国际法有义务对外国作品给予保护，参见上文第 1.11 段。

㊾ 该作者的作品仍然必须是公约保护的作品。

㊿ 参见上文第 5.30 段。

㉛ 不过，非歧视是有保证的，参见上文第 5.35 段。

出版国提供的保护水平中获益,而在联盟成员方享受至少同等水平的保护。⑥ 实际上,在1967年斯德哥尔摩外交会议上,瑞士提议将上述体系予以简化,将作者的国籍国作为作品的起源国。然而,该提议遭到了否决,部分原因是各方预见到在合作作者拥有不同国籍或者作者拥有双重国籍的情况下的问题;部分原因是各联盟成员方希望其作者能够选择规定更长保护期的国家,以确保在其他很多联盟成员方获得更好的保护。⑥ 此外,上述体系还对拥有更高保护水平的国家的出版产业有促进效果。

(c)国民待遇的例外

5.40 在《伯尔尼公约》中通过实质性互惠的方式规定国民待遇的例外,很大程度上是因为联盟成员方的国内法太过多样,以至于国民待遇可能造成不合理的失衡。那些提供更强保护的国家必须对外国作品也授予完全保护,而它们自己的作品却不能从更强保护中受益。

5.41 (i)保护期 国民待遇最重要的例外适用于保护期。⑥ 该例外也被称为"期限比较"或"较短期限规则",属于实质性互惠的一种情况。这一规则自1886年起即出现在《伯尔尼公约》的多个文本中,当时的10个联盟成员方规定的保护期之间的差距远远大于现在:这些保护期从作者死后20年到作者死后80年不等。⑥ 这一差异使得各方不可能就一个最短保护期达成一致,这也很容易地解释了大多数缔约方支持实质性互惠的原因——这是一个在《伯尔尼公约》诞生之前已经存在于大多数双边条约中的主流模式。⑥

5.42 《伯尔尼公约》第7条第(8)款首先重申了这一一般规则——保护期由被请求保护国的法律规定——然后使这一规则受到起源国更短保护期的限制⑦,即受到实质性互惠原则的限制(如果某国这样选择)。只有在起源国的保护期比被请求保护国的保护期更短的情况下,互惠才可以适用。这可能发生在以下情形:例如,起源国规定了《伯尔尼公约》中的最短保护期,而另一个国家规定了一个更长的保护期,或者这两个国家都规定了更长的、但是不同的保护期。因此,如果A国(起源国)规定了作者终生及死后50年的保护期,而B国(被请求保护国)规定了作者终生及其死亡后70年的保护期,B国可以只对来自A国的作品提供作者终生及其死亡后50年的保护。同样,如

---

⑥ 关于实质互惠,参见下文第5.40段以下。
⑥ Ricketson/Ginsburg(同前注3)第5.70段;Reimer(同前注12)第438页。
⑥ 《伯尔尼公约》第7条第(8)款。
⑥ Ricketson/Ginsburg(同前注3)第9.14段。
⑥ 同上注;关于在修订会议上的讨论,以及修订文本下的不同版本,参见同上注,第9.16段以下。
⑦ 《伯尔尼公约》第5条第(4)款定义了起源国;也参见上文第5.22~5.27段。

果 A 国规定作者终生及其死亡后 60 年的保护期，而 B 国规定作者终生及其死亡后 80 年的保护期，则 B 国可以只对来自 A 国的作品提供作者终生及其死亡后 60 年的保护。如果在上述情况中，起源国是 B 国，被请求保护国是 A 国，则实质性互惠不适用，因为 A 国仅分别规定了作者终生及其死亡后 50 年和 60 年的保护期，所以，适用国民待遇原则，不可能得出比国内法提供的更强的保护。因此，在这些情况下，来自 B 国的作品在 A 国将仅能分别得到作者终生及其死亡后 50 年和 60 年的保护，而不能得到作者终生及其死亡后 70 年和 80 年的保护。

5.43 《伯尔尼公约》第 7 条第（8）款暗含的一项内容是，实质性互惠的适用是自愿的。因此，联盟成员方可以比公约的规定更慷慨，采用完全的国民待遇，甚至将之适用于其起源国规定了更短保护期的作品。因此，在上述最开始假设的案例中，B 国可以对来自 A 国的作品提供作者终生及其死亡后 70 年或 80 年的保护、而不是作者终生及其死亡后 50 年或 60 年的保护。《伯尔尼公约》第 7 条第（8）款在起草时，是推定各国适用实质性互惠，这表现在其使用了"除该国家的法律另有规定者外"这一措辞。通常来说，国内法律不会明确地作出与《伯尔尼公约》第 7 条第（8）款规定的实质性互惠相悖的规定。但是，如果国内法律只是依据相关国际条约一般性地提及国民待遇，那么此种不具体提及的方式，是否可以被解释为意图背离实质性互惠规则，是存在疑问的；在这种情况下，似乎需要更具体的规定，来清晰地表明意图背离该互惠规则。㉑

5.44 实质性互惠，当其适用于某个比其他国家拥有更长保护期的重要的经济区域时，可能有鼓励其他国家延长自己的保护期的效果，以便从该经济区域的更长的保护期中获益。当欧洲共同体（EC）协调了保护期：作者终生及其死亡后 70 年，并且强制性适用《伯尔尼公约》第 7 条第（8）款中的实质性互惠时，上述的鼓励效果开始显现。㉒ 其结果是，其他保护期短于作者终生及其死亡后 70 年的国家，只有将自己的保护期至少延长至作者终生及其死亡后 70 年，才能从欧共体的保护期中受益。实际上，例如美国（也）在此背景下修订了其法律。㉓ 在欧共体统一了对追续权和数据库的特殊保护后，实质性

㉑ 在美国，尽管没有关于不适用互惠的专门条款，但是，国民待遇适用于保护期，因为《伯尔尼公约》不是自执行的，而且版权法不区分外国作品和国内作品，参见 E Schwartz and D Nimmer, "United States" in P Geller (ed), *International Copyright Law and Practice*, Vol II (looseleaf release 17), § 3 [3]，特别是注释 49。

㉒ 统一了保护期的指令 93/83（现行的）第 1 条和第 7 条，更多细节参见第 2 卷第 II 部分第 7 章。

㉓ W Patry, *Patry on Copyright* (2006) 23 – 24。

互惠的类似影响在这两个方面也可以观察到。⑭

5.45 (ii) 实用艺术作品/工业品平面和立体设计 有关实用艺术作品的保护,在 1886 年之前,各伯尔尼联盟成员方的国内法已经存在相当大的差异,其差异甚至可能多于保护期;在 1886 年之后,这些差异仍然存在。仅以保护方式的基本不同为例,一些国家根据一般规则给予版权保护;而另一些国家,考虑到实用目的和对这些作品(经常)的工业生产或应用,在版权法之外规定了特别的平面或立体设计保护方式,这种保护一般要求更低、保护范围更小;甚至还有一些国家同时规定了版权保护和外观设计保护,在适用时或者同时适用,或者单独适用。⑮

5.46 实用艺术作品在《伯尔尼公约》中的命运随着历次修订会议而不断改变。⑯ 一直以来,不同国家在保护方式上的不同,使得各方无法就不受限制的保护达成一致,即使在《伯尔尼公约》最近的版本中也是如此。尽管《伯尔尼公约》第 2 条第(1)款列举的作品中包含实用艺术作品,但是,联盟成员方被允许规定保护的范围和条件。⑰ 因此,就实用艺术作品的保护而言,成员方可以选择仅适用版权法,或者仅适用一个专门的平面和立体设计法,或者同时适用两者。如果一些国家只提供外观设计保护,而另一些国家还提供版权保护,在这种情况下,完全的国民待遇将导致利益失衡。因此,许多国家坚持认为,在这种情况下应当适用实质性互惠。⑱

5.47 因此,如果起源国(A)仅将实用艺术作品作为平面和立体设计保护,而被请求保护国(B)同时规定了专门的外观设计保护,以及版权保护,则 B 国可以拒绝对 A 国的作品适用版权保护,但必须给予平面和立体设计专门保护。只有在 B 国没有规定任何平面和立体设计保护,而仅规定了版权保护时,B 国才必须将来自 A 国的作品作为版权法下的艺术作品予以保护。⑲ 反过来,如果 B 国是起源国,A 国是被请求保护国,则需要适用实质性互惠的情形完全不会出现:因为在这种情况下,作品无论如何都不能得到比 A 国提供的保护(即平面和立体设计保护)水平更高的保护。

---

⑭ 第 2 卷第 Ⅱ 部分第 9 章和第 11 章分析了欧共体转售权指令(2001/84)和数据库指令(1996/9)下的实质互惠。与保护期不同,为了从欧共体的转售权和特有的数据库保护中获益,美国希望在国内法中规定一个类似的保护,但至今尚未成功。

⑮ Ricketson/Ginsburg(同前注 3)第 8.60 段。

⑯ 关于在不同的修订会议上的讨论细节和通过的版本,参见同上注,第 8.60~8.68 段。

⑰ 《伯尔尼公约》第 2 条第(7)款第 1 句。

⑱ Ricketson/Ginsburg(同前注 3)第 11.64 段,关于这些动态的总体情况。

⑲ 《伯尔尼公约》第 2 条第(7)款第 2 句。

5.48 （iii）追续权 1948 年文本对追续权规定实质性互惠的原因，与上述情况的原因类似：仅有少数伯尔尼联盟成员方规定了追续权，而这些国家规定的保护范围又不同，或者甚至根本不认为该权利属于版权。[80] 此外，追续权缺乏利益上的重要性，以及各国对该权利的规定差别巨大，这两点阻碍了公约将其规定为最低限度权利；因此，公约成员方可以决定完全不规定该权利。[81] 有鉴于此，规定了追续权的国家表达了对实质性互惠的兴趣，以避免与其他国家在关系上出现失衡；这一让步即可使《伯尔尼公约》引入追续权。[82] 因此，《伯尔尼公约》在"实质等同"（substantial equivalence）的意义上规定了实质性互惠，也就是说，例如作者所属的国家仅规定了对艺术品的追续权，而没有规定对手稿的转售权，则其他国家可以拒绝对该国手稿提供保护。[83] "作者所属的国家"一般被理解为起源国。[84]

5.49 （iv）对来自非联盟国家的国民的报复 《伯尔尼公约》第 6 条源于 1914 年之前的特定的历史情况，该条款中的实质性互惠是在 1914 年基于《伯尔尼公约》的一个附加议定书而被纳入公约中的。美国（当时不是伯尔尼联盟成员方）仅依据制造条款（manufacturing clause）规定的条件，对非美国居民的外国作者以英文写作的作品提供保护。制造条款要求，意图在美国缴存和销售的复制件，必须在美国国内排版印刷。[85] 然而，伯尔尼联盟成员方，诸如英国的领地及殖民地（包括美国的一个重要邻国加拿大），则必须保护居住在任何联盟成员方的外国（包括美国）作者的作品，只要该作品在一个联盟国家首次出版，或者在一个非联盟国家（例如美国）和一个联盟国家（例如加拿大）同时出版。这一状况导致的利益不平衡现象非常明显：美国作者可以很容易地在整个伯尔尼联盟获得《伯尔尼公约》的保护，而联盟国家的作者几乎不能在美国获得保护。

5.50 面对失去不列颠帝国这一伯尔尼联盟成员的危险，所有联盟国家都接受了英国提出的对非联盟国家的国民适用实质性互惠的提案，并且在将该提

---

[80] Ricketson/Ginsburg（同前注 3）第 11.59~11.61 段，关于这项权利的发展。
[81] 《伯尔尼公约》第 14 条之三第（2）款；Ricketson/Ginsburg（同前注 3）第 11.61 段。
[82] Ricketson/Ginsburg（同前注 3）第 11.64 段。
[83] 关于对《伯尔尼公约》第 14 条之三第（2）款的独特的、模糊的表述的分析，参见 Ricketson/Ginsburg（同前注 3）第 11.64~11.66 段，这几段也与"实质等同"有关。
[84] 《伯尔尼公约》第 14 条之三第（2）款；Ricketson/Ginsburg（同前注 3）第 11.64 段；不过，参考欧共体转售权指令第 7 条第（1）款，此处指的是国籍国。
[85] 1891 年的克斯法（the Chase Act）甚至规定，该条件适用于任何语言的书籍、照片、彩色版画或版画；在 1909 年 3 月 4 日法案签署之后，这些条件仅对以英语写作的作品保留；更多细节参见 Ladas（同前注 2）第 95 页。

第五章　保护文学和艺术作品伯尔尼公约（1971年巴黎文本）

案纳入1914年附加议定书之后，在1928年罗马外交会议上又将其纳入了《伯尔尼公约》第6条中。[86] 迄今为止，只有加拿大适用过报复；在1924年1月7日加入议定书之后，依据该议定书，加拿大对美国作者在加拿大1921年版权法下的特定权利施加了限制。[87] 现今，《伯尔尼公约》第6条已经失去了其大部分的重要性，因为世界上大多数国家都是伯尔尼联盟成员方。

5.51　依据《伯尔尼公约》第6条第（1）款，如果任一伯尔尼联盟国家的作者在某个非联盟国家没有得到充分的保护，则该联盟国家可以报复这个非联盟国家。由受到影响的国家来决定该非联盟国家是否没有以一种"充分的方式"保护其作者，如果是，则由该受到影响的国家决定报复。报复只能采取限制保护的方式，而不能完全拒绝保护。实施报复的国家可以酌定限制的类型，例如，拒绝保护特定的权利，或者限制保护期。报复的对象，是在联盟国家没有惯常居所的非联盟国家作者的作品。最初，报复由首次出版相关作品的联盟国家单独适用。只有该国家实施了报复，其他联盟国家才能适用与首次出版相关作品的国家相同的报复措施；这种报复是自愿的。

5.52　《伯尔尼公约》第6条第（2）款排除了任何有追溯力的报复措施；先前获得的权利仍然不受影响。实施报复的国家必须通过书面声明向世界知识产权组织总干事就其报复作出通知和详细说明，然后由世界知识产权组织总干事向所有联盟成员方通报该声明，使这些国家能够向该非联盟国家采取自己的立场。[88] 作出通知的要求不被认为是报复措施生效的条件。[89]

5.53　**（v）发展中国家的特权**　在发展中国家特权的上下文中规定实质性互惠，[90] 是对一项允许的保留的回应。加入《伯尔尼公约》的发展中国家，至少可以临时性地声明，其就翻译权适用《伯尔尼公约》1886年文本或1896年文本第5条，而不适用1971年巴黎文本第8条。[91] 因此，作出此种声明的国家，对于一个联盟国家的原始作品，可以仅给予自出版起10年内的专有翻译权。只有当译作是翻译为相关国家的通用语言时，才允许这一保留。如果一个发展中国家作出此种保留，其他国家可以对起源国为该发展中国家的作品适用实质性互惠。在今天看来，这种实质性互惠的情况似乎在很大程度上是无关紧要的。在2007年，只有略多于10个国家作出过这项保留，对这些国家可以适

---

[86] 参见上文第4.11段以下。
[87] (1924) Droit d'auteur 13.
[88] 《伯尔尼公约》第6条第（3）款。
[89] Ricketson/Ginsburg（同前注3）第6.20段（注70）。
[90] 《伯尔尼公约》第30条第（2）款（b）项第2句。
[91] 同上注，第30条第（2）款（b）项第1句。

用实质性互惠。

(2) "无手续"原则

(a) 历史背景

5.54 在《伯尔尼公约》缔结之前的许多双边条约中，只有履行了起源国的法律要求的手续以后，才给予保护；在某些情况下，还要履行被请求保护国的法律要求的手续。[92] 1896年巴黎外交会议上所谓的解释性声明作了澄清：即1886年《伯尔尼公约》认为，作品履行了起源国的手续就已经足够了。[93] 不过，即使是这一要求，也造成了很多实际的问题；《伯尔尼公约》伯尔尼文本第11条规定的证据推定，也没有充分地便利这一要求的履行。[94] 因此，1908年柏林修订文本完全废除了任何履行手续的要求。[95]

(b) 原则的内容

5.55 根据《伯尔尼公约》第5条第(2)款第1句，作者应享有和行使他们在《伯尔尼公约》下的权利，而不需要履行任何手续。这一"无手续"原则，与国民待遇原则和最低限度权利原则一样，仅适用于国际情形，即在起源国以外的伯尔尼联盟国家请求保护的情形。因此，国内立法可以(仅)对国内作品规定手续要求——美国在加入《伯尔尼公约》之后，便作出了这一选择，将登记作为提起侵权诉讼的条件。[96]

5.56 对"享有"作者权利没有手续要求，这意味着，《伯尔尼公约》项下作者权利的产生不依赖手续；因此，这些权利的产生和获得承认，不需要履行任何手续。[97] 此外，1908年柏林文本已经明确规定，作者权利的"行使"不需要履行任何手续。因此，就为了实施公约项下的作者权利而提起诉讼而言，履行手续不能是一个前提条件。[98] 通过历史解释方法，可以确认：应当在广义上理解"手续"一词，以便包括任何形式上的条件。[99] 例如，登记、缴存，或者向主管当局提交复制件、在作品上作出版权声明、支付登记费，或者提交任何声明。禁止的手续仅仅与版权特有的要求有关，而非关于一般的程序

---

[92] 上文第2.14段。

[93] Ricketson/Ginsburg（同前注3）第6.84段、第6.85段。

[94] 例如，侵权人必须证明，未能履行起源国的手续要求，参见同上注，第6.86段。

[95] 同上注，第6.87段。

[96] 《美国版权法》第411条（《美国法典》第17章）；关于详细情况，参见 Ginsburg/Kernochan（同前注51）第13页。

[97] Ricketson/Ginsburg（同前注3）第6.103段，涉及历史解释方法的内容。

[98] 同上注，第6.104段及例子。

[99] 同上注，第6.103段。

第五章　保护文学和艺术作品伯尔尼公约（1971年巴黎文本）

性要件，例如支付一般的诉讼费。[100] 禁止的手续也不包括便利化措施，例如便利证明作者身份的措施。[101] 手续必须与作品保护的实体法条件（例如独创性）相区别，并且与《伯尔尼公约》第2条第（2）款允许的固定要求相区别；后两者都不是《伯尔尼公约》项下的手续。[102]

5.57　就国内法中的某些条件而言，有人可能会质疑这些条件是否是公约所允许的。尤其是将登记作为请求法定赔偿的条件，[103] 或者英国《版权、外观设计和专利法》（CDPA）规定的对享有精神权利以公开主张为条件，[104] 这些条件可能需要仔细审查。对权利转让和许可的登记要求，在某些情况下可能引起质疑。[105] 强制性的集体管理一般被认为是允许的，[106] 诸如要求版权合同为书面形式或者其他技术性要求等强制性规则，一般也被认为是允许的；这样的规则保护的是作者，因此，与保护公众的禁止手续的规定并不矛盾。[107]

（c）原则的理论基础

5.58　"无手续"原则对于实现对作者权的有效国际保护，是至关重要的。该原则的理论基础源于自然权利理论，根据该理论，智力创作即可自然地产生出创作者（即作者）对其创作的权利。在考虑了规定手续要求的情况以后，会发现采取"无手续"原则的原因是很显然的：如果一个作者在其他伯尔尼联盟国家必须履行该国的手续要求才能在该国享有和行使保护，该作者很

---

[100] Ricketson/Ginsburg，第6.105段。

[101] 同上注，第6.108段。

[102] WIPO Doc SCCR/13/2，第3页。

[103] 美国版权法第412条；尽管一般被请求的是法定赔偿，因为单独的法定赔偿已经价值很高，而实际损失常常很难证明，并且，由于这些原因，法定赔偿对于充分享有作者权利的价值是必要的，但是，评论者们似乎至今仍未质疑该条规则是否符合"自动保护"原则；参见 Ginsburg/Kernochan（同前注51）第14~15页；Nordemann/Vinck/Hertin/Meyer（同前注20）《伯尔尼公约》第5条注释7；Ricketson/Ginsburg（同前注3）第6.108段，注释324；作者同时承认，某一手续和国内法规定的补救方法（《伯尔尼公约》第5条第（2）款第2句）之间的区别可能是微小的，同上注，第6.108段。

[104] 同上注，第6.104段。

[105] 例如，2005年4月28日第9380号阿尔巴尼亚版权法第45条第（1）款要求定金、在阿尔巴尼亚版权局登记并认证的出版合同才能生效。尽管这一规则可能在某种程度上在透明度方面有利于作者和出版商的利益，但是，其主要保护的是公众（潜在的未来的被许可人），并且阻碍了在没有定金、登记和认证的情况下通过合同行使权利；关于保护作者的和保护公众的规则之间的区别，参见下文接下来的内容，以及注释107。关于与合同的登记有关的不同的国内规则，参见 WIPO Doc SCCR/13/2，第10页以及附件。

[106] Nordemann/Vinck/Hertin/Meyer（同前注20）《伯尔尼公约》第5条注释7；S von Lewinski, "Mandatory Collective Administration of Exclusive Rights: A Case Study on its Compatibility with International and EC Copyright Law"（2004）1 e. Copyright Bulletin of UNESCO, 1, 14–15；Ricketson/Ginsburg（同前注3）第6.105段，注释322。

[107] 同上注，第6.105段。

可能不会这样做，其原因有很多。例如，他可能不知道存在这样的义务，特别是在其国内法没有要求手续的情况下；即使他知道存在这样的义务，他可能没有能力、方法或时间来查明应当履行什么手续，以及为了履行此种手续必须要做什么，特别是在信息仅以外国语言的形式提供的情况下；此外，作者常常可能不能或不愿支付相关费用。

5.59 事实表明，大多数作者的兴趣在于创作而非行政，因此，他们常常忽视这种行政性的工作，即使冒着失去保护的风险。许多作者可能也没有准备雇用一个代理人或者律师，来为他们处理这些事务，特别是当他们不确定在有关国家是否会发生足够程度的利用行为的情况下。这一情况尤其存在于作品（例如艺术品和雕塑）很少被出版或很少以其他形式被商业利用时。即使本国出版者可以承担履行外国的手续要求，他们（特别是较小的出版者）可能也不知道这个问题，或者没有准备好进行必要的工作。此外，当某个作者或出版者希望在多个外国国家利用作品时，上述这些问题可能变得更加复杂，因为每个国家都可能规定了不同的手续要求。

5.60 对于充分和有效的国际保护而言，以履行手续作为享有和行使作者权利的条件，确实已经被证明是一块主要的绊脚石。尤其是，在美国还未加入伯尔尼联盟，而仅是《世界版权公约》的成员时，由于《世界版权公约》允许手续要求，因此，大多数非美国的作品实际上在美国没有获得保护，因为没有履行手续。[108]

（d）自愿登记

5.61 对于全部或特定类型的作品，或者对于权利的转让，一些国家规定了自愿登记。[109] 登记的法律效力，可能是一个可以推翻的推定，即推定登记某作品的主体是作者或其他版权所有者；或者作为初步证据，证明该作品在登记当天已经存在，或证明该作品上存在版权，或证明登记该作品的人是该作品的权利所有者。[110] 因此，自愿登记可以有助于版权的行使——仅这个原因就足以证明，自愿登记不违反"无手续"原则。由于自愿登记的某些积极作用，其再次出现在近来的政策辩论议题中，尤其是关于"孤儿作品"和数字版权管理的议题。特别需要指出的是，世界知识产权组织将自愿登记这一议题纳入了其未来的议程中，并且基于对其成员方的问卷调查，发布了对现有的自愿登记

---

[108] 关于在《伯尔尼公约实施法》之前《美国版权法》下的手续，参见 Patry（同前注73）第 6~61 页以下。

[109] 关于例子，参见 WIPO Doc SCCR/13/2，特别是第 9~10 页和附件Ⅲ。

[110] 关于更多的例子，参见 WIPO Doc SCCR/13/2，特别是第 11~12 页和附件Ⅲ。

制度的调查报告。⑪ 不过，登记制度可能有潜在的消极作用；例如，登记可能被误认为是对存在版权保护的一种有利于相关作者的保证；非真正作者的人可能滥用登记；对作者而言，登记费可能过高。

B. 保护的实质标准

（1）公约项下受保护的作品

（a）一般评论

5.62　（i）概述　"作品"的概念对于《伯尔尼公约》的适用至关重要，因为正是它决定了公约项下的保护对象。⑫ 只有对受保护的作品，才需要保证国民待遇、最低限度权利和无手续原则的适用。

5.63　涉及受保护的作品的条款⑬并未被系统地安排。《伯尔尼公约》第2条第（1）款规定了"文学和艺术作品"的一个基本定义，随后列举了例子。《伯尔尼公约》第2条第（3）款、第（5）款和第14条之二第（1）款第1句增加了一些具体作品类型，即翻译、改编和汇编作品，以及电影作品。《伯尔尼公约》第2条第（7）款给联盟成员方在规定实用艺术作品和工业品平面与立体设计方面留出了一定的余地；这些作品可以通过专门的外观设计法来保护，也可以通过版权法来保护，或者通过两者一起来保护。《伯尔尼公约》第2条第（6）款明确阐明，第2条规定的作品必须在联盟成员方受到保护。《伯尔尼公约》第2条第（2）款允许联盟成员方将以某种物质形式固定作为作品受保护的条件。最后，《伯尔尼公约》第2条第（4）款和第2条之二第（1）款允许联盟成员方对特定类型的作品不予保护，即官方文件和某些演说；《伯尔尼公约》第2条第（8）款明确规定，公约完全不保护日常新闻和某些事实。

5.64　（ii）被定义的术语　公约对"文学和艺术作品"这一术语进行了定义。⑭ 选择这一术语，而未选择更笼统的术语——"作品"的原因，可以结合历史背景加以解释：在很多情况下，版权保护最初仅限于文学作品，后来才扩展到艺术作品。例如，对《伯尔尼公约》的产生发挥了至关重要影响的国

---

⑪ WIPO Doc SCCR/13/2，2005年11月；十二个成员方作出了答复；该文件主要指出了积极的效果，参见第4页以下。也参见下文第22.13段。

⑫ 《伯尔尼公约》第2条第（6）款第1句。

⑬ 同上注，第2条，第2条之二和第14条之二。

⑭ 同上注，第2条第（1）款。

际文学和艺术协会（ALAI），[115] 其在成立之初名为国际文学协会，后来才扩展为国际文学和艺术协会。[116] 德国最初也是采用不同的法律，分别对文学作品和艺术作品提供保护。[117] 此外，就在《伯尔尼公约》诞生之前，很多双边条约已经使用"文学和艺术作品"这一术语来涵盖音乐、戏剧、科学和其他作品。[118] 这一历史背景证实了该定义所明确表达的内容：公约使用的"文学和艺术作品"这一术语，并不完全限于文学和艺术作品，而必须在《伯尔尼公约》第2条第（1）款下的更宽泛的定义的意义上来解释。

5.65　（iii）领域　定义的第一部分："文学、科学和艺术领域内的一切成果"在1886年《伯尔尼公约》最初的定义[119]中就已经存在，并且没有引起争论，因为该措辞在更早的双边条约中已经人所公知。[120] 就科学领域而言，[121]《伯尔尼公约》不保护科学发明，这一点一直以来都很明确，尤其是1883年《巴黎公约》已经涵盖了科学发明。"文学"和"艺术"这两个词必须依据定义之后的一长串例子来解释，因此应作广义解释；尤其是"艺术"一词不能仅限于视觉艺术。否则，前述定义将不能包含诸如音乐戏剧作品、舞蹈作品和音乐作品等《伯尔尼公约》第2条第（1）款所明确列举的作品。对"艺术领域"采取非常宽泛的解释，甚至可以包含嗅觉和味觉领域，以便涵盖烹饪创作和香水。[122]

5.66　（iv）成果　文学、艺术和科学领域内的"一切成果"都受到保

---

[115]　参见上文第2.35段以下。

[116]　参见上文第2.31~2.32段，也关于《伯尔尼公约》之前的两个分别关于文学和艺术作品的代表大会。

[117]　后来并入德意志帝国的北德意志联邦，于1870年6月11日通过的法律包括文学作品，也包括音乐和戏剧作品，而1876年1月9日通过的法律和1876年1月10通过的一部单行法分别处理的是艺术作品和摄影作品中的作者权利。这一基本的分离在1901年6月19日和1907年1月9日通过的法律中依然存在，前者包括文学和音乐作品中的作者权利，后者包括艺术作品和摄影作品中的作者权利。

[118]　Ricketson/Ginsburg（同前注3）第1.34段。

[119]　与1971年巴黎文本不同，在1886年《伯尔尼公约》第4条中，列举的例子在定义的前面。而且，该条款明确规定，作品必须能够以印刷或其他的复制形式出版。

[120]　Ricketson/Ginsburg（同前注3）第8.02段。

[121]　明确提及不包括在被定义的术语"文学和艺术作品"范围内的科学领域，可能并无必要。因为，科学作品常常表现为书面形式，因此，可以相当于广义上的文学作品；或者以图表、插图等形式出现，可以被认为是广义上的艺术成果，Ricketson/Ginsburg（同前注3）第8.06段。

[122]　关于最近广为人知的荷兰最高法院保护香水的判决（最高法院2006年6月16日，< http://www.rechtspaak.nl > 案件编号 LJN AU98940（荷兰语），和〔2006〕37 IIC 997）；参见 H Cohen Jehoram, "The Dutch Supreme Court Recognizes Copyright in the Scent of a Perfume. The Flying Dutchman: All Sails, No Anchor"（2006）EIPR 629. 不过，法国最高法院于2006年6月13日作出了一个相反的判决，〔2006〕37 IIC 988。

第五章 保护文学和艺术作品伯尔尼公约（1971年巴黎文本）

护。"成果"的原始含义非常广泛，甚至可能包括任何通过机器进行的机械化生产或物质产品的制造。不过，这一术语必须在其上下文中进行解释，并且符合公约的目的，即保护作者就其文学和艺术作品所享有的权利。[123] 它们是思想的作品。[124] 因此，"成果"一词仅仅指的是思想的成果，这一点也反映在《伯尔尼公约》第2条第（5）款所使用的"智力创作"这一术语中。通过历史解释方法，可以确认："成果"应当作为对"文学和艺术作品"的补充来理解，故应当将其解释为智力创作。[125] 因此，"成果"这一术语仅仅表明，受保护的客体必须来自一个人的思想，然后离开思想的范围并成为现实。这也与前述定义中所包含的"表达"一词相一致。[126]

5.67 由于"成果"一词被理解为产生于一个人的思想的东西，因此，其也被理解为暗示了独创性或创造性：正如伯尔尼联盟成员方的国内法所体现的那样；即使《伯尔尼公约》对此没有明确要求。[127] 在没有定义的情况下，所需要的最低限度的独创性或创造性，将不得不由被请求保护国的国内法来确定。不过，这一要求不能太高，以至于将某一类型中的大部分作品排除出了保护范围。[128]

5.68 "文学和艺术作品"这一术语应当"包括"明确提到的成果。这一措辞可能暗示，也可涵盖定义中未提及的其他成果。不过，考虑到该定义已经很广泛，而且需要以一种合理的方式勾勒出受公约保护的客体，因此，应当认为该定义已经很全面了。

5.69 （v）表达 成果应受到保护，不论其"表达"的形式或方式如何。表达意味着将作品向外部世界展示。该术语也可以被解释为，对思想和感情的表达要求具体的形式，而不是，例如单纯的思想、概念、事实、理论、方法或者纯粹的科学研究发现。[129] 可能有人认为，这一表达/思想二分法在《伯尔尼公约》诞生之前即已存在于各国的国内法和双边条约之中，因此，公约

---

[123] 《维也纳条约法公约》第31条第（1）款；关于在具体例子的基础上对该定义的解释的更详细的讨论，参见下文第7.13～7.21段。

[124] 这不排除使用技术手段表现作品的可能性。

[125] Ricketson/Ginsburg（同前注3）第8.03段；也参见同上注，第8.87段：所有类型的作品都暗含地要求是一个智力创作，即使只有《伯尔尼公约》第2条第（5）款明确地提及了这一点。

[126] Ricketson/Ginsburg（同前注3）第8.03段；D Gervais, *La Notion d'œuvre dans la Convention de Berne et en droit comparé*（1998）44–45；以及下文第5.69～5.70段。

[127] C Masouyé, *Guide to the Berne Convention for the Protection of Literary and Artistic Works*（1978）2.8；Gervais（同前注126）第49页、第213～214页。

[128] Ricketson/Ginsburg（同前注3）第8.05段，也关于更多细节。

[129] Masouyé（同前注127）第2.3段；Ricketson/Ginsburg（同前注3）第8.07段。

没有必要明确提及。⁽¹³⁰⁾

5.70 这一广泛的定义中包括任何形式或方式的表达，因此，该定义是技术中立的，也是动态的，例如，数字形式的表达也可被涵盖在内。表达不要求任何物质形式或方式，而且包括口头表达，例如即兴演奏音乐或即兴演说。这也从以下两个方面可以得到确认：第 2 条列举的作品类型中包括某些口头作品（例如讲课），以及受《伯尔尼公约》保护并不要求固定。⁽¹³¹⁾

5.71 （vi）固定和其他要求 由于《伯尔尼公约》没有一般性地明确规定对作品的任何其他要求，⁽¹³²⁾ 因此，作品原则上应在联盟成员方获得保护，而不管国内法可能规定的任何其他要求。⁽¹³³⁾ 特别需要指出的是，不得以作品具有艺术价值或品质、文化价值或任何特殊目的（或没有某种目的），作为获得《伯尔尼公约》保护的条件。⁽¹³⁴⁾ 唯一例外是固定：固定不是获得《伯尔尼公约》保护的条件，而是一个在国内法下允许的条件，因而需要在伯尔尼联盟的范围内予以尊重。⁽¹³⁵⁾

5.72 最初，《伯尔尼公约》曾要求过固定，尽管这只是对舞蹈作品和哑剧的要求，目的是避免取证困难问题。⁽¹³⁶⁾ 在布鲁塞尔修订会议上，完全删除固定要求的提案遭到了否决，否决的理由是：作为证据的一种形式，固定仍然十分重要。⁽¹³⁷⁾ 在斯德哥尔摩外交会议上，一个类似的提案遭到了类似的反对；这导致各方达成了以下妥协方案，即一方面删除对舞蹈作品和哑剧的强制性固定要求，另一方面允许国内法对所有类型的作品规定固定的要求。⁽¹³⁸⁾ 结果是，在此之后，任何联盟成员方都可以要求外国作品被固定后才能获得保护；因此，与之前的情况相比，这是一个明显的退步。不过，对于诸如英国等规定了一般

⁽¹³⁰⁾ 后来的 TRIPS 第 9 条第（2）款和《世界知识产权组织版权条约》（WCT）第 2 条才明确地规定了这一二分法，这些规定被理解为对《伯尔尼公约》的简单说明；参见下文 10.58 段和第 17.103 段。

⁽¹³¹⁾ 《伯尔尼公约》第 2 条第（1）款和第（2）款；下文第 5.71～5.73 段。

⁽¹³²⁾ 关于对汇编的一个特别要求，参见《伯尔尼公约》第 2 条第（5）款。

⁽¹³³⁾ "成果"这一术语已经暗示了独创性或创造性的要求，参见上文第 5.66～5.67 段。

⁽¹³⁴⁾ Ricketson/Ginsburg（同前注 3）第 8.04 段。

⁽¹³⁵⁾ 《伯尔尼公约》第 2 条第（2）款。

⁽¹³⁶⁾ 在 1908 年柏林修订会议上，规定了对这些作品（仅以其"表演形式""以书面或其他形式"）固定的要求，并且作为《伯尔尼公约》第 2 条第（1）款一直保留至布鲁塞尔版本。Ricketson/Ginsburg（同前注 3）第 8.18 段和第 8.25 段。

⁽¹³⁷⁾ 同上注，第 8.26 段。

⁽¹³⁸⁾ 《伯尔尼公约》第 2 条第（2）款。

第五章 保护文学和艺术作品伯尔尼公约（1971年巴黎文本）

性固定要求的联盟成员方，这一步对于满足它们的需求而言尤其有帮助。[139] 同时也提高了美国加入《伯尔尼公约》的可能性。[140]

5.73 在固定之前，固定的问题与任何类型的作品都有关系，例如即兴演奏音乐，或者即兴演说、同声传译、舞蹈和哑剧。固定也可能关系到一代代口头相传的民间文学艺术的保护；不过，即使在法律不要求固定的情况下，民间文学艺术要获得版权保护还存在其他障碍。[141] 在不要求固定的情况下，即兴创作的作品从它们被以口头的方式、物理的方式或其他人类感官可以感知的方式表达时，即开始受到保护；任何未经授权的固定都构成侵权。要求固定的国家，可以不通过版权保护这些即兴创作的作品，而是将之作为普通法下的未出版的作品予以保护（这是有争议的），这样通过国民待遇获得保护原则上就得到了保证了。[142]

（b）特殊类型的作品

5.74 （i）**历史背景** 《伯尔尼公约》1886年文本已经包括了当下文本列举的作品类型中至少一半的作品，即"书籍、小册子和其他文字作品""戏剧或音乐戏剧作品""配词或未配词的乐曲""图画、油画、雕塑、雕刻和版画作品"以及"与地理、地形、建筑或科学有关的插图、设计图和草图"；以及翻译。[143] 这些术语大多数都是来自更早的双边条约，而且没有经过讨论即被纳入公约中。（后经修订的）1908年柏林文本又增加了大部分其余的作品类型（舞蹈艺术作品和哑剧、建筑作品、摄影作品，以及实用艺术作品）；1928年罗马文本增加了讲课和其他口头作品；1948年布鲁塞尔文本增加了电影作品。

5.75 （ii）《**伯尔尼公约**》**第2条第（1）款** 目前的《伯尔尼公约》第2条第（1）款中列举的作品类型，包含了大多数通常受到保护的作品。除了具体的例子以外，该条款还使用了涵盖范围宽泛的术语，例如"文字作品"和"其他同类性质的作品"（指某些口头作品）；就电影和摄影作品而言，该

---

[139] 参见上文第3.30~3.31段，关于版权体系的主要国家要求固定这一事实；关于英国，参见Ricketson/Ginsburg（同前注3）第8.18段。

[140] 同上注；D Reimer and E Ulmer, "Die Reform der materiellrechtlichen Bestimmungen der Berner Übereinkunft" (1967) GRUR Int 431, 432; Nordemann/Vinck/Hertin/Meyer（同前注20）《伯尔尼公约》第2条/第2条之二，注释11。

[141] 参见下文第20.07~20.09段。

[142] Nordemann/Vinck/Hertin/Meyer（同前注20）《伯尔尼公约》第2条/第2条之二，注释11；关于美国法，参见 M Leaffer, *Understanding Copyright Law* (4th edn, 2005) §2.06；不过，关于英国法，参见 W Cornish 和 D Llewelyn, *Intellectual Property: Patents, Copyright, Trademarks, and Allied Rights* (5th edn, 2003), 10-34。

[143] 1886年《伯尔尼公约》第4条和第6条。

条款是技术中立的，还包括了"以类似"摄制电影和摄影"的方法表现的作品"。此外，翻译、改编和对作品的其他改动，以及作品的汇编，都应当受到保护；实际上，在很长一段时间内，世界上大多数国家的版权法都规定了对上述作品的保护。[144] 公约的举例列表十分广泛，几乎未给联盟成员方留下保护其他类型作品的空间。《伯尔尼公约》并没有明确规定这些具体作品类型的准确含义，因此，应当由被请求保护的联盟成员方予以规定。这些术语中的大多数，在很大程度上都是不言自明的。[145]

5.76 （iii）列举的和未列举的作品 《伯尔尼公约》第2条第（6）款仅规定"本条所提到的作品"[146]在联盟成员方必须享受保护。因此，只有《伯尔尼公约》第2条第（1）款、第（3）款和第（5）款明确提到的作品，应当由联盟成员方在《伯尔尼公约》的框架下提供保护，而不管这些作品是否受到其本国法的保护。这些作品构成公约的最低保护标准。与此同时，列举的作品仅仅是对《伯尔尼公约》第2条第（1）款中更广泛的术语"文学和艺术作品"的说明。所有未被明确提到、但是被这一范围广泛的术语所涵盖的作品，都是其作者可以在《伯尔尼公约》项下得到保护的作品，因此，作者可以就这些作品适用国民待遇、最低限度权利和无手续原则。[147]

5.77 因此，被列举的作品必须在伯尔尼公约框架下受到保护，即使某一联盟成员方的国内法不保护该作品。一件被"文学和艺术作品"的定义所涵盖的、但是未被列举的作品，也属于公约的保护范围，因此，一个保护此类作品的联盟成员方必须对该作品授予国民待遇和最低限度权利；不过，如果该国家不保护此类作品，则该国没有在伯尔尼公约框架下保护此类作品的义务。只有当一个联盟国家的国内法所保护的某类"作品"，既未在公约中被列出、又未被前述定义（"文学和艺术作品"）所涵盖时，[148]《伯尔尼公约》才不会产生与该客体有关的任何义务。

---

[144] 参见 Ricketson/Ginsburg（同前注3）第8.75段以下；Gervais（同前注126）第112~114页；在某些法域，这些作品被称为"演绎作品"（derivative works），参见下文第5.123段、第5.125段。

[145] 本书的范围不允许进行详细的解释；关于单独的作品类型，参见 Ricketson/Ginsburg（同前注3）第8.15~8.73段；Gervais（同前注126）第107~206页；Masouyé（同前注127）第2.6（a）~2.6（j）段；关于实用艺术作品，也参见上文关于实质互惠的内容，上文第5.45~5.47段。

[146] 此处没有提到《伯尔尼公约》第14条之二是无关紧要的，因为《伯尔尼公约》第2条第（1）款也列出了电影作品。

[147] 《伯尔尼公约》第5条第（1）款："就享有本公约保护的作品而论"；Nordemann/Vinck/Hertin/ Meyer（同前注20）《伯尔尼公约》第2条/第2条之二，注释2和注释3似乎暗示只有国民待遇适用于未明确的作品，最低保护则不适用；Ricketson/Ginsburg（同前注3）第8.11段只提到了这种情况下的国民待遇，而没有明确排除最低权利；这些可能意味着，国民待遇与作品有关，而非与权利有关。

[148] 这些可能是，例如，来自自然的仅表现为艺术的物体、单纯的事实、思想、录音制品等。

第五章 保护文学和艺术作品伯尔尼公约（1971年巴黎文本）

5.78 例如，一个没有将香水作为版权作品来保护的联盟成员方，也没有义务这样做，因为香水并未在公约中列出，因此，不构成一项最低保护标准。不过，如果香水符合《伯尔尼公约》对作品的一般定义，则规定对香水提供保护的联盟成员方就必须给予公约的保护。[149] 具体而言，香水必须是智力创作，可以被归入艺术领域，并且通过人类感官可以感知的香味的混合表达出来。对这个例子的更深入的分析超出了本书的主旨范围，在此不再赘述。

5.79 未被列举的作品可能获得"提到的"这一特征，并因此构成一项强制性的最低保护标准——如果一个"嗣后的惯例"[150] 已经确立存在此种效果，并且显示出所有联盟成员方对相应解释的一致同意。不过，这可能是很难确定的。[151]

（c）保护的例外

5.80 （i）**官方文件和公开演说**[152] 允许对官方文件、这些文件的官方译本和特定的公开演说不给予版权保护，[153] 不仅反映了在制定该条款时主流的国内法规定，也体现了信息自由中的公共利益。[154] 尤其是，公民应当知道规范他们生活的法律法规，不应受到这种官方文件上所存在的版权保护的阻碍。《伯尔尼公约》第2条第（4）款中的"官方文件"这一术语，无疑包括任何法律、规章、行政命令和司法裁决。对这一术语的具体解释，留给联盟国成员方的国内法确定。[155] 大多数国家都将法律文件、法院判决和类似的官方文件排除在版权保护范围之外；但是，在英国和其他英联邦国家，例如澳大利亚和加拿大，传统上，官方文件存在"皇家版权"（crown copyright），其允许政府控制其立法文本和其他文件。通常，政府不会利用皇家版权阻碍上述文件的发行；但是，为了特定的商业用途，而发行上述文件，可能需要政府的许可；例如，国家雇员创作的并因此代表官方文件的内容，被用于商业培训课程。[156]

---

[149] 基于国民待遇、最低权利和"自动保护"，《伯尔尼公约》第5条。

[150] 《维也纳条约法公约》第31条第（3）款（b）项；也参见下文第7.02段以下，关于条约的解释规则。

[151] Ricketson/Ginsburg（同前注3）第8.11段，注释31。

[152] 实用艺术作品可能不被完全排除保护，而是被简单地作为平面和立体设计而非版权作品来保护，参见上文第5.45~5.47段，关于互惠的内容。

[153] 《伯尔尼公约》第2条第（4）款和第2条之二第（1）款。

[154] 这一利益同样可以用来证明对专有权的例外与限制的正当性。

[155] 关于对《伯尔尼公约》第2条第（4）款的解释的更多细节；参见 Ricketson/Ginsburg（同前注3）第8.108段。

[156] 例如，关于澳大利亚，S Ricketson 和 C Creswell, *The Law of Intellectual Property: Copyright, Designs and Confidential Information* (2002) 14.170 ff；关于加拿大，例如 D Vaver, *Copyright Law* (2002) 92–94，以及，关于自由使用立法文本及其结合和联邦法院的判决及判决理由的可能性，L Harris, *Canadian Copyright Law* (3rd edn, 2001) 207。

5.81 政治演说和法律诉讼过程中发表的言论,可以全部或部分地被排除在版权保护范围之外。[157] 根本的政策原因——获取信息——反映在《伯尔尼公约》第2条之二第(3)款中。[158] 根据该条款,作者保留对此类演说进行后续汇编的权利。保障作者享有该权利,表明前述排除版权保护的规定,其目的可能只是:有利于与新闻报道或当下的政治生活和法律程序的信息有关的、直接的公共利益,以便公民不会被排除参与政治生活。在作者后来对这种演说进行重新收集和汇编时,例如,在某一政治家对其职业生涯中最重要的演说进行汇编时,并不会危及前述目的和政策原因。[159]

5.82 上述两种情况都是排除公约的强制保护,但并非完全排除公约的保护。[160] 因此,成员方不需要保护这些类型的作品;但是,如果成员方保护这些作品,则公约的保护应予适用。此外,该排除性规定是任意性规范:联盟成员方可以决定保护这些特定类型的作品,或者完全不保护这些作品,或者只保护其中的部分作品,或者只在一定程度上保护这些作品。

5.83 (ii) **日常新闻** 与前述规定不同,不保护"单纯消息报道性质的日常新闻或各种事实"的规定是强制性规范。[161] 因此,如果某一联盟成员方依据版权或相似类型的权利保护此种新闻和事实,则该国可以依据国内法这样做——甚至对外国作品提供这种保护——但是,不得基于《伯尔尼公约》请求对前述内容的保护。这一强制性的排除,应当主要被视为对受公约保护的对象的澄清,即公约只保护以有形表达的形式存在的智力创作,例如与新闻有关的评论或文章,而不保护单纯的新闻、事实或信息本身。[162]

(2) 作者

(a) 自然人作者

5.84 《伯尔尼公约》没有对"作者"一词进行定义,而仅明确了资格标准,并规定对第2条项下的作品的保护,应当为"作者及其权利继受人"的利益而实施。[163] 至于确定合作作者身份的条件等具体问题,则留给了国内法

---

[157] 《伯尔尼公约》第2条之二第(1)款。

[158] 1948年布鲁塞尔修订会议增加了该条款,关于该条款的背景,也参见Masouyé(同前注127)2bis.5。

[159] 关于《伯尔尼公约》第2条之二第(1)款和第(3)款,参见Ricketson/Ginsburg(同前注3)第8.16~8.17段、第8.20~8.21段。

[160] 关于对作品的强制保护,参见上文第5.77段。

[161] 《伯尔尼公约》第2条第(8)款。

[162] 关于首次将这一条款与复制权及其例外相联系的该条款的历史和解释,参见Ricketson/Ginsburg(同前注3)第8.104~8.106段。

[163] 分别参见《伯尔尼公约》第3条和第4条,以及第2条第(6)款第2句。

第五章　保护文学和艺术作品伯尔尼公约（1971 年巴黎文本）

去解决。不过，解释公约所要解决的一个主要问题是，在《伯尔尼公约》中，仅需要承认创作作品的自然人是作者，还是（如同英美法系）也必须承认公司实体或法人是作者。所有的解释方式得出的结论都是前者——只有自然人是《伯尔尼公约》意义下的作者。

5.85　有许多支持上述结论的论证理由，例如："作者"一词的原始含义暗示的是自然人，公约使用这一术语，而未使用诸如"制作者"等术语；对作者的智力创作的保护，从性质上讲，只能来自拥有创作作品的思想或智力的自然人；《伯尔尼公约》第 6 条之二规定通过精神权利保护作者的智力和人身利益，这种保护只可能授予自然人；保护期以作者的死亡为依据计算（除了特定类型的作品，例如匿名作品和假名作品），只有自然人会发生死亡；依据《伯尔尼公约》第 15 条第（3）款，出版者只是匿名作品或假名作品的作者的代表，前提是作者未公开其身份；以及《伯尔尼公约》第 14 条之二第（2）款（a）项——自然人作者原则的唯一明示的例外——规定，由国内法确定电影作品的版权所有者，因此，才有了自然人的"惯常居所"与（作为例外的）电影作品的作者的"总部"或惯常居所之间的区别。[164] 这些论证理由也得到历史的支持，尤其是《罗马公约》的缔结，该公约保护的主体之一是录音制品制作者，而录音制品制作者的大部分是公司（公司不进行智力创作）。[165]

5.86　如果接受这一结论，则《伯尔尼公约》中的"作者"这一术语，指的就是其思想产生智力创作的自然人。因此，任何这样的人都应当依据公约（iure conventionis）被授予公约的保护，即使被请求保护的联盟国家另行规定的是：作品最初的所有权由法人（除电影作品以外）[166]，或者任何仅参与组织而未创作作品的人享有。[167] 被请求保护的联盟成员方可以依据国内法适用公司所有权，但是，在《伯尔尼公约》适用的情况下不可以如此。另外，即使法人在国内被作为版权的最初所有者受到保护，该法人也不能在其他联盟成员方

---

[164] 《伯尔尼公约》第 3 条第（2）款和第 4 条（a）项，关于资格标准。

[165] 在"指导发展"时期，1990 年的一个专家委员会在一个 WIPO 提案中陈述了更详细的论证理由，论证"作者"一词也应当包括任何"除了作者以外的人"，如果该人是"作品权利的原始所有者"。关于这些更详细的论证理由，参见 A Dietz, "The Concept of Author under the Berne Convention"（1993）155 RIDA 2–56；也参见 Nordemann/Vinck/Hertin/Meyer（同前注 20）《伯尔尼公约》第 2 条/第 2 条之二，注释 7；Ricketson/Ginsburg（同前注 3）第 7.02~7.04 段。

[166] 关于《伯尔尼公约》第 14 条之二第（2）款中的例外，参见 Ricketson/Ginsburg（同前注 3）第 7.24~7.41 段。

[167] 一些国内法规定，将一个汇编作品的组织者作为一个作者来保护；在这个人不是上文所描述的作者的情况下，其不能依据公约请求保护，只有对汇编作品有贡献的单独的作者可以依据公约请求保护，如果有这样的作者的话。

依据《伯尔尼公约》请求保护。不过,合同条款问题不受公约规则的影响,因此,依据雇佣合同和其他合同进行权利转让,仍然是可能的。

(b)电影作者

5.87 电影作者一直都是规定最为多样化的版权领域之一。尤其是,在版权体系下,只有电影的制片人是电影最初的版权所有者;电影导演、摄影师或者任何其他有创造性贡献的人,都不被认为是电影作品的作者。[168] 用于制作电影的作品,例如剧本、对白和音乐,其作者仅就这些作品享有版权,而不对电影作品本身享有版权。与之相比,在作者权体系下,只有对电影做出创造性贡献的自然人被视为电影作品的(合作)作者;这里的不同之处在于,多人分别做出贡献时,将构成合作作者。用于制作电影的作品,其作者在一些国家被视为电影作品的合作作者,在另一些国家则被视为已有作品的作者。此外,在规定了推定作者的权利转让给制片人的法律中,对此种推定也规定了不同的解决方案。[169]

5.88 在上述背景下,《伯尔尼公约》第14条和第14条之二提供了一个妥协方案。第14条第(1)款处理的是为了用于电影(例如,将一部小说改编为电影对白)而被改编的已有作品的作者,而第14条之二第(2)款和第(3)款处理的是电影作品本身的作者和版权所有者。第14条之二第(2)款(a)项将电影的版权归属留给被请求保护国的法律来确定。通过这些条款,公约允许版权体系国家规定有利于制片人的最初版权的制度安排,从而顾及了这些国家的现实情况;与此同时,这也是伯尔尼体系作出的妥协,因为这背离了作者身份的一般规则。[170]

5.89 另一项妥协内容,是对"合法性"(legitimation)的推定,[171] 对于将对电影作品有创造性贡献的作者作为电影作品的作者(而不只是已有作品的作者)来保护的国家而言,这一推定是有意义的。在这些作者已经在合同中同意对电影作品做出贡献的情况下,他们不能再反对特定的利用方式。如果合同有其他明确规定,则这一推定不适用,例如,合同允许作者反对制片人对

---

[168] 在实施欧共体租赁权和期间指令时,英国必须承认一部电影的主要导演的作者身份,参见第Ⅱ卷第6章。

[169] 关于两种制度下的作者身份,也参见上文第3.37~3.43段。

[170] 参见上文第5.84段以下。

[171] 《伯尔尼公约》第14条之二第(2)款(b)项;Masouyé(同前注127)注释14^{bis}.6;Nordemann/ Vinck/Hertin/Meyer(同前注20)《伯尔尼公约》第14条/第14条之二,注释10认为该条款是电影制作者的一项程序性的最低权利。

作品进行任何或某些形式的利用。⑰ 这一推定仅涉及反对明确提及的使用行为的权利，并不妨碍国内法律规定作者分享利用其作品的收入的权利，或者以其他方式从使用中获得合理报酬的权利。⑱

5.90 上述推定仅在合同是以符合国内法规定的形式订立的情况下适用，如果国内法有规定的话。原则上，对合同的特定形式的要求，由电影作品制片人的总部或惯常居所所在国的法律决定。不过，任何被请求保护国都可以对这种合同作出书面形式的要求，以此作为适用上述推定的一个条件；如果成员方规定有这样的条款，必须通知世界知识产权组织总干事，以便总干事可以通知其他联盟成员方。⑲

5.91 值得注意的是，上述推定并不适用于为制作电影作品而创作的剧本、台词和音乐作品的作者，或者电影作品的主要导演，除非被请求保护国有相反规定；不过，仅当某个国家对主要导演不适用上述推定时，该国家才必须通知总干事。⑳

5.92 《伯尔尼公约》第14条之二第（3）款表明，公约认为，为制作电影作品而创作的剧本、台词和音乐作品的作者以及电影的主要导演，是电影作品的合作作者，以此区别于《伯尔尼公约》第14条所包括的已有作品的作者。总的来说，第14条之二第（2）款和第（3）款在实践中的重要性已经减小了，因为该条款仅适用于将对电影做出创造性贡献的自然人视为合作作者的国家，而且大多数现代合同都明确规定了已转让的或未转让的权利，因此，适用推定的空间很小。

（c）权利继受人

5.93 对权利继受人的保护，从逻辑上说，仅开始于作者死亡后的保护期。不仅作者的继承人是其权利继受人，在作者死亡后继受作者的全部或部分权利、并且有权获得这些权利（例如通过转让）的任何其他人（包括法人），也是作者的权利继受人。㉑ 这一规定是不言自明的，因此，最初在柏林修订会议上将其从原始的伯尔尼文本中删除了，但是，后来在英国的坚持下，布鲁塞尔修订会议又再次纳入了这一规定。㉒ 权利继受人可以继受作者的受保护资

---

⑰ 关于"相反或特殊的规定"的措辞，参见《伯尔尼公约》第14条之二第（2）款（d）项。

⑱ Masouyé（同前注127）注释$14^{bis}.16$。

⑲ 第14条之二第（2）款（c）项；Masouyé（同前注127）注释$14^{bis}.10$、注释$14^{bis}.11$。

⑳ 《伯尔尼公约》第14条之二第（3）款。

㉑ Nordemann/Vinck/Hertin/Meyer（同前注20）《伯尔尼公约》第2条/第2条之二，注释8；Masouyé（同前注127）第2.22段。

㉒ Ricketson/Ginsburg（同前注3）第7.23段；第6.18段。

格，这也是不言自明的：如果作者满足，而权利继受人不满足《伯尔尼公约》第3条和第4条规定的标准，权利继受人有资格获得公约的保护，即使其本身并不满足这些标准。不过，在作者不符合保护资格的情况下，权利继受人即使满足标准，也没有资格获得保护。

(3) 最低权利

(a) 一般评论

5.94　(i) 最低而非最高标准　只有在《伯尔尼公约》第5条第(1)款规定的条件下，才需要授予公约中规定的各项最低限度权利；[178] 第5条第(1)款将这些最低限度权利表述为"本公约特别授予的权利"。公约没有使用"最低限度权利"这一术语，但是，它们一直被理解为最低限度权利，这种理解也与先前的双边条约的传统一致。此外，如果授予的最低限度权利也是最高限度权利，将与单独的国民待遇条款不一致，使国民待遇条款没有任何独立的意义。[179] 即便如此，在1886年之后，对该条款仍然存在一些误解，因此，1908年柏林修订会议规定了《伯尔尼公约》第19条，澄清了允许国内法规定更广泛的保护。由于部分语言的模糊，1948年布鲁塞尔外交会议对这一条款进行了修订。因此，不仅联盟成员方可以依据国内法提供更广泛的保护，外国作者也可以基于公约下的国民待遇，请求获得这种更广泛的保护。

5.95　(ii) 精神权利与经济权利之间的关系　在欧洲大陆法系的影响下，《伯尔尼公约》通过规定精神权利和经济权利，不仅保护作者对作品的人身和智力利益，也保护作者对作品的经济利益。至于精神权利是与经济权利一起作为作者的不可分割的权利的一部分，还是与经济权利分别作为独立的权利，大陆法系国家已经用不同方式解决了这一理论问题。[180] 公约在这一问题上不持任何立场。

(b) 精神权利

5.96　(i) 概述和历史发展　《伯尔尼公约》第6条之二仅规定了许多国内法中存在的若干精神权利中的两种。[181]《伯尔尼公约》第10条第(3)款、

---

[178] 参见上文第5.08段以下。

[179] Ricketson/Ginsburg（同前注3）第6.80~6.82段；Nordemann/Vinck/Hertin/Meyer（同前注20）《伯尔尼公约》第19条，注释1、注释2。

[180] 这一理论性的问题可能对在国内法下以何种方式实现精神权利产生影响；首先提到的理论名为一元论，该理论在，例如德国法律下，得到了实现，而第二种提到的理论名为二元论，法国法实现了该理论，参见 E Adeney, *The Moral Rights of Authors and Performers* (2006), 第8.24段和第9.12段，在精神权利的背景下对法国和德国作了简短的说明。

[181] 参见上文第3.51段，关于发表权（right of disclosure, "droit de divulgation"）以及由于对确信的改变和缺乏利用的撤回。

第五章 保护文学和艺术作品伯尔尼公约（1971年巴黎文本）

第10条之二第（1）款第2句和第11条之二第（2）款第2句对第6条之二做了进一步的补充，这些条款在权利限制的背景下规定了保护精神权利。直到1928年罗马外交会议，精神权利才被规定为一项最低保护标准，因为在20世纪20年代中期以前，没有太多的联盟成员方保护或认为应当保护精神权利。即便在1928年罗马外交会议上，由于普通法系国家并未对精神权利规定这样的保护，而仅在其他类型的条款下作出了范围有限的规定，因此，考虑到这些普通法系国家的担忧，在公约中只是作了妥协性规定。在1948年和1967年的修订会议进行修订时，也需要作出进一步的妥协。[182]

5.97 （ii）独立于经济权利和可转让性 《伯尔尼公约》第6条之二第（1）款强调，公约包含的精神权利——表明作者身份权（署名权）和保护作品完整权——独立于作者的经济权利；自然，公约包含的精神权利不受经济权利任何转让的影响。因此，即使作者转让了其经济权利，精神权利并不自动地一并转让。精神权利是否可以进行转让、可以进行何种转让、是否可以放弃的问题，由联盟成员方确定，这样有利于版权体系国家妥协。尽管在作者权体系的国家，精神权利是与作者不可分割的，不能以任何方式放弃或转让，[183] 但是，在版权体系下，精神权利不是固有的，因此，有关国家常常规定，可以通过转让或其他方式让与精神权利。[184]

5.98 （iii）表明作者身份权 表明作者身份权，是指被承认为某一特定作品作者的权利，从而使公众能够将作者识别为作品的创作者。《伯尔尼公约》没有规定这种识别的发生所必需采用的方式；不过，设立该权利的目的要求公众能够不作出较多的努力即可识别出作者。[185] 在实践中，最常见的满足这一要求的方式，是在作品的原作和复制件上提及作者的名字，例如，在作者的书的封面和扉页上标明作者的名字。作者可以通过三种方式行使这一权利：选择将其姓名标明在作品上或与作品相联系，选择使用笔名，或者保持匿名。[186] 表明作者身份权包括以下内容：在没有合作作者的情况下被指明为唯一作者的权利，以及在有合作作者的情况下被指明为合作作者的权利。表明作者身份权保护作者的人身利益与其作品相连，而且通过公开，还可能有积极的经

---

[182] 关于《伯尔尼公约》下的精神权利的历史发展，参见 Ricketson/Ginsburg（同前注3）第10.07~10.14段；Nordemann/Vinck/Hertin/Meyer（同前注20）《伯尔尼公约》第6条之二，注释1。

[183] 在实践中，一些灵活性是可能的，参见上文第3.53段。

[184] Nordemann/Vinck/Hertin/Meyer（同前注20）《伯尔尼公约》第6条之二，注释3；Ricketson/Ginsburg（同前注3）第10.18段。

[185] 类似的：Ricketson/Ginsburg（同前注3）第10.19段。

[186] Masouyé（同前注127）6bis.3。

济效果。

5.99 由于精神权利只保护作者与自己作品的联系，因此，虚假署名不属于表明作者身份权的涵盖范围。例如，如果某一不知名的人士创作了一幅画，署上格哈德·里希特（Gerhard Richter）或者其他著名画家的名字，后者与其作品的关系并未受到影响，受到影响的只是后者对自己名字的使用。因此，里希特不能主张表明作者身份权，而只能在国内法允许的情况下，主张对其他权利的保护，例如某项人格权或者姓名权。

5.100 （ⅳ）**保护作品完整权** 保护作品完整权[187]的具体含义是，作者"反对对其作品的任何可能损害其荣誉或名声的歪曲、割裂或其他更改，或其他毁损行为"的权利。规定保护作品完整权的目的，是保护作者所创作的作品的完整性。这一权利要求尊重作者的艺术选择，不管该选择是否令公众满意，或者是否有可能在市场上带来经济上的成功。因此，对某种行为是否是"歪曲""割裂"或"毁损行为"的判断，必须仅从作者的主观视角予以判断，而不应从消费者、娱乐产业的视角或任何其他、即使是"客观的"视角予以判断。例如，即使某个国家的普通消费者可能更欣赏一部原始是黑白电影的彩色版本，但是，作者（在大陆法系国家是电影导演）对艺术表达的选择由作者自己决定。如果该作者认为，他的意图、想法或感情通过黑白的方式可以表达得更好，则依据保护作品完整权，必须尊重作者的选择。[188] 否则，就不能实现这一条款的立法目的，即保护作者对作品完整性所享有的利益。作者甚至可以反对任何"更改"（modifications），不论这些更改是否歪曲了作品。

5.101 《伯尔尼公约》第 6 条之二第（1）款意义下更改的例子有：上文提到的黑白电影的彩色化，例如，在约翰·休斯顿（John Huston）的《柏油丛林》（Asphalt Jungle）这一著名的案例中，法国法院禁止对该电影的一个彩色化版本的广播；[189] 对一张图片的（部分）涂抹；[190] 在对一部小说进行电影改编时，将结尾由悲剧改为喜剧；[191] 对文学、戏剧、电影或其他作品的缩写或

---

[187] 在法国，其被称为 droit au respect de l'œuvre，这一用语很好地说明了潜在的含义，即尊重作品。

[188] 根据《伯尔尼公约》第 6 条之二，此处还应当满足对作者荣誉或名誉的潜在的损害。

[189] Consorts Huston et al v Sté Turner Entertainment et al，法国最高法院，1991 年 5 月 28 日。关于法律程序的不同阶段，参见 E Adeney（同前注 180）第 19.158 段；也参见 J Ginsburg, "Colors in Conflicts: Moral Rights and the Foreign Exploitation of Colorized US Motion Pictures"（1988）36/1 J Copyright Soc USA 81ff。

[190] 德国帝国法院，RGZ 79, 397（"Felseneiland mit Sirenen"）。

[191] 慕尼黑高等法院（1986）GRUR 460（"Die unendliche Geschichte"）。

第五章　保护文学和艺术作品伯尔尼公约（1971 年巴黎文本）

删减；以及对在电影院播放的电影的广播版本中，增加电视台的标志。[192]

5.102 对保护作品完整权的侵害，不仅有可能通过对作品的更改，还有可能通过与作品"有关的损害行为"进行，例如，违背作者的意愿，将作品放置于一个改变了作品整体效果的环境中。在这种情况下，作品或者其复制件本身并没有受到影响，但是，保护作品完整权被间接地侵害了。例如，在公开的展览中，将一个非社会主义艺术的艺术品放置在靠近社会主义的艺术品的环境中，可能会改变作品特征的印象。其他类似的侵犯保护作品完整权的例子有，在一个不适当的、世俗的环境中播放宗教音乐，违背作者的意愿将其音乐与新纳粹主义的音乐一同录制在一张样品光盘中，即使作者已经一般性地同意了在录音制品中复制其音乐。[193]

5.103 《伯尔尼公约》第 6 条之二第（1）款没有将完全地毁坏作品作为侵犯保护作品完整权的一种情形予以提及。"更改"（包括"歪曲"和"割裂"）这一术语不能涵盖"毁坏"（destruction），因为前者意味着作品依然存在，只是在某种程度上被改变了。而且，"毁损"（derogatory）（行为）一词仅暗示了破坏性处理，而非完全毁坏。保护作品完整权的立法目的支持这一解释：某一作品被更改或毁损后，不再是作者创作的样子，此时，不应将作者与该作品相联系，作者也不应承受由此对其荣誉或名声造成的损害。不过，如果作者的作品完全不存在了，也就不会有以作者不喜欢的方式或者损害其荣誉或名声的方式与其相联系的东西了。实际上，1948 年布鲁塞尔外交会议曾讨论过将毁坏也纳入公约中的提案，不过，后来被否决了。与此同时，会议通过了一项愿景，鼓励联盟成员方提供保护以制止毁坏作品的行为。[194]

5.104 将对荣誉或名声的可能损害规定为一项条件，是为了满足普通法国家的需求。[195] 实际上，许多大陆法系国家，例如法国，没有规定这样一个条件。这是允许的，因为公约允许成员方提供更高水平的保护。公约没有进一步明确如何解释"荣誉或名声"，因此，联盟成员方在这一问题上有些余地。不过，在 1948 年布鲁塞尔外交会议上，各代表团一致认为，作者的荣誉和名声与作者身份和人格有关。[196] 至于是否必须要有实际的损害，还是有损害的威胁就已足够，还不十分明确。不过，支持后者似乎有更好的理由——尤其是公约

---

[192] *Marchand v La Cinq*，巴黎初审法院，1988 年 6 月 29 日（"Logo la Cinque"），(1989) JCP I 3376。
[193] 关于后一个案例，参见 E Adeney（同前注 180）第 9.89 段。
[194] Ricketson/Ginsburg（同前注 3）第 10.26 段；关于这一问题，参见上文第 3.50 段。
[195] 同上注，第 10.27 段。
[196] 同上注。

使用了"可能损害"这一措辞。[197] 现在,可能的损害包括任何更改和任何毁损行为这一观点,也已经得到了确立。[198]

5.105 （v）**保护期与救济措施** 《伯尔尼公约》第 6 条之二第（2）款对精神权利保护期的规定,也是在考虑到普通法系国家需求之后所做的妥协性规定。[199] 精神权利的期限至少与经济权利的期限一样长,以便规定这一有限期限的国家与那些规定永久保护期的精神权利的国家各自都能继续维持其传统。对于作者死亡后由谁来行使精神权利这一问题,公约完全交由联盟成员方来决定;在大多数情况下,他们将是（作者的）继承人,或者,在一些国家是其他主体,例如公共机构。

5.106 《伯尔尼公约》第 6 条之二第（3）款确认了以下基本原则:可以采取的救济措施由被请求保护国的法律规定,这一点已经规定在了《伯尔尼公约》第 5 条第（2）款第 2 句中。[200]

5.107 （vi）**与限制有关的条款** 精神权利也在《伯尔尼公约》第 10 条第（3）款、第 10 条之二第（1）款第 2 句和第 11 条之二第（2）款第 2 句中得到了确认。这些条款限制了作者的某些经济权利。由于精神权利独立于经济权利,从逻辑上讲,对经济权利的限制不会影响作者的精神权利。因此,上面提到的条款应当被理解为是对以下事实的一种确认:即使经济权利受到限制、精神权利也依然适用。《伯尔尼公约》第 10 条第（3）款规定,在进行允许的引用和为教学目的使用时,如果原出处有作者姓名,则有义务提及出处和作者姓名。上述条款只明确规定了署名权应受保障,而未明确规定保护作品完整权应受保障,对这一事实不能作出反推解释:即认为保护作品完整权可以受到上述使用的影响。这一点可以通过历史解释得到确认:各方一致认为《伯尔尼公约》对经济权利的限制不影响精神权利。[201]

5.108 上述有关保护作品完整权的论证也适用于《伯尔尼公约》第 10 条之二第（1）款第 2 句,该款规定,在新闻报道中对作品进行允许的使用,应

---

[197] Nordemann/Vinck/Hertin/Meyer（同前注 20）《伯尔尼公约》第 6 条之二,注释 4。

[198] 这一点一直有争议;一些人认为,潜在的损害仅适用于"其他更改",参见 Ricketson/Ginsburg（同前注 3）第 10.32 段;Nordemann/Vinck/Hertin/Meyer（同前注 20）《伯尔尼公约》第 6 条之二,注释 4。

[199] 特别是第 2 句。关于该条款的背景和解释的问题,参加 Ricketson/Ginsburg（同前注 3）第 10.34 段。

[200] Nordemann/Vinck/Hertin/Meyer（同前注 20）《伯尔尼公约》第 6 条之二,注释 5。

[201] 1967 年巴黎外交会议记录,第 1165 页;Ricketson/Ginsburg（同前注 3）第 13.46 段,指出了与第一版中完全相反的观点（注释 154）。

当明确说明出处。违反这一义务的法律后果,依据关于救济措施的一般原则,[202] 应当由被请求保护国的法律来确定。[203]

5.109 《伯尔尼公约》第 11 条之二第(2)款第 2 句明确确认,该条款第 1 句下允许的关于广播和向公众传播的强制许可,不应影响精神权利。尽管"作者的精神权利"这一用语看起来不受限制,但是,应当将该用语解释为仅指《伯尔尼公约》第 6 条之二规定的精神权利,这是上述条款的相关背景。任何其他的精神权利,例如发表权,公约都没有规定,因此,第 11 条之二第(2)款也不涉及。[204] 不过,规定了其他精神权利的国家,一般也会遵循精神权利与经济权利及其限制相独立的原则。

(b)经济权利

5.110 (i)引言 《伯尔尼公约》中的经济权利基本上都是专有权(即作者享有排除任何第三方进行相关使用的权利)。《伯尔尼公约》使用了"享有授权……的专有权利"这一用语。该用语在《伯尔尼公约》中与 TRIPS 中有着相同的含义,与《罗马公约》中的"有权授权或禁止"相对应。这一用语包含授予许可的权利,以及制止第三方以相关方式使用作品的权利。这两方面的权利,即积极的权利和消极的权利,反映了财产权的一般特征。与实体财产权类似,为了一般公众或公众中的特殊群体的利益,可以对作者的权利加以限制。因此,最低限度的专有权通常需要在与对其施加的限制的背景下来考虑。在某一被请求保护的联盟成员方,主张获得公约规定的最低限度权利应受国内法规定的限制与例外的约束,而国内法规定的限制与例外应当属于《伯尔尼公约》允许的范围。

5.111 《伯尔尼公约》也规定了一些法定获得报酬权而非专有权的例外规定:公约有些条款允许实施强制许可,以此消除相关权利的专有性质,同时要求至少规定对相关使用获得合理报酬的法定权利。[205] 此外,公约规定了追续权,[206] 不过,这一权利并不属于最低限度权利的范围。[207]

(ii)复制权

5.112 重要性和历史发展 在可能带来极大经济利益的使用作品的形式中,复制是最早的一种形式。另一种早期的使用形式,即音乐作品的公开表

---

[202] 《伯尔尼公约》第 6 条之二第(3)款也规定了这一原则。
[203] 同上注,第 10 条之二第(1)款第 2 句,后半句。
[204] 关于对这一点的一个争论,参见 Ricketson/Ginsburg(同前注 3)第 13.71 段。
[205] 《伯尔尼公约》第 11 条之二第(2)款第 2 句和第 13 条第(1)款。
[206] 同上注,第 14 条之三。
[207] 参见上文第 5.48 段。

演，其可能带来的经济利益是非常有限的，直到机械录制成为可能。的确，约翰内斯·古登堡（Johannes Gutenberg）发明的印刷术，使得复制与更早的由僧侣进行的手抄相比更快、更高效，并且促进了现代版权法的前身——特权制度的出现。复制权是现代版权制度的国内法所规定的第一项权利。[208]

5.113 大多数对作品的使用行为都是以复制为基础。尤其是，通过出售或出租进行发行[209]、广播以及不同形式的向公众传播，通常必须以复制为基础。只有少数使用行为不依赖于复制，例如展览某件艺术品原作、现场直播或者现场向公众传播。

5.114 因此，直到1967年斯德哥尔摩外交会议，才将复制权作为一项一般的最低限度权利明确纳入《伯尔尼公约》，这似乎是让人震惊的。这一时间点如此之晚，可能是因为，在许多《伯尔尼公约》之前的双边条约中，没有将复制权作为一项明确的最低限度权利；当时人们认为，就该权利而言，适用国民待遇就足够了。的确，复制权是早期国内法中规定的最为普遍的权利之一。[210] 在1967年之前，《伯尔尼公约》中出现的复制权只与特定方面有关，即关于对复制特定报纸文章的限制，[211] 关于机械复制权和在广播背景下的复制权，以及对为摄制电影目的而改编的作品的复制权。[212]

5.115 以国民待遇为基础来保护复制权，在很长一段时间看来都是令人满意的，但是，在公约明确规定了一些最低限度权利以后，还不将复制权规定为最低限度权利，似乎就存在漏洞了。不过，公约在1967年明确承认复制权，有更为直接的原因：需要解决私人复制的问题。各代表团认为，在规定复制权的限制之前，应在公约中规定复制权。对复制权的规定，和对复制权的可能的限制条款的规定，这两者之间的紧密联系，在1948年布鲁塞尔外交会议上已经很明显；不过，由于当时找不到合适的文字规定对复制权的限制，因此，建议引入复制权的提案未能获得通过。[213] 另外，在1967年斯德哥尔摩外交会议上，出现的问题并不涉及复制权本身，而是涉及对允许的限制与例外的确定。当时认为，没有必要对"复制"这一术语的含义作出进一步的明确。

---

[208] 《安妮法案》[8 Anne, c 19 (1710)]。

[209] "出版权"这一术语在实践中常被用作表示复制权和发行权的结合。

[210] J Cavalli, *La Genèse de la Convention de Berne pour la protection des œuvres littéraires et artistiques du 9 septembre* 1886 (1986) 80.

[211] 1886年《伯尔尼公约》第7条；更广泛的1971年巴黎文本第10条之二第（1）款源于这一条款。

[212] 分别为《伯尔尼公约》第13条，第11条之二第（3）款和第14条第（1）款。

[213] E Ulmer, "Die Stockholmer Konferenz für geistiges Eigentum 1967：Das Vervielfältigungsrecht" (1967) GRUR Int 425, 443.

第五章 保护文学和艺术作品伯尔尼公约（1971 年巴黎文本）

5.116 复制与固定 一般认为，"复制"是指以物质形式对作品进行的任何具体化，得到作品的一个副本或单独的复制件。《伯尔尼公约》第 9 条第（1）款规定的是"作品"的复制，而不管作品是否已经被固定。因此，复制也包括对尚未固定的作品进行固定，例如，对作品的现场广播或表演的录制——正如《伯尔尼公约》第 9 条第（3）款所澄清的那样。[214] 这一澄清被认为是适当的，因为，仅仅在六年前才通过的《罗马公约》对"固定"尚未固定的表演和广播以及"复制"已固定的表演和广播这两个术语作了区分。这个例子表明，同一个术语，例如"复制"，在不同的公约中可能有不同的含义。[215] 此外，由于《伯尔尼公约》在第 9 条中规定了一般复制权之后，就删除了有关作者对录制音乐作品享有专有权的条款[216]；如果没有上述澄清，这一删除引起的结果可能是不明确的。因此，这一澄清是有用的。[217]

5.117 以任何方式或形式复制 "以任何方式或形式复制"这一概念是技术中立的，也是范围非常广泛的，因此，它不排斥任何可以产生复制效果的技术，例如版画、传统印刷、手写、打字、电子存储、缩微胶片（microfiche），以及利用机械、光学、磁学或其他技术进行音乐和视听录制。从逻辑上讲，也应当包括以不同维度（将照片制作成三维作品，例如雕塑，或者按照建筑设计图建造三维建筑）和不同尺寸进行复制，因为，在上述情况下，仍然是对创作进行了复制，尽管是以不同的形式或尺寸。相反，以转换的方式进行的"复制"，即改编和翻译，不被认为是复制，而是属于《伯尔尼公约》体系下其他独立的权利的涵盖范围。[218]

5.118 "复制"的基本特征，是以某种物质形式将作品具体化，与之相反的是以非物质的、无形的形式进行的任何形式的利用，例如公开表演或广播。[219] 至于在缓存服务器上可能存在的短暂的数字复制，其"物质形式"的条件在 WCT 中受到了质疑；对于这一问题，《伯尔尼公约》也不完全明确。[220]

5.119 部分复制 如果作品只有一部分被复制，在这种情况下，复制权是否受到影响，《伯尔尼公约》没有明确规定。在英美法系，通常只有在整个

---

[214] 因此，录音或录像应当被认为是一种复制。
[215] 关于《罗马公约》中的这些术语，参见下文第 6.39～6.40 段。
[216] 《伯尔尼公约》第 13 条第（1）款（依据布鲁塞尔文本），明确规定"通过能够机械地复制它们的工具"。
[217] Ulmer（同前注 213），第 443 页。
[218] 《伯尔尼公约》第 12 条和第 8 条。
[219] Masouyé（同前注 127）第 9.3 段；Ricketson/Ginsburg（同前注 3）第 11.27 段。
[220] 关于一个讨论，参见下文第 17.52 段以下。

作品或者作品的任何实质性部分被复制或以其他方式被使用时，才会被认为发生了复制（或其他使用）行为。㉑ 在对《伯尔尼公约》有重要影响的大陆法系，这一问题与复制权的定义无关，而与对"作品"的保护范围这一一般问题有关。因此，只有在作品（或其一部分）受到保护的范围内，才能享受权利提供的保护，而前者取决于独创性或创造性的一般条件。如果作品被复制的部分不具有独创性，或这一部分具有独创性，但是属于公有领域，则其不受保护，因此，作者对作品的这一部分没有复制权（或者任何其他权利）。㉒ 只要《伯尔尼公约》仍然遵循这一逻辑，就不需要界定任何实质性的标准。无论如何，由于公约也没有界定独创性的任何标准，因此，作品的某一部分受保护的具体条件，应由被请求保护的联盟国家来确定。

5.120 电影作品 对于将已有作品纳入电影作品的行为，公约规定了单独的复制权，㉓ 因为在1908年就规定了这一内容，远早于《伯尔尼公约》对一般复制权的规定。如果为制作电影的目的而改编一个已有作品，例如一部小说，然后将其录制在视听固定物上，对此，《伯尔尼公约》第14条第（1）款第（i）目不仅保证了作者享有授权改编的权利，也保证了作者享有授权相关复制的权利。同样的权利也适用于电影作品本身。㉔

5.121 （iii）翻译权 在《伯尔尼公约》缔结之前的双边条约中，翻译权已经是标准条款之一，尽管其经常受到很多方式的限制。例如，只有当作者在原始语言的作品复制件中已经明确保留其翻译权的情况下，才授予作者翻译权，而且作者只能在很短的一段时间内行使这项权利；一旦获得保护，保护期经常限于五年，而且作者必须履行复杂的手续。只有当国内法变得更加"慷慨"以后，双边条约才开始在保护复制权的同等程度内保护翻译权。㉕ 因此，尽管1886年《伯尔尼公约》已经明确承认了翻译权，㉖ 但是，直到1908年柏林修订会议，该权利都受制于类似的限制，这并不令人吃惊；这些限制有：翻译权限于自作品出版后10年内；从1896年巴黎外交会议开始，在版权保护的整个期间内授予翻译权，但条件是在原版作品出版后的10年内有经授权的翻

㉑ 参见，例如，英国《版权、工业品外观设计和专利法》（CDPA）第16条第（3）款（a）项；这一点如果在法律中没有明确规定，则可能是判例法的一部分。

㉒ 例如，就德国法而言，参见 U Loewenheim, "§16" in G Schricker (ed), *Urheberrecht* (3rd edn, 2006) n 14；其他国家可以适用类似的论证理由。

㉓ 《伯尔尼公约》第14条第（1）款第（i）项。

㉔ 同上注，第14条之二第（1）款。

㉕ Cavalli（同前注210）第80~281页。

㉖ 《伯尔尼公约》第5条。

第五章 保护文学和艺术作品伯尔尼公约（1971年巴黎文本）

译版本出版，并且，翻译权的适用仅限于翻译为作品出版后的第一个十年内经授权出版的翻译版本的语言。㉗

5.122 《伯尔尼公约》第8条规定的专有翻译权，包括作者自己进行翻译的权利，也包括作者授权他人将其作品从一种语言翻译为另一种语言的权利。第8条也明确规定，这一权利在作者对原作品享有权利的整个保护期内都存在——考虑到最初较短、后来被延长的保护期，规定这一内容是有必要的。在现代的国内法中，已经不再提及这一点，因为这些法律现在一般对所有的经济权利规定相同的保护期；如果对保护期的规定有区别，也只是针对某些特定类型的作品，而与权利类型无关。

5.123 《伯尔尼公约》将翻译权（正如公约第12条下的改编权一样）确立为一个自立的（self-standing）权利，与其他最低限度权利相并列。不过，这一规定方式并不强制联盟国家作出相同的制度性选择。实际上，一些联盟国家一直认为，翻译权和改编权都只是复制权和向公众传播权这两项权利的简单推论。其他国家，例如英国和美国，将翻译权规定为广义的改编权的一部分（在美国法中被称为"准备演绎作品权"）。㉘

5.124 授权翻译的权利必须与将翻译作为原始作品保护相区分。㉙ 在利用翻译的情况下，原始语言的作品的作者和译者都对译作享有独立的利用权，在进行利用之前，应当获得二者的授权。

5.125 (iv) **改编权** 与翻译不同，改编在《伯尔尼公约》的早期版本中被视为一种特殊类型的复制：在1886年伯尔尼文本第10条中，所谓的"间接盗用"被"特别包括在现行公约所适用的非法复制中"。㉚ 直到1948年布鲁塞尔外交会议，改编权才被规定为一项自立的、单独的专有权（《伯尔尼公约》第12条）。㉛ 与复制权的情况相同，这一规定方式不要求联盟国家作出相

㉗ 关于《伯尔尼公约》下翻译权的历史的更多细节，参见 Ricketson/Ginsburg（同前注3）第11.15~11.18段。

㉘ 特别是法国法，将复制权和演出/传播（representaion/communication，"représentation"）权规定为两项基本权利，参见 Art L122-1 CPI；A Lucas 和 H-J Lucas, Traité de la propriété littéraire et artistique (3rd edn, 2006) n 236。关于英国，参见《版权、工业品外观设计和专利法》第21条第（1）款、第（3）款（a）项（i）目；关于美国，参见《版权法》（《美国法典》第17章）第106条第（2）项和第101条中对"演绎作品"的定义。

㉙ 《伯尔尼公约》第2条第（3）款。

㉚ 《伯尔尼公约》之前的一些双边条约已经使用了"间接盗用"这一术语，参见 Ricketson/Ginsburg（同前注3）第11.29段。

㉛ 关于《伯尔尼公约》下改编权的历史发展的更多细节，参见 Ricketson/Ginsburg（同前注3）第11.30~11.33段。

同的制度性选择。㉒

5.126 作者有权授权任何类型的"变动"（alteration），包括改编和编排（arrangements）。"改编"通常被理解为将一部作品转换为另一种表达形式，主要是在文学和电影领域，例如，一部小说被转换为舞台剧、广播音乐作品或电影剧本。㉓ 对于将文学或艺术作品改编成电影而言，公约特别规定了改编权，并且将其范围延及所谓的再改编，即对本身基于对原作的改编的电影进行的改编。㉔ 因此，如果一部舞台剧被改编为电影作品，然后，该电影作品被改编为一部小说，则该第二次改编仍然需要获得原始舞台剧的作者（以及电影作品的作者）的授权。

5.127 "编排"一词通常在音乐作品的上下文中被使用；《伯尔尼公约》之前的文本甚至使用了"音乐编排"（musical arrangements）这一措辞。㉕ 例如，将由管弦乐队演奏的乐曲转换为由钢琴和小提琴演奏的乐曲，如圣桑（Saint-Saëns）创作的著名管弦乐作品《死之舞》（*Danse macabre*），他本人也创作了改编版本；反之亦然，如莫杰斯特·穆索尔斯基（Modest Mussorgsky）创作的钢琴曲《展览会之画》（*Pictures at an Exhibition*），后来被包括拉威尔（Ravel）在内的其他许多人改编为管弦乐作品。由于《伯尔尼公约》第12条的文本不再将"编排"限制为"音乐编排"，因此，"编排"也可以包含其他转换。

5.128 无论如何，上述所有转换都可被包括在"变动"这一概括性术语中。这一术语涵盖在变动后仍能识别出原作的情况下对原作的任何改变（change）；但是，与此同时，这种改变不是简单的复制，不论大小或形式是否相同。㉖ 因此，如果原作只是作为在后作品的灵感来源，以至于在后者中几乎无法察觉前者，那么，在后作品不是对原作的变动，也不需要原作的作者授权。一个例子是莫杰斯特·穆索尔斯基的音乐作曲《展览会之画》，其创作灵感来自一个艺术展览。单纯的复制而非改编的例子有对模拟录音的数字化，因为这种行为只是改变了录音的技术性质，作品本身并没有改变。另一个例子是对一场舞台剧的视听录制，舞台剧本身并未因此改变。变动与单纯的复制之间的准确界定，以及改编与经原作启发而创作独立的新作品之间的准确界定，由

㉒ 参见上文第5.123段，例如，美国法下规定了更广泛的"演绎作品"的概念。
㉓ Ricketson/Ginsburg（同前注3）第11.34段。
㉔ 《伯尔尼公约》第14条第（1）款第（i）项和第（2）款。
㉕ 柏林文本第12条。
㉖ 不过，基于体系解释，《伯尔尼公约》第8条规定了翻译权，因此，通过翻译方式的改变，不属于第12条意义上的"改动"。

被请求保护的联盟国家的法律来确定。

5.129 对作品变动后的形式的利用，仍然需要得到原作作者的授权。尽管《伯尔尼公约》对此并没有明确作出规定，㉗但是，可以由作者就其"作品"受到保护这一事实直接推出，这里的"作品"包括作品的译本或其他变动形式。因此，利用作品变动后的形式，必须得到原作作者和变动作品的作者的授权。授权变动的权利应当与将变动后的作品作为原作的保护相区别。㉘

5.130 改编权独立于《伯尔尼公约》第6条之二第（1）款授予作者的保护作品完整权：前者是一项经济权利，通常可以依据国内法进行转让、以其他形式转移或许可；而保护作品完整权则是一项精神权利，保护的是作者对作品的人身利益和智力利益，在很多国家的国内法中，保护作品完整权是不能转让的。因此，即使作者已经授权其他人对其作品进行音乐编排，如果编排的结果消除了原作的特定特征或表达，并且会对作者的荣誉或名声造成损害，则作者仍然可以适用保护作品完整权。

5.131 （v）发行权 《伯尔尼公约》没有将一般发行权规定为一项最低限度权利；只有第14条和第14条之二分别对为摄制电影目的进行改编或复制的文学或艺术作品，以及电影作品授予了发行权。《伯尔尼公约》第14条之三规定的追续权，可以被视为专有发行权的"剩余财产"（residue），但是，它并不是最低限度权利，而只是作为国民待遇的一项例外被纳入公约中。㉙《伯尔尼公约》第16条第（2）款被认为默示规定了一项发行权，该条款涉及的是对来自不保护或停止保护某作品的国家的复制件的扣押。㉚

5.132 依据多个联盟成员方的提案，布鲁塞尔外交会议和斯德哥尔摩外交会议讨论了将一般发行权规定为一项最低限度权利的问题。不过，这些提案都遭到了否定。㉛一位评论者强调，这些提案在斯德哥尔摩外交会议上之所以遭到否决，不是因为实质性的原因，而是由于没有时间讨论这些提案；㉜不过，我们不能认为联盟成员方在实质上同意了将发行权规定为最低限度权利。

㉗ 这一点仅在《伯尔尼公约》第14条第（1）款中有陈述，关于为电影的目的而改编的作品；不过，就公约中其他的最低权利而言，从这一条款不能得出一个相反的结论。

㉘ 对比《伯尔尼公约》第12条和第2条第（3）款。

㉙ 参见上文第5.48段，和Ricketson/Ginsburg（同前注3）第11.53～11.67段。

㉚ Nordemann/Vinck/Hertin/Meyer（同前注20）《伯尔尼公约》第16条注释2；Ricketson/Ginsburg（同前注3）第11.45段；更多参见：M Ficsor, *The Law of Copyright and the Internet*：*The 1996 WIPO Treaties, their Interpretation and Implementation*（2002）n 4.09。

㉛ 关于理由，参见Ricketson/Ginsburg（同前注3）第11.51段；Ficsor（同前注240）第4.05～4.07段。

㉜ 同上注，第4.08段。

另外，不能将《伯尔尼公约》第9条第（1）款规定的复制权解释为默示地包含了首次发行权。这一点尤其可以通过历史解释方法得到确认：在斯德哥尔摩外交会议上，法国提议，将复制权定义为以任何方式或形式“以及为任何目的”进行复制，这一提案被否决；依据法国法，作者的复制权包括授权发行复制件的权利，(243) 在这一背景下，上述提案可能意味着纳入了发行权。法国代表团否认这种纳入，但是，上述提案仍然被否决了。(244) 此外，WIPO专家委员会的许多代表团在1993年拒绝了WIPO秘书处的下述观点，即《伯尔尼公约》已经默示规定了（作为第9条项下复制权的推论）一般首次发行权，以及为发行而进口的权利。(245) 结果，有关发行权需要被纳入国际法的讨论一直持续。只有在1996年《世界知识产权组织版权条约》（也是首次在一个广泛的多边条约）中，发行权才被确立为适用于所有类型作品的一项最低限度权利。(246)

5.133 《伯尔尼公约》第14条第（1）款第（i）目(247)没有进一步解释“发行”的含义是什么；而且公约没有对发行权用尽的问题作出任何规定。(248) 有关该权利的内容，从英文文本来看有些模糊，具有作准效力的法文文本(249)表达得则更清晰：“la mise en circulation”，这些措辞从字面上看是指“投入流通”。换句话说，一旦作品的复制件已经被投入流通，已经处在流通中的复制件就不能被第二次投入流通。因此，发行权限于首次发行。(250) 这与大多数联盟成员方的国内法规定一致，这些国家的国内法规定了投入流通权，或者规定了范围更为广泛的发行权并同时规定了该权利在首次销售后用尽。此外，这一含义并不妨碍联盟成员方提供范围更广的保护，因为该权利的性质是一项最低限度权利。(251)

---

(243) 关于所谓的控制权（*droit de destination*），参见Lucas/Lucas（同前注228）注释246～262；关于WCT下的发行权，参见下文第17.61段。

(244) Ricketson/Ginsburg（同前注3）第11.52段。

(245) WIPO Memorandum for the Third Session of the Committee of Experts on a Possible Protocol to the Berne Convention（1993）Copyright 第84页，第14段以下，特别是第17段、第18段以下；以及Report on the Third Session（1993）Copyright 第179页、第188页以下，特别是第63段、第91段；以及J Reinbothe和S von Lewinski，*The WIPO Treaties* 1996（2002）WCT第6条注释1～2。

(246) 参见下文第17.59段以下；此外，更早的《北美自由贸易协定》（NAFTA）对此也有规定，参见下文第11.11段。

(247) 《伯尔尼公约》第14条之二第（1）款只援引了第14条，甚至没有规定单独的权利。

(248) 关于国内法下现有的发行权与发行权的用尽的不同的概念，参见下文第17.61段。

(249) 《伯尔尼公约》第37条第（1）款（c）项：在对解释发生争议时，以法文文本为准。

(250) Ricketson/Ginsburg（同前注3）第11.50段。

(251) 类似的讨论参见下文第17.61段。

第五章　保护文学和艺术作品伯尔尼公约（1971年巴黎文本）

（vi）公开表演权、公开朗诵权、向公众传播权和广播权

5.134　一般评论和制度概述　《伯尔尼公约》第11条至第11条之三，以及增补的第14条第（1）款第（ii）项，在这里一并讨论，因为它们都与非物质性的利用类型有关——以无形的形式而非以纳入有形复制件的形式利用作品——而且这些条款必须相互联系起来理解。此外，每个条约中的术语原则上必须单独进行解释，该一般原则对于这些条款尤其相关：因为诸如"向公众传播"和"广播"等术语，在不同的公约（例如《伯尔尼公约》和《罗马公约》）中可能有不同的含义，也可能与缔约国国内法中的术语的含义不同。在这一领域，多样性尤其显著。例如，"广播"可能意味着只包括无线播送，例如在《伯尔尼公约》第11条之二第（1）款第（i）目中，或者也可以包括有线播送，例如在《德国著作权法》第20条中。"传播"甚至可能在一部国内法中有不同的含义；例如，其可能被用于表示所有类型的非物质性利用的通用术语，与此同时，也可能仅被用于表示在公开场所播放和展览作品，包括广播作品的专门术语。㊋

5.135　《伯尔尼公约》第11条、第11条之二和第11条之三之间的主要区别如下。第11条和第11条之三包含的权利相同，但是，适用的作品类型不同：第11条限于戏剧、音乐戏剧和音乐作品，而第11条之三限于文学作品；第11条之三使用的是"朗诵"（文学作品）而非"表演"，也体现了这一点。这两个条款处理的是除广播以外、以非物质形式进行利用的特定形式（即公开表演/朗诵和传播），而《伯尔尼公约》第11条之二涵盖广播权、无线转播权和有线转播权，以及对作品的广播的传播权；而且，与另外两个条款不同，该条款适用于所有类型的作品（"文学和艺术作品"）。

5.136　《伯尔尼公约》第11条至第11条之三的排列，反映了它们的历史发展：戏剧、音乐戏剧和音乐作品的公开表演权是首先被纳入《伯尔尼公约》之中的，㊌ 随后，1928年罗马外交会议规定了广播权，㊍ 朗诵权直到1948

㊋　例如，《德国著作权法》第15条第（2）款、第21条和第22条。

㊌　不过，1886年《伯尔尼公约》第9条第（1）款 ["表现"（representation）] 和第（3）款 ["表演"（performance）]，结合第2条，仅使国民待遇原则能够适用于这些权利；公约第9条第（2）款仅就戏剧作品和音乐剧作品的翻译规定了一项公开演出的最低权利；关于该条款的历史的更多细节，参见Ricketson/Ginsburg（同前注3）第12.07段、第12.09～12.11段。就音乐作品而言，1908年柏林外交会议对机械复制规定了一项通过乐器进行公开表演的最低权利，参见Ricketson/Ginsburg（同前注3）第12.08段。

㊍　《伯尔尼公约》第11条之二；在1948年布鲁塞尔外交会议上进行了进一步修订；关于这一条款的历史，参见Ricketson/Ginsburg（同前注3）第12.22～12.23段。

年布鲁塞尔外交会议才被纳入。㉕ 对电影作品以及与电影改编有关的作品的保护一直是被单独处理，首先是1908年柏林文本第14条规定的"通过电影"对已有作品的"公开表现"权，后来1948年布鲁塞尔文本对该条款进行了修订，以便包括公开表演权和通过有线向公众传播权。㉖《伯尔尼公约》第14条之二第（1）款通过援引第14条，使电影作品也可以享有第14条规定的权利。

5.137 《伯尔尼公约》第11条、第11条之三和第14条中的公开表演和公开朗诵 公开表演和公开朗诵的一个典型特征（不同于向公众传播和广播）是其发生在公众在场或向公众开放的地方，不需要任何传输。正如1967年斯德哥尔摩修订会议所澄清的，"公开表演"和"公开朗诵"所包括的，首先是自然人的表演（例如，音乐家在音乐会上的表演，歌剧演唱家或者戏剧演员在舞台上的表演，或者由作者或演员公开朗读文学作品），其次是"通过各种手段或方式"表演。此种手段或方式，包括在向公众开放或公众在场的地方使作品可以被听到或看到的设备，例如在迪斯科舞厅、酒吧或者剧院的舞蹈表演中播放音乐录制品，或者在教育机构播放舞台剧、歌剧或音乐会的视听录制品。"通过各种手段或方式"这一措辞是技术中立的，因此，它可以包括任何现代设备。㉗

5.138 《伯尔尼公约》第11条、第11条之三和第14条中的向公众传播 与公开表演和公开朗诵不同，上述条文中的"任何向公众传播"必须是向远距离传输。"传播"的含义必须通过体系解释的方式，分别与《伯尔尼公约》第11条之二下的与广播有关的向公众传播权和广播权相区别。㉘ 因此，上述条款中的"传播"这一术语，不包括上述后两种行为。不过，这一术语包括《伯尔尼公约》第11条之二第（1）款所不涵盖的权利，即向远距离有线传输作品的表演或者朗诵或者电影作品，如果没有该传输将不能看到或听到前述表演、朗诵或电影作品。例如，借助扩音器和屏幕，将歌剧表演向歌剧院前面的地方传输；向酒店房间传输视频和通过电话播放"点歌"（只要对象是提供保护的联盟成员方法律中的"公众"）；以及更重要的是，对音乐会或作

㉕ 《伯尔尼公约》第11条之三；可能有误，1948年布鲁塞尔文本中，仅规定了公开表演权；后来在1967年斯德哥尔摩修订会议上增加了传播权，参见 Masouyé（同前注127）第11^{ter}.4段；Nordemann/ Vinck/Hertin/Meyer（同前注20）《伯尔尼公约》第11条之三的注释；Ricketson/Ginsburg（同前注3）第12.12段。

㉖ 同上注，第12.08段、第12.11段。

㉗ 同上注，第12.13段、第12.14段；关于对电影（及已有的）作品的公开表演，参见《伯尔尼公约》第14条第（1）款第（ii）目和第14条之二，以及同上注，第12.15段。

㉘ 关于第11条之二，参见下文第5.141段以下。

第五章 保护文学和艺术作品伯尔尼公约（1971年巴黎文本）

品的公开演讲、录制的作品或者电影作品向公众进行原始的有线传输。[259] 尽管在1948年布鲁塞尔外交会议上增加有线原始传输的权利时，这种传输方式的经济重要性还很小，[260] 但是，通过有线广播或电视的方式利用作品，在后来变得非常重要。随着进一步的技术发展，这一重要性只可能继续增强，例如在原始网播（webcasting）的情况下通过数字网络进行传输。[261] 人们甚至可以认为，《伯尔尼公约》中的传播权可以适用于通过互联网进行的按需传播。[262]

5.139 上述分析说明《伯尔尼公约》存在一个重要的保护漏洞：《伯尔尼公约》规定的原始有线传输的权利（特别是以"有线发行""有线广播"和网播的方式），仅适用于音乐作品、戏剧作品和音乐戏剧作品的表演，文学作品的朗诵，为摄制电影目的而被改编或复制的作品，以及电影作品。其余作品在这一权利上存在的漏洞，直到《WIPO版权条约》才被填补。[263]

5.140 《伯尔尼公约》第11条第（2）款和第11条之三第（2）款分别确认了这一显而易见的结论，即作品的作者享有的这些最低限度权利，不仅适用于作品的原作，也适用于译作。[264]

5.141 《伯尔尼公约》第11条之二中的广播 《伯尔尼公约》第11条之二第（1）款规定了与广播有关的、适用于任何类型的作品的几种权利。第11条之二第（1）款第（i）目规定了专有广播权，该权利仅包括无线传送，因为该条款使用了"以任何其他无线传送……方法……传播"这些措辞加以进一步补充。[265] 这些措辞也表明，该条款中的"广播"被视为"向公众传播"的一种形式。因此，"传播"在不同的条款中有不同的含义；[266] 一般来说，《伯尔尼公约》所使用的某一特定术语存在的体系背景，对该术语的具体含义可

---

[259] 相反的，《伯尔尼公约》第11条之二第（1）款第（ii）项包括对广播作品的有线再传输。

[260] 特别是，外交会议的文件提到了通过电话发行（telephone distribution）进行的原始传输，参见《1948年布鲁塞尔外交会议文件》（1951），第255～256页；Nordemann/Vinck/Hertin/Meyer（同前注20）《伯尔尼公约》第11条注释3；这种电话发行特别发生在通过"影院电话"（theatre phone）使消费者可以在家通过一条电话线路听到某一表演的情况下，参见 Ricketson/Ginsburg（同前注3）第12.31段，注释109。

[261] 关于前述条款下的传播，参见同上注，第12.31段、第12.32段。

[262] 关于对这个建议一个讨论，参见下文第7.24～7.26段；Ricketson/Ginsburg（同前注3）第12.48～12.51段。

[263] 参见下文第17.107段。

[264] Nordemann/Vinck/Hertin/Meyer（同前注20）《伯尔尼公约》第11条注释7，Masouyé（同前注127）第11.7段；依据同样的逻辑，这也适用于被改编的作品，即使在这些条款中没有明确这一点。

[265] 斜体为作者所加。

[266] 正如前文所述（第5.138段），《伯尔尼公约》第11条、第11条之三和第14条中"向公众传播"的措辞限于有线传播的方式。

— 135 —

能非常重要。就"无线"传送的范围而言，《伯尔尼公约》第 11 条之二第（1）款第（i）目是技术中立的，包括地面无线电广播和电视广播，以及——如今广泛接受的——卫星广播或者通过卫星向公众传播。当后者成为现实时，这一新形式的广播能否构成版权法意义上的广播的一种形式，在一段时期内是有争议的，特别是涉及通过点对点卫星和分布式卫星向公众传播的问题。

5.142 就直播卫星——直接将信号传输给公众中的个体成员的接收站（卫星天线）——而言，上述问题几乎没有争议。[267] 在点对点卫星和分布式卫星的情况下，关于传播是否是"向公众"，则存在一些争议。的确，在这些情况下，信号不是直接被公众接收的，而是由地面站拦截后，再通过有线方式将信号传送给公众中的个体成员。[268] 根据当下的主流观点，间接到达公众，即经过地面站的中间步骤后到达公众，满足"向公众"的要求。更为重要的是，卫星广播组织的意图是最终将广播传输给公众。这与《伯尔尼公约》第 11 条之二第（1）款第（i）目所使用的宽泛措辞是一致的：该条款没有将"传播"限制为任何"直接"传播；也与《伯尔尼公约》的技术中立的总趋势是一致的。

5.143 **《伯尔尼公约》第 11 条之二中的无线转播和有线转播** 《伯尔尼公约》第 11 条之二第（1）款第（ii）目规定了对广播的作品进行无线转播和有线转播的专有权。这些行为必须由原广播组织以外的另一组织做出。如果原广播组织自身对其广播再进行有线转播或无线转播，《伯尔尼公约》不再授予作者任何权利。在这种情况下，作者只能基于其与广播组织的合同寻求保护。无线转播和有线转播的客体只能是（无线）广播。

5.144 "通过转播向公众传播"是指对广播的任何无线（再）传送，包括通过卫星。[269] "通过有线方式向公众传播"广播，是指通过任何可以传导广播信号的物理设备，对广播的再次传送。其中最常见的方式是通过电缆进行转播。不过，考虑到公约所使用的宽泛措辞（"通过有线方式……任何传播"），通过任何物理导体传输信号的任何新的技术发展，例如通过网播或光纤电缆的方式对广播进行转播，都属于该权利的涵盖范围。

5.145 《伯尔尼公约》没有规定区分传播（属于作者权利控制的行为）与接收（不属于作者权利控制的行为）的任何具体标准。因此，必须承认，

---

[267] E Ulmer, "Protection of Authors in Relation to the Transmission via Satellite of Broadcast Programs" (1977) 93 RIDA 4, 14.

[268] 关于这一早期的争论，参见 Ulmer（同前注 213）第 14 页以下，特别是第 22~24 页。

[269] 关于相关的术语"广播"，参见上文第 5.141~5.142 段。

在这一点上存在有利于联盟成员方的解释方法上的漏洞。此种区分在涉及社区天线的问题上,尤其重要;社区天线接收广播,然后再将其向一幢房屋内的公寓、几个街区的公寓甚至一个更广的区域内的家庭传送。对于这种情况,争议很大。[270]

5.146　《伯尔尼公约》第 11 条之二中的对广播的公开传播　《伯尔尼公约》第 11 条之二第(1)款第(iii)项规定了一种与作品的广播有关的不同的行为,即通过扩音器或任何其他类似的工具,直接公开传播作品的广播。尤其是当酒吧、地铁站、超市或任何其他向公众开放的地方,通过无线电广播播放音乐,或者播放和放映电视节目,使公众可以收听或收看节目时,必须得到广播作品的作者的授权。从逻辑上讲,当传播的只是不受保护的新闻报道或者体育节目,而不是受保护的作品时,不需要获得版权授权。在《伯尔尼公约》第 11 条、第 11 条之三和第 14 条中,传播与特定的作品或者特定作品的表演有关;然而,与这些条款不同,《伯尔尼公约》第 11 条之二第(1)款第(iii)目中的传播,与广播的作品有关。

5.147　"公众"(public)　对于《伯尔尼公约》第 11 条至第 11 条之三和第 14 条中所使用的"公众"这一术语,《伯尔尼公约》没有作出定义或者进一步说明。"公众"一词的普通含义通常与"私人"相反,因此,在最亲密的家庭成员中的表演当然不属于"公众"涵盖的范围。不过,不是所有的家庭圈子都可以被认为是私人的:在世界上的某些区域,对家庭圈子的理解十分宽泛,甚至可能包括整个村庄。从《伯尔尼公约》的缔约目的来看,要求必须保障这些权利的核心范围,不能被一种对"公众"一词的极端狭义解释方法所损害。在这样的限制下,伯尔尼联盟成员方可以自由地界定"公众"的含义,以此决定《伯尔尼公约》第 11 条至第 11 条之三和第 14 条项下权利的具体内容。[271]

(4)例外与限制

(a)一般评论

5.148　(i)历史发展　1886 年《伯尔尼公约》只有两项范围非常有限的限制,这两项限制后来被修订了:一项是关于在报纸和期刊上发表的文章的强制性限制,另一项是为教育目的自愿性限制。[272] 之后,《伯尔尼公约》中的

---

[270] 关于联盟国家的不同规定,参见 Nordemann/Vinck/Hertin/Meyer(同前注 20)《伯尔尼公约》第 11 条之二注释 4;不过,Ricketson/Ginsburg(同前注 3)第 12.38 段反对将向一个街区的公寓进行再传送包括在内。

[271] 同上注,第 12.02 段。

[272] 1886 年《伯尔尼公约》第 7 条、第 8 条。

权利限制体系持续发展。例如，1908 年首次规定了关于机械录制的限制，此后于 1967 年被修订；1928 年罗马外交会议在第 11 条之二中增加了关于广播的强制许可，即第 2 条之二第（2）款；1948 年布鲁塞尔外交会议首次规定了关于报道时事新闻时的引用和附带使用的限制；以及 1967 年斯德哥尔摩外交会议同时规定了复制权本身以及对复制权的限制。[273]

5.149 （ii）约束保护的不同方式　　总的来说，作者的权利没有、也从未以绝对不受制约的方式被授予。首先，广义上的对保护的约束（restrictions）的适用，与受保护的客体，即作品有关。一般而言，作品只有满足保护的条件，例如独创性，才能受到保护；思想、事实等是不受保护的，《伯尔尼公约》第 2 条第（8）款有关纯属消息内容的规定对此予以了确认。即使作品满足了上述条件而在原则上能受保护，某些类型的作品，例如官方文件，还可能由于公共政策的原因而被整体排除在保护范围之外；对权利进行某些限制之所以具有正当性，也是由于公共政策的原因。[274] 其次，作者的权利经常在时间上受到限制。上述两类约束，在此都不予讨论，不过，在处理版权保护的一般范围时，应当予以注意。[275]

5.150　第三种制约版权保护的方式是，从作者的专有权中排除特定类型的使用。这里将对这些约束予以讨论。对这些约束可以进一步作出如下区分。第一，作者可能既没有专有权，也没有法定获得报酬权，例如在引用的情况下：这种约束可以被称为例外。第二，作者可能被剥夺专有权，但是，被授予法律上的获得报酬权；这种约束可以被称为限制（limitations）。这里又可以区分出两个子类型：一种是法定许可，在这种情况下，法律本身允许特定类型的使用，同时规定法定获得报酬权；另一种是强制许可，在这种情况下，作者拥有专有权，但是，法律强制作者以合理的条款就作品的利用订立合同。法定许可和强制许可通常被称为非自愿许可。本章将"限制"作为一个包括上述所有对权利的约束的一般术语来使用。不过，读者应当注意，在权利的约束这一问题上，没有全世界统一的术语。[276]

---

[273] 关于第 2 条之二第（2）款、第 9 条第（2）款、第 10 条第（1）款、第 10 条第（2）款、第 10 条之二第（1）款、第 10 条之二第（2）款、第 11 条之二和第 13 条的历史发展的细节，依次参见 Ricketson/Ginsburg（同前注 3）第 13.56 段、第 13.03 段以下、第 13.39～13.40 段、第 13.44 段、第 13.48～13.53 段、第 13.54～13.55 段、第 13.59～13.62 段，以及第 13.67～13.70 段。

[274] 《伯尔尼公约》第 2 条第（4）款和第 2 条之二第（1）款，关于某些官方文件和特定的演说，参见上文第 5.80～5.82 段。

[275] 关于有限的期间，参见下文第 5.212 段。

[276] 类似的，参见 Ficsor（同前注 240）第 5.04 段。

第五章 保护文学和艺术作品伯尔尼公约（1971年巴黎文本）

5.151 出于完整性的考虑，还应当提及另一种对作者权利范围的约束，尽管这种约束不是对权利的限制，而是通过定义对权利范围的在先约束。尤其是，作者的传播权（在广义上）从定义上来看，通常只包括"向公众"传播的行为，而不包括，例如，私人表演。此外，发行权限于首次将物品投入流通的行为。

5.152 另一种对于完全享有作者权利的不同约束类型，来自于版权法之外的制度，例如，关于审查的国内法规定或者竞争法。这些不是狭义上的对作者权利的限制，因此，在本部分不予讨论。[277]

5.153 （iii）**权利限制所保护的利益** 权利限制从使用上来看，可以依据受到保护的利益作出进一步区分。大部分限制是为了一般公众的利益，例如，教育和研究，[278] 对时事的新闻报道和信息获取，[279] 司法、行政或议会制度的运行[280]以及诸如在引用、批评和评论等方面的特殊利益。[281] 还有一些条款促进的并非一般公众的利益，而是社会上某些特殊团体的利益，即广播组织[282]和录音制品制作者[283]的利益。规定后面这一类限制，是为了制定强制许可条款。

5.154 （iv）**《伯尔尼公约》中限制的概念** 鉴于用户群体、某些发展中国家和众多学者当下表达了新一波的诉求，要求引入有利于一般公众的自由使用的最低标准，[284] 但是，人们意外地发现提出的观点一点也不新奇：在1928年罗马外交会议上，奥地利代表已经提出，在公约规定限制的地方，应当补充规定最高保护标准；不过，这一观点并没有得到与会各方进一步的研究，只是在后来的文献中进行了讨论。[285] 在《伯尔尼公约》1971年文本中，公约甚至明确表示，允许的限制不是强制性的，国内法可以决定完全不规定这些限制，或者不完全规定这些限制。[286] 因此，《伯尔尼公约》中的限制[287]体现的是公约

---

[277] 关于《伯尔尼公约》第17条包括的这类条款，参见下文第5.205~5.211段。

[278] 《伯尔尼公约》第10条第（2）款、第9条第（2）款。

[279] 同上注，第2条之二第（2）款、第10条之二。

[280] 同上注，第9条第（2）款。

[281] 同上注，第10条第（1）款。

[282] 同上注，第11条之二第（2）款和第（3）款第2句。

[283] 同上注，第13条第（1）款。

[284] 例如，WIPO Doc SCCR/13/5（智利的关于限制的提案）附件第1页。

[285] Nordemann/Vinck/Hertin/Meyer（同前注20）《伯尔尼公约》第19条注释1~2；Ricketson/Ginsburg（同前注3）第6.110段；A Baum, "Droit international public, Convention de Berne et lois nationales"（1946）Droit d'auteur第85页、114页（第三部分）、第116~117页，以及对奥地利的关于最高保护的问题和学术讨论的介绍；不过，考虑到1908年版本的《伯尔尼公约》的不明确的第19条，讨论主要是基于法律技术的论证意见，而非基于对公共利益的考虑。

[286] 相关条款使用了"本联盟各成员方可自行在立法中准许……"的表达。仅就引用而言，"本公约准许……"的措辞似乎表明了强制性的特征；不过，参见下文5.163段。

[287] 它们也包括所谓的"默示例外"，参见下文第5.199~5.204段。

所允许的最大范围的限制。国内法中任何对保护做出进一步限制的条款，或者，换句话说，任何与《伯尔尼公约》中的限制相比扩大了限制范围的条款，都不符合公约。

5.155 当然，在国内法中可以规定更为宽泛的限制，不过只能适用于《伯尔尼公约》不适用的国内情形。然而，联盟成员方通常不会歧视本国作品而有利于外国作品，因此，可能不会规定这样的条款。这一限制的概念与《伯尔尼公约》第 1 条和序言中所规定的保护"作者权利"的基本目的是一致的，这一目的在第 19 条中也有体现，该条明确允许提供更广泛的保护（即通过提供更广泛的权利，或者通过不完全规定或完全不规定限制），从而确认了最低限度权利原则。

（b）有利于公共利益的单独限制

（i）获取信息、新闻报道

5.156 《伯尔尼公约》第 2 条之二第（2）款 《伯尔尼公约》第 2 条之二第（2）款和第 10 条之二规定的是获取信息和新闻报道。第 2 条之二第（2）款涉及的是公开发表的讲课、演说和其他同类性质的作品（例如口头表达的文学作品）。该条款允许联盟成员方"确定"可以进行特定的使用行为的"条件"，例如支付一笔合理的报酬。该条款项下所明确的特定使用行为，必须"为提供信息的目的有此需要"：这不要求讲课或其他作品专门是关于新闻的；这些使用行为的目的，只能是使公众知晓其内容。㉘

5.157 《伯尔尼公约》第 10 条之二第（1）款 《伯尔尼公约》第 10 条之二第（1）款规定，联盟成员方得"允许"对文章和广播作品进行类似的、特定的使用。"允许"似乎比"确定条件"看上去没有那么大的灵活性；不过，这两个表达在实质上具有相同的含义：如果某国可以允许特定的使用，则该国也可以决定完全不允许这些使用，这暗示了该国可以在附加条件的情况下允许特定的使用。

5.158 允许的使用包括广播、向公众有线传播以及"通过报刊复制"。尽管"报刊"（la presse）一词最初仅指印刷报刊（因此，与印刷术有关），但是，该词今天也用于互联网："电子报刊"（electronic press）一词使用得非常普遍。因此，通过电子报刊进行复制应当被视为《伯尔尼公约》第 10 条之二第（1）款所涵盖的行为。在通过电子报刊服务在线提供文章的情况下，只有将在线提供作品的权利视为《伯尔尼公约》中的传播权所包含的权利，才能

㉘ Ricketson/Ginsburg（同前注 3）第 13.57 段；Masouyé（同前注 127）注释 2bis.3。

第五章　保护文学和艺术作品伯尔尼公约（1971年巴黎文本）

适用上述限制。[289] 不过，如果作者明确保留其权利，则所有允许的使用都需要获得作者的授权。此外，必须明确说明出处；否则，虽然使用不会当然构成非法，但是，违反这一义务的法律后果应当由被请求保护国的国内法来确定。[290]

5.159　前述使用只能适用于在报纸或期刊上发表的文章，以及广播作品。公约明确提及"报纸"，似乎排除了任何不以"纸张"形式存在的电子出版物；不过，作准的法文文本（journeaux）是技术中立的，因此也可包括电子报纸。[291]

5.160　前述的文章和广播作品必须涉及的是经济、政治或宗教的时事性的主题。由于公约明确提及了这些主题，而且没有任何诸如"和类似的主题"这样的开放性条款，因此，其他时事性的文章，例如对音乐会或电影的评论、关于科学新闻或体育的文章，则不属于限制或例外的适用范围。[292] 这一条件说明，《伯尔尼公约》认为：只有其提到的主题足够重要，以至于可以基于保护获取信息的正当性理由来施加限制。此外，这些事件必须是"时事性的"，这一条件进一步表明，《伯尔尼公约》所使用的获取信息的概念，本质上是与新闻有关的。

5.161　**《伯尔尼公约》第10条之二第（2）款**　《伯尔尼公约》第10条之二第（2）款允许用摄影或电影手段、通过广播或者向公众有线传播的方式，在进行报道时附带使用作品。在报道时事时，在事件过程中常常不可避免地看到或听到受保护的作品，例如背景中的一幢建筑物，伫立在事件发生地的一个雕塑，或者在国家典礼上播放的一首音乐作品。在这些情况下，几乎不可能及时获得作者的授权。为了在这些情况下能够合法地报道新闻，必须规定《伯尔尼公约》第10条之二第（2）款中的限制。

5.162　报道必须与"时"事有关，即发生时间与报道时间十分接近的事件。与《伯尔尼公约》第10条之二第（1）款不同，此处没有限制事件所必需涉及的特定主题。不过，在每种情况下，例外必须具有提供信息目的的正当性，且限制只能在满足提供信息目所需要的"范围内"适用。因此，不能在报道所需要的范围以外复制或提供作品。例如，在国家典礼的情况下，为了向公众提供信息，可能并不需要广播事件过程中播放的整首音乐。

---

[289]　关于这个问题，参见上文第5.139段和下文第7.24~7.26段。
[290]　《伯尔尼公约》第10条之二第（1）款第2句；这一义务源于《伯尔尼公约》第6条之二，此处只是一个确认。
[291]　疑问只可能关于，在线报纸或期刊提供的文章是否属于《伯尔尼公约》第3条第（3）款意义上的已被"出版"；关于这一问题，参见下文第7.31~7.33段。
[292]　Ricketson/Ginsburg（同前注3）第13.53段。

5.163 (ii) 引用 引用作为例外，被规定在《伯尔尼公约》第 10 条第 (1) 款中。该条款是唯一没有明确规定限制由联盟成员方决定的条款，而是规定"应当允许"引用。因此，可以认为：联盟成员方必须为引用规定限制；这一点从作准的法文文本的措辞 sont licites（是允许的）就可以看得更加明显。[293] 不过，有人也可能主张，依据《伯尔尼公约》第 19 条、第 20 条，甚至依据第 5 条第 (1) 款，联盟成员方可以在任何方面提供更广泛的保护，无论是通过规定更多的权利还是更少的限制，因此，为引用规定限制不是强制性的。[294]

5.164 做出"引用"通常被理解为，使用他人作品的一部分，以便说明或证明一个主张，或者为了其他目的而提及该作品。尽管"从一部作品"这一措辞来看，意味着只能引用作品的部分，但是，如果引用整个作品是达到引用目的的唯一方法，例如在一张照片、一幅图或者其他艺术品的情况下，也应当包括引用整个作品。[295] 可以对任何类型的作品进行引用，不论是文学作品、音乐作品、美术作品还是其他作品。在允许做出引用之前，作品必须已经合法向公众提供。这一条件反映了公约对作者的尊重，只有作者有权决定其作品的全部或部分是否让公众知晓。[296]《伯尔尼公约》有意选择了更为宽泛的用语"已合法向公众提供"，而没有使用"已合法出版"[297]，目的是让作者决定向公众提供全部或部分作品的方式。引用的主要形式是通过复制进行，少量形式是通过广播、表演和其他使用形式进行。

5.165 做出引用必须符合"公平惯例"（fair practice）。1967 年斯德哥尔摩外交会议没有对这一术语的含义进行阐明，因此，应当由联盟成员方通过国内法来进一步确定。有建议主张，《伯尔尼公约》第 9 条第 (2) 款中的三个条件在"公平惯例"的语境下也可以适用。[298]

5.166 最后，引用的范围不能超过为达到目的的正当需要范围。引用的目的通常是对他人的作品作出自己的说明、分析或评论，阐述一种想法，或者

---

[293] 在这个意义上，同 Ricketson/Ginsburg（同前注 3），第 13.42 段。

[294] Ficsor（同前注 240）第 5.11 段。

[295] Nordemann/Vinck/Hertin/Meyer（同前注 20）《伯尔尼公约》第 10 条注释 1。

[296] 许多国家的国内法中都已经通过精神权利中的发表权（right of disclosure or divulgation）对这方面作出了明确规定，参见上文第 3.47 段。

[297] 关于范围更窄的术语"已出版的作品"，参见《伯尔尼公约》第 3 条第 (3) 款和上文第 5.32～5.34 段。

[298] Ficsor（同前注 240）第 5.14 段；Ricketson/Ginsburg（同前注 3）第 13.41 段；Nordemann/Vinck/Hertin/Meyer（同前注 20）《伯尔尼公约》第 10 条注释 1；关于三个条件，参见下文第 5.179～5.186 段。

第五章 保护文学和艺术作品伯尔尼公约（1971 年巴黎文本）

用以与他人的作品建立文学的、艺术的或音乐的联系。目的必须为引用的范围提供正当性。[299] 例如，一位女权主义作者于 1993 年 11 月在一本月刊上发表了关于赫尔穆特·牛顿（Helmut Newton）的照片的文章，该文章意在表达牛顿的人体摄影是具有性别歧视、种族歧视和法西斯主义倾向的照片。这篇文章与未经牛顿作品的出版者授权的 19 张照片一同发表。对此，以引用作为抗辩理由是不被认可的，因为少数几张照片已经足以满足论证作者论点的目的。[300]

5.167 列举"以报刊提要的形式引用报纸期刊的文章"的例子，可能会令人误解，因为，对文本做出摘要并不构成引用。作准的法文文本揭示了这句话的含义，即允许以新闻剪报（revues de presse）的形式进行引用，即围绕同一主题，将不同报纸文章的摘要进行汇编。[301]

5.168 在引用时，必须指明出处和作者姓名。[302]

5.169 （iii）教育 [《伯尔尼公约》第 10 条第（2）款] 为教学目的——另一个典型目的——可以在国内法和联盟成员方之间的专门协定中规定限制。这些限制可以适用于任何类型的作品，允许通过解说的方式，在出版物、广播或者录音录像中为教学目的使用作品。因此，复制权和广播权（以及有争议的公开表演权）可能受到限制。用于教学的出版物，尤其包括教科书和课程资料；"出版物"是否包括"在线出版物"，是存在疑问的。[303] 用于教学的广播，是专门为教学目的而制作的节目，例如所谓的"校园广播"；即使它们也可以被一般公众接收到，但制作的目的只是用于学校教学。虽然措辞明确，但有建议主张，在教室或其他学生聚集的地方，也应当允许对这种广播进行公开表演。[304] 这一建议与该条款的目的是一致的：为了教学可以自由地将作品纳入广播，但是，如果该广播不能在未经作者同意的情况下，向聚集在教室中而非单独在家的学生播放，则不能达到有助于教学的目的。用于教学的录音或录像，可以是特别为学校或其他教学所制作的任何教育性录制品；对这些

---

[299] Fiscor（同前注 240）第 5.15 段；在 1967 年斯德哥尔摩外交会议上和更早的准备文件中，只提及了引用的间接目的，例如教育的或娱乐的目的，但未被采纳为公约的一部分；这些不应该被考虑在内（同上注）。

[300] 慕尼黑地方法院（LG），1994 年 7 月 27 日，*Schirmer/Mosel vs Emma*，（1994）Archiv für Presserecht 第 326 页、第 328 页；也参见 http://www.aliceschwarzer.de/235.html。

[301] Ricketson/Ginsburg（同前注 3）第 13.41 段。

[302] 《伯尔尼公约》第 10 条第（3）款；上文第 5.107~5.108 段、第 5.128 段和第 5.158 段。

[303] 关于《伯尔尼公约》第 3 条第（3）款（"已出版的作品"的定义）背景下的相关问题，参见下文第 7.31~7.33 段；此外，"广播"不包括在线教学，Ricketson/Ginsburg（同前注 3）第 13.45 段。

[304] Masouyé（同前注 127）注释 10.9。

录制品的使用，通常是通过公开表演。

5.170 对这种作品的使用必须是"通过解说的方式""为达到目的的正当需要"，并且"符合公平惯例"。㉃"通过解说的方式……使用"和"符合公平惯例"，取代了早期文本所使用的允许对作品进行"摘录"的措辞。新的措辞允许更大的灵活性，特别是，在符合其他条件的情况下，包括了对整个作品，例如照片或诗的使用。不过，"通过解说的方式"使用作品这一条件，在原则上是限制性的；通常为了解说教学的内容，使用作品的一部分就足够了。

5.171 "教学"不限于任何特定类型的教学。实际上，1967年斯德哥尔摩外交会议第一主要委员会报告做了澄清："教学"是指所有层次的教学——儿童学校、大学或其他教育机构——而不论其运营者是谁；不过，报告认为，应当排除"在这些机构之外进行的教育，例如在上述各类机构以外的其他地方向公众提供的一般性教学"。㉃因此，前述例外包含的教学似乎范围很广，包括提供给成人的课程，只要其发生在大学、私立或公立学校，或者其他教育机构。㉃不过，就商业教学而言，为教学目的规定的限制将很难符合公平惯例；在学生支付课程费用，并且教学机构因此盈利的情况下，不允许作者从对其作品的使用中获利，似乎是不公平的。

5.172 "教学"一词是技术中立的，因此，原则上其涵盖范围广泛，足以包括以传统的函授课程或者通过互联网进行的在线课程为基础的远程教学。尽管教学通常包含面对面的指导，但是，通过特定方式的安排和选择书面教学资料、书面问答、采用向学生提出问题的教育学方法等，也可以远程实现教学。㉃然而，对于在线教学的其他条件，仍然可能存在疑问。㉃

5.173 最后，在此种情况下，仍然应当说明出处和作者姓名。㉃公约没有为研究目的规定专门的豁免；至于为研究目的进行的复制，可以适用《伯尔尼公约》第9条第（2）款的一般条款。

㉃ 关于后两个条件，参见上文第5.165~5.166段。
㉃ 1967年斯德哥尔摩外交会议记录，第1148页。
㉃ 类似的，参见Ricketson/Ginsburg（同前注3）第13.45段。
㉃ 类似的，同上注，第13.45段/第793页。
㉃ 参见上文第5.139段，关于"出版"；另外，特定的使用强度可能不符合公平惯例。
㉃ 《伯尔尼公约》第10条第（3）款。关于该问题，参见上文第5.107~5.108段、第5.128段和第5.158段。

第五章 保护文学和艺术作品伯尔尼公约（1971年巴黎文本）

(iv) 对复制权的一般限制〔《伯尔尼公约》第9条第（2）款〕

5.174 一般评论 除了《伯尔尼公约》第2条之二第（2）款、第10条、第10条之二、第11条之二第（3）款第2句和第3句，以及第13条对复制权规定的专门限制以外，公约在第9条第（2）款中规定了限制该权利的一般条件。专门限制应当被视为特别法（lex specialis），因此，在没有满足这些更具体的条件的情况下，不能依据《伯尔尼公约》第9条第（2）款为限制提供正当性理由。[311] 另外，在满足专门限制条件的情况下，除了这些专门限制以外，不需要再适用第9条第（2）款。这与TRIPS第13条与《伯尔尼公约》中的专门限制之间的关系不同。[312]

5.175 《伯尔尼公约》第9条第（2）款是依据英国的一个提案而规定的。[313] 该条款的条件对允许的限制设置了限度，同时，为立法机关留出了必要的灵活性，以顾及需要规范的事实情况以及各联盟国家的传统的巨大差别。因此，各联盟成员方可以很容易地对该条款作出不同的解释。

5.176 需要满足的三个条件是：①某些特殊情况；②不与正常利用相抵触；以及③不无理地损害作者的合法利益。这些条件构成了对国内立法者据以制定限制的规则。毫无疑问，如果一个关于限制复制权的国内法条款要符合《伯尔尼公约》第9条第（2）款，则必须同时满足上述三个条件。此外，这三个条件的顺序也很重要：尤其是，只有满足第二个条件中的不与正常利用相抵触，才能实现第三个条件中的利益平衡。[314]

5.177 这些条件后来被纳入了TRIPS、WCT和WPPT中，作为限制的一般条款，而不是仅仅作为适用于复制权的条款。在进行TRIPS谈判时，才创造出了"三步检验法"这一措辞来指称这三个条件；[315] 在这之后，在涉及《伯尔尼公约》第9条第（2）款时，也开始使用"三步检验法"这一措辞。实际上，《伯尔尼公约》第9条第（2）款直到被纳入TRIPS和1996年WIPO条约之中，其"职业生涯"才真正开始：这体现在大量有关三步检验法的文献主

---

[311] 关于同样的结果，参见Ricketson/Ginsburg（同前注3）第13.10段。
[312] 参见下文第10.84段；关于WCT的类似情况参见下文第17.84～17.85段。
[313] 与大陆法系的法律相比，这一条款更接近英美法系的法律；例如，斯德哥尔摩外交会议上对"不合理的损害"这一概念"太具有英国特色"的批评〔Ricketson/Ginsburg（同前注3）第13.25段〕，以及与美国的合理使用学说的比较，M Senftleben, *Copyright, Limitations and the Three－Step Test*（2004）112－113. 实际上，大陆法系国家曾经在该条款以外提议过专门的限制，Ricketson/Ginsburg（同前注3）第13.08段，13.09段。
[314] Senftleben（同前注313）第130～133页。Fiscor（同前注240）第5.54段，关于斯德哥尔摩外交会议记录。
[315] 关于相关的条款，参见第10.83段以下、第17.83段以下。

要是以后面这些条约，㉖ 以及 WTO 专家组基于 TRIPS 第 13 条对 1976 年《美国版权法》（《美国法典》第 17 编）第 110 条的详细裁决为对象展开论述的。㉗ 不过，在解释《伯尔尼公约》时必须注意，WTO 专家组的解释是基于 TRIPS 第 13 条作出的，该条款不仅仅适用于复制权，而是适用于所有专有权，而且专家组的解释还参考了上诉机构在就非知识产权争议的问题解释《关税与贸易总协定》（GATT）和《服务贸易总协定》（GATS）的内容。由于 WTO 专家组只有权限解释 WTO 法律，因此，其解释在伯尔尼联盟内部没有拘束力，而只可能有事实上的（de facto）影响力。

5.178 下文对《伯尔尼公约》第 9 条第（2）款中各个条件的介绍，只列举了一些基本的要点；更加详细的分析超出了本书的主题范围。

5.179 某些特殊情况 "某些"特殊情况这一条件，要求立法者准确地界定限制，而不是模糊地制定它们。㉘ 因此，有观点认为，诸如《美国版权法》（《美国法典》第 17 编）中的合理使用条款不符合这一条件，因此，不符合《伯尔尼公约》第 9 条第（2）款。㉙ 这一条件的立法目的是获得法律确定性。

5.180 此外，情况必须"特殊"。基于该词的通常含义，这一要件可以被解释为要求范围狭窄；这一解释也与公约的缔约目的相一致，即保护作者就其作品享有的权利㉚，而非保护作品的使用者。㉛

5.181 一些评论者认为，"特殊"一词还暗示了限制必须具有一个特殊目的，即限制应当"被某些明确的公共政策理由或某些其他的例外情况证明

㉖ 除了已有的对这些条约的评论以外的一些例子，参见 J Ginsburg, "Towards Supranational Copyright Law? The WTO Panel Decision and the 'Three–Step–Test' for Copyright Exceptions" (2001) 187 RIDA 3; Senftleben（同前注 313）; S Ricketson, *WIPO Study on Limitations and Exceptions of Copyright and Related Rights in the Digital Environment*, WIPO Doc SCCR/9/7; M Ficsor, "Too much of what? The 'Three–Step Test' and its Application in Two Recent WTO Dispute Settlement Cases" (2002) 192 RIDA 111; S Ricketson, *The Three–Step Test*, *Deemed Quantities*, *Libraries and Closed Exceptions* (Centre for Copyright Studies, 2002)。

㉗ 参见下文第 10.87 段。

㉘ 这一解释是基于《伯尔尼公约》背景下的"某些"（certain）一词的原始含义，也与公约的目的相一致，Ricketson/Ginsburg（同前注 3）第 13.11 段；2000 年 6 月 15 日 WTO 专家组裁决 WT/DS/160/R 第 6.108 段（尽管对《伯尔尼公约》不产生效力）；与之相比，Senftleben（同前注 313）第 133~137 页，认为"某些"的含义是"一些"（some），只要求案例之间相互可以区分，不要求一个准确的和狭窄的定义。

㉙ 例如，Ricketson（同前注 316，WIPO 文件）第 68 页；H Cohen Jehoram, "Restrictions on Copyright and their Abuse" [2005] EIPR 359, 360。

㉚ 《伯尔尼公约》第 1 条。

㉛ Ricketson/Ginsburg（同前注 3）第 13.11 段，与 WTO 专家组报告（同前注 318）一致；Senftleben（同前注 313）第 140~144 页参考 WTO 专家组的分析，否定了"特殊"的这一定量的方面。

第五章 保护文学和艺术作品伯尔尼公约（1971 年巴黎文本）

是正当的"。㉒㉒ 的确，特殊的公共政策理由是《伯尔尼公约》中所有其他限制的基础，对复制权的限制也有此考虑，借此与联盟国家的国内法相一致。这些理由之所以没有被明确列出，只是因为可以证明限制复制权具有正当性的公共政策理由的多样性。㉒㉓ 与之相反，一些评论者则赞成上述提及的 WTO 专家组的意见，认为只要具有特殊目的即可，即使"从规范意义上无法查明其背后的合法性"。㉒㉔

5.182 不与正常利用相抵触 法律允许的复制不得与对作品的正常利用相抵触。对这一条件的解释，引发了一些问题。"利用"复制权一般理解为是指：为获取其价值而使用该权利，㉒㉕ 而"正常"一词则为不同的解释方法留下了更多的空间。具体而言，可以将其解释为是指事实上的（de facto）情况，或者暗含有规范性要件。第一种解释方法显然将导致对作者保护的极大损害，特别是由于规定了限制，或者由于作者不能控制某种使用，或者由于还没有发展出某种类型的利用，从而使作者不能合理地预期从对其作品的利用中获得收益的情况下更是如此。㉒㉖

5.183 此外，上述第一种解释方法可能违背《伯尔尼公约》的首要目的，即确保对作者权利的保护，不损害作者权利的主要内容。的确，"所有具有或者可能具有重大的经济或实际重要性的作品利用方式，原则上都应当保留给作者"。㉒㉗ 上述第二种规范性解释，可能更符合公约的缔约目的：如果一种限制所涵盖的使用，损害了某种重要的利用方式，则会造成与此种正常利用相抵触。当国内法中允许的使用，与作者通常从某项权利中获得经济价值的方式构成经济上的竞争时，尤其如此。㉒㉘

㉒㉒ Ricketson（同前注 36）第 9.6 段。评论者对 WCT 也持同样的观点，WCT 本身就包含三步检验法，参见 Ficsor（同前注 240）第 5.55 段；Reinbothe 和 von Lewinski（同前注 245）WCT 第 10 条注释 15；其他评论者没有详细阐述"某些特殊情况"的含义。

㉒㉓ Ricketson/Ginsburg（同前注 3）第 13.08 段。

㉒㉔ WTO 专家组（同前注 318）第 6.112 段。Ginsburg（同前注 316）第 3 页，与 WTO 专家组的解释一致，其合作作者现在也接受了这一观点，参见 Ricketson/Ginsburg（同前注 3）第 13.14 段。

㉒㉕ 类似的：Ficsor（同前注 240）第 5.56 段；WTO 专家组报告（同前注 318）第 6.165 段；Ricketson/Ginsburg（同前注 3）第 13.16 段。

㉒㉖ 关于这一解释的更多详细的分析，参见 Senftleben（同前注 313）第 171 ~ 176 页；Ricketson/Ginsburg（同前注 3）第 13.17 段；Ficsor（同前注 240）第 5.56 段。

㉒㉗ 1967 年斯德哥尔摩外交会议记录，第 111 页；Ficsor（同前注 240）第 5.56 段。

㉒㉘ 1967 年斯德哥尔摩外交会议记录，第 112 页；Ficsor（同前注 240）第 5.56 段；WTO 专家组报告（同前注 318），第 6.183 段。Ricketson/Ginsburg（同前注 3）第 13.20 ~ 13.22 段认为，在解释"正常"时应当考虑到非经济的方面。关于一个（类似的）规范解释的详细阐述，参见 Senftleben（同前注 313）第 177 页以下，第 195 ~ 196 页。

5.184　不无理地损害作者的合法利益　最后，在第一个条件和第二个条件得到满足的情况下，根据第三个条件，使用不能无理地损害作者的合法利益。这一规定为平衡作者的利益与一般公众的利益留出了余地，而且考虑到了不同国家的不同实际情况。例如，将这一条件适用于某种特定的使用，随着使用强度的不同，可能导致不同的结果，而这一结果在一个工业化国家和一个发展中国家可能是不同的——尤其是，就同一种使用而言，造成的损害在一个国家可能是不合理的，但在另一个国家，却是合理的。作者的"合法"利益，当然包括通过确认权利而受到法律保护的所有利益。不过，"合法"（legitimate）可能被认为不同于"法律许可的"（lawful），理由是，前者还包含了一个规范性要素，要求平衡作者的利益和一般公众的利益；它也可能被视为暗示了以下要求：即从一个规范性的视角来看，作者的利益也应当具有正当性。[329]

5.185　严格地说，对复制权的任何限制都自动构成损害。[330] 因此，为了允许适当的利益平衡，公约规定了"无理的"这一要素。[331] 限制所导致的损害必须是成比例的，并且在合理限度内，这暗示了损害的程度及范围要素。这一措辞给立法机关又留出了一些解释余地。通过规定法定获得报酬权，可能使不合理的损害变得合理，这在许多国家都存在，例如，在对私人复制规定限制时。[332] 因此，国内法为了私人复制的目的而限制复制权，而又没有规定一项法定获得报酬权，则当该国私人复制的范围和程度导致无理的损害的情况下，该国内法规定可能不符合《伯尔尼公约》第9条第（2）款中的第三个条件。该国必须为私人复制规定一项法定获得报酬权，以使得该限制符合《伯尔尼公约》第9条第（2）款。

5.186　与此同时，不是任何限制都可以通过规定获得报酬权的方式而符合第三个条件；需要注意的是，获得报酬权通常是不够有力的，因为作者不能禁止正在进行的（合法）使用，因此，没有任何相关的诉讼地位。

5.187　例子　适用《伯尔尼公约》第9条第（2）款的典型例子，包括那些在1967年斯德哥尔摩外交会议上已经提到的例子，即为司法、行政和私

---

[329] Ricketson/Ginsburg（同前注3）第13.24段；关于一个不同的观点，尽管总的结果是相同的（就"合法利益"的含义而言是相同的，但是就无理的损害中的规范性元素而言是不同的），参见Ficsor（同前注240）第5.57段。

[330] Masouyé（同前注127），第9.8段。

[331] 1967年斯德哥尔摩外交会议记录，第Ⅰ卷，第883页。

[332] 1967年斯德哥尔摩修订会议的讨论也提及了这个例子，1967年斯德哥尔摩外交会议记录，第Ⅱ卷，第1145~1146页；Ficsor（同前注240）第5.58段。

第五章　保护文学和艺术作品伯尔尼公约（1971 年巴黎文本）

人目的的复制；[333] 为研究和私人学习目的的复制；[334] 为公司、法律事务所和其他企业的内部使用目的的复制；[335] 为图书馆和档案馆保存目的的复制；以及对从道路或其他公共场所可视的建筑的非商业性摄影，例如游客的摄影。[336] 另一个最近已经规定在许多法律中的例子是为残疾人利益的限制。[337]

5.188　所有这些限制既不是自动地，也不是无条件地符合《伯尔尼公约》第 9 条第（2）款，而是在相关国家的每一种情况下，该条款的三个条件都需要得到满足。在某些情况下，这也可能需要法律规定获得法定合理报酬权的条款，例如适用于私人复制，以及科学和研究机构、公司和企业内部复制的法定获得报酬权。

（c）有利于特定团体的利益的单独限制

5.189　（i）临时录制　《伯尔尼公约》第 11 条之二第（3）款规定了另一个在大多数国内法中都可以找到的典型限制，即由广播组织进行的所谓"临时录制"。这一限制源于引入该限制时提出的如下论证理由：由于技术原因，广播组织在作品可以被广播之前，必须复制该作品，尤其是在现场广播某一表演或者在制作延时广播（例如在包含几个时区的国家）的情况下。[338] 此种复制被认为没有独立的经济重要性，而是简单地使广播得以播送。因此，广播公司主张，只要已经获得了广播权，就不需要再单独获得复制权。

5.190　这些主张在以下妥协方案中得到了一定考虑：《伯尔尼公约》第 11 条之二第（3）款第 1 句承认，复制权是独立于广播权的一种权利，两者都需要获得单独授权。不过，第 2 句授权国内立法者对临时复制予以规制，特别是通过对复制权限制的方式进行规制。然而，国内立法者只能在特定的条件下采取上述措施。首先，录制必须是"临时的"。尽管没有说明具体的时限，但是，这一措辞暗示了某种时限。各国国内法已经适用了这一条款，时间范围从

---

[333]　1967 年斯德哥尔摩外交会议记录，第 I 卷，第 113 页。关于私人复制，参见 Ricketson/Ginsburg（同前注 3）第 13.33 段。

[334]　斯德哥尔摩外交会议的提案中没有明确包含这个例子，而是在讨论中提及，1967 年会议记录（同前注 331）第 885 页。

[335]　斯德哥尔摩外交会议的提案中没有明确包含这个例子，而是在会议中提及，1967 年会议记录（同前注 331 和 332）第 883 页、第 1146 页。

[336]　关于最后提到的两个例子，例如，英国 1988 年《版权、工业品外观设计和专利法》第 37 条以下，以及德国 1965 年版权法，第 59 条。

[337]　参见，例如，2001 年欧共体信息社会指令第 5 条第（3）款（b）项，OJ EC L167/10，大多数成员方已经在法律中纳入了这一规定，即使这是指令下的一个允许性的例外；关于这一指令，也参见第 II 卷第 10 章。

[338]　关于历史背景的更多细节，参见 Ricketson/Ginsburg（同前注 3）第 13.72 段、第 13.73 段。

一个月到一年不等。㊷ 如果广播组织希望将录制品保留更长的时间，则需要获得作者的授权㊵，否则，必须销毁录制品。

5.191 第二，录制必须由有权适用限制的广播组织使用自己的设备进行；这排除了广播组织让其他人来承担这一任务的可能性。最后，录制只能用于广播组织自己的广播，不能以任何方式提供给其他广播组织。没有对使用作出其他明确要求，因此，即使重复使用也是允许的，只要符合上述条件。

5.192 第 11 条之二第（3）款第 3 句是对第 2 句中的条件的例外规定：如果根据第 2 句的限制所制作的录制品具有特殊文献性质，则国内法可以规定，这些录制品不需要被销毁或者获得授权，而可以由官方档案馆予以保存。这一条款并不允许广播组织将为了广播目的而制作的录制品常规性地保存在自己的档案馆中。文献必须具有"特殊"性质，因此，大多数录制品仍然必须被销毁或者获得授权；此外，广播组织的档案馆通常不是诸如州立档案馆或者国立图书馆这样的"官方档案馆"。㊶

5.193　**（ii）强制许可**　㊸《伯尔尼公约》第 11 条之二第（2）款和第 13 条第（1）款规定了强制许可。因此，对有关权利施加任何限制，都必须同时规定获得合理报酬权；如果没有规定此种获得报酬权，则限制条款将违反公约的这两个条款。规定上述两个条款，都是为了社会中特定群体的利益（广播组织和录音制品制作者），而非为了一般公众的利益。这有一定的历史原因：由于广播权和机械录制权是由集体管理组织和音乐出版者管理的，而后两者通常实施垄断行为，因此，广播组织和录音制品制作者对于滥用支配地位，以及由此对其活动的严重阻碍感到担忧。㊹ 联盟成员方对这些主张已有的不同解决方式，在《伯尔尼公约》所采用的妥协方案中得到了体现。

5.194　**《伯尔尼公约》第 11 条之二第（2）款**　就《伯尔尼公约》第 11 条之二第（1）款中的广播权和其他相关权利而言，只有在符合以下条件的情况下，国内立法者才可以确定行使这些权利的条件。㊺ 首先，国内立法者必须对相关使用行为规定一项法定获得合理报酬权；因此，该条款通常被认为允许适用强制许可。第二，强制许可或类似的行使权利的条件，只适用于对此作出规定的国家，而且只适用于发生在该国家的使用行为；就卫星广播而言，可

㊷　Ricketson/Ginsburg（同前注 3）第 13.76 段，注释 338。
㊵　这服从于《伯尔尼公约》第 11 条之二第（3）款第 3 句的特殊情况，参见下文第 5.192 段。
㊶　Ficsor（同前注 240）第 5.44 段；Ricketson/Ginsburg（同前注 3）第 13.77 段。
㊸　关于附件下的有利于发展中国家的强制许可，参见下文第 5.232～5.233 段。
㊹　Ricketson/Ginsburg（同前注 3），关于广播参见第 13.67 段，关于机械录制参见第 13.59 段。
㊺　《伯尔尼公约》第 11 条之二第（2）款。

能难以确定行为发生地。㉝ 第三，精神权利应当受到保护，不受行使权利的条件的影响。㉞

5.195 值得注意的是，成员方没有义务规定强制许可，而且许多继续维持专有权制度的国家的经验也表明，集体管理组织（通常是垄断者）并未滥用其支配地位，而是与广播组织和其他使用者达成了许可协议。

5.196 《伯尔尼公约》第13条 公约允许的另一种强制许可与音乐作品的录制有关。㉟ 1908年柏林文本首次规定了这一强制许可：当时，各国国内法刚开始承认与机械复制有关的作者权利。录音制品制作者认为，该项作者权利妨碍了他们的活动，而之前他们的活动并未受到作者权的妨碍，因此反对规定这样的一项作者权利；另外部分原因是担心音乐出版者可能滥用其支配地位。当时，录音产业已经发展到一定的实力，使其能够在公约中达成以下妥协方案：㉠ 规定机械录制专有权㉡，但同时允许成员方规定广泛的保留和条件。㉢

5.197 该条款经过了几次修订会议的讨论，最后，巴黎文本规定了以下强制许可。首先，不同于《伯尔尼公约》第11条之二第（2）款，只有作者对音乐作品和任何附带的歌词进行首次授权之后，才有可能规定强制许可。因此，首次在录音制品上录制附带歌词或不附带歌词的音乐作品的行为，仍然应当属于专有权的涵盖范围，并且不受任何强制许可的影响。《伯尔尼公约》第13条第（1）款只是有利于录音制品制作者后续以一种不同的表现形式录制同样的音乐。第二，如果一国要适用《伯尔尼公约》第13条第（1）款，该国为作者规定获得合理报酬权。第三，强制许可只能在对其已经有规定的国家适用。《伯尔尼公约》第13条第（3）款体现了最后这个条件：该条允许联盟成员方对未经批准进口的录音制品予以扣押，即使这些录音制品是在出口国依据《伯尔尼公约》第13条第（1）款和第（2）款中的强制许可而合法制作的。最后，精神权利仍然适用，尽管《伯尔尼公约》第13条第（1）款［与第11条之二第（2）款不同］没有明确规定保护精神权利；在此方面，不能根据

㉝ 就欧共体而言，指令93/83/EEC（OJ L 248/15）第2条（b）项已经找到了一个解决方法，即确定被视为卫星广播的发生地的地方。

㉞ Ricketson/Ginsburg（同前注3）第13.71段认为，这里不仅包括《伯尔尼公约》第6条之二下的权利，也包括一项发表权。

㉟ 《伯尔尼公约》第13条第（1）款。

㉠ 关于《伯尔尼公约》第13条第（1）款的背景，参见Ricketson/Ginsburg（同前注3）第13.59段。

㉡ 在当时，《伯尔尼公约》中还不存在一项一般的复制权。

㉢ 参见《伯尔尼公约》（柏林文本）第13条第（2）款；关于进一步的历史发展，参见Ricketson/Ginsburg（同前注3）第13.59~13.62段。

《伯尔尼公约》第 11 条之二第（2）款反推出相关的结论。㉛

5.198 在许多国家，强制许可都不被认为是必需的，因为，在实践中，集体管理组织向企业许可机械录制权通常不会遇到什么问题。这一实践也反映在以折中地方式适用《伯尔尼公约》第 13 条第（1）款，即仅在集体管理组织未能合法地行使专有权的情况下才适用的强制许可。㉜

（d）默示例外

5.199 除了上述明确规定的限制以外，在《伯尔尼公约》中，有两类"默示例外"也被承认是允许的：即所谓的"小例外"或"小保留"，以及适用于翻译权的例外。初看上去，规则可以有效地默示存在于国际条约中，而不在条约文本中予以明确地表达，这似乎令人感到震惊。不过，依据《维也纳条约法公约》第 31 条第（3）款（a）项，㉝ 应当将"当事国嗣后所订关于条约之解释或其规定之适用之任何协定"作为一种解释方式，与上下文一同考虑。在布鲁塞尔和斯德哥尔摩外交会议上，讨论了《伯尔尼公约》中的默示例外，并且，就特定类型的例外符合公约的问题达成了协定；修订会议报告载有此项协定。㉞ 该协定之所以没有出现在公约的具体约文中，原因在于，就小例外而言，无法找到合适的措辞；就翻译权的例外而言，各方认为，没有必要对成员方的解释以书面形式展现。㉟

5.200 （i）**小例外** 为小例外寻找具体措辞非常困难，在涉及以下重要问题时体现得更为明显：当公开表演权被引入进《伯尔尼公约》第 11 条第（1）款时，联盟成员方已经在各自的国内法中规定了许多通常是相当具体、在经济上也不重要的限制，这些成员方希望在《伯尔尼公约》的框架下继续适用这些限制。同样的情况也发生在《伯尔尼公约》第 11 条之三规定的朗诵权以及第 11 条之二、第 13 条㊱和第 14 条规定的权利中。联盟成员方的国内法中存在的此种限制的例子有："宗教仪式中的音乐表演、军乐队表演的音乐

㉛ Masouyé（同前注 127）第 13.9 段；的确，第 11 条之二第（2）款中的保障只是一个澄清（参见上文第 5.194 段）。关于《伯尔尼公约》第 13 条第（2）款这一在今天几乎没有重要性的过渡条款，参见 Masouyé（同前注 127）第 13.10～13.15 段；Ricketson/Ginsburg（同前注 3）第 13.64 段。

㉜ 参见德国版权法第 42a 条。

㉝ 关于该条约的更多细节，参见下文第 7.02 段以下。

㉞ 下文第 5.201 段；关于该协议作为一致同意的声明的性质，参见 Ficsor（同前注 240）第 5.63 段。

㉟ Ricketson/Ginsburg（同前注 3）第 13.79 段和第 13.85 段。

㊱ 在 1948 年，第 13 条仍然包括一项为了通过某种乐器进行机械复制或公开表演而"改编……为乐器"的专有权。

第五章 保护文学和艺术作品伯尔尼公约（1971年巴黎文本）

会、慈善表演、为特定节假日组织的公共音乐会"。[357] 在公约文本中纳入此类具体措辞是不合适的，因为各国国内法的规定差别很大。

5.201 与此同时，似乎又很难找到一个一般、但又不过于宽泛的措辞。首先，布鲁塞尔外交会议和斯德哥尔摩外交会议的代表同意只在报告中提及以下内容：国内法对《伯尔尼公约》第11条、第11条之二、第11条之三、第13条和第14条项下权利规定的特定例外，如果其具有有限性质或者"琐细"（de minimis）性质，也就是说，这些例外对于作者而言没有或者有很少的经济上的重要性，那么，这些例外将被认为是符合《伯尔尼公约》的。报告中提及的例子有：诸如为了宗教、文化或爱国目的的例外[358]，以及为宗教仪式的例外；军乐队的表演；以及教育和宣传的需要，[359] 这些只是对允许的限制类型的举例。就这些例子和类似的限制而言，微小的经济重要性这一条件是必不可少的，在适用限制时可能也需要予以考虑。

5.202 尽管各代表团最初希望能够继续适用当时已有的"琐细"限制，但是，应当认为，只要满足具有微小的经济重要性的条件，新的限制也可以被纳入。考虑到新加入《伯尔尼公约》的国家可能已经规定并且希望继续适用类似的、可能与其他联盟成员方的国内法中先前已有的限制不同的限制，上述结论是很明显的。[360]

5.203 （ii）**翻译权** 《伯尔尼公约》对翻译权没有规定任何明示的限制，这造成了与《伯尔尼公约》中大多数明示规定的限制存在不一致的地方：例如，在《伯尔尼公约》第10条允许为教育目的或引用而进行复制的情况下，不允许为这些目的翻译一部外文作品，将是矛盾的；如果翻译对于以一种有意义的方式进行允许的使用而言是必要的，则《伯尔尼公约》的明示限制背后的公共政策的原因，原则上同样也可以适用于翻译。公约中的明确限制似乎已经被认为暗示了对翻译权的相应的限制，而且，在就默示例外达成一致之前，似乎已经以这种方式适用了公约。[361] 在1967年斯德哥尔摩外交会议上，当时，各代表团同意，《伯尔尼公约》第2条之二第（2）款、第9条第（2）款、第10条第（1）款和第（2）款，以及第10条之二第（1）款和第（2）款，暗示了以翻译的形式使用作品的可能性，只要翻译也满足了这些条款规定

---

[357] (1933) Droit d'auteur 112, 114.
[358] 《1948年布鲁塞尔外交会议文件》（1951）第263~264页。
[359] 1967年斯德哥尔摩外交会议记录（同前注331）第1166页。
[360] WTO专家组报告（同前注318）第6.59段在考虑TRIPS框架下的小例外时，采用了类似的解释方法。
[361] 1967年斯德哥尔摩外交会议记录（同前注331）第1164页。

的条件。[362] 各代表团也同意，这一内容应当在会议记录中予以提及，而非明确规定在公约中。

5.204 相比较而言，在将《伯尔尼公约》第 11 条之二和第 13 条适用于作品的翻译时，存在一定的争议；[363] 由于没有达成一致意见，因此，这些条款不能被认为适用于翻译权。这可能反映了以下事实，即这两个条款允许对作者的权利进行限制，其目的不是为了一般公众，而只是为了特定的行业（即广播组织和录音制品制作者）。

（e）《伯尔尼公约》第 17 条

5.205 (i) 审查制度 《伯尔尼公约》第 17 条涉及的是在作者权保护领域之外实施的、但是对完全享有作者权具有限制性效果的立法和行政措施。该条款包括的两种主要情况的第一种是审查制度，这是大多数政府从版权制度建立之初就关心的问题。在《伯尔尼公约》诞生之前缔结的双边条约，就已经规定了确保国家权力可以对作品流通进行控制的条款。[364] 自 1886 年起，《伯尔尼公约》也在第 17 条中遵循了这一理念，而且该条款后来从未进行任何实质性的修订。

5.206 在《伯尔尼公约》中，作者权保护与审查规则之间的关系，与二者在欧洲中世纪特权制度下的关系不再相同。特权由君主授予，君主有权力选择忠于君主的出版者和作者，作为特权的受益人。即使在最近，在某些还未加入《伯尔尼公约》的国家，作者权也与审查制度密切相关；作品的流通必须得到当局的许可。[365] 如果作品受到审查，《伯尔尼公约》第 17 条的规定并不由此妨碍作者权利的产生；依据《伯尔尼公约》，如果作品满足受保护的一般要求，则作品一经创作就必须承认对其的保护。

5.207 《伯尔尼公约》第 17 条所设想的审查规则，只能禁止作品的流通和类似的使用；其效果是，作者不能实际行使其作者权，其原因超出了保护作品的逻辑，即为了公共秩序的理由，例如国家安全和公序良俗。政府"许可、监督或禁止"特定行为的权利，反映了审查当局的通常行为，即确定依据相

---

[362] 1967 年斯德哥尔摩外交会议记录（同前注 331）第 1165 页。

[363] 关于斯德哥尔摩外交会议上的讨论，参见 Ricketson/Ginsburg（同前注 3）第 13.84 段、13.85 段。

[364] 关于例子，参见同上注，第 13.88 段/注释 380。

[365] 例如，现在被 2002 年第 7 号联邦法所取代的阿拉伯联合酋长国 1992 年 9 月 28 日第 40 号法《版权法》第 36 条；在实践中，这似乎一直被理解为一个受保护的条件。依据中国《著作权法》第 4 条，所谓的"被禁止的作品"（这些作品的出版和传播是被禁止的）是被排除保护的——这一规则不符合《伯尔尼公约》或者其他的国际版权条约，参见 P Ganea, "Copyright" in C Heath (ed), *Intellectual Property Law in China* (2005) 205, 226 f。

第五章 保护文学和艺术作品伯尔尼公约（1971 年巴黎文本）

关的公共秩序，是否需要禁止或以其他方式控制作品的流通。

5.208 审查权与作者所享有的授权或禁止的权利存在本质上的差异。特别是，即使政府依据《伯尔尼公约》第 17 条授予了许可，作者依然享有其作者权，包括禁止发行的权利，如果国内法规定了此权利。第 17 条不允许任何审查机构代替作者行使作者权。㊌"发行、演出或展出"这些措辞，在《伯尔尼公约》有关最低限度权利的条款中都没有出现过，这说明第 17 条的立法目的不是直接干预作者权，而只是为了维护公共秩序而控制公开传播。因此，就公开传播而言，第 17 条可能间接地影响了作者的权利。例如，如果国内法禁止在成人专用以外的其他地方销售淫秽电影作品，或者该国内法的适用导致被认为危害国家安全的书被禁止利用，在这些情况下，该国内法规定并不违反公约。

5.209 （ii）**竞争法** 《伯尔尼公约》第 17 条包含的第二种主要情况是，在滥用垄断权的情况下，基于竞争法或反垄断法限制作者权。尽管这一情形在多次修订会议上都存在某种程度的争议，㊍ 不过，代表们普遍认为，《伯尔尼公约》原则上不妨碍国内立法者规定制止滥用垄断权的措施。㊎ 当然，竞争法和作者权保护之间的关系，一直以来都是微妙的；依据《伯尔尼公约》第 17 条，显然，竞争法的适用不能影响通过专有权保护作者权这一原则，而专有权依法（ipso iure）包括作者禁止使用的权力（power）。因此，竞争法不能阻止作者通过禁止的方式来行使其权利的决定，除非可以查明滥用垄断权的具体情形。㊏

5.210 与公共秩序的理由不同，一般公共利益的理由不应纳入《伯尔尼公约》第 17 条的考虑范围；因为它们已经在上文讨论的明示的和默示的例外与限制中得到了全面的考虑。㊐

5.211 需要指出的是，在任何情况下，允许的限制性措施只能是"立法或规章"。它们包括依据一个国家的国内法的立法程序通过的法律，以及基于这些法律制定的任何法令，例如有权机关发布的规章，以及基于此种规范性法

㊌ 绝大多数联盟国家一直都这样解释《伯尔尼公约》第 17 条；关于 1967 年斯德哥尔摩外交会议上的相关讨论，参见 Ricketson/Ginsburg（同前注 3）第 13.89 段。

㊍ 关于相关的讨论，参见同上注，第 13.91 ~ 13.92 段。

㊎ 关于布鲁塞尔外交会议报告中陈述的这一理解，参见第一主要委员会报告第 263 段，《1948 年布鲁塞尔外交会议文件》（1951）第 1175 页。

㊏ 这种非常特殊的情形是被认可的，例如，欧洲法院对 *Magill* 案和 *IMS Health* 案的判决，参见第 Ⅱ 卷第 2 章。

㊐ Ricketson/Ginsburg（同前注 3）第 13.89 段。

令做出的所有单独的行政行为。⑪

(5) 保护期

(a) 一般评论

5.212 另一类对作者权利的约束形式，是保护期的限制。对于一般保护期，《伯尔尼公约》只规定了最低标准；因此，联盟成员方可以在国内法中规定更长的保护期。⑫

(b) 精神权利

5.213 就精神权利而言，许多国家规定了永久保护，不过，也有一些国家规定了与经济权利相同的保护期。上述第二种做法被《伯尔尼公约》第6条之二第（2）款采用，将其作为最低标准（受该条款第2句例外规定的约束）。⑬ 这一条款没有明确规定，有关的"经济权利期满"指的是国内法还是《伯尔尼公约》。例如，如果某一联盟成员方为经济权利规定了一个比公约中的最短保护期（即作者终生及死后50年）更长的保护期，则该国对于精神权利，是必须规定这一更长的保护期，还是只需要规定公约中的最短保护期，即作者终生及死后50年。尽管《伯尔尼公约》第6条之二第（2）款第1句反映了各国国内法的一种普遍模式，即对精神权利和经济权利规定相同的保护期，但是，公约没有理由强迫联盟成员方遵守这一模式，而非仅对精神权利适用公约中的最短保护期。因此，一个国家可以为精神权利规定第7条中的最短保护期（作者终生及死后50年），同时为经济权利规定一个更长的保护期。

5.214 另一个问题产生于经济权利的保护期在作者死前期满的情况，对于电影作品、摄影作品和实用艺术作品而言，这种情况是有可能发生的。⑭ 有人建议，在这种情况下，应当将第6条之二第（2）款解释为，只有在作者死后，经济权利的期满才有意义。⑮

(c) 经济权利

5.215 **(i) 历史背景** 就经济权利而言，《伯尔尼公约》第7条和第7

---

⑪ 关于在斯德哥尔摩外交会议上对这一问题的讨论，同上注，第13.90段。

⑫ 关于在国内的期限比《伯尔尼公约》中的最低期限高的情况下不提供国民待遇的可能性，参见上文第5.41～5.44段。

⑬ 第2句是在斯德哥尔摩外交会议上增加的，此次会议将精神权利的保护期从作者终生延长到经济权利期满。由于英美法系国家以往仅通过普通法保护精神权利，而普通法不允许在作者死后继续提供保护，因此，第2句允许这些国家至少就《伯尔尼公约》第6条之二第（1）款下两项精神权利中的一项维持这一制度；参见 Masouyé（同前注127）注释6[bis].10、注释6[bis].11。

⑭ Ricketson/Ginsburg（同前注3）第10.35段。

⑮ 关于论证理由，参见关于 WPPT 第5条的类似问题，Reinbothe 和 von Lewinski（同前注245）WPPT 第5条注释28。

第五章 保护文学和艺术作品伯尔尼公约（1971年巴黎文本）

条之二明确了对一般作品的最短保护期，以及对特定类型的作品的最短保护期。对不同的保护期限有不同的理由，例如，希望确保作者之后的两代人的收入，或者出版公司或类似企业需要在一定时间内从去世的作者的作品中获得收益，以便向新的、尚不知名的作者进行投资。[376] 此外，盎格鲁－撒克逊法系和欧洲大陆法系之间存在基本区别。[377] 实际上，《伯尔尼公约》对任何特定保护期的选择，在很大程度上是由相关的国内法先前已规定的保护期或者联盟成员方希望延长其保护期的意愿所决定的。

5.216 在《伯尔尼公约》通过之前，各国国内法所规定的保护期限差别很大，例如，有的国家规定作者终生及死后20年，有的国家规定作者终生及死后80年。[378] 在这种情况下，在1886年不可能就一个特定的最短保护期达成一致意见；相反，为了防止联盟成员方之间出现不希望发生的关系失衡现象，即使是国民待遇，也要受制于与起源国法律规定的期限的比较。[379] 不过，在伯尔尼文本缔结之后不久，越来越多的国家在国内法中采用了作者终生及死后50年的保护期限；在1908年，15个联盟成员方中已经有9个规定了这一期限，后来在柏林修订会议上，也将这一期限规定为期望的（但不是强制性的）期限。作为这一规定的结果，采用这一期限的国家数量持续增长，在召开1928年罗马外交会议时，已经达到了联盟成员方的2/3以上。不过，直到1948年布鲁塞尔外交会议，才将这一期限规定为强制性的最短保护期限。在斯德哥尔摩外交会议前后（以及后来在缔结WCT时），进一步延长这一期限的主张没有获得足够的支持，因此未能形成修正案。[380]

5.217 (ii) **一般期限和合作作品** 依据《伯尔尼公约》第7条第（1）

---

[376] 对特定保护期的正当性理由的一个总体的阐述超出了本书的范围；关于这一问题，参见 Ricketson/ Ginsburg（同前注3）第9.07～9.12段。

[377] 参见上文第3.64～3.67段。

[378] 1885年10月8日海地法，其第5条和第6条甚至区分了适用于配偶和后代的作者死后20年，和在作者死后没有配偶或后代的情况下的、适用于其他继承人的作者死后10年，参见（1925）Droit d'Auteur 124；1879年西班牙法，第6条；参见 S Ladas, *The International Protection of Literary and Artistic Property* (1938) Vol II, 1089, 1091.

[379] 1886年伯尔尼文本第II条第（2）款；关于《伯尔尼公约》第7条第（8）款下的期限的对比，参见上文第5.42～5.44段。对《伯尔尼公约》下的一般保护期条款的历史发展的一个非常详细论述，参见 Ricketson/Ginsburg（同前注3）第9.14～9.26段。

[380] 1967年斯德哥尔摩外交会议记录，第I卷，第105页；Ricketson/Ginsburg（同前注3）第9.25段、第9.26段；Memorandum for the WIPO Committee of Experts on a Possible Protocol to the Berne Convention（对《世界知识产权组织版权条约》的筹备）(1992) Copyright 第66页以下，第80页/第159～161段（对作者死后70年的一般保护期的提案）和 Report (1992) Copyright 第93页以下，第107页/第147～160段。

款，作者终生及死后 50 年的保护期适用于所有权利和所有类型的作品，[381] 但不包括《伯尔尼公约》第 7 条和第 7 条之二规定的明示例外，以及第 30 条第（2）款（b）项和附件有关翻译权的规定。

5.218 某些类型作品的性质可能妨碍一般保护期的适用，或者至少需要进一步的明确。例如，合作作品[382]是由多位作者创作的，而这些作者通常死亡的时间点不同。就整部作品的保护期而言，不能适用每位合作作者对其各自贡献部分的保护期。在 1928 年罗马外交会议上，各联盟成员方采纳了它们赞成的选择，即一般保护期的计算从最后死亡的作者死亡时算起，而不是从最早死亡的作者死亡时算起。[383]

5.219 这一规则不适用于结合作品（composite works），即将若干单独创作的作品组合在一起的作品（例如一本包含文字和照片的书），因为，在这种情况下，一般保护期可以分别适用于各个部分。作品汇编也是如此，汇编者就材料的选择和编排对汇编作品享有自己的作者权，而不管被汇编的各个作品中所单独存在的作者权。例如，就文选而言，一般保护期分别适用于汇编作品和被汇编的各个作品。至于所谓的"集体作品"，尽管某些法律承认组织共同成果的人或实体对其享有原始版权，然而，"集体作品"从本质上说，受到保护的原因是因为进行了组织或进行了其他投资而非进行了智力创作；因此，它们没有被纳入《伯尔尼公约》。[384]

5.220 （iii）匿名和假名作品 一般保护期也不能适用于匿名和假名作品，因为以其死亡计算保护期的作者是未知的。因此，《伯尔尼公约》第 7 条第（3）款第 1 句转而选择了将作品合法公之于众——一项通常而言可知的行为，即使作者是未知的——作为计算保护期的基础。由于这一行为是可知的，因此应当被理解为包括任何使作品可为公众接触（accessible）的行为，例如公开表演；即使其不构成《伯尔尼公约》第 3 条第（3）款狭义上的"出版"。

5.221 根据第 7 条第（3）款第 1 句的标准，第 2 句和第 3 句规定，如果作者已知，则可以适用一般保护期，不论是因为作者在作品合法公之于众之后

---

[381] 尽管在 20 世纪早期，对不同的权利规定不同的保护期并不罕见，特别是对翻译权规定一个更短的保护期；但是，在今天，这种区别对待即使存在，也几乎已经看不到了，尽管依据《伯尔尼公约》，在服从公约规定的最短期限的情况下，这种区别对待在原则上是有可能的；关于历史上的情况，参见 Ricketson/Ginsburg（同前注 3）第 9.43 段。

[382] 《伯尔尼公约》第 7 条之二；由于公约没有界定合作作者的条件，联盟国家规定了不同的概念。

[383] 英国 1911 年《版权法》第 16 条第（1）款曾经规定了后一条规则；关于该条款的历史发展，参见 Ricketson/Ginsburg（同前注 3）第 9.34~9.36 段。

[384] 例如，参见法国和西班牙的版权法案，第 L-113 条和第 78 条；以及上文第 3.37 段。

第五章 保护文学和艺术作品伯尔尼公约（1971 年巴黎文本）

50 年内公开了自己的身份，还是因为通过假名可以毫无疑问地确定作者的身份。即使作者仍然未知，在有充分理由推定作者已经死去 50 年的情况下，联盟成员方可以终止保护，而不考虑作品是否合法公之于众。㉟

5.222　（iv）电影作品　电影作品的保护期之所以特殊，则是由于其他原因：㊱ 伯尔尼联盟成员方的国内法规定不同。沿袭欧洲大陆法系传统的国家原则上只承认自然人是电影作品的合作作者，因此，电影作品的保护期适用合作作品的一般规则。相比之下，沿袭英美法系传统的国家则将电影制片人视为最初的版权所有者；由于电影制片人通常是公司，因此，不能适用以自然人生命为起算基础的一般规则。《伯尔尼公约》第 7 条第（2）款为后一类国家提供了不采用合作作品规则，继续维持其保护制度的可能性，即适用以下规则：在作者同意下自作品公之于众后 50 年，或者如作品完成后 50 年内尚未公之于众，则自作品完成后 50 年。不过，公约并不禁止只承认自然人是电影作品的合作作者的国家适用《伯尔尼公约》第 7 条第（2）款。㊲

5.223　就《伯尔尼公约》第 7 条第（3）款而言，"已公之于众"这一表达的含义应当被认为比"已出版作品"[《伯尔尼公约》第 3 条第（3）款]的含义更为广泛，因为这两个表达用于不同的上下文中。因此，即使是将电影作品在广义上向公众传播，也构成"公之于众"。㊳

5.224　（v）摄影作品　《伯尔尼公约》第 7 条第（4）款对摄影作品的保护期限规定特殊，还有另一个原因。在《伯尔尼公约》的早期，成员方国内法对摄影作品的保护方式、保护期限存在较大差异；对摄影作品的保护期通常短于一般期限。许多国家认为，摄影作品是价值较低的一类作品，因为，按下照相机的按钮所需要的创造性，似乎比画一幅画要少很多。㊴ 因此，直到 1967 年斯德哥尔摩外交会议，摄影作品的最低保护期限才为各方接受，而且其保护期限只是作品完成后 25 年；该保护期限比一般保护期限短，这反映了

㉟　《伯尔尼公约》第 7 条第（3）款第 3 句。关于该条款的历史发展，参见 Ricketson/Ginsburg（同前注 3）第 9.33 段和第 9.50 段。

㊱　《伯尔尼公约》第 7 条第（2）款。

㊲　的确，大陆法系的国家可以这样做，尤其是为了更好的实用性，正如卢森堡和葡萄牙在欧共体一体化之前所做的那样，参见 S von Lewinski, "EC Proposal for a Council Directive Harmonizing the Term of Protection of Copyright and Certain Related Rights" [1992] IIC 785, 797。

㊳　如果（尽管更可能是在理论上）发生了一个《伯尔尼公约》第 3 条第（3）款意义上的出版，但其并非第 7 条第（2）款意义上的提供，关于这种情况，参见 Ricketson/Ginsburg（同前注 3）第 9.48 段。

㊴　同上注，第 8.48 段。

当时众多联盟成员方的国内法。[390] 直到 1996 年《WIPO 版权条约》，才将一般期限延及摄影作品。[391] 当然，联盟成员方的国内法可以对摄影作品规定任何期限，只要该期限比《伯尔尼公约》第 7 条第（4）款规定的期限更长。

5.225　（vi）实用艺术作品　公约之所以对实用艺术作品规定的也是特殊保护期限，原因类似。在很长一段时期，实用艺术作品的身份：受版权（而非外观设计权）保护的作品，与其保护期一样（如果作为作品受到保护），在各联盟成员方中的规定是不同的。与摄影作品一样，实用艺术作品通常也被认为只值得受到低于一般作品保护标准的保护。因此，虽然直到斯德哥尔摩外交会议才最终规定了一个最低保护期限，但是，各代表团还是未能就一个比作品完成后 25 年更长的期限达成一致意见。[392]

5.226　对于在国内仅被作为平面或立体设计予以保护或者被给予版权以外其他保护的实用艺术作品，《伯尔尼公约》第 7 条第（4）款没有作出任何规定；因此，如果对实用艺术作品采用上述其他保护方式，则保护期限不需要受该条款中最低标准的约束。[393] 是否将实用艺术作为艺术作品予以保护，依据被请求保护国的国内法来确定。[394]

5.227　（vii）《伯尔尼公约》第 7 条第（5）款至第（7）款　《伯尔尼公约》第 7 条第（5）款有关保护期的规定，是不言自明的。该条款确立了以下一般规则，即保护期被认为从相关事件（例如作者死亡）发生之后次年的 1 月 1 日开始计算。这样规定是为了便于保护期的确定。该规定考虑到了确定相关事件的确切日期时通常是十分困难的。[395]

5.228　《伯尔尼公约》第 7 条第（6）款体现了第 19 条规定的一般原则：联盟成员方可以规定更广泛的保护，包括更长的保护期。[396] 考察《伯尔尼公约》第 7 条第（7）款的缔约历史，可以发现，该条款是作为一个妥协方案被接受的，其目的在于为一些国家加入斯德哥尔摩文本提供便利。[397] 不过，到了现在（2007 年），该条款已经无关紧要了，因为现有的少数几个只受罗马文本约束的国家，其国内法中的保护期没有比《伯尔尼公约》第 7 条规定的保

---

[390]　关于历史发展，参见 Ricketson/Ginsburg（同前注 3）第 9.28～9.29 段。
[391]　参见下文第 17.111～17.114 段。
[392]　关于历史背景，参见 Ricketson/Ginsburg（同前注 3）第 9.32 段。
[393]　关于有关的实质互惠的问题，参见上文第 5.45～5.47 段。
[394]　关于实用艺术作品的类型，参见 Ricketson/Ginsburg（同前注 3）第 8.59～8.69 段。
[395]　同上注，第 9.56 段。
[396]　关于其背景，同上注，第 9.54 段。
[397]　关于更多背景，同上注，第 9.53 段；Reinbothe/von Lewinski（同前注 245）WCT 第 9 条注释 6。

第五章　保护文学和艺术作品伯尔尼公约 (1971年巴黎文本)

护期更短的。

5.229　(viii) **遗作**　在许多国家，遗作（在作者死后首次出版的作品）一直比一般作品享有的保护期更长，原因可能是为了让作者的继承人从作品的利用中获得一些收益，或者是为了鼓励出版者承担出版此种作品的风险。[398] 这一议题也曾在伯尔尼联盟的历史上得到过处理。在布鲁塞尔外交会议上，有代表提出以下提案：为遗作规定 50 年的保护期加 10 年的延长期，会议接受了 50 年的期限的部分，但是没有接受延长期的部分，这样，遗作的保护期与一般期限相同；因此，在斯德哥尔摩外交会议上，各方认为，对遗作保护期的规定是多余的，因而予以废除了。[399]

(6) 关于发展中国家的特别条款

(a) 历史背景

5.230　在召开 1948 年布鲁塞尔外交会议和 1967 年斯德哥尔摩外交会议之间，大多数发展中国家获得独立，并因此开始寻求保护其自身利益。在同一时期内，更好地考虑发展中国家的特殊需求这一理念发展起来了；这导致在斯德哥尔摩外交会议上通过了《斯德哥尔摩议定书》——该议定书本应成为《伯尔尼公约》的组成部分。[400] 不过，在通过该议定书的那一年，工业化国家显然还没有准备好实施该议定书。出于多种原因，作者和其他权利所有者的代表也支持工业化国家的这一态度。

5.231　主要原因包括：对发展中国家的让步太多了，而且，工业化国家的作者通常生活条件艰苦，不应当由他们为富有的工业化国家与贫穷的发展中国家之间的差距"埋单"。由于使斯德哥尔摩文本生效所需要的批准书数量似乎不太可能达到，因此，各方很快开始了非正式磋商，以便达成一个新的解决方案，使得在满足工业化国家的同时，为发展中国家提供足够的特权，避免它们退出《伯尔尼公约》。经过讨论，最终在 1971 年巴黎修订会议上通过了巴黎文本及其附件；召开此次修订会议的唯一目的就是为涉及发展中国家的条款找到适当的妥协方案。[401] 达成这一妥协方案是非常困难的，特别是因为修订

---

[398] 欧盟保护期指令中的解决方法，明确地区分了在作者死后 70 年之后终止的版权保护，与通过相关权对于在作者权利的保护期满之后首先将作品出版或者向公众传播的主体的保护，参见第 II 卷第 7 章。

[399] Ricketson/Ginsburg（同前注 3）第 9.38 段。

[400] 对斯德哥尔摩提案的历史发展的一个详细的描述，参见 Ricketson/Ginsburg（同前注 3）第 14.03 ~ 14.15 段；关于斯德哥尔摩外交会议上的讨论和关于该提案：同上注，第 14.16 ~ 14.33 段。

[401] 关于斯德哥尔摩外交会议和巴黎外交会议之间的历史发展，同上注第 14.34 ~ 14.47 段；也参见上文第 4.17 ~ 4.22 段和第 4.27 ~ 4.28 段。

《伯尔尼公约》要求获得全体一致同意。不过，这一次达成的妥协方案后来获得了足够数量的批准书和加入书，使巴黎文本及附件得以生效，从而取代了斯德哥尔摩议定书。[402]

（b）附件内容概述

5.232 由于本书的篇幅有限，因此无法对《伯尔尼公约》的附件进行详细阐述，[403] 在此仅列出一些要点：附件是巴黎文本的组成部分；[404] 尽管国家可以只批准《伯尔尼公约》的行政条款，但是，国家不能只批准《伯尔尼公约》第1条至第21条的实质性条款，而不批准附件（反之亦然）。事实上，附件为发展中国家提供了以下权利：仅就翻译权和复制权而言，在支付合理报酬的前提下，为了教学、学术、研究或系统性教学活动的目的，规定了非排他、不可转让的强制许可。[405] 具体而言，对成员方引入和适用此种强制许可，附件规定了很多实体性和程序性条件，这些条件反映了每一阶段所必需予以平衡的各种利益。这些条件有：可以适用强制许可之前必须经过的特定期间，此种许可限于相关的国家，禁止出口依据此种许可制作的复制件，进行翻译的目标语言的条件，以及合理报酬的具体支付等。

5.233 附件中的程序性条件和实体性条件十分复杂，这也解释了为什么只有少数发展中国家利用了附件中的特权：截至2007年8月，在已经批准了全部巴黎文本及附件的153个伯尔尼联盟成员方中，有超过一半的国家是发展中国家，但是其中只有11个国家曾依据附件第Ⅰ条发表声明，它们将援用附件第Ⅱ条和/或第Ⅲ条规定强制许可。[406] 另一个理由可能是适用附件可能产生的潜在威慑效果：工业化国家的权利所有者可能更希望在有利的条件下自愿地对在发展中国家进行的利用提供许可，而不是因为面临强制许可的威慑而提供许可。与此同时，发展中国家的使用者可能实际上"依赖"严重的盗版和低水平的执法，这可能减少了他们寻求强制许可的实际需求。即使附件为发展中国家所提供的机会似乎一直只在有限的程度上被利用，但是，附件的通过仍然极具重要性，特别是对于《伯尔尼公约》能够存续具有重要意义，因为作为

---

[402] 《伯尔尼公约》第34条第（2）款；巴黎文本的生效，需要五个联盟国家批准巴黎文本的所有条款，以及法国、西班牙、英国和美国接受1971年《世界版权公约》（UCC）（《伯尔尼公约》第28条第（2）款）；也参见上文第4.22段。

[403] 对其内容的详细评论，有两个主要的例子：Ricketson/Ginsburg（同前注3）第14.50~14.102段；A Dietz, *Urheberrecht und Entwicklungsländer* (1981)。

[404] 《伯尔尼公约》第21条第（2）款。

[405] 《斯德哥尔摩议定书》另外规定了对广播权和公开传播权的限制。

[406] 关于该声明，参见 http://www.wipo.int/export/sites/www/treaties/en/documents/pdf/berne.pdf；这些国家中似乎只有少数实际上适用了强制许可，Ricketson/Ginsburg（同前注3）第14.106段。

第五章　保护文学和艺术作品伯尔尼公约（1971年巴黎文本）

在国际版权法领域拥有最多成员的公约，它的成员既有工业化国家也有发展中国家。

C. 执　　法

5.234　《伯尔尼公约》涉及版权执法的条款非常少。一个可能的原因是，关于民事、刑事或行政制裁的条款，以及关于民事和刑事程序以及其他执法条款，在传统上一直被认为是一般规则，不需要在版权立法或条约中作出专门规定。此外，加入《伯尔尼公约》的国家通常已经做好了提供有效执法的准备。不过，随着盗版的增多，尤其是在发展中国家的泛滥，情况发生了变化。[407]

5.235　《伯尔尼公约》规定了扣押条款，也规定了作者资格和其他人提起侵权诉讼或者代表作者维护和执行作者权利的推定条款。[408]

（1）扣押

5.236　《伯尔尼公约》第13条第（3）款规定，根据强制许可或者根据过渡条款在一个联盟成员方合法制作的录制品，如果被进口到另一个不适用上述条款的联盟成员方，则该国可以扣押这些录制品。[409] 该条款基本上确认了，强制许可只能适用于对其有规定的国家。从逻辑上来说，这些录制品是侵权的，因此，一旦被进口到另一个需要获得作者同意才能复制的联盟国家，该国可以扣押这些录制品。[410]

5.237　《伯尔尼公约》第16条在1886年文本中即已存在，[411] 根据该条款，联盟成员方有义务提供扣押侵权复制品的可能性；侵权复制品，即依据被请求保护国的法律应当获得作者授权，但未获得此种授权的复制品。《伯尔尼公约》第16条第（2）款进一步澄清，这一义务也适用于以下两种情形：在另一国已合法制作，但由于某种原因——例如，权利受到有效的限制，或者作品已经处于公有领域——而未获得作者授权的复制品；在这些复制品被进口到一个需要作者授权进行此种复制的联盟成员方的情况下，这些复制品侵犯了进

---

[407]　关于这一现象的更多内容，参见下文第10.103～10.104段和第10.107段，也提到了在这一背景下对发展中国家作出的让步。

[408]　《伯尔尼公约》第13条第（3）款、第16条和第15条。

[409]　同上注，第13条第（1）款和第（2）款。

[410]　关于第13条，参见上文第5.197段。

[411]　关于历史背景，参见Ricketson/Ginsburg（同前注3）第11.46段；第2段是在1908年柏林外交会议上增加的，除此之外，该条款一直没有实质性的改动。

口国的法律，因此应当予以扣押。⑫ 如作品在另一个仍然保护该作品的国家合法制作，然后进口到该联盟成员方的情况下，第 16 条不适用。⑬ 与没收（confiscation）不同，扣押只是基于临时禁令或类似的临时救济而做出的初步措施，因此，在国内法中也必须予以规定。⑭《伯尔尼公约》第 16 条第（3）款将关于扣押的程序的规定（例如对有权机关的确定）留给了国内立法。

(2)《伯尔尼公约》第 15 条

5.238 他人如要行使版权，必须提供充分的证据证明，其具有作为作者或作者的代表的资格——有时这是一项艰巨的任务。《伯尔尼公约》第 15 条为完成这一任务提供了便利，其要求在国际情形下规定大量的证据规则，即使国内法在涉及国内情形时并无这些规定。因此，这些证据规则可以被视为程序性的最低权利。⑮ 这些规则不处理作者身份的实体法问题，而只是确立了在特定情况下对作者身份或其他权利的法律推定；除非成功地提出反证，否则，该推定就可以作为初步（prima facie）证据而成立。除了第（2）款和第（4）款以外，该条文自 1886 年起一直是公约的一部分。⑯

5.239　《伯尔尼公约》第 15 条第（1）款规定，名字作为作者出现在作品上的人推定为作者；因此，任何从作者处获得权利的出版者，只能就作者身份依据这一推定，该出版者必须基于其与作者的合同另外证明其权利。⑰ 这一推定适用于作者身份，因此，也延及对侵犯任何作者权利提起诉讼的资格。适用这一推定的唯一条件是，作者的名字以"通常方式"出现在作品上。作者可以仅使用其姓名的首字母缩写（常见于艺术领域）、名字、姓氏或者同时使用名字和姓氏；相关的事项只是能毫无疑问地确定作者的身份。即使作者使用假名，只要能毫无疑问地确定其身份，仍适用上述推定。⑱ 至于对作者的身份是否有疑问，以及作者的名字是否"以通常方式"出现在作品上，应当依据国内法来确定。⑲

5.240　《伯尔尼公约》第 15 条第（2）款规定了一个有利于名字以通常

---

⑫ 关于第（2）款暗示了对一项发行权的规定的观点，参见上文第 5.131 段。
⑬ Nordemann/Vinck/Hertin/Meyer（同前注 20）《伯尔尼公约》第 16 条注释 3。
⑭ 同上注，注释 2。
⑮ 同上注，《伯尔尼公约》第 15 条注释 1。
⑯ 这些是在 1967 年斯德哥尔摩修订会议上增加的；Masouyé（同前注 127）第 15.1 段。
⑰ Nordemann/Vinck/Hertin/Meyer（同前注 20）《伯尔尼公约》第 15 条注释 5。
⑱ 《伯尔尼公约》第 15 条第（1）款第 2 句。
⑲ "通常方式"是依据起源国的法律来确定，还是依据保护国的法律来确定，关于这一争议，参见 Nordemann/ Vinck/Hertin/Meyer（同前注 20）《伯尔尼公约》第 15 条注释 2；关于不同的版本指明的名字不同的，参见同上注，注释 3。

第五章 保护文学和艺术作品伯尔尼公约（1971年巴黎文本）

方式出现在电影作品上的制作者的类似推定。制作者可以是自然人，或者公司机构。在电影作品的制作者（制片人）是电影作品的初始权利所有者的国家，例如英国，以及在作品的制作者/制片人的性质非常要紧的国家，上述条款具有重要意义。[420] 由于公约只适用于作者权，而且，只允许法人被承认为电影作品的初始所有者，因此，对于采用邻接权制度保护电影制片人的联盟成员方，该条款并不要求该国规定上述推定。

5.241 对于匿名作品或假名作品（不包括假名可以毫无疑问地确定作者身份的情况），确立一个对作者身份的推定是不可能的。在这些情况下，名字出现在作品上的出版者应当被视为作者的代表，并因此有权保护和行使作者的权利。[421] 这一推定也区分了作者和仅作为作者的代表的出版者。但是，在作者公开其身份并证实其为作者的情况下，有利于出版者的推定就不再适用。

5.242 《伯尔尼公约》第15条第（4）款的缔约背景不同于上述条款：制定该条款的目的是为了以程序性规则的形式确立主管当局有资格行使保护民间文学艺术。[422]

D. 框架和制度条款

（1）适用的时限（《伯尔尼公约》第18条）

（a）概述

5.243 在某一公约生效时，以及在某一国家加入某一公约时，必须明确公约的规则是否适用于已有的客体。《伯尔尼公约》第18条[423]以下述方式处理了这一问题：《伯尔尼公约》适用于在公约生效或（某国）加入公约时，[424] 尚未因保护期满而在起源国进入公有领域的所有作品；作品在被请求保护国也必须尚未（因保护期满）进入公有领域。[425] 联盟成员方之间缔结的专门协定或者其国内法规定的条件，诸如过渡措施，可以改变上述原则的适用。[426]

---

[420] 该条款就所有权而言对《伯尔尼公约》第14条之二第（2）款（a）项很重要，对第4条（a）项、第5条第（4）款（c）项第（i）目也很重要（联结点，起源国）。
[421] 《伯尔尼公约》第15条第（3）款。
[422] 关于对民间文学艺术的保护，参见下文第20.27~20.29段。
[423] 从1886年起，该条就被规定在《伯尔尼公约》中，在1896年和1908年被略作修订；关于历史发展，参见Ricketson/Ginsburg（同前注3）第6.113~6.116段。
[424] 关于加入公约和对其他情况的适用，参见《伯尔尼公约》第18条第（4）款。
[425] 同上注，第18条第（1）款和第（2）款。
[426] 同上注，第18条第（3）款。

5.244 今天,在《伯尔尼公约》生效之后,当有国家加入联盟或者放弃保留时,上述原则也同样适用。[127] 这一原则一直被称为《伯尔尼公约》的"追溯适用"。[128] 但是,需要澄清的是,公约对于过去发生的行为不具有追溯力,因此,公约不适用于其生效之前或加入其之前发生的任何行为。相反,《伯尔尼公约》第 18 条框架下的追溯效力,仅仅意味着公约适用于已有的作品(而非只适用于那些在公约生效之后或加入公约之后创作的作品)。

(b)《伯尔尼公约》第 18 条第(1)款和第(2)款

5.245 公约适用的作品,必须尚未"因保护期满"而在起源国进入公有领域。因此,公约适用于因其他原因而在起源国已经进入公有领域的作品,例如,因为某一类作品(例如建筑作品)在起源国加入公约之前并不受到保护。在这种情况下,自该国加入联盟以后,公约就适用于属于该类作品的已有作品,即使这些作品之前已经进入公有领域。类似的,对于那些因不符合加入公约之前的起源国国内法手续要求而在该国进入公有领域的作品,公约也予适用。[129]

5.246 "起源国"应当按照《伯尔尼公约》第 5 条第(4)款规定的含义来理解。根据《伯尔尼公约》第 19 条,联盟成员方可以提供更广泛的保护,因此它们甚至可以将《伯尔尼公约》适用于因保护期满而在起源国已经进入公有领域的作品。[130]

(c)《伯尔尼公约》第 18 条第(3)款

5.247《伯尔尼公约》第 18 条第(3)款允许联盟成员方规定适用上述原则的条件,例如,以过渡条款的形式。这样的条款可能尤其有助于保护那些对本已进入公有领域,但由于加入《伯尔尼公约》再次获得保护的作品的利用进行投资的人。过渡条款通常规定在加入公约的国家的国内法,或者双边条约中。过渡条款仅适用于接受它们的国家。

5.248 伯尔尼联盟成员方在确定适用前述条款的条件方面有一些余地。不过,这一余地并不允许联盟成员方完全不适用《伯尔尼公约》第 18 条第(1)款和第(2)款规定的原则。例如,任何过渡期都应当有适当有限的期间。

(d)《伯尔尼公约》第 18 条第(4)款

5.249 今天,关于适用的时限的规则,对于新加入伯尔尼联盟的情形,

---

[127]《伯尔尼公约》第 18 条第(4)款。

[128] 例如,Masouyé(同前注 127)第 18.1 段,提到了"追溯规则"(Rule of Retroactivity)。

[129] 有关美国恢复保护的讨论,参见 Schwartz/Nimmer(同前注 71),§6〔4〕。

[130] Nordemann/Vinck/Hertin/Meyer(同前注 20)《伯尔尼公约》第 18 条注释 5;对于一部由于保护期满而在被请求保护国已经进入公有领域的作品来说,情况是一样(第 2 段)。

第五章　保护文学和艺术作品伯尔尼公约（1971 年巴黎文本）

以及由于放弃保留而导致保护范围扩大的情形都是有意义的。㉛ 这里的保留，是指那些《伯尔尼公约》第 30 条第（2）款（b）项、附件第 Ⅱ 条和第 Ⅲ 条规定的保留，以及成员方依据早期文本所作出的各类保留。㉜ 如果某国曾作出过这样的保留，后来又将其撤回，则在遵守公约第 18 条第（1）款至第（3）款规定的条件的情况下，《伯尔尼公约》适用于由此而增加的保护。

（2）《伯尔尼公约》第 20 条中的专门协定

5.250　《伯尔尼公约》第 20 条可以追溯到 1886 年公约通过之时，㉝ 当时，《伯尔尼公约》成员方之间存在的诸多已有的双边协定，在公约通过后可以继续存续，只要这些协定提供的保护水平高于 1886 年《伯尔尼公约》。㉞ 依据最低保护原则，各代表团从一开始就同意，这些专门协定应当既不损害《伯尔尼公约》的最低保护标准，也不在其他方面与公约相抵触。因此，为了保持最低水平保护，以及防止受到联盟成员方之间后续签订的协定减损，《伯尔尼公约》第 20 条项下的任何"专门协定"，必须给予作者比公约所规定的"更多的权利"。㉟ 鉴于这一目的，只是对现有规范进行澄清，或者其他仅规定同等保护水平的条款，也是允许的，只要这些条款没有规定更低水平的保护。㊱ 此外，这样的协定不得违反《伯尔尼公约》。这一条件尤其指的是不属于公约涵盖范围内的事项的条款，例如保护表演者、版权合同法或者关于集体管理组织的条款。㊲ 这些条款通常并不违反公约，除非它们要求对版权保护施加限制。㊳

5.251　《伯尔尼公约》第 20 条的重要性，已经远远超过批准《伯尔尼公约》发展初期所存在的保护性更强的双边协议。从 20 世纪 80 年代后期开始，新一代的双边协定和区域性协定开始出现，㊴ 而且 TRIPS 也被认为构成专

㉛　《伯尔尼公约》的 18 条第（4）款。由于《伯尔尼公约》第 7 条的适用而扩大保护的情况在今天已经不再重要了，因为与这些情况有关的是柏林文本和罗马文本，依据这些文本，作者死后 50 年的期限仍然是可以选择的，联盟国家可以随时延长其保护期，Ricketson/Ginsburg（同前注 3）第 6.125 段。关于公约适用于一个新加入的国家的时刻，参见《伯尔尼公约》第 29 条第（2）款（a）项。

㉜　Ricketson/Ginsburg（同前注 3）第 6.125 段。

㉝　在 1967/1971 年之前，仅对措辞进行了细微的修订；关于历史发展，参见 Ricketson/Ginsburg（同前注 3）第 6.126～6.127 段。

㉞　上文第 4.01 段。

㉟　Ricketson/Ginsburg（同前注 3）第 6.130 段。依据该条与第 19 条（"保护"）的关系以及第 20 条的阻止降低保护的目的，更广泛的"权利"应当在"保护"的意义上来理解，以便包括，例如，一个更长的保护期（或者以便防止达成一个更短的保护期）。

㊱　Reinbothe and von Lewinski（同前注 245）WCT 第 1 条注释 8。

㊲　Ricketson/Ginsburg（同前注 3）第 6.128 段；Ficsor（同前注 240）C1.11。

㊳　关于一个例子，参见 Ricketson/Ginsburg（同前注 3）第 6.128 段。

㊴　参见下文第十二章和第十一章。

门协定。⑭⓪ 此外，在 1971 年修订会议之后，当修订公约所需要的全体一致被认为不再现实时，《伯尔尼公约》第 20 条一直是避免《伯尔尼公约》发展陷入僵局的"神奇配方"。⑭① 由于该条文允许两个或更多（即使可能是但不必须是所有）联盟成员方之间签订协定，从而避免了修订公约所要求的全体一致；因此，该条文被选择作为讨论《伯尔尼公约》可能的议定书的方式，这些讨论后来导致《WIPO 版权条约》的产生。⑭②

（3）机构条款、其他行政条款与最终条款

（a）行政机构和财务

5.252 考虑到本书的重点，在此只对行政条款与最终条款进行简要介绍。《伯尔尼公约》第 22 条至第 26 条处理的是公约的行政机构（即大会、执行委员会和国际局）和财务议题。1967 年斯德哥尔摩外交会议将这些条款纳入公约，这些条款应当结合同年通过的《建立世界知识产权组织公约》来理解。⑭③ 诸如大会和执行委员会的设立、组成和职责，国际局的职责，以及伯尔尼联盟的预算等问题，《伯尔尼公约》第 22 条至第 25 条基本上以不言自明的方式作出了规定。这四个条款只能由大会进行修订，而并非修订会议即可修订；迄今为止，对这四个条款的修订仅在 1979 年发生过一次。⑭④

（b）修订

5.253 《伯尔尼公约》第 27 条从 1886 年开始就一直是公约的一部分；该条款反映了创始成员的以下看法，即 1886 年《伯尔尼公约》所达到的保护水平，并非它们当中很多国家所希望接受的最佳保护水平，公约应当被修订以提高联盟的保护水平。⑭⑤ 这与《伯尔尼公约》第 35 条第（1）款是一致的，该条款也可以追溯至 1886 年文本，它规定：公约无限期有效。

5.254 《伯尔尼公约》第 27 条第（3）款规定的全体一致规则，被一些人认为，是保障公约项下的版权保护标准所必要的。另一些人则认为该条款具有消极效果，例如，为了进行任何修订，需要作出妥协来满足一些、甚至一个

---

⑭⓪ 例如，Ficsor（同前注 240）C1.11；关于其与《伯尔尼公约》第 20 条的一致性，参见下文第 24.10～24.11 段。

⑭① 参见上文第 4.22 段和下文第 9.05 段。

⑭② 参见下文第 17.04 段。

⑭③ 关于这一条约和关于 WIPO，参见下文第 15.02 段以下。

⑭④ 《伯尔尼公约》第 26 条。关于这些行政机构和伯尔尼联盟的预算的更多细节，参见 Ricketson/Ginsburg（同前注 3）第 16.08 段和第 16.48 段，以及，关于 WIPO 的行政机构和预算，参见下文第 15.06～15.09 段。

⑭⑤ 参见上文第 2.45 段和第 4.05 段。

第五章　保护文学和艺术作品伯尔尼公约（1971 年巴黎文本）

意见不同的国家的要求。⁽⁴⁴⁶⁾ 的确，在经历了 1971 年的困难体验之后，全体一致的要求似乎使世界知识产权组织打消了提议召开一次新的修订会议的念头。⁽⁴⁴⁷⁾ 全体一致指的是投票数，因此，联盟成员方弃权或者缺席对全体一致规则不构成影响。布鲁塞尔外交会议对此作了澄清，此次外交会议用目前的措辞代替了先前的措辞：要求"属于联盟的国家的一致同意"。⁽⁴⁴⁸⁾

（c）巴黎文本的接受和生效

5.255　《伯尔尼公约》第 28 条至第 29 条之二对联盟国家和非联盟国家规定了《伯尔尼公约》1971 年巴黎文本的接受和生效的相关规则。特别是第 28 条允许联盟成员方只接受（通过批准或加入）巴黎文本第 22 条至第 38 条的行政条款与最终条款，而不必同时接受第 1 条至第 21 条的实质性条款以及为发展中国家利益而规定的附件。制定该条款的目的是使体制改革可以尽早地得到广泛接受，对许多联盟成员方而言，这比实质性条款以及有争议的附件更容易接受。⁽⁴⁴⁹⁾ 通过向总干事交存一份单独的声明，联盟成员方可以选择以后再接受这些实质性条款。在 2007 年 7 月，仅剩 11 个联盟国家仍然不受巴黎文本的约束，对这些成员方来说，第 28 条仍然重要。

5.256　希望加入《伯尔尼公约》的非联盟国家则没有上述选择，它们必须加入包括公约所有条款在内的巴黎文本。⁽⁴⁵⁰⁾ 任何非联盟国家都可以成为《伯尔尼公约》的成员，而不需要满足任何其他条件，例如需要是 WIPO 的成员。⁽⁴⁵¹⁾

（d）保留

5.257　根据公约的规定，只有在下列情况下才允许保留附件；⁽⁴⁵²⁾ 依据第

⁽⁴⁴⁶⁾ Masouyé（同前注 127）第 27.4 段；Nordemann/Vinck/Hertin/Meyer（同前注 20）《伯尔尼公约》第 28 条注释 2。

⁽⁴⁴⁷⁾ A Bogsch, "The First Hundred Years of the Berne Convention for the Protection of Literary and Artistic Works"（1986）Copyright 291, 327；下文第 9.05 段和第 17.01 段。

⁽⁴⁴⁸⁾ Nordemann/Vinck/Hertin/Meyer（同前注 20）《伯尔尼公约》第 28 条注释 2；A Baum, "Die Brü‐seeler Konferenz zur Revision der Revidierten Berner Übereinkunft"（1949）GRUR 1, 40–41，也有关一个支持六分之五多数的提案。

⁽⁴⁴⁹⁾ Masouyé（同前注 127）第 28.3 段。关于与附件有关的问题，参见上文第 4.18～4.22 段。

⁽⁴⁵⁰⁾ 《伯尔尼公约》第 29 条。第 29 条之二规范的是与《建立世界知识产权组织公约》第 14 条第（2）款有关的一个特殊问题，参见 Masouyé（同前注 127）第 29bis.1～4 段。

⁽⁴⁵¹⁾ 同上注，第 29.2 段。

⁽⁴⁵²⁾ 《伯尔尼公约》第 30 条第（2）款，关于依据 1971 年巴黎文本之前的文本作出的保留，以及关于对第 8 条下的专有翻译权的一项保留，即使用 1886 年文本（于 1896 年修订）的条款来代替第 8 条，依据前者，如果在作品首次出版后 10 年内，作者没有通过该国的通用语言出版作品的译本而行使翻译权，则翻译权消灭；参见 Masouyé（同前注 127）第 30.4 段、第 30.5 段。

28 条第（1）款（b）项，允许联盟成员方仅接受巴黎文本的行政条款与最终条款；关于争端解决；⑬ 以及关于《伯尔尼公约》附件第Ⅱ条和第Ⅲ条项下的复制权和翻译权。这些保留可以随时撤回。⑭

(e) 对领地的适用

5.258 在《伯尔尼公约》发展早期，有的联盟成员方有殖民地，有权依据公约第 31 条宣布公约对哪些领地适用，因此，当时该条款非常重要；不过，在非殖民地化之后的今天，该条款依然重要，因为，联盟成员方在国际关系中对受其保护的领土负责的情况依然存在，例如格陵兰岛，丹麦已经声明对其适用公约，还有澳大利亚、法国、英国、美国、新西兰、西班牙和葡萄牙的领地，也存在这种情况。⑮

(f) 不同文本的可适用性

5.259 《伯尔尼公约》第 32 条对受不同公约文本约束的联盟成员方之间的关系进行了规范，制定该条款的原因是：并非所有的联盟成员方都批准了所有后续的修订文本。⑯ 截至 2007 年 8 月，罗马文本和布鲁塞尔文本仍分别有 5 个成员方，在这 10 个国家中，有 4 个已经批准了巴黎文本，但是没有批准其实质性条款。在上述情况下，两个国家之间的关系，由它们所接受的最新文本来调整。

5.260 制定《伯尔尼公约》第 34 条的目的，是为了避免成员方在巴黎文本（或者，在更早的文本中，相对最新的文本）的实质性条款生效以后加入更早的文本，从而导致公约成员方在不同文本之间发生进一步的分化。因此，在 1974 年 10 月 10 日巴黎文本生效之后，某一受罗马文本约束的国家便不能加入布鲁塞尔文本，而只能加入巴黎文本，或者只是继续适用罗马文本；此外，非联盟国家只能加入《伯尔尼公约》1971 年文本。《伯尔尼公约》第 34 条第（2）款作了以下澄清，任何国家不能再依据斯德哥尔摩文本议定书作出声明，因为该议定书已经被巴黎文本的附件所替代。

---

⑬ 《伯尔尼公约》第 33 条第（2）款；关于《伯尔尼公约》下的争端解决，参见下文第 8.23~8.26 段。

⑭ 《伯尔尼公约》第 30 条第（2）款（c）项、第 28 条第（1）款（c）项、第 33 条第（3）款。关于《伯尔尼公约》中的保留，参见 Ricketson/Ginsburg（同前注 3）第 17.22~17.33 段；关于保留的最新状态，参见 < http : //www. wipo. int/treaties/en/ShowResults. jsp? lang = en&treaty_ id = 15 >。

⑮ Ricketson/Ginsburg（同前注 3）第 17.48 段，注释 296，援引 1985 年《欧洲年鉴》。

⑯ 不过，今天，新加入的国家不能选择任何文本而必须加入最新的文本（1971 年巴黎文本）；《伯尔尼公约》第 34 条，关于这一现象，参见下文第 24.08 段。

第五章 保护文学和艺术作品伯尔尼公约 (1971 年巴黎文本)

（g）退出

5.261 国家不仅可以加入《伯尔尼公约》，也可以退出该公约。《伯尔尼公约》第35条意义下的退出，只适用于整个公约，包括所有早期文本。因此，如退出巴黎文本而适用早期的布鲁塞尔文本，是不可能的。这也与《伯尔尼公约》第32条和第34条的内在逻辑是一致的。退出只限于相关的国家，不影响其余的联盟成员方之间的关系。联盟成员方在有权退出公约之前，必须已经成为公约成员方至少5年；这可以防止公约成员方在没有充分的公约成员经历的情况下，作出任何不成熟的决定。[457]

（h）实施

5.262 《伯尔尼公约》第36条要求联盟国家采取必要措施，来保证公约的实施。该条款将必要措施的选择留给该国法律。[458] 第36条第（2）款明确规定，任何国家在受到《伯尔尼公约》约束时，应当使公约的规定付诸实施。因此，从该国受到《伯尔尼公约》约束时起，联盟成员方的作者就应当能够在新受公约约束的国家依靠《伯尔尼公约》的保护。该条款没有规定必须以任何特定的方式实施公约。联盟成员方的作者不需要直接依据公约获得保护，而可以在国内法中寻求公约的实施。[459] 国内法也可以援引《伯尔尼公约》的条款，只要其援引的条款规定明确，就可以适用。此外，国家只需要能够履行其在《伯尔尼公约》项下的义务即可；这些义务不包括对国内作者提供最低保护的条款。[460] 其他的《伯尔尼公约》重要条款将在本书的其他章节予以介绍。[461]

---

[457] Masouyé（同前注127）第35.2段。

[458] 关于国际条约的这一标准组成部分，参见下文第8.11段。

[459] 关于国内适用的这一方面，参见下文第8.11~8.13段；例如，在美国《伯尔尼公约实施法》将公约确定为非自执行公约的情况下，参见《美国法典》第17章第104条（c）项和众议院报告100-609，第28页。

[460] 《伯尔尼公约》第5条第（1）款和下文第5.08段以下；Nordemann/Vinck/Hertin/Meyer（同前注20）《伯尔尼公约》第36条注释2似乎认为，对自己的国民也应当承认最低权利。

[461] 关于与争端解决有关的《伯尔尼公约》第33条，参见下文第8.23~8.26段，关于与语言有关的第37条第（1）款，参见下文第7.11~7.12段；此外剩余的条款，大多是不言自明的。

第六章
1961 年《罗马公约》①

A. 保护原则

(1) 国民待遇原则和最低限度权利原则

(a) 受保护的资格

6.01 与《伯尔尼公约》相比，对于国民待遇原则和最低限度权利原则的适用，《罗马公约》规定了一个非常简单的制度：对国民待遇进行了定义，② 确定了受保护的资格标准，并且通过定义对该标准进行了补充。③ 不过，《罗马公约》没有采用起源国的概念。④《罗马公约》列出的资格标准分别⑤适用于表演者、录音制品制作者和广播组织。列出的标准可以选择性适用；因此，例如，满足《罗马公约》第 4 条（a）项、（b）项或（c）项规定的三个条件中的任何一个，即足以使公约可以适用于表演者。各项资格标准都显示，起草者的意图是打算使《罗马公约》与《伯尔尼公约》一样，仅适用于国际情况。⑥ 不过，与《伯尔尼公约》一样，《罗马公约》的缔约国通常都已经作出了决定，将公约项下的最低保护标准不仅适用于国际情形，也适用于国内情

---

① 关于对《罗马公约》的历史发展的一个概述，参见上文第 4.49~4.59 段。
② 《罗马公约》第 2 条第 (1) 款。
③ 同上注，第 3 条。
④ 不过，海牙草案仍然使用了"起源国"这一术语，并且规定了在起源国以外的国家的保护（参见第 3 条和第 4 条中的定义），(1960) Droit d'auteur 161, 163。
⑤ 《罗马公约》第 4 条、第 5 条和第 6 条。
⑥ 在罗马外交会议上提出的一个旨在将公约的适用扩展至国内情形的提案被否决了；参见 E Ulmer, "The Rome Convention for the Protection of Performers, Producers of Phonograms and Broadcasting Organizations—Part II" [1963] 10 Bulletin of the Copyright Society of the USA 165, 171。

形,以避免任何对其自己的权利持有人的歧视。

(i) 表演者受保护的资格标准

6.02 概述 与《伯尔尼公约》不同,《罗马公约》没有将国籍作为一项资格标准,主要是考虑到进行集体表演的管弦乐队或其他乐团的成员可能有不同国籍,因此可能引发一些问题。⑦《罗马公约》另外规定了三项选择性标准。依据第一项标准:表演在另一个缔约国进行。⑧ 规定第二项和第三项标准⑨的目的,是为了确保在录制或播放表演的录音制品或广播有资格受到公约保护的任何情况下,表演者都能受到保护,即使表演没有发生在被请求保护的另一缔约国,甚至该表演没有发生在任何一个《罗马公约》的成员方。

6.03 发生在另一缔约国的表演 例如,一位具有任何国家国籍(即使其来自非缔约国)的小提琴家在法国(缔约国)举办了一场独奏会,后来,对这场独奏会的广播或录音在比利时(也是缔约国)被利用,依据《罗马公约》第4条(a)项,小提琴家在比利时可以受到公约保护,但是,在表演发生地的法国不能受到公约保护(实际上,在这种情况下,表演者可以在除了法国以外的任何其他缔约国受到公约保护,在法国只能适用国内法)。

6.04 录制在有资格获得保护的录音制品上的表演 如果表演被录制在录音制品上,而该录音制品依据《罗马公约》第5条的标准,本身可获得保护,则该表演也可获得保护。例如,在上述假设的案例中,如果表演者在法国请求获得保护,而其在法国的表演被一个比利时国籍的制作者录制,则该表演者在法国受保护。⑩ 录音制品在比利时首次发行的情形,也同样如此。⑪ 在上述两种情况下(表演发生在法国,制作者具有比利时国籍,或者在比利时首次发行),依据《罗马公约》第4条(b)项,表演者不仅可以在法国请求获得保护,而且可以在除比利时之外的其他所有缔约国请求获得保护。⑫

6.05 《罗马公约》第5条规定的另一个标准,是在另一个缔约国固定;⑬ 在上述假设的案例中,如果表演者在固定发生地的法国请求获得保护,

---

⑦ C Masouyé, *Guide to the Rome Convention and the Phonograms Convention*(1981)RC 4.7.
⑧ 《罗马公约》第4条(a)项。
⑨ 同上注,第4条(b)项和(c)项。
⑩ 同上注,第4条(b)项,结合第5条第(1)款(a)项。
⑪ 同上注,第4条(b)项,结合第5条第(1)款(c)项。
⑫ 比利时不符合标准,因为它是国籍国/首次发行国,而非"另一个"缔约国,同上注,第5条第(1)款(a)项、(c)项。
⑬ 同上注,第5条第(1)款(b)项。

则不满足该标准。⑭ 表演者只能以与《罗马公约》第 4 条（a）项的相同方式适用这一标准；即表演者在除法国之外的其他缔约国请求获得保护。因此，这一标准通常不会增加任何有资格受到保护的可能性。

6.06 因此，在录音制品的制作者是比利时人，或者录音制品在比利时首次发行的情况下，依据第 4 条（b）项，并结合第 5 条第（1）款（a）项和（c）项的规定，表演者可以在除比利时之外的其他所有缔约国受到保护。在《罗马公约》第 4 条（a）项不适用时，例如：表演发生在非缔约国，或者发生在缔约国、但表演者在该国请求保护的情况，这些与录音制品受保护的资格有关的标准可能尤其重要。⑮ 此外，与《罗马公约》第 4 条（a）项（即表演地）一样，表演者可以在除了其录音制作地——法国之外的其他所有缔约国受到公约保护。⑯

6.07 由有资格获得保护的广播播放的表演 如果播放表演的广播本身依据《罗马公约》第 6 条受保护，则该表演也受保护。这一标准只适用于对录制有表演的视听固定物⑰进行广播或者对表演进行直播的情形，而不适用于对录制有表演的录音制品进行广播的情形。例如，在上述情况下，将现场表演从法国向比利时广播，如果广播组织的总部设在法国，或者广播是由位于法国的发射机构传输，则表演在比利时（以及除法国之外的其他所有缔约国）受到公约保护。

6.08 制度缺陷 这一涉及资格标准的制度可能导致下述情况无法受到保护，即 A 缔约国的国民在 B 缔约国进行表演，而 B 国只保护本国表演者和受《罗马公约》保护的表演者。⑱ 具体而言，这种情况不符合《罗马公约》第 4 条（a）项的规定。因此，该 A 国的国民将不能在 B 国受到保护（但是，他可以在其他所有缔约国受到保护）。⑲

---

⑭ 一般而言，固定发生在表演地（此处：法国）；将表演从一个现场广播或其他传播固定下来的可能性，在迄今为止的实践中没有很大的重要性，因为音质会有减损。不过，如果固定以同样方式发生在除了法国以外的另一个缔约国，则表演者可以在法国请求保护。

⑮ 另一个标准，即首次固定［《罗马公约》第 4 条（b）项，结合第 5 条第（1）款（b）项］，通常不影响表演受保护的资格，因为首次固定和表演通常发生在同一个国家，此时第 4 条（a）项已经适用了（参见上文注释 14）。

⑯ 不过，注意上文注释 14。

⑰ 不过，关于实质保护，参见《罗马公约》第 19 条和下文第 6.45～6.49 段。

⑱ 仅保护本国的国民或居民是很常见的，参见上文 1.11 段。

⑲ 德国代表团提议，依据《伯尔尼公约》第 5 条第（3）款的模式弥补这一漏洞（即在公约不适用的情况下，对起源国的非国民至少给予同等待遇，参见上文第 5.35～5.36 段），不过，该提议被其他代表团否决了，特别是美国代表团，其认为这一情况不属于一个国际情况，参见 Ulmer（同前注 6）第 172～173 页。

6.09　(ii) 录音制品制作者受保护的资格标准　录音制品制作者受保护的三项资格标准是国籍，在另一个缔约国首次固定以及在另一个缔约国首次发行。尽管国籍标准是一项强制性标准，不过，缔约国可以选择仅规定首次发行标准，或者仅规定首次固定标准。[20] 公约之所以采取此种方案，是为了在立场分歧的各方之间达成必要的妥协。尤其是，海牙草案[21]曾提议，对于未发行的录音制品，以缔约国国民在另一缔约国首次固定为标准。该累积适用标准被认为过于严格，因为固定地常常是偶然的结果；例如，它可能取决于艺术家举办音乐会的地点。就已发行的录音制品而言，草案提议的首次发行地国这一标准被认为过于广泛，因为该标准将使得来自《罗马公约》成员方以外的国家的制作者，通过在某一《罗马公约》成员方首次发行（包括在首次发行30天内发行[22]）而很容易地在《罗马公约》成员方获得保护；但是，来自《罗马公约》成员方的制作者在《罗马公约》以外的国家将不能获得保护。尤其是，通过同时在加拿大或者英国发行，美国的制作者可以很容易地在所有《罗马公约》成员方获得保护，即使美国不是《罗马公约》的成员方（它确实不是）。[23] 此种情形与《伯尔尼公约》曾经经历的情形类似，不过，《伯尔尼公约》通过1914年附加议定书以及后来的《伯尔尼公约》第6条解决了这一问题。[24]

6.10　《罗马公约》最终采用的妥协方案来源于德国的一项提案，该提案指出公约的目的在于保护缔约国的录音产业。根据该提案，达到上述目的的最好方式是，以国籍为标准保护已发行和未发行的录音制品的制作者，并允许缔约国在首次固定和首次发行之间再选择一项标准（甚至可以同时规定二者，并允许择一适用）。[25] 因此，如果某一国家选择不适用首次固定标准，该国必须基于国籍标准保护未发行的录音制品，并基于国籍标准和首次发行标准保护已发行的录音制品。如果该国选择不适用首次发行标准，则必须基于国籍标准和首次固定标准保护已发行的录音制品和未发行的录音制品。[26]

---

[20]　《罗马公约》第5条第（3）款；不过，关于《罗马公约》第17条下的例外，参见下文第6.11段。

[21]　海牙草案第4条（b）项，结合第3条，(1960) Droit d'auteur 161, 163；关于海牙草案，参见上文第4.59段。

[22]　即《罗马公约》第5条第（2）款中定义的"同时发行"，参见下文第6.12段。

[23]　关于这个例子，参见 Ulmer（同前注6）第174页。

[24]　参见上文第4.11段和第5.49～5.52段。

[25]　《罗马公约》第5条第（1）款和第（3）款，关于排除适用的声明。

[26]　截至2007年8月，86个缔约国中的12个缔约国已经排除了固定标准，19个国家排除了发行标准；就罗马尼亚而言，并未作出详细说明，http://www.wipo.int/export/sites/www/treaties/en/documents/pdf/rome.pdf；加拿大已经排除了这两个标准，尽管《罗马公约》第5条第（3）款并未这样规定。

6.11 不过,由于丹麦和瑞典不久前刚刚通过了新的法律,修改法律对它们而言是非常困难的;因此,为了满足这两个国家的需要,《罗马公约》规定了对第 5 条的例外。根据该例外,如果一个国家在《罗马公约》签署之日[1971 年(原文如此,实际上应当是 1961 年,译者注)10 月 26 日]仅根据固定标准对录音制品制作者以保护,则该国可以在加入公约时作出保留,声明仅适用固定标准,而不适用国籍标准和首次发行标准。㉗ 该保留可以依据《罗马公约》第 18 条予以撤回。

6.12 如录音制品制作者是公司或法人,其国籍应根据国际私法规则予以确定;即其总部所在地国(大陆法系概念)或者公司设立和存续所依据的法律所属国(英美法系概念)。㉘《罗马公约》对"发行"进行了明确的定义,仅指提供复制品的行为,而不包括生产复制品,㉙ 并要求复制品以适当数量向公众提供。"适当数量"可以被解释为满足公众的合理需求所必需的数量。㉚ 同时发行的情况也被视为在一个缔约国"首次发行";同时发行,即在某一非缔约国首次发行后三十天内在某一缔约国发行。㉛ 这一条款考虑到了发行的准确日期通常不能由制作者控制这一事实。因此,这一条款也允许非缔约国的制作者很容易在所有缔约国得到《罗马公约》的保护。㉜ 该条款参考了《伯尔尼公约》第 3 条第(4)款的模式。

6.13 (iii)**广播组织受保护的资格标准** 对于广播组织,公约规定了两个可供选择的标准:㉝ 广播组织的总部设在另一缔约国,或者广播是由设在另一缔约国的发射台传输的。第二个标准允许总部在《罗马公约》成员方以外的国家的任何组织在《罗马公约》缔约国享受保护,只要其发射台位于某一

㉗ 《罗马公约》第 17 条;截至 2007 年 8 月,两个缔约国已经作出了这一保留;Masouyé(同前注 7)《罗马公约》第 17.3 段。

㉘ W Nordemann, K Vinck, P Hertin, and G Meyer, *International Copyright* (1990) Art 5 RT n 3.

㉙ 《罗马公约》第 3 条(d)项;Ulmer(同前注 6)第 173 页,关于采用该定义之前的相关讨论。

㉚ Masouyé(同前注 7)《罗马公约》第 3.12 段联系了《伯尔尼公约》第 3 条第(3)款中的类似措辞;Nordemann/Vinck/Hertin/Meyer(同前注 28)Art 5 RT 注释 5 和 SM Stewart, *International Copyright and Neighbouring Rights* (2nd edn, 1989) n 8.13 甚至主张,发行必须由制作者授权,并援引了《伯尔尼公约》第 3 条第(3)款,该条款明确作出了此种规定;他们认为,不需要在两个密切相关的公约中作出不同的回答。

㉛ 《罗马公约》第 5 条第(2)款。

㉜ 关于相关的犹豫和《罗马公约》第 5 条第(3)款采纳的最终得出的妥协方案,参见上文第 6.09~6.10 段。

㉝ 《罗马公约》第 6 条。

缔约国。缔约国可以选择只适用累积性标准。㉞ 这一可能性允许英国在 1961 年继续适用其 1956 年版权法中新采用的解决方案。㉟

(b) 权利所有者和客体的定义

6.14 （i）**表演者和表演** 表演者、录音制品制作者和广播组织不仅需要满足资格标准，还必须属于《罗马公约》第 3 条的定义的涵盖范围。《罗马公约》规定了一系列的定义，仅这一事实即可体现英美法系对公约起草的影响；大陆法系国家的法律都是在相关用语出现的上下文中插入定义。㊱

6.15 尽管"表演者"的定义基本上是不言自明的，㊲ 不过，以下几点内容还是值得注意。首先，只有"文学或艺术作品"的表演者是受保护的；作品的概念应依据《伯尔尼公约》和《世界版权公约》来理解。㊳ 作品是否仍受保护，无关紧要；对莎士比亚戏剧的表演，也属于定义的涵盖范围。不过，如果表演的对象不是"作品"，例如（一般而言）马戏或者杂耍节目、花样滑冰比赛节目或者民间文学艺术，则这样的"表演者"不属于《罗马公约》规定的表演者。缔约国认为，如果不这样规定，"表演者"这一用语的范围将会过于模糊和宽泛。不过，为了承认保护这些其他表演者也具有正当性，公约明确作了以下澄清：缔约国也可以依据国内法律保护这些不是表演作品的艺人，例如马戏表演艺人或者杂耍艺人。㊴ 1996 年《WIPO 表演和录音制品条约》首次规定，缔约方有义务保护民间文学艺术的表演者。㊵

6.16 第二，法语"*artiste – interprète ou exécutant*"比英语"performer"更能清晰地体现，表演者这一概念不仅包括那些表演作品的人，也包括那些表现（interpret）作品的人，正如定义本身通过例子所说明的那样。至于应如何区分"表现"和"表演"，是存在争议的。㊶ 无论如何，该定义尤其包括以下情形：所有自己进行表演的人，不论是单独进行还是集体进行，例如独奏者和乐团成员；以及那些不直接进行表演但是对具体表演有直接影响的人，例如舞台导演

㉞ 《罗马公约》第 6 条第（2）款；截止 2007 年 8 月，86 个缔约国中的 20 个缔约国已经作出了相关声明。

㉟ Ulmer（同前注 6）第 176 页。

㊱ 同上注；也参见上文第 3.23 段。

㊲ 《罗马公约》第 3 条（a）项。

㊳ 外交会议记录中关于对表演者、录音制品制作者和广播组织的国际保护的内容，总报告人报告（下文简称"总报告"）（1968）第 39～40 页；Masouyé（同前注 7）《罗马公约》第 3.1 段。

㊴ 《罗马公约》第 9 条。参见总报告（同前注 38）第 46 页；Masouyé（同前注 7）《罗马公约》第 9.4 段；Ulmer（同前注 6）第 177 页。

㊵ 参见下文第 17.133 段。

㊶ 参见 J Reinbothe 和 S von Lewinski, *The Wipo Treaties* 1996（2002）WPPT 第 2 条注释 27（以及进一步引用）；下文第 17.133 段。

和管弦乐队或其他乐团的指挥。㊷ 与之相反，从事任何辅助活动的人，例如与实际表演有关的技术性或组织性协助，并不属于前述定义的涵盖范围。至于所谓的"临时演员"或"群众演员"，也是如此。在很多情况下，例如灯光或音响，是否构成表演，取决于其对舞台上实际表演的具体影响。

6.17 就团体而言，例如管弦乐队和其他乐团，其中的个体成员是表演者。为了便利他们共同行使其权利，缔约国可以在国内法中明确规定他们在这种情况下的代表方式。㊸

6.18 如果表演者表演自己创作的作品——此种情形对于歌手而言比较常见，则该表演者既是《罗马公约》第3条（a）项规定的表演者，与此同时也是作者，而对作者的保护应依据诸如《伯尔尼公约》等版权条约来确定。在这种情况下，必须区分权利人寻求保护的不同客体，即一方面是表演，另一方面是作品（即歌曲）。

6.19 公约对表演者的保护客体（即表演）没有加以定义。不过，从逻辑上来看，表演指的是公约㊹所描述的表演者本身进行的行为。㊺

6.20 （ii）**录音制品和录音制品制作者** 大陆法系国家通常使用"录音制品"（phonogram）这一用语，它与英美法系国家通常使用的"唱片"（sound recording）一词是同义语。事实上，"phonogram"一词来源于希腊语，在希腊语中，"*phonoi*"表示声音，"*graphos*"表示书写。"录音制品"被定义为"对声音的专门固定"。㊻ "声音"是指可以为人类的耳朵感知到的任何事物，因此，它是通过声波从源头传到人类的耳朵。㊼ 声音的来源多样，例如，来自对作品或非作品的表演，来自自然，如鸟叫声，㊽ 或者来自街上的噪声。因此，这一定义包括任何类型的声音，但是，通过"专门"这一措辞，定义排除了任何与图像相结合的声音的固定物，例如视听固定物。因此，电影（包括电视节目）的音轨，原则上不受《罗马公约》保护；㊾ 电影产业在罗马

㊷ 总报告（同前注38）第40页；也参见 Masouyé（同前注7）《罗马公约》第3.3段；Nordemann/Vinck/Hertin/Meyer（同前注28）Art 3 RT 注释3。

㊸ 《罗马公约》第8条。

㊹ 同上注，第3条（a）项。

㊺ 一个单独的定义被认为是多余的，参见总报告（同前注38）第40页；Masouyé（同前注7）《罗马公约》第3.5段。

㊻ 《罗马公约》第3条（b）项。

㊼ 关于 WPPT 第2条（b）项将该定义扩展至"声音表现物"，以包含新的技术发展，参见下文第17.134段。

㊽ 参见总报告（同前注38）第40页。

㊾ Nordemann/Vinck/Hertin/Meyer（同前注28）Art 3 RT 注释11；Ulmer（同前注6）第177页。

外交会议上已经强有力地代表了自己的利益。[50] 不过，缔约国可以在国内法中自由地将任何视听固定物中的声音部分也作为录音制品予以保护。[51] 独立于视听固定物利用的音轨，应当被视为录音制品。[52] 1961年以后，将声音和图像相结合的方法变得多样，以至于不可能再明确地区分录音制品和电影，因此，上述录音制品的定义引发了很多问题，并且受到批评。[53] WPPT第2条（b）项试图进一步厘清录音制品与电影之间的界限。[54]

6.21 录音制品制作者，可以是自然人或法律实体；[55] 后者包括任何公司或企业，其不必完全根据国内法有关"法人"的规定予以设立。[56] 公约将法律实体也纳入为权利所有者，反映了录音制品制作者权是邻接权（在大陆法系下）的性质，其保护的不是智力创作，而是录音制品制作中的组织、技术和资金投入；因此，与作者权不同，录音制品制作者权的所有权归属不限于单独的自然人。

6.22 录音制品制作者被定义为对声音进行首次固定[57]的人，固定行为是由自然人借助技术手段实施的。不过，依据上述保护标准，"制作者"一词一直被认为是指对首次固定负责的公司或者其他企业。因此，制作者是唱片公司而非其雇用的录音师，即使对声音的实际固定是由录音师实施的。[58] 当广播组织自己进行录音室录制时，该广播组织具有录音制品制作者的性质，而不管其一旦广播了该录音制品的声音之后，其可能另外具有的广播组织性质。此外，在《罗马公约》中，制作录制品的个人也可以是录音制品制作者。

6.23 那些仅对母带实施复制行为的人，不是录音制品制作者；而且，其需要从进行首次固定的制作者那里获得许可进行复制。作为实际制作者的个人或公司可能太小，无力出售和发行录音制品，此时，对于那些为他们出售和发行录音制品的主体，上述结论同样适用。类似的，那些以数字形式复制模拟录

---

[50] 参见 Nordemann/Vinck/Hertin/Meyer（同前注28），第Ⅲ部分，第219页、第242页，关于《罗马公约》第19条。

[51] 例如，法国法似乎将音轨包含在录音制品中，参见 A Lucas and HJ Lucas, *Traité de la propriété littéraire et artistique* (3rd edn, 2006) n 1002。

[52] 不过，关于获得这一结果的条件是有争议的，参见 Nordemann/Vinck/Hertin/Meyer（同前注28）Art 3 RT 注释11，其中认为，固定的目的必须至少曾经是为了纯粹的听觉的利用。

[53] 同上注；特别是，音乐影片的情况带来了这样的问题。

[54] 参见下文第17.135段，以及进一步的引注。

[55] 《罗马公约》第3条（c）项。

[56] 关于回应澳大利亚政府的担忧的这一声明，参见 Ulmer（同前注6）第178页。

[57] 首次固定不是（后来）用来压制录音制品的母带，而是实际上的首次固定，参见同上注，第177页。

[58] 关于这一结果，参见总报告（同前注38）第40页。

制品的，也不是录音制品制作者。即使录音师使“重新灌录版”（remastering）提高了音质，这一过程也不构成对声音的“首次固定”，因此，不会为新产品产生额外的保护。相反，以数字形式重新灌录已有录音制品的自然人或公司，为了从事这一行为，必须取得该已有录音制品的权利，然后才能依据该许可从事相关行为。

6.24　（iii）广播组织和广播　公约没有对广播组织进行定义。曾经有提案建议对广播组织进行定义，不过该提案被撤回了，但是，对该提案的讨论反映了代表们的以下认识：广播组织不是拥有技术设备的实体，而是为发射台准备或提供材料的组织。此外，为广播组织制作节目的独立制作者以及节目的赞助者不应被认为是广播组织。(59) 即便不考虑1961年外交会议讨论的这些线索，仅从逻辑上进行推论，即可得出以下结论：广播组织应当被认为是指那些组织《罗马公约》第3条（f）项所定义的广播活动的机构。第3条（f）项的定义既包括无线电广播，也包括电视广播，因为定义提及了声音或图像和声音。该定义限于广播，而不包括转播，因此，那些仅转播其他广播组织的广播的机构，其本身不是广播组织。(60)

6.25　第3条（f）项的定义显然只包括传统的通过赫兹电波进行的传输，因此，不包括任何有线传输，(61) 例如有线广播、网络广播（就通过有线方式传输而言）以及有线转播（retransmission）、同步联播（simulcasting），以及由另一广播组织通过有线形式进行的任何其他转播。(62) 卫星广播是通过无线方式进行；不过，卫星广播是否属于上述定义的涵盖范围，一直是存在争议的，原因主要是因为定义中的传输必须是“供公众接收的”。分布式卫星（distribution satellites）与点对点传输（point to point transmission）的情况并不完全满足这一条件：因为它们是首先向卫星传输，第二步才向公众传输；或者是首先进行点对点传输，然后再从地面接收站进行再传输，供公众接收。(63) 不过，现在大多数人都已经接受了以下观点：通过分布式卫星进行的广播属于《罗马公约》的涵盖范围，即使公众只能通过地面接收站间接接收广播，因为必须考虑上载到卫星、然后回到地面接收站、再从接收站到最终的接收者——公众的整个完

(59) 总报告（同前注38）第41页。

(60) 参见《罗马公约》第3条（g）项中的定义；关于再传输组织，欧盟租赁权指令（EC Rental Dir）第6条第（2）款规定了一个明确的、效果相同的解决方法，参见第Ⅱ卷第6章。

(61) 参见总报告（同前注38）第40页；奥地利的提议纳入有线传输的提案被否决。

(62) 《罗马公约》第3条（g）项中的“转播”的定义依赖于“广播”的定义。

(63) 也参见上文第4.70段；这些观点增加了对于在《罗马公约》之外采纳《布鲁塞尔卫星公约》的必要性的认识。

整行为。(64) 不过，没有进一步向公众传输的点对点传输，不属于《罗马公约》的涵盖范围。(65)

（c）国民待遇原则的范围及例外

6.26 **（i）范围** 如果权利所有人属于相关定义的涵盖范围，并且满足资格标准，(66) 就可享有公约的最低限度保护原则(67)以及国民待遇原则。对国民待遇的定义涉及三类权利所有人。(68) 例如，属于《罗马公约》保护范围的表演者，如果其表演在某一缔约国发生、被广播或被首次固定，可在该国请求获得与该国国内法为其本国表演者提供的相同待遇。简单地说，即国内法对其认为属于本国表演、录音制品和广播所提供的待遇。

6.27 不过，国民待遇要受到某些例外的限制。(69)《罗马公约》第 2 条第（2）款规定：国民待遇应“服从”公约的最低限度保护，这是否也构成对国民待遇范围的限制，还不十分明确。可能有人认为，这一措辞意味着，不仅在最低限度权利比国内法规定更为广泛的情况下必须授予最低限度权利，而且，在国内法的规定比最低限度权利更为广泛时，也应适用最低限度权利，因此，国民待遇将限于公约提供的最低保护标准。(70) 换句话说，国民待遇将没有自身价值，而仅限于与最低权利具有相同的效果。另一种解释方法则认为，国民待遇的范围不限于《罗马公约》提供的最低限度权利。(71) 尽管后来缔结的条

---

(64) 关于对争议的一个详细讨论和其中的论证理由，参见 Nordemann/Vinck/Hertin/Meyer（同前注 28）Art 3 RT 注释 22 ~31，特别是注释 26 ~29；Stewart（同前注 30）no 10. 03；关于欧洲有线转播与卫星广播指令（European Cable and Satellite Directive）中采纳的解决方法，参见第Ⅱ卷第 8 章。

(65) 总报告（同前注 38）第 40 页，列出了向在海上的船舶、飞行的飞机、在城市中行驶的出租车传输的例子。

(66) 另外，公约必须在时间上可以适用，参见《罗马公约》第 20 条和下文第 6. 76 段。

(67) “具体给与的保护”，参见《罗马公约》第 2 条第（2）款，结合第 7 条、第 10 条、第 12 条和第 13 条下的最低权利，以及其他的最低标准，例如《罗马公约》第 14 条关于保护期的规定，参见下文第 6. 37 段以下。

(68) 《罗马公约》第 2 条第（1）款。

(69) 同上注，第 2 条第（2）款，授予了“服从于……本公约具体规定的限制”的国民待遇，参见下文第 6. 28 ~6. 31 段。

(70) 关于这一解释，参见 J Reinbothe，M Martin - Prat，and S von Lewinski，“The New WIPO Treaties：A First Resume”［1997］EIPR 171；J Reinbothe and S von Lewinski，“The EC Rental Directive One Year after its Adoption：Some Selected Issues”［1993］Ent LR 169，177；J Reinbothe and S von Lewinski，*The EC Directive on Rental and Lending Rights and on Piracy*（1993）203 - 204；A Sterling，*World Copyright Law*（1998）508；B Knies，*Die Rechte der Tonträgerhersteller in internationaler und rechtsvergleichender Sicht*（1997）7 - 8。

(71) 参见 P Katzenberger，“Inländerbehandlung nach dem Rom - Abkommen” in C Heath and P Ganea（eds），*Urheberrecht：Gestern - Heute - Morgen*，*Festschrift für Adolf Dietz zum 65. Geburtstag*（2001）481，487 - 491；早期的评论者不经常专门地阐述这一问题，而似乎是遵循《伯尔尼公约》下的国民待遇的概念，但后者不受最低权利的限制。

约——TRIPS 和 WPPT，都已经明确地将国民待遇的范围限于最低限度保护的范围，(72) 但是《罗马公约》中国民待遇的情况却并不明确。(73)

6.28 （ii）国民待遇的例外 《罗马公约》对国民待遇规定了极少数的例外：缔约国为了限制授予的保护可以作出保留；在这些情况下，另一缔约国对于其为作出保留的国家所提供的保护，可以作出相应的限制。这样就可以避免不平衡现象发生；由于这个原因，可以合理地认为，实质性互惠不仅要求对不同国家的法律规定进行单纯的比较，也要求将行使某一权利的主要实践差异考虑进来。允许实质性互惠的两种情况分别是，表演者和录音制品制作者对二次使用的获得报酬权，(74) 以及广播组织的传播权。(75)

6.29 下面列举一个有关二次使用的例子：缔约国 A 作出了保留，目的是不授予或不完全授予有关二次使用的获得报酬权；完全授予了这些获得报酬权的缔约国 B，可以将其对 A 国国民制作的录音制品的保护，限制在 A 国保护 B 国的国民制作的录音制品的范围和期限内。(76) 例如，假设在缔约国 X、Y 和 Z 中，X 国和 Z 国完全适用获得报酬权，Y 国依据《罗马公约》第 16 条第（1）款（a）项（i）目规定的保留，声明该国不适用获得报酬权，而 Z 国依据《罗马公约》第 16 条第（1）款（a）项（iv）目声明，该国将适用实质性互惠。如果 X 国的国民制作的商业录音制品在 Z 国的舞厅播放（即向公众传播），则应当支付 Z 国规定的报酬。不过，如果前述录音制品是由 Y 国国民制作，则不需要在 Z 国支付报酬。

6.30 不过，如果某一缔约国对表演者和录音制品制作者都授予了获得报酬权，而另一缔约国仅对表演者或仅对录音制品制作者授予了获得报酬权，再或者如没有保留地适用《罗马公约》第 12 条那样，两个缔约国没有将获得报酬权授予同一类受益人，在这些情况下，不能适用实质性互惠。(77) 实践中认为，在大多数情况下，两类主体无论如何都会受益，例如基于合同，因此，在这种情况下适用实质性互惠不具有正当性。(78)

---

(72) 关于 TRIPS，参见下文第 10.34 段，关于 WPPT，参见下文第 17.45～17.46 段。

(73) 关于对这一问题的一个更详细的讨论，参见下文第 7.34～7.40 段。

(74) 《罗马公约》第 12 条，结合第 16 条第（1）款（a）项（i）～（iii）目（保留）、（iv）目（互惠）。关于单独的保留，参见下文第 6.57 段和第 6.65 段。

(75) 《罗马公约》第 13 条（d）项，结合第 16 条第（1）款（b）项。

(76) 同上注，第 16 条第（1）款（a）项（iv）目；不过，B 国必须在一个通知中声明，其将适用互惠。截至 2007 年 8 月，86 个缔约国中的 30 个缔约国已经声明其将适用互惠；在这一背景下，必须考虑到有 10 个国家甚至根本不适用第 12 条，参见下文注释 146。

(77) 《罗马公约》第 16 条第（1）款（a）项（iv）目后半句。

(78) Ulmer（同前注 6）第Ⅲ部分，第 219 页、第 231～232 页。

6.31 在实质性互惠的情况下，如果某一缔约国依据《罗马公约》第13条（d）项授予了广播组织向公众传播权，另一缔约国依据《罗马公约》第16条第（1）款（b）项声明提出保留：该国将不适用《罗马公约》第13条规定的该传播权，则前一缔约国没有义务向总部位于后一缔约国的广播组织授予该项权利。⑦⑨

（2）有限的手续（《罗马公约》第11条）

6.32 尽管《伯尔尼公约》规定：就外国作品的版权保护而言，成员方不能要求任何手续作为前提条件；但是，《罗马公约》第11条并没有完全排除手续的要求。与此同时，该条并不允许规定任何类型的手续作为受保护的前提条件。该条采用了折中的方案：如果一个缔约国要求手续，那么，只要履行了《罗马公约》第11条规定的手续，就被认为完全满足了该国的手续要求。这一方案为录音制品制作者的工作提供了便利，否则，录音制品制作者将不得不满足各缔约国所要求的不同手续。依据《罗马公约》第11条，制作者履行了该条的手续要求，就被视为已经满足了缔约国的所有手续要求。《罗马公约》接受了手续作为保护的一个条件这一事实，是对英美法系传统国家的让步；该条款参考了《世界版权公约》第三条第（一）款的规定。⑧⓪

6.33 当然，缔约国没有义务规定任何手续要求；因此，没有载有符号（P）和《罗马公约》第11条中列出的其他标记的录音制品，在不要求手续的国家是可以受到公约保护的。⑧① 《罗马公约》第11条仅适用于与录音制品有关的制作者权与表演者权的保护，而且，限于国际情形；因此，国内录音制品在国内市场上的利用，可能要服从于任何进一步的手续要求。⑧②

B. 保护的实质标准

6.34 一般而言，在1961年缔结《罗马公约》时，相关权的保护尚不普遍，在对相关权提供保护的地域，保护水平也有很大差别。因此，《罗马公约》规定的最低保护标准就不得不确定在一个相当低的水平——在当时已经很低，用今天的眼光看则更低。⑧③ 然而，考虑到当时在许多国家都不保护相关权或者保护的水平很低，即使一个较低的最低保护标准，在许多情况下，也比

---

⑦⑨ 《罗马公约》第16条第（1）款（b）项后半句。
⑧⓪ Nordemann/Vinck/Hertin/Meyer（同前注28）Art 11 RT 注释1。
⑧① 总报告（同前注38）第48页。
⑧② Masouyé（同前注7）《罗马公约》11.4段。
⑧③ 同上注，《罗马公约》第2.3段。

简单地规定国民待遇提供的保护更好。公约以最低限度权利的形式，分别在第7条为表演者、第10条为录音制品制作者、第12条就二次使用的获得报酬权为表演者和录音制品制作者以及第13条为广播组织规定了"具体给予的保护"[84]。《罗马公约》第14条规定了一个最低保护期。第15条规定了对所有这些权利的限制。

（1）表演艺术家的最低限度"权利"

（a）《罗马公约》第7条规定的"权利"的性质

6.35 "防止可能发生的"特定行为这一措辞，明确了对表演者提供的保护。[85] 与之相比，《罗马公约》第10条和第13条授予了录音制品制作者和广播组织"授权或禁止"特定行为的权利；《伯尔尼公约》使用了"授权"特定行为的"专有权"的措辞。这两类措辞都是着眼于规定专有权，使权利所有者可以排除其他人实施特定行为。的确，"防止可能发生的"这一措辞并不意味着"专有权"，选择这一措辞是为了包容各代表团的不同立场，尤其是那些还没有准备好授予表演者以财产权性质的私人专有权的国家的代表团。[86] 特别是，英国和其他英联邦国家仅通过刑事制裁的方式保护表演者，并且认为这一保护已经足够严厉，不应当予以改变。法国和意大利的作者联盟力量强大，反对为表演者规定专有权，因此这两个国家的代表团倾向于公约采用较为宽松的措辞，不对缔约国施加义务要求将专有权规定为最低保护标准。的确，在作者权保护十分强有力的国家，作者在很长一段时期内都成功地阻止了在国家层面为表演者规定专有权。[87] 作者担心，如果授予表演者以专有权，将对他们行使自己作品的权利产生负面影响，甚至造成阻碍。[88]

6.36 因此，对于未经表演者的同意而使用其表演的行为，《罗马公约》第7条允许缔约国通过刑事法律制裁、不正当竞争、人格权或者任何其他具有防止未经授权使用的效力的权利来保护表演者。这些救济方式的强度比专有权要弱，因为专有权可以在行为发生之前采取禁令或者其他禁止措施；不过，《罗马公约》并不允许缔约国仅规定获得报酬权或强制许可，因为它们不能制

---

[84] 《罗马公约》第2条第（2）款。

[85] 同上注，第7条第（1）款；关于对二次使用的获得报酬权这一单独的问题，参见下文第6.49~6.58段。

[86] 总报告（同前注38）第43页；Ulmer（同前注6）第Ⅲ部分，第219页、第220页；Masouyé（同前注7）《罗马公约》第7.5段；Nordemann/Vinck/Hertin/Meyer（同前注28）Art 7 RT 注释2。

[87] 例如，法国直到1985年、比利时直到1994年才规定表演者的专有权。

[88] Masouyé（同前注7）《罗马公约》第7.8段；这些担心导致了《罗马公约》第1条的规定，参见下文第6.73~6.75段。

止未经授权使用。此外，公约要求——当然这一要求已经足够了——保护应当授予由制裁确保的法律地位，这种法律地位应具有威慑或预防效果。[89] 由于《罗马公约》第 7 条规定的是最低保护标准，因此，缔约国可以自由地采用专有权的保护模式；缔约国如今也的确这样规定。

（b）表演者必须能够阻止的行为

6.37　（i）**现场广播和向公众传播**　这两种"权利"的范围都受到了极大的限制：只包括对现场表演的广播和传播。不过，《罗马公约》第 7 条第（1）款（a）项并未使用"现场"（live）一词（法语：directe），因为该词在不同的语言和不同的国家有不同的含义，而且也无法对其进行适当的定义。因此，各方决定采取以下方案：即对公约第 7 条项下的广播和传播"权"所不包括的那些表演进行明确规定。[90] 这样，如果用于广播或传播的表演之前已经被广播或固定过，则表演者对其不享有"权利"。具言之，第一，在表演已经被广播的情况下，表演者不能阻止广播。换句话说，表演者不能阻止对其已被广播的表演的转播。第二，表演者不能阻止对已固定的表演的广播，例如，某一广播组织使用商业录音制品、使用在自己的录音室制作的录制品或者使用临时录制品[91]进行广播。在这种情况下，表演者只能享有获得报酬权，且只有在使用的是商业录音制品的情况下才能适用该权利。[92] 第三，表演者不能阻止将已经被广播的表演向公众传播。换句话说，表演者不能阻止在宾馆、酒吧和其他向公众开放的地方播放载有表演的广播或电视节目。第四，表演者不能阻止使用录制品进行的传播。例如，表演者不能阻止在电影院播放电影[93]，或者在舞厅、酒店、酒吧等地方播放载有表演的录音制品；不过，在第四种情况下，只有当相关情形是商业录音制品被用于向公众传播时，表演者才享有获得报酬权。[94]

6.38　从《罗马公约》第 3 条（a）项和（f）项的定义来看，现场广播权和传播权包括对声音和视听表演的使用。《罗马公约》对"广播"的定义仅

---

[89]　总报告（同前注 38）第 43 页；Masouyé（同前注 7）《罗马公约》第 7.4 段、第 7.2 段；Nordemann/ Vinck/Hertin/Meyer（同前注 28）Art 7 RT 注释 4～6；Ulmer（同前注 6）第Ⅲ部分，第 219 页、第 220 页。

[90]　参见《罗马公约》第 7 条第（1）款（a）项的"例外"条款；总报告（同前注 38）第 43～44 页；Masouyé（同前注 7）《罗马公约》第 7.10 段；Ulmer（同前注 6）第Ⅲ部分，第 219 页、221 页。

[91]　《罗马公约》第 15 条第（1）款（c）项。

[92]　同上注，第 12 条，服从于第 16 条下的保留，参见下文第 6.57～6.58 段。

[93]　在任何情况下，对视听表演的保护都是有限的，参见下文第 6.45～6.48 段。

[94]　《罗马公约》第 12 条，服从于第 16 条下的保留，参见下文第 6.57～6.58 段。

包括无线传输，而不包括电缆、互联网或其他有线传输。(95)《罗马公约》没有对“向公众传播”作出定义，不过，该用语一般被理解为：将现场表演（通过有线、扬声器/屏幕或类似的设备）向不在表演所在空间的公众进行的传输。由于在缔结《罗马公约》时，对现场表演的此种传输通常限于国内而非国际，因此，有观点认为，此种情形不属于公约的涵盖范围。(96) 不过，公约仍然规定了保护传播权，因为传播仍然可以——即使很少——发生在两个国家之间；而且《罗马公约》体现了传播权的重要性，被认为对国内法具有示范作用。(97) 当下，国家之间通过电缆进行传播很常见，这一条款因而具有相当的重要性。(98) 因此，虽然表演者不能依据广播“权”来阻止对其表演的现场有线广播和类似传输，但是，该表演者可以依据传播“权”来阻止上述行为。

6.39　(ii) 固定 (fixation)　表演者应当能够阻止对其未固定的表演进行固定或录制。(99)《罗马公约》对“固定”一词没有作出定义，其通常被理解为是指以有形的形式对表演的声音或图像的体现，例如，在任何类型的录音制品或视听媒介上的录制。该条款主要针对的是“非法录制”(bootlegging)，(100) 而“非法录制”在该条款的上下文中，被认为是指未经授权对音乐会的现场表演进行固定。该条款也防止对现场广播或向公众传播的表演进行固定。(101) 对表演的固定物进行固定，构成《罗马公约》第7条第（1）款（c）项所规定的复制。《罗马公约》中的复制与固定这两个术语的关系，不同于其在作者权利体系下的关系；在作者权利体系下，复制权也包括对现场表演的作品的固定；(102) 因此，在作者权利体系下，就权利而言，固定一个未固定的作品与从一

---

(95) 《罗马公约》第3条（f）项，和上文第6.25段。

(96) 这一论证理是英国代表团提交的，英国当时在国内没有规定这样一项权利。总报告（同前注38）第44页；Ulmer（同前注6）第Ⅲ部分，第219页、第221页。

(97) Ulmer（同前注6）第Ⅲ部分，第219页、第221页。

(98) Masouyé（同前注7）《罗马公约》第7.12段；T Dreier，“Kabelrundfunk，Satelliten und das Rom-Abkommen zum Schutz der ausübenden Künstler，der Hersteller von Tonträgern und der Sendeunternehmen”（1988）GRUR International 第753页、第756~758页。

(99) 《罗马公约》第7条第（1）款（b）项。不过，英国曾经认为，对现场表演的固定不包括跨境的情形，因此，不应规定这种情形，参见前注96。

(100) 这一术语是从美国的数次禁令中借鉴而来的，当时，参与非法运酒的人将瓶装酒藏在靴子的裹腿中；后来在高筒靴流行的时候，年轻的流行乐迷为了非法录制的目的，将小型的录制机器藏在靴子中，这个词被再次使用，Stewart（同前注30）no 8.18；后来，“bootlegging”这一术语似乎甚至被用于表示录制品的后续生产，同上注。

(101) 总报告（同前注38）第44页。

(102) 参见《伯尔尼公约》第9条第（3）款，关于对某一作品的录音和录像的澄清。

个固定物复制该作品之间,没有区别。[103] 不过,在表演者权利体系和作者权利体系下,对未固定的作品或未固定的表演进行固定,都是受到保护的。

6.40　(iii) 复制[104]　"复制"被定义为制作一件或多件某一固定物的复制品,[105] 该定义描述的行为所得到的是一个有形的或物质的物体。显然,这一定义没有对 30 多年后才出现的数字复制的问题进行阐释。不过,该定义的措辞和目的非常广泛,足可以包括数字复制,至少可以包括通常形成有形复制品的数字复制。在这一方面,唯一可能产生的疑问是有关临时复制的问题。[106] 表演者仅在三种明确规定的情况下能够防止复制。[107] 表演者可以防止复制的情况只有以下情形:(1) 未经其同意进行固定,[108] 例如非法录制;[109] (2) 进行复制的目的不同于表演者同意的目的——例如,表演者仅同意对一张商业 CD 进行复制,而没有同意在对某一产品进行广告时或者作为音轨纳入某一电影作品时的使用,[110] 或者,表演者同意某一广播组织以广播为目的在录音室进行录制,而未同意其以制作商业 CD 为目的实施上述行为;[111] 以及(3) 依据《罗马公约》第 15 条项下的例外或限制(因此,通常未经表演者同意)而制作固定物,但是,后来为其他目的而复制该固定物——例如,为了研究的目的制作固定物,后来为商业目的进行复制。[112]

6.41　尽管一些代表团倾向于规定不受限制的复制权,不过,大多数代表团对此表示担忧,最终他们的意见占了上风,因此,公约规定了一个受到限制的复制权。[113] 代表团担忧的是,要进行复制需要获得多方的授权,即不仅需要获得作者的授权,也需要获得录音制品制作者以及表演者的授权。相关代表团认为,录音制品制作者享有一项复制权已经足够了,因为其通常行使的就是这

---

[103] 唯一的区别可能发生在对某一即兴创作的固定的情况下,即依据《伯尔尼公约》第 2 条第(2)款,某个国家要求,必须以物质形式固定,版权才能获得承认。在这种情况下,仅仅对某一即兴创作的作品的固定,并不构成对复制权的侵犯(也参见上文第 5.116 段)。

[104] 奥地利提议了另外一项发表权,但是被否决了,参见总报告(同前注 38)第 45 页和提案的文本(no CDR/63),同上注,第 217 页。

[105] 《罗马公约》第 3 条(e)项。

[106] 关于 WPPT 中对这一问题的处理,参见下文,第 17.52 ~ 17.57 段。

[107] 《罗马公约》第 7 条第(1)款(c)项。

[108] 如果由于一项例外或限制而不要求同意,例如《罗马公约》第 15 条下的私人使用,则《罗马公约》第 7 条第(1)款(c)项(iii)目排他地适用;也参见总报告(同前注 38)第 44 页。

[109] 《罗马公约》第 7 条第(1)款(c)项(i)目。

[110] 总报告(同前注 38)第 45 页。

[111] 《罗马公约》第 7 条第(1)款(c)项(ii)目。

[112] 同上注,第 7 条第(1)款(c)项(iii)目。

[113] 特别是美国,参见总报告(同前注 38)第 44 页。

项权利。⑭ 他们认为，表演者的利益可以通过合同方式获得。⑮ 另外，广播组织提出，除了获得录音制品制作者的授权以外，还要获得表演者的授权，存在一定的困难。⑯ 根据最低限度保护原则，缔约国可以自由地对表演者提供更广泛的保护。事实上，大多数缔约国的现行法律规定都远远超出了公约的最低标准。

（c）就《罗马公约》第7条项下的权利而言，表演者和广播组织之间的关系

6.42 其他权利所有者团体的权利数量越小，对广播组织就越有利，因为这样可以避免进行额外的谈判。通过广泛地排除授予表演者的最低限度保护，《罗马公约》第7条第（2）款照顾到了这一利益。许多代表团都赞成这一解决方案，尽管广播公司的利益可以通过其他的方式予以照顾；尤其是广播组织可以通过合同获得表演者的权利：提案也建议采取这一方式。⑰ 不过，大多数代表团还是倾向于采用上述排除保护方案，公约最终也采纳了该方案。

6.43 因此，在表演者已经同意广播的情况下，被请求保护的缔约国有权确定是否提供保护，以制止转播⑱以及为广播目的对固定物进行固定和复制。此外，在为广播目的而制作固定物的情况下，缔约国有权确定广播组织进行此种使用的期限和条件。换句话说，就广播而言，公约只确保表演者能防止对（现场）表演的广播的可能性；至于为广播目的对已被广播的表演进行的任何后续使用（例如转播、固定和复制），可以完全不提供任何保护。缔约国也可以规定一项法律推定：同意广播即默示同意其他三种行为；原则上说，这将意味着对表演者的保护水平甚至比要求的都高。当下，国内法通常不会这样限制表演者的权利。

6.44 不过，作为一项确定的最低保护标准，表演者至少应当能够基于合同，包括表演者工会与广播组织之间订立的集体协议，控制其与广播组织之间的关系⑲。尤其值得指出的是，协议可以对广播组织在首次广播之后进行的特

---

⑭ 总报告（同前注38）。
⑮ Ulmer（同前注6）第Ⅲ部分，第219页、第222页。
⑯ 同上注。
⑰ 这是美国代表团的论证理由，其反对对提议的第7条第（2）款第（1）分款和第（2）分款的限制，参见总报告（同前注38）第45页；Ulmer（同前注6）第Ⅲ部分，第219页、第223页。
⑱ 由于《罗马公约》不包括表演者对转播的任何最低权利，此处提到转播似乎是多余的。
⑲ 《罗马公约》第7条第（2）款第（3）分款，由英国代表团提议，总报告（同前注38）第45页和提案（no CDR/77），同上注，第218页。

定使用规定专门的报酬。因此，国内法不能以不利于表演者的方式限制合同自由。[120]

（d）对电影表演者的保护

6.45 在涉及与电影制片人的关系时，也采取了一个类似的对表演者保护的限制。原则上说，依据《罗马公约》，表演者就其录像和录音录像受到保护，例如其表演、演奏或者其他附带声音或不附带声音地固定在活动图像上的表演。这一结论源于《罗马公约》第 3 条（a）项对表演者的定义，该定义明确包括了演员，且并不限于声音表演者；从《罗马公约》第 7 条提供的保护也可以看出这一点，该条款所提供的保护没有区分声音领域和视听领域。此外，“广播”的定义明确提及了“声音或……图像和声音”，“复制”的定义也没有以任何方式将其适用范围限于声音领域。

6.46 不过，对视听表演者的保护一直是受到很大限制的。与广播组织类似，电影产业也不希望面对因承认对表演者的保护所引发的任何问题。[121] 以各项意见不同的提案为基础，经过长时间的讨论，最后达成了以下妥协方案：[122] 一旦表演者同意将其表演录像或录音录像，《罗马公约》第 7 条规定的最低水平保护就不再适用。换句话说，在图像和视听领域为表演者提供的最低水平保护，限于防止私自或其他未经授权进行录像或录音录像的可能性。例如，如果观众未经表演者的授权，对音乐会或舞台剧进行了录音录像，而且事后还进行了进一步的利用，则表演者完全享有《罗马公约》第 7 条提供的最低水平保护。除了这种情况以外，《罗马公约》不提供任何保护，表演者要获得保护，剩下的唯一可能就是与电影制片人订立合同，对电影后续使用的报酬等事项作出规定。[123]

6.47 不过，在某一演员参演一部电影（这暗示着该演员同意将其表演纳入该电影）这种典型的情况下，该演员不受公约保护。例如，该演员不能防止为超出其同意范围的目的而复制已录制的表演［《罗马公约》第 7 条第（1）款（c）项（ii）目］。这一结果一直受到广泛的批评；批评意见认为，这对表演者在录像和录音录像领域的保护施加了不适当的限制，因为表演者的成就的价值在所有媒介上基本是相同的。从表演者的角度来看，也不具有正当性：如

---

[120] Ulmer（同前注 6）第Ⅲ部分，第 219 页、第 223 页；Masouyé（同前注 7）《罗马公约》第 7.24 段、第 7.25 段；Nordemann/ Vinck/Hertin/Meyer（同前注 28）Art 7 RT 注释 11。

[121] 起初，他们也反对对广播组织的保护的任何效力，不过，当时对广播组织的保护并未受到限制，总报告（同前注 38）第 53 页；Ulmer（同前注 6）第Ⅲ部分，第 219 页、第 242 页。

[122] 《罗马公约》第 19 条。

[123] 总报告（同前注 38）第 53 页；Masouyé（同前注 7）《罗马公约》第 19.7 段。

果一位音乐家的表演,当其被录制在录音制品上时给予保护,而当同样的表演被录制在视听固定物上时却不给予保护。在音乐录像——音乐起主导作用的视听录制品——的情况下,上述区分就更加不适当了。[124] 的确,大多数国内法都不区分声音领域和视听领域的表演者,而是对所有类型的表演者提供了相同水平的保护。此外,通常是采用法律推定将某些权利或所有权利转让给制片人的方式,对电影产业利益予以保护。[125]《罗马公约》增加第 19 条的主要原因是因为美国的电影行业坚持要求;[126] 具有讽刺意味的是,美国并没有成为《罗马公约》的缔约国。[127]

6.48　《罗马公约》第 19 条不仅适用于表演被纳入电影作品的情形,也适用于表演仅被纳入不具备版权法意义下"作品"所要求的独创性水平的活动图像的情形;[128]《罗马公约》第 19 条仅提到了"录像或录音录像"。因此,即使是静态地从一个角度对音乐或其他表演进行摄制,也构成录音录像,从而适用该条款。

(e)《罗马公约》第 12 条规定的二次使用获酬权

6.49　(i) **一般背景**　《罗马公约》第 7 条第 (1) 款 (a) 项仅涵盖对未固定的表演的广播和传播。《罗马公约》第 12 条涵盖对已固定的表演的广播和传播,但仅限于该表演被录制在商业录音制品或其复制品中的情形。与《罗马公约》第 7 条不同,第 12 条规定的是获得报酬权,而不是由制裁所保护的法律地位。此外,该权利受制于很多条件、制约和保留。事实上,作者反对引入这样一项获得报酬权,因为他们担心,表演者以及录音制品制作者额外提出的请求,会对作者来自广播和传播的收入造成负面影响。广播组织也对此表示反对,因为这样不仅会使它们承担支付报酬的义务,而且会额外增加它们的管理成本。[129] 此外,为广播和公开传播的目的使用录音制品,例如在舞厅使用,从表演者和录音制品制作者的角度来看,属于在经济上最重要的使用方式

---

[124]　关于这些不适当性和批评的更多原因,参见 Ulmer(同前注 6)第 Ⅲ 部分,第 219 页、第 243 页;Masouyé(同前注 7)《罗马公约》第 19.9 段、第 19.10 段。

[125]　关于欧洲法律,参见 S von Lewinski,"The Protection of Performers in the Audiovisual Field in Europe and the United States" in ALAI (ed), *Creators' Rights in the Information Society* (2004),第 875 页、第 882 页。

[126]　《罗马公约》第 19 条是基于美国的一个提案,总报告(同前注 38)第 53 页和提案(no CDR/105),同上注,第 232 页。

[127]　关于对视听表演者的国际保护的进一步发展,参加下文,第 10.91~10.93 段(TRIPS)、第 17.118 段、第 17.125 段和第 17.133 段以及第十八章的进一步引注。

[128]　仅仅活动图像的受保护的资格,在大陆法系比在英美法更为重要,参见关于原创性的区别,上文第 3.32~3.34 段。

[129]　Ulmer(同前注 6)第 Ⅲ 部分,第 219 页、第 226 页。

之一;所以,表演者和录音制品制作者表示了强烈兴趣,希望从这类使用中获益。因此,这一条款一直是最具争议的条款之一。[130]

6.50 **(ii) 为商业目的出版的录音制品** 表演者和录音制品制作者享有的获得报酬权的范围,受到以下因素的限制。首先,只有录音制品可以适用获得报酬权,音像制品不适用。这与《罗马公约》第 19 条[131]所采用的尽可能在视听领域排除对表演者的保护的一般方法是一致的。不过,许多国家的保护水平都超过了这一最低标准,规定:当电影在电视、电影院以及其他公共场所播放时,该电影中出现的表演者也享有相应的获得报酬权,不论该表演者是演员、音乐家、舞蹈家,还是其他人。[132] 的确,没有理由区别对待声音领域和视听领域的表演者。

6.51 此外,上述录音制品必须是"为商业目的出版的"。这一条件设想的是为向一般公众出售或出租而投入市场的录音制品。该条件排除了由广播组织制作的录音室录制品(在这种情况下,表演者只能依靠其与广播组织订立的合同获得保护)以及没有投入市场的私人录制品。录音制品必须是"已出版的",这一要求也排除了只是在线向公众提供的录音制品,因为"出版"(publication)的定义[133]限于对"复制品"的提供,而复制品一般被理解为有形物。[134] 如果录音制品在市场上出售,当然是"商业的"录音制品;但是,免费分发的录音制品也可以是商业的录音制品,只要这种分发是为了间接的商业目的,例如为了给某一企业做广告。使用的是商业录音制品本身还是其复制品,是无关紧要的;实际上,广播组织经常自己制作商业录音制品的临时复制品,并将其用于广播。[135] 缔约国可以自由选择不按照上述条件作出规定,甚至对非商业的录音制品或未出版的录音制品也授予获得报酬权。[136]

---

[130] 争议的程度不仅反映在对该条款的限制和允许的保留中,而且反映在不得不进行的投票表决中:20 个代表团赞成采纳的方法,8 个反对,9 个弃权,足以达到必要的 2/3 多数,参见总报告(同前注 38)第 48~49 页;Ulmer(同前注 6)第Ⅲ部分,第 219 页、第 226~267 页。

[131] 参见上文第 6.45~6.48 段。

[132] 例如,德国版权法第 78 条第(2)款;瑞士版权法第 35 条第(1)款。

[133] 《罗马公约》第 3 条(d)项。

[134] 也参见关于弥补了这一漏洞的 WPPT 第 15 条第(4)款,下文 17.127 段;关于对《伯尔尼公约》第 3 条第(3)款背景下的"在线发行"的一个类似的讨论,参见第 7.31~7.33 段、第 17.139 段和第 17.151~17.152 段。

[135] 关于制作临时录音制品的需要,参见上文第 5.189 段和下文第 6.68 段,关于《罗马公约》第 15 条第(1)款(c)项。

[136] 例如,德国版权法第 78 条第(2)款。不过,考虑到平衡不同利益的目的,就文学作品而言有一个问题,即《罗马公约》是仅确立了最低保护,还是也确立了最高保护,参见 Ulmer(同前注 6)第Ⅲ部分,第 219 页、第 228~229 页。

6.52 （iii）直接使用　第三，只有将录音制品"直接地"用于广播或向公众传播，才应当支付报酬。这意味着，只有在使用是直接以录音制品为基础进行广播或传播，才属于公约的涵盖范围。重要的直接使用包括，以商业录音制品及其复制品为基础进行广播，[137] 以及向公众播放商业录音制品（例如，在舞厅、酒吧、餐厅、超市以及任何其他向公众开放、不需要任何中介传输就可以听到录音制品中的声音的地方，以及通过原始的有线节目进行的传输，包括通过网络广播）。[138] 不过，如果使用是作为一个中间步骤而发生，则广播或向公众传播是间接的，因此不属于公约的涵盖范围。特别是，以录音制品为基础的广播或有线广播，又被转播或向公众传播，构成间接使用，例如，在酒吧、火车站等地方播放电台广播，以及将传输的有线节目进行再传输的情况。《罗马公约》第12条将获得报酬权的范围限于直接使用，反映了《罗马公约》在邻接权领域所采取的谨慎态度。谈判各方不希望简单地复制《伯尔尼公约》对作者采取的较高水平保护的立场。[139] 不过，许多缔约国的国内法规定事实上已经超过了公约的最低保护标准，将用于广播和向公众传播的间接使用也纳入获得报酬权的范围。[140]

6.53　按需提供是否属于向公众传播的一种类型，可能存在一定的争议。1961年并不存在这类使用行为，因此当时不可能考虑到这一行为；不过，单纯就这一事实而言，它并不足以否定上述论断。公约使用的措辞较为宽泛，似乎可以涵盖这一行为。一个动态的解释或许可以很好地回答按需提供是否属于向公众传播问题。不过，这个问题似乎并不太重要，因为WPPT和世界上许多国家的国内法，都明确规定了专有提供权。[141]

6.54 （iv）一笔总的合理报酬的受益人　就获得报酬权的受益人而言，缔约国可以选择表演者或录音制品制作者，也可以同时选择两者。因此，对表演者（或录音制品制作者）授予获得报酬权并不是强制性的。由于当时各国的国内法规定存在很大差异，因此，必须采取这种灵活性规定。尤其是因为，英国版权法授予了录音制品制作者以专有权，表演者只能在实践中参与许可费的分配。不过，英国代表团并不希望由于规定了表演者有权参与分配的法律义

---

[137] 总报告（同前注38）第49页。
[138] 关于现场传播权的内容，参见上文第6.37～6.38段。
[139] Ulmer（同前注6）第Ⅲ部分，第219页、第228页。
[140] 关于欧共体，参见指令92/100，第8条第（2）款和第Ⅱ卷第6章；关于一个潜在的最高保护的问题，也参见Ulmer（同前注6）第Ⅲ部分，第219页、第228～229页。
[141] 关于WPPT，参见下文第17.72～17.78段。

务，而对已经达成的平衡带来风险。[142]

6.55 如果某一缔约国将获得报酬权同时授予了表演者和录音制品制作者，则该国必须确保使用者只需支付一笔总的合理报酬。规定这一条件，是为了满足广播组织和其他使用者的需要，因为这些使用者希望尽量减少其行政性工作，只需要面对一项（共同的）请求而非两项或更多的单独的请求。为获得这一结果，可以通过一个共同的集体管理组织来共同行使表演者权和录音制品制作者权；或者仅承认表演者享有获得报酬权，同时规定录音制品制作者有权对表演者提出要求参与分配其获得的报酬，或者反过来。[143] 国内法可以确定这两类群体之间分享报酬的条件，除非它们自己之间已经达成了一致。从共同的集体管理组织的实践来看，两类群体之间通常是平分报酬。[144]

6.56 在任何情况下，"一笔总的合理报酬"都不意味着使用者只支付一次报酬就一劳永逸。这是依据"合理的"这一条件直接推论出来的。一笔"合理"报酬必须考虑整个保护期内的使用频率和使用价值，后者可以依据此种使用导致录音室录制品成为不必要这一背景来衡量。[145]

6.57 （v）保留 《罗马公约》不得不规定各种类型的保留，作为对那些反对规定获得报酬权的国家的让步。具体而言，缔约国可以声明，该国将根本不适用获得报酬权，[146] 或者仅就特定使用适用获得报酬权；[147] 例如，该国可以仅对广播、向公众传播、对特定类型的广播或向公众传播授予获得报酬权，诸如仅对酒吧的商业广播或向公众传播规定获得报酬权，而不对宾馆作出上述规定。[148] 缔约国也可以排除对录音制品的保护，如果该录音制品的制作者不是另一缔约国的国民；[149] 换句话说，对于那些本来可以基于在另一缔约国首次固定或出版而有资格依据《罗马公约》第5条第（1）款（b）项或（c）项受到保护的录音制品，该国可以拒绝提供保护。此种拒绝提供保护，对表演者的

---

[142] Ulmer（同前注6）第Ⅲ部分，第219页、第229页。
[143] 同上注。
[144] Masouyé（同前注7）《罗马公约》第12.14段、第12.15段。
[145] 关于更多的标准，参见Masouyé（同前注7）《罗马公约》第12.9~12.11段。
[146] 《罗马公约》第16条第（1）款（a）项（i）目；截至2007年8月，86个缔约国中的10个缔约国已经声明了这一保留。
[147] 同上注，第16条第（1）款（a）项（ii）目；截至2007年8月，86个缔约国中的11个缔约国已经声明了这一保留。
[148] 例如，Masouyé（同前注7）《罗马公约》第16.6段。
[149] 《罗马公约》第16条第（1）款（a）项（iii）目；截至2007年8月，86个缔约国中的27个缔约国已经声明了这一保留。《伯尔尼公约》第17条容纳了斯堪的纳维亚国家的利益，并且允许适用固定标准而非国籍标准，对于那些已经利用了该条款的国家来说，这一可能性是多余的，参见上文第6.11段，结合《罗马公约》第5条第（3）款。

报酬请求也自动有效，即使该表演者本来有资格受到保护，比如，表演发生在另一缔约国。例如，奥地利（《罗马公约》的成员方）虽然规定了获得报酬权，但是声明作出一项保留：对非《罗马公约》成员方的国民制作的录音制品不予保护，在这种情况下，如果一个来自美国（不是《罗马公约》的成员方）的制作者在英国（《罗马公约》的成员方）制作了一个录音制品或在英国首次出版了该录音制品，则在奥地利，不需要对该录音制品的制作者或者表演者支付报酬。

6.58 最后，任何缔约国都可以将实质性互惠原则适用于那些基于保留而对保护予以限制的缔约国。[150]

（f）没有规定的事项

6.59 （i）转让权利的可能　奥地利代表团曾提议规定表演者应当有权向利用表演的企业，例如：录音制品制作者或广播组织，转让权利，即使表演者已经向某一个人或者诸如集体管理组织或工会这类实体转让过相同的权利。[151] 不过，该提案被认为限制合同自由而遭到否决；但是，各方认为，在国内法中可以规定此种规则。[152] 无论如何，只有那些在国内法中规定了专有权、而不是只规定了刑法保护或其他保护的国家，才存在转让权利的可能。《罗马公约》第8条与权利的转让或可转让性问题无关，而仅涉及作为某一团体成员的表演者在行使其权利的方面由其他表演者代表的问题。[153]

6.60 （ii）精神权利　《罗马公约》没有规定精神权利。在萨马登草案中，曾经有一个将精神权利纳入公约的提案，不过，该提案在后来的草案中都没有再出现过。[154]《罗马公约》第11条的最后部分不能被视为一项表演者享有的被称为表演者的权利。公约没有规定精神权利，并不阻止缔约国在其国内法中规定表演者的精神权利。[155] 在国际层面，1996年WPPT是第一个规定表演者的精神权利的条约。

---

[150] 参见上文第6.28～6.30段。
[151] 总报告（同前注38）第45页；Ulmer（同前注6）第Ⅲ部分，第219页、第224页。
[152] 同上注。
[153] 参见上文第6.17段。
[154] 针对1948年《伯尔尼公约》布鲁塞尔修订会议上的声明八（vœu Ⅷ），文学和艺术联盟永久委员会通过了决议编号2（b）pt 3，目的是向各国政府传播萨马登草案，不过，草案遭到一些修改，例如对精神权利的压制，参见 Anon, "La Première Session du Comité permanent de l'Union littéraire et artistique" (1949) Droit d'auteur 130, 132；也参见上文第4.55～4.57段。
[155] 大多数欧洲国家、许多拉丁美洲国家和其他一些国家都已经规定了表演者的精神权利，参见 S von Lewinski, "Neighbouring Rights: Comparison of Laws" in G Schricker (ed), *International Encyclopedia of Comparative Law: Copyright and Industrial Property* (2006) nos 13–20。

第六章　1961 年《罗马公约》

（2）录音制品制作者的最低限度权利

6.61 除了受制于保留的二次使用的获得报酬权以外，[156] 录音制品制作者只享有直接或间接复制的专有权。[157] "直接"复制被理解为是指：不借助任何中介行为而从某一固定物进行的复制。"间接"复制尤其指的是对基于某一录音制品制作的广播进行的固定。[158] 在 1961 年，数字复制还不可能；不过，"复制"的定义是制作固定物的复制品，这一定义范围非常广泛，也可以将数字复制涵盖在内。[159] 录音制品的一部分是否也可以受到保护、防止复制，对这一问题有过讨论，但是在公约约文中未作明确规定，原因是因为这一问题被认为是不言自明的，即对一般相关权（也与表演者权和广播组织权有关，而且不仅与复制权有关）的保护，也包括对表演、录音制品和广播的一部分进行的使用，只要被使用的部分自身可以获得保护。[160] 实际上，这一问题涉及的是保护的客体，而非权利。

6.62 有提案提议，对于广播组织"因技术原因"需要制作复制品，不属于复制权的范围；该提案由于过于模糊而遭到否决。[161] 的确，适用于临时复制的限制更为准确，也考虑到了相关的利益。[162] 此外，还有一些提案提议，将发行权规定为最低限度权利，或者以《伯尔尼公约》第 16 条为模板，规定对进口的侵权录音制品进行扣押的最低限度权利；然而，这些提案都遭到了否决，一方面是因为在当时的很多国家，发行权在版权领域都没有获得承认；[163] 另一方面也是因为各方对《伯尔尼公约》有关扣押条款的解释产生了很多疑问。[164]

---

[156] 参见上文第 6.49~6.58 段。

[157] 《罗马公约》第 10 条。关于"录音制品"和"录音制品制作者"的定义，参见上文第 6.20~6.23 段，以及《罗马公约》第 3 条（b）项、（c）项。

[158] 总报告（同前注 38）第 46 页；Ulmer（同前注 6）第Ⅲ部分，第 219 页、第 224 页；Masouyé（同前注 7）《罗马公约》第 10.2 段。

[159] 参见《罗马公约》第 3 条（e）项中的定义。关于临时复制的更多细节问题，参见在 WPPT 背景下的讨论，下文第 17.52~17.58 段；关于表演者，也参见上文第 6.40 段。

[160] 总报告（同前注 38）第 47 页；Masouyé（同前注 7）《罗马公约》第 10.3 段；Ulmer（同前注 6）第Ⅲ部分，第 219 页、第 224 页。

[161] 总报告（同前注 38）第 47 页。

[162] 《罗马公约》第 15 条第（1）款（c）项和下文第 6.68 段（参考第 5.189 段）。

[163] 总报告（同前注 38）第 47 页；也参见关于一个与表演者的权利有关的类似的提案上文，第 6.40 段/注释 104；特别是，法国当时不承认这一概念。

[164] Ulmer（同前注 6）第Ⅲ部分，第 219 页、第 225 页；Masouyé（同前注 7）《罗马公约》第 10.5 段。

（3）广播组织的最低限度权利

6.63 与录音制品制作者一样，广播组织也被授予了专有权（"有权授权或禁止"）。⑯⁵ 至于其他的邻接权，保护不仅延及整个受保护的客体，而且也延及该客体的部分。⑯⁶ 不过，当有提案提议广播的静止画面也应当受到保护之后，各方决定，这种细节问题应当留给缔约国国内法来确定。⑯⁷ 广播组织享有以下权利：第一，转播其广播，即该广播组织的广播被另一广播组织同时广播。⑯⁸ 第二，固定其广播；⑯⁹ 这一权利使广播组织也能够控制延时转播，因为延时转播需要先前固定。私人录制广播也构成固定，但国内法一般都依据《罗马公约》第15条第（1）款（a）项的规定（关于私人使用的限制）将这种行为排除在保护范围之外。第三，公约规定了复制固定物的专有权；不过，这项专有权仅适用于未经广播组织同意而制作其广播的固定物，或者根据一项允许的限制（例如私人使用）而制作固定物，但复制是为了其他目的（例如商业目的）的情形。⑰⁰

6.64 第四，广播组织享有向公众传播其广播的专有权。不过，这一权利受到以下限制：该权利仅适用于电视广播，而且仅适用于在对公众收取入场费的场所进行的传播。制定这一规定非常具体的条款的背景，是《罗马公约》通过时的事实情况：当时，许多家庭还未拥有电视机，而且在电影院、宾馆、餐厅和其他地方，向公众播放广播节目并为此收取入场费十分普遍——经常播放的是体育赛事，但也有戏剧和其他节目。尤其是体育赛事的组织者，担心这种做法将会导致到赛事现场的观众数量变少，考虑拒绝授予通过电视广播这些赛事的许可。因此，如果能够对此种向公众传播的方式加以控制，对赛事组织者和广播组织都有利。《罗马公约》第13条（d）项考虑到了各方利益。当然，在当下的工业化国家，大多数家庭都有电视，因此，上述论断不再有说服力。不过，这一情况在发展中国家可能有所不同，而且可能会出现一些新的其他情况。⑰¹

---

⑯⁵ 《罗马公约》第13条。
⑯⁶ 关于在录音制品制作者的权利的背景下的类似讨论，参见上文第6.61段。
⑯⁷ 总报告（同前注38）第50页；Ulmer（同前注6）第Ⅲ部分，第219页、第234~235页。
⑯⁸ 参见《罗马公约》第3条（g）项中"转播"的定义。
⑯⁹ 关于固定的概念，参见上文第6.39段。
⑰⁰ 《罗马公约》第13条（c）项中的这两项限制与第7条（a）项与（c）项（i）目和（iii）目下表演者的复制权对应；参见上文第6.40~6.41段。
⑰¹ 有人可能想知道，例如，在机场通过投币屏幕观看广播节目的可能性是否落入《罗马公约》第13条（d）项；也参见下文第19.30段，目前对在一个下文讨论的新条约的框架下广播组织的传播权的讨论。

第六章 1961年《罗马公约》

6.65 上述历史情况反映在对入场（观看）广播收取入场费这一条件上；仅仅是提高食物、饮料等的通常价格，并不满足该条件。[172] 缔约国可以决定行使这项权利的条件，这包括可以规定强制许可。[173] 此外，缔约国可以在保留中声明根本不适用传播权；不过，需要指出的是，该保留不能限于特定类型的传播。[174]

6.66 最初，对广播组织的总体保护要受到《罗马公约》摩纳哥草案和海牙草案中主要保留的约束，因为在当时，美国还没有准备好授予广播组织此种保护；[175] 不正当竞争[176]和公法[177]的保护被认为已经足够了。不过，美国的广播组织后来改变了它们的立场，承认了私权在国际关系中的价值，从而为删除大多数的保留条款扫清了道路。[178]

（4）权利的限制

6.67 就表演者权、录音制品制作者权和广播组织权而言，允许的例外与限制被规定在同一个条款中。[179] 这些例外与限制包括四种具体情况，[180] 而且还附加了一个一般条款作为补充：可以参考国内法对作者权规定的例外与限制。[181] 最初的提案只有四项限制，但是，许多政府代表团认为，还需要其他的例外与限制。这样，问题就变得显而易见，即在国际条约中究竟是全面地制定大量的限制内容，还是规定允许限制的一般条件；各方对在《伯尔尼公约》框架下所获得的相关经验也予以了肯定。[182] 然而，在今天占主流地位的三步检

---

[172] Masouyé（同前注7）《罗马公约》第13.6段。

[173] 《罗马公约》第13条（d）项后半句。关于类似的术语，参见《伯尔尼公约》第11条之二第（2）款和第13条，以及上文第5.193~5.198段；也参见Ulmer（同前注6）第Ⅲ部分，第219页、第236页。

[174] 《罗马公约》第16条第（1）款（b）项。Masouyé（同前注7）《罗马公约》第16.12段。截至2007年8月，86个缔约国中的8个缔约国已经声明了这一保留。对某一保留的可能性的采纳，特别是为了美国（其最终没有加入公约）；在美国，此种传播已经发生，而广播组织并未表示有问题，Ulmer（同前注6）第Ⅲ部分，第219页、第236页。关于其他缔约国在这种情况下适用实质互惠的可能性，参见上文第6.31段。

[175] Ulmer（同前注6）第Ⅲ部分，第219页、第234页；海牙草案第15条第（1）款（b）项，(1960) Droit d'Auteur 第161页、第166页。

[176] 参见，特别是案例 Metropolitan Opera Ass, et al v Wagner – Nichols Recorder Corp et al, 101 NYS 2nd 483（Sup Ct 1950）。

[177] 《联邦通讯法》下对抗转播的保护，《美国法典》第47章，325条。

[178] Ulmer（同前注6）第Ⅲ部分，第219页、第234页。不过，最初的怀疑在TRIPS（参见下文第10.96~10.97段）和（首先在）WIPO对于一个关于保护广播组织的条约的提议的背景下又出现了，参见下文第19.05段。

[179] 《罗马公约》第15条。

[180] 同上注，第15条第（1）款。

[181] 同上注，第15条第（2）款。

[182] Ulmer（同前注6）第Ⅲ部分，第219页、第240页，也关于历史背景。

验法这一"神奇公式",当时还未构想出来。[183] 在这种情况下,德国提出提案建议:规定一个参考作者权相关规定的条款,该提案为解决上述难题提供了广受欢迎的方案,并获得了采纳。这一解决方案也可以避免相关权的所有者获得优于作者的待遇。[184]

6.68 这四种例外都是具有典型意义的。首先,就私人使用而言,它主要与固定和复制有关;与作者权领域的规定[185]以及 WPPT 第 16 条[186]不同,《罗马公约》允许对私人使用规定无条件的例外和限制。原因是在缔结《罗马公约》时,私人复制的规模和范围远不如今天。第二,为了便于新闻报道,在时事报道中可以少量引用,例如,新闻报道附带纳入了国家典礼上的表演;这一例外是参考《伯尔尼公约》第 10 条之二制定的。[187] 第三,广播组织为了自己的广播节目,利用自己的设备临时录制,这一例外是参考《伯尔尼公约》第 11 条之二第(3)款制定的;规定这一例外的正当性基础是,广播组织也有同样的需要。[188] 第四,与版权体系一样,[189] 教学和科学研究也是规定例外的经典理由。

6.69 许多国家都适用了《罗马公约》有关参考作者权的限制与例外的规定。[190] 不过,版权体系下允许的强制许可,只有在符合《罗马公约》的前提下,才能适用于相关的邻接权。因此,《伯尔尼公约》第 11 条之二第(2)款和第 13 条规定的强制许可,不能适用于相关的邻接权领域。[191] 就表演者的权利而言,《罗马公约》对使用为广播目的而制作的固定物,允许适用强制许可;就

---

[183] 直到 1967 年斯德哥尔摩外交会议,才规定了《伯尔尼公约》第 9 条第(2)款,参见上文第 5.148 段和第 5.175 段;后来,该条款的内容规定在 TRIPS 第 13 条和 WCT 与 WPPT 中,参见下文第 10.83~10.88 段、第 17.83~17.87 段和第 17.90 段。

[184] 关于这一方面,参见上文第 3.68 段。

[185] 《伯尔尼公约》第 9 条第(2)款、TRIPS 第 13 条和 WCT 第 10 条要求满足三步检验法,参见上文第 5.174 段以下,尤其是第 5.185 段、第 5.187 段;下文第 10.83 段以下和第 17.83~17.87 段。

[186] 这一条款也包含了三步检验法,参见下文第 17.90 段。

[187] Masouyé(同前注 7)《罗马公约》第 15.3 段。

[188] 关于更多细节,参见上文第 5.189 段。

[189] 不过,与《伯尔尼公约》第 9 条第(2)款对于包括为研究在内的不同目的的复制相比,就教学而言,《伯尔尼公约》第 10 条第(2)款更具有限制性;关于这些例外,参见上文第 5.169~5.173 段,关于《伯尔尼公约》第 10 条第(2)款。

[190] von Lewinski(同前注 155)no 38;例如,德国版权法第 83 条、第 85 条第(4)款和第 87 条第(4)款,关于表演者、录音制品制作者和广播组织。

[191] 《伯尔尼公约》下的这些强制许可的具体的立法理由,不适用于相关权的领域,参见 Ulmer(同前注 6)第 Ⅲ 部分,第 219 页、第 241 页;关于《伯尔尼公约》下的强制许可,参见上文第 5.193~5.198 段。

电视广播组织的向公众传播权而言,《罗马公约》也允许适用强制许可。⑫

（5）保护期

6.70 20 年的最短保护期限,是在要求更长期限和更短期限的提案之间达成的妥协方案。⑬ 就录音制品和其中录制的表演而言,计算保护期限的起点是录制,而不论录音制品是否已经出版。有提案曾提议,将首次出版作为计算已出版的录音制品的保护期的起点,不过,该提案没有被采纳,因为当时谈判各方希望能够满足斯堪的纳维亚国家的需求,这些国家刚刚在国内法中将录制作为所有类型的录音制品的保护期的计算起点。⑭ 就没有录制在录音制品中的表演和广播而言,保护期限分别从表演和广播发生后起算。⑮ 初看上去,这些时间点是多余的,因为如果广播和表演未被录制在录音制品中,它们只在广播和表演的时刻存在。不过,这些时间点有其自身的意义:当表演未经表演者的同意而被载入电影中时,该表演将继续存在,并且受到公约的保护。同样的,已经被录制的广播在录制之后继续存在。⑯

6.71 与《伯尔尼公约》不同,《罗马公约》没有就保护期规定实质性互惠的一般规则。在《罗马公约》中规定这样一个规则被认为是没有必要的,原因如下:首先,只有在使用录制品的情况下,期限才是重要的。在这一方面,只有录音制品制作者和广播组织的复制权被认为是重要的。对于这些权利,有观点认为,尽管各国之间的保护存在巨大差异（例如,有的规定 20 年,有的规定 50 年）,但这并不一定导致不平衡,因为在许多国家,即使在相关权的保护期届满以后,权利所有者也可以依据不正当竞争规则受到保护,制止复制。由于保护水平有限,表演艺术家的复制权只能在较为狭窄的条件下适用,⑰ 因此,在保护期限上的差别并不会产生重大影响。⑱

6.72 第二,只有对商业录音制品二次使用的获得报酬权而言,实质性互

---

⑫ 《罗马公约》第 7 条第（2）款第（2）项和第 13 条（d）项;Masouyé（同前注 7）《罗马公约》第 15.11 段和 Nordemann/Vinck/Hertin/Meyer（同前注 28）Art 13 RT 注释 7。《罗马公约》第 12 条下的获得报酬权可以被视为一项受到一项强制许可限制的、虚假的专有权,参见 Ulmer（同前注 6）第 Ⅲ 部分,第 219 页、第 241 页,尽管更准确的说法是,这仅仅是一项法定的获得报酬权,而非一个"缩减的"专有权。

⑬ 《罗马公约》第 14 条。其他的提议,例如 10 年、20 年、25 年（以及可能再延展另一个 25 年）和 30 年,总报告（同前注 38）第 51 页。

⑭ Ulmer（同前注 6）第 Ⅲ 部分,第 219 页、第 237 页。

⑮ 《罗马公约》第 14 条（b）项、（c）项。

⑯ 参见相关的讨论,总报告（同前注 38）第 51 页;Ulmer（同前注 6）第 Ⅲ 部分,第 219 页、第 237 页。

⑰ 参见《罗马公约》第 7 条第（1）款（c）项。

⑱ 总报告（同前注 38）第 50 页;Ulmer（同前注 6）第 Ⅲ 部分,第 219 页、第 238~239 页。

惠才被认为是重要的。就这项权利而言,《罗马公约》不仅规定了一般性的实质性互惠,还具体地就保护期规定了实质性互惠。[199]

C. 框架条款

(1) 与作者权保护的关系

6.73 从一开始,作者就反对在国内和国际层面规定邻接权。作者权保护作品(即智力创作),邻接权保护不同的成果(即表演、录音制品和广播),二者保护的客体没有重叠;不过,邻接权可能妨碍作者权的完全享有。例如,一个录音制品可能包含一个受保护的作品、一段表演和一段录音,就这些内容而言,作者、表演者和录音制品制作者各自享有其单独的权利。在这些主体都享有专有复制权的情况下,如果要合法地复制该录音制品,必须分别获得各个主体的授权。对邻接权的保护不影响对作者权利的保护。这是不言自明的,《罗马公约》第1条也澄清了这一点。

6.74 此外,作者试图排除由邻接权造成的对作者权行使(而非保护)的任何损害。提出提案的代表团认为,该提案仅应在极端情况下适用。[200] 作者认为,作品的创作是对作品进行表演、录制和广播的一个必要前提,这说明作者权具有首要地位,这一地位应当通过规则的形式予以确认,即作者权的行使不应受到邻接权的影响。例如,作者希望授权复制,而表演者和录音制品制作者则希望通过禁止复制的方式行使他们的权利,在这种情况下,根据上述拟定的规则,作者的决定居于首位,因此,表演者和录音制品制作者不能通过禁止复制的方式行使他们的权利。大多数代表团意识到该提案可能产生的潜在影响后,拒绝了这样一个可能使邻接权不具有任何效力的范围广泛的限制。[201] 英国代表团宣布,如果在《罗马公约》中纳入这样一个条款,英国将不会批准公约。因此,《罗马公约》第1条依然限于对作者权利的保护不受邻接权影响的澄清。[202]

6.75 不过,作者权的首要地位,在某种程度上通过成员资格条款获得了承认:《罗马公约》只对《世界版权公约》或《伯尔尼公约》的成员方开放签

---

[199] 总报告(同前注38)第50页;Ulmer(同前注6)第Ⅲ部分,第219页、第238~239页;《罗马公约》第12条和第16条第(1)款(a)项(iv)目。

[200] 参见法国和意大利的提案,总报告(同前注38)第38页。

[201] 总报告(同前注38)第38页。

[202] Ulmer(同前注6)第165~167页。有趣的是,法国《知识产权法典》第211-1条规定,对邻接权的解释不能限制作者权利的行使(*exercise*)。不过,这一条款似乎一般被理解为象征性的,并且至今还没有导致任何实践中的问题;参见 Lucas/Lucas(同前注51)注释991。

署和加入；如果某一缔约国不再受《世界版权公约》或《伯尔尼公约》的约束，则该国自动退出《罗马公约》，不再是《罗马公约》的成员方。这一内容也同样适用于公约缔约国的任何领地。[203] 将《罗马公约》与版权条约建立此种联系，可以从上文提及的提案中找到正当性基础：作者权居于首要地位，其他权利只是与之"邻接的"。[204]

（2）适用的时限

6.76 与《伯尔尼公约》可以"追溯"适用不同，[205]《罗马公约》选择了一种更具限制性的"不追溯"适用的模式：《罗马公约》仅适用于公约在相关缔约国生效之后发生的表演、广播，以及固定的录音制品。[206] 当然，成员方可以规定更为广泛的保护，对之前已发生的表演、录音制品和广播也予以保护。事实上，之后缔结的 TRIPS 和 WPPT 都采用了这一保护水平更高的方案。[207]《罗马公约》生效之前在相关缔约国已经获得的权利是受到保障的；[208] 这与许多领域的惯常模式也是一致的。

（3）对邻接权所有者的进一步保护

6.77《罗马公约》第 21 条作了以下澄清：《罗马公约》的规定不损害表演者、录音制品制作者和广播组织通过其他渠道获得的保护，例如源于不正当竞争和人格权的保护。

6.78《罗马公约》第 22 条允许缔约国之间缔结专门协定，只要协定的规定比《罗马公约》给予更广泛的保护，或者至少不与《罗马公约》相抵触。[209] 专门协定只需包括三类主体中的一类即可。[210] "专门协定"的成员是否应当限于《罗马公约》的缔约国，是存在争议的。[211] 如果答案是否定的，那

---

[203]《罗马公约》第 23 条、第 24 条第（2）款、第 28 条第（4）款，以及第 28 条第（5）款和第 27 条。关于历史背景，参见 Ulmer（同前注 6）第 167~169 页。

[204] 参见，特别是法国和意大利的观点，总报告（同前注 38）第 55 页。

[205] 参见《伯尔尼公约》第 18 条，关于详细情况和这一背景下的"追溯的"这一术语，参见上文第 5.244 段。

[206]《罗马公约》第 20 条第（2）款。

[207] 参见 TRIPS 第 14 条第（6）款，WPPT 第 22 条；下文第 10.101~10.102 段和第 17.164 段。

[208]《罗马公约》第 20 条第（1）款。

[209] 该条款模仿的是《伯尔尼公约》第 20 条（和 1883 年《巴黎公约》第 19 条），关于该条款的背景，参见上文第 5.250~5.251 段。

[210] Masouyé（同前注 7）《罗马公约》第 22.4 段；他的论证理由是基于三类权利所有者之间的"或"字。

[211] 关于这一条件，参见 T Ilosvay, "Article 22 of the Rome Convention on Neighbouring Rights (Special Agreements)", (1962) Droit d'auteur 211, 213; Masouyé（同前注 7）《罗马公约》第 21.1 段；相反观点：A Namurois, "'Special Agreements' under the Rome Convention, 1961" (1960) 80 EBU Review 52, 55–58。

么，对于 TRIPS 和 WPPT 的成员中属于《罗马公约》缔约国的成员而言，TRIPS 和 WPPT 显然可以被视为《罗马公约》的专门协定。[212]

（4）行政条款和最终条款

6.79 《罗马公约》第 23 条至第 28 条规定了签署、批准和加入、生效、必要的国内措施、对与缔约国有关的领地的延伸适用，以及公约的财务等事项。[213] 除了公约明确规定的保留以外，缔约国不得作出任何保留。[214] 两个或数个缔约国对公约的解释或适用发生争议，应提交国际法院，除非它们同意采取另外的办法解决。与类似的《伯尔尼公约》第 33 条第（2）款不同，《罗马公约》不允许对提交国际法院解决争端这一条款，作出保留；因此，除非另有协议，否则，将争端提交国际法院解决，对缔约国而言是强制性的。不过，与版权领域一样，目前还没有涉及《罗马公约》的案件提交国际法院。[215]

6.80 《罗马公约》第 32 条规定了政府间委员会的设立和职责。该委员会应当为依据第 29 条可能对公约的任何修订进行准备。与修订《伯尔尼公约》要求全体一致不同，修订《罗马公约》只需要参加修订会议的 2/3 的国家投赞成票即可。不过，到目前为止，《罗马公约》还从未被修订过。这可能是由于该公约由 3 个不同的联合国机构管理，即国际劳工组织、联合国教科文组织以及世界知识产权组织，[216] 而且，该公约涵盖三类不同的权利所有者，而这些权利所有者的利益通常是相互冲突的。[217]

---

[212] 参见下文第 24.14 段。
[213] 关于在这一背景下版权公约与《罗马公约》的成员资格之间的联系，参见上文第 6.75 段。
[214] 《罗马公约》第 31 条提到了《罗马公约》第 5 条第（3）款、第 6 条第（2）款、第 16 条第（1）款和第 17 条。
[215] 《罗马公约》第 30 条。关于《伯尔尼公约》和《罗马公约》下的争端解决，也参见下文第 8.23～8.26 段；关于公约的相关语言（第 33 条），也参见下文第 7.11～7.12 段。
[216] 《罗马公约》仍然提到了 WIPO 的前身，保护文学艺术作品国际联盟国际局；也参见下文第 15.01 段和上文第 4.60 段以下。
[217] 的确，邻接权的国际保护的进一步发展，已经带来了 WPPT 中的表演者与录音制品制作者的权利和 WIPO 另一个单独的项目所处理的广播组织的权利之间的分离，参见下文第 17.05～17.06 段（WPPT）和第 19.01 段（广播组织）。

第七章
《伯尔尼公约》与《罗马公约》在条约解释中面临的新挑战

A. 解释规则

(1) 概述

7.01 所有法律规范,无论其表现形式是国内法,还是国际条约,抑或其他法律文件,都是在特定时间、以当时的主要现实为背景而起草的。为了持续具有效力,规范不得不因应诸如新的技术、经济和法律等情势的发展而进行调整。此类调整,可以通过修改法律、修订条约或缔结新条约的方式进行;当这些方式都不具有现实可行性时(例如,就《罗马公约》以及1971年之后的《伯尔尼公约》而言),通过(法律)解释的方式,也可在一定程度上发挥调整的功能。就《伯尔尼公约》和《罗马公约》而言,由于在1961年和1971年——《罗马公约》缔结和《伯尔尼公约》最后一次修订的时间——之后,情势有了很多新的发展。这给解释这两个公约带来了挑战。本章将通过一些例子,阐述这些挑战,展现制定新条款的必要性;这些条款后来都成为《与贸易有关的知识产权协定》(TRIPS)、《世界知识产权组织版权条约》(WCT)以及《世界知识产权组织表演和录音制品条约》(WPPT)的一部分。

7.02 在列举相关例子之前,本章将简要概述国际条约的一般解释规则,主要是因为《维也纳公约》①第31条、第32条所规定的规则,在某种程度上

---

① UN Doc A/CONF 39/27 (1969);(1969) 8 ILM 679。该公约在1969年5月22日被通过,并于次日得到32个国家签署。该公约于1980年1月在第35件批准书或加入书存放之日起发生效力,正如其第84条第1款规定的那样。

不同于国内法规定的成文法解释规则。特别需要指出的是，不同于国内法，历史解释方法在条约解释中仅仅充当补充作用；此外，缔约方嗣后所订协定以及嗣后惯例，只在国际法中构成独立的解释方法。

7.03 就条约解释问题而言，首先需要回顾以下三种不同解释方法之间的基本区别：

① 条约缔约各方进行的解释，表现形式为：实施条约的国内立法、政府声明、法院判决或其他形式——此种解释对条约缔约他方无约束力［除非该解释与所有其他缔约国的解释相符，并构成《维也纳条约法公约》第31条第（3）款意义下的嗣后协定或惯例］；

② 国际法院或仲裁庭进行的司法解释——此种解释通常只对当事方有约束力；以及

③ 有权解释——唯一一种与被解释的条约一样对所有缔约方有约束力的解释。

7.04 有权解释只能通过某一特定条约的所有缔约方以协议方式做出——可以是在附加议定书或其他书面协定中明确增加，或通过外交会议记录载明的嗣后协定或该条约所有缔约方的嗣后惯例的方式做出。② 由于缔约方均为主权国家，他们可集体赋予条约文本以任何含义，其效力高于司法解释，也高于仅为单方面的成员方解释。③

（2）解释方法

7.05 在缺乏有权解释的情况下，只能借助上述提及的缔约各方的解释以及司法解释；对于后者而言，国际法院和仲裁庭在实践中已发展出一系列规则。这些规则构成国际习惯法，大部分在后来被纳入《维也纳公约》中。因此，即使在《维也纳公约》不适用的情形，例如涉及与非《维也纳公约》缔约国的伯尔尼公约联盟国家的关系，或者涉及在《维也纳公约》生效前一些国家之间缔结的公约，这些规则也可作为法律渊源。④ 另外，虽然1947年《关税与贸易总协定》专家组在很长一段时期内未适用这些规则，⑤ 但它们在

---

② 《维也纳公约》第31条第3款（a）项、（b）项。

③ 即"有权解释"，参见 R Bernhardt, "Interpretation in International Law" in R Bernhardt (ed), *Encyclopaedia of Public International Law* (1955) Vol II, 1416, 1423。

④ 《维也纳公约》第4条。

⑤ C Tietje, "Grundlagen und Perspektiven der WTO - Rechtsordnung" in H-J Prieß and G Berrisch (eds), WTO - Handbuch (2003) 17, 33.

第七章　《伯尔尼公约》与《罗马公约》在条约解释中面临的新挑战

WTO 争端解决机制下还是具有约束力的。⑥

7.06　《维也纳公约》的主要成就之一是解决了不同解释规则之间的地位问题：客观解释方法（文义解释、体系解释、目的解释以及所有缔约方的嗣后惯例和协定）是主要的解释方式，因此代表了一般规则；而主观的历史解释方法只能作为补充的解释规则。⑦

（a）客观解释方法

7.07　任何条约解释均始于文字，即条约措辞被赋予的通常含义（文义解释）。⑧一般来说，用一种抽象的方式查明某一措辞的通常含义是困难的，甚至是不适当的；的确，某一特定文字的含义可随着上下文和立法目的而变化。因此，《维也纳公约》第 31 条第 1 款要求，应根据措辞的上下文和条约的目的和宗旨来解释措辞。

7.08　措辞出现的上下文（体系解释）是指条约的其他所有条款，包括该条约的序言和附录，以及"全体当事国间因缔结条约所订与条约有关之任何协定"以及"一个以上当事国因缔结条约所订并经其他当事国接受为条约有关文书之任何文书"。⑨同样的，条约的订立目的和宗旨也必须被考虑进去（目的解释）。⑩

7.09　与上下文具有同等重要性的以下因素也应当被考虑在内："（a）当事国嗣后所订关于条约之解释或其规定之适用之任何协定；（b）嗣后在条约适用方面确定各当事国对条约解释之协定之任何惯例；以及（c）适用于当事国间关系之任何有关国际法规则。"⑪嗣后协定并不需要以书面形式做出，但与嗣后惯例一样，嗣后协定必须涵盖条约的所有缔约方，因此有时候很难达成，尤其在多边的情况下。

（b）主观解释方法

7.10　除了主要的解释方法——文义解释、体系解释、目的解释以及嗣后

---

⑥ 《关于争端解决规则与程序的谅解》第 3 条第（2）款第二分句使用"国际公法解释中的习惯性规则"这一表述，而非《维也纳公约》，这是因为一些包括美国在内的 WTO 成员并非是《维也纳公约》的缔约方；参见 P‑T Wtoll and F Schorkopf, *WTO: Welthandelsordnung und Welthandelsrecht* (2002) n476。

⑦ 关于国际法中的主观解释（《维也纳公约》第 31 条）和客观解释（前注第 32 条），参见 Bernhardt（前注 3）1419; A Aust, *Modern Treaty Law and Practice* (2000) 187 及以后各页。

⑧ 《维也纳公约》第 31 条第（1）款。

⑨ 同上注《维也纳公约》第 31 条第（2）款；有关体系解释的具体例子，参见第 7.13 段以下。

⑩ 同上注《维也纳公约》第 31 条第（1）款；有关例子，参见第 7.13 段以下。

⑪ 《维也纳公约》第 31 条第（3）款；有关嗣后协定的一个例子就是《伯尔尼公约》中的默示例外情形，参见第 5.199 段以下；嗣后惯例将在下文具体阐述，参见 7.30 段。

的协定和惯例——之外，也应考虑历史解释方法。然而，这仅仅是一种辅助的解释方法，只能被用于"（1）意义仍属不明或难解；或（2）所获结果显属荒谬或不合理"。⑫ 在这些情况下，我们需追溯相关历史，尤其是条约的筹备工作和条约缔结的背景；然而，只有在所有缔约国都参与文本或文件的起草过程，或成员方在加入条约之前即可获知筹备工作的情况下，才可依据筹备工作。⑬ 条约缔结的背景包括该条约在谈判期间的历史背景，以及政府记录或国内法院判决体现出来的缔约各方的特征和态度。然而，它们的分量仍然有限。⑭

（c）语言

（i）作准文本和官方文本

7.11 很多条约的一个特征是它们以多种语言起草。原则上，只有那些经条约认证的语言才可被认为"作准"，因此能作为解释的依据。⑮ 官方文本通常不是作准文本或具有约束力的文本，但比非官方的译本具有更高的权威性。尤其当官方文本被所有缔约方承认的时候。官方文本主要是用来协调使用同一种语言的所有缔约国所采用的版本；因此，当没有争议时，缔约方也不会因为使用了官方文本而非作准文本进而相互指责。⑯ 然而，此类官方文本被接受的时间越晚，参与翻译的缔约国数量越少，产生争议时，依据此类文本进行解释的可能性就越小。⑰

（ii）多个作准文本

7.12 当一个条约以两种或两种以上的语言进行了认证，则每一种作准语言的文本具有同等效力，除非条约条款规定或缔约国同意：在遇到分歧时，某一特定文本具有优先效力。⑱ 此类条约条款存在于《伯尔尼公约》之中，其规定：在解释作准文本（即英文文本和法文文本）出现意见分歧时，以法文文本为准。⑲ 当几个不同语言的文本具有同等作准效力、没有某一特定文本具有

---

⑫ 《维也纳公约》第32条。

⑬ Permanent Court of International Justice, Series A, no 23, p42 ("Territorial Jurisdiction of the International Commission of the River Oder", 1929) and Series B, no 14, p32 (in the legal opinion on the "Jurisdiction of the European Commission of the Danube", 1927).

⑭ I Sinclair, *the Vienna Convention on the law of treaties* (2nd edn, 1984) 141 ff.

⑮ 《维也纳公约》第33条第（1）款、第（2）款；然而，这受到相反的条约条款和缔约国之间协议的约束。

⑯ 当文本没有争议时，作准文本仍然是唯一具有约束力的文本。

⑰ M Hilf, *Die Auslegung mehrsprachiger Verträge* (1973) 222 ff.

⑱ 《维也纳公约》第33条。

⑲ 《伯尔尼公约》第37条第（1）款第（1）项规定法文文本和英文文本同为作准文本；在1948年《布鲁塞尔公约》签署之前，法文文本是唯一的作准文本。第37条第（1）款第（3）项规定法文文本优先。

第七章 《伯尔尼公约》与《罗马公约》在条约解释中面临的新挑战

优先效力时,[20] 条约措辞推定在各作准文本内意义相同,且"倘比较作准约文后发现意义有差别而非适用第 31 条及第 32 条所能消除时,应采用顾及条约目的及宗旨之最能调和各约文之意义。"[21]

B. 举　　例[22]

（1）客体

（a）计算机程序

7.13　要回答计算机程序是否属于《伯尔尼公约》[23] 意义下的"作品",以及因此可否享受国民待遇和最低限度权利原则[24]的问题,并不容易;[25] 的确,在计算机程序出现后的一段时期内,对于上述问题,各方观点分歧很大,无法确定一个作准解释。首先,依据文义解释,《伯尔尼公约》第 2 条第（1）款在其明确提及的作品列表中,显然没有涵盖计算机程序。[26] 但是,这并不能阻碍其被纳入公约的涵盖范围,因为第 2 条的列表仅仅是举例,这一点可以从该条的开头所使用的"例如"得知。因此,计算机程序只要是"科学和文学艺术领域内的作品,不论其表现方式或形式如何",就可被《伯尔尼公约》第 2 条第（1）款的一般条款所涵盖。"作品"一词具有非常广泛的含义,包括了生产活动中的一切成果;然而,公约的上下文[27]将该含义限制为智力活动的成

---

[20] 如《罗马公约》第 33 条第（1）款（英语、法语、西班牙语）,《世界知识产权组织版权条约》第 26 条第（1）款,以及《世界知识产权组织表演和录音制品条约》（联合国六种工作语言:阿拉伯语、汉语、英语、法语、俄语和西班牙语）,以及《与贸易有关的知识产权协定》[属于一个 WTO 协议,该协议本身"英文、法文和西班牙文各有一文本,每个文本均有同等效力"。（WTO 协议中的规定,位于第 16 条之后）]。

[21] 《维也纳公约》第 33 条第（3）款、（4）款。更多详情请参见对版权和邻接权条约的解释,参见 S Ricketson and J Ginsburg, *International Copyright and Neighbouring Rights: the Berne Convention and Beyond* (2006) 5.08 ff.

[22] 鉴于本书范围所限,下文对实例的讨论仅围绕最重要的争议展开。

[23] 此处并未考虑 TRIPS 和 WCT 协议的后续进展,见下文第 10.56 ~ 10.59 段和第 17.103 段、第 17.104 段。

[24] 这些原则,连同"无手续原则",仅适用于"《伯尔尼公约》保护下的作品",《伯尔尼公约》第 5 条第（1）款、第（2）款。

[25] 相关解释参见 M Ficsor, *The Law of Copyright and the Internet: The 1996 WIPO Treaties, their Interpretation and Implementation* (2002) c4.08 ff; Ricketson and Ginsburg（上注 21）第 8.92 ~ 8.103 段。

[26] 但是,如果根据当今对"文学作品"的条件要求,认为计算机程序是"著作",那么我们可以得出完全不同的结论;然而,伯尔尼国家法律中的保护确实并未映射这种解释。有关明示列举和未列举的作品,见上文第 5.76 ~ 5.78 段。

[27] 尤其是公约第 2 条第（5）款;更多的有关支持该语境仅涵盖智力创作成果的争论,见上文第 5.66 ~ 5.67 段。

果,即作者的创作成果(而不是诸如通过打印一本书而获得的成果)。㉘ 这些智力创作必须属于文学、科学或艺术的领域,后者应根据《伯尔尼公约》第2条第(1)款所明示列举的例子的上下文来进行解释。

7.14 为了确定计算机程序是否属于《伯尔尼公约》第2条第(1)款规定的文学、艺术或科学领域之一的产品,我们不得不考察计算机程序的特征。其源代码可被视为一系列的指令,然后被转换成为达到特定目的可与计算机中央处理器相互作用的机器代码。机器代码由可被程序员理解的相应目标代码表示。代码是思想的表达,即自然人作者对机器的指令,因此属于《伯尔尼公约》第2条第(1)款上下文中的"作品"。㉙ 计算机程序使用字母数字,二进制,或其他标记法,也就是说,当它们结合时表现出某一特定的含义。此种表达工具,在广义上可理解为是一种语言。事实上,"程序语言"这一用语通常用来表示不同的标记法。文学作品是指那些被任何语言表达出来的作品,而不管该语言是否可被任何人所理解。因此,程序语言仅能被程序员理解这一事实,并不妨碍计算机程序成为文学领域中的作品。另外,作品必须以人类可感知的形式"表达"出来。尽管源代码和目标代码可被人类感知(虽然只能被程序员理解),但机器代码不尽其然,其不可为人类所感知。

7.15 在人类的眼里,计算机程序缺乏美学特征,其只具有实用性特征;这并不妨碍计算机程序属于《伯尔尼公约》的涵盖范围,因为公约并未规定类似的要求。这一点可以通过体系解释得到确认,尤其是第2条第(1)款列举的例子涵盖了缺乏美学特征的作品(例如:技术设计图、信件、地图)以及与唯美主义作品相对、具有实用性特征的作品,例如建筑作品、实用艺术作品以及地图。通过目的解释方法,也可以得出公约涵盖计算机程序这一结论,因为公约的目的——保护作者对其作品的权利㉚——使得涵盖由人类作者创造的计算机程序具有正当性。

7.16 因此,上文采用的文义解释方法、体系解释方法和目的解释方法都可暂时令我们得出以下结论,即计算机程序属于《伯尔尼公约》的涵盖范围。然而,我们也必须将国家的嗣后惯例作为同样重要的解释方法加以考虑。㉛ 在1971年对《伯尔尼公约》进行最后一次修订之后,大多数成员方并没有立即

㉘ 有关把"作者"解释成一个通过他或她的脑力进行"生产"的自然人的论述,见上文第5.84~5.86段。

㉙ 关于《伯尔尼公约》对自然人作者的保护,见上文第5.84~5.86段;关于想法和感受的必要表达,见上文第5.60~5.70段。

㉚ 《伯尔尼公约》序言和第1条。

㉛ 《维也纳公约》第31条第(3)款第(2)项,见上文第7.09段。

第七章 《伯尔尼公约》与《罗马公约》在条约解释中面临的新挑战

认为：计算机程序是受版权保护的一般作品，以及受《伯尔尼公约》的具体保护。很多成员方是将计算机程序视为工业产品，而后者的性质是不同于受版权法保护的脑力作品的。一些版权保护的特征，例如：保护期至少是作者终生及死后五十年，被认为对于计算机程序而言是不合适的。㉜ 有很多国家认为，对其采用某种相关权保护，比采用版权保护要更适当。㉝ 尤其是，瑞士不仅为计算机程序构想出了一种相关权，而且还对外国计算机程序适用实质性互惠待遇。㉞ 由于《伯尔尼公约》不允许对除实用艺术作品之外的任何其他作品适用实质性互惠，因此，上述草案体现了以下观点：即计算机程序不是版权意义下的作品，尤其不是《伯尔尼公约》意义下的作品。

7.17 计算机程序是否属于《伯尔尼公约》的涵盖范围这一重大疑问，也体现在各成员方在WIPO工作的框架中。1977年WIPO计算机软件保护示范条款㉟并未提供版权法保护，而是提供了特殊保护；一方面，其规定作为作者自身智力创造的结果，具有独创性；另一方面，仅仅规定保护期为首次使用、销售、出租或许可后的20年，但不得超过自创作之日起25年。这种方式表明：没有现行的法律制度可以完全适应于计算机程序的特殊方面㊱——当然，这不构成反对将其纳入《伯尔尼公约》的有力理由。类似的，WIPO计算机软件法律保护专家组于20世纪80年代早期提出的建议——通过一个专门条约来保护计算机程序，因为现行的国际公约，例如《巴黎公约》和《伯尔尼公约》都不能充分提供保护——㊲也反映出计算机程序不属于《伯尔尼公约》的涵盖

㉜ Ricketson and Ginsburg（上注21）第8.99段；即使对计算机程序实施版权保护的提法在全世界蔚然成风，学者仍有不少疑问，如 P Samuelson et al, "A Manifesto Concerning the Legal Protection of Computer Programs" (1994) Columbia Law Review 2308; G Dworkin "Copyright, Patents, and/or sui generis: What Regime Best Suits Computer Programs?" in H Hansen (ed), International Intellectual Property Law &Policy Vol I (1996) 15 ff, 谈到了争议部分；P Samuelson, "Comments on Gerald Dworkin's Article on Copyright, Patents, and/or sui generis: What Regime Best Suits Computer Programs" in H Hansen, ibid 183 ff, and "Session IIIA Panel Discussion", ibid 195。

㉝ 如瑞士在1987年通过的一项新版权法案，借鉴对集成电路的保护方法，包含了一条对某种相关的独特权利进行保护的规定，参见关于版权和邻接权的草案，由第三届专家委员会于1987年12月18日起草；参见 T Dreier, "National Treatment, Reciprocity and Retorsion: The Case of Computer Programs and Integrated Circuits" in FK Beier and G Schricker (eds), *GATT or WIPO? New Ways in the International Protection of Intellectual Property* (1989) 64, 69。此外，1985年7月3日通过的法国版权法把计算机程序保护单列为第五个小标题下，规定保护期间为自创造之日起25年，因此计算机程序被当成邻接权得到相应的保护。

㉞ 瑞士法案第81条第(1)款、第(2)款（见上注33）。

㉟ (1978) 版权6及后文。

㊱ Dworkin（见上注32）第166页；Dreier（见上注33）第66页。

㊲ 1979年第一次会议，(1980) Copyright36。也可参见第二次会议上有关软件保护的一些细节规则的后续讨论，(1983) Copyright 271, 276及后文。

范围这一观点。直到 1985 年前后，此种观点才有很大变化。㊳

7.18 因此，在计算机程序出现的初期阶段，各成员方对《伯尔尼公约》的解释存在不同之处；应当考虑到这一点，这样，在解释《伯尔尼公约》时，不至于认为计算机程序明确属于其涵盖范围。

7.19 然而，在 20 世纪 80 年代中期以后，大部分成员方都在其国内法中对计算机程序提供版权保护；部分原因是因为软件产业的强烈游说以及美国政府的高强度单方面经济施压。㊴ 尽管到 1988 年，只有大约 15 个国家在其版权法中明确将计算机程序视为作品，㊵ 但到了今天，所有伯尔尼联盟成员方都为计算机程序提供版权保护；因此，成员方的嗣后惯例现在已经清楚地表明，其目前的新解释是：计算机程序属于《伯尔尼公约》的涵盖范围。

（b）录音制品

7.20 尽管录音制品第一眼看上去，可能被认为是音乐领域的"产品"，从而属于《伯尔尼公约》第 2 条第（1）款规定的艺术领域的涵盖范围；但是，从公约的上下文基础以及目的——保护作者的作品，即智力创作成果——来看，会对以上认识提出质疑。录音制品是对声音的固定，其主要目的在于：对已录制作品的声音或其他声音进行技术上最好可能的复制，而不是一项独立的创作。即使在进行某些类型的录制时，录音师的贡献可能具有创造性，但这只是例外。此外，保护录音制品，通常是保护负责固定声音或生产录音制品的公司的投资，以及保护进行此种生产活动的全部投资；因此，保护的是"录音制品制作者"，而《伯尔尼公约》保护的是"作者"。

7.21 无须考虑其他有关录音制品不属于《伯尔尼公约》涵盖范围的理由，根据 1928 年罗马修订会议和 1948 年布鲁塞尔修订会议报告中对《伯尔尼公约》成员方的解释，即可解决这一问题。在这两次外交会议上，将录音制品作为作品纳入《伯尔尼公约》的保护范围的提议，曾经讨论过，但遭到了否决；理由是：录音制品既非通过人类智力产生、也未涉及《伯尔尼公约》所要求的创造性活动。㊶ 因此，即使版权体系的国家在其国内法中为录音制品提供版权保护，它们也没有义务提供《伯尔尼公约》规定的国民待遇和最低限度权利原则，因为录音制品并不能落入"文学和艺术作品"的一般定义的

㊳ Ficsor（见前注 25）4.09 把这种"滑坡式的改变"归功于 WIPO 的"指导性发展"工作；然而，利益相关施加的影响也很可能在这当中扮演了主要角色。

㊴ Dreier（见前注 33）第 67~69 页；有关美国单方面措施的概述，见下文第 13.01~13.10 段。

㊵ 同上注，第 67 页，以及前注 9。

㊶ 有关修订会议的更多内容，参见上文第 4.52~4.57 段；Ricketson 和 Ginsburg（前注 21），第 8.112 段对涉及 1908 年柏林会议的其他讨论作了进一步介绍。

涵盖范围。国际社会缔结了一些单独的条约来保护录音制品，以及在1991年，大部分国家都反对将录音制品纳入《伯尔尼公约》议定书中，[42] 这些事实都进一步确认了以上结论。

（2）新的使用

7.22 至于新出现的使用类型，必须区别考虑以下两个问题：（a）是否属于《伯尔尼公约》规定的某些最低限度权利的涵盖范围，以及（b）是否属于国民待遇原则的涵盖范围。

（a）按需提供作品[43]

7.23 当用户个人通过互联网或类似网络可获得作品时，作品就是按需提供了；此种情形，通常是通过有线方式发生，不过，以无线方式发生的情形越来越多。当此种使用成为可能时，其在现行版权法——国内法或其他法律制度——下的法律性质是什么，存在争议；相关建议有：适用现行的发行权、出租权、广播权、传播权或新创设的权利。[44] 不过，如今最广泛接受的办法是将其作为向公众传播的一种形式。[45]

7.24 《伯尔尼公约》第11条、第11条之二、第11条之三、第14条以及第12条之二中的"向公众传播"，一直被认为是指向位于远处的公众进行传输的行为。[46] 按需传输的特征是个人用户享有选择获取特定作品的时间、地点的可能。因此，不同于传统的向公众传播形式，例如原始有线广播，按需传输某一特定作品，并不是同时进行，而是在不同时间向公众中的各个成员进行。尽管《伯尔尼公约》并未明确要求传播是同时的，但其作了默示的要求，因为一个同样的传播行为必须"向公众"进行，即超出一个人以及家庭或类似群体的范围。因此，如果将"传播"解读成"传输"，则按需使用就不是传播，因为其并未"向公众"发生，而是向公众中的各个成员发生。

7.25 如果对"传播"进行广义解释，不仅仅是指传输，将为公众中的成员获取而在服务器中进行的事先提供作品也涵盖在内，则传播（在这种情况下，为获得而提供作品）是同时向公众进行，因此，属于《伯尔尼公约》

---

[42] 参见下文第17.05~17.06段。

[43] 有关另一种重要的新的使用形式：数字复制，参见上文第5.117~5.118段；有关WCT的澄清，参见下文第17.52~17.58段。有关独立的分析，参见Ricketson/Ginsburg（前注21），第12.48~12.51段。

[44] 见下文中以WCT和WPPT为背景的第17.72段。

[45] 例如：WCT第8条以及WPPT第10条、第14条，通常受到国内法的沿袭，即使公约允许采用其他权利形式来实施公约，参见下文第17.72段和第17.80段。

[46] 更详细的细节，参见上文第5.134段、第5.138~5.140段。

的涵盖范围。㊼

7.26 与文义解释方法一样，体系解释方法和目的解释方法也不能为正确解释该用语提供太多帮助。符合《维也纳公约》第31条第（2）款规定的伯尔尼联盟成员方的嗣后协定或嗣后惯例，需要清楚表明提供权是否属于《伯尔尼公约》意义下的最低限度权利。在1996年外交会议上，伯尔尼联盟成员方同意在WCT中通过传播权涵盖按需传输，这并不能表明它们将如何解释《伯尔尼公约》，因为WCT是一个独立的条约。㊽ 只要没有涉及《伯尔尼公约》的嗣后协定或惯例对此予以明确，则将提供权作为《伯尔尼公约》第11条至第11条之三、第14条、第14条之二规定的最低限度权利的涵盖范围，仍然存在疑问。显然，历史解释也不能消除疑云，因为按需使用出现在1971年《伯尔尼公约》最后一次修订之后。

（b）公共借阅权和国民待遇

7.27 公共借阅权是因公共图书馆和其他非商业图书馆出借图书（在有些国家，还包括其他载体）而规定的一项法定获得报酬权。构建该权利，最初是作为促进当地，尤其是小语种地区，例如斯堪的纳维亚半岛的文学和其他文化的一种方式。㊾ 因此，很多国家是将公共借阅获得报酬权纳入版权制度之外的图书馆行为或其他专门行为之中。此外，很多制度在实质上已经背离了传统的版权规则，例如限制为特定类型的作品（如小说）或载体（如图书），或限制为特定类型的作者（如仅限小说作者）或出借机构，或将权利的保护期间限制为作者有生之年。一些制度还包括资助制度，即：金额不是根据使用程度来分配，而是根据社会需求或文化价值进行分配。㊿

7.28 公共借阅权是否适用国民待遇这一问题，取决于该权利是否属于伯尔尼联盟成员方“相关法律”给予其国民的权利。(51)“相关法律”并未被进一

㊼ 按需传输由用户发起，而非由发送者或其他传播者发起这一事实，与“传播”这一术语无关，因为其只要求某一作品从一个地点“运输”到另一地点，即公众；也参见Ricketson/Ginsburg（前注21），第12.49段。

㊽ 同时，由所有伯尔尼国家达成的协议中的条件也必须满足。

㊾ 该制度最初在1946年由丹麦构建，随后其他斯堪的纳维亚半岛国家效仿；见历史发展部分S Von Lewinski，“Public Lending Right: General and Comparative Survey of Existing Systems in Law and Practise”（1992）154 RIDA 3 ff。

㊿ 关于20世纪90年代早期存续的不同系统，见上注，以及S Von Lewinski，*Die Ruheberrechtliche Vergütung für das Vermieten und Verleiben von Werkstücken*（§27 *UrhG*）（1990）1 ff；有关欧共体协调后的体系概况的介绍，参见S Von Lewinski，“European Harmonization in a Controversial Field: the Case of Public Lending Right” in L Gorton, J Herre, E Nerep, J-P Nordell, and J Rosén (eds), *Festskrift till Gunnar Karnell*（1999）439 ff。

(51)《伯尔尼公约》第5条第（1）款。

第七章 《伯尔尼公约》与《罗马公约》在条约解释中面临的新挑战

步界定；根据公约的上下文，以及其序言和第 1 条规定的目的，该用语应被理解为：是指保护作者对其作品所享有的权利的所有法律。需要指出的是，它是指国内法的实体内容，而非程序内容；形式上的分类问题，例如公共借阅权规则应规定在版权法之内还是之外（例如图书馆法），不应作为解释《伯尔尼公约》需要考虑的因素。本质上，该问题是指公共借阅权是否属于版权事项，即是否属于作者对其作品享有的权利。

7.29 一直都有关于单纯的获得报酬权是否属于作品"上"的权利的质疑，因为后者可以被理解为仅包括专有权。不过，通过体系解释方法，可以解决这些质疑：《伯尔尼公约》第 14 条之三规定了追续权，表明获得报酬权也被认为属于作者在其作品上的权利。其他质疑或许没有那么容易反驳：属于该制度涵盖范围的有限的受益群体、作品、图书馆，都是版权法中不同寻常的特征；而且，在保护期限上，甚至与《伯尔尼公约》的规定不一致。此外，资助制度如何适用，以及并非根据使用频率支付报酬等，也受到质疑。"作者在其作品上的权利"这一用语，暗示因使用作品获得报酬，以及根据使用的范围进行支付的可能。如果主要或完全根据其他标准，例如社会需要或文化价值来付酬，则很难认为这与使用作品或"作者在其作品上的权利"有什么关系。

7.30 在模糊的情况下，寻求国家嗣后惯例，表明：伯尔尼联盟成员方一般并不认为《伯尔尼公约》规定的国民待遇原则可以适用于公共借阅权；[52] 这一事实，可以被解释为这些国家认为：公共借阅权在本质上不属于版权，因此不适用国民待遇原则，或者认为公共借阅权属于不适用国民待遇原则的一个不成文的、得到共识的例外。后一种观点，事实上是由 WIPO 秘书处提出的；其同时建议：可以不适用国民待遇，而改为适用互惠原则。[53] 大多数代表团并不支持将公共借阅权纳入当时草拟的《伯尔尼公约》议定书。[54] 只有极少数代表团反对将该权利作为国民待遇的一种例外情形，同时一些代表团认为公共借阅

---

[52] 关于成员方做法、缄默的法律关联性以及成员方对公共借阅权不适用《伯尔尼公约》下的国民待遇原则，参见 S Von Lewinski, "National Treatment, Reciprocity and Retorsion: the Case of Public Lending Right" in Beier/Schricker（上注 33）54, 60-62；更多有关近几年的发展，参见 S Von Lewinski, "Status of the Writer and Intellectual Property: Legislation and the Effect of International Law on PLR" in Anon (ed), *Third International Public Lending Right Conference: The right to Culture and a Culture of Rights. Conference Papers* (1999) 95, 97 ff。

[53] "Committee of Experts on a Possible Protocol to the Berne Convention for the Protection of Literary and Artistic Works, Third Session" (1993) Copyright 72, 98 ff (paras 88 ff, 94 ff, 129 ff, and on a reciprocity para 131)。

[54] 有关原因，参见 Report of the Third Session of the Committe（同前注 53），(1993) Copyright 179, 189 (paras 73 f)。

权显然应属于国民待遇原则的适用范围。大多数反对 WIPO 提出的将该权利作为例外情形的代表团，是基于其他原因：公共借阅权不属于国民待遇的涵盖范围，因此根本没有例外可以适用。(55) WIPO 总干事认为：“人们需要的是，对公共借阅权是否属于版权事项这一问题给出明确的答案”。(56) 如今，由于这一情形仍然模糊，因此，还不能确定公共借阅权是否属于国民待遇的适用范围。

(3) *在互联网上“出版”*（publication）

7.31 《伯尔尼公约》第 3 条第（3）款对“已出版作品”的定义，引发了各方对以下问题的颇多争议：在互联网上向公众提供作品，是否构成该定义项下的出版。在此，只概述重要的争论。(57) 首先，根据文义解释，文字本身可能会得出一个自相矛盾的结论：一方面，将复制件上传到服务器，使之可以通过互联网向公众提供，符合定义对已出版作品的要求：“不论复制件的制作方式如何，只要从该作品的性质来看，复制件的提供方式能满足公众的合理需要”。(58) 另一方面，根据同一条款第二句的规定，提供可以构成“有线传播”，因而不属于定义的涵盖范围。这一模棱两可的情形，要求我们求助使用该用语的上下文；(59) 但是，体系解释也无法得出明确的答案。(60)

7.32 因此，我们不得不考察以下两种解释方法中，哪一种能更好地为该条款以及公约的目的服务。将互联网“出版”纳入“出版”的涵盖范围，会引发更多问题。尤其是，这将导致我们很难确定起源国，而起源国在大多数情况下被定义为最先出版的国家。如果认为网络出版意味着在互联网所及的所有国家立即、同时，因此是首次出版，则所有提供相同最短保护期的国家都是起源国，这将导致《伯尔尼公约》在很大程度上无法适用。(61) 这一结果与《伯尔尼公约》的目的相悖。同时，《伯尔尼公约》不允许将这些国家中的某一特定国家确定为“首次”出版的国家；要解决这一问题，需要在修订时进一步具体化。

---

(55) 关于各代表团的论述，参见报告（同前注 53），第 102 ~ 105 段。

(56) 同上注，第 113 段。

(57) 更多细节问题，参见 Reinbothe and Von Lewinski, *the WIPO Treaties* 1996 (2002) Art 3 WCT nn 18 – 21；其他分析方法，参见 Ricketson and Ginsburg（上注 21）第 6. 52，6. 59 ~ 6. 64 段.

(58) 《伯尔尼公约》第 3 条第（3）款第一分句。

(59) “发表”这个术语很重要，因为它是《伯尔尼公约》第 3 条第（1）款判断是否适格的重要标准，也是《伯尔尼公约》第 5 条第（4）款界定“起源国”的标准，进而影响到公约的适用情形（公约不适用于起源国），以及《伯尔尼公约》第 7 条第（8）款对期限的比较。

(60) Reinbothe/Von Lewinski，（上注 57）Art 3 WCT n 20。

(61) 《伯尔尼公约》第 5 条第（4）款第一项规定，同时在数个联盟成员方发表作品，其中提供保护期限最短的国家为起源国；大多数国家提供同样的最短保护期限，即作者终生及其死后 50 年。根据《伯尔尼公约》第 5 条第（3）款，起源国的保护由该国本国法律作出规定，除非有特定的非歧视性条款。

第七章 《伯尔尼公约》与《罗马公约》在条约解释中面临的新挑战

7.33 因此，认为互联网"出版"不属于《伯尔尼公约》所规定的出版的涵盖范围，更加符合《伯尔尼公约》的目的。这样，《伯尔尼公约》有关未出版作品的规则，将适用于仅仅在互联网上"出版"的作品：只有其他伯尔尼联盟成员方的国民以及居住在其他伯尔尼联盟成员方的作者，才有资格受到保护，而且起源国将是作者的国籍国。[62] 此外，通过比较被要求给予保护的国家的期限与作者国籍国或惯常住所地国的期限，也可适用《伯尔尼公约》第7条第（8）款有关期限的比较的规定。因此，这种以《伯尔尼公约》第3条第（3）款第2句为基础进行的解释，可以得出更易接受的结论，而且比将互联网"出版"纳入《伯尔尼公约》第3条第（3）款第1句规定的"出版"的涵盖范围这种解释方法要更清晰，后一种解释方法将产生很多《伯尔尼公约》无法回答的新问题。[63]

（4）《罗马公约》中国民待遇的范围

7.34 根据《罗马公约》第2条第（2）款，国民待遇应"服从"[64] 最低限度权利的限制。这一措辞可解释为包括缔约国的保护水平高于和低于《罗马公约》规定的最低限度权利这两种情形。当国内法提供的保护水平低于最低限度权利时，应授予国民待遇，但应服从《罗马公约》较高标准的限制；因此，即使国内法并未规定最低限度权利，也应当授予。这种情形并无争议。然而，如果国内法提供的保护水平高于《罗马公约》的最低限度权利时，国民待遇如何适用的问题就存在争议了。[65]

7.35 "服从"这一用语可以指：国民待遇（完全同化成国民）只需要在《罗马公约》规定的最低限度权利的范围内授予。因此，除了在有关国内法实施《罗马公约》规定的最低限度权利的具体方式上，将外国受益者同化成国民以外，国民待遇没有独立的含义。尽管第一眼看上去，公约条款如此有限的含义自身就可能反对这种解释方式，然而，一些后续的例子，例如 TRIPS 和 WPPT，都规定了非常明确的条款，却也达到了相同的结果，这表明这种反对理由不是十分有力。此外，《罗马公约》并没有沿用《伯尔尼公约》有关国民待遇的措辞，后者通过将国民待遇义务"与"最低限度权利并列，清楚地

---

[62] 《伯尔尼公约》第5条第（4）款第（3）项有关未经发表的作品及相关细节；对于在一成员方国内有经常居所的，参见《伯尔尼公约》第3条第（2）款。

[63] 一些在1996年 WIPO 外交会议上尝试把互联网公布定性为发表并决定起源国的不成功论断，参见第17.151～17.152段。

[64] 法语：compte tenu；西班牙语：sujeto a。

[65] 见上文第6.27段注释70，注释71。

表明国民待遇"压倒"最低限度权利。⑥

7.36 系统地看国民待遇，互惠条款作为国民待遇的一种例外形式，也必须加以考虑。《罗马公约》只允许对于最低限度权利，即二次使用的获得报酬权以及广播组织的传播权作出保留的情况下，适用互惠原则。⑥ 因此，在这些情况下，根据所宣布的保留，存在不同的保护水平。在这里，互惠原则的功能是防止出现不平衡的状况，即在没有互惠条款的情况下，提供完全保护的国家不得不单方面为那些作出保留声明的国家提供保护。由于《罗马公约》规定了最低限度保护，以及各国国内法的整体保护水平可能存在很大差别，以及缺乏有关国民待遇的其他例外规定（与《伯尔尼公约》不同），因此，完全的国民待遇似乎与允许互惠的逻辑不符；而将国民待遇解释为范围有限，则与该逻辑相符；当国内法规定的保护水平存在很大差异时，单方面提供保护一直被认为是不公平的，应予以纠正。⑥

7.37 尽管公约的目的只是"保护"邻接权，⑥ 不过，知识产权领域的条约都有一个普遍的目标：拥有广泛的成员方。完全的国民待遇义务，加上最低限度权利，以及各国保护水平可能存在的巨大差异，很有可能会阻止那些规定较高保护水平的国家加入该公约，这样就与上述提及的目标相悖。

7.38 一旦某种解释完全得到了承认，我们可以从缔约国的嗣后惯例获取相关论据。不过，到目前为止，通过缔约国的相关嗣后惯例以及声明只能观察到一些暗示。首先，TRIPS 缔约方显然是基于以下推定开始谈判的：TRIPS 明示条款应当与先前《罗马公约》对国民待遇的限制方式一样。⑦ 类似的，大多数 WPPT 的缔约方都反对完全的国民待遇，却没有特别反对为谈判所准备的基础提案的解释性说明。该基础提案将两段内容结合在了一起，一段是以 TRIPS 为模板规定了范围有限的国民待遇，另一段是借鉴了《罗马公约》第 2 条第（2）款的规定；解释性说明指出：解释第 2 段时，应依循《罗马公约》条款

---

⑥ 《伯尔尼公约》第 5 条第 1 款。

⑥ 《罗马公约》第 16 条第（1）款第一目第四分目规定了表演者和唱片制作者的二次使用，以及公约第 16 条第（1）款第二目规定了广播组织的广播权，见上文第 6.57 和 6.65 段。

⑥ 关于《伯尔尼公约》，参见上文 5.40 段和第 5.41 段及以后的例子；关于《罗马公约》下的二次使用，参见 E Ulmer, "The Rome Convention for the Protection of Performers Producers of Phonograms and Broadcasting Organization – Part III" [1963] 10 Bulletin of the Copyright Society of the USA 219, 230。

⑥ 《罗马公约》序言。

⑦ 这一点由 J Reinbothe（作为欧共体代表参与磋商过程）提出，"Der Schutz des Urheberrechts und der Leistungsschutzrechte im Abkommensentwurf GATT/TRIPS"（1992）GRUR Int 707, 713。

第七章 《伯尔尼公约》与《罗马公约》在条约解释中面临的新挑战

的相关解释。⑦ 此外，外交会议第一主要委员会主席以及欧共体代表团也都表达了以下观点：范围有限的国民待遇符合《罗马公约》的路径；这一观点没有受到其他代表团的反对。⑫

7.39 如果各代表团认为《罗马公约》与建议规定有限范围的国民待遇的提案之间存在冲突，它们应当会在 TRIPS 谈判以及 WPPT 谈判时反对此种提案，因为这两个条约属于《罗马公约》第 22 条规定的专门协定，后者不允许在新的协定中规定更低的保护水平。⑬ 各代表团在这一问题上的缄默，可以被视为它们同意将《罗马公约》规定的国民待遇解释为范围有限的国民待遇。在讨论保护广播组织的条约草案时，也出现了类似的情形，有关范围有限的国民待遇原则的基础提案草案的主席说明参考了 WPPT 的模式："本提案继续沿用有限的、非全球化的国民待遇这一传统，在相关权领域，这一传统源于《罗马公约》第 2 条第（2）款。"⑭ 没有代表团反对以上观点。尽管并非所有《罗马公约》的缔约方都是 TRIPS 或 WPPT 的缔约方，或关于广播组织条约的版权及相关常设委员会的代表团，但是以上事实至少强烈表明《罗马公约》的缔约方广泛认为，应采用有限的国民待遇这种解释。

7.40 以上这些内容强烈表明：《罗马公约》缔约国支持采用有限国民待遇这一作准解释，因此，我们值得明确他们在回溯到历史解释之前的解释，后者是在发生歧义时的一种补充解释方法。此外，这符合国际法倾向于采用动态的、演进的解释方式的发展趋势，而不是依据缔约方的最初意图。⑮

（5）小结

7.41 以上例子表明，随着一些新情况的出现，常常给条约解释带来挑战；虽然大多数技术中立条款以及动态的解释规则可以使条约继续保持相关性，但是，要清楚地理解作准解释，往往需要在新情况出现的一段时间以后才有可能。

---

⑦ WIPO Doc CRNR/DC/5 n 4.03；专家委员会以及外交会议上的相关讨论，参见 Reinbothe/von Lewinski（同前注 57），WPPT 第 4 条，注释 1 以下。

⑫ WIPO（ed），*Records of the Diplomatic Conference on Certain Copyright and Neighbouring Rights Questions*（1996）paras 594（p726），609（p729）.

⑬ 有关 WPPT 作为一个特殊协议的定性，参见 Reinbothe/Von Lewinski（前注 57），WPPT 第 1 条注释 12；有关 TRIPS，参见上文第 6.78 段、第 10.90 段，以及下文第 24.14 段。支持 WPPT 应当提供不受限制的国民待遇的一个主要被孤立国家是美国，美国并非《罗马公约》的缔约国。

⑭ WIPO Doc SCCR/15/2 rev n 8.03.

⑮ Bernhardt（同前注 3）第 1416 页、第 1419 页。Ficsor［（上注 25）第 4.15 段］在进一步研究之后也含糊地承认，符合《维也纳公约》的"一些新型的限缩解释将被发展起来"。

第八章
成员方违反条约以及对条约解释出现分歧的法律后果

A. 引　言

8.01　正如第七章所述，将条约的某一特定条款适用于某一特殊情形时，要准确地解释该条款的含义，通常并不是一件容易的事。在含义模糊不明时，需要进行澄清；如果条约的条款本身并不存在解释上的歧义，但是成员方不遵守，需要进行执法。无论是进行澄清还是执法，都可以由私人在被请求给予保护的国家通过诉讼的方式寻求。如果这还不能解决问题，① 通过国家层面的争端解决机制可能是一种选择。② 在以上两种情况下，如果援引了条约条款，必须符合条约本身的一些条件。③ 在私人诉讼的情况下，该条约必须能够在国内适用。④

B. 与条约有关的一般国际公法条件

（1）有全权签署条约

8.02　一个条约，只有当其已经缔结和生效，并且对被请求给予保护的国家具有约束力的情况下，才能被成功地援引作为请求的基础。条约是在国家之

---

① 见下文第8.15段。
② 见下文第8.16~8.26段。
③ 见下文第8.02~8.10段。
④ 见下文第8.11~8.15段。此处不予考虑国际民事诉讼法和国际私法的相关情况。

第八章　成员方违反条约以及对条约解释出现分歧的法律后果

间缔结,⑤ 而国家则由享有"全权"代表国家接受或认证条约,或表达国家愿意接受条约约束的人进行缔结。⑥ 当代表国家签署条约的人在缔结条约时,并不享有该国的"全权"时,他的行为不具有法律效力,因此,对其国家不具有约束力,还有待其国家的事后确认。⑦ 如果某人依据《维也纳条约法公约》第 7 条的规定享有全权,但该项授权违反了其本国有关缔结条约权限的国内法规定,该国仅能在满足非常苛刻的条件的情况下,才能以违反其本国国内法为由,使该同意无效;通过此种保障措施,使其他国家的信赖利益得以受到保护。⑧

（2）多数同意与全体同意

8.03 在通常情况下,在类似 WIPO 外交会议之类的国际会议上要通过一个条约文本,只需要出席和参加表决国家的三分之二多数即可,除非这些国家以同样多数决定采用其他方式;除此之外的其他条约,则需要获得全体一致同意。⑨ 虽然在实践中,未经过正式投票的一致同意程序越来越多地在谈判中适用;一般来说,只有通过协商无法达成一致时,才会选择投票程序,例如,WIPO 1996 年外交会议在通过个别条款时,即是采用这种方式。⑩ 协商一致的目的在于保护少数成员方的利益;如果缔约国不参加投票,可能会导致条约缔结失败。⑪ 所谓的最后文件,通常与条约一起,在外交会议的最后通过;它记录了外交会议的程序,并总结其成果。

（3）条约的生效

8.04 在条约获得通过之后,其具体文本必须进行认证。在此之后,除了缔约方通过修订或签署嗣后协定进行修改,或某一缔约方提出保留得到所有其他缔约方的明示许可或接受之外,条约的内容不得再进行修改。条约可以以一

---

⑤ 根据《维也纳条约法公约》第 6 条的规定,每一国家皆有缔结条约之能力。条约第 2 条第（1）款第（a）项将条约定义为"国家间所缔结的国际书面协定"。

⑥ 条约第 7 款限定了认定在何种情况下个人能够被视为代表国家的条件;条约第 2 条第（1）款第（c）项对"全权"作出了定义。关于"全权"的其他细节,可以查看 *A Aust, Modern Treaty Law and Practice* (2000) 57 及之后版本。在《世界知识产权组织版权条约》（WCT）和《世界知识产权组织表演和录音制品条约》（WPPT）的语境下的含义,见下文第十章与第十八章。

⑦ 《维也纳条约法公约》第 8 条。

⑧ 《维也纳条约法公约》第 46 条。

⑨ 上注条约第 9 条;《伯尔尼公约》第 27 条（3）款要求所有对条约文本的修订,都必须取得全体一致通过。但《罗马条约》第 29 条第（2）款仅要求参加修改会议的三分之二以上的缔约国通过。

⑩ M Shaw, *International Law* (5th edn, 2003) 817;（见上注 6）第 67~68 页。在 1996 年外交会议上,仅有个别条款采用了少量的投票程序,具体见下文第 17.22~17.25 段。

⑪ 这体现在世界知识产权组织 2000 年的音像大会上,见下文第 18.21 段。上注 6 之 68 解释了此项偏重。

— 219 —

种或多种语言进行认证。⑫ 可以通过签署或其他约定的方式进行认证。⑬

(4) 签署、批准和加入

8.05 签署本身可以，但是通常并不构成国家同意受条约约束。一般来说，有很多不同的方式表示受条约约束。⑭ 大多数情况下，条约本身会明确其所要求的方式。在实践中，很多情况下，是通过交存批准书或加入书，而非签署的方式，表示国家同意。⑮ 如果某一国家签署了一项条约，但根据规则，只有批准或加入该条约之后，其才受条约的约束，签署本身并不会导致该国承担批准的义务。例如，柬埔寨、梵蒂冈和印度在1961年10月21号都签署了《罗马条约》，但至今都未批准该条约。如果依据国内法的规定，需要由议会来批准条约，而如果议会未能批准条约，采用此种程序的根据就很明显了。然而，即使议会批准了条约，签署条约也不会为该国家创设必须批准该条约的任何义务。然而，在这种情况下，条约的签署国至少应当负有义务不得采取任何妨碍条约目的的行动。⑯ 通常来说，通过批准，条约的签署国可以成为条约的成员方；对于在条约开放签署时，⑰ 一直没有签署条约的国家，可以通过加入的方式成为成员方。一旦获得了条约的成员资格，以上两种方式就没有任何区别了。

(5) 生效

8.06 通常来说，条约会规定其生效的条件。此类条件通常是加入条约的成员方的最低数量要求，但有时还需要满足其他条件。⑱ 通常来说，条约需在

---

⑫ 如《伯尔尼条约》第37条第(1)款第(a)项；《罗马条约》第31条第(1)款；由此造成的影响，见上文第7.11～7.12段。

⑬ 更多详细内容，可见《维也纳条约法公约》第10条。

⑭ 《维也纳条约法公约》第11条规定了可行的方式，同时第12条到第15条规定了在何种情况下签字、交换文件构成了对条约的批准、加入或承认，或表达了愿意受条约约束的内容。

⑮ 《伯尔尼条约》第28条第(1)款第(a)项以及《罗马条约》第24条限制了特定国家的成员资格，特别指的是UCC或者伯尔尼联盟的成员方。在《伯尔尼条约》语境下的批准和申请加入，可见 S Ricketson and J Ginsburg, *International Copyright and Neighbouring rights: the Berne Convention and Beyond* (2006) 18.03. ff.

⑯ 参见《维也纳条约法公约》第18条。

⑰ 例如，《罗马条约》第23条规定，在1961年6月30日之前，条约开放签署；类似条款可见《世界知识产权组织版权条约》(WCT)第19条和《世界知识产权组织表演和录音制品条约》(WPPT)第28条。

⑱ 《伯尔尼条约》第28条第(2)款(a)项指的是第1条到第21条，以及巴黎文本下的条约附件，它要求至少5个未对第1条到第21条以及附件申明保留的国家批准或者申请加入。而且它要求1971年文本的世界版权公约对法国、西班牙、英国及北爱尔兰和美国有约束力。《伯尔尼条约》的第28条第(2)款的(b)~(d)项规定了其他的条件。

第八章　成员方违反条约以及对条约解释出现分歧的法律后果

要求数量的国家交存批准文件或加入文件 3 个月之后生效。⑲ 只有在缔约方未达到条约或协定中的此种条款的要求时，条约才会在所有缔约国通过批准或以其他方式表示其同意受条约的约束之后生效。⑳

8.07　在必须数量的国家递交申请加入或批准文件、条约生效之前，条约对任何国家都不具有约束力，即使对于那些已经批准了的国家。举例来说，《世界知识产权组织版权条约》（WCT）和《世界知识产权组织表演和录音制品条约》（WPPT）于 1996 年 12 月缔结，并分别于 2002 年 3 月和 5 月生效。在此之前，它们并不能约束任何哪怕是已经批准了该条约的国家。但当国家批准或者申请加入某一已经生效的条约时，当该国表明本国愿意受到条约约束时，或者根据条约本身的规定㉑，在该国递交相关文件的 3 个月后，该国即受该条约的约束。㉒

（6）保留

8.08　即使一国受条约的约束，该国也可以通过保留的方式排除特定条款的适用。仅在特定条件下才允许保留。特别是，保留并不是原条约所禁止的。通常情况下，条约决定是否允许或者允许何种保留。㉓ 当明确规定允许保留时，保留通常不需要取得其他成员方的同意。㉔ 当一国作出了有效的保留时，它所排除适用的条约条款对其不具有约束力。按照规则，任何国家在任何时候都可以撤回自己的保留并由此受到相关条款的全部约束。㉕

（7）失效、中止、单方废除及其他

8.09　被援引的条约必须是有效的，仅在少数情况下有可能导致条约的失

---

⑲　如《罗马条约》第 25 条第（1）款；以及《世界知识产权组织版权条约》第 20 条（WCT）和《世界知识产权组织表演和录音制品条约》（WPPT）第 29 条。

⑳　《维也纳条约法公约》第 24 条第（2）款。

㉑　上述条约第 24 条第（3）款，除条约另有规定外，一国承受条约拘束之同意如系于条约生效后之一日期确定，则条约自该日起对该国生效。

㉒　例如，《罗马条约》第 25 条第（2）款，以及《世界知识产权组织版权条约》第 21 条第 2、3、4 款和《世界知识产权组织表演和录音制品条约》（WPPT）第 30 条第 2~4 款。

㉓　《罗马条约》第 16 条允许特殊保留。《世界知识产权组织版权条约》第 22 条不允许任何保留。《世界知识产权组织表演和录音制品条约》第 21 条仅允许对第 15 条（3）款的保留。对于《伯尔尼条约》不同文本对于保留的规定，见上注 15 第 17.22~17.33 段。

㉔　保留属于单方文件，在《维也纳条约法公约》第 2 条第（1）款（d）项中作出了定义。对于需要其他缔约国接受的情形，见上述条约第 20 条。

㉕　上述条款第 22 条。《罗马条约》第 18 条同样明确地限制了保留的范围。其他详细的保留情况，见上注 6，第 100~130 页。

效。[26] 由缔约国单方中止、单方废除以及中断条约的实施的例子非常少见。[27] 在条约适用过程中有可能要考虑某些其他的问题，比如过渡条款以及不同条约之间的关系问题。[28] 在这些额外问题中非常重要的是有关国家继承的问题，即对于国家继承条约的有效性问题。国际继承特别与《伯尔尼公约》有关，在《伯尔尼公约》漫长的实施过程中，曾经历了许多国家分割、合并、附属、分裂、独立的实例，特别是原殖民地国家的独立，比如英国的殖民地的独立。[29]

8.10 在这类案子中的法律问题非常复杂。比如，爱沙尼亚从未宣布终止条约，但是在苏联时期，爱沙尼亚被合并了，因此，在之前它的独立时期（1918—1940）适用的条约，包括《伯尔尼公约》，[30] 在苏联时期被中止适用。[31] 同时，在爱沙尼亚1991年从苏联独立之后，它之前独立时期签订的条约应当被视为对它具有拘束力。[32] 从逻辑上讲，爱沙尼亚没有必要重新申请加入《伯尔尼公约》，一项继续声明已经足够。但是，在1994年7月26日，爱

---

[26] 参见《维也纳条约法公约》第42条第（1）款，第46～53条列举了包括错误、欺诈、贿赂、强迫，以威胁或武力方式实行强迫等原因。针对条约的无效，参见上注6第252页。

[27] 参见《维也纳条约法公约》第54～64条。在接受《世界版权协定》的文本中，发展中国家有可能退出《伯尔尼公约》以仅仅成为世界版权协定的成员方，可参见第4.20段，第4.38段，及上文第5.231段及第4.16段和《伯尔尼公约》第35条第（2）～（4）款。退出《伯尔尼公约》可参见Ricketson/Ginsburg（上注15）第17.34段。关于条约失效、终止、退出条约或停止施行条约应依循的程序，可参见《维也纳条约法公约》第65条第8项，而条约失效、终止、停止施行条约的法律后果可见《维也纳条约法公约》的第69～72条。停止施行条约的例子可见下文第8.10段。

[28] 条约之间的关系可见本书第十二四章，尤其是下文第24.02～24.19段，同时，有关《世界版权协定》和《伯尔尼公约》的关系，见上文第4.38段。

[29] 有关此例子的详细说明，可见Richetson/Ginsburg（同前注15）第17.35～17.68段，有关波罗的海各国，见下文第8.10段。

[30] 爱沙尼亚于1927年成为《伯尔尼公约（1908年柏林文本）》的成员方，见http://www.wipo.int/treaties/en/Romarks.jsp?cnty_id=949C，拉脱维亚的情况与爱沙尼亚类似。在加入苏联之前，拉脱维亚并没有完成所有加入《伯尔尼公约》的程序，但是，有关国家继承的问题是相似的。

[31] 在爱沙尼亚，法律不如政治文件清晰明白，此议题中所有有关爱沙尼亚的信息都是由Prof H Pisuke（在2007年9月26至27号通过电子邮件的方式）收集，考虑到爱沙尼亚的情况以及爱沙尼亚议会在独立之前与之后以爱沙尼亚共和国的名义作出的声明，见H Pisuke，由P Wahlgren出版的《建立国家层面的知识产权保护体系：与爱沙尼亚版权及邻接权有关的一些问题》，*Scandinavian Studies in Law* Vol XLII：*Intellectual Property*（2002）第127页，第141～142页。而对于具有更明确的国际法律地位的立陶宛来说，见S Jakstonyte和M Cvelish，《有关立陶宛国际法律地位的宪法性和国际性文件》，见 *Baltic Yearbook of International Law*（2003），第301页。对于其他的大多数波罗的海国家，见Aust（同前注6）第314页。

[32] 在爱沙尼亚，政治文件比法律更为明确。立陶宛认为本国于1940年之前加入条约时就受到条约的约束。可见立陶宛总统A Brazauskas 1993年3月4日致联合国秘书长B Ghali的信，部分摘录于Jakstonyte/Cvelich（同前注31）第301页，第306页。上述301中所说的回复独立的法案宣布于1990年3月11日。

沙尼亚向世界知识产权组织递交了申请加入《伯尔尼公约》的文件。通过将爱沙尼亚1994年的重新加入视为声明能够解决这一矛盾。但是，在爱沙尼亚再次加入之前的情况仍然并不明朗。因为《伯尔尼公约》在1991年8月20日至1994年10月26日并不适用于爱沙尼亚。而且爱沙尼亚外交部在对世界知识产权组织的文件中宣布爱沙尼亚并没有从其1927年的加入中意识到自己的义务，此外，重新加入的文本亦表示爱沙尼亚将从重新加入之日起履行《伯尔尼公约》规定的义务。[33] 这一矛盾仍然留待解决。

C. 条约的国内适用

（1）转化为国内法

8.11 一国被某一条约所约束，并不自动表示一位外国的权利所有权人能够在该国的诉讼中援引该条约的规定并要求适用该条约，此种情况只发生在条约能够自动适用的情况下。一般情况下，条约都要求缔约国确保条约的国内法适用，但是，它们一般将具体的实施方法交由各缔约国决定。[34] 通常，将国际条约转化为国内法具有两种方式，具体的适用方式通常有各国的宪法或者相似的法律文件决定。首先，所谓的"个别的"或"特殊的"转化方式要求对所有条约条款规定特殊的国内形式，如英国所采用的方式；在这个系统中，针对条约所提出的诉求仅能依据根据条约转化而来的国内法。其次，相反的，所谓的"一般的"转化方式仅要求立法宣布承认某一条约并将其作为国内法的一部分。在这种情况下，条约条款通常以附件形式附在议会决议或其他形式的文件之后。[35] 在这个系统中，诉请的基础是全部转化国际条约的国内法还是仍然将条约条款作为诉请的基础，而把转化的国内法作为实施条约的具体方式是具有争议的。选择何种方式对于该法律的理解和适用会产生影响。[36]

---

[33] 有关重新加入的时间，见上文。Pisuke（同前注31）第141～142页及电子邮件回复。

[34] 如《伯尔尼公约》第36条第（1）款；《罗马公约》第26条第（1）款；WCT第14条第（1）款；WPPT第23条第（1）款。TRIPS的第1条第（1）款3项更为清晰。然而，美国最近签订的双边条约并不承认这一灵活方式，见下文第12.40段。有关美国和其他欧洲国家相关法条规范的间断描述，可见 Aust（上注6）第146页。

[35] 这是如德国、奥地利、瑞士以及其他大陆法国家在实践中采用的做法。见 B Simma 著 *Universelles Volkerrecht*（1984）第856～858页。Shaw（同前注10）129页，有关一元论（将国际法和国内法视为一个体系）和二元论（将国际法和国内法视为两个体系）的相关原则，见上注10的第121～124页；及 K Partsch 著 "国际法和国内法"，*Encyclopedia of Public International Law*（1995）Vol II，1183，1184。

[36] 特别是，解释的法律基础和方法可能是不同的。然而，后果的不同在今天更具有理论上而非实践上的意义。如 Partsch（同前注35）1191，A Bleckmann 著 *Volkerrecht*（2001）第428～429页。

8.12 作为转化的结果之一,条约能够进行国内适用。条约的国内适用并不仅仅体现在特殊的法定形式上,还可体现在法院依据条约所采用的解释方法上。例如,某一奥地利法条款规定所有的相关机构都必须将收入的绝大部分从某一特殊用途改为分配到一项几乎仅对国内作者开放的基金中。㊲ 问题在于,收入的绝大部分是指所有的收入(包括国外作品的收入),还是仅仅指国内作品所带来的收入。法院在国内法的基础上解释了该条款,同时附带指出,依据国民待遇原则,该条款所指的扣除仅仅针对国内作品所带来的收入。㊳

8.13 如果某一条约被法院直接适用,条约则本身就具有自执行力。通常,规定个人所应当承担的权利和义务被认为是条件之一。"自执行力"这一概念源自美国宪法。在欧洲,更多地用"条约的直接适用"进行代替。上述两项词组都指向了条约的国内适用,但是内容具有较大差异。通常,法官通过对条约的解释决定某一项条约条款是否具有自执行力。除非,该条约或者解释的法律本身清楚地排除了条款的直接适用。㊴

(2)条约的国内法阶层

8.14 即使条约被转化为国内法,它的适用仍然有可能受到其他相冲突的国内法的影响。此外,条约在不同法的渊源的层级亦与此相关。各成员方以法律形式有权决定国际条约所转化的国内法的优先效力。通常,各国通过宪法作出类似规定。例如,在法国和立陶宛,国际条约所转化的国内法的效力高于其他法律,所以,之后通过的国内法也不能对此进行修改。㊵ 在荷兰,法院不能审查条约(虽然并不包括国际惯例法)所转化的国内法的合宪性问题,但是法院可以审查这些法律是否与现行的条约相冲突(荷兰宪法第120条和第94条)。与此相反,立陶宛宪法法院特别指出任何国际条约都不能违反本

㊲ 更为严谨地说,它对能够与管理机构有直接合同关系的作者适用,但是根据通行的国际法体系,主要是指国内作者。

㊳ 奥地利最高法院在1987年7月14日作出的裁判,由 M Walter 对此作出了评论,第216~218页。

㊴ 美国宪法下这个词起源于 Foster and Elam v. Nelson[27 US(2 Pet)253,1829]案,见 AD McNair 著 The Law of Treaties (1961)的第79页。在美国,如果一项条约是可直接适用的,它可以直接作为国内法的一部分适用于国内程序中。The US Berne Implementation Act(Publ 100 - 568,s 2)明确排除了直接适用,不仅仅包括《伯尔尼公约》所规定的精神权利,还包括美国实践中的一些通行做法。见 P Geller 著 International Copyright Law and Practice,Vol 1;W Party 著 Party on Copyright(2007)23 - 24。有关美国可直接适用的条约,见 Aust(上注6)第158~159段。有关欧洲各国的直接适用条约,见 A Bleckmann 所著《可直接适用的条约》,Encyclopedia of Public International Law,Vol IV(2000)374。

㊵ 立陶宛相关内容可见 Jakstonyte/Cvelish(同前注31)第309页;及法国宪法第55条。

国宪法，在某些欧洲国家，仅有"国际公法的一般规则"的效力高于国内法。㊶

8.15 对于欧洲大陆的大部分国家和美国来说，特别是对于那些宪法中并没有对条约的效力作出特别规定的国家来说，被转换的条约的效力相当于国内法。在这一国内法规阶层中，新通过的法律可以对之前的条约所转化成的国内法进行修改（如新法优先旧法规则）。㊷ 据此，如果某国所通过的一部新法或更高效力的法律修订了之前依据条约所转换的国内法，外国权利所有人将不能再依据该条约在该国私法诉讼中取得胜诉，因为法官必须依照该国有效的国内法进行裁判，即使这些法律与约束该国的国际条约内的条款相冲突。例如，本文之前所提到的奥地利法院所做出的裁决，㊸ 该国的立法者引入了一项规则，规定相关行业的收入的"绝大部分"指的是相关的所有收入（包括利用国外作品所取得的收入）。㊹ 这一修正案明确解释了之前的规则。即使某一有权人认为这一修正案违背了《伯尔尼公约》所规定的国民待遇义务，㊺ 他仍然不能据此在私法诉讼中胜诉，甚至不能获得一项基于《伯尔尼公约》的解释。在此种情况下，获得解释的唯一可能方式以及确保该条约的执行的方式是将此提高到政府高度，以求在国家之间解决此争议。

D. 国际法视野下的争端解决方式

（1）概述

8.16 一般情况下，国际公法为和平解决㊻主权国际之间的争端提供了下列方式：（a）政治或外交方式，在这种方式下争端各方享有解决争端的控制权，让他们自己接受或驳回解决提议，和（b）法律方式，由国际法庭或者仲裁机构在国际公法的基础上做出有约束力的裁决。

㊶ 参见 Jakstonyte/Cvelish（同前注 31）第 308 页。提到立陶宛宪法第 138 条规定经批准的国际条约是立陶宛法律体系中的重要组成部分。关于通行的"一般规则"，见德国宪法第 25 条。有关欧洲一些国家（有关条约的解释）和美国的综述，见 Aust（上注 6）第 146 页，第 159~160 页。

㊷ 参见 Partsch（同前注 35）第 1194 页；有关美国的特别情况，可见 D Bederman 著 International Law Frameworks (2001), 164–165。

㊸ 参见前注 38；在诉讼程序的最初阶段，此法律已经被修改。

㊹ 联邦法律的第 2 条第（6）款第 3 项修订了版权法，版权法及 1980 年版权法修正案于 1989 年 11 月 29 日被联邦法律所修订。

㊺ 通过深入的分析，每项议题上都可能存在不同的观点，见 Walter（上注 38）第 217 页对此的更深入的讨论；M Walter 著 *Congress for the Centennial of the Berne Convention* (1987) 170, 172。

㊻ 《联合国宪章》第 2 条第（3）款要求成员方通过和平方式解决国际争端（而非通过武力或类似方式）。

（2）政治方式

8.17 政治方式包括直接的外交协商和其他包括无利害关系第三方的多种程序。第三方可以扮演"调停"的角色，在不参与协商的情况下劝说争议双方与彼此协商。[47] 同时，它可以通过参与协商过程进行居间斡旋并提出不具有约束力的解决方式。[48] 调停或者居间斡旋可以由第三方主动提起，也可以由争议双方提出要求。在调剂环节中，第三方委员会或个人在政治或平等考虑的基础上为争议双方提出解决方案，而非像仲裁或诉讼程序一样，依据法律规范来提出解决方案。[49]

（3）法定方式

8.18 解决争议的法定方式由国际仲裁机构或者司法机构执行。[50] 上述两种方式在以下几个方面都是类似的：法庭或仲裁庭权限从开始就不考虑争议双方的意愿；仲裁员或法官一旦被任命，就独立于争议双方及双方政府；做出裁决的基础为法律规范及严格的程序；判决或仲裁的结果对于争议双方都有约束力。同时，两种方式在程序上具有极大不同，国际法庭具有极强的制度化规范，而在仲裁过程中，争议双方对于仲裁庭的组成和程序都具有极大的影响力。

8.19 许多国际条约规定成员方有义务和平解决争端。[51] 这既包括争端解决条约[52]也包括一些包含有特别争端解决条款的其他条约，[53] 还包括联合国宪章的相关条款以及国际法院的相关程序性条款。[54]

（4）国际法院

8.20 国际法院是联合国的重要组织机构，是作为联合国的重要司法机构而建立的。[55]《国际法院规约》要求争议双方必须接受法院的裁决。即使对于

---

[47] 有关"调停"，可见 R Bindschedler 著。"Good Offices" in Bernhardt（同前注 35），第 601 页。

[48] 有关"调解"，可见 R Bindschedler 著。"Conciliation and Mediation" Vol I（1992）721。

[49] 同上注。

[50] 有关仲裁程序，见 H-J Schlochauer 著。"Arbitration in Bernhardt"（同前注 48）第 215 页；有关国际法法院，见 H Steinberger 著。"Judical Settlement Of International Dispute" Vol III（1997）42；有关上述二者，可见 Aust（上注 6）第 291 页、第 294 页。

[51] 特别是《联合国宪章》第 33 条第（1）款，第 36 条第（3）款。

[52] 如 WTO 的争议解决备忘录，见下文第 10.166 段。

[53] 许多双边条约和地区性条约作出了类似规定，见下文第 12.38 段、第 12.40 段和第 11.22 段、第 11.23 段、第 11.26 段和第 11.66 段。

[54] 有关《伯尔尼公约》《世界版权公约》和《罗马条约》，见下文第 8.23~8.26 段。

[55] 联合国宪章第 92 条规定了国际法院的地位。该项规约系以国际常设法院之规约为根据并为本宪章之构成部分。有关第 92 条至第 96 条的规定以及国际法院的一般规则，见 B Simma 著，*The Charter of the United Nations: A Commentary*（1994）973。有关国际法院及其工作，见 S Rosenne 著，*The World Court*（6th edn, 2003）。

第八章　成员方违反条约以及对条约解释出现分歧的法律后果

《国际法院规约》的成员方，是否接受国际法院的裁决也是可以选择的。这一声明可以在审理过程的任意时间作出。具有约束力的对国际法院裁判效力的承认，既可以通过公开声明承认国际法院裁决的强制性的方式，也可以通过批准涉及国际法院内容的协议的方式。[56] 缺乏这一重要的、具有拘束力的基础，国际法院仅仅能在争议双方同意将争端置于国际法院管辖的情形下听取双方的争议。[57]

8.21 当一项争议被成功地提交给国际法院，国际法院应当依照国际法进行裁决；如果双方当事人同意的情况下，这并不排除公平合理原则的适用。[58] 争端可以通过许多种方式进行解决。如果在程序进行的过程中，争议双方向国际法庭提出他们已经达成了协议，法庭将会发布命令将该案件从清单中移除。当原告国撤销诉讼时，国际法院将会作出同类的决定。除此之外，国际法院所做出的裁判仅针对本案及双方当事人有效。[59] 据此，国际法院针对条约的某一条款的特定解释并不约束非本案争议国的其他条约成员方。[60]

8.22 国际法院所做出的裁决是最终裁决而且不允许上诉。[61] 它仅仅解释了案件中所涉及的国际条约的内容，但并不宣判任何一方当事人有罪或者作出制裁决定。[62] 此外，与国际法院的观点不一致的各国的国内法或者法院的最终裁决仍然是有效的，除非该法条或判例被各国主动地进行了修正或者被国家权威机构所推翻。案件相关当事人必须执行国际法院的裁判，未能执行国际法院的裁判意味着违反了联合国宪章所设定的义务。但是，针对不执行该决定的上诉仅仅能向联合国安全理事会提出，联合国安理会将对此提出议案并决定解决方式。[63] 虽然缺乏针对不断违反国际法院判决的实质性的制裁措施，使得国际法院的争端解决方式似乎是一套效力不高的机制，但是，实践经验表明大多数

---

[56] 《国际法院规约》第 36 条第（2）款规定了强制管辖权，第 36 条第（1）款规定了一般规则。有关国际法院的管辖权，参见 H‑J Schlochauer 著，"International Court of Justice"（上注 35）第 1084 页、第 1089 页，及相关程序见 1093 页。

[57] 参见《国际法院规约》第 36 条第（1）款。

[58] 《国际法院规约》第 38 条第（1）款和第（2）款，更深入指出了国际法院适用的法律，例如国际条约、国际习惯法以及法律的一般条款。有关这些法律渊源及它们之间的层次结构，类比适用新法优于旧法规则。参见 Schlochauer（上注 56）第 1092~1093 页。

[59] 参见《国际法院规约》第 59 条。

[60] 《伯尔尼公约》第 33 条第（1）款第 2 项要求起诉国应将交法院审理的争议通知国际局；国际局应将此事告知本联盟其他成员方。

[61] 参见《国际法院规约》第 60 条。

[62] W Nordemann, K Vinck, P Hertin, G Meyer 著，*International Copyright*（1990）概述，同前注 40。

[63] 参见《联合国宪章》第 94 条。

当事国都会执行国际法院的裁判。(64)

（5）版权和邻接权公约

8.23 《伯尔尼公约》《国际版权公约》和《罗马条约》都明确特别提到了在国际法院上进行的诉讼的相关内容。(65) 虽然缺乏这些条款，向国际法院求助仍然是可行的，但是，这些条款本身具有事先宣布承认国际法院判决的独立意义。(66) WCT 和 WPPT 并没有涉及这方面的内容，据此，当争议是由 WCT 或 WPPT 提交到国际法院的，并没有任何一方当事人有义务接受法院的裁决。当然，如果双方当事人同意，在满足《国际法院规约》的条件下，将争议提交国际法院是可行的方式。

8.24 在《罗马条约》规定下，向国际法院求助的义务性是有争议的。《罗马条约》和《伯尔尼公约》的布鲁塞尔文本规定由国际法院解决是强制性的，但最新发展的趋势是由各国选择是否向国际法院求助。许多国家发现承认国际法院具有强制力的判决并由此导致国家主权的削弱是难以接受的。(67) 据此，《伯尔尼公约》的斯德哥尔摩文本认定成员方有保留的权利，并据此保留排除国际法院裁决的强制性。(68)

8.25 当并没有作出保留或保留未被允许时，仅仅在争议双方未在其他解决争端的方式(69)上达成一致或者协商失败的情况下才能使用对判决的同时承认。而且，它也仅仅适用于两方或两方以上当事国之间的争议。就个案来说，在国际法领域中从各种不同的观点中描述争端可能是困难的。对于争端来说，当事人必须对法律或事实的某一方面不能达成一致，而且争端的解决必须对双方当事人之间的关系产生实际的影响。(70) 此争议应当与条约的理解和适用有

---

(64) R Wallace, International Law（5th edn, 2005）337；在知识产权法领域，至今没有争端被提交到国际法院。

(65) 相关可参见第 33 条第 XV 款和第 30 条，参见下文第 24.21 段。在《巴黎条约》（第 20 条）和《专利保护条约》[第 59 条、第 64 条第（5）款] 中也有规定。有关知识产权条约中的争端解决条款的综述，可参见 WIPO Doc WO/GA/XXI/3。

(66) 见上文第 8.20 段。根据《国际法院规约》第 36 条第（2）款，它们并未作出承认国际法院的强制管辖权的规定，见 Sterinberger（同前注 50）第 49 ~ 50 页。

(67) 参见 C Masouye, *Guide to the Rome Convention and to the Phonograms Convention* (1981)；有关《伯尔尼公约》，见 Ricketson/Ginsburg（同前注 15），第 49 ~ 50 页。

(68) 《伯尔尼公约》第 33 条第（2）款；《巴黎条约》第 28 条第（2）款以及《专利保护条约》第 64 条第（5）款都规定了类似的保留制度。下列《伯尔尼公约》的成员方对此作出了保留：阿尔及利亚、巴哈马、古巴、韩国、埃及、危地马拉、印度、印度尼西亚、以色列、乔丹、莱索托、利比里亚、利比亚、立陶宛、马耳他、毛里求斯、蒙古、尼泊尔、阿曼、圣卢西亚、南非、坦桑尼亚、泰国、突尼斯、土耳其、委内瑞拉和越南。

(69) 有关其他的解决方式，见上文第 8.16 段。

(70) L Herkin, RC Pugh, O Schachter, H Smit 著，*International Law*（1993）第 776 页。

第八章 成员方违反条约以及对条约解释出现分歧的法律后果

关。无论是何种争议，这些一般条款都能够适用。[71]

8.26 在版权和邻接权领域，虽然相关的条约文本导致很多的相关议题需要进一步解释，各成员方仍然没有利用机会向国际法院寻求救济。这有可能是出于避免将一项知识产权争议递交国际法院所导致的影响正常的国际关系的政治风险。[72] 与此相反，从政治关系的角度看，适用于国际贸易法律中的专家小组制度因为更简便的程序而更易于接受。对此现状的反映将在下章讨论。[73]

---

[71] 有关国际公法下的争端解决方式，参见上文第 8.18 段和第 8.19 段，有关国际法院，参见上文第 8.20~8.22 段。

[72] 与此类似，U Joos 和 R Moufang, "Report on the Second Ringberg Symposium" in FK Beier, 以及 G Schricker 编纂, *GATT or WIPO? New Ways in the international Protection of Intellectual Property* (1989) 1, 19。

[73] 参见下文第 9.05 段和第 9.07 段。也可参见 WIPO 在 20 世纪 90 年代的早期文本的第 16 章。

第二编

在贸易条约和贸易措施中引入版权与邻接权

第九章
向贸易领域转移的原因

A.《伯尔尼公约》最后一次修订之后与《罗马公约》缔结之后的实践发展

(1) 技术和社会的发展

9.01 版权保护最开始出现,就是由于印刷技术的产生引起特权制度的出现;[①] 此后,由于技术的发展,产生了很多新型作品和新型使用方法,而这些新事物的出现又导致该领域现行法律不得不发生调整。自《伯尔尼公约》最后一次修订和《罗马公约》缔结以来,技术进步的程度已经不可避免地对版权和邻接权法律制度造成了冲击。例如,有线播送(转播)和卫星广播的出现;复制技术发展到连消费者都可应用(提供质量更好、速度更快、选择更多的复制方式,例如彩色复制、私人录音复制和音像复制);计算机程序的出现;以及日益重要的数据库的诞生。[②]

9.02 伴随着工业化国家,尤其是欧洲的人们在使用受保护的作品和邻接权客体方面的可能性增加,出现了新的利用形式和新的作品类型。更重要的是,工会为其会员争取到了更多的休息时间和更高的薪水。这样,人们就有更多的时间和金钱用来欣赏音乐、电影、歌剧,看电视、玩电脑游戏,等等——随着使用方式的多样化,将进一步提高人们从事这些活动的可能,如在电视机上观看电影,通过购买、租赁、借用、私人复制录像带的方式观看电影。的确,这些社会进步的本质都体现在了 20 世纪 80 年代出现的"大众市场"(或

[①] 参见 J Cavalli, *La Genèse de la Convention de Berne pour la protection des œuvres littéraires et artistiques du 9 Septembre 1886*(1986)12 – 15,以及上文第 1.07 段和第 2.03 段。

[②] 直到 TRIPS 缔结之后,人们才意识到数字技术与互联网的挑战对版权的重要性,参见下文第 17.07 ~ 17.09 段。

在其他语言中进一步具体化为"大众使用")"消费者""文化产业"或"版权产业"等类似的概念中。在发展中国家,更易于获取的复制技术以及由此产生的盗版,被视为一种可用来摆脱贫困的相当具有吸引力的方式。③

(2) 经济的发展

9.03 由于这些技术发展、社会进步以及市场全球化,版权与邻接权在经济上的重要性也越来越明显。不过,除了版权在经济上的重要性这一事实本身以外,产业界和政府意识到了版权的重要性,或许才是导致知识产权走向贸易领域的最重要原因。对版权经济重要性的意识,是由自20世纪70年代在一些国家开展的经济研究引起的。④ 研究显示:版权产业在国民生产总值中占有相当高的比例,版权产业在国内产业中的排名也遥遥领先于其他产业;直到这时,版权产业才被认为是最重要的产业之一,从而使产业界和政府意识到:版权已成为国内和世界经济的重要因素,尤其对那些出口大量版权相关产品的国家而言更是如此。因此,版权成为贸易领域政治家关注的焦点,即使在那些直到此时才将版权与邻接权视为必要的文化要素的国家也是如此。从20世纪80年代以来越来越猖獗的盗版现象来看,就更是如此。受影响的产业所使用的"盗版"一词,是指未经作者或其他权利人同意,也没有支付任何许可费,而使用作品或其他受保护的客体;未经许可或没有支付费用的原因,或是因为相关国家没有提供任何版权保护,或是因为这些国家没有为外国作品或其他客体提供版权保护(导致这种"盗版"在事实上变得合法),或因为虽有版权保护但执法不力。版权产业遭受的潜在利益损失在一些"新兴工业化国家"(如当时的印度、巴西和南非)尤为惨重,这些国家形成了所谓的"盗版产业"。因此,保护版权潜在利益,制止此种非法利用,⑤ 就成了版权出口国优先考虑的事项。⑥

B. 现行公约的潜力

9.04 《伯尔尼公约》和《罗马公约》在满足上文提及的实践发展方面

---

③ S von Lewinski, "The Role of Copyright in Modern International Trade Law" (1994) 161 RIDA 5, 37–41。

④ 有关1959—1984年间在美国、瑞典、德国等国开展和发表的与版权产业有关的经济研究,参见 H Cohen Jehoram, "Critical Reflections on the Economic Importance of Copyright", 载 ALAI (ed), *Journées d'etudes*, Manich 1988 (1989) 19 ff。

⑤ 类似的原因也可适用于知识产权的其他领域,参见第9.07段以下以及注19。

⑥ von Lewinski, 同前注3,第41~43页;有关全部知识产权的经济重要性,参见 P Katzenberger and A Kur, "TRIPS and Intellectual Property" in FK Beier and G Schricker (eds), *From GATT to TRIPS: The Agreement on Trade-Related Aspects of Intellectual Property Rights* (1996) 1, 8–9。

第九章　向贸易领域转移的原因

的潜力是有限的。因为这两个公约的条款没有涵盖或者没有明确涵盖这些新形式的使用，例如原始有线传输，⑦ 或者对于新的产品类型，尤其是计算机程序，是否属于受保护的作品，没有明确规定。⑧ 此外，这两个公约没有（或非常有限的）对执法规定最低标准。⑨ 然而，如果要对版权与邻接权展开合适的保护，适当的执法条款是必需的；如果没有警察、海关、法院等机构的执法，即使实体法规定了最高保护标准，也没有任何效果或效果甚微。⑩

9.05 原则上说，这两个公约存在的这些缺陷可以通过以下方式得到补救：即通过现有的争端解决机制对不清楚的条款予以解释，通过修订公约的方式对缺少的条款或不清楚的条款予以完善。然而，正如上文所述，公约规定的争端解决机制，尤其是提交国际法院，从未被使用过，原因可能是争端解决机制存在的缺陷使成员方不愿使用；⑪ WIPO 也没有像往常那样，大约每 20 年提出修订公约的计划，可能是因为 WIPO 对 1971 年最后一次修订获得全体一致同意⑫所遇到的困难还记忆犹新，因此对于再次修订失去了信心。⑬ 鉴于版权在经济上的重要性，以及 1971 年之后发展中国家与工业化国家之间以及工业化国家相互之间的经济利益冲突日益激烈，要获得全体一致同意似乎的确很困难。⑭ 因此，WIPO 转而选择通过"指导发展"的方式，鼓励成员方在国内法层面进行协调、平行发展；⑮ 尽管这一策略富有成效，⑯ 但它并不能完全满足一些国家，尤其是工业化国家希望在公约中引入或澄清某些最低保护标准的要求。

9.06 尽管修订《罗马公约》只需要 2/3 多数同意即可，⑰ 但也存在一定

---

⑦ 在《伯尔尼公约》中，只有第 11 条、第 11 条之三对于一些具体类型的作品授予了此种使用的最低限度权利。

⑧ 参见上文第 7.13～7.19 段对相关解释问题的论述。

⑨ 有关《伯尔尼公约》，参见上文第 5.234～5.242 段；《罗马公约》没有规定任何执法条款。

⑩ 有关例子，参见下文第 10.103 段。

⑪ 更详细的论述，参见上文第 8.26 段。

⑫ 《伯尔尼公约》第 27 条第（3）款；也参见上文第 5.254 段。

⑬ 参见上文第 4.22 段以及下文 17.01 段。

⑭ 对《伯尔尼公约》未来可能修订持悲观立场的观点，参见 WIPO 总干事：A Bogsch, "The First Hundred Years of the Berne Convention for the Protection of Literary and Artistic Works" (1986) Copyright 327；以及 A Bogsch, "Brief History of the First 25 Years of the World Intellectual Property Organisation" (1992) Copyright 247, 262.

⑮ M Ficsor, *The Law of Copyright and the Internet: The 1996 WIPO Treaties, their Interpretation and Implementation* (2002) nn 1.03 ff；以及下文第 17.01～17.02 段。

⑯ 成效之一是引起了政府对版权法面临的新挑战的重视，同时也促进了信息和最新发展方面的交流。

⑰ 参见上文第 6.80 段；《罗马公约》第 29 条第（2）款。

的困难,因为这需要管理公约的三个不同国际组织(WIPO,UNESCO 和 ILO)参与,同时也需要权衡三类不同的权利所有者(表演者、录音制作者和广播组织)的利益冲突。此外,公约本身没有提供赢取新成员方的手段,尤其是赢取那些因不是公约成员方而从"盗版产业"受益的国家。最后,那些被其本国版权产业敦促尽快提高国际保护水平的成员方政府意识到了,在 WIPO 框架下实现这一目标存在障碍:发展中国家在 WIPO(联合国的一个专门机构)具有重要作用,它们倾向于激化南北对立,而且成员方在 WIPO 的代表是由版权专家,而非具有实用主义思维的贸易代表构成。[18]

C. 选择 GATT 作为新的论坛

9.07 一方面,国际版权与邻接权的保护发展停滞,[19] 另一方面,工业化国家对提高国际保护的需求不断增长,因此,为了寻求新的和更有效的方式以提供更好的国际保护,人们便把注意力转向贸易法领域。美国是采用这种新模式的主要推动者;在 1988 年《贸易法案》中,美国不仅将知识产权视为在多边领域中贸易法的重要关注对象,而且在双边条约和单边措施中也采取此种立场。[20] 将知识产权的某些方面纳入《关税与贸易总协定》(GATT),在乌拉圭回合之前的东京回合就作了初步尝试,但并未像乌拉圭回合那样获得最终的成功。[21] 在 GATT 的框架下纳入知识产权,能够为版权产业和政府提供比现行公约,尤其是 WIPO 管理的公约,更多的好处。

9.08 首先,与其他范围有限的专门条约相比,在 GATT 中更容易达成新的条款。原因是,尽管在 GATT 框架下作出决定也需要遵循协商一致的原则,[22] 但协商一致更容易达成;因为在谈判回合的最后,是根据由不同事项构成的一揽子交易而作出决定的;这些不同事项采取的是平行磋商的谈判方式,

---

[18] J Reinbothe and A Howard, "The State of Play in the Negotiations on TRIPS (GATT/Uruguay Round)" (1991) 5 EIPR 157;有关 9.04~9.06 段中提到的相关缺陷,也可参见 Lewinski(同前注 3),第 43~45 页;Katzenberger/Kur(同前注 5),第 10~16 页,尤其是有关成员数量有限的内容。

[19] 出于类似的原因,在知识产权的其他领域也同样出现了停滞,参见 Katzenberger/Kur,同前注 6;Reinbothe/Howard(同前注 18),第 157 页。

[20] 有关《贸易法案》、双边条约以及单边措施的相关论述,参见下文第 12.02 段以下,以及第 13.01~13.10 段。

[21] 该回合涉及假冒商品;参见欧盟和美国在东京回合谈判时就制止假冒商品进口的措达成的协定草案,以及对谈判结果的详细分析,载(1980)GRUR Int 656(德文);Katzenberger/Kur(同前注 6),第 1 页、第 4 页。

[22] 参见下文第 10.14 段。

可能会涉及不同种类的特定商品或特定服务的自由贸易问题。在这种情况下，国家不得不权衡其在不同谈判领域的各自相关利益；这样，该国可能会为了确保在农业领域或其他对该国经济更为重要的领域的利益，而在诸如知识产权领域作出妥协。换句话说，整个一揽子交易的总体经济重要性会促使国家在知识产权等领域作出让步，尽管这些国家可能原本并不打算如此。

9.09 其次，在 GATT 框架下进行的谈判被认为更具活力、更不具体制化，这对工业化国家而言可能是有利的，不过，对发展中国家可能是不利的。㉓ 第三，产业界认为，由贸易专家组成的谈判团队，比由知识产权专家组成的团队更具实用主义精神，因而这也是一个优点。㉔ 第四，国际保护的涵盖范围更广也被认为是优点之一：即使 GATT 涵盖的国家在数量上不一定比 WIPO 管理的公约成员方多，但至少涵盖了很多原本不属于 WIPO 管理的公约成员的国家。㉕ 此外，大范围的贸易自由化被纳入 GATT 之中，被认为可以给所有国家——包括发展中国家——带来经济利益和持续繁荣㉖，因此，GATT 看上去更具吸引力；这样，吸纳比传统的版权与邻接权公约成员方数目更多的国家加入 GATT 的国际保护体系，看上去非常乐观。"一揽子计划"策略再一次使得纳入那些对知识产权这一特定领域不那么感兴趣的国家成为可能。最后，GATT 已经为解决国家间的争端建立了非常成功的机制，包括对正在进行的违反行为实施制裁等。在知识产权争端领域可以适用该机制，也被工业化国家视为另一项优点；后来证明乌拉圭回合甚至进一步强化了争端解决程序。㉗

㉓ 有关这一方面的论述，参见 J Watal, *Intellectual Property Rights in the WTO and Developing Countries*（2001）43 ff。

㉔ Reinbothe／Howard（同前注 18），第 157 页。然而，学术界对此尤其表示忧虑，因为他们担心这将导致 GATT 框架下的谈判欠缺专业知识，参见 U Joos and R Moufang, "Reports on the Second Ringberg Symposium" in FK Beier and G Schricker（eds）, *GATT or WIPO？New Ways in the International Protection of Intellectual Property*。的确，"从 1986 年开始，一直到大概 1990 年，实际上没有一个政府派出了知识产权专家赴日内瓦参加 GATT 的相关谈判"，E Simon, "Intellectual Property Issues in the General Agreements on Tariffs and the North American Free Trade Agreement" in H Hansen（eds）, *International Intellectual Property Law ＆Policy* Vol I（1996）153, 154。

㉕ 有关 1994 年年底的情况，参见 Katzenberger/Kur（同前注 6），第 11～12 页。

㉖ 有关这些优点和 GATT 的一般目标，参见下文第 10.01 段。

㉗ 发展中国家对于在 TRIPS 和 WTO 中纳入知识产权，总体上持批评态度，参见下文第 10.19～10.22 段。有关专家的批评立场，参见，例如：Joos and Moufang（同前注 24），第 32～34 页以及第 40～41 页；Simon（同前注 25），第 153 页，其中提及了马克斯·普朗克协会主办的 Ringberg 研讨会上有关专家对贸易与知识产权融合的批评。有关 GATT 和 WTO 下的争端解决机制，参见下文第 10.15～10.16 段和第 10.114～10.132 段。

第十章
将版权与邻接权规定纳入
关贸总协定/世界贸易组织

A. 关贸总协定/世界贸易组织概述

(1)《关贸总协定》(GATT)

(a) GATT 的起源

10.01　(i) 历史背景　GATT 是各成员方为避免再次发生导致 20 世纪 30 年代的世界经济危机的错误而订立的数个国际协定之一。1930 年，美国根据《霍利-斯穆特关税法》将关税提高了 60%，接着有 25 个国家紧随其后。世界贸易因此减少了 2/3，由此导致发生了比以往任何时候都严重的全球经济危机，这也被认为是欧洲极权主义出现以及第二次世界大战爆发的原因之一。① 鉴于以往的这些教训，GATT 的创立人希望避免出现任何形式的保护主义以及封闭的国家经济体。贸易自由化，尤其是通过取消或降低关税以及消除阻碍在世界市场竞争的相关因素，被视为是促进全球经济繁荣、就业充分、经济健康发展的一种重要手段——因而能保障和平。②

10.02　有鉴于此，1944 年的布雷顿森林会议决定设立"国际货币基金组织"和"国际复兴开发银行"（世界银行）。1945 年联合国组织（UNO）成立后，其主要办事机构之一的"经济与社会理事会"便着手筹建国际贸易组织

---

① HG Krenzler, "Die Nachkriegsentwicklung des Welchandelssystems: Von der Havanna – Charta zur WTO" in HJ Prieß and GM Berrisch (eds), WTO – Handbuch (2003) 1, 2.

② 这也体现在 1947 年 GATT 序言中，后者提及 GATT 的目标是提高生活水平，保证充分就业，增加实际收入及有效需求。参见 A Lowenfeld, *International Economic Law* (2002), 21 – 22。

第十章　将版权与邻接权规定纳入关贸总协定/世界贸易组织

（ITO）为 UNO 的专门机构，并作为新的世界经济秩序的第三支柱。③ 由于在设立 ITO 方面的谈判时间比关税谈判的时间更长，而削减关税被认为是当务之急，各国决定暂时先对关税与非关税贸易壁垒的削减问题进行规定。④ 因此，1947 年 10 月 31 日，23 个国家签署了《关税与贸易总协定》（GATT），该多边贸易协议自 1948 年 1 月 1 日起被临时适用。⑤

10.03　（ii）**国际贸易组织（ITO）的夭折**　GATT 这一临时适用协议原本打算在以后并入计划成立的 ITO 之中。同时，GATT 由筹备 ITO 的临时委员会管理。在哈瓦那举行的联合国世界贸易与就业会议⑥上，各方继续努力寻求成立国际贸易组织；在与会的 63 个国家中，有 54 个国家于 1948 年 3 月 24 日接受了《哈瓦那宪章》。《哈瓦那宪章》不仅规定成立 ITO，而且要建立争议解决机制、消除贸易壁垒、竞争规则以及处理其他经济问题，如就业和经济政策。但是，《哈瓦那宪章》似乎对其他国家来说很难接受，尤其是美国；它受到了美国立法机关的反对。自由派担心 ITO 具有较强的监管色彩，而保守派则反对其限制美国实施贸易保护措施的主权。实际上，一开始是美国提议要建立 ITO，但随后不再愿意批准《哈瓦那宪章》而使其最终没有生效。⑦ 因此，建立 ITO 的计划也就夭折。GATT 各成员方于 1954—1955 年期间第二次计划成立一个国际性的贸易组织，即所谓的"贸易合作组织"（TCO），但由于美国立法机关的原因，成立未果。⑧

（b）作为事实组织的 GATT

10.04　因此，GATT 仅仅是依据简单的协议进行运作。原来临时管理 GATT 的临时委员会后来变成了它的秘书处。缔约方之间需要相互协调、相互合作和解决争议，这一需求促使 GATT 成为一个包含永久性组织机关、组织架构和组织程序的事实上的机制。因此，GATT 被认为是一个事实上的国际组织，⑨ 尤其是 GATT 成为缔约各方就削减或废除关税及非关税壁垒进行经常性谈判的场所。缔约各方以"回合"的方式谈判，这种方式持续了相当长

---

③ Conference on Trade and United Nation Employment (1947–8) UNYB 522–523, 972ff.

④ 采用这种方式的另一个原因是因为当时美国总统只被授予决定缔结贸易协议的权力，而没有决定加入国际组织的权力，后一权力归立法机关所有。

⑤ Protocol of Provisional Application of the General Agreement on Tariffs and Trade, UNTS 55, 308. 有关目前的发展情况，参见 Lowenfeld（同前注 2），第 22~25 页。

⑥ 参见前注 3。

⑦ Krenzler（同前注 1），注释第 11 页。

⑧ 同上注，第 12 页。

⑨ J Jackson, *The World Trading System* (1997) 42.

的时间,⑩ 涉及很多重要的问题。⑪

（c）乌拉圭回合之前 GATT 存在的危机

10.05 1979 年东京回合结束后，GATT 出现了危机。在之前的回合里，虽然也通过了许多独立的协议，但并不能约束所有 GATT 缔约国。GATT 各回合中通过的某些协议还增加了独立的管理机构及特别条款，如有关争议解决的机构与条款。各缔约方经常通过独立的暗示或明示的协定更改缔约方之间的某些特别协议的适用范围。由于争端解决机制要求包括"被申请人"在内的所有成员方同意，这使它鲜少能成功解决问题。另外，由于单边贸易制裁的存在，导致 GATT 的作用受到质疑。⑫ 实际上，很多贸易大国为了国内产业的利益，相互之间订立出口自我限制的"自愿"协议，违反了 GATT 的义务——不过，GATT 的义务无法被充分执行。⑬

10.06 因此，随后的乌拉圭回合（1986—1994 年）有了一项重要任务，就是使 GATT 的规则体系一旦可以执行。此外，从 1947 年订立 GATT 至东京回合期间，货物贸易这一大的领域的关税和非关税壁垒已经成功地削减或废除。乌拉圭贸易回合试图将 GATT 规则延伸至新的国际贸易领域，如服务和知识产权领域；最终，《服务贸易总协定》（GATS）和《与贸易有关的知识产权协定》（TRIPS）在乌拉圭回合结束之际得以通过。

（2）世界贸易组织（WTO）

（a）乌拉圭回合的成功

10.07 （i）"一揽子承诺方式" 乌拉圭回合成功地实现了这些任务。除了将规则延伸至服务和知识产权之外，它还采取了一种"一揽子承诺方式"。通过这种方式，所有缔约方要么接受 GATT 以及乌拉圭回合中达成的所有多边协定，要么全部拒绝这一揽子协定。这一方式取代了之前那种"点菜式方式"，而且成功地重建了世界贸易体系的统一性。于是，乌拉圭回合的最终法律文本包含了 46 项协定和 25 项决议。

10.08 《建立世界贸易组织协定》（《WTO 协定》）就是其中之一，协定

---

⑩ 已结束的谈判回合共有 8 个，分别是 1947 年日内瓦回合、1949 年安纳西回合、1950—1951 年托基回合、1955—1956 年日内瓦回合、1961—1962 年狄龙回合、1964—1967 年肯尼迪回合，1973—1979 年东京回合以及 1986—1994 年乌拉圭回合。

⑪ 前 5 个回合仅仅涉及工业品关税的减让问题，随后，在乌拉圭回合，谈判延伸到包括知识产权在内的很多领域的非关税壁垒的减让问题。

⑫ PT Stroll and F Schorkopf, WTO – Welthandelsordnung und Welthandelsrecht (2012), n 17.

⑬ Krenzler（同前注 1），注释 18、注释 19。

第十章　将版权与邻接权规定纳入关贸总协定/世界贸易组织

本身包含以下附件：附件1A包括所谓的"1994年关贸总协定"，⑭ 实质上是"1947年关贸总协定"（在《WTO协定》生效前依据GATT所通过的所有协定，即乌拉圭回合中通过的近30项协定、之前通过的约200项GATT协定以及6个谅解备忘录、12项关于货物贸易的单独协定）；附件1B包含《服务贸易总协定》及其附件；附件1C包括《与贸易相关的知识产权协定》；附件2包含《关于争端解决规则与程序的谅解》；附件3包含贸易政策复审机制；附件4涉及的是公共采购和其他问题。附件1~3是多边贸易协定，所有的WTO成员方均受其约束，只有附件4包含了所谓的"诸边贸易协定"，成员方可以自愿选择参加。

10.09　（ii）**WTO的建立、任务与结构**　乌拉圭回合的另一个成果就是建立了一个国际性的组织，原计划为国际贸易组织（ITO），现在被称为世界贸易组织（WTO）。需要指出的是，乌拉圭回合最初的任务并不包括建立WTO。1990年5月，加拿大首先提交建立WTO的相关提案，接着欧洲共同体也提交了相关提案。美国在谈判的最后阶段才放弃其长久以来对这一构想的怀疑，因为其考虑到该组织能够为多边协定构建一个共同的机构框架。因此，1995年1月1日，WTO根据《WTO协定》成立。⑮ 与GATT不同的是，WTO是一个具有国际法人资格的国际组织，是国际法主体，也就是说它能行使国际法下的权利，也需遵守国际法下的义务。

10.10　《WTO协定》的16个条款涉及的是机构性和程序性的框架问题。WTO的任务与职责包括管理与实施其所包含的协议和相关法律行为，尤其是通过争端解决机制进行管理和实施，并定期对成员方的贸易政策进行审查。它也是成员方就贸易问题进行谈判的场所，即便这些问题不在已签署的协定涵盖范围内；WTO的这种灵活性也被称为"自设议程"。⑯

10.11　WTO的主要行政机构是部长级会议，部长级会议每两年应至少召开一次会议，会议成员包括所有成员方。部长级会议负责任命WTO总干事、在多边条约的解释与修订方面承担重要职责、决定对新议题的谈判与管理，以

---

⑭ GATT1994在法律上独立于GATT1947，参见WTO协定第2条第（4）款。因此，GATT1947的成员方如果没有加入WTO（包括GATT1994），仍然是GATT成员方。GATT1994并没有取代GATT1947；因此两者可能有不同的成员。附件1A显然包括GATT1994的修正，以使其可以融入这一新的组织架构。然而，GATT以往的实践在WTO框架下继续适用，参见WTO协定第16条第（1）款。

⑮ WTO协定在这一天生效，参见WTO协定第30条。

⑯ 有关任务和职能，参见WTO协定第3条；Stoll/Schorkopf（同前注12），第23页。

及决定是否接受新的成员方。部长级会议的成员方代表由高级别政府官员构成。⑰

10.12 总理事会是 WTO 永久性的执行机构,与部长级会议一样,它也是由全体成员方组成。总理事会在部长级会议休会期间除了履行自身职责之外,还要完成部长级会议确定的任务。总理事会对贸易政策审查机构和争端解决机构负责。总理事会下设三个特别委员会:货物贸易理事会、服务贸易理事会以及与贸易有关的知识产权理事会。⑱ 各成员方代表为成员方派驻在 WTO 秘书处总部的人员。

10.13 秘书处⑲受总干事领导,可为各理事会、委员会和发展中国家提供技术或专业方面的帮助,并负责与媒体沟通。在争端解决框架下,其负责提供法律专家意见。此外,秘书处也为申请 WTO 成员资格的非成员方提供咨询意见。⑳

10.14 通常情况下,WTO 的决策要适用协商一致原则,即只要出席会议的成员方对拟通过的决议不正式提出反对就视为同意。㉑ 但在特别情况下,也可采用多数票规则,尤其是在已存在权威解释时。㉒

10.15 **(iii) 修改争端解决机制** ㉓乌拉圭回合的另一项成果是改善了 GATT 的争端解决机制,尤其是采用了简单高效的程序,通过法律的而非政治的手段解决问题。不仅仅《争端解决谅解》(DSU)具有法律约束力,WTO 专家组和上诉机构的最终报告也具有法律效力。此外,《争端解决谅解》可适用于所有的相关协定㉔,而且不再被分成 8 个不同的争端解决程序。㉕

10.16 争端解决程序得到简化,每一个程序都有明确的法定时限。如成

---

⑰ 参见 WTO 协定第 6 条第(2)款、第 9 条第(2)款、第 10 条第(1)款、第 3 条第(2)款以及第 12 条第(2)款;有关部长会议的其他职责,参见 WTO 协定第 4 条第(1)款、第 6 条第(3)款、第 4 条第(7)款、第 9 条第(3)款以及第 10 条第(9)款。

⑱ 有关 TRIPS 理事会,参见 WTO 协定第 4 条第(5)款以及下文第 10.136~10.137 段;有关总理事会,参见 WTO 协定第 4 条第(2)~(4)款、第 5 条、第 9 条第(1)款和第(2)款。

⑲ 参见 WTO 协定第 6 条,秘书处设在日内瓦。

⑳ 参见 Stoll/Schorkopf(同前注 12)第 30 页。

㉑ 参见 WTO 协定第 4 条第(1)款,继续适用之前 GATT 的规定。

㉒ 参见 WTO 协定第 4 条第(2)款;无法协商一致的情况见协议第 9 条第(1)款,以及第 9 条第(3)款、第 7 条第(3)款、第 12 条第(2)款、第 10 条第(1)、(3)、(4)、(5)款。

㉓ 更详细的介绍,请参见下文第 10.114 段。

㉔ 《争端解决谅解协定》附件一列明了这些协定。

㉕ 之前 GATT 与东京回合协定设立的程序是多样化的,允许"选择法院",参见 E-U Petersmann,"The Dispute Settlement System of the World Trade Organization and the Evolution of the GATT Dispute Settlement System since 1948"(1994)31 CML Rev 1157,1203;也参见上文第 10.05 段。

员方不提起上诉,则最长时限为 9 个月,如对专家组报告提出上诉,则最长时限为 12 个月。㉖ 设立争端解决机构(DSB),也反映了各方希望通过法律途径解决问题的思路。虽然争端解决机构由所有 WTO 成员组成,也就是与 WTO 行政机构——总理事会的成员一致,但争端解决机构的单独设立,至少强调了其所具有的不同功能。新采用的"反向一致"程序,进一步体现了通过法律途径解决问题的思路,即除非 DSB 所有成员均反对接受专家组或上诉机构的报告,否则其应当接受该报告。㉗ 因此,被申请方(或者其他方)不再能够单方面拒绝接受报告或成立专家组。采用法律途径解决问题的另一个体现是:争端解决机制新引入了对专家组报告进行上诉审查的机制,以及设立常设上诉机构。㉘

(b) WTO 的灵活性

10.17 WTO 对新成员开放。但是,与加入其他条约不同,成为 WTO 成员的前提不仅仅是实施 WTO 法律文件,还须满足其他条件,即希望加入 WTO 的国家需要与 WTO 已有成员方就相关条款达成一致意见。㉙ 这些条款可以是通过协商进一步达成的减让条款,例如减少贸易限制,或是有关进一步自由化措施的条款。申请方在"加入工作组"的安排下与 WTO 成员就加入条件进行谈判。"加入工作组"对所有成员方开放。通常,像美国和欧洲共同体这样重要的贸易伙伴会通过与申请方进行同步或独立的双边谈判以主张其利益。㉚ 根据最惠国待遇原则,任何一方在这种双边谈判㉛中向另一方所做的承诺均适用于所有其他 WTO 成员。在这种情况下,申请方明显处于谈判弱势地位。因此,申请方如要成为 WTO 成员,须提供比 TRIPS 更多的保护,例如要实施与批准《世界知识产权组织版权条约》(WCT)与《世界知识产权组织表演与录音制品条约》(WPPT)。如要接受新成员,须由部长级会议以 2/3 多数票通过。㉜

10.18 欧洲共同体除了其各成员均是 WTO 成员之外,其自身也是 WTO 的成员。㉝

㉖ 参见《争端解决谅解协定》第 20 条。
㉗ 有关专家组报告与上诉机构报告,分别参见《争端解决谅解协定》第 16 条和第 17 条第(14)款。
㉘ 有关上诉机构,参见《争端解决谅解协定》第 16 条第(1)~(3)款,第(8)款,有关上诉复审程序,参见第 17 条第(9)~(13)款。
㉙ WTO 协定第 12 条第(1)款。
㉚ 参见 Stroll and Schorkopf(同前注 12),注释 35。
㉛ 可以在 WTO 之外或 WTO 框架下的所谓"清单"中达成单独的双边协定。
㉜ WTO 协定第 12 条第(2)款以及 2000 年 11 月 1 日通过的 WTO 第 WT/ACC/7/Rev2 号文件。
㉝ WTO 协定第 9 条第(1)款;如欧洲共同体行使投票权,则其拥有的票数与属 WTO 成员的欧洲共同体成员方的数目相等。

B. 《与贸易有关的知识产权协定》

（1）《与贸易有关的知识产权协定》的谈判

10.19 早在 GATT 东京回合谈判期间，美国与欧洲共同体就曾试图就打击假冒产品规定内容有限的知识产权条款，但是未获成功。[34] 在乌拉圭回合谈判期间，当工业国家，例如美国、日本和欧洲共同体打算将知识产权领域的所有问题都纳入谈判议题时[35]，遭到了强烈反对。反对声音主要来自发展中国家。其中有些国家认为 GATT 无权就任何知识产权议题进行谈判，并主张不应就任何新领域进行谈判。[36] 其他国家同意以"与贸易（包括冒牌货贸易）有关的知识产权"文本为基础进行谈判，这样发展中国家可以相信谈判的范围仅限于冒牌货贸易和类似议题上。[37]

10.20 从 1987 年 2 月第一轮正式谈判开始，到 1988/1989 年的中期审查会议，[38] 谈判几乎没有取得进展，因为大部分的时间都用于收集这一高度技术领域的信息——知识产权领域比早期 GATT 谈判回合中涉及的领域要复杂得多。[39] 此外，发展中国家仍然反对就除冒牌货之外的其他实质性问题进行谈判，他们主张只有世界知识产权组织（WIPO）才有权处理知识产权问题，并且主张应按照 1986 年部长宣言所述，发展中国家应被授予不同的、更优惠的待遇，且只需作出与其发展水平相符的让步。[40] 在 1989 年 4 月召开的中期审查会议上，部长们发表了一项声明。根据该项声明，后续讨论应包含 GATT 原则和知识产权条约的适用性、充分保护标准和有效执行措施、政府间争端解决和过渡期安排方面的问题。该中期审查声明被认为是工业化国家的胜利，理由很简单，因为发展中国家同意就涉及知识产权的实质性法律条款进行谈判。[41] 取得这一成功，不仅因为工业化国家作出让步给予发展中国家以过渡期，以及

---

[34] J Watal, *Intellectual Property Rights in the WTO and Developing Countries*（2001）15.

[35] 同上注，第 19 页。

[36] 同上注，第 19 页、第 24 页。

[37] 部长会议通过了该法律文本，并启动乌拉圭回合贸易谈判，参见 GATT DOC MIN DEC OF 20 Septermber 1986，第 7~8 页；Watal（同前注 34），第 21 页（发展中国家对最后一点内容的看法）；D Gervais, The TRIPS Agreement: Drafting History and Analysis（2nd edn, 2003），注释 1.11~1.12。

[38] 中期会议分别于 1988 年 12 月 5~8 日和 1989 年 4 月 5~8 日举行。

[39] Gervais（同前注 37），第 1.14 段。

[40] Watal（同前注 34），第 24~25 页。

[41] Gervais（同前注 37），第 1.16 段及声明；Watal（同前注 34），第 27 页以及声明，附件 2（第 444 页）。

第十章　将版权与邻接权规定纳入关贸总协定/世界贸易组织

各方同意应通过多边程序解决争端（隐含之意就是反对采取单边贸易措施），也因为美国的单边贸易措施给发展中国家施加了压力。[42] 但是，发展中国家仍未决定，未来订立的条约是在 GATT 还是在 WIPO 的框架下规定。[43]

10.21　成员方以中期审查声明为基础，加速了在知识产权方面的谈判，谈判的焦点集中在知识产权保护的基本原则、实质性保护标准、执法措施和争端解决上。对于版权的实质性标准，谈判者很快决定采用所谓的"伯尔尼递增方式"（Berne plus approach），也就是以伯尔尼公约最近文本（1971 年巴黎文本）作为保护的基础，在此基础上增加更多的保护内容。[44]

10.22　发展中国家继续强调只有"传统"的 GATT 议题，例如仿冒商品或盗版商品问题才应在 GATT 框架中讨论，有关其他议题的实体性保护标准的谈判文本应当交由相关领域的国际组织，也就是 WIPO 去处理。[45] 尽管有反对的声音，谈判还是于 1991 年 12 月以"邓克尔草案"[46]为基础暂时结束；之所以如此，主要是因为以下谈判伎俩：例如欧共体和美国较早地提交了以条约语言形式草拟的提案，以及讨论是在非正式的集团内进行。[47] 后来，在从 1992 年年末到 1993 年年末重新开始的谈判中，尽管有些成员方试图修改草案，但该草案最终几乎没被修改。[48]

10.23　此后，TRIPS（以及 GATT 乌拉圭回合谈判中达成的所有其他协定）于 1994 年 4 月 15 日在马拉喀什获得通过。WTO 协定于 1995 年 1 月 1 日生效。工业化国家成员必须从 1996 年 1 月 1 日起适用 TRIPS；而从这天起，发展中国家、过渡国家以及最不发达国家只需适用 TRIPS 第 3 条至第 5 条（主要规定的是国民待遇及最惠国待遇条款），这些国家对 TRIPS 主要义务的履行享有

---

[42]　Watal（同前注34），第 25～27 页；关于特别 301 条款中的单边措施，参见下文第 13.01～13.10 段；Gevais（同前注37），第 1.16 段。

[43]　Watal（同前注34），第 28 页。

[44]　这一方法首先由澳大利亚提出，后来适用于《巴黎公约》；不过，巴黎公约的保护标准相对来说要比《伯尔尼公约》低，参见 Gervais（同前注37），第 1.17 段；有关采取这一方法比重新建立一个新的制度的优越性，参见 Gervais（同前注37），第 1.96～1.98 段。

[45]　这一观点被明确纳入 1990 年 7 月 23 日 TRIPS 谈判团主席的报告中（Document MTN. GNG/NG11/W/76）；参见 Gervais（同前注37），第 1.21 段、第 1.22 段。

[46]　这一 GATT 协定最后草案（"邓克尔文本"）包含有 TRIPS 草案，其清理了之前存在的备选方案，该草案得到了时任总干事邓克尔的支持，后来被纳入"含有多边贸易谈判乌拉圭回合成果最终文本草案"中，Doc MTN. TNC/W/FA of 20 December 1991，参见 Gervais（同前注37），第 1.30 段；Watal（同前注34），第 37 页。

[47]　有关谈判，参见 Gervais（同前注37），第 1.16～1.32 段。

[48]　Gervais（同前注37），第 1.32 段；有关发展中国家为什么在谈判中实际获得的成果比其本应获得的成果要少的原因，参见 Watal（同前注34），尤其是第 43～47 页。

一个过渡期限。[49]

(2) 版权与邻接权的保护原则

10.24 正如 1989 年的中期审查以及 TRIPS 序言[50]所述，TRIPS 谈判的基本方式就是必须适用 1994 年 GATT 以及相关知识产权条约中［有关版权和邻接权的《伯尔尼公约》（1971 年巴黎文本）和 1961 年《罗马公约》］的基本原则。因此，TRIPS 不仅要纳入国民待遇原则（GATT 有关货物的基本原则，以及《伯尔尼公约》和《罗马公约》的基本原则），最低保护标准原则与无手续或有限手续原则（《伯尔尼公约》与《罗马公约》的基本原则），而且还要纳入最惠国待遇原则（只存在于 GATT 中）。

(a) 国民待遇原则

10.25 (i) 概述 TRIPS 第 3 条是"一般条款与基本原则"的一部分，因此它再次声明国民待遇原则适用于所有类型的知识产权。[51] 因此，应对这一原则作广义解释，以涵盖 TRIPS 下的所有知识产权，[52] 但同时又不至于无意中与之前的条约所规定的各种国民待遇原则相背离；其基本理念就是依循现有公约，而不是新发明一套令人满意的工作机制。在这种背景下，"国民"这一一般术语被界定为：符合现有公约有关资格的不同标准的国民待遇的受益者。换句话说，"国民"[53] 这一术语仅仅只是作为一个通用术语，对它的定义，需参考每一个特定的条约（尤其是《伯尼尔公约》与《罗马公约》）有关资格的标准。[54]

10.26 当现有知识产权公约（例如《罗马公约》）通过"遵守条款"没有将某些条款纳入 TRIPS 中时，参考它们有关国民的资格标准，具有独立的意义。维护现有制度是有必要的，因为其与 GATT 下的国民待遇原则不同；不同之处在于现有知识产权公约的保护客体是作品和其他无形客体，而不是有形的

---

[49] 参见 TRIPS 第 65 条、第 66 条；关于过渡期，参见下文第 10.133～10.134 段。

[50] 序言第 2 段（a）款。

[51] 关于对 GATT 和之前的知识产权条约中已存在的这一原则予以重申的必要性，参见 J Reinbothe and A Howard, "The State of Play in the Negotiations on TRIPS（GATT/Uruguay Round）" (1991) 5 EIPR 157, 159。

[52] TRIPS 第 1 条第（2）款将"知识产权"定义为第二部分第 1～7 节涵盖的所有知识产权，即版权与相关权、商标、地理标志、工业设计、专利、集成电路布图设计和未披露的信息。

[53] TRIPS 第 3 条第（1）款；第 1 条第（3）款第 1 句的脚注（与 TRIPS 的所有其他脚注一样，它也是文本的一部分）规定：谁应当被认定为一个单独的关税区的国民。与之前的知识产权条约不一样，此种单独关税区可以成为条约的缔约方（也就是包含 TRIPS 的 WTO 协定的缔约方）；起草者主要想象的是欧共体。

[54] TRIPS 第 1 条第（3）款第 2 句。

第十章　将版权与邻接权规定纳入关贸总协定/世界贸易组织

货物。㊺

10.27 TRIPS 第 3 条第 1 款第 1 句的国民待遇明确规定，其适用于对知识产权的"保护"，这不仅包括知识产权的取得，也包括知识产权的执行这一重要议题。㊶

10.28 （ii）**版权** 根据《伯尔尼公约》的国民资格条件，作者如希望享受 TRIPS 的保护，其应当具有另一个 WTO 成员方的国籍，或在该国有住所，或在该国首次发表作品，或同时在 WTO 成员方和非 WTO 成员方首次发表作品，㊷ 或满足类似《伯尔尼公约》第 4 条规定的资格条件。版权领域国民待遇的适用条件进一步遵循了《伯尔尼公约》第 5 条第（1）款项下的条件，在 TRIPS 框架下，国民待遇的适用条件是依据第 9 条第（1）款第 1 句。因此，如果一个 WTO 成员不是《伯尔尼公约》第 5 条第（4）款项下的起源国，则该国授予的保护可以通过类比适用。TRIPS 第 9 条第（1）款第 1 句是第 3 条一般条款的特别条款，第 3 条涵盖多种知识产权，因而不可能规定得那么具体。实际上，就版权而言，第 3 条只是作了一个简单的澄清。㊸

10.29 因此，在 TRIPS 适用《伯尔尼公约》所列举的例子时，可以通过比照适用的方式，完全遵循《伯尔尼公约》上下文的规定。㊹ 根据 TRIPS 第 3 条和第 1 条第（3）款的规定，通过类比的方式，作者可根据同样的条款在 WTO 的成员——美国获得保护。

10.30 就国民待遇原则的例外而言，TRIPS 也与现有公约的规定保持一致。因此，国民待遇原则应遵守现有公约有关例外的规定，即《伯尔尼公约》第 7 条第（8）款。㊻ 因此，如果 WTO 成员方 A 提供作者的保护期为作者有生之年加死亡后 50 年，而成员方 B 提供作者的保护期为作者有生之年加死亡后

㊺ P Katzenberget, "TRIPS and Copyright Law" in FK Beier and G Sschricker（es）, *From GATT to TRIPS*: *The Agreement on Trade – Related Aspect of Intellectual Property Rights*（1986）59, 70.

㊶ TRIPS 第（3）条和第（4）条的脚注。关于这一问题，参见 Katzenberger（同前注 55），第 73 页。

㊷ 《伯尔尼公约》第 3 条对此有进一步的说明。

㊸ J Reinboche（曾作为欧共体代表参加谈判），"Der Schutz des Urheberrechts und der Leistungsschutzrechte im Abkommensentwurf GATT/TRIPS"（1992）GRURInt 707, 713。

㊹ 这里根据 TRIPS 的上下文进行改动后，再重复一下：某作者 A，具有老挝（非 WTO 成员）的国籍和住所，于 2004 年 3 月 8 日在老挝出版了一部小说，2004 年 3 月 28 日，其又将该小说在墨西哥（WTO 成员方）出版。该小说后来在未经作者授权的情况下被他人使用。作者能依据 WTO/TRIPS 规定的国民待遇原则在美国请求获得保护吗？《伯尼尔公约》对此种情况的处理方式，参见上文第 5.09 段。

㊻ TRIPS 第 3 条第（1）款第 1 句。有关国民待遇原则的所有例外情况（《伯尔尼公约》第 2 条第（7）款第 2 句、第 6 条、第 7 条第（8）款、第 14 条之二第（2）款以及第 30 条第（2）款（b）项及附录），参见上文第 5.40~5.53 段。

— 247 —

70 年，则成员方 B 可以决定只给来源国［类比适用《伯尔尼公约》第 5 条第（4）款来确定］为成员方 A 的作品的保护期为作者死亡后仅 50 年。如某 WTO 成员方打算利用《伯尔尼公约》第 6 条的例外（报复条款），其必须根据本条规定，以书面声明通知世界知识产权组织总干事。[61]

（iii）邻接权

10.31 表演者获得保护的资格标准　TRIPS 关于表演者受到保护的资格标准，提及了《罗马公约》的相关规定。在符合以下条件时，表演者可依据 TRIPS 获得保护：表演是在另一成员方进行的，或表演已被录制在受《罗马公约》第 5 条保护的录音制品上，或表演未被录制成录音制品，但在受《罗马公约》第 6 条保护的广播节目中播放。[62] 由于只适用《罗马公约》的资格标准，因此表演者的国籍是无关紧要的。TRIPS 中的"国民"这一术语并未提及国籍，因此，其完全依据上述标准确定。如果某小提琴家是 WTO 一成员方国民，但他并不在 WTO 成员方境内进行表演，也不符合其他资格条件，则该小提琴家在 WTO 的任一国家都不受 TRIPS 的保护。但是，如果该表演者是有国籍的人（即便是非 WTO 成员方国籍），他在法国（WTO 成员方）举行独奏会，在比利时（也是 WTO 成员方）对该独奏会的广播或录像进行利用，则该小提琴家的表演可在比利时受到 TRIPS 的保护，但是在表演地法国不受 TRIPS 的保护（实际上，在这种情况下，表演者的表演可在除法国之外的任何其他 WTO 成员方受 TRIPS 的保护，在法国仅适用法国国内法的保护）。[63]

10.32 录音制品制作者获得保护的资格标准　录音制品制作者受到保护的条件是：录音制品制作者是另一 WTO 成员方的国民，或者首次录音是在另一 WTO 成员方制作的，或录音制品是在另一 WTO 成员方首次发行的，或者在 WTO 成员方和非 WTO 成员方同时（指 30 天内）发行。[64] TRIPS 第 1 条第（3）项第 3 句允许 WTO 成员方利用《罗马公约》第 5 条第（3）款规定的通知条款，允许成员方在 TRIPS 的框架下可以不适用"首次发行"或者"首次录制"标准。

10.33 广播组织获得保护的资格标准　如果广播组织的总部设在另一

---

[61] TRIPS 第 3 条第（1）款第 3 句。
[62] TRIPS 第 1 条第（3）款第 2 句与《罗马公约》第 4 条结合进行类比适用。
[63] TRIPS 第 1 条第（3）款第 2 句与《罗马公约》第 4 条（a）项结合进行类比适用；有关《罗马公约》的直接解决方案以及进一步适用的例子，参见上文第 6.03 段。
[64] TRIPS 第 1 条第（3）款第 2 句与《罗马公约》第 5 条第 1 款、第 2 款结合进行类比适用。有关《罗马公约》的保护标准，参见上文第 6.09～6.12 段（适用的例子，参见上文第 6.04～6.06 段）。有关《罗马公约》第 17 条，参见前注 210。

第十章　将版权与邻接权规定纳入关贸总协定/世界贸易组织

WTO 成员方或广播节目是由设在另一 WTO 成员方的发射台播放的，则 WTO 各成员方就应当给予该广播组织以国民待遇。⑥ TRIPS 第 1 条第（3）款第 3 句允许 WTO 成员方在 TRIPS 框架下作出《罗马公约》第 6 条第 2 款所规定的那种通知。⑥

10.34　国民待遇的适用范围　对表演者、录音制品制作者、广播组织而言，国民待遇的适用范围明确限定于"本协定所规定的权利"，⑥ 这符合世界上大多数国家的经济利益。⑥ 在《罗马公约》的框架下，这样的限制就没那么清晰，存在争议；⑥ 尽管 TRIPS 的谈判方显然认为国民待遇原则在《罗马公约》中也是受相同的限制。⑦ 因此，如果某 WTO 成员方提供了比 TRIPS 第 14 条规定更高的保护标准，例如授予表演者以专有发行权，或授予私人复制以获得报酬权，⑦ 其并无义务授予另一成员方的"国民"以此种更高的保护标准，⑦ 而是可以将国民待遇限定于 TRIPS 第 14 条规定的标准。因此，国民待遇原则并不能离开最低权利保护原则而单独适用。

10.35　就广播组织而言，有人可能提出质疑：权利是否是指"本协定所规定的"所有权利，国民待遇是否完全适用。不过，由于提供这些权利⑦的义务存在广泛例外，因此，可以证明答案是否定的。⑦

10.36　国民待遇原则的例外　TRIPS 承继了《罗马公约》国民待遇的例外规定。⑦ 如某 WTO 成员方在 TRIPS 的框架下要适用《罗马公约》第 16 条第（1）款（b）项所规定的广播组织传播权的例外，其应当向 TRIPS 理事会递交

---

⑥ TRIPS 第 1 条第（3）款第 2 句与《罗马公约》第 6 条第（1）款结合进行类比适用。有关《罗马公约》的保护标准，参见上文第 6.13 段（适用的例子，参见第 6.07 段）。

⑥ 有关通知的论述，参见上文第 6.13 段及前注 34。

⑥ TRIPS 第 3 条第（1）款第 2 句。

⑥ 有关类似情形与背景介绍，参见下文第 17.44 段有关 WPPT 第 4 条项下国民待遇的论述。

⑥ 有关《罗马公约》第 2 条第（2）款的相关争议，参见上文第 6.27 段。

⑦ Reinbothe（其曾经作为欧共体的代表参加谈判）的著作也默示承认，同前注 58，第 713 页。

⑦ Gervais（1st edn, 1998）2.25（注 25）对该法定获得报酬权——在某些国家被称为"补偿金"——进行论述时，提及了美国审计总署就乌拉圭回合谈判成果向美国国会报告时，曾抱怨 TRIPS 不能满足美国对相关权利人的收入进行分成的利益。

⑦ TRIPS 第 1 条第（3）款第 2 句对"国民待遇"进行了定义。

⑦ TRIPS 第 14 条第（3）款第 2 句；下文第 10.79 段。

⑦ M Fiscor, "WIPO – WTO" in H Cohen Jehoram, P Keuchenius and L Brownlee（eds）, Trade Related Aspects of Copyright（1996）79，89. 认为：这些权利显然是希望被"规定"这一措辞所涵盖，因此国民待遇原则可予适用。

⑦ TRIPS 第 3 条第（1）款第 1 句；有关《罗马公约》第 16 条规定的例外，参见上文第 6.29 ~ 6.31 段。

通知书。⑯

（b）最低权利保护标准

10.37 最低权利保护标准体现在 TRIPS 第 1 条第（3）款第 1 句之中，它要求成员方将 TRIPS 规定的待遇授予其他成员方的国民，并且在第 1 条第（1）款第 2 句中，明确允许成员方可以授予更高水平的保护。在现有的大多数公约中，例如《伯尔尼公约》和《罗马公约》，最低权利保护标准只在具有国际因素的情形，而非纯国内因素的情形中适用。⑰ 至于国民待遇，受益者是根据《伯尔尼公约》和《罗马公约》规定的受保护资格标准确定的其他 WTO 成员方的"国民"；⑱ 就版权而言，《伯尔尼公约》第 5 条第（1）款规定的条件也可适用。⑲

10.38 最低权利保护标准也体现在 TRIPS 第 9~13 条和第 14 条分别就版权和邻接权作出规定的条文中。

（c）关于无手续或有限手续原则

10.39 该原则只适用于版权和邻接权，因此并未包含在 TRIPS 第一部分的规定中，第一部分只涉及 TRIPS 涵盖的所有知识产权的共同方面。就版权而言，"无手续"原则是依据遵守条款而适用的；在此背景下，它是指《伯尔尼公约》第 5 条第（2）款。⑳ 就邻接权而言，TRIPS 第 14 条第（6）款第 1 句允许 WTO 成员方可在《罗马公约》允许的范围内对授予的权利规定条件。《罗马公约》第 11 条本身将履行手续作为保护的条件，因此《罗马公约》规定的原则是通过间接的方式纳入 TRIPS 中。相应的，《罗马公约》第 11 条所允许的这些手续在 TRIPS 中也同样允许。㉑

（d）最惠国待遇条款

10.40 （i）背景及条款内容 唯一一项在知识产权公约中没有规定，但在 GATT 框架下是重要原则的内容就是最惠国待遇原则（MFN）。㉒ 国民待遇原则禁止在对"外国"作品或者其他客体的保护上与在国内市场使用的国内

---

⑯ TRIPS 第 3 条第（1）款第 3 句；在《罗马公约》的框架下，应向联合国秘书长交存单独的通知。

⑰ 显然，可从 TRIPS 第 1 条第（3）款第 2、3 句得出这一结论。也可参见 Katzenberger（同前注 55），第 70 页。

⑱ TRIPS 第 1 条第（3）款第 2、3 句。

⑲ 以第 9 条第（1）款第 1 句为基础进行类比适用。

⑳ 同上注，第 9 条第（1）款第 1 句；关于原则的内容，参见上文 5.55 段以下。

㉑ 有关《罗马公约》第 1 条，参见上文 6.32~6.33 段。

㉒ GATT 第 1 条；这一原则一直是所有贸易协中定的传统条款，有关国际版权的发展历史，参见上文 2.16~2.22 段。

作品区别对待。最惠国待遇原则禁止国家在几个不同国家之间进行区别对待。例如，一国给某一贸易伙伴以特别优惠（如免税），则依据最惠国待遇原则，该国应当向其所有其他贸易伙伴同样给予该等优惠。在 TRIPS 的框架下，某一 WTO 成员方授予任何其他国家国民[83]（并不一定是其他 WTO 成员方的国民）以任何优惠（例如特别的保护标准），则其必须授予所有其他 WTO 成员方同样的优惠。

10.41 对于是否将这一原则纳入 TRIPS 中，当时是颇有争议的。尤其是，欧洲共同体认为最惠国待遇条款基本上没有必要，因为其与国民待遇原则所达到的效果是相同的；[84] 此外，它还会导致将来出现更高保护水平的双边或多边条约时出现"搭便车"的情形。[85] 相反，小国对最惠国待遇条款持欢迎态度，因为这样它们可以在与具有主导地位的国家或者国家集团的谈判中改善其处境，后者可以运用他们强大的经济实力获得双边减让，[86] 例如 TRIPS 谈判开始前美国与韩国所签署的双边协定。[87] 此外，最惠国待遇原则是 GATT 的基本原则，也正是由于这一原因，才使该原则具有强大的理由被纳入 TRIPS。最后，作为妥协的结果，最惠国待遇条款作为一项原则被纳入 TRIPS，但与 GATT 的标准相比，其效力则减弱了很多。

10.42 （ii）最惠国待遇条款在知识产权框架下的效力　最惠国待遇条款的适用范围实际上是被限制了，因为在很多情况下，仅仅通过适用国民待遇条款即可取得同样的效果。例如，如果某 WTO 成员方的国内法授予音乐作品的作者以专有发行权，该权利不属于 TRIPS 最低保护水平的范围，则该成员方除适用相关例外之外，在任何情况下，只根据国民待遇原则即应将该权利的保护范围扩展至所有其他 WTO 成员方的"国民"。[88]

10.43 因此，最惠国待遇条款可能只在以下两种情况下具有独立适用的效力：第一，某一权利的取得不是基于国民待遇原则，而是基于自愿；第二，依据双边协定，保护只授予其他国家的国民（而不是本国国民）。第二种情形很少见，因为在知识产权领域签署双边条约的国家通常会给予国内权利所有者

---

[83] 由于 TRIPS 第 1 条第（3）款第 2 句所定义的"国民"仅指其他成员方的国民，则第 4 条第 1 句第一次提及国民时（即"任何其他国家的国民"，而不是"所有其他成员方"的国民），应当对其做通常意义解释。

[84] 这种效果会在后续文本中阐述。

[85] Reibothe（同前注 58）第 159 页。

[86] 同上注。

[87] Watal（同前注 34）第 18~19 页。

[88] TRIPS 第 3 条。

以最低权利保护，因此国民待遇原则可以适用。

10.44 （iii）**最惠国待遇条款的例外** 在最惠国待遇条款可能具有独立适用的效力的情况下，TRIPS 几乎免除了在大部分情况下适用这一条款的义务，例如，自愿授予权利：在此情况下，不适用国民待遇。⑧⑨ 例如，WTO 成员方 A 对于国内作品的保护期是作者终生及死亡后 70 年，其给予来自 WTO 成员方 B 的作品以完全的国民待遇，但是给予来自 WTO 成员方 C 的作品以互惠待遇，⑨⓪ 而 B 国和 C 国给予本国国内的作品的保护期限是作者终生及死亡后 50 年，如果对最惠国待遇条款的适用没有进行限制，则会导致 A 国也有义务给予 C 国作品以作者终生及死亡后 70 年的保护期。然而，TRIPS 第 4 条第（2）款（b）项免除了在这种情况下适用最惠国待遇原则的义务，从而与《伯尔尼公约》与《罗马公约》的现有规定保持一致。因此，在《伯尔尼公约》与《罗马公约》对国民待遇作出例外规定的情形下，某一 WTO 成员方对其他几个成员方实行区别对待仍然是可能的。⑨①

10.45 类似的，就表演者、录音制品制作者和广播组织的国民待遇原则适用的有限范围而言，⑨② TRIPS 第 4 条第（2）款（c）项确保了最惠国待遇条款不会通过没有限制范围的国民待遇原则的后门而被纳入。例如，某一 WTO 成员方的国内法提供的保护水平比 TRIPS 规定的最低保护水平高，该成员方并不需要将该种保护水平授予其他 WTO 成员方，无论是基于国民待遇原则或是基于最惠国待遇原则。与此相似，如果某一 WTO 成员方基于双边条约给予另一成员方或基于多边条约给予几个 WTO 成员方更高水平的保护，该成员方并不需要依据最惠国待遇条款给予其他成员方更高水平的保护。⑨③ 例如，即便某一 WTO 成员方依据 WPPT 给予另一国家的表演者以发行权，根据 WTO 法律，该成员方并没有义务也给予任何其他符合条件的表演者这一权利。因此，可以避免"搭便车"的现象。

10.46 此外，TRIPS 第 4 条第（2）款（a）项免除了给予来自一般性的（并非专门限于知识产权保护的）关于司法协助或执法的条约所派生的任何利

---

⑧⑨ TRIPS 第 4 条第（2）款（b）项和（c）项。
⑨⓪ TRIPS 第 3 条第（1）款第 1 句与《伯尔尼公约》第 7 条第（8）款结合适用，在这种情况下允许（但不是要求）适用实质性互惠。
⑨① 关于这些例外规定，参见上文第 10.30 段和第 10.36 段。
⑨② TRIPS 第 3 条第（1）款第 2 句。
⑨③ Katzenberger（同前注 55）第 76 页。

第十章　将版权与邻接权规定纳入关贸总协定/世界贸易组织

益以国民待遇——这些领域可能间接涉及知识产权。[94]

10.47　最后，另一重要的可免除最惠国待遇义务的情形是：现有的[95]有关知识产权保护的国际协定所派生的利益、优惠、特权或豁免。但是，此类协定必须向 TRIPS 理事会作出通知，并且不得对其他各成员方的国民构成任意的或不合理的歧视。[96] 该豁免对于诸如正式的双边条约是有影响的。[97]

10.48　最后一种例外也适用于欧洲共同体的成员方之间相互给予的任何利益或优惠，无论该种利益或优惠是依据欧共体的基本法律（例如欧洲共同体条约第 12 条的不歧视条款：禁止成员方在保护期限上基于国籍进行歧视）[98]，还是第二位阶的法律，例如欧共体的统一指令。[99] 为了保证欧共体成员方之间根据超国家的法律（欧洲共同体法）给予成员的利益不在 TRIPS 最惠国待遇条款的适用范围之内，欧共体及其成员方将欧洲共同体条约以及欧洲经济领域协定[100]向 TRIPS 理事会作出通知，明确指出：通知的范围不仅包括依据相关法理解释的条约本身，还包括以这些条约为基础通过的任何（现有的和将来的）第二位阶的法律。[101]

10.49　（iv）**评估**　因此，最惠国待遇条款在版权及相关权领域只具有很小的独立适用的效力，因为各国通常在国内法中实施双边条约的标准，这样通过国民待遇就保护了其他 WTO 成员方的作品；此外，对其有限的适用范围还规定了范围广泛的例外——考虑到最惠国待遇条款在货物领域降低关税的传统功能

---

[94]　Gervais（同前注 37），第 2.52 段，指出：作为该免除基础的司法协助协定的双边性质。相关例子，参见 C Correa, Trade Related Aspects of Intellectual Property Rights: A Commentary on the TRIPS Agreement（2007）67。

[95]　在 WTO 协定生效之前，即 1995 年 1 月 1 日前已生效的国际协定。

[96]　TRIPS 第 4 条第（2）款（d）项。第二个条件来源于 GATT 第 20 条，参见 Gervais（同前注 37）第 2.50 段。有关第（2）款（d）项下的协定，参见 Correa（同前注 94）第 68~72 页。

[97]　1892 年德美版权双边协定对版权保护期限排除适用实际性互惠，参见 Katzenberger（同前注 55），第 77 页；尽管这一协定的存在，实质性互惠仍可对其他 WTO 成员方适用（需要注意的是，因美国版权法延迟了版权保护期，因此，情况已经发生变化）。有关 1995 年 1 月 1 日之前美国缔结的双边条约，参见下文第 12.09~12.15 段。

[98]　有关 Phil Collins 案，参见第二章。

[99]　对于相关问题的详细论述，参见 Katzenberger（同前注 55），第 77~79 页。

[100]　关于这一协定，参见下文第 11.67 段及第十五章。

[101]　http://www.wto.org/english/tratop_e/trips_e/intel7_e.htm；也参见 Katzenberger（同前注 55），第 79 页。

与知识产权领域提高标准可能产生的效果不同,这一结果可能是适当的。[102] 谈判各方也考虑了他们的担忧:不希望搭便车效应导致各国不愿谈判和缔结更高水平保护的条约。[103]

(3) 版权与邻接权的实质性保护标准

(a) 版权

(i) 伯尔尼递增进路

10.50 遵守条款 根据 TRIPS 谈判期间所遵循的伯尔尼递增方式,[104] TRIPS 第 9 条第 (1) 款第 1 句——"遵守条款"——要求 WTO 各成员方遵守《伯尔尼公约》的实质性法律规定,也就是最新文本(即 1971 年巴黎文本)第 1~21 条以及有关发展中国家的附件。[105] 然而它并没有要求 WTO 成员方成为伯尔尼联盟的成员。[106] 这一条款的基本作用只是简单地将《伯尔尼公约》的具体条款纳入 TRIPS 中,作为 TRIPS 项下的义务;因此,这一条款避免了对于这些标准的具体内容进行冗长的谈判,同时也使这些标准受 WTO 争端解决机制的约束。

10.51 与之前的情形相比,上述效果具有相当大的进步,理由如下。首先,很多希望成为 WTO 成员方的国家之前并不受《伯尔尼公约》的约束,或者至少不受其 1971 年最新文本的约束。其次,《伯尔尼公约》饱受其争端解决机制效率不高的困扰。[107] 虽然由 WTO 争端解决专家组对《伯尔尼公约》的条款作出的解释只能约束 WTO 成员方,并且只涉及被纳入 TRIPS 中的《伯尔尼公约》的部分条款,而不构成对《伯尔尼公约》的直接解释,但对于《伯尔尼公约》进行解释的反响显然至少在理论上是明显的——尽管由于缺乏有

---

[102] S Frankel,"WTO Application of 'the Customary Rules of Interpretation of Public International Law' to Intellectual Property"(2006)46/2 Virginia J'l of International Law 365, 419. P Drahos,"BITs and BIPs: Bilateralism in Intellectual Property"(2001) J'l of World Intellectual Property 791, 802。作者认为最惠国待遇条款对于新的最低保护标准的扩散具有重要作用,然而,他似乎忽视了这一条款只具有有限效力。

[103] Reinbothe and Howard(同前注 51),第 159 页以及 Reinborthe(同前注 58),第 713 页。

[104] 同上注,第 10.21 段。

[105] 最终选择采取明确提及相关条款而不是一般性指称"实质性条款",是为了消除对那些条款被纳入 TRIPS 而受 TRIPS 争端解决机制的约束的质疑,参见 Reibothe(同前注 58),第 709 页;Gervais(同前注 37),第 2.89 段,指出:《伯尔尼公约》第 20 条、第 21 条及附件可能会受到质疑。

[106] 这也在以下事实中得到了体现:《伯尔尼公约》第 22~38 条有关行政与管理条款并不需要被遵循。

[107] 参见上文第 9.05 段。

第十章　将版权与邻接权规定纳入关贸总协定/世界贸易组织

效的争端解决机制，在《伯尔尼公约》框架下的现实影响很小。[108] 同时，由于 WTO 争端解决机制及可能的制裁，将《伯尔尼公约》的部分条款纳入 TRIPS，使这些条款在国内法中能得到更有效、更统一的实施。

10.52　遵守条款的例外：精神权利　作为遵守条款的例外，TRIPS 第 9 条第（1）款第 2 句规定了所谓的"伯尔尼递减"的内容，即《伯尔尼公约》中的精神权利。规定这一例外的目的，是为了确保不仅将《伯尔尼公约》第 6 条本身排除在适用范围之外，同时将其他派生权利，例如《伯尔尼公约》第 10 条第（3）款、第 11 条之二第（2）款以及附件第 4 条第（3）款有关精神权利的规定也排除在外。[109] 要求规定这一条款的国家是美国，因为在美国加入《伯尔尼公约》时，美国对于精神权利的保护已经受到批评很不充分。[110]

10.53　第一眼看上去，一个已经受某一条约（这里指《伯尔尼公约》）一项特定义务约束的国家却强烈反对将这一义务纳入另一条约之中（这里指 TRIPS），似乎是自相矛盾的。但这种明显自相矛盾的现象很容易得到解释，因为《伯尔尼公约》缺乏类似 TRIPS 那样的有效的争端解决机制。显然，美国认为：WTO 专家组作出美国违反有关精神权利义务的决定是存在现实可能的；否则，它不必一直坚持明确将精神权利排除在外。

10.54　最初主张将精神权利排除在外的理由是精神权利不是"与贸易有关的"；但是，正如著名的 John Huston 案所显示的，这一说法不具有说服力，因为实施保护作品完整权和其他精神权利，可能对损害作品的利用具有显著效果。[111] 因此，对美国而言，排除精神权利就显得非常重要，以至于它对其他成员方施加"巨大压力"，让他们接受这一排除适用。[112] 然而，TRIPS 第 2 条第（2）款确认：第 9 条第（1）款第 2 句不能减损《伯尔尼公约》第 6 条之二项下的义务及相关义务，而只是起到将精神权利的保护排除在 TRIPS 之外，尤其

---

[108] 有关 TRIPS 的争端解决机制对《伯尔尼公约》可能的影响，参见 P Geller, "Intellectual Property in the Global Market Place: Impact of TRIPS Dispute Settlements"（1995）29/1 The International Lawyer 99, 107ff.《伯尔尼公约》的独立性也可通过 TRIPS 第 2 条第（2）款的非减损条款体现出来；有关《伯尔尼公约》与 TRIPS 的关系，参见下文第 24.09～24.11 段。

[109] 关于精神权利，参见第 5.96～5.97 段。

[110] 例如，参见 J Ginsburg and J Kernochan, "One Hundred and Two Years Later: The US joins THE Berne Convention"［1998］13/I Columbia – VLA Journal of Law & the Arts 1, 31。

[111] 在美国生产的 Asphalt Jungle 的彩色版本侵犯了法国法上的精神权利，因此不能在法国使用，有关 John Huston 案，参见第 5.101 段；也参见 Gevais（同前注 37），第 2.90 段。

[112] Reinbothe（同前注 58），第 709 页，Reinbothe 将精神权利标为"情感化"权利；也参见 Reinbothe/Howard（同前注 51），第 161 页。

是排除在 WTO 争端解决机制之外的效果。⑬

(ii) 作品

10.55 就作品而言，计算机程序与数据库是 TRIPS 根据"伯尔尼递增"进路新增加的保护客体类型。

10.56 计算机程序 在计算机程序出现后的很长一段时间内，人们对计算机程序是否是作品（如果是，又是属于哪种类型的作品），是否应受到特殊权利保护或者是否应通过版权法之外的其他法律进行保护，存在较大争议。⑭由于版权保护具有保护水平高的优势，没有形式上的要求，在该领域又已有国际公约，因此，工业化国家及其工业界强烈要求对《伯尔尼公约》进行澄清，或者通过解释引入一种新的作品类型。在进行 TRIPS 谈判的同时，很多国家的国内法承认了计算机程序是版权作品。⑮美国选择在 TRIPS 中对计算机程序规定最高水平的保护。⑯

10.57 但是在 TRIPS 谈判开始时，将计算机程序纳入版权保护范围这一议题的很多内容都是存在较大争议的。尤其是发展中国家，他们想尽可能地限制其保护。最后，他们反对将计算机程序列为文学作品，而主张将它们列为另一种类型的作品（例如实用艺术作品），这样，对其保护时间要短，且保护程度要低；他们还考虑引入特殊保护模式。⑰欧共体一开始提议将计算机程序作为一种实用艺术作品予以保护，给予较低水平的保护——保护期为自创作之日起 25 年；欧共体只是在后来才赞同美国的提议。⑱

10.58 日本希望对计算机程序的版权保护作出例外规定，但未获成功；不过，日本赢得了在 TRIPS 中规定以下内容的胜利：版权的保护仅延伸至表达方式，而不延伸至思想、程序、操作方法或数学概念本身。这一表达/思想二分法原则最先仅在涉及计算机程序时进行讨论，⑲后来才成为版权保护的一项基本原则。因此，这一原则后来适用于所有类型的作品，并被转化为 TRIPS 第

---

⑬ Gevais（同前注 37），第 2.90 段，注 12；S Rickertson and J Ginsburg, International Copyright and Neighbouring Rights; The Berne Convention and Beyond (2006) 6.136, 6.137，对 TRIPS 与《伯尔尼公约》第 20 条的关系进行了论述；Reinbothe（同前注 58），第 709 页。

⑭ 参见第 7.13 段以下，尤其是第 7.16~7.18 段。

⑮ Gervais（同前注 37），第 2.104 段，尤其是注 50；相关产业对这一发展起到了重要作用。

⑯ Reinbothe（同前注 58），第 709 页。

⑰ Watal（同前注 34），第 216 页；Reinbothe/Howard（同前注 51）；Reinbothe（同前注 58），第 709 页；Gervais（同前注 37），第 2.106 段。《伯尔尼公约》第 2 条第（7）款和第 7 条第（4）款允许有一定的灵活性。关于 WIPO 框架下类似想法和早期讨论，参见上文第 7.16~7.17 段。

⑱ MTN. GNG/NG1/W/26 of 7 July 1988；也参见 Watal（同前注 34），第 216 页。

⑲ Gervais（同前注 37），第 2.98 段。

第十章　将版权与邻接权规定纳入关贸总协定/世界贸易组织

9条第（2）款。[120] 虽然这是第一次在国际协定中明确规定这一原则，但该原则一直默示存在于《伯尔尼公约》之中，[121] 并且明示或默示地规定在各国国内版权法中。[122] 因此，TRIPS 第9条第（2）款只应被认为是对已有版权公约的法律规定的一种澄清。[123]

10.59　这样，计算机软件被归入文字作品范畴。为了明确驳斥之前有关只有源代码才是文学作品的观点，TRIPS 明确规定：无论是计算机程序的原代码或是目标代码，均应作为文学作品受到保护。[124]

10.60　数据库　对于计算机程序而言，《伯尔尼公约》对于仅仅是数据的汇编——数据库——是否构成作品，并不明确；因此，需要对此制定明确的国际规则。《伯尔尼公约》第2条第（5）款保护作品的汇编，但是并没有明确涵盖仅仅是数据（从定义上来看并非是作品）的汇编。如果认为《伯尔尼公约》第2条第（5）款是《伯尔尼公约》第2条第（1）款的"特别法"，则数据库就被排除在保护范围之外。[125] 否则，可以援引《伯尔尼公约》第2条第（1）款，该款的涵盖范围非常广泛，可以涵盖数据汇编。[126] 不同于这种模糊规定，TRIPS 第10条第（2）款明确指出：不仅作品的汇编，而且数据或者其他材料的汇编均受 TRIPS 的保护，甚至应当受强制性保护。这一条款被认为非常重要，因为有关数据库，尤其是电子形式的数据库的贸易一直在增加。[127]

10.61　除了将作品之外的材料的汇编纳入保护范围之外，TRIPS 第10条第（2）款实质上并没有背离《伯尔尼公约》。尤其是使用了"无论机器可读还是其他形式"这一表达，只是强调了与电子形式相比非电子形式的重

---

[120]　Reinbothe（同前注58），第709页。

[121]　Eg Ricketson/Ginsburg（同前注113），第8.07段。

[122]　TRIPS 第9条第（2）款的文字表述据说受到了美国《版权法》第102条（b）款（《美国法典》第17编）的启发。

[123]　如果这一条款属于新的例外的话，那么它就违反了 TRIPS 第9条第（1）款及《伯尔尼公约》第20条，并且与 TRIPS 第2条第（2）款也不相符，参见 Gevais（同前注37），第2.99段。TRIPS 第9条第（2）款与1991年通过的欧共体《计算机程序保护指令》第1条第（2）款是一样的。

[124]　Gevais（同前注37），第2.106段。

[125]　S Rickerson, The Berne Convention 1886—1986 (1987) 6.71 on Art 2（5）；作者在文中并没有对第2条第（1）款进行阐述。

[126]　WIPO, Implications of the TRIPS Agreement on the Treaties and Administered by WIPO (1996) n 36；Gevais（同前注37），第2.107段对此有进一步的说明；但是不管怎样，公约并没有强制性要求对数据汇编集合进行保护，参见上文第5.76~5.77段；Ricketson/Ginsburg（同前注113），第8.89~8.90段。

[127]　Katzenberger（同前注55），第83页，也强调了美国在这方面处于领先地位；美国是要求增加这一条款的提议者，参见 Reinbothe/von Lewinski Art 5 WCT n6. 此外，自1988年以来，在欧共体内，数据库保护一直可能进行协调的议题，参见第九章对1996年通过的欧共体《数据库保护指令》的论述。

要性，但并不比《伯尔尼公约》的保护范围更广，因为《伯尔尼公约》保护的是任何形式的表达［明确规定在第 2 条第（1）款中］。此外，TRIPS 采用与《伯尔尼公约》相同的保护标准：对材料的选择或者编排应构成智力创作。[128]

10.62 与《伯尔尼公约》一样，TRIPS 明确规定：对汇编的保护不应损害存在于被汇编材料本身的任何版权。尽管《伯尔尼公约》明确规定："不得损害作者对这种汇编内各作品的权利"，TRIPS 第 10 条第（2）款需要考虑将数据纳入汇编内容的范围。因此，其"不损害"条款也涵盖"存在于数据上的任何版权"。由于单纯的数据无法获得版权保护，因而这一条款的含义就不那么明确了，只能解读为"不得损害存在于数据或其他材料上的任何权利（如存在权利）"。

10.63 此外，TRIPS 明确规定，对汇编的保护并不延伸至数据或材料本身；在《伯尔尼公约》中，这一不言自明的规则只是默示存在的，它是采用正面描述什么应受保护的方式予以规定，即只是选择或编排。虽然 TRIPS 使用的措辞是"汇编"，而不是"集合"［《伯尼尔公约》第 2 条第（5）款］，但这并不会导致两者有不同的含义——应认为这两个措辞是同义词。[129]

（iii）权利

10.64 背景 作为"伯尔尼递增"内容的唯一最低限度权利是 TRIPS 第 11 条和第 14 条第（4）款规定的专有出租权。[130] 出租权是在 1971 年《伯尔尼公约》进行最后一次修订之后出现的，它主要是作为对计算机软件、音乐录音、录像带的一种新的利用形式。出租和（通常允许的）私人复制结合在一起，对音像制品和计算机软件产业造成了严重损害，因为这两个产业的收入来源主要依赖产品销售量，而出租和私人复制会导致销售量下降。[131] 因此，这些产业开始在世界范围内发起运动，促使先在国内法然后在国际法中引入专有出

---

[128] "选择或编排"的表述与《伯尔尼公约》法文版一致；只是《伯尔尼公约》的英文版使用的是"和"。

[129] Ricketson/Ginsburg（同前注 113），第 8.86 段，指出在《伯尔尼公约》第 2 条第（5）款［TRIPS 第 10 条第（2）款的依据］的上下文中，这两个用语是同义词，"汇编"是从法文"recueil"翻译而来，因此英文中的"compilation"和"collection"之间的轻微差别（前者暗含需要一种汇编技能的因素，后者更中性）并不重要。

[130] 关于录音制品载有的作品的作者的出租权，参见下文第 10.72～10.79 段。

[131] 有关计算机程序的论述，参见 Gevais（同前注 37），有关录音制品的论述，援引了美国行业的看法，参见第 1.29 段；Watal（同前注 34），第 221 页。

租权。[132] 相关利益集团寻求禁止出租行为，以达到限制私人复制，回升销售额的效果。最先要求增加这一条款的国家是美国，最终，美国 1984 年版权法的相关条款成为 TRIPS 规定的模板。[133] 至于对计算机程序的保护，欧共体和日本起初并没有要求增加这一条款，只是在后来与美国协商后才追随美国提出这一要求。[134]

10.65 妥协性质 TRIPS 第 11 条与 14 条第（4）款反映了利益集团的影响力，以及采取根据个案而非系统性解决问题的灵活方式[135]，同时也体现了其妥协性质。这两款规定实际上是那些希望将出租权完全涵盖各种类型作品的国家（主要是欧共体）[136]、反对引入出租权的国家（发展中国家）[137]、希望将电影作品排除在外的国家（尤其是美国）[138] 和希望规定要报酬权而不是专有权的国家（尤其是日本）之间达成的妥协。[139]

10.66 出租权只适用于特定类型的作品 首先，出租权并非适用于所有类型的作品，而是只适用于计算机程序和电影作品（以及依据 TRIPS 第 14 条，可能还适用于录音制品[140]）。"至少"对这些类型的作品，应给予作者出租权——这一措辞反映了那些希望将这一最低标准的权利扩展适用于其他类型的作品的国家的意见。[141] 但是，这一措辞并没有任何独立的法律意义，因为 TRIPS 本身提供的就是最低保护标准，各成员方可以提供更高的保护标准。

10.67 电影作品 其次，就电影作品而言，有关出租权的例外规定是[142]：只有当出租导致对该作品的广泛复制，从而实质性损害复制专有权（即所谓的"实质性损害检验"），才应当给予作者出租权。这种高度复杂的措辞也是赞成及反对给予电影作品作者出租权的谈判各方妥协的结果。其目的是"让

---

[132] 相应的，美国于 1984 年修改了其版权法，同前注 131。
[133] 同上注。
[134] 同上注。
[135] 1992 年 11 月，《欧共体出租权指令》经成员方谈判后获得通过，欧共体选择采用与欧洲大陆系统一致的体系性解决方法：将出租权授予所有类型作品的作者（出于特定的原因，不包括实用艺术作品和建筑作品），参见第 2 卷第 6 章对该指令的论述；有关欧洲大陆法系的基本原则，参见上文第 3.22 段。
[136] 参见 Reinbothe（同前注 58），第 710 页。
[137] 同上注；Watal（同前注 34），第 222 页。
[138] Reinbothe（同前注 58），第 710 页；Gervais（同前注 37），第 2.114 段。
[139] Reinbothe（同前注 58），第 711 页。
[140] 有关录音制品出租权的论述，参见 TRIPS 第 14 条第（4）款以及下文 10.72~10.79 段。
[141] TRIPS 第 11 条；主要是欧共体希望涵盖的范围更广，参见 Reinbothe（同前注 58），第 710 页。
[142] TRIPS 第 11 条第 2 句规定："一成员方可不承担此项义务，除非……"

尽可能多的国家给予作者出租权，同时将美国排除在外"。⑭ 确实，由于录像出租行业对国会进行了大量游说，导致美国电影业在国内法层面未能获得专有出租权。同样的情况有可能再次发生，而美国不希望影响批准乌拉圭回合协定。⑭

10.68 根据这一妥协方案，如果出租导致对该作品的广泛私人复制，从而影响以专有复制权为基础的录像制品的销售或者其他使用，则必须给予作者以出租权。这一措辞与美国录音行业为证明给予录音制品以出租权具有正当性所提出的理由很相似。⑭ 在 TRIPS 谈判时，私人制作的视听复制品的质量很差，拥有录像复制设备的家庭很少，而且录像带市场主要以出租而不是销售为主，因此相关条件大部分都不具备。相应的，很多国家认为不需要为录像制品引入专有出租权。⑭ 今天，可用于出租的数字录像制品的质量较高，加上复制设备以及安装复制保护技术较为方便，在这种情况下，可能需要重新进行评估。与此同时，录像制品的利用深受数字下载的损害，不过，对此情形不需要重新进行评估，因为损害不是由出租引起的。

10.69 "实质性损害检验"可能难以适用。迄今为止，在 TRIPS 实践中，这些条件被推定没有具备（因此不需要给予出租权），因为相关国家的电影行业有持续、不易控制的商业出租活动，但并不影响其电影业的发展。⑭

10.70 有关计算机程序的例外 再次，TRIPS 第 11 条第 3 句将不是出租的主要标的的计算机程序排除在外。其目的是防止影响载有计算机程序的汽车或者其他类似产品的出租；计算机程序的权利持有人不能仅仅因为汽车载有计算机程序就禁止出租汽车。⑭

10.71 "出租"和"公开" TRIPS 并没有对"出租"进行定义，只是对其施加了"商业性"的限制，商业性包括任何直接或间接营利目的。⑭ WTO 成员方可以对商业性以及出租的对象"公众"作更明确的规定。⑮

10.72 关于录音制品的第 14 条第（4）款 TRIPS 第 14 条第（4）款

---

⑭ Gevais（同前注 37），第 2.113 段。

⑭ 同上注，第 2.114 段；Reinbothe（同前注 58），第 711 页。

⑭ Gevais（同前注 38），第 1.29 段。

⑭ 对这种观点的批评，参见 Reinbothe（同前注 58），第 710~711 页。

⑭ TRIPS 理事会在审查美国实施 TRIPS 的相关国内法条款时，它对于以下结论感到满意：好莱坞电影业认为没有必要引入出租权，参见 Watal（同前注 34），第 223 页，注 56。

⑭ Gevais（同前注 37），第 2.113 段；Reinbothe（同前注 58），第 710 页。

⑭ 有关 1992 年《欧共体出租权指令》第 1 条第（2）款（与 TRIPS 第 11 条同时制定的）对"出租"的定义，参见第 2 卷第 6 章。

⑮ Reinbothe（同前注 58），第 710 页。

第十章 将版权与邻接权规定纳入关贸总协定/世界贸易组织

也规定了出租权;该条款的受益人是录音制品制作者以及"按一成员法律确定的录音制品的任何其他权利持有人"。这一对其他权利持有人的限制,在某些方面是模糊的,反映了缔约各方的不同立场。有些缔约方希望将出租权只给予录音制品制作者。其他缔约方,尤其是作者权体系的国家希望首先给予作者(和表演者),而不是只给予相关权利所有者;原则上,当作者的作品同样被利用时,这些国家不给予邻接权所有者,例如录音制品制作者以权利。[151]

10.73 当不同的意见无法调和的情况下,乌拉圭回合谈判各方常常采用一种被称为"建设性模糊"的谈判策略。[152] 使用这一策略是为了让文本的含义十分模糊,从而为意见相反的双方都能提供正当性依据。也就是说,各方没有就实质性问题达成一致。将这种模糊称为"建设性"模糊的原因是因为这种方式帮助各方整体上同意乌拉圭回合协定,避免因较小的问题达不成一致意见而使乌拉圭回合的一揽子协定以失败告终。

10.74 法律文本起草者通常会尽量使文本尽可能的清晰,然而对于TRIPS 第 14 条(4)款,起草者却不得不将之故意撰写得模糊,从而为不同的解释提供理由。"录音制品的任何其他权利持有人"这一措辞的确为不同的解释方法提供了空间。问题在于"其他权利持有人"包括哪些主体。由于 TRIPS 与之前的条约一样,只涉及原始权利所有者,其自然包括继承人,所以这一措辞并非指继承人。[153] 因此,继承人显然也能享有这些条约所授予的权利。如果将"任何其他权利持有人"解释为录音制品制作者的继承人,则可能存在意想不到的反推结论的效果:继承人不能享有 TRIPS 规定的其他权利。

10.75 当然,"任何其他权利持有人"这一措辞可以指:被录制在录音制品上的词作者和曲作者以及词曲的表演者。那些不希望将出租权也同时给予作者和表演者的缔约方可以主张以下观点:严格来说,作者对其作品,即曲或者词享有版权,但对录有其作品的录音制品并不享有权利;同样,表演者是对其表演享有权利,而不是对录有其表演的录音制品享有权利。就作者而言,缔约方可以从体系上主张 TRIPS 第 14 条只涵盖表演者、录音制品制作者以及广播组织(相关权),而不涵盖曲作者以及《伯尔尼公约》意义下的其他作者,他们的权利只被规定在了 TRIPS 第 9~13 条之中。

10.76 反对方的观点可能基于以下理由:作者和表演者对于录音制品间

---

[151] 这种方法,在 Katzenberger 的著作中也有体现,参见 Katzenberger(同前注 55),第 87 页。
[152] Watal(同前注 34),第 7 页(上下文不同)。
[153] 例如,《伯尔尼公约》第 2 条第(6)款对此进行了澄清。

接享有权利,因为他们可以禁止载有其作品或表演的录音制品的使用。⑭ 此外,如果按第一种解释,条文中规定"其他权利持有人"就没有任何意义了,这是不符合条约解释的结果,因为条约条款被推定是有意义的。⑮ 此外,如果按照反对方的观点,"按一成员法律确定"的录音制品的权利所有人可能是作者和表演者,如果他们对于被载入录音制品的作品和表演享有任何权利(例如复制权)。⑭ 通常如此,因为对作品和表演的保护,并不会因为它们被载入录音制品而消失。

10.77 鉴于此种谈判背景,一直有观点认为:授予录音制品制作者对录音制品享有版权(而不是相关权)的国家,例如美国,不需要授予录音制品所载有的曲作者和词作者以单独的出租权。⑮ 然而,这种观点很难具有说服力,因为以何种方式授予录音制品制作者以权利——不管是版权还是相关权——都与授予其他权利持有人以出租权的附加义务无关。⑮

10.78 TRIPS 第 14 条第(4)款规定,第 11 条关于计算机程序的规定应比照(通过类比)适用。因此,第 11 条第 3 句规定的例外也可适用,然而,第 11 条第 2 句有关电影作品的例外规定不可适用。这一选择反映出(当时)在出租领域,对音乐的私人复制比对电影的私人复制更为严重,因此,对电影作品规定例外不具有正当性。⑮

10.79 TRIPS 第 14 条第(4)款第 2 句是对日本的让步,日本原本希望继续维持其已有的出租获得报酬权,而不是引入一项专有权。作出这一让步的前提是通过适用于电影的例外的"实质性损害检验",并且仅限于在 1994 年 4 月 15 日已存在的获得报酬权制度;因此,它不允许就出租引入获得报酬权制度。⑯

10.80 (iv) 权利保护的时间 《伯尔尼公约》较为全面地规定了作者

---

⑭ Gevais(同前注 37),第 2. 147 段。

⑮ 同上注。

⑯ 这与当初起草该条款的目的一样,参见 Reinbothe/von Lewinski(同前注 126),WCT 第 7 条,第 12 段(对此的进一步分析,参见第 13 段、第 14 段);相似观点,参见 Katzenberger(同前注 55),第 87 页。

⑰ Reinbothe(同前注 58),第 711 页。

⑱ 相似观点,参见 Katzenberger(同前注 55),第 87~88 页。WIPO(同前注 126),第 70 段。

⑲ Katzenberger(同前注 55),第 88~89 页;此外,将出租权例外规定适用于电影的主要原因之一,即美国国内情形,并不能适用于此,因为唱片租赁业早期还没有组织自身力量,成功争取专有出租权,这从 1984 年美国版作权法修正案中可以看出。

⑳ 参见 TRIPS 第 11 条第 2 句有关电影的规定;也参见 Reinbothe(同前注 58),第 711 页;Katzenberger(同前注 55),第 89 页;Gervais(同前注 37),第 2. 147 段;1994 年 4 月 15 日是乌拉圭回合协定签署的日期。

第十章 将版权与邻接权规定纳入关贸总协定/世界贸易组织

权的保护期。但是,由于《伯尔尼公约》是以作者权概念为基础,因此作者只能是自然人,[161] 它对法人作为原始版权所有人的情形没有规定保护期。[162] 在TRIPS 谈判期间,美国电影行业力图在国际层面获得对"法人版权归属"的认可。[163] TRIPS 第 12 条并没有走得这么远,只是限于作品的保护期不以自然人的生命为基础计算时规定最短保护期;它并没有承认或者要求成员方引入原始法人版权。[164]

10.81 《伯尔尼公约》已经对某些不以自然人生命为基础计算的特定作品——摄影作品、实用艺术作品以及不具名作品、笔名作品和电影作品——规定了最短保护期。[165] 前者(摄影作品和实用艺术作品)被 TRIPS 第 12 条明确排除在外,不过,它们继续受《伯尔尼公约》第 7 条第(4)款的规制,并通过 TRIPS 第 9 条第(1)款第 1 句得以适用。[166] 对于后者,《伯尔尼公约》的规定基本上与 TRIPS 第 12 条的规定一样。[167] 不过,如果《伯尔尼公约》的规定与 TRIPS 第 12 条之间存在冲突,不得将 TRIPS 第 12 条解释为比《伯尔尼公约》的保护水平更低。[168]

10.82 除了保护所谓的"集体作品"之外,作者权体系的国家通常不承认法人享有版权,[169] 因此,TRIPS 第 12 条难以适用。在版权体系国家,承认法人版权主要是为了雇主。将 TRIPS 第 12 条适用于集体作品和法人作品,看上去似乎是自我矛盾的,因为这两类作品并不在《伯尔尼公约》的涵盖范围

---

[161] 参见上文第 5.84 段。

[162] 仅就电影作品而言,《伯尔尼公约》第 14 之二条第(2)款(a)项和第 7 条第(2)款也允许公司法人成为原始版权人。

[163] Gevais(同前注 37),第 2.68 段,注 22,提及了以下著作:TP Stuart, *The GATT Uruguay Round: A Negotiating History* (1986—1992) 2286。

[164] 关于美国意图通过双边和地区协定获得类似的承认,即承认自由转让和雇佣作品的概念,参见下文第 11.48 段、第 11.42 段、第 12.35 段。

[165] 《伯尔尼公约》第 7 条第(4)款、第(3)款和第(2)款。

[166] 作为一般原则的例外,《伯尔尼公约》第 7 条第(4)款规定:从作品创作完成后 20 年的保护期限,参见上文第 5.224~5.226 段;关于摄影作品,参见 WCT 第 9 条和下文 17.111~17.114 段。

[167] 《伯尔尼公约》第 7 条第(2)款:保护期限自作品在作者同意下向公众提供后 50 年届满,第 7 条第(3)款第 1 句:自其合法向公众提供之日起 50 年。如果在作品完成后 50 年内未发表,《伯尔尼公约》第 7 条第(2)款和 TRIPS 第 12 条均规定保护期自作品完成后 50 年届满。有关"向公众提供"与"出版"的细微差别,参见:H Wager, "Substantive Copyright Law in TRIPS" in H Cohen Jehoram, P Keuchenius, and L Brownlee (eds), *Trade–Related Aspects of Copyright* (1996) 31, 34。

[168] TRIPS 第 9 条第(1)款第 1 句与《伯尔尼公约》第 20 条结合使用。

[169] 有关这种对仅是自然人才享有版权原则的偏离,参见上文第 3.37 段。很显然,《伯尔尼公约》(以及 TRIPS)并没有规定,参见上文第 5.219 段。

(因此，也不在 TRIPS 的涵盖范围)。⑰ 在版权体系国家，电影作品的制片人通常被认为是"作者"，而且《伯尔尼公约》第 7 条第（2）款已经对电影作品作了规定，并被纳入 TRIPS。不过，在版权体系国家享受版权保护的录音制品制作者仅仅被规定在了 TRIPS 第 14 条中；因此，第 12 条并不能适用。⑰

10.83　**(v) 限制与例外**　《伯尔尼公约》对最低限度权利规定了一系列限制与例外。⑫ 根据"遵守条款"，这些限制与例外也成为 TRIPS 的一部分予以适用。⑬ TRIPS 第 13 条主要有以下作用，首先它对《伯尔尼公约》没有规定，但是 TRIPS 有规定的最低限度权利（即出租权）规定了允许限制与豁免的条件。其次，它提供了一张所谓的"安全网"，避免缔约方在 TRIPS 的框架下对《伯尔尼公约》中的限制条款作出过于宽泛的解释。例如，某缔约国的国内法条款就新闻报道对广播权进行了限制，只有在这种限制符合《伯尔尼公约》第 10 条之二 [TRIPS 第 9 条第（1）款第 1 句提及的条款] 和 TRIPS 第 13 条规定的三个条件的情况下，该限制条款才被认为符合 TRIPS。

10.84　在《伯尔尼公约》有关限制与例外的规定与 TRIPS 第 13 条叠加适用的情况下，后者的作用相当于是对前者的解释规则。然而，TRIPS 并不允许 WTO 成员方创设《伯尔尼公约》没有规定的新的限制与例外，因为这将不符合遵守条款以及《伯尔尼公约》第 20 条的规定。⑭

10.85　TRIPS 第 13 条规定的三项条件，照搬了《伯尔尼公约》第 9 条第（2）款涉及复制权的规定，⑮ 因此，这些条件自 1971 年以来就一直存在于国际版权条约中，只是在 TRIPS 谈判时，才被称为"三步检验法"——显然，贸易谈判方是为了节约时间才使用这种称呼；⑯ TRIPS 第 13 条将"三步检验法"扩展适用于所有专有权——《伯尔尼公约》规定的

---

⑰　例如，《美国法典》第 17 编第 201 条（b）款规定的雇佣作品制度；参见上文第 3.41 段。

⑰　有关保护期限，参见下文第 10.99 段。

⑫　《伯尔尼公约》第 2 条之二第（2）款，第 9 条第（2）款，第 10 条，第 10 条之二，第 11 条之二第（2）款、第（3）款第 2 句以及第 13 条。所谓的"默示例外"，参见下文第 5.156 段及以下，第 5.199 段及以下。

⑬　TRIPS 第 9 条第（1）款与《伯尔尼公约》相关条款结合适用。

⑭　TRIPS 第 9 条第（1）款；TRIPS 本身属于《伯尔尼公约》第 20 条意义下的专门协定。此外，TRIPS 第 2 条第（2）款确认：其各条款规定并不减损各成员方根据《伯尔尼公约》承担的义务。

⑮　对此的分析，参见上文第 5.178～5.186 段。

⑯　其他措辞还有"损害检验法"和"遵守条款"。

第十章　将版权与邻接权规定纳入关贸总协定/世界贸易组织

所有专有权和出租权;[177] 精神权利并非"专有权",也不属于 TRIPS 的涵盖范围。[178]

10.86　TRIPS 第 13 条对成员方适用"限制与例外"的权利加以限制的规定表明,如果某国要在特殊情况下对最低限度权利进行限制,则其要符合 TRIPS 的规定,其别无选择,必须要满足这三个条件(在有的情况下,还需要再满足《伯尔尼公约》规定的相关条件)。根据《伯尔尼公约》体系,"三步检验法"对缔约国国内立法者可能制定限制与例外的情形进行了限制。它是从反面强调最低限度权利的必要性,否则可能导致最低限度权利的规定变得毫无意义。同时,使用"限于"一词,不至于迫使 WTO 成员方必须要规定限制或例外。

10.87　上文在分析《伯尔尼公约》的限制条款时,已经对这三个条件——某些特殊情况,不与作品的正常利用相抵触,不会不合理地损害作者的合法利益——进行了论述。[179] 要对这三个条件进行深入讨论,需要参考详细的 WTO 专家组报告和大量的文献,这将超出本书的主题。[180] 迄今为止,该专家组报告是在版权与相关权领域唯一涉及 TRIPS 的 WTO 争端解决程序。

10.88　TRIPS 第 13 条只适用于版权领域的"作品",因为其措辞使用的是"作品"(而不是录音制品、表演或广播),这也符合体系解释:第 13 条是位于第 14 条之前的一系列版权条款的最后一个条款,而第 14 条是第一个也是唯一一个涉及表演者、录音制品制作者和广播组织权利的条款。对后者的限制与例外,单独规定在 TRIPS 第 14 条第(6)款中。

(b)　相关权利

10.89　(i)概述　TRIPS 第 14 条规定的三种相关权与《罗马公约》规定的一样,即表演者对其表演所享有的权利,录音制品制作者对其录音制品所享有的权利,以及广播组织者对其广播所享有的权利。在谈判早期阶段,为表明 TRIPS 对版权体系与作者权体系的中立性态度,文本使用的是更为中立的用语:"相关权",而不是"邻接权";[181] 版权体系是在版权概念下保护这些权利

---

[177]　TRIPS 第 9 条第(1)款第 1 句与《伯尔尼公约》中的相关权利以及 TRIPS 第 11 条(可能还有第 14 条第 4 款)结合适用。

[178]　参见上文第 10.52~10.55 段。

[179]　参见上文第 5.178~5.186 段。

[180]　参见超过 70 页的专家组报告:WT/DS/160, http://ww.wto.org;参见上文第五章注 316。

[181]　有关为什么一开始选择"相关权",参见 Reibothe/Howard(同前注 50),第 161 页。此外,在欧共体进行协调时,选择的也是更中性化的"相关权",参见 J Reibothe and S von Lewinski, The EC Directive on Rental and Lending Rights and on Piracy(1993)84。

持有人，而作者权体系则是在"邻接权"概念对其予以保护。[182] TRIPS 的最终文本甚至避免使用"相关权"这一用语，而只是规定了权利持有人和客体本身，因此也就更中性。这样，版权体系国家可以继续在版权概念下保护录音制品制作者，而作者权体系国家则可以继续在邻接权概念下对其加以保护。从该条款的标题同时使用"录音制品"和"唱片"这两个同义词也能看出 TRIPS 对这两种体系所保持的中立性态度。[183]

10.90 与 TRIPS 第 9 条第（1）款有关版权的规定不同，第 14 条并没有就邻接权公约（例如《罗马公约》）的实质性条款规定遵守条款。在就 TRIPS 进行谈判时，《罗马公约》的成员方数量远不及《伯尔尼公约》，因此采用类似版权的方式是不现实的。[184]《罗马公约》只有保护的资格标准被明确规定在 TRIPS 第 1 条第（3）款第 2 句中。[185] 不过，TRIPS 第 14 条很大程度上遵循了《罗马公约》所确立的标准。此外，TRIPS 第 2 条第（2）款明确规定：TRIPS 不得背离缔约方在《罗马公约》项下承担的现有义务。就《罗马公约》的缔约国而言，可以将 TRIPS 视为《罗马公约》第 22 条意义下的专门协定。[186]

10.91 （ii）表演者与录音制品制作者的最低限度权利　TRIPS 第 14 条第（1）款对表演者就其表演享有的最低限度权利作了规定。与《罗马公约》一样，它只是给予表演者"防止可能发生"特定行为的权利，而并非完整的专有权。[187] 保护的实质内容大体上与《罗马公约》的最低保护标准相符。TRIPS 对权利人防止他人可能录制和复制的规定，比《罗马公约》要稍微严格，因为它只限于对录音制品的录制。音乐家、演员以及其表演被录制在视听录制品中的其他人不能防止此种录制或复制。[188] 初看上去，TRIPS 规定的复制权似乎比《罗马公约》规定的复制权的范围要略广，因为它并不受三项条件的约束。[189] 但是，TRIPS 第 14 条第（6）款允许缔约方

---

[182] 有关区别，参见上文第 3.39 段以及第 3.66～3.69 段。

[183] 版权体系国家通常使用"唱片"这一用语，而作者权体系国家则通常使用邻接权概念中的"录音制品"这一用语，例如《罗马公约》就是这样。

[184] 截至 1988 年 1 月 1 日，《罗马公约》只有 32 个缔约方，(1988) Copyright 9，而《伯尔尼公约》当时有 77 个缔约方。参见 Reibothe/Howard（同前注 51），第 161 页。

[185] 参见上文第 10.25～10.26 段 以及第 10.31～10.33 段。

[186] 参见下文第 6.78 段和第 24.14 段。

[187] 这一术语一直在《罗马公约》下进行解释，参见 Gervais（同前注 37），第 2.142 段、第 1.44 段；《罗马公约》对该术语的解释，参见上文第 6.35～6.36 段。

[188] 根据《罗马公约》的规定，只要表演者没有同意将其表演录制在录像制品或视听录制品中，就可以防止他人以视听录制品的形式录制和复制其表演，参见《罗马公约》第 19 条；也参见上文第 6.45～6.48 段。有关对声音录制品复制权的限制，参见 Gevais（同前注 37），第 2.143 段。

[189]《罗马条约》第 7 条第（1）款（c）项第（i）～（iii）目。

第十章　将版权与邻接权规定纳入关贸总协定/世界贸易组织

在《罗马公约》所允许的范围内对权利规定条件，例如有关复制权的条件。⑩

10.92　就防止（通过无线方式）现场广播以及向公众传播可能发生而言，TRIPS 与《罗马公约》虽然措辞不同，但实质上是类似的。《罗马公约》第 7 条第（1）款（a）项并没有使用"直播"这一用语，而是排除了表演本身就是广播演出或出自录音、录像者的情况。⑪ TRIPS 第 14 第（1）款第 2 句使用"现场"一词实际上还不如《罗马公约》的规定清晰；如果将其理解为只是指"未录制的"，则 TRIPS 给予表演者防止对广播表演进行转播的可能，从而比《罗马公约》的范围要广。但是，将 TRIPS 第 14 条第（6）款结合《罗马公约》第 7 条第（1）款（a）项进行解释，可以排除此种"现场转播权"。⑫

10.93　音乐家对其音乐会表演、演员对其舞台表演享有防止他人未经授权通过广播直播或者通过扩音器或屏幕传播给外界公众的可能。两种权利适用于任何表演，包括声音表演及视听表演。

10.94　TRIPS 第 14 条第（2）款有关录音制品制作者的权利的规定，与《罗马公约》第 10 条的规定完全一样；它只规定了一项专有复制权。⑬ 录音制品制作者，可能还有表演者，还可依据 TRIPS 第 14 条第（4）款享有专有出租权。⑭

10.95　不同于《罗马公约》，⑮ TRIPS 并没有对二次使用规定任何获得报酬权。不过，尽管两个条约在此方面存在明显不同，但结果基本上是一样的，因为《罗马公约》可以通过声明保留的方式提供排除此种保护的可能。⑯

10.96　（iii）**广播组织的最低限度权利**　TRIPS 第 14 条第（3）款体现了它是赞成和反对保护广播的缔约国之间相互妥协的结果。尤其是美国当时并没有（也不准备）对广播进行保护，而大多数其他国家或者通过相关权（作

---

⑩ 有关《罗马公约》第 7 条第（1）款（a）项和（c）项中的录制权与复制权，参见上文第 6.39～6.41 段。

⑪ 参见上文第 6.37～6.38 段。

⑫ 参见 Gevais（同前注 37），第 2.144 段；关于 TRIPS 第 14 条第（6）款，参见下文第 10.100 段。

⑬ 关于《罗马公约》第 10 条，参见下文第 6.61～6.62 段。

⑭ 参见上文第 10.72～10.77 段。

⑮ 参见《罗马公约》第 12 条以及上文第 6.49～6.58 段。

⑯ 参见《罗马公约》第 16 条第（1）款。

者权体系的国家）或者通过版权对广播进行保护。[197] 与《罗马公约》类似，TRIPS 第 14 条第（3）款第 1 句对成员方施加了以下义务：授予广播组织就其广播享有录制、复制、无线广播方式转播以及向公众传播电视广播[198]的专有权。

10.97 然而，该条款第 2 句完全排除了以上义务，只要 WTO 成员方就广播内容提供版权保护。这一条件在大多数情况下都能得到满足，因为 WTO 成员方通常都对广播中载有的作品提供保护，因为它们依据"遵守条款"[199]有义务履行这一义务。尤其是在对独创性标准要求较低的版权体系国家，广播的内容通常都受到保护。[200] 事实上，该条款第 2 句[201]针对的正是这些国家（它们没有对广播规定版权），尤其是美国。因此，在大多数情形况下，TRIPS 并没有对成员方施加义务，要求它们给予广播组织对其广播享有专门权利。与电影作品的出租权类似，原则上，只有在例外的情形下，才应提供保护。这样，主要是美国的利益得到了考虑，而其他缔约方则赢得了在条约中规定广播组织对其广播原则上应获得保护这一成果，因为这样至少体现了该议题的重要性。

10.98 （iv）**保护期限** TRIPS 第 14 条第（5）款第 1 句规定给予表演者和录音制品制作者至少 50 年的保护期，这远比《罗马公约》第 14 条规定的 20 年保护期要长。保护期限从表演被录制或完成后开始起算。与《罗马公约》一样，[202] 只有当表演未被录制的情况下，保护期限的起算标准才考虑表演完成的时间。[203] 就广播组织而言，TRIPS 遵循《罗马公约》的规定：最低保护期限为广播后至少 20 年。这种保护方式［与 TRIPS 第 14 条第（3）款[204]采取的弱保护一样］反映了缔约方的不同立场，尤其是反映了大多数缔约方对于保护广播组织的兴趣不大。

10.99 如某缔约国依据 TRIPS 仅仅对广播内容的作者提供版权保护，则

---

[197] 参见 WIPO Doc SCCR/1/3 第 34～38 段。有关美国的论述，参见 Reinbothe（同前注 58），第 712 页。

[198] 就传播权而言，该条款似乎比《罗马公约》第 13 条第（d）款走得更远，《罗马公约》规定传播权仅限于在向公众收门票时进行的传播，参见上文第 6.64～6.65 段。但是，该限制条件也可以适用于 TRIPS，参见 TRIPS 第 14 条第（6）款。

[199] TRIPS 第 9 条第（1）款结合《伯尔尼公约》相关条款适用。

[200] 关于独创性标准，参见上文第 3.33～3.34 段；有关美国在广播作品方面的规定，参见 WIPO Doc SCCR/1/3 para 36。

[201] Reinbothe（同前注 58），第 712 页，Katzenberger（同前注 55），第 92 页。

[202] 《罗马公约》第 14 条第（a）款和（b）款。

[203] 有关《罗马公约》的相关条款，参见上文第 6.70 段。

[204] 参见上文第 10.97 段。

《伯尔尼公约》项下较长的最低保护期⑤适用于该广播内容。但是，如某缔约国将广播作为版权的保护客体，则只能适用 TRIPS 第 14 条第（5）款第 2 句，而不能适用《伯尔尼公约》的最低保护期，因为《伯尔尼公约》并未将广播作为其保护客体。⑥

10.100　（v）保护的限制　TRIPS 第 14 条第（6）款第 1 句只是规定成员方可在《罗马公约》允许的范围内，对权利规定"条件、限制、例外及保留"，因此，在 TRIPS 下也允许如此。这样，根据《罗马公约》第 15 条的规定，可以对 TRIPS 中的表演者权、录音制品制作者权和广播组织权进行限制。⑦此外，表演者权可以依据《罗马公约》第 7 条第（1）款（c）项（复制权的适用条件）以及第 7 条第（2）款（在广播时使用）受到限制。⑧就表演者与录音制品制作者而言，《罗马公约》第 11 条有关允许的手续的规定也应予以考虑。⑨就广播组织的相关限制而言（如果广播组织受到保护），其传播权的适用存在其他条件，而且还可能提出相关保留。⑩

10.101　（vi）适用的时限　与《罗马公约》相比，TRIPS 第 14 条第（6）款第 2 句规定的条件更多，它要求 WTO 成员方将《伯尔尼公约》第 18 条的规定通过类比（只）适用于表演者权和录音制品制作者权。这背离了《罗马公约》第 20 条第（2）款的规定。⑪因此，这意味着 TRIPS 应适用于在其开始生效时或某一国家加入时在起源国仍受保护的表演和录音制品，除非该表演或录音制品在请求保护国不再受到保护。⑫该原则应受到专门公约相关规定的约束。⑬在此方面，也应考虑 TRIPS 第 70 条第（5）款的规定：成员方没有义务对于在其适用 TRIPS 之日前购买的录音制品适用出租权。⑭

10.102　该条款具有重要经济意义；美国和欧共体曾就此投诉过日本，后

---

⑤　参见 TRIPS 第 9 条第（1）款第 1 句以及《伯尔尼公约》第 7 条及第 7 条之二。

⑥　《伯尔尼公约》的保护客体只包括"智力创作"，参见上文第 5.66 段；Gervais（同前注 37），第 2.148 段似乎对此有不同的观点。

⑦　有关《罗马公约》第 15 条，参见上文第 6.67～6.69 段。

⑧　《罗马公约》第 19 条规定的另一项限制条件不需适用于此，因为 TRIPS 第 14 条第（1）款对于表演者同意将其表演进行录音录像的情况并没有提供保护。

⑨　参见上文第 10.24 段和第 10.39 段。

⑩　《罗马公约》第 13 条第（d）款（条件是收取门票，参见上文第 6.65 段）；以及《罗马公约》第 16 条第（1）款（b）项（保留条款）。第 17 条规定的"保留"不太可能适用［通过对 TRIPS 第 1 条第（3）款第 3 句的规定进行反推］，参见上文第 10.32 段。

⑪　关于该条款，参见上文第 6.76 段。

⑫　对《伯尔尼公约》第 18 条的详细论述，参见下文第 5.243 段及以下。

⑬　《伯尔尼公约》第 18 条第 3 款第 1 句。

⑭　也参见第 10.138 段；第 70 条第（5）款适用于版权制度下的出租权。

来通过签订双边协定解决了问题。㉕ 特别是，录音制品或者表演不能因为保护期届满就进入公有领域。该期限可以被认为是 TRIPS 的最低保护期限。因此，如果某一国家（例如当时的日本）在加入协定之前规定的保护期是 20 年，则其不能主张：超过 20 年的录音制品和表演的保护期已满，已进入公共领域，而是应当直接适用 TRIPS 有关 50 年保护期的规定。因此，它们可以通过追溯重新获得保护；这样，所有未满 50 年期限的录音制品和表演作品都属于 TRIPS 的涵盖范围。㉖

（4）TRIPS 第三部分的执法条款

（a）背景

10.103 当盗版行业出现时，尤其是在发展中国家出现盗版行业时，以前的国际公约因缺乏执法标准而被认为存在缺陷。例如，如果国内法不允许原告由律师代理，而要求原告亲自出庭，很多外国艺术家或者其他权利人显然无法在世界不同国家的当地法院进行诉讼维权。此外，如果国内法只允许警察白天执法，则盗版工厂的盗版活动在晚上就会很猖獗，而白天针对街头个体小贩的执法显然没有太大效果。㉗ 为了保证不但有实质性保护标准，而且实际上也能有效实施，显然对于缔约各方而言，必须在版权和邻接权以及其他知识产权领域，规定实施权利的最低标准。因此，TRIPS 第三部分适用于协定所涵盖的各种知识产权。㉘

10.104 最先提出规定本部分要求的是工业化国家，因为他们受盗版的影响最大。因此，欧共体与美国领导筹备与协调环节，最终提交了几乎相同的提案，㉙ 提案的大部分内容后来被纳入了主席文本中，㉚ 后者受到很多来自工业

㉕ 参见 Docs WT/DS28/1，42/1，双方同意解决方案的通知，参见 Docs WT/DS28/4，Docs WT/DS42/4。关于日本之前的保护情况，参见 Watal（同前注 34），第 237 页；C Heath，"All her troubles seemed so far away: EU vs Japan before the WTO"（1996）；T Doi，"The TRIPS Agreement and the Copyright Law of Japan: A Comparative Analysis"（1996）Journal = l if the Japanese Griyo of AIPPI 3.14；M Kennedy Kennedy and H Wager，"WTO Dispute Settlement and Copyright: The first Seven Years" in P Bruegger（ed），*Copyright – Interest World: ALAI: Study Days Neuchatel* 2002（2003），243，242 – 243。

㉖ 日本在与美国进行双边磋商后，自 1946 年（而不是 1971 年）开始，引入对作品的追溯保护，参见 Watal（同前注 34），第 237 页。

㉗ 相关例子，参见 E Simon，（1993）4/1 Fordham Intellectual Property，Media & Entertainment Law 171，276。

㉘ 将 TRIPS 第 41 条第（1）款与第 1 条第（2）款结合适用，后者提及了第二部分第 1~7 节的客体，即版权和相关权、商标、地理标志、工业设计、专利、集成电路布图设计以及未披露信息保护。

㉙ J Reibothe，"Trade – Related Aspects of Copyright: The Enforcement Rules of TRIPS" in H Cohen Jehoram，P Keuchenius，and LM Brownlee（eds），*Trade – related Aspect of Copyright*（1996）41，43。

㉚ Reinbothe/Howard（同前注 51），第 163 页。

化国家和发展中国家提案的影响。[221] 与对待实质性条款的态度不同,发展中国家没有对 GATT 涉及执法条款的权限提出质疑,这些执法措施被认为与贸易相关,尤其与盗版产品和边境措施有关。[222]

(b) 概述

10.105 对 TRIPS 第 41~61 条有关执法条款进行详细阐述,显然会超出本书的主题范围。因此,这里仅对其作一般概述。

10.106 首先,所有执法条款都反映出大陆法系与普通法系的差异——这种差异在执法领域尤为关键。在此方面,欧共体起到了领导作用,因为它在弥合其成员方之间的不同法律体系的差异方面已经积累了相当多的经验,[223] 并且它可以依赖既有的共同体文件。[224]

10.107 其次,在 TRIPS 谈判期间,另一项颇具争议的议题是,发展中国家担心他们缺乏充分的资源以建立专门适用于知识产权的司法和其他执法工作制度。发展中国家并不希望将其现有的稀缺公共资源用于知识产权执法而不是其他领域的执法。此外,根据已达成的妥协方案,[225] 任何一个国家都没有义务为知识产权提供比国内一般法律更好的执法制度,或者将资源主要分配给知识产权,而不分配给其他领域。TRIPS 不得影响 WTO 成员方实施其一般国内法的能力;因此,发展中国家可以主张其无法实施国内一般法律,因此也没有义务实施知识产权的司法和其他执法工作。这样 TRIPS 项下的执法义务对发展中国家的效力,可能在某些国家很小,并且只限于其他国家。[226]

10.108 最后,也应适当考虑 GATT 的全球贸易自由化和乌拉圭回合谈判的目标,尤其要确保执法规则不会给贸易造成新的壁垒。作为妥协方案,TRIPS 第 41 条第(1)款第 2 句要求在适用执法程序时,应避免对合法贸易构成障碍,并保障能防止其被滥用。

---

[221] 关于澳大利亚、奥地利、加拿大、瑞士、斯堪的纳维亚国家、日本、印度、香港、韩国提交的提案列表,参见 T Dreier, "TRIPS and the Enforcement of Intellectual Property Rights" in FK Beier and G Schricker (eds), *From GATT to TRIPS: The Agreement on Trade-Related Aspects of Intellectual Property Rights* (1996) 248, 257, in n 46。

[222] Reinbothe(同前注 219),第 43 页。

[223] Reinbothe,同上注,提及了不同法律体系中法院的地位不同,以此作为不同体系区别的例证。

[224] Dreier(同前注 221),第 256 页、第 251 页,提及欧共体理事会有关禁止假冒货物自由流通的第 3842/86 号规则。

[225] TRIPS 第 41 条第(5)款。

[226] 类似观点,参见 Reibothe(同前注 219),第 45 页;也参见美国产业界(IIPA)每年就其他国家的知识产权及执法向美国贸易代表提交的年度报告,http://www.iipa.cim。

(c) 不同的执法措施

10.109 第三部分第一节（TRIPS 第 41 条）包括了执法的一般义务，第 2 节则在民事和行政程序以及救济方面作更为详细的规定，例如正当程序条款、证据规则以及救济措施[227]（尤其包括：禁令[228]、损害赔偿、销毁侵权物品和侵权生产工具）；责令侵权人告知销售渠道及其他相关人员信息[229]——打击盗版的重要手段；被告有权因原告滥用执法程序而获得补偿。[230]

10.110 在盗版很严重的环境下，第三部分有关临时措施的规定尤其重要。TRIPS 第 50 条指出了临时措施的目的，即阻止即将发生的侵权行为以及保存相关证据。此外，它还规定了采取临时措施的条件（例如可能对权利持有人造成不可补救的损害或存在证据被销毁的风险）以及权利人应符合的要求〔有充分证据证明其为权利所有人，（即将发生）侵权行为，以及提供担保〕。TRIPS 还就临时措施的后续行为作了规定，并考虑到了被告的利益。[231] 在双方同意之后，可依据 WTO 争端解决机制就本条款进行磋商。[232]

10.111 边境措施对于打击国际盗版尤为重要。第四节（TRIPS 第 51～60 条）应适用于假冒商标和盗版货物的进口，[233] 并允许 WTO 成员方将该条款适用于侵犯其他知识产权的货物和出口的侵权货物。[234] 边境措施主要具有临时性的性质，旨在中止货物的流通而不是销毁或者处理货物，这也是可以的。TRIPS 第 51 条及相关脚注就边境措施作了一般性规定，第 52～60 条则就与边境措施适用有关的中止和特殊程序性要求规定了更为具体的条件。

10.112 最后，第五节（TRIPS 第 61 条）要求成员方对于具有商业规模的假冒商标和盗版行为[235]规定刑事程序与惩罚；它还规定了救济措施。纳入刑事程序被认为是"巨大的成功"，因为当时的背景是：很多工业化国家也很少意识到可对知识产权规定刑事执法。[236]

10.113 总之，第三部分有关执法的规定，在版权与相关权以及一般知识

---

[227] 分别参见 TRIPS 第 42 条、第 43 条以及第 44～46 条。

[228] Gevais 强调了禁令的重要性，尤其是在没有提供此种救济措施的东南亚国家的重要性，Gevais（同前注 37），第 2.375 段。

[229] TRIPS 第 47 条。

[230] TRIPS 第 48 条。

[231] TRIPS 第 50 条第（4）款及以下条款。

[232] 美国诉丹麦和瑞典，磋商请求，参见 WT/DS86/1，83/1 号文件，双方达成的解决方案的通知，参见 WT/DS/86/2 和 83/2 号文件。

[233] TRIPS 第 51 条第 1 句；相关注释 14 在（b）项定义"盗版版权货物"时，也提及了相关人。

[234] 第 52 条第 2 句和第 3 句。

[235] 也包括相关权，参见第 51 条注 14。

[236] Reinbothe（同前注 219），第 50 页。

第十章 将版权与邻接权规定纳入关贸总协定/世界贸易组织

产权的国际保护方面是一项重要发展。㉗

（5）争端解决机制

（a）TRIPS 谈判过程中的基本选择

10.114 （i）**TRIPS 争端解决机制的三种选择** 已有知识产权公约的一个主要缺陷是缺乏有效的争端解决机制；国际法院也从未审理过涉及知识产权的案件。㉘ 相反，在很长一段时间内，1947 年 GATT 争端解决机制由于目标明确，也更务实，因而比司法途径更能解决问题。㉙ 然而，它也有很多失败的案例。因此，乌拉圭回合谈判试图将它由政治工具转变为司法工具，这样至少有利于经济实力较弱的国家处理与经济实力较强的国家之间的关系。㉚

10.115 在 TRIPS 谈判期间，在诸多争议中，有一个争议涉及的是所谓的"GATT 的能力"㉛问题——以何种方式将争端解决机制纳入 TRIPS。不同于工业化国家，发展中国家为了避免 GATT 框架下的交叉报复（也就是对于违反 TRIPS 规定的情形，在 GATT/WTO 涵盖的其他贸易领域进行报复），倾向于为 TRIPS 制定单独的争端解决机制。由于发展中国家与货物和服务有关的知识产权的出口很少，工业化国家对发展中国家在知识产权领域进行报复将不会取得经济上的效果，因此，发展中国家担心工业化国家对其他贸易领域的报复可能成为要求发展中国家履行有关知识产权义务的强有力的武器。㉜ 因此，发展中国家倾向于为 TRIPS 制定单独的争端解决机制；他们也同意第二种选择：采用（未来的）WTO 的争端解决机制，但不得允许实施交叉报复。

10.116 最后，各方采纳了第三种选择：将 WTO 争端解决机制完全适用于 TRIPS，包括可以实施交叉报复。㉝ 相应的，GATT 和争端谅解协定——乌

㉗ 对各条款的详细分析，参见 Correa（同前注 94），第 409～466 页；Gervais（同前注 37），第 2.372～2.474 段；Dreier（同前注 221），第 259～267 页；Reinbothe（同前注 219），第 44～50 页；Watal（同前注 34），第 333～362 页。

㉘ 参见上文第 8.26 段及第 9.05 段。

㉙ F Weise, "International Public Law Aspects of TRIPS" in H Cohen Jehoram, P Keuchenius, and LM Brownlee (eds), Trade-Related Aspects of Copyright (1996) 7, 18, differentiates between the aims of the International Court of Justice to reach legal consistency, predictability, and certatinty, and the aims of the GATT dispute settlement mechanism to accommodate the different interests by showing flexibility in order to reach the overall aim of settlement.

㉚ Weise, 同上注；参见上文第 10.15～10.16 段。

㉛ Watal（同前注 34），第 27 页；Gevais（同前注 37），第 1.26 段。

㉜ Watal（同前注 34），第 63 页。

㉝ 关于谈判，参见 Gevais（同前注 37），第 1.26 段。

拉圭回合协定之一，目的是改善之前的争端解决机制——相关条款均适用于TRIPS。[244] 到目前为止，在版权和相关权领域，只通过了一个专家组报告；有几个案件，在专家组报告做出之前，双方就通过签署双边协定的方式终止了争端解决程序。[245]

10.117 (ii) 三种不同的申诉 1994 年 GATT 区分了三种不同的申诉：违反之诉，即针对直接违反 WTO 某一协定而提起的申诉；非违反之诉，即成员方虽没有明确违反某一条款，但其措施导致其他成员方在某一协定项下可期待的利益的丧失或受到了损害；[246] 以及情势之诉。[247] 在 GATT 争端解决程序的整个历史进程中，很少有成员方提起第二种和第三种申诉。[248]

10.118 发展中国家尤其反对纳入非违反之诉和情势之诉，因为它们害怕其合法措施会成为非违约之诉的标的，理由是因专利而产生的利益丧失了。[249] 最后，各方妥协的结果是：非违反之诉和情势之诉在 WTO 协定生效之日起的五年内不得适用；此外，TRIPS 理事会应当对这两类申诉的范围和形式进行审查，并向部长会议提出建议，由部长会议协商一致决定是否通过。[250] 迄今为止，TRIPS 理事会还没有作出过这类建议。在 1999 年底的西雅图部长会议失败之后，虽然根据 TRIPS 第 64 条第（2）款的规定，成员方可以提起这两类申诉，但他们同意暂不适用，此后，在 2001 年、2004 年和 2005 年，继续决定

---

[244] TRIPS 第 64 条第（1）款；它提及了 GATT 的相关条款，即 GATT1994 的第 22 条和第 23 条。关于争端解决规则与程序的谅解于 1994 年通过，作为 WTO 协定附件二。GATT1994 第 22 条和第 23 条是有关货物的主要争端解决条款，大部分与 GATT1947 的相关条款一样。

[245] 关于 s110 案，参见下文第 10.129～10.132 段。关于 2002 年以前通过双方协商达成的协议情况，参见 Kennedy/Wager（同前注 215），第 223 页、第 242～246 页。最近一次是 2007 年 4 月 10 日美国向中国提出的磋商请求，Docs WT/DS362，363 号文件，后来美国于同年 9 月 25 日要求成立专家组（Doc WT/DS362/7），http://www.wto.org。

[246] GATT1994 第 23 条第（1）款（b）项；E-U Petersmann, The GATT/WTO Dispute Settlement System (1997) 135ff; S Ohlhoff, "Die Stritbeilegung in der WTO" in HJ Priess and GM Berrisch (eds), WTO-Handbuch (2003) 739; Watal (n34 above) 81。

[247] GATT1994 第 23 条第（1）款第 c 项，依据该条款，某成员方既不是因为违反之诉，也不是因为非违法之诉，而是因为情势之诉导致其他成员方在 WTO 各协定下的利益的丧失或阻碍 WTO 目标的实现。

[248] E-U Petersmann, "International Trade Law and the GATT/WTO Dispute Settlement System 1948-1996: An Introduction" in E-U Petersmann (ed), International Trade Law and the GATT WTO Dispute Settlement System (1997) 3, 37; 情势之诉没有非违约之诉重要。

[249] Watal（同前注 34），第 41 页。

[250] TRIPS 第 64 条第（2）款、第（3）款。

暂不适用。[251] 到目前为止，WTO 成员方还没有依据 TRIPS 提出过非违反之诉或情势之诉。[252]

10.119 有关非违反之诉与情势之诉适用于 TRIPS 的方式，仍不确定；[253]例如，对于 TRIPS 项下的"利益"的丧失，就很难确定。但是，如果违反了 TRIPS 规定的义务，将构成利益丧失或受到损害的初步证明。[254]

(b) 争端解决程序

10.120 （i）导致专家组报告或上诉机构报告的程序　这里只对争端解决程序的要点作一简要概述。[255] 首先，某一成员方必须与相关方进行双边或多边磋商，如果 60 天内仍未能取得成功，才可要求成立专家组。[256] 与此同时，如果当事方同意，[257] 也可随时进行其他非司法性程序（斡旋、调解和调停）。一旦某一成员方符合条件要求成立专家组，[258] 原则上专家组应当成立。[259] 秘书处协助当事方提交专家组成员名单，专家组成员由具备资格的政府和/或非政

---

[251] 2001 年 11 月 14 日部长会议通过的与实施有关的议题和事项的决定，WTO Doc WT/MIN(01)/W/10 号，第 11.1 段。在之前于 1999 年召开的 TRIPS 理事会会议上，美国强烈反对延长 TRIPS 第 64 条（2）款规定的 5 年期限，而很多其他国家，包括发展中国家、加拿大、欧共体赞成（至少是）有限的延长——就加拿大和欧共体而言，它们可能担心版权与相关权的文化例外，参见 Watal（同前注 34），第 79、80 页，注释 56。2004 年 8 月 1 日，总理事会又延期至 2005 年香港部长会议；在 WTO 第六次部长会议上，各部长指示理事会继续进行审查，并向下一次部长会议提出建议，并同意暂时不在 TRIPS 下提起非违反之诉和情势之诉（2005 年 12 月香港部长会议宣言第 45 段）。2003 年 5 月，在 TRIPS 理事会会议上，很多成员方倾向于禁止非违反之诉或者至少暂停适用。参见 http://www.int/english/tratop_e/trips_e/nonviolation_background_e.htm；从那时起，成员方的立场基本上维持不变。

[252] http://www.wto.org/english/tratop_e/dispu_settlement_cbt_e/c4s5pl_e.htm；也可参见香港部长会议的相应协定（同前注 251）。

[253] Watal（同前注 34），第 81~83 页；JH Jackson, *The World Trade Organization*：*Constitution and Jurisprudence*（1998）92-93，强调非违反之诉的条件模糊不清，批评它们由于意思不够确定而无法应对新的问题；也参见 Petersmann（同前注 246），第 149~150 页，对这些申诉是否适当表示怀疑。

[254] 《关于争端解决规则与程序的谅解》（DSU）第 3 条第 8 款。

[255] 对该程序的分析与评估，参见例如：Jackson（同前注 253），第 72 页以下；Petersmann（同前注 246），第 177 页以下；E Olsen et al, *WTO Law from a European Perspective*（2006）57ff；详细论述，参见 D Palmeter and Pmavroidis, *Dispute Settlement in the WTO Trade Organization*（2nd edn, 2004）；and K Lee and S von Lewinski, "The Settlement of International Disputes in the Field of Intellectual Property" in F-K Beier and G Schricker（eds）, *From GATT to TRIPS: The Agreement on Trade-Related Aspects of Intellectual Property*（1996）278ff。

[256] 关于磋商，参见 DSU 第 4 条，尤其是第 4 条第（5）款和第（7）款；更详细的规则，需参见整个第 4 条。

[257] DSU 第 5 条。

[258] 有关设立专家组的条件与期限，参见第 6 条和第 7 条。

[259] 争端解决机构（DSB）（参见上文第 10.16 段）可以拒绝设立专家组，不过只能通过协商一致的方式拒绝，参见 DSU 第 6 条第（1）款。

府个人组成,除非存在令人信服的原因,当事方不得反对提名。⁽²⁶⁰⁾ 专家组应在6~9个月内,对案件事实以及是否可以适用相关协定、是否符合相关协定进行客观评估,并作出可帮助争端解决机构(DSB)提出建议或裁决的结论。⁽²⁶¹⁾ 为此目的,专家组可以进行调查。⁽²⁶²⁾

10.121 在中期审查阶段就各方意见进行讨论之后,⁽²⁶³⁾ 专家组在最终报告中作出结论。最终报告随后将分发给WTO各成员方,并在分发之日起20天后交由DSB对报告进行审议通过。DSB必须在60天内通过报告,除非一方当事人通知DSB:其将上诉或者DSB一致同意决定不通过报告;这种"反向一致"的要求通常使报告自动通过。⁽²⁶⁴⁾

10.122 如果争端一方当事人对专家组报告提起上诉,DSB设立的常设上诉机构应在60~90天内提交其报告。⁽²⁶⁵⁾ 设立上诉机构是争端解决程序中的一项新内容,它使得程序变得更具法制化。⁽²⁶⁶⁾ 上诉仅限于专家组报告中涉及的法律问题以及专家组所做的法律解释。⁽²⁶⁷⁾ 上诉机构报告应由DSB通过,争端各方应无条件接受,除非在报告向各成员分发后30天内,DSB一致决定不通过该报告。⁽²⁶⁸⁾ 同样,这种反向一致的要求通常使报告自动通过。

10.123 (ii)**报告的实施** 在专家组报告和上诉机构报告通过之后,有关成员方应实施报告中提及的建议。⁽²⁶⁹⁾ 建议通常要求成员方使其采取的措施符合TRIPS的要求;这符合争端解决的主要目的,即实施相关裁决以符合WTO法律规定。⁽²⁷⁰⁾ 在专家组或上诉机构报告通过后30天内,有关成员方应通知DSB关于其实施裁决的意向。⁽²⁷¹⁾ 如成员方不能立即实施裁决,允许"在一定合理的期限内"实施。⁽²⁷²⁾ 大多数成员方在这一期限内会使其措施符合WTO协定

⁽²⁶⁰⁾ 通常,专家组由3人组成(特殊情况下是5人);有关成立专家组的详细规定,参见DSB第8条。
⁽²⁶¹⁾ 同上注,第11条。
⁽²⁶²⁾ 同上注,第13条;有关程序性问题,参见第12条、第14条和第15条。
⁽²⁶³⁾ 1994年开始引入中期审议阶段和中期报告,当事方可在这一阶段提出意见。同上注,第15条。
⁽²⁶⁴⁾ 同上注,第16条;Kennedy/Wager(注215),第227页。
⁽²⁶⁵⁾ DSU第17条第(1)款、第(5)款。
⁽²⁶⁶⁾ 上诉机构由7位独立专家组成,任期4年,每一案件应由其中3人审理。
⁽²⁶⁷⁾ 同上注,第17条第(6)款;其他程序性问题,参见第17条。
⁽²⁶⁸⁾ 同上注,第17条第(14)款。
⁽²⁶⁹⁾ 关于实施阶段,参见例如:Gleason and Walther, "The Dispute Settlement Implementation Procedures: A System in Need of Reform"(2002)Law & Policy in International Business 709。
⁽²⁷⁰⁾ DSU第21条第(1)款和第3条第(7)款。
⁽²⁷¹⁾ 同上注,第21条第(3)款第1句;如果不执行,第2句和第3句允许"合理的期限"。
⁽²⁷²⁾ 该期限须经DSB批准或当事方同意或通过仲裁确定,DSU第21条第(3)款。(废除法规和法律)一般是6~12个月,参见Kennedy/Wager(注215),第227页。

第十章 将版权与邻接权规定纳入关贸总协定/世界贸易组织

的要求。[273]

10.124 **(iii) 补偿与中止减让** 只有在一成员方未在合理期限内使被认定不符合适用协定的措施符合协定时,争议申请方才可向相关成员方寻求自愿补偿或者最终诉诸中止减让。[274] 因此,补偿和中止减让只是临时性的。它们是传统争端解决机制中的基本要素,在 DSU 中得到了进一步具体规定。[275]

10.125 补偿应经争端各方同意,且须遵守 WTO 相关协定。[276] 因此补偿也应遵守最惠国待遇条款,这样一来,对相关成员方而言,补偿就没有中止减让那么具有吸引力。[277]

10.126 如果在合理期限结束后的 20 天内,[278] 当事方未能就补偿达成一致意见,则申请方可以请求 DSB 授权中止减让或中止适用相关协定项下的其他义务,例如对特定商品提高进口关税。[279] 因此,一方当事人不能单方面决定中止哪些减让义务。不过,申请方可选择向 DSB 请求授权中止哪些减让义务,只要符合特定的原则;尤其是采取报复措施时,应首先选择在申诉的同一部门内实施报复,只有当此种报复不可行或无效时,才可考虑采取交叉报复(在同一协定下的其他部门,或如果不可行或无效,在其他协定下)。[280] 此外,只有在某一协定禁止中止减让时,DSB 才能拒绝授权,DSB 也可经协商一致决定拒绝授权。[281] 中止减让或中止适用其他义务的程度,应不超过利益丧失或受损的程度,[282] 因为报复不具有惩罚性质。决定什么样的中止减让程度与利益丧失或受损的程度相等,对进行经济评估提出了很大挑战。[283]

10.127 如有关成员反对提议的中止程度,或声称其他当事方未遵守第 22 条第(3)款所规定的原则或程序,则该事项应提交仲裁程序解决。[284] 仲裁

---

[273] 同上注;DSB 继续监督实施;成员方应经常提交报告,DSU 第 21 条第(6)款。

[274] 同上注,第 22 条第(1)款和第 3 条第(7)款第 4~6 句。

[275] GATT1994 第 23 条第(2)款和 DSU 第 22 条。

[276] 同上注,第 22 条第(1)款第 3 句;相关成员方可与申请方谈判,以达成双方可以接受的补偿,同上注,第 22 条第(2)款第 1 句。

[277] Ohlhoff(同前注 246),第 733 页。

[278] 即应当达成一致的期限,参见上文第 10.124 段。

[279] 第 22 条第(2)款第 2 句及后续条款。

[280] DSU 第 22 条第(3)款。

[281] 同上注,第 22 条第(5)款;DSB 应在上述合理期限满后 30 天内授予或者驳回请求(同前注 271)。

[282] DSU 第 22 条第(4)款。

[283] 参见上文第 10.130~10.131 段。

[284] DSU 第 22 条第(6)款第 2 句;有关第 22 条第(3)款项下的原则,参见上文第 10.126 段和注 280。

应在合理期限结束之日起 60 天内完成。㉘

10.128 在 TRIPS 中，争端解决机构只授权进行过一次交叉报复。在欧共体——香蕉案中，㉘ 由于欧共体违反 GATT1994 和 GATS，厄瓜多尔于 2000 年 5 月获得授权对 TRIPS 第 14 条项下的相关权权利人拒绝提供保护。㉘ 然而，欧共体签署了《修改香蕉体制的谅解》，厄瓜多尔从未实施过该交叉报复。㉘ 事实上，很难想象如何实施拒绝提供保护，尤其是如何确定报复程度不应超过损失程度。

10.129 （iv）**TRIPS 下的版权案件** 由 WTO 专家组审理的唯一涉及版权的案件是：美国被诉其版权法第 110 条第（5）款 B 项违反 TRIPS 案。㉘ 在 12 个月的合理期限及后来同意延长至 2001 年 12 月的期限届满之后，美国仍然没有实施裁决。在 2001 年 7 月以及在进入协商赔偿或后续请求报复之前，双方当事人已同意就利益丧失或损害的程度——也就是美国应向申请方：欧共体赔偿的金额——进行仲裁。㉚ 这种直接进行自愿仲裁的做法，在 WTO 实践中是独一无二的。㉛

10.130 仲裁裁决具有最终效力，裁决对于因违反版权条款而造成的损失进行评估。欧共体估计利益丧失或损失值达 25 486 974 美元，而美国认为损失价值在 446 000 ~ 733 000 美元。㉒ 出现差距是因为采用的计算方法不同，一种计算方法是通过计算行使公开表演权可以获得的潜在许可费数额，另一种计算方法是以违反协定行为发生之前三年获得的实际收入为基础计算的数额。㉓ 该仲裁裁决于 2001 年 12 月做出，大部分采纳了美国的观点，将数额定为每年 1 219 900 欧元或 1 100 000 美元（按照当时的汇率）。

10.131 美国和欧共体双方同意将以上金额支付给基金会，以支持非特定

㉘ DSU 第 22 条第（6）款第 3 句；有关期限，参见上文第 10.124 段和注 278。

㉘ WT/DS27.

㉘ WT/DS27/ARB/ECU；对地理标志和工业设计也没有提供保护。

㉘ Kennedy/Wager（同前注 215），第 242 页。

㉘ WT/DS160/R 对 TRIPS 第 13 条进行了讨论，参见上文第 10.87 段。

㉚ 双方于 2001 年 7 月 23 日通知 DSB；WT/DS160/ARB25/1，第 1.1 段。

㉛ Kennedy/Wager（同前注 215），第 236 页。只要争议事项明确，成员方均可援引 DSU 第 25 条达成合意要求仲裁；然而，绝大部分是在必要情况下才启动仲裁程序［依据 DSU 第 21 条第 3 款（c）项款确定合理时间］或是在已请求报复的情况下启动［DSU 第 22 条第（6）款］。

㉒ 参见仲裁裁决注第 4.2 段和第 4.3 段，WT/DS160/ARB25/1。

㉓ 对这些方法和其他标准的分析，参见仲裁裁决，第Ⅲ和Ⅳ部分；R Owens, "TRIPS and the Fairness in Music Arbitration: The Repercussions"［2003］EIPR 49, 50 – 52。

第十章 将版权与邻接权规定纳入关贸总协定/世界贸易组织

的"欧共体音乐创作者的项目和活动"。[294] 为全面保护其权利，欧共体于 2002 年 7 月请求 DSB 授权对美国进行报复，通过与版权货物相关的边境措施从美国国民处收取费用，数额在仲裁裁决所确定的范围内。[295] 在美国对报复的程度和适用的原则提出异议后，该事项被提交仲裁，[296] 但根据双方的请求，程序很快又得到中止，以便利双方通过继续协商获得一个对双方都有利的结果。[297] 到现在为止，美国的法律仍不符合 TRIPS；有观点认为，这种情况只有在某参议员离任后才会改变。[298]

10.132 该案表明了 WTO 争端解决机制的限制与不足：首先，任何一个国家都不会被迫接受法律规定，以便使其法律规则符合国际协定；主权国家制定国内法的民主（或其他）程序仍然需要受到尊重，不应受到影响。例如上述美国的情形，某位重要的参议员可以成功地阻止对法律进行必要的修改，此外，金钱的制裁水平过低，侵权国家支付赔偿金似乎比修改法律对其更有利，[299] 这些情形都导致争端解决机制的可信度岌岌可危。[300]

（6）其他条款

（a）发展中国家

10.133 （i）**过渡条款** 在 TRIPS 谈判期间，工业化国家和发展中国家相互妥协的结果之一就是承认过渡期。发展中国家因此可以比工业化国家延迟适用 TRIPS 4 年（不包括第 3~5 条有关国民待遇、最惠国待遇以及保护的取得或维持的规定），即发展中国家可以直到 2000 年 1 月 1 日才开始适用 TRIPS。[301] 该期限对于前社会主义国家也适用，因为它们正处在从计划经济体制转向市场经济体制的过渡期间（即所谓的"过渡国家"或"转轨国家"）。[302] 最不发达国家（LDCs）享有长达 10 年的过渡期，即直到 2006 年 1 月 1 日才开

---

[294] 同前注 293，第 54 页。

[295] WT/DS160/19。

[296] DSU 第 22 条第（6）款。

[297] WT/DS160/22。

[298] M Peters, Statement in Talk at the 10th Fordlham International Intellectual Property Law & Policy Cofefence, April 2002.

[299] 适当适用 TRIPS 第 13 条给欧共体带来的利益很可能比裁决的金额要高。

[300] Owens 对此的批评意见，参见 Owen（同前注 293），第 42~44 页。对 WTO 争端解决机制的批评与赞赏，也参见：S von Lewinski, "The Role of the TRIPS Dispute Settlement Mechanism and Its Perspective for the Future's in P Bruegger（ed）", *Copyright Internet World*：ALAI Study Days Neuchotel 2002（2003）329, 335–337。

[301] TRIPS 第 64 条第（2）款；也参见第（4）款有关专利保护的特定期限规定。

[302] TRIPS 第 65 条第（3）款，规定了延迟适用的条件。

始适用TRIPS，后来，它们的过渡期又延长至2013年7月1日，[303] 不过，它们也同样要从一般的适用日开始适用TRIPS第3~5条。[304] 然而，不管发展水平如何，在非WTO国家加入WTO时，它们通常被要求放弃过渡期以作为入世条件（有时非间接放弃或者部分放弃）。[305]

10.134 对"发展中国家"的认定由WTO总理事会直接决定，而不是以联合国系统或其他机构的认定为基础。[306] 对"过渡国家"的认定以及确定"过渡国家"的条件，由TRIPS理事会或总理事会负责。[307] 相反，对"最不发达国家"的认定却是根据联合国确定的相关列表来认定。[308]

10.135 （ii）**技术转让** 工业化国家与发展中国家相互妥协的另一成果是规定：工业化国家有义务在本国促进和鼓励对最不发达国家的技术转让活动。[309] 对于最不发达国家和发展中国家，工业化国家应当提供技术和金融合作，包括协助准备知识产权方面的规则以及建立相关办公室，如知识产权办公室，包括人员培训。[310] 工业化国家成员同意每年向TRIPS理事会提交他们与最不发达国家和发展中国家进行技术和金融合作活动的报告。[311]

（b）**机构组织条款**

10.136 TRIPS理事会是WTO组织结构中三个专门理事会之一，[312] 其任务是监督TRIPS的运用。[313] 成员方之间就各内国法律是否与TRIPS相符进行互相

---

[303] TRIPS第66条第（1）款，最开始，由于马尔代夫发生海啸，在其提出请求后，TRIPS仅对马尔代夫延迟适用，且仅延至2007年12月20日，因为这时它将不再是最不发达国家，参见TRIPS理事会Doc IP/C/35 OF 17 June 2005。不久以后，所有最不发达国家的过渡期都延至2013年7月1日，由于发达国家为帮助他们有效实施TRIPS，需给他们提供技术帮助，因此，他们有义务提供最优先需要技术支持方面的信息——这一条款反映出他们最大限度利用过渡期有较大压力；此外，最不发达国家必须保证其国内法律与实践在这期间不会更加不符合TRIPS条款的规定，TRIPS Counsil Doc IP/C/40。根据第66条第（1）款，继续延迟也有可能，同上注。

[304] 关于成员方，尤其是美国通过入世承诺和双边条约"规避"这些过渡期的讨论，参见下文第12.39段。

[305] 例如，参见Watal（同前注34），第53页注7。

[306] Gervais（同前注37），第2.508段。

[307] 同上注。

[308] 同上注。

[309] TRIPS第66条第（2）款。

[310] 同上注，第67条。

[311] 报告以IP/C/W系列形式发表，参见http://www.wto.int/english/tratop_e/trips_e/intel9_e.htm。

[312] WTO协定第4条第（5）款；此外，也成立了货物贸易委员会与服务贸易理事会。关于总理事会，参见下文第10.12段。

[313] 更详细的内容，参见TRIPS第68条。

第十章　将版权与邻接权规定纳入关贸总协定/世界贸易组织

监督。㉛㊃ 在这种情况下，各成员方有义务公布其实施 TRIPS 的法律和法规，并通知 TRIPS 理事会㉛㊄。世界知识产权组织一直都收集并翻译相关法律，并且已经同意 WTO 使用这些法律，㉛㊅ 因为 WTO 自身的秘书处规模很小。在这种监督模式下，对某一条款存在不同的解释的情况就可能会出现。如某成员方希望避免进行争端解决，它可以与对方通过双边的方式进行讨论并解决问题，也可以在 TRIPS 理事会中解决问题；此外，它可要求 WTO 部长会议或总理事会作出权威解释；㉛㊆ 部长会议或总理事会应当在 TRIPS 理事会建议的基础上通过此种权威解释。如果 TRIPS 理事会未能达成要求的一致意见，该事项将由总理事会解决，如果总理事会也无法达成一致，则以 3/4 多数票表决方式作出决定。㉛㊇ 如果成员方选择了争端解决程序，TRIPS 理事会应提供协助，例如就专门知识产权议题提供相关信息。㉛㊈

10.137　TRIPS 理事会也负责 TRIPS 项下一系列的通知。㉜⓪ 此外，它还承担以下重要职责：决定是否对最不发达国家继续延长过渡期㉜①、就非违反之诉向部长会议准备和提交建议，㉜② 作为审查和修改 TRIPS 的讨论论坛。㉜③

（c）最后条款

10.138　**（i）适用的时间**　TRIPS 第 70 条规定了其适用于各种知识产权的时间。该条第 1 句规定成员方在协定对其适用日之前发生的行为不承担义务。因此，TRIPS 不具有溯及力。就版权与邻接权领域的客体而言，其适用时

㉛㊃　关于审查程序，参见 Watal（同前注 34），第 53~57 页。有关 1997 年的第一份审查报告，参见 http：//www.wto.org/english/news_e/pres97_e/pr_nov97.htm。

㉛㊄　更详细的内容，参见 TRIPS 第 63 条。

㉛㊅　尤其是 1995 年 12 月 22 日《世界知识产权组织与世界贸易组织协定》第 2 条的规定（http：//www.wto.int/english/tratop_e/trips_e/wtowip_e.htm），该协定于 1996 年 1 月 1 日生效；有关这两个组织在法律技术方面的协助与技术合作，参见第 4 条。

㉛㊆　根据 WTO 协定第 9 条第 2 款，部长会议和总理事会拥有通过此种解释的专有权利。

㉛㊇　M Geuze, "The TRIPS Counsil and the Implementation of the TRIPS Agreement" in H Cohen Jehoram, P Keuchenius, and LM Brownlee (eds), *Trade-Related Aspects of Copyright* (1996) 69, 76.

㉛㊈　Geuze（同前注 318），第 77 页。

㉜⓪　它们主要是在最初阶段是必需的，例如 TRIPS 第 1 条第（3）款有关受保护资格主体的通知，第 3 条（1）款项的国民待遇，第 4 条（d）款项下的最惠国待遇，版权［第 9 条第（1）款与《伯尔尼条约》的相关条款结合适用］，对国内法律的通知［第 63 条第（2）款］，以及根据 TRIPS 第 69 条设立联络点的通知。

㉜①　同上注，第 66 条，参见上文第 10.133 段。

㉜②　同上注，第 64 条第（3）款；参见上文第 10.117~10.119 段。

㉜③　参见下文第 10.139~10.141 段。

间由《伯尔尼公约》第18条规定。[324] TRIPS 第70条第（5）款免除了成员方将出租权适用于本协定对其适用日之前已经购买的原版或复制品的义务。[325]

10.139 **(ⅱ) 审查、修改与保留** 在通过 TRIPS 时，各成员方就很清楚技术和进一步的全球化将会带来新的挑战，因此，应当在审查过程中对其进行讨论，这样才能保证 TRIPS 能长期获得成功。此外，还有很多问题亟待做下一步的工作。[326] 因此第一次审查计划安排在2000年1月1日后，即 TRIPS 对工业化和发展中国家适用的时间。[327] 正如 WTO 和其他国际框架中存在的一般性和政治性问题一样，该审查并没有导致有关版权和相关权方面新的提案的出现。

10.140 TRIPS 第71条第（2）款提供了一条特殊的修改路径：任何知识产权标准只要提交给部长级会议，均可整体纳入 TRIPS 作为对其的修正，而不需再经过正式的通过程序，只要满足以下条件：该标准比 TRIPS 的现行标准要高，已被其他已经生效的多边国际协定所采纳，成为这些国际协定的一部分，并且被这些国际协定的所有 WTO 成员方所接受。[328] TRIPS 理事会必须一致同意作出将该标准纳入 TRIPS 的建议。事实上，在1996年12月 WCT 与 WPPT 获得通过时，就有成员方表达要将这两个条约中的保护标准纳入 TRIPS 的想法。[329] 由于1996年之后国际形势发生急剧变化，高保护标准以及 WTO 所倡导的全球化受到各方批评，[330] 导致此种发展在今天看来似乎不切实际。

10.141 TRIPS 第72条不允许在未经其他成员方的同意的情况下对协定的任何条款作出保留；根据 TRIPS 第9条第（1）款和第14条第（6）款，可以作出《伯尔尼公约》与《罗马公约》项下所允许的保留。

---

[324] 根据 TRIPS 第9条第（1）款，该适用时限适用于版权，根据 TRIPS 第14条第（6）款第2句规定，可以将该适用时限类比适用于邻接权；关于独立适用的规定，参见第70条第（2）款第3句。

[325] 有关相关权适用时限的规定，参见上文第10.101段。

[326] 这些问题包括地理标志、对可专利性的特定情形的排除、非违反之诉的适用［TRIPS 第23条第（4）款，第27条第（3）款（b）项、第64条第（3）款］。

[327] TRIPS 第71条第（1）款进一步规定了定期审查。

[328] TRIPS 第71条第（2）款结合 WTO 协定第10条第（6）款适用。

[329] "将 WTO 之外的新的与贸易相关的知识产权条约纳入"这一议题出现在2000年西雅图部长会议的议程里，参见 http://www.wto.org/English/thewto_ e/minist_ e/min99_ e/english/about_ e/10trips_ e.htm; see also the allusion in Gervais (n37 above) 2.547。

[330] 尤其参见下文第26.01～26.05段。

C. 对将版权与邻接权纳入 TRIPS 的评价——与《伯尔尼公约》和《罗马公约》相比较

（1）保护原则

10.142 与《伯尔尼公约》和《罗马公约》相比，TRIPS 在保护原则上的进步有限。在版权与邻接权领域均纳入了最惠国待遇条款，尽管效力有限。[331] 在版权领域，三项主要的保护原则没有发生变化，国民待遇的适用范围在邻接权领域被明确界定（或者根据不同的观点，认为是被缩减了），只适用于 TRIPS 规定的最低限度权利。[332]

（2）实质标准

10.143 在实质性标准方面，TRIPS 的进步也有限。在版权领域，对计算机程序与数据汇编的保护进行了澄清，也有观点认为，是引入了对计算机程序与数据汇编的保护。对计算机程序的作者，以及在符合特定条件下对电影作品作者以及录制在录音制品上的作品的作者引入了专有出租权。进一步增加的内容还有：规定了特殊情况下（尤其是法人作品）的保护期限以及有关限制与例外适用的具有"安全网"性质的"三步检验法"。与此同时，精神权利被排除在外。

10.144 在邻接权领域，唯一递增保护的内容是：录音制品制作者，可能还有表演者，享有专有出租权；表演者和录音制品制作者享有 50 年的保护期；通过类比适用《伯尔尼公约》第 18 条，将 TRIPS 适用于已有表演与录音制品。[333] 但是，在其他方面，TRIPS 的最低限度保护标准比《罗马公约》的保护标准还低，例如：视听表演的录制权、缺乏保护广播组织的广播的严格义务。[334] 未授予表演者与录音制品制作者就二次使用享有获得报酬权，并不是严格意义上的递减保护，因为该权利在《罗马公约》中也不是严格意义上的义务，可以通过保留而排除适用。[335]

（3）其他方面

10.145 TRIPS 在最低权利保护水平方面发展有限，是因为《伯尔尼公

---

[331] 参见上文第 10.49 段。

[332] 有关《罗马公约》中国民待遇的保护范围存在争议的论述，参见上文第 7.34~7.40 段。

[333] 其他方面的不同是明显的：例如 TRIPS 第 14 条第（6）款的规定，第 14 条第（1）款授予表演者无条件的复制权可受《罗马公约》第 7 条第 1 款第（c）项规定的条件的约束。

[334] 有关视听表演者权和广播组织权的详细论述，参见上文第 10.91~10.93 段。

[335] 参见《罗马公约》第 12 条和第 16 条第（1）款第（a）项。

约》在保护水平上已经相对较高（尤其与工业产权领域的《巴黎公约》相比，《巴黎公约》几乎没有规定最低权利保护的内容；TRIPS 就显然不同了）。㉝ 实际上，TRIPS 的一个主要成就（在工业化国家看来）是将更多的国家纳入知识产权的国际保护体系中；很多国家可能并不希望履行在国际版权或邻接权方面的义务，却由于受到 WTO 其他领域的潜在利益的吸引而加入 WTO，因而最终接受了 TRIPS 项下的义务。对于他们中的很多国家来说，即便是与《伯尔尼公约》的最新文本以及邻接权保护领域的《罗马公约》的保护标准保持一致，也是一个大的进步。

10.146 另外一个显著效果是有很多 TRIPS 成员自动加入《伯尔尼公约》与《罗马公约》，虽然 TRIPS 只是要求他们接受其中的大多数实质性保护标准，而不是强制性要求他们加入这些公约。事实上，在 TRIPS 生效 11 年后，尽管最不发达国家仍享有过渡期，伯尔尼联盟国家的数量已经从 47 个增加至 163 个——增加了近 40%；《罗马公约》的成员方数量由 37 个增至 86 个——增加了近 75%。

10.147 TRIPS 的其他主要成就包括 TRIPS 第三部分规定的详细的执法条款以及正在运行的争端解决机制，尽管它未来可能受挫。

㉝ 有关提高国际版权的实质性保护标准的需要相对有限的观点，参见 Reinbothe（同前注 219），第 708 页。

第十一章
NAFTA 和其他区域协定中的版权和邻接权

A. NAFTA

(1) 一般评论

11.01 自 20 世纪 80 年代中期以后,为了将知识产权纳入国际贸易法,除了 GATT/TRIPS 的方法和单边贸易措施以外,美国所采取的方法之一是在该国 1988 年贸易法案的基础上,缔结双边和区域贸易协定。① 在一系列的双边协定中,1988 年《加拿大—美国自由贸易协定》② 是第二个双边协定。仅在美国和墨西哥决定寻求缔结一个自由贸易协定(FTA)几个月后,加拿大就对参与谈判表示了兴趣,其目的是缔结一个三边协定。在 1991 年到 1992 年间的 14 个月内,这三个国家成功地谈判达成了《北美自由贸易协定》(*the North American Free Trade Agreement*,NAFTA);该协定于 1994 年 1 月 1 日生效。NAFTA 的基础是《加拿大—美国自由贸易协定》,但是,NAFTA 在许多领域都超出了后者的范围,特别是在知识产权领域,该双边协定仅纳入了一个关于有线转播的条款。NAFTA 的缔结,主要是为了应对当时可以预见的、在欧洲和亚洲即将出现的贸易集团。③ NAFTA 建立了一个覆盖大约三亿七千万居民的自由

---

① 下文第 12.04 段以下,特别是第 12.07 段。
② 27 ILM 281 (1988);该协定于 1988 年 1 月 2 日签署,并于 1989 年 1 月 1 日生效。
③ 特别是,欧洲共同体内部计划于 1992 年达成的"内部市场",当时被外界认为是建立"贸易堡垒",对其必须找到对策;关于达成内部市场的目标,参见第 II 卷第一章。

贸易区，其目的是加强贸易自由化和降低各自的市场准入。④ NAFTA 的主要部分规定的是减少或废除关税和其他贸易壁垒。

（2）与版权和邻接权有关的规定

11.02 1991 年 12 月，TRIPS 的谈判在所谓的邓克尔草案（Dunkel Draft）的基础上暂时结束；不久之后，在 1992 年 1 月上旬，一份统一的 NAFTA 草案文本第一个版本出炉。⑤ NAFTA 谈判紧随邓克尔草案之后，并且增加了其他内容，这并不令人吃惊。这些新增内容中的一部分，美国已经在 GATT-TRIPS 谈判的大框架下提议过，不过并未成功；只有在三边谈判中，美国才能够使这些内容得以通过。的确，美国的谈判代表对 TRIPS 的许多规定不满意，并且成功地在 NAFTA 中纳入了他们未能纳入 TRIPS 的内容；他们仅将 TRIPS 视为一个"起点"。⑥ 因此，可以认为，就其对版权和邻接权的规定而言，NAFTA 是一个 TRIPS 递增（TRIPS-plus）协定，尽管 NAFTA 在 TRIPS 之前生效。

（a）保护的基本原则

11.03（i）一般评论 与 TRIPS 类似，NAFTA 有一整章就各类知识产权作了规定，其中包括工业产权。⑦ 因此，该协定以一般条款规范特定的事项，例如保护的原则。⑧ 与 TRIPS 不同，NAFTA 没有包含一个最惠国条款。

11.04 一个值得注意的、（仅）有利于加拿大的一般条款是文化例外，该例外来自更早的《加拿大—美国自由贸易协定》，并被纳入 NAFTA。⑨ 结果是，NAFTA 的几乎所有规定都排除对定义中的文化产业的适用。文化产业是"从事"音乐、书籍和类似的印刷及机器可读形式的产品的"……出版、发行或销售"的人，以及，就音乐录制品和视频录制品而言，从事这些录制品的展览、广播和有线传播的人。这项文化例外特别允许广播领域的"加拿大内容"要求，或者对美国在加拿大投资的限制，但是，该项例外也可能影响录音制品产业的国民待遇的限制。与该项例外相对应，对于加拿大不遵守 NAF-

---

④ 尽管加拿大市场对另外两个国家的准入已经得到了发展，但是，NAFTA 特别使得墨西哥市场对加拿大和美国产业的准入得到了增强——参见 External Affairs and International Trade Canada, *NAFTA*: *What's it all about?*（1993）第 8 页。

⑤ 参见上文第 10.22 段。

⑥ C Levy and S Weiser, "Intellectual Property" in J Bello, A Holmer, and J Norton（eds）, *The North American Free Trade Agreement*: *A New Frontier in International Trade and Investment in the Americas*（1994）269, 270, 289。

⑦ 参见 NAFTA 第 6 部分第 17 章。

⑧ 同上注，第 1701~1704 条。

⑨ 第 2106 条，附件 2106 以及第 2107 条中对"文化产业"的定义。

第十一章　NAFTA 和其他区域协定中的版权和邻接权

TA 的行为，除文化例外以外，美国可以采取具有同等商业影响的措施。⑩ 一般而言，两国都通过谈判尽量避免可能的争端。⑪

11.05　**(ⅱ)国民待遇**　第一，就保护的受益人而言，国民待遇原则纳入了先前已有的公约中的资格标准，这一点在很大程度上遵循了 TRIPS 的方法。因此，"国民"⑫一词不能被理解为该词原始的含义，而应当参考《伯尔尼公约》《日内瓦录音制品公约》和《罗马公约》中的相关标准。⑬ 考虑到 NAFTA 第 1701 条第（2）款（b）项的遵守条款（compliance clause），有人可能认为，《伯尔尼公约》第 5 条下的整个国民待遇制度在 NAFTA 框架中也将适用。⑭ 与在 TRIPS 中不同，就表演者和录音制品制作者而言，国民待遇的范围不限于最低权利。⑮

11.06　NAFTA 没有明确提及已有的公约中规定的国民待遇的例外。不过，《伯尔尼公约》中规定的国民待遇的例外通过 NAFTA 第 1701 条第（2）款（b）项中的遵守条款而适用。⑯ 就表演者和录音制品制作者的权利而言，NAFTA 仅就表演者对于二次使用的权利规定了一项例外。⑰ 美国将不受限制的国民待遇的范围和没有对国民待遇规定进一步的例外视为 NAFTA 较之 TRIPS 的进步，特别是关于其他国家规定的对于私人复制的获得报酬权，对于这一权利，美国也希望加入。⑱

11.07　**(ⅲ)"最低限度权利"**　第二，最低限度权利原则体现在"至少"实施《伯尔尼公约》和《日内瓦录音制品公约》的实质性规定的义务中，⑲ 也反映在 NAFTA 第 1702 条关于提供比 NAFTA 下的最低标准更广泛的

---

⑩　纳入 NAFTA 的《加拿大—美国自由贸易协定》第 2005.2 条；也参见下文第 13.02 段，注释 10。
⑪　R Folsom, *NAFTA and Free Trade in the Americas* (2nd edn, 2004) 37.
⑫　NAFTA 第 1703 条第（1）款。
⑬　同上注，第 1721 条中的"国民"的定义。关于资格标准，参见《伯尔尼公约》（1971 年）第 3 条、第 4 条，《日内瓦录音制品公约》（1971 年）第 2 条和第 7 条第（4）款，以及《罗马公约》第 4~6 条。
⑭　特别是，这将包含在来源国之外的某个国家的保护，参见上文第 5.08 段以下，特别是下文第 5.19 段以下。关于对 TRIPS 的类似假设，参见上文第 10.08 段。
⑮　TRIPS 第 3 条第（1）款第 2 段包含这样一个限制，参见上文第 10.34 段。
⑯　Levy/Weiser（同前注 6）第 175 页没有提及这一可能性，并且似乎认为这样的例外不适用。
⑰　NAFTA 第 1703 条第（1）款第 2 句；此外，与 TRIPS 类似，NAFTA 第 1703 条第（3）款规定了一项与司法和行政程序有关的例外。
⑱　Levy/Weiser（同前注 6）第 275 页。
⑲　NAFTA 第 1701 条第（2）款（a）项、（b）项；没有提到《罗马公约》的实质性规定，体现了美国的立场，即美国不是、也没有考虑成为《罗马公约》的一个缔约国。也参见下文第 11.10 段，关于表演者。

保护的可能性中。⑳ 与 TRIPS 和前述传统的公约类似，NAFTA 仅规定了国际情形下的义务，而没有规定国内情形下的义务，这体现在仅向"另一成员的国民"提供充分和有效的保护的义务中。就国民待遇而言，对"国民"的理解必须参考《伯尔尼公约》《日内瓦录音制品公约》和《罗马公约》中的资格标准。㉑

11.08　（iv）"无手续原则"　第三，对于版权和表演者与录音制品制作者的权利，NAFTA 专门规定了提供国民待遇不能将手续要求作为一项条件的原则。㉒ 与《日内瓦录音制品公约》和《罗马公约》相比，这项原则体现为一项"递增因素"。㉓

（b）保护的实质性标准

11.09　（i）主要方法　就版权而言，NAFTA 遵循了 TRIPS 的"伯尔尼递增"的方法，即要求遵守《伯尔尼公约》的实质性规定㉔，并且纳入了额外的保护内容。与之类似，NAFTA 沿用了 TRIPS 的一个"递减因素"；即，排除了精神权利，㉕ 不过这一排除不是很明显：NAFTA 第 1701 条第（3）款援引了附件第 1701.3 条，该项附件下的一个类似于 TRIPS 第 9 条第（1）款第 2 句的条款（仅在此处）就精神权利排除了美国的义务。㉖

11.10　关于相关权，NAFTA 仅就录音制品采用了一个"日内瓦递增"的方法，这体现了美国的立场和利益。㉗ 出于同样的原因，NAFTA 仅对录音制品制作者授予了最低权利，而没有对表演者和广播组织也授予最低权利。㉘ 将录音制品区别对待，而非将其作为另一种类型的版权作品，这样尊重了墨西哥所

---

⑳ 除了实施《伯尔尼公约》和《日内瓦录音制品公约》的实质性规定以外，如果各成员还没有加入这些公约，则必须尽自己最大的努力加入这些公约。

㉑ NAFTA 第 1721 条；上文第 11.05 段。

㉒ NAFTA 第 1703 条第（2）款。对于版权，这项原则也是 NAFTA 第 1701 条第（2）款（b）项下遵循《伯尔尼公约》的实质性规定的义务的一部分。

㉓ 关于《罗马公约》下允许的手续，参见《罗马公约》第 11 条和上文第 6.32～6.33 段；也参见《日内瓦录音制品公约》第 5 条。

㉔ 所谓的"遵从条款"，NAFTA 第 1701 条第（2）款（b）项。

㉕ TRIPS 第 9 条第（1）款第 2 句；参见上文 10.52～10.54 段。

㉖ NAFTA 附件第 1701.3 条第（2）款；根据该条款，NAFTA"就《伯尔尼公约》第 6 条之二或源于该条款的权利而言，对美国不授予任何权利，也不施加任何义务"。

㉗ 参见上文，注释 19。关于 1971 年《日内瓦录音制品公约》的低水平的保护，参见上文 4.66～4.68 段。

㉘ 也参见下文第 11.15 段；NAFTA 仅将国民待遇扩展到了表演者，参见 NAFTA 第 1703 条第（1）款第 2 句。

第十一章 NAFTA 和其他区域协定中的版权和邻接权

遵循的大陆法系制度。㉙

11.11　（ii）版权　就版权而言，"伯尔尼递增"的内容在很大程度上遵循了——在某些情况下甚至超出了——TRIPS 第 10～13 条的内容。㉚ 特别是，与在 TRIPS 下类似，必须依据《伯尔尼公约》规定的条件，将计算机程序作为文字作品予以保护，以及，对数据汇编或其他资料（而非仅对作品）提供保护。㉛ 一项《伯尔尼公约》以外的、与 TRIPS 的规定类似的最低权利是一项（仅）对计算机程序的出租权。㉜ 在《伯尔尼公约》以外，甚至在 TRIPS 以外，NAFTA 规定了专有的进口权（在复制品的制作未经权利持有者授权的情况下）；通过销售、出租或其他方式首次公开发行的专有权；以及，就所有类型的作品而言，向公众传播的专有权。㉝ NAFTA 进一步定义了传播权——第一次在一个多边条约中——纳入了按需使用和通过因特网进行类似的交互式传播："公众"的定义包含了"意图成为传播的对象、并且有能力感知作品的传播或表演的个体任何集合，不论他们是否可以在相同或不同的时间或者在相同或不同的地方感知……"㉞

11.12　三步检验法对于《伯尔尼公约》㉟ 和 NAFTA 下规定的对权利的任

㉙　加拿大法律也将录音制品和版权作品分别对待，将录音制品制作者、表演者和广播组织一同对待，尽管加拿大仍通过一项版权保护这些主体。

㉚　NAFTA 第 1705 条。

㉛　关于《伯尔尼公约》第 2 条第（5）款下的这些条件，参见 S Ricketson and J Ginsburg, *International Copyright and Neighbouring Rights：The Berne Convention and Beyond*（2006）8.86－8.87。关于类似的、措辞不同的 TRIPS 第 10 条的规定，参见上文第 10.60～10.63 条。

㉜　TRIPS 对电影作品（尽管仅在特定的条件下）和作者的固定于录音制品上的作品（这一点是有争议的）额外规定了一项出租权［第 11 条第 1 句和第 14 条第（4）款第 1 句］。在 TRIPS 的主要谈判方看来，这一额外保护是一个必要的妥协，美国未能像在 NAFTA 中一样，成功地排除这样的保护，参见上文第 10.65 段和第 10.67 段以下。

㉝　《伯尔尼公约》（以及，通过遵从条款，TRIPS）仅包含了一项对电影改编和电影作品的发行权，以及一项对特定类型作品的传播权，参见第 5.131～5.133 段和第 5.138～5.139 段。

㉞　NAFTA 第 1721 条，斜体为本书作者所加。对于"公开"的一个类似的定义，当时已经在 TRIPS 中有设想，但该定义最终没有被采纳，参见 1990 年 7 月 23 日 TRIPS 草案，转引自 D Gervais, *The TRIPS Agreement：Drafting History and Analysis*（2nd edn, 2003），注释 2.153。奇怪的是，NAFTA 中的这一定义被限于"至少"包括《伯尔尼公约》第 11 条、第 11 条之二第（1）款和第 14 条第（1）款第（ii）项下的对作品的传播权和表演权，而没有扩展到《伯尔尼公约》第 11 条之三和 NAFTA 本身第 1705 条第（2）款（c）项下的那些权利。关于双边协定中的一个类似的措辞，参见下文 12.10 段、第 12.31 段，以及在 WCT 和 WPPT 中（"提供的权利"），参见下文 17.72～17.82 段。

㉟　NAFTA 第 1705 条第（5）款提到"在本条中"的权利，使得这一款可以适用于该条第（2）款中规定的《伯尔尼公约》的权利。在《伯尔尼公约》中的权利受到限制的情况下，在进一步适用三步检验法之前，必须在 NAFTA 第 1701 条第（2）款（b）项的基础上对这些《伯尔尼公约》中的限制进行检验（关于 TRIPS 下的相应情况，参见上文第 10.83～10.84 段）。

何限制或例外的强制适用,以及以自然人生命以外的其他基础计算期限的作品的最低保护期限,与 TRIPS 中的相关规定一致。㊱

11.13 另一个超出《伯尔尼公约》和 TRIPS 的条款,将墨西哥视为 NAFTA 下唯一的发展中国家。㊲ 该条款禁止墨西哥对以下情形授予强制许可,而该情形依据《伯尔尼公约》的附件本来是允许的(通过 NAFTA 的遵从条款纳入了 NAFTA):墨西哥的合法需要可以通过自愿的行为得以实现,例如权利持有人的许可,但由于墨西哥设置了障碍而无法实现。

11.14 最后,在版权领域的另一个"递增因素",有利于在 1978 年 1 月 1 日㊳到 1989 年 3 月 1 日㊴之间发行的、由于没有版权通知而在美国不受保护的加拿大和墨西哥的电影。㊵ NAFTA 要求美国重新保护这种电影作品,不过,仅在与美国宪法相一致的范围内,并且考虑到预算上的要求。由于其限制性的方法,并且不适用于先前美国的制度下在 28 年之后对注册的续展,因此,重新保护的规则受到批评。㊶

11.15 (ⅲ) **邻接权** 在邻接权的领域,没有纳入任何对表演者㊷和广播组织的规定。与 GATT 谈判中大陆法系国家坚持纳入这两类邻接权所有者相比,这再一次体现了美国在三边背景下强势的谈判地位。而且,NAFTA(与美国和加拿大法律类似)仅仅使用了"声音录制品"(sound recordings)的表达,而 TRIPS 的文本使用了录音制品(phonograms)的表达。㊸

11.16 除了 TRIPS 中也包含的复制权和出租权以外,NAFTA 为录音制品制作者规定的最低权利还包括,与作者权利相对应的专有进口权和专有的首次公开发行权。㊹ 最低期限与 TRIPS 下的规定一致,为固定后 50 年。㊺

㊱ NAFTA 第 1705 条第(5)款、第(4)款,TRIPS 第 13 条、第 12 条;关于 TRIPS,参见上文第 10.83~10.88 段和第 10.80~10.82 段。

㊲ NAFTA 第 1705 条第(6)款。

㊳ 1976 年《版权法》生效。

㊴ 美国加入《伯尔尼公约》,《伯尔尼公约》禁止手续要求。

㊵ 关于在此期间美国要求的手续,参见上文第 3.26~3.27 段,以及进一步的援引。

㊶ NAFTA 第 1705 条第(7)款,结合附件第 1705.7 条。美国于 1993 年实施这些条款的规定,随后很快就于 1994 年被《美国版权法》(《美国法典》第 17 篇)中实施 TRIPS 的第 104A 条所完全地修改而废止,参见 E Schwartz and D Nimmer, "United States" in P Geller (ed), *International Copyright Law and Practice*, Vol Ⅱ (looseleaf release 17) §6 [4] (nn70–1)。

㊷ 除了对表演者的国民待遇,NAFTA 第 1703 条第(1)款第 2 句。

㊸ 条文的标题中也提到了"声音录制品"。

㊹ 第 1706 条第(1)款,相对于关于版权的第 1705 条第(2)款;上文第 11.11 段;不过,出租权受制于作者和制作者之间作出明确相反规定的合同。

㊺ NAFTA 第 1706 条第(2)款。

第十一章 NAFTA 和其他区域协定中的版权和邻接权

11.17 对这些权利的限制与例外在三步检验法的条件下可以适用于录音制品制作者的权利;㊻ 这是第一个将三步检验法适用于一项相关权的多边协定,之后作出同样规定的仅有 1996 年 WPPT 对表演者权和录音制品制作者权的规定。

11.18 (iv) **一般规定** 与 TRIPS 相比,另一项递增因素是,缔约国有义务规定,版权和邻接权中的经济权利可以通过合同自由地、分别地转让,以及基于合同(包括雇佣合同)获得或者持有这些权利的人,可以自己的名义完全行使这些权利,以及从这些权利中完全获益。㊼ 这一条款特别针对版权合同法下的强制性规定,大陆法系为了保护合同中一般相对较弱的当事人,经常使用这样的强制性规定。这一条款也意图通过雇佣作品(work-made-for-hire)的概念来保护雇主。㊽ 美国当时已经试图在 TRIPS 中加入这样一个条款,不过没有成功。㊾ 这是另一个例子,体现了与在拥有一百多个谈判方的谈判中相比,在三边谈判中更容易实现一个特定的需求。

11.19 NAFTA 中的一个有趣的规定是第 1707 条,该条款可以被称为第一个关于技术保护措施和相关法律制裁的多边规定,不过被限于加密的载有节目的卫星信号。各缔约方有如下义务,即通过刑法上的救济措施,在法律上制裁制造相关解码器的行为和其他未经信号的合法发送者授权的有关行为。各缔约方也必须将在商业背景下接收相关的已解码信号、并且进一步发送该信号的行为规定为民事上的违法行为。一般性的与技术保护措施有关的法律制裁,直到 1996 年的 WCT 和 WPPT 才第一次在多边条约中出现。㊿

11.20 NAFTA 适用的时限也是依据 TRIPS 的模式作出的规定。因此,NAFTA 原则上不适用于过去的行为,只有《伯尔尼公约》第 18 条通过类比可

㊻ 同上注,第 1706 条第 (3) 款;关于三步检验法,参见,在版权背景下,上文第 5.179 段以下和第 10.83~10.87 段。

㊼ NAFTA 第 1705 条第 (3) 款。

㊽ 关于版权体系与著作权体系的这些区别,参见上文 3.70~3.72 段;Levy/Weiser (同前注 6) 第 274 页批评大陆法系关于可转让性的规定有害于美国的电影产业,以及 TRIPS 没有要求各成员与美国一样充分保护雇佣作品的"失败"。

㊾ 参见 Gervais (同前注 34) 第 2.156 段,1990 年 7 月 23 日 TRIPS 草案;J Reinbothe, "Der Schutz des Urheberrechts und der Leistungsschutzrechte im Abkommensentwurf GATT/TRIPS" (1992) GRUR Int 707, 714–715,特别是在美国主张承认雇主享有作为"作者"的完全所有权,与其主张分享外国对作者(仅在大陆法系的意义上)授予的获得报酬权之间的联系。关于后者这一方面,也参见 Gervais (同前注 34) 第 1.31 段。

㊿ 参见 WCT 第 11 条、第 12 条和 WPPT 第 18 条、第 19 条;下文第 17.91~17.101 段。

以适用于已有的作品和（不同于 TRIPS 中的）录音制品。[51]

(c) 执法条款

11.21 NAFTA 的知识产权章节也纳入了相当详细的、关于执行所有被包含的知识产权的规定，这些规定在很大程度上遵循了 TRIPS 第 41~61 条的规定，不过也有一些差异。与 TRIPS 中相同，NAFTA 第 1714~1718 条专门规定了一般条款、行政程序和救济、临时措施、边境措施，以及刑事程序和处罚。

(3) 争端解决

11.22 NAFTA 有自己的争端解决规定，这些规定建立在 GATT 和《加拿大—美国自由贸易协定》的争端解决规定的基础上。[52] 这些规定的目的是避免争端，以及快速有效地解决争端，主要是通过友好的方式，例如协商。如果协商失败，可以召集自由贸易委员会[53]组织一个包括所有成员方的会议，以通过替代性方式解决冲突，例如斡旋、调解或者和解。[54] 只有在这些努力也失败了的情况下，协商的当事人才能请求组成一个仲裁小组。[55] 小组应当决定，应诉的国家采取的某些措施是否遵循了 NAFTA 规定的义务、是否无效或者造成损害，并且应当就争端解决提出建议。[56] 主要目的是使内措施与 NAFTA 达成协调；只有在未能就一个解决方案达成一致时，获胜的申诉方才能施加报复。例如，其可以暂时停止优惠的适用；这种停止适用首先应当在相同的贸易部门，并且应当在仲裁小组授权的范围内进行。[57]

11.23 当争端既可以在 WTO 下提起、也可以在 NAFTA 下提起时，申诉方可以选择机构。当另一个 NAFTA 成员希望在另一个机构提起同一个案件时，申诉方必须与该成员协商，以就同一个机构达成一致；如未能达成一致，则案件将依据 NAFTA 进行审理。在选择了一个机构以后，另一个机构将不能再审理同一个案件。[58]

---

[51] 关于详细情况，参见 NAFTA 第 1720 条第 (1) 款、第 (2) 款，关于更多的具体规定，参见该条第 (3) 款以下。与之相比，参见 TRIPS 第 70 条和上文第 10.138 段，特别的，关于邻接权所有者，参见上文第 10.101~10.102 段。

[52] 参见 NAFTA 第 7 部分第 20 章，以及《加拿大—美国自由贸易协定》第 19 章；关于 GATT/WTO 的规定，参见上文第 10.114 段以下。关于对 NAFTA 的一个评价，参见 A de Mestral, "NAFTA Dispute Settlement: Creative Experiment of Confusion?" in L Bartels and F Ortino (eds), *Regional Trade Agreements and the WTO Legal System* (2006) 第 359 页以下。

[53] 关于 NAFTA 自由贸易委员会，参见 NAFTA 第 2001 条。

[54] 同上注，第 2007 条。

[55] 同上注，第 2008 条；关于小组的组成和程序，参见同上注，第 2009 条以下。

[56] 同上注，第 2016 条（以及，关于最终报告，第 2017 条）。

[57] 同上注，第 2018 条，第 2019 条。

[58] NAFTA 第 2005 条，下文第 24.22 段。

（4）其他规定

11.24 与 TRIPS 第 67 条和第 69 条类似，NAFTA 规定了提供技术支持和促进合作的义务，例如，对人员的训练，建立联络点以交流关于贸易和侵权货物的信息。(59)

B. 其他区域贸易协定（RTAs）

（1）一般评论

11.25 本章着重介绍了 NAFTA，因为它是最早的、最重要的、有一个知识产权章节的著名的自由贸易协定之一，并且，NAFTA 的发展在时间和内容上与 TRIPS 有紧密的联系。不过，世界范围内的区域协定不是一个新的现象，在最近，许多区域协定都纳入了关于知识产权的规定。(60) 有人可能甚至意识到了最近的区域化趋势，(61) 这一趋势引发了关于自由贸易协定在面对 WTO 时的愿望和目的的辩论。(62) 在 WTO 框架中，尽管在多哈举行的第四届部长级会议上，各成员承认了自由贸易协定在促进贸易自由化中主要的积极作用，但是，各成员也认为，需要防止自由贸易协定对全球自由贸易的负面效果。各成员决定商议出更好的程序，来决定某些特定的区域贸易协定是否符合 WTO 法律。(63) 2006 年 12 月 14 日，WTO 总理事会建立了一个透明度机制，临时适用于前述这些区域贸易协定，直到多哈回合结束。(64)

11.26 不同的自由贸易协定在许多方面有区别。根据一体化的程度，自由贸易协定可以建立自由贸易区或者关税联盟；或者更广泛的共同市场或货币

(59) NAFTA 第 1719 条。

(60) 本书中的“区域协定”被理解为一个区域的多边协定，和区域间的多边协定；关于双边协定，参见下文第十二章。

(61) 在 20 世纪 50 年代和随后的“旧区域化”之后，所谓的“新区域化”，作为第二波区域协定，从 20 世纪 80 年代开始，参见 C Damro,“The Political Economy of Regional Trade Agreements” in L Bartels and F Ortino (eds), *Regional Trade Agreements and the WTO Legal System* (2006) 23, 26 - 29。

(62) 例如，关于自由贸易协定可能成为世界贸易的组成部分，或者成为世界贸易的障碍，Damro（同前注 61）第 24 页、第 25 页以下，以及第 39 页以下；J Mathis, *Regional Trade Agreements in the GATT/WTO* (2002) 第 1 页以下；R Then de Lammerskötter, *WTO und Regional Trade Agreements* (*RTAs*) (2004), 特别是第 130 页以下。

(63) 依据修订后的 1947 年 GATT 第 24 条、1994 年 GATT（关于第 24 条的谅解）和 GATS 第 5 条，必须就自由贸易协定通知 WTO，并且应符合特定的要求；在 1996 年 2 月，WTO 总理事会建立了区域贸易协定委员会，该委员会应当审查前述协定。该委员会的工作在很大程度上受到了各成员之间对单独的贸易协定是否遵守 WTO 法律的意见之分歧的阻碍。

(64) http: //www. wto. int/english/news_ e/news06_ e/rta_ 15dec06_ e. htm。

联盟，甚至政治联盟。自由贸易协定的愿望有，例如，贸易自由化、技术和其他合作、维护和平或者稳定政治。为了达到这些目的，自由贸易协定经常建立机构，这些机构可能是政府间的，[65]甚至是超国家的。[66]大多数的自由贸易协定规定了他们自己的争端解决制度，这些制度与WTO的争端解决制度类似。[67]更广泛的自由贸易协定经常包括从属的自由贸易协定。在这种情况下，只有最重要的协定会就这些协定的版权规定作出简要表述。[68]

（2）美洲

（a）一般评论

11.27 从20世纪60年代到80年代，拉丁美洲的自由贸易协定经过了不同的阶段；[69]在随后的90年代，一个新的观点出现了。这个观点的特点是，以更好的市场准入、经济制度对外国投资者的吸引力和更广泛的贸易自由化为目标，而非以先前的保护主义策略为目标。这种新的观点体现在NAFTA中，也使已有的自由贸易协定恢复了活力，例如，《安第斯条约》（自1996年起：《安第斯共同体》或CAN）、南方共同市场（MERCOSUR），以及加勒比海地区的加勒比共同体（CARICOM）。[70]此外，对北南协定的设想越发积极。作为第一步，美国希望通过鼓励其他拉丁美洲国家加入来扩大NAFTA。的确，对NAFTA的设想考虑到了扩大NAFTA：其他成员加入NAFTA的条件类似于WTO下其他成员加入的条件。[71]

（b）美洲自由贸易区（FTAA）草案

11.28 （i）概述和背景　　美国邀请了"西半球"33位经民主选举的领导人参加1994年12月在迈阿密举行的第一届美洲峰会，参会者致力于民主和经济一体化。美国与加拿大、墨西哥一道，首先邀请智利申请成为NAFTA成员。不过，当时的美国总统没有"快车道"授权，因此，上述计划看起来并

---

[65] 例如，NAFTA和南方共同市场（MERCOSUR）。

[66] 例如，安第斯共同体，下文第11.46段。

[67] 关于一个比较，参见W Davey,"Dispute Settlement in the WTO and RTAs: A Comment" in L Bartels and F Ortino（eds）, *Regional Trade Agreement and the WTO Legal System*（2006）343ff；他认为，WTO体系被更经常地使用，见第349页。关于自由贸易协定和WTO体系的关系，也参见下文第24.16~24.18段和第24.22~24.23段。

[68] 就美洲自由贸易区（FTAA）而言，下文第11.28~11.36段也述及了一个协定草案。关于截至2006年12月已经向WTO报告的超过350个自由贸易协定的完整目录（包括那些没有知识产权规定的），参见http://www.wto.int/english/tratop_e/region_e/region_e.htm。

[69] 关于早期的这些阶段，参见de Lammerskötter（同前注62），第46~49页。

[70] 关于这些条约，参见下文第11.45段以下、第11.51段以及第11.52段以下。

[71] NAFTA第2204条；参见《WTO协定》第12条。

第十一章 NAFTA 和其他区域协定中的版权和邻接权

不现实。⑫ 于是，美国用建立一个美洲自由贸易区的计划代替了上述想法。在随后于1998年4月举行的圣地亚哥峰会上，政府首脑指示他们的贸易部长们开始对美洲自由贸易区（FTAA）的谈判，并于2005年结束谈判。由于众所周知的普遍的政治问题，前述计划没有成功。⑬

11.29 一个关于知识产权的工作组详细阐述了几个草案中的非常具体的规定，并且对最近的2003年草案提出了很多备选的提案和未获得共识的、置于方括号中的意见。⑭ 美国搁置了第一个提案，该提案以最高水平的保护为目标，并且纳入了对WTO/TRIPS的援引。⑮ 高度详细的2003年草案在很大程度上与国内法而非国际协定的规定相一致；不过，许多备选方案受到了版权体系的强烈影响，尽管34个国家中的32个都属于作者权体系。下文对FTAA草案的介绍关注的是其基本特征，并且就大多数条款而言，选出了其值得注意的备选方案进行说明。

11.30 （ii）一般规定　依据一项关键的义务，各成员必须实施《伯尔尼公约》、TRIPS、WCT和WPPT的实质性规定；甚至，保护音像表演者和不受版权保护的数据库（在可以预见的将来也不太可能将其纳入版权保护）⑯ 的国际文书草案，也通过遵从条款被纳入，例如计划中的保护广播组织的条约。⑰ 另外，各成员必须尽自己最大的努力批准或加入这些国际条约，而非仅仅遵守它们。⑱ 就国民待遇和最惠国条款而言，草案在很大程度上遵循了TRIPS。⑲

11.31 （iii）版权和相关权的专门规定　版权部分以一个非常长的定义列表开始；排除了对特定客体的保护；包含了《伯尔尼公约》下的精神权利；规定了下列专有权：复制（包括临时复制）、发行、进口未经权利持有人授权制作的复制件，以及向公众传播（包括传统方式的传播、按需提供，甚至公开展览）、公开访问电脑数据库，以及"以任何已知的或未来的方法散布符

---

⑫ Folsom（同前注11）第241页。
⑬ 关于现状，参加下文第11.36段。
⑭ 2003年11月21日的第三次草案第二十章包括知识产权，该章B.2.c.部分（第1~24条）下包括版权和相关权，http://www.ftaa-alca.org/FTAADraft03/TOCWord_e.asp。
⑮ Anon, "Free Trade Area of the Americas"（1997）WIPR 314, 315.
⑯ 参见下文第18.21段、第18.25段和第22.01段以下，特别是第22.04段。
⑰ 关于这个计划（其势头也已经减弱了），参见下文第十九章，特别是第19.11段和第19.37段。
⑱ FTAA草案A部分第5.3条和第5.4条。
⑲ 同上注，B.1部分，第1条和第2条；不过，就"TRIPS递增"的权利而言，对邻接权的国民待遇的例外，将仅适用于非FTAA成员和非《罗马公约》成员的国家，参见同上注，第3.1条。

号、文字、声音或图像"。⑧⁰ 并且，还规定了翻译权、改编权和转售权。⑧¹ 限制应当符合三步检验法，这与 TRIPS、NAFTA 和 WCT 相同。

11.32 保护期可以依据《伯尔尼公约》，或者（依据一个备选方案）至少应为作者死后 70 年，⑧² 或者应对作品、表演和录音制品规定相同期限。后者是"作者"死后 70 年；或者，如果不是基于一个自然人的生命来计算的话，至少为经授权发行后 95 年；如果没有经授权发行，且在创作后 25 年以内，则应至少为自"作品、表演或录音制品创作"起 120 年。⑧³

11.33 对表演者、录音制品制作者和广播组织的权利提供实质性保护的提案，略微超出了 WPPT 和 TRIPS 的保护水平；提议的对上述三类主体的保护期均为 50 年。限制可以和国内版权法下的限制相同，并应符合三步检验法。⑧⁴

11.34 对于版权和相关权而言，一个与 NAFTA 下的一个条款类似的条款规定，可以自由地、分别地转让权利，还规定了其他有利于企业家的关于合同的条款，例如有利于作者的雇主的条款；不过，作为一个备选方案，草案中有一些限制转让范围的条款。⑧⁵ 关于技术措施和权利管理信息的一些非常详细的规定，补充了一条模仿相应的 NAFTA 规定制定的、关于载有节目的加密卫星信号的条款。⑧⁶ 依据 TRIPS 对执行措施的规定，FTAA 草案提议了执行措施。⑧⁷ 关于适用的时限，草案遵循了当时已有的法律，要求类比适用《伯尔尼公约》第 18 条。⑧⁸

11.35 作为国际版权法（草案）的一个新规定（novum），FTAA 草案纳入了一个关于权利集体管理的条款；该条款呼吁各成员鼓励集体管理、透明度、成员的合理参与、国家的检查和监督以及其他原则。⑧⁹ 另一个新规定是，各成员有要求所有的政府机构只能使用经授权的计算机软件的义务。⑨⁰ 一个类

---

⑧⁰ FTAA 草案，B.2.c. 部分，第 8.1 条第一个备选方案。
⑧¹ 同上注，B.2.c. 部分，第 4.1e 条和第 7 条。
⑧² 就基于作者生命以外的计算方式而言，保护期为经授权发行或者制作后 50 年（第二个备选方案，b）。
⑧³ FTAA 草案，B.2.c. 部分，第 9.1 条，最后一个备选方案。
⑧⁴ 同上注，B.2.c. 部分，第 15～19 条。
⑧⁵ 同上注，B.2.c. 部分，第 12.1 条。
⑧⁶ 同上注，B.2.c. 部分，第 22 条、第 23 条和第 21 条；NAFTA 第 1707 条。
⑧⁷ FTAA 草案，B.3. 部分。
⑧⁸ 同上注，B.2.c. 部分，第 11 条。
⑧⁹ 同上注，B.2.c. 部分，第 24 条。
⑨⁰ 同上注，B.2.c. 部分，第 25 条。美国缔结的第二代双边条约中纳入了类似的规定，参见下文第 12.37 段。

第十一章 NAFTA 和其他区域协定中的版权和邻接权

似的新提案，提议保护可能来自拉丁美洲国家的民间文学艺术的表达。⑨

11.36　（iv）展望　自 2003 年左右以来，FTAA 谈判已经变得越来越困难，特别是在批判全球化的抗议、谈判方（包括加拿大）对于农业补贴的批评以及发展中国家需要更多时间来适应世界标准和竞争之后。此外，与拉丁美洲的普遍政治变化一致，委内瑞拉和玻利维亚特别地公开反对并且有效地阻碍了 FTAA，其依据是，FTAA 只是美国帝国主义的一个工具。结果是，目前看来，FTAA 成功的可能性很小。即使这一停滞在将来会趋于明朗，任何协定（至少就知识产权而言）都很可能需要更多的谈判；表现出高度有分歧的立场的诸多备选方案版本⑩，以及关于知识产权的第 20 章中几乎每一条都有用方括号括起来的内容，即体现了上述情形。

（c）《中美洲——多米尼加共和国自由贸易协定》（CAFTA-DR）

11.37　（i）历史发展　2002 年 1 月，美国总统宣布了与中美洲国家关于一个自由贸易协定的谈判。谈判于 2003 年进行，最终在美国、萨尔瓦多、危地马拉、洪都拉斯和尼加拉瓜之间达成了一个协定，哥斯达黎加和多米尼加共和国在 2004 年加入了这个协定。这些国家都于 2004 年签署了该协定，除了哥斯达黎加以外的国家都批准了该协定。《中美洲——多米尼加共和国自由贸易协定》（CAFTA-DR）渐次生效，因为美国需要确定每个国家都已经采取了足够的措施来实践他们的承诺。⑪ 该协定于 2006 年 3 月 1 日对萨尔瓦多和美国生效，随后对洪都拉斯、尼加拉瓜（2006 年 4 月 1 日）以及危地马拉（2006 年 7 月 1 日）生效。

11.38　（ii）一般规定　除了一般的贸易扩大化、多样化和消除贸易壁垒以外，CAFTA-DR 的一个明确提及的目标是，"在每一个成员的领土内对知识产权提供充分和有效的保护与执法。"⑫ 考虑到该协定包括的许多其他领域并没有在协定的目标中单独提及，知识产权在协定的目标中出现，凸显了知识产权特殊的重要性。

11.39　关于知识产权的第 15 章，规定了各成员的一般义务，即（在协定对其生效之前）批准或加入《布鲁塞尔卫星公约》、WCT 和 WPPT（而非仅仅

---

⑨ FTAA 草案，B.2.d. 部分，第 1 条。一些包括拉丁美洲国家的双边条约也包括类似的条款，下文第 12.64 段。关于民间文学艺术，参见下文第二十章。

⑩ 从上文的例子可以看出，这些例子体现了版权体系和著作权体系的对抗，以及工业化国家和发展中国家的对抗。

⑪ 关于这一程序，参见不同的媒体声明，例如，2005 年 12 月 30 日的媒体声明，参见 http://www.ustr.gov/Trade_Agreement/Bilateral/CAFTA/CAFTA_Press_Releases/Section_Index/html。

⑫ CAFTA-DR 第 1.2 条第（1）款（e）项。

遵守它们的实体规则），以及提供第十五章下的完整的保护作为最低保护。各成员应当依据 TRIPS 和 WIPO 管理的、他们是其成员的条约来确认自己已有的权利和义务。⑨ 成员应当依据 TRIPS 的模式授予国民待遇；不过，TRIPS 第 3 条第（1）款第 1 句和第 2 句中对于《伯尔尼公约》和《罗马公约》下的例外与相关权所规定的国民待遇的例外，在该协定中没有明确规定。⑩ 从对 TRIPS 和其他协定下已有的权利和义务的不减损条款和确认条款中可以得出以下结论，上述例外在 CAFTA – DR 框架下也适用。⑪ 原则上讲，该协定适用于所有已有的、在被请求保护国受保护的或满足 CAFTA – DR 下保护标准的客体。⑫

11.40　（iii）关于版权和相关权的专门条款　关于版权和相关权的许多专门的义务，只是更具体地重复了 WCT 和 WPPT 的规定，而根据上述 CAFTA – DR 的一般义务，各成员无论如何都必须遵守这些规定。这些专门的义务特别与下列内容有关，即复制和发行的专有权，与三步检验法相一致的限制与例外，关于技术措施（包括允许的例外）和权利管理信息的大量规定，以及著作权和相关权之间的关系。⑬ 与这些义务类似，最短期限也同时适用于作品、表演和录音制品；即，对于每一类，最短期限为作者死后 70 年，或者，在期限不是以一个自然人的生命为基础计算的情况下，首次经授权发行后 70 年，或者，在创作后 50 年内没有经授权发行的情况下，创作以后 70 年⑭——一个在作者权体系内自相矛盾的规定，除了美国以外的所有国家都遵循该规定。⑮

11.41　协定文本基本上复制了与作者的传播权有关的 WCT 第 8 条，⑯ 以及 WPPT 中的定义和就未固定的表演对表演者的保护的规定。⑰ 对于表演者和录音制品制作者，CAFTA – DR 规定了一项广播和向公共传播（包括提供）表演和录音制品的专有权，但可以对传统的和其他非交互式的传输作出一项强制

---

⑨　CAFTA – DR 第 15.1 条第（1）款、第（2）款、第（4）款（a）项和第（7）款。

⑩　同上注，第 15.1 条第（8）款。

⑪　同上注，第 1.3 条和第 15.1 条第（7）款。关于双边协定中的一个类似问题，参见下文第 12.30 段。

⑫　同上注，第 15.1 条第（11）款、第（12）款。

⑬　同上注，第 15.5 条第（1）款、第（2）款、第（10）款（a）项、第（7）款、第（8）款和第（3）款。关于最后一个问题，禁止在著作权和相关权之间设立"等级"，也参见下文第 12.34 段。

⑭　CAFTA – DR 第 15.5 条第（4）款。

⑮　特别是，著作权体系的法律原则上不会对作者和相关权所有者规定同样的保护期，也不会对录音制品和表演使用"创作"一词。

⑯　CAFTA – DR 第 15.6 条。

⑰　同上注，第 15.7 条第（2）款（a）项和第（5）款。

第十一章 NAFTA 和其他区域协定中的版权和邻接权

许可。[104] 不过，在因特网上对电视信号的转播，必须经过权利持有人（们）对信号内容的许可，以及，在必要的情况下，经过权利持有人（们）对于信号本身的许可。[105]

11.42 其他的义务有，与载有节目的加密卫星信号有关的义务；[106] 要求政府机构在中央的层面上主动地规范软件的采购和管理，仅使用经授权的软件；[107] 以及，规定任何获得或持有派生的经济权利的人，都可以自由地、分别地转让权利，并且充分地享有权利和利益。[108]

11.43 知识产权章节也纳入了关于执法的具体规定，以及，与美国的《数字千禧年版权法》（DMCA）相同，就侵犯版权和相关权对因特网服务提供者的责任限制作出了具体规定。[109]

11.44 总的来说，美国的基本策略是，通过将 WCT 和 WPPT 中的一些规定明确到在美国《数字千禧年版权法》中那样具体的程度，在参与的中美洲国家中扩展 WCT 和 WPPT 的义务，并且甚至加入更广泛的义务，例如 70 年的保护期，表演者和录音制品制作者享有专有的广播和传播权，以及有利于企业家的关于合同的规定。美国在其他区域协定中也使用了这一策略，例如 FTAA 草案，[110] 以及美国的第二代双边贸易协定。[111]

（d）安第斯共同体和南方共同市场（MERCOSUR）

11.45 （i）**安第斯共同体/CAN** 安第斯共同体（Comunidad Andina, CAN, 以下简称安共体）最初由 1969 年的《安第斯条约》（*Pacto Andino*）成立，其以次区域一体化为目标。[112] 安共体的成员方包括玻利维亚、哥伦比亚、厄瓜多尔和秘鲁；智利于 1976 年退出安共体，委内瑞拉于 1973 年加入、2006 年 4 月退出安共体。不过，安共体于 2006 年 9 月接受智利作为联系成员方（Associated-Member）。此外，墨西哥、巴拿马和南方共同市场（以下简称南共市）[113] 的成员也于 2005 年 7 月成为安共体的联系成员方。

---

[104] CAFTA-DR 第 15.7 条第（3）款。类似的，美国的第二代双边条约，下文第 12.31~12.32 段。

[105] CAFTA-DR 第 15.5 条第（10）款（b）项。

[106] 同上注，第 15.8 条，模仿的是 NAFTA 第 1706 条。

[107] CAFTA-DR 第 15.5 条第（9）款。

[108] 同上注，第 15.5 条第（6）款；关于 NAFTA 的具体规定，也参见上文第 11.02~11.20 段，以及关于未成功地将这些规定纳入 TRIPS 的努力，参见上文第 11.18 段。

[109] CAFTA-DR 第 15.11 条第（1）款至第（26）款（执行）和第（27）款（责任）。

[110] 上文第 11.30 段以下。

[111] 下文第 12.26 段以下。

[112] 原始的卡塔赫纳协定（Agreement of Cartagena）已经经过了数次修改，安共体是在 1996 年 3 月 10 日《特鲁希略议定书》（Protocol of Trujillo）的基础上成立的。

[113] 参见下文第 11.51 段。

11.46 总的来说，安共体的目标是一个高水平的一体化，超出一个简单的自由贸易区。在达到关税同盟的状态以后，安共体寻求达成一个内部市场，该内部市场将包含货币、金融和税收政策的协调。安共体计划通过各成员方的一体化达到和谐发展的目的，以及，除了其他措施以外，通过国内法的趋同，达到各成员方经济和社会合作的目的。由各成员方的政府代表组成的安共体委员会，在该条约对各成员方生效后，有权通过原则上直接适用于各成员方的决议。

11.47 1993年12月17日，安共体委员会通过了第351号决议《关于著作权和相关权的一般规则》。[114] 简而言之，该决议大体上遵循了《伯尔尼公约》和《罗马公约》，并且部分遵循了当时的《西班牙版权法》。就版权而言，值得注意的特点是，将计算机程序和数据库纳入保护，[115] 对三项精神权利（发表权、署名权、保护作品完整权）规定了永久的保护期，并且列举了很多经济权利，包括一项非常广泛的传播权（该项传播权可以涵盖按需使用），一项对未经权利所有人授权制作的复制品的进口权以及一项转售权。这些精神权利和经济权利都是最低权利。[116] 最短保护期是作者死后50年。[117] 决议规定了11项明确允许的例外与限制，并且以三步检验法作为补充。[118] 经济权利的转移或转让，基本上由国内立法规范，不过，第351号决议要求，任何转让和授权或对使用的许可，应当限于相关合同中明确约定的利用形式。[119]

11.48 就相关权而言，决议对表演者授予了传统的固定、复制和向公众传播现场表演的专有权，以及表明身份权与完整权的精神权利。[120] 录音制品制作者享有复制、进口（复制品的制作未经授权的情况下）和发行的专有权利，以及一项对"为商业目的的每一项使用"的获得报酬权，该项获得报酬权可以与表演者共享。[121] 广播组织的权利与其在《罗马公约》下的权利类似（除了没有传播权以外），并明确纳入了卫星广播。[122] 对这三类相关权所有者的保护

---

[114] 关于一个简短的描述，参见http://www.comunidadandina.org/ingles/propriedad/copyright.htm；也参见 S von Lewinski, "Urheberrechtsharmonisierung im Andenpakt: Interessant auch für Europa？" (1994) GRUR Int 第470页以下。第351号决议可见于http://www.comunidadandina.org/ingles/normativa/D351e.htm。

[115] 参见第351号决议第23~28条。

[116] 最低权利具体规定在同上注，第11~17条。

[117] 关于详细情况，参见同上注，第18~20条。

[118] 同上注，第21条、第22条。

[119] 同上注，第31条；关于所有的转移规则，参见第29~32条。

[120] 同上注，第34条、第35条。

[121] 同上注，第37条。有人可能推断，最后提到的权利指的是将商业录音制品二次使用（向公众广播和传播），即《罗马公约》第12条规范的行为。

[122] 第351号决议，第39条、第40条。

期都是50年。[123]

11.49 与大多数其他多边协定不同，决议对集体管理规定得相当详细。第351号决议要求对集体管理者权利进行许可，这使得集体管理组织受到监督，并规定了义务，例如，关于透明度和费率的确定，以及对公平合理分配的计划。[124]

11.50 第351号决议的61个条款相当全面，不过，该决议仍然将很多问题留给成员方来决定，例如，决议中援引成员方的国内法，或者明确允许国内法下作出更广泛的规定。因此，决议更类似于一般的区域贸易协定，而非类似欧洲模式的、更高层次的、超国家的版权协调制度。[125] 将第351号决议——一个在作者权体系国家之间缔结的、并且遵循作者权体系的协定——与CAFTA-DR——一个由类似国家缔结的、但有一个主要的版权体系国家参与的协定——相对比，表现了该版权体系国家的强大影响，以及由此而来的、版权体系对中美洲国家法律的影响。

11.51 （ii）南方共同市场（MERCOSUR） 一般而言，更重要的拉丁美洲区域共同体（尽管就版权而言没有这么重要）是南方共同市场（MERCOSUR，以下简称南共市）（西班牙语：the Mercado Común del Sur）。南共市成立于1991年，包括的成员方有阿根廷、巴西、巴拉圭、乌拉圭和委内瑞拉，联系国有智利、玻利维亚、秘鲁、哥伦比亚和厄瓜多尔。此外，墨西哥通过一个自由贸易协定与南共市相联系。与加共体类似，南共市的目标是超越关税联盟，建立一个共同市场，甚至在财政和货币政策上进行经济协调。法律的协调是一体化进程的一个方式。到目前为止，只有工业产权的问题在南共市内部达成了协调。[126]

（e）加勒比共同体（CARICOM）

11.52 加勒比共同体（CARICOM，以下简称加共体）是在《查瓜拉马斯条约》（Treaty of Chaguaramas）的基础上于1973年7月4日成立的，并于1973年8月1日生效。加共体起源于1965年的加勒比自由贸易协会（后来由加共体取代）和1968年的东加勒比共同市场，其目的分别为一个自由贸易区和一个共

---

[123] 同上注，第36条、第38条、第41条。
[124] 同上注，第43～50条。
[125] 关于欧洲版权一体化，参见第Ⅱ卷第Ⅱ部分；下文第11.64段简略地予以提及。
[126] 1995年8月5日第8/25号决议——《加共体在商标、地理标志和原产地名称领域的知识产权一体化议定书》；关于工业设计，参见1998年12月10日第16/98号决议，《工业设计领域一体化议定书》；http：//www.mercosur.int/msweb/portal% 20intermediario/es/index.htm；S O'Connor, *Harmonization of Industrial Property in MERCOSUR* (1996)。

同市场。根据1989年政府首脑会议的一项决议，共同市场被转化为一个单一的市场和经济，《查瓜拉马斯条约》也于2001年被修订。另外，政府首脑会议在1992年的第13次会议上通过了名为《单一市场和经济》的文件。

11.53 目前，加共体有15个成员：安提瓜和巴布达、巴哈马、巴巴多斯、伯利兹、多米尼克、格林纳达、圭亚那、海地、牙买加、蒙特塞拉特、圣卢西亚、圣基茨和尼维斯、圣文森特和格林纳丁斯、苏里南、特立尼达和多巴哥。联系成员有安圭拉、百慕大、英属维尔京群岛、开曼群岛、特克斯和凯科斯群岛。12个加共体成员参与了加共体"单一市场和经济"，其目标是建立一个关税联盟，并且更进一步，达到货物、技术人员、服务和资本的自由流动，以及法律的协调，包括知识产权领域的法律。[127] 截至2007年8月，加共体还未采取任何协调知识产权的动作；不过，也许未来的某时可能发生这样的行为，其也许会遵循欧洲一体化的模式。[128] 此外，贸易和经济发展委员会应当通过不同的措施，在加共体内部促进对知识产权的保护，包括对民间文学艺术表达的法律保护；由于工业产权的性质，仅可能建立一个关于工业产权的区域行政机构；不过，这并不妨碍集体管理组织的区域合作。[129]

（3）亚洲和太平洋

（a）东南亚国家联盟（ASEAN）和东盟自由贸易区（AFTA）

11.54 亚洲的一个主要的次区域组织是东南亚国家联盟（ASEAN，以下简称东盟）。东盟由印度尼西亚、马来西亚、菲律宾、新加坡和泰国于1967年8月8日在曼谷成立。目前，东盟增加了5个成员方：文莱、柬埔寨、老挝、缅甸和越南。与许多其他的区域一体化组织相似，东盟致力于促进经济增长、社会进步、文化发展、政治稳定和对联合国宪章原则的遵守。此外，东盟各国于2003年决定，在安全、经济和社会文化共同体的基础上，建立一个东盟共同体。东盟经济共同体寻求一个单一市场和货物、服务、投资及资本的自由流动。该共同体计划通过新机制，例如于1992年发起、2003年建立的东盟自由贸易区（AFTA），在2020年达到上述目标。[130]

---

[127] 《查瓜拉马斯条约》（修订）第74条第（2）款（b）项（http：//www.caricom.org/jsp/community/revised_treaty-text.pdf），根据该条款，各成员方应当就知识产权协调各自的法律和行政行为。

[128] 知识产权一体化已经被列为建立加共体"单一市场和经济"的一项关键内容，参见文件《关键内容现状总结》，第10.9号，http：//www.caricom.org/jsp/single_marktet/csme_summary_key_elements_may_07.pdf。

[129] 《查瓜拉马斯条约》（修订）第66条。关于集体管理组织，值得注意的是，2007年6月22日，经决定就复印权建立了东加勒比复制权协会（Eastern Caribbean Reproduction Right Association）。

[130] 关于AFTA，参见http：//www.aseansec.org/12025.htm。

第十一章 NAFTA 和其他区域协定中的版权和邻接权

11.55 处理知识产权问题的主要是 1995 年《东盟知识产权合作框架协议》。为了在东盟国家的范围内保护录音制品，在东盟音乐协会（ASEAN Music Association）的请求下，东盟高级经济官员会议于 1994 年发起了上述协议。[131] 该框架协议大体上限于在知识产权的执法和保护上的合作，包括与实施 TRIPS 和其他该领域内的条约有关的合作行动。在实践中，该协议最初关注的是工业产权。最近，该协议被扩展到版权和邻接权。东盟《知识产权行动计划 2004—2010》关注的主要还是工业产权，不过，该行动计划包含了对 WTO 成员执行 TRIPS 的知识产权法律的回顾与调整，以及对加入和遵守 WCT、WPPT 及《伯尔尼公约》和《罗马公约》的考虑。[132]

11.56 东盟自身与其他国家已经缔结了自由贸易协定，或仍在谈判类似的协定，特别是与中国、印度[133]、韩国[134]、澳大利亚和新西兰［通过东盟自由贸易区（AFTA）和更紧密经贸关系（CER）][135]，以及日本。[136] 即使这些协定包括关于知识产权的规定，这样的规定一般也仅限于对保护和执行知识产权以及进行合作的一个广泛和一般的承诺。[137]

(b) 亚太经济合作论坛（APEC）

11.57 亚太经济合作论坛（the Asia–Pacific Economic Cooperation Forum, APEC）源于亚太国家首脑于 1989 年进行的非正式磋商。APEC 主要通过国家首脑的定期会议，并以经协商一致通过的不具有约束力的协定和决议为基础。目前的成员有澳大利亚、加拿大、中国、日本、韩国、马来西亚、墨西哥、新西兰、巴布亚新几内亚、秘鲁、俄罗斯联邦、中国台湾地区、美国等。在 1994 年于茂物举行的会议上，APEC 的工业化和发展中国家成员确立了分别于

---

[131] 关于对该《框架协议》的详细阐述，参见 W Weeraworawit, "The Harmonisation of Intellectual Property Rights in ASEAN" in C Antons, M Blakeney, and C Heath (eds), *Intellectual Property Harmonisation within ASEAN and APEC* (2004) 第 205 页，特别是第 207 页以下；《关于知识产权合作的框架协议》是前述书籍的一个附件，也可见于 http://www.aseansec.org/6414.htm 以及 (1996) 35 ILM 1072。

[132] 该行动计划参见 http://www.aseansec.org/7980.htm。

[133] 这两个协定分别于 2005 年 1 月 1 日和 4 月 1 日生效。

[134] 东盟（除了泰国）和韩国之间的自由贸易协定于 2007 年 6 月 1 日生效。

[135] 《更紧密经济关系协定》（CER）；关于在 AFTA 和 CER 之间建立一个 "更紧密经济伙伴关系" 的计划，参见 http://www.dfat.gov.au/cer_afta/index.html#freetrade。

[136] 谈判已经开始了；一系列与东盟和东盟国家有关的区域和双边自由贸易协定，参见 R Sen, " 'New Regionalism' in Asia: A Comparative Analysis of Emerging Regional and Bilateral Trading Agreements Involving ASEAN, China and India" (2006) 40/4 Journal of World Trade 第 553 页、第 587 页以下，附件 1。

[137] 例如，2002 年 11 月 4 日《东盟——中国全面经济合作框架协议》第 3 条第（8）款（h）项和第 7 条第（2）款；类似的，参见 2003 年 10 月 8 日《东盟——印度全面经济合作框架协议》第 3 条第（3）款、第 3 条第（8）款（h）项和第 6 条第（1）款（b）项第（ⅷ）目。

— 303 —

2010 年和 2020 年实现贸易和投资自由化的目标。在 1995 年，知识产权问题被纳入区域经济合作议程。[138] 一年后，知识产权专家组成立。该专家组的工作主要限于信息交流、磋商和政策协调，而没有扩展到立法和其他管理活动。[139] 在 2006 年于河内举行的会议上，美国没有实现其将 APEC 转化为一个自由贸易区的计划。

（4）非洲

（a）非洲知识产权组织（OAPI）

11.58　（i）一般评论　非洲知识产权组织（African Intellectual Property Organization），一个非洲法语国家的政府间组织，[140] 于 1977 年 3 月 2 日基于《班吉协定》（Agreement of Bangui）创建。该协定修订了之前的 1962 年《利伯维尔协定》（Agreement of Libreville），后者是在大多数法语国家独立后通过的（其中的大多数国家在 1962 年之前由法国工业产权法管辖），目的是建立一个共同的组织，在工业产权领域采用统一的立法。

11.59　与更早的《利伯维尔协定》不同，《班吉协定》扩展到了版权（"文学和艺术财产"）。该协定于 1982 年生效，于 1999 年被修订，修订的主要目的是使其与 TRIPS 相一致。[141]《班吉协定》包括知识产权领域的一般义务，规范非洲知识产权组织的架构和其他方面。10 个附件由关于知识产权的具体规定组成，包括关于文学和艺术财产的附件七。[142]

11.60　（ii）一般规定　《班吉协定》的总体目标是"促进知识财产对各国发展做出有效的贡献……以及……在各国领土内以尽可能有效和统一的方式保护知识产权"。[143] 在版权领域，该协定的动力来自"建立一个统一的文学

---

[138] 《大阪行动议程》，目的是实现不同部门的自由贸易和投资的目标。更详细的内容也参见 M Blakeney，"The Role of Intellectual Property Law in Regional Commercial Unions"（1998）1/4 Journal of World Intellectual Property，第 691 页、第 703~704 页。

[139] 关于对知识产权专家组的工作的批评，参见 A Taubman，"Collective Management of TRIPS：APEC, New Regionalism and Intellectual Property" in Antons/Blakeney/Heath（同前注 131）第 161 页、第 192~199 页。

[140] 该组织常被简称为 OAPI（Organisation Africaine de la Propréte Intellectuelle），目前，下列国家是该组织的成员：贝宁、布基纳法索、喀麦隆、中非共和国、刚果、科特迪瓦、加蓬、几内亚、几内亚比绍、赤道几内亚、马里、毛里塔尼亚、尼日尔、塞内加尔、乍得和多哥。

[141] 《修订 1977 年 3 月 2 日〈班吉协定〉的协定》，关于非洲知识产权组织的创立［班吉（中非共和国），1999 年 2 月 24 日］，http：//www.oapi.wipo.net/doc/en/bangui_agreement.pdf；也参见 WIPO（ed）, Copyright and Related Rights Laws and Treaties Vol VI, Multilateral Treaties, Text 13-01。

[142] 其他的附件与专利、实用新型、商标和服务标志、工业设计、贸易名称、地理标志、不正当竞争、外观设计以及植物品种保护有关；在 2007 年秋天，已经有关于传统知识和民间文学艺术的保护的详细阐述，并将其作为另一个附件纳入《班吉协定》。

[143] 《班吉协定》（修订），序言，第 1 段。

和艺术财产保护体系的优势"。⑭ 就版权和相关权而言,该协定被明确归为《伯尔尼公约》第 20 条和《罗马公约》第 22 条意义上的专门协定。⑮ 各成员方承诺加入《伯尔尼公约》《罗马公约》、TRIPS 和《建立世界知识产权组织公约》。⑯ 该协定所包含的知识产权,仍然是独立的、国内法上的权利,须符合各成员方的立法。⑰ 如果《伯尔尼公约》《世界版权公约》和 TRIPS 下的保护比协定附件下的保护更有利,则前述国际协定应当优先适用。⑱

11.61 (iii) **特别规定** 关于文学和艺术财产的附件七,包含关于对作者的作品和相关权下的表演、录音制品和广播的保护的详细规定。该附件堪比一部遵循作者权体系的完整的国内版权法。⑲ 总的来说,保护的水平相当于 TRIPS,部分超出了 TRIPS 的保护水平。值得注意的是,对作者的经济权利的保护期是作者死后 70 年;对精神权利的保护期是永久的。与作者权体系一致,该附件也作出了关于版权合同和集体管理的规定——国际条约下很少包括这样的规定。

(b) 非洲地区知识产权组织(ARIPO)

11.62 在工业产权领域,为了共享资源,非洲的英语国家建立了一个与非洲知识产权组织相对应的组织。在联合国非洲经济委员会和世界知识产权组织的帮助下,1976 年 12 月通过了《卢萨卡协定》(*Lusaka Agreement*),建立了非洲地区知识产权组织(African Regional Intellectual Property Organization, ARIPO)。除了其他目标以外,该组织的目标是促进工业产权法律的发展和协调。直到 2002 年,部长理事会才决定将其职权范围扩展到版权和相关权。随后的和目前的战略规划没有纳入任何立法措施,但是,规定了政策事项的制定、利益相关方的参与性,和对版权与相关权的新职权的实际执行的解释,以及对来自 ARIPO 秘书处的员工和各成员方的官员的全面培训。⑳

(c) 非洲联盟(AU)

11.63 非洲联盟(the African Union, AU)于 2000 年建立,其前身是非

---

⑭ 同上注,第 11 段(原文误作第 14 段)。

⑮ 这些条款禁止低水平的保护,关于这些条款,参见上文第 5.250 ~ 5.251 段和第 6.78 段。也参见修订后的《班吉协定》第 5 段、第 6 段。

⑯ 同上注,第 5 段、第 6 段和第 2 段;加入条约的义务也涉及特定的工业产权条约。

⑰ 同上注,第 2 条第(1)款 [原文误作第 3 条第(1)款]。

⑱ 第 2 条第(2)款 [原文误作第 3 条第(2)款]。

⑲ 关于著作权体系的特征,参见上文第 3 章,特别是第 3.77 ~ 3.78 段;例如,依据第 9 条,一位作者应当享有"以任何形式利用其作品并从该利用中获得金钱报酬的专有权";几项特定的专有权遵循了这个一般条款。

⑳ http://www.aripo.org/articles.php?Ing = ng&pg = 62.

洲统一组织（Organization of African Unity，OAU）；[151] 非洲联盟在许多方面似乎都模仿了欧洲联盟。例如，非洲联盟已经计划建立包括法院和（长远来看的）中央银行在内的机构。除了更广泛的政治目标以外，非洲联盟的目标是一个非洲的共同市场、贸易自由化和经济一体化；[152] 不过，考虑到专门组织 OAPI 和 ARIPO 的工作，知识产权不太可能成为非洲联盟的任何内部义务的一部分。

（5）欧洲

（a）欧洲共同体（EC）

11.64 欧洲共同体（European Community，EC；前身：欧洲经济共同体）的主要目标之一是达成内部市场——一个保证货物、服务、人员和资本的自由流动的区域。[153] 欧洲法院首先将版权和相关权的功能视为贸易壁垒，并且自 1991 年以来通过立法措施在许多方面进行了协调，原则上确立了可以达到的最低的和最高的确定的保护水平。[154] 尽管欧洲共同体开始是一个关注共同市场的经济共同体，[155] 但是，欧共体是一个超国家的组织，比区域贸易协定的一体化水平更高。第 II 编包括对欧共体版权法的一个详细分析。[156]

（b）欧洲自由贸易联盟（EFTA）

11.65 第 II 编也涉及欧洲自由贸易联盟（EFTA）。简要地说，该联盟于 1960 年成立，作为对 1957 年成立的三个欧洲共同体的一个回应。今天，在几个成员离开并成为欧洲共同体成员以后，该联盟由冰岛、列支敦士登、挪威和瑞士组成。[157] EFTA 于 2001 年进行了修订。[158] 该联盟对货物、服务的自由流动作出了类似于欧共体条约的一般规定。

---

[151] 2000 年 7 月 11 日《非洲联盟组织法》（Constitutive Act of the African Union），http：//www.africa–union.org/root/au/index/index.htm（点击"文件"，然后点击"条约、公约和议定书"）；该法案于 2001 年 5 月 26 日生效。

[152] 关于对非洲联盟的一个总体的介绍，参见 C Packer 和 D Ukare，"The New African Union and its Constitutive Act"（2002）96 The American Journal of International Law，第 365 页以下。

[153] 欧共体条约第 14 条第（2）款。

[154] 就这一方面而言，欧共体一体化与本章所包含的区域贸易协定中的（最低）标准不同，参见上文第 11.50 段。

[155] 后来，1986 年《单一欧洲法案》确立了更有雄心的目标，即建立"内部市场"，参见第 II 卷第 1 章。

[156] 第 II 卷第 2 章、第 4 章以下。

[157] 关于 EFTA 的历史及其对版权和相关权的规定，参见第 II 卷第 1. B. 章和第 15 章。

[158] 所谓的《瓦杜兹公约》（Vaduz Convention）（《2001 年 6 月 21 日巩固 1960 年 1 月 4 日〈建立欧盟自由贸易联盟（EFTA）公约〉的公约》）可见于 http：//secretariat.efta.int/Web/legaldocuments。该公约于 2002 年 1 月 1 日生效。

第十一章　NAFTA 和其他区域协定中的版权和邻接权

11.66 不同于之前的版本，修订后的 EFTA 包含了一个关于知识产权的一般条款，以及一个相关的附件。[159] 该条款限于成员方对知识产权提供和确保充分和有效的保护的义务，以及规定执行、国民待遇和最惠国待遇的义务。在附件中，EFTA 各成员方重申了他们的国际义务，特别是与《伯尔尼公约》《罗马公约》和 TRIPS 有关的义务；他们也承诺加入 WCT 和 WPPT，如果他们还不是这两个条约的成员的话。其他规定与工业产权有关，并重申了 TRIPS 下关于执法的义务。[160] 此外，公约规定了一个单独的争端解决机制。[161]

（c）欧洲经济区（EEA）

11.67 欧共体、欧共体成员方和 EFTA 成员方缔结了《欧洲经济区协定》（Agreement on the European Economic Area，EEA），并且于 1994 年 1 月 1 日生效。[162] 在 10 个新的成员方于 2004 年 5 月加入欧盟以后，《欧洲经济区协定扩大协定》扩大了 EEA，该协定于 2004 年 5 月 1 日生效，以包括新的成员。其主要方法是在特定领域将欧共体的主要和次要法律（欧共体现行法，acquis communautaire）扩大到整个 EEA，扩大的内容包括内部市场（因此，包括知识产权）。因此，即使 EEA 国家不是欧共体的成员，而仅是 EFTA 的成员，这些国家在版权和相关权领域也必须遵守欧洲法院的相关判例法和某些协调指令。今天，大多数原来的 EFTA 国家都已经加入了欧共体，其余必须实施欧共体现行法（即使他们不是欧共体成员）的 EEA 国家只有挪威、冰岛和列支敦士登。瑞士仍然在欧共体之外，尽管是 EFTA 成员，瑞士也仍未批准 EEA 协定；而且，瑞士和欧共体已经缔结的双边条约不包括知识产权；不过，瑞士已经通过了一项政策，自愿地遵守欧共体的现行法。

（d）中欧自由贸易协定（CEFTA）

11.68 中欧自由贸易协定（Central European Free Trade Agreement，CEFTA），1992 年 12 月 21 日由波兰、匈牙利和当时的捷克斯洛伐克作为初始成员缔结。这些国家和随后加入的斯洛文尼亚于 2004 年退出 CEFTA，加入了欧盟；罗马尼亚和保加利亚在 2007 年退出了 CEFTA，加入欧盟。在 2007 年，CEFTA 有如下 8 个成员：克罗地亚、马其顿、阿尔巴尼亚、波斯尼亚和黑塞哥维那、联合国科索沃特派团（UNMIK）代表科索沃、摩尔达维亚和塞尔维

---

[159] 2001 年《瓦杜兹公约》第 19 条；附件 J。
[160] 关于 EFTA 和其他国家缔结的双边协定，参见下文第 12.62 段。
[161] 《瓦杜兹公约》第 47 条以下；参见 A Ziegler，"Dispute Settlement in Bilateral Trade Agreements: The EFTA Experience" in L Bartels and F Ortino (eds)，*Regional Trade Agreements and the WTO Legal System*（2006）第 407 页，第 408~412 页。
[162] 该协定的文本和相关文件可见于 http：//secretriat.efta.int/Web/legaldocuments。

亚。总的来说，CEFTA 的目标是一个自由贸易区，特别是为了保证政治稳定。在其合并后的 2006 年版本中，CEFTA 要求各成员提供"与国际标准、特别是与 TRIPS 相一致的"、充分和有效的知识产权保护与执法；各成员重申了他们已有的国际义务，并且，在合适情况下，承诺在 2014 年 5 月 1 日前加入并实施特定的协定（分别是：《伯尔尼公约》《罗马公约》《世界版权公约》《日内瓦录音制品公约》《布鲁塞尔卫星公约》、TRIPS、WCT 和 WPPT）。[163]

（e）科托努协定（Cotonou Agreement）

11.69 除了上述这些限于欧洲国家的协定以外，值得注意的还有一个更广泛的区域协定：欧盟及其成员方与 77 个非洲、加勒比和太平洋（ACP）国家于 2000 年 6 月缔结的一个伙伴协定，该协定于 2003 年 4 月 1 日生效，其前身是这些国家缔结的《洛美协定》（*Lomé Convention*）。前述协定被称为《科托努协定》。[164] 基于欧共体和非洲、加勒比和太平洋国家之间 25 年的合作，该协定试图做出改进，以达到发展的目标，减少贫困，特别是通过新的经济和贸易伙伴关系。

11.70 关于知识产权，该协定包括一个一般条款[165]，根据该条款，各成员"承认，就知识产权、工业产权和商业财产权以及 TRIPS 包括的其他权利而言，需要确保一个充分和有效的、与国际标准一致的保护水平……以减少对双边贸易的扭曲和阻碍"，并强调了遵守 TRIPS 的重要性。类似的，该条款包括以下规定，即需要加入"关于知识产权、工业产权和商业财产的，TRIPS 第 I 部分提到的所有相关的国际公约，并且与这些公约的发展水平保持一致"。各成员也同意加强在该领域的合作；例如，经请求，以互相同意的条款和条件，就保护和执行知识产权起草法律法规。各成员应当就最晚将于 2008 年 1 月 1 日生效的《经济伙伴协定》（EPAs）进行协商。[166] 如果这些协商成功，不排除将纳入更多更详细的关于知识产权的规定。[167]

---

[163] CEFTA 于 2006 年合并后、将于 2007 年生效的版本，第 38 条、第 39 条，以及其附件 7，和一系列可能由各成员补充的协定［第 39 条第（2）款］，参见 http：//www.stabilitypact.org/wt2/Trade-CEFTA2006.asp。在原始的 42 条的协定版本中［(1995) 34 ILM 3］，第 25 条仅规定了关于知识产权的一般义务；即，在一个非歧视的基础上提供保护，并在 5 年内将保护提高到"一个与附件Ⅵ中明确的多边协定中的实质性标准相一致的水平"（特别是《伯尔尼公约》和《罗马公约》）。

[164] 2000 年 12 月 15 日，OJ ECL/317；也参见 http：//ec.europa.eu/development/index_en.cfm ［点击"地理上的伙伴关系"（Geographical Partnerships），再点击《科托努协定》（*Cotonou Agreement*）］。

[165] 《科托努协定》第 46 条。

[166] 《科托努协定》第 37 条第（1）款。

[167] 不过，一个对于促进《经济伙伴协定》谈判的各种障碍的报告，参见 M Julian，"EPA Negotiations Update"（2006）5/6 Trade Negotiations Inside 6-7（http：//www.ictsd.org/tni）。

第十一章 NAFTA 和其他区域协定中的版权和邻接权

（6）总结

11.71 自 20 世纪 80 年代以来的"新区域主义"（New regionalism）已经产生了许多世界范围内的区域协定。这些协定体现了高度的多样性，例如，它们的目标，经济或政治焦点，以及一体化水平。就版权和相关权而言，许多协定没有——或尚未——纳入这些事项，或者限于合作条款。在这些没有纳入关于版权和相关权的实质条款的区域贸易协定中，一些协定已经在不同的具体程度上、依据各自的传统、以一体化为目标，协调了各成员的国内法，例如加共体、欧共体和非洲知识产权组织。其他协定，就一个充分有效的保护水平而言，限于较没有强制力的一般规定，例如，区域间的《科托努协定》；或者，它们规定了某种程度上更具体的、但仍然不过度要求的规定，例如 CEFTA 的规定。[168]

11.72 美国参与的区域贸易协定因高标准的保护而从其他所有区域贸易协定中脱颖而出，例如之前的 NAFTA，其保护水平高于 TRIPS，例如后来的 CAFTA-DR 和计划中的 FTAA，甚至高于 WCT 和 WPPT。这些协定的高度具体性也与其他协定不同，因为前者经常在很大程度上是参照美国的国内法制定的。这些协定依据的模式也是美国一般在双边协定中使用的，这些协定的目的是相同的：强化美国产业的利益。

---

[168] 特别是，要求在 8 年内加入特定的协定。

第十二章
双边条约

12.01 自20世纪80年代中期开始，在国际贸易法中纳入知识产权条款这一具有重大意义的新发展，并不仅仅局限于多边框架内。① 它还扩展到了双边条约、地区性条约以及单边贸易措施中。② 在所有情形下，这一新发展背后的推动力都是发达国家。美国和欧洲共同体缔结了绝大多数包含知识产权条款的双边贸易条约。③ 世界上其他地区缔结的类似条约则较少为人所知。④ 此类条约在内容、涵盖范围以及政策上都存在较大不同。

A. 美国与其他国家缔结的条约

（1）在现代双边贸易协定中纳入知识产权条款的原因

12.02 初看上去，人们可能会疑惑为什么自20世纪80年代中期起，美国开始系统性和大规模地在双边贸易条约中纳入版权和其他知识产权保护的相关内容——毕竟，现代国际知识产权条约仍然可以适用。事实上，在大约一百年前，由大量的双边条约所构筑的复杂、不稳定的网络体系来涵盖版权条款这一令人不满意的状况，基本上已经被《伯尔尼公约》所取代，这也被视为对早期知识产权保护状况的一大进步。⑤ 最近这种对于双边贸易条约的依赖，能否被视为又倒退回尚未签订《伯尔尼公约》时的情形呢？

12.03 通过进一步的观察，我们认为答案当然不是。首先，这些最新的

---

① 有关 GATT 导致 TRIPS 缔结的论述，参见上文第9.07~9.09段以及第10.19~10.23段。有关区域性贸易协定，参见第十一章。
② 有关单边贸易政策，参见第十三章。
③ 参见 A 节（下文第12.02段），B 节（下文第12.43段）。
④ 参见 C 节（下文第12.61段）。
⑤ 有关早期保护状况，参见上文第2.24~2.25段。

第十二章　双边条约

双边条约并不是由于缺少多边条约而签订的；相反，它们吸收并提高了多边条约之前设定的最低保护标准。其次，它们主要是由少数主要的工业化国家与其他同类型的国家共同推动并设定条约内容。尤其是美国，借助其强大的谈判力量，成功地在世界范围内依照其自身需求建立了与其国内法相似的保护标准。根据国民待遇条款和最惠国待遇条款，这些条约内容同样对国际关系的现有标准施加了强大的影响力。⑥ 不同于尚未签订《伯尔尼条约》时不同国家之间签订具有巨大差异的保护标准的双边条约所构筑的复杂保护网络，⑦ 新型的保护网络更类似于太阳——代表最强大的缔约方——像辐射光线一样将某些法律标准传输给其他国家。

12.04　这一起源于美国的双边贸易条约浪潮的国内背景与 GATT 的起源相同：自 20 世纪 60 年代，美国的经济实力逐渐衰弱，贸易赤字在 80 年代中期达到了顶峰。通过《1962 年贸易扩展法》《1974 年贸易法案》以及更为强势的《1988 年综合贸易和竞争法》⑧，美国采取了日益激进的贸易政策以避免失去全球经济霸主地位，并由此导致了更多更强势的保护主义措施的出现。

12.05　《1988 年贸易法案》中的"结果和目的"（第一章）⑨ 对美国采取的贸易行动的背景进行了解释。例如："贸易领域及短期账户的基础性失调以及外债的大幅增加"，⑩ 因此而导致的"美国大量的预算赤字"以及"美国贸易政策上的严重缺陷"。⑪ 法案认为"推出一系列国内和国际政策是极其重要的，而且应当列为美国政府最优先考虑的问题——（A）防止未来美国经济和国民生活水平倒退……"⑫ 在以下的这段话中采用了传教士般的语气："虽然美国并不处于一个能为世界上其他地方制定经济政策的位置，但是美国确实处于领导世界的位置，并且这么做也符合美国的国家利益"⑬ ——这段话反映了美国自身的努力或者说自命不凡，但与此同时，这对于其他主权国家而言或许是冒昧放肆的，可能令其他国家感到极其震惊。

---

⑥　有关适用国民待遇原则时，对最惠国条款的限制性效果，参见上文第 10.42~10.49 段。

⑦　有关未签订《伯尔尼条约》之前存在的这一相当分散的保护网络的描述，参见 S Ricketson, J Ginsburg, *International Copyright and Neighbouring Rights: The Berne Convention and Beyond* (2006) 40。

⑧　《1988 年综合贸易和竞争法》，PL 100-418 of 23 August 1988, 102 Stat 1107。自 20 世纪 60 年代以来的发展，参见 Dhar, The Decline of Free Trade and US Trade Policy Today(1992) 26/6, J'l World Trade 133-137。

⑨　《1988 年贸易法案》（同前注 8）第 1001 条，规定在第一章："贸易、海关与关税法"之中（19 USC §2901）。

⑩　同上注，第 1001 条第（a）款第（3）项。

⑪　同上注，第 1001 条第（a）款第（3）项（B）目、（G）目。

⑫　同上注，第 1001 条第（a）款第（4）项。

⑬　同上注，第 1001 条第（a）款第（6）项。

12.06　美国经济在20世纪80年代中期能够得到迅速复苏,其贸易逆差能够得到改善的领域之一是知识产权。在所有贸易领域中,知识产权的新的重要性已经得到体现,比如,法案在投资、融资以及服务之外,特意提及知识产权作为未来贸易协定的主要内容之一,⑭并且将知识产权单独列为重要的谈判目标之一。⑮ 与其他产业不同,版权产业获得了极其巨大的成功,因为电影、计算机游戏以及其他版权产品在世界领域内得到了广泛的利用。⑯ 然而,美国的版权所有者并不能从那些完全不提供版权保护的国家或者不对外国人提供版权保护的国家以及执法不公或无效的国家的使用中获利。这一缺乏保护的情形可能存在,因为这些国家无视可适用的国际条约,或者它们并未加入相关国际条约,因此并没有义务对外国作品提供保护。

12.07　鉴于这种情况,美国试图通过在其他国家建立法律规则和执法措施的方式,以保证在这些国家对美国作品进行持续性使用能获得利润的方式,来发展出一整套贸易来为美国版权产业开发、扩大以及强化外国市场;对此,人们不会感到奇怪。这一目标是通过三种不同但并行的方式达成的:将相关条款纳入多边框架⑰、纳入双边以及地区性贸易协定,⑱ 以及根据"特别301条款"采取单边措施。⑲ 这三种方式的"牙齿"不仅可以在同一贸易领域进行报复,还可以在相关国家最易受到损害的不同领域进行报复。⑳

12.08　对美国而言,双边条约比多边框架更重要的额外价值在于:美国面对于单一国家的谈判能力要远远大于其在多边框架下面对100多个国家的谈判能力,这一点可以从TRIPS以及美国在同时期签订的双边条约的文本

---

⑭　《1988年贸易法案》(同前注8),第1001条第(a)款第(5)项。

⑮　同上注,第1001条第(b)款第(10)项;与此类似的规定可参见《2002年贸易法案》(19 USC 3802)第2102条(b)(4)点,PL 107-210,116 Stat 995-6。

⑯　有关当时版权在美国贸易中所占的比重,参见 E Schwartz, Recent Developments in the Copyright Regimes in the Soviet Union and Eastern Europe (1991), J Copyright Soc USA, 123, 125。

⑰　《1988年贸易法案》第1101条第(b)款(10)项(B)目规定,将知识产权纳入GATT,第(C)目提及了在"由其他国际组织(例如WIPO)主动采取补充性行动"的可能性。

⑱　有关区域性协定,参见上文第11.01~11.24段以及第11.28~11.44段。有关美国总统采取"快速通道"程序签订双边贸易协定的内容,[这一程序指在满足一定条件的前提下,更简便地签订此类协定,因为它对于在特定时间内国会同意或否决(而不是修订)这项协定的权力作了限制],参见《1988年贸易法案》第1102条第(c)(3)项(A)目;这一项权力具有时间限制,但是可以续展。在超过8年未采用这一程序之后,《2002年贸易法案》在其第二十一章(贸易促进授权),也被称为"2002年两党贸易促进授权法",规定了最迟于2007年7月1日之前在特定条件下重新引入了该程序,这也被称为总统的"贸易促进授权"[尤其是第2103条(b)项,《美国法典》第19编第3803条(b)款]。

⑲　对此,参见下文第13.01~13.10段。

⑳　对此,参见上文第10.115~10.116段,以及第10.126~10.128段,前述段落对于在不同贸易领域同时进行谈判的优势也作了论述。

对比中看出。㉑ 与此同时，美国可以在考虑各国盗版的程度以及对美国产业造成的损失，甚至是知识产权领域以外的其他因素的情况下，根据优先度，针对不对国家谈判。㉒ 在多边贸易谈判的背景下，双边贸易协定可能具有单独的功能，例如在多哈贸易回合谈判，是否接受某一国家成为 WTO 的成员方；在"特别 301 条款"的具体程序中，双边贸易协定也可能具有单独的功能。㉓

（2）第一代贸易条约

（a）概述

12.09 作为以《1988 年贸易法案》为基础达成的第一代双边贸易条约的典型代表，美国和罗马尼亚于 1992 年 4 月 3 日签订的贸易协定中的版权与邻接权条款就体现了相应特点。㉔ 与 TRIPS 类似，该协定涵盖了知识产权的若干领域。就已有国际条约规定的义务而言，它超出了 TRIPS：它不仅要求缔约国有义务遵守《伯尔尼公约》的实质性条款，㉕ 还重申了涉及《伯尔尼公约》和《巴黎公约》的已有承诺，甚至要求缔约国有义务加入《伯尔尼公约》和《日内瓦录音制品公约》。㉖ 因此，《伯尔尼公约》和《日内瓦录音制品公约》规定的保护原则就被纳入了协定中。此外，协定还特别采用了类似于 TRIPS 和《北美自由贸易协定》（NAFTA）的措辞来规定国民待遇原则。㉗

（b）版权的最低保护标准

12.10 有关版权的最低实质性保护标准如下：计算机程序和数据与其他材料汇编应受保护，这与 TRIPS 和 NAFTA 的保护水平一样，高于《伯尔尼公

㉑ 参见下文第 12.09～12.15 段；与此类似的有《北美自由贸易协定》：参见第 11.02 段以下，尤其是第 11.18 段。

㉒ 有关这些其他方面，参见下文第 12.21～12.22 段以及第 12.24 段。

㉓ 参见下文第 14.05 段。

㉔ 《美国政府与罗马尼亚政府贸易关系协定》；知识产权条款规定在协定第 8 条及换文中，载（1992）World Intellectual Property Report 198ff；也参见 http：//tcc. export. gov/Trade_ Agreements/All_ Trade_ Agreements/exp_ 005369. asp，在 20 世纪 90 年代早期与其他国家签订的协定中也采用了相同的方式，如与阿尔巴尼亚、亚美尼亚、阿塞拜疆、保加利亚、格鲁吉亚、匈牙利和牙买加（在以上两个国家中，采用了特殊的知识产权条款）、哈萨克、吉尔吉斯斯坦、拉脱维亚、摩尔多瓦、蒙古国、中国（包括台湾地区）、菲律宾（知识产权谅解）、波兰、斯里兰卡、塔吉克斯坦、乌克兰以及乌兹别克斯坦签订的协定。

㉕ 有关 TRIPS 中的所谓遵守条款，参见上文第 10.50～10.54 段。

㉖ 这些义务仅针对罗马尼亚，因为美国已经是上述条约的成员方；相关义务规定在换文第 2 段中。很显然，由于美国并不是《罗马公约》的缔约国，它没有任何兴趣加入《罗马公约》。

㉗ 换文第 1 段；受益者应当是"缔约国另一方的权利所有人"；第 3 段对此作出了详细解释，规定其包括排它许可的被许可人以及"其他获得授权的人"，但并未提及《伯尔尼公约》和《日内瓦录音制品公约》中规定的资格标准［TRIPS 第 3 条第（1）款第 2 项和《北美自由贸易协定》第 1721 条明确提及了这些资格标准］。因此，在适用上述公约时，也必须适用其规定的相关标准。

约》的保护水平；相关措辞更为详尽。㉘ 还规定了以下超出《伯尔尼公约》保护水平的权利：（仅）适用于计算机程序的出租权，这与 TRIPS 和 NAFTA 类似；㉙ 当制作作品的复制品未经权利持有人授权时，享有的进口专有权（这比 TRIPS 的保护水平要高，但与 NAFTA 一样）；通过销售、出租或其他方式首次公开发行的权利；向公众传播，㉚ 包括通过互联网传播的权利。㉛此外，还有一项权利甚至连 NAFTA 都没有规定：新增加的针对合法制作的作品复制品的专有进口权。㉜

12.11 与 NAFTA 一样，《美国—罗马尼亚贸易协定》规定了专有权的自由和独立转让条款以及合同自由无限制原则条款。㉝这样，除了美国在 TRIPS 和 NAFTA 可以获得的保护之外，协定还规定：应当保护"另一方的作者，无论他们是否是自然人，也无论寻求保护方的国内法如何规定司法机关……"㉞ 此类条款是为了在其他根据作者权体系制定法律，因此不承认法人版权所有权的国家，例如罗马尼亚，保护美国法人。㉟ 这样，美国在依据其本国法律制度本来不保护法人作品的国家，获得了有利于美国权利所有人的保护，因为美国的法律制度承认法人作品——这一保护方式经常被视为美国法律的"出口"。

12.12 与 TRIPS 和 NAFTA 的规定非常类似，《美国—罗马尼亚贸易协定》也规定了不以自然人的生命为基础起算的保护期，以及适用于允许的权利限制的三步检验法。㊱ 与 TRIPS 和 NAFTA 相比，协定还新增了一项内容：应限制《伯尔尼公约》所允许的强制许可的使用，而且应确保即使适用时，有可行的手段以保证获得报酬的权利。㊲

（c）邻接权的最低保护标准

12.13 在邻接权领域，《美国—罗马尼亚贸易协定》与 NAFTA 类似，将

㉘ 将换文第 2 段第（a）款（i）项与 TRIPS 第 10 条和 NAFTA 第 1705 条第（1）款进行对比。

㉙ TRIPS 第 11 条 \ NAFTA 第 1705 条第（2）款（d）项。

㉚ 有关这些权利，将换文第 2 段第（a）款（ii）项第（2）、(3)、(5) 目和 NAFTA 第 1705 条第（2）款（a）~（c）项进行对比。

㉛ 有关在传播权及互联网环境下使用的背景下"公众"的含义，参见上文第 11.11 段。基本要件是公众中的成员在同一时间或不同时间，在同一地点或不同地点能够接收。

㉜ 参见换文第 2 段第（a）款（ii）项第（1）目。

㉝ 同上注，第 2 段第（a）款（iv）项以及 NAFTA 第 1705 条第（3）款；对此，参见上文第 11.08 段。

㉞ 参见换文第 2 段第（a）款（iii）项。

㉟ 参见上文第 3.37~3.40 段。

㊱ 参见换文第 2 段第（a）款（v）项和（vi）项。TRIPS 第 12、13 条和 NAFTA 第 1705 条第（4）、(5) 款；有关此项的解释，参见上文第 10.80~10.88 段以及第 11.12 段。

㊲ 参见换文第 2 段第（a）款（vii）项；NAFTA 第 1705 条第（6）款规定的强制许可与此不同。

保护仅限于录音制品制作者。《美国—罗马尼亚贸易协定》协定规定了复制、进口、发行专有权以及与作者适用条件一样的出租专有权；因此，与 NAFTA 相比，对于录音制品制作者而言，对合法制作的复制品所享有的进口权也是一项新增加的权利。㊳ 相比 TRIPS 和 NAFTA 而言都增加的一项内容是：将自由转让条款类比适用于录音制品制作者。㊴ 在 NAFTA 中，三步检验法同样适用于录音制品制作者的权利。50 年的最短保护期限超过了 NAFTA 的保护水平，因为其起算点是出版而非录制。㊵ 与 NAFTA 一样，但比 TRIPS 保护水平高的内容是：保护录音制品制作者也适用"无手续"原则。㊶

（d）执法

12.14 双边换文还规定了一系列知识产权执法条款，不过，内容比 NAFTA 和 TRIPS 中的相关条款要大大简化。㊷

（e）结论

12.15 以上分析可以看出，这一类双边协定的版权条款在结构和内容上都与 TRIPS 和 NAFTA 非常相似，但在保护水平上，会超过后两者。这一结论对于同一时期由美国发起的其他所有双边协定而言都是正确的。㊸

（3）第二代（和当代）贸易协定

（a）概述

12.16 在 1996 年 12 月《世界知识产权组织版权条约》（WCT）和《世界知识产权组织表演和录音制品条约》（WPPT）缔结之后，㊹ 美国启动了第二代双边贸易协定的谈判。第一代双边贸易协定大部分吸收的是 TRIPS 和 NAFTA 设立的保护标准，第二代自由贸易协定基本上吸收了 WCT 和 WPPT 所设立的标准，并在某些方面超越了这些标准。第二代贸易协定所规定的版权和相关

㊳ 参见换文第 2 段第（a）款（viii）项。与 TRIPS 相比，进口权和发行权都是新增的。
㊴ 换文第 2 段第（a）款（iv）项规定可将第 2 段第（a）款（ix）项类比适用于录音制品制作者。
㊵ 将换文第 2 段第（a）款（x）项第（2）目和 NFATA 第 1706 条第（2）款进行对比；有关具体的资格标准（在其他国家首次录制或出版），参见换文第 2 段第（a）款（c）项（1）目。
㊶ 同上注，第 2 段第（a）款（xi）项和 NFATA 第 1703 条第（2）款。
㊷ 参见换文第 2 段第（f）款。
㊸ 有关这些其他协议，参见上注 24。
㊹ 有关这些条约，参见第十七章。

权条款在范围和详略程度上都存在很大不同。㊺ 然而，他们基本上遵循下文所述的模式。美国签订的第一批自由贸易协定是与新加坡、智利、约旦以及澳大利亚签订的。㊻

（b）不同类型的协定

12.17　（i）TIFAs（贸易与投资框架协定）　美国根据不同的情况，选择不同类型的协定。对于那些按照美国的观点应当开放经济或者提高经济水平以吸引外国投资的国家，㊼ 美国首先与之缔结的是贸易与投资框架协定，以促进贸易自由化和提高知识产权保护水平。㊽ 此类协定通常规定得较为概括；例如，只设立一个共同理事会，以便扩大贸易与投资合作等，㊾ 有时在序言中会强调保护知识产权的重要性。㊿ 此类协定不具有约束力，采用的是协商机制，对于促进缔约国参与全球经济具有帮助作用，最终在合适时机再缔结自由贸易协定。(51)

12.18　（ii）BITs（双边投资条约）　作为第二步，或者对某些国家而言可能是第一步，美国与其缔结双边投资条约，旨在确保国民待遇与最惠国待遇以及对美国在其他国家的投资提供进一步的保护。"投资"的定义非常广泛，将知识产权也涵盖在内，包括版权与相关权。(52) 因此，双边投资条约在知识产权领域通常要求提供国民待遇和最惠国待遇，防止一方规定有关征用、在东道国内转入或转出投资收益、其他实行要求比如强制性本地所占的比例或投资的技术转移要求以及争端解决条件（一方的投资者可以将与另一方政府的

㊺ 美国与澳大利亚和新加坡签订的自由贸易协定是规定了极其详细的知识产权条款条约的典型代表；例如，《美国—澳大利亚自由贸易协定》第17章规定了29页单倍行距篇幅的知识产权条款，其中大约八页半是有关版权与相关权的内容，大约四页规定了网络服务提供者的责任，其余7页规定了执法的相关内容，还有两页半规定了一般条款；与之相比，《美国—约旦自由贸易协定》仅包含5页篇幅的知识产权条款，其中一页涉及版权与相关权；有关贸易与投资框架协定和双边投资条约，参见下文第12.17~12.19段。

㊻ 所有的自由贸易协定都可在 http：//www.ustr.gov 网站上查询；其中《美国—约旦自由贸易协定》于2001年签订，是其中签订时间的协定。

㊼ http：//www.state.gov/e/eeb/ttp/c10333.htm.

㊽ 有关现已签署的贸易与投资框架协定的列表，参见 http：//www.ustr.gov/Trade_ Agreements/TIFA/Section_ Index.html。

㊾ 例如，美国与沙特阿拉伯于2003年7月31日签订的贸易与投资框架协定第2条、第3条，http：//www.ustr.gov/assets/Trade_ Agreements/TIFA/asset_ upload_ file304_ 7740.pdf。

㊿ 例如，美国与东南亚国家联盟于2006年8月25日签订的贸易与投资框架协定，http：//www.ustr.gov/assets/Trade_ Agreements/TIFA/asset_ upload_ file932_ 9760.pdf。

(51) http：//www.state.gov/e/eeb/tpp/c10333.html.

(52) 参见《美国双边投资条约范本（2004）》第1条"定义"，http：//www.state.gov/documents/organizations/38710.pdf。

争端提交具有约束力的国际仲裁,而不是提交东道国本国法院审理)。

12.19 双边投资条约一般以《美国双边投资条约范本(2004)》(2004 US Model BIT)为基础草拟。[53] 美国将双边投资条约视为通过为美国投资者创造更为有利的条件,增强外国当地私营经济,发展外国经济的工具。[54] 其他国家则将双边投资条约视为为美国投资者在其本国建立稳定、可预期和过度优惠的法律框架的工具。[55]

12.20 (ⅲ) **FTAs(自由贸易协定)** 自由贸易协定既可以作为贸易与投资框架协定和双边投资条约的后续步骤而缔结,也可以不经过这些初始协定而直接缔结。它们一般既规定了类似于双边投资条约中的投资章节(包括知识产权),[56] 也就知识产权规定了更为详尽的条款。此类条款通常旨在促使美国知识产权产业能够持续地确保他们所要求的和追求的保护标准。[57]

(c) 不同的策略

12.21 在缔结自由贸易协定时,美国会审慎考虑将哪一个国家或地区作为首要谈判的目标。美国的策略通常是选择一个比其他国家更依赖进入美国市场的国家,或者选择一个具有一般经济或政治优势的国家,例如约旦,其在中东进程中扮演的角色以及其向美国的出口不会对美国工业造成实质性影响这一事实结合起来,使其成为好的候选对象。[58] 此外,一个地区内理想的目标国家也可能是一个在知识产权以外的其他领域具有更重要目的的国家,例如巴林,它试图在美国的支持下成为美国在海湾地区从事贸易获得的主要通道;[59] 在这种情况下进行谈判,可能会引入尽可能高的保护标准。

---

[53] 参见《美国双边投资条约范本》的有关链接,http://www.state.gov/e/eb/rls/othr/38602.htm 以及 http://www.ustr.gov/Trade_ Agreements/Bilateral/Section_ Index.html;有关实质性义务的简介,参见 G Fisher, Reviving the Us Bilateral Investment Treaty Program, in The International Lawyer 2005,不过该著作目前尚未出版,[参见(2005)ILM 265, n 9]。《美国双边投资条约范本》曾吸收《2002 年贸易法案》中的谈判目的进行修订。有关《双边投资条约》(目前已生效或已签订)的列表,参见 http://www.ustr.gov/Trade_ Agreements/BIT/Section_ Index.html。

[54] Secretary of State Albright, Letter of Submittal to the US Congress Regarding the US–Bahrain Bit, 23 March 2000, 1, 转引自 D Price, The US–Bahrain Free Trade Agreement and Intellectual Property Protection (2004) 7/6 Journal of World Intellectual Property 829, in n 25。

[55] 同上注,第 834 页。

[56] http://www.state.gov/e/eeb.rls/othr/38602.htm。

[57] USTR Industry Trade Advisory Committee on Intellectual Property Rights (ITAC–15) Report, 4, http://www.ustr.gov/assets/Trade_ Agreements/Bilateral/Bahrain_ FTA/Reports/asset_ upload_ file822_ 5228.pdf。

[58] 有关约旦的论述,参见 W Malkawi, The Intellectual Property Provisions of the United States–Jordan Free Trade Agreement: Template or not Template, (2006) 9/2 Journal of World Intellectual Property 213。

[59] 同前注 54,第 849 页、第 850 页。

12.22 即使从知识产权的角度来看，这个国家并不是如此重要，在一个地区选择目标国家的策略，对美国而言仍具有特别的吸引力，因为这样会对该地区的其他国家施加压力：在这一"砌砖"方法下，美国与某一地区的一个国家签订的第一份条约将成为与其他国家谈判的范本，其他国家将很难成功达成比这一条约所规定的更有利的条件。[60] 因此，作为美国与海湾地区国家签订的条约先例——《美国—巴林自由贸易协定》，与作为美国与阿拉伯国家签订的条约先例——《美国—约旦自由贸易协定》相结合，最终导致更高水平的"美国—中东自由贸易区"的设立。[61] 在亚洲和拉丁美洲，这一"砌砖"的目标国家分别是新加坡和智利。[62] 但是，最佳策略仍然是不保证谈判的结果将会是直接达成双边协定；在某些情况下，谈判可能会停滞甚至中止；例如，美国在知识产权领域的高需求就成了美国与南部非洲关税联盟（SACU）谈判中的主要障碍。[63]

12.23 迄今为止（2007 年 8 月），美国已经与约旦签订了双边自由贸易协定（2001 年），该协定也成为与美国其他阿拉伯国家签订条约的先例，美国计划在此之后与埃及签订自由贸易协定；[64]美国与巴林签订的双边自由贸易协定（2004 年签订，2006 年生效）作为海湾地区的条约先例，随后，美国与阿曼签订了自由贸易协定；[65]美国与摩洛哥签订的双边自由贸易协定（2004 年签

---

[60] 有关"砌砖"方法，参见 Malkawi（同前注 58），第 214 页（更多参考文献，参见注 8）；类似观点，可参见 Price（同前注 54），第 849 页。

[61] 有关将约旦作为对其他阿拉伯国家模板的论述，参见 Malkawi（同前注 58），第 214 页；有关计划将于 2013 年达成的《美国—中东自由贸易协定》，参见 http：//www.ustr.gov/Trade_ Agreements/Regional/MEFTA/Secion_ Index. html。

[62] 美国与上述两国签订的自由贸易协定都在 2003 年缔结，上述两份自由贸易协定的内容，可参见 http：//www.ustr.gov/Trade_ Agreements/Bilateral/Section_ Index. html。

[63] SACU 是指南部非洲关税联盟（南非、博茨瓦纳、纳米比亚、莱索托和斯威士兰），http：//www.bilateral.org/rubrique.php3? id_ rubrique =15。

[64] 有关《美国—约旦自由贸易协定》，参见 Malkawi（同前注 58）以及 M el Said, The Evolution of the Jordanian TRIPS – Plus Model：Multilateralism Versus Bilateralism and the Implications for the Jordanian IPRs Regime, 2006 IIC 501；有关约旦的自由贸易协定，也可参见 http：//www.ustr.gov/Trade_ Agreements/Bilateral/Jordan/Section_ Index. html；有关当前美国与埃及的谈判，参见 http：//www.bilateras.org/rubrique. php3? id_ rubrique = 123。

[65] 有关《美国—巴林自由贸易协定》，参见 Price（同前注 54），第 830 页；美国与阿曼的谈判在 2005 年已经达成；有关美国与其他海湾国家的谈判，参见 http：//www.ustr.gov/Trade_ Agreements/Regional/MEFTA/Secion_ Index. html；http：//www.bilateras.org/rubrique.php3? id_ rubrique = 55；以及尤其是美国与阿拉伯联合酋长国（UAE）的谈判，参见 http：//www.bilateras.org/rubrique. php3? id_ rubrique = 145。

订，2006年生效）可能作为与其他北非国家的条约先例；⑥⑥美国与新加坡签订的自由贸易协定（2003年）作为美国与其他亚洲国家的条约先例，随后，与美国签订协定的是泰国等国家；⑥⑦ 美国与智利签订的自由贸易协定（2003年），作为美国与其他拉丁美洲国家的条约先例，随后，与美国签订协定的是哥伦比亚、巴拿马和秘鲁；⑥⑧ 美国与澳大利亚也签订了双边自由贸易协定。⑥⑨ 美国与韩国的自由贸易协定谈判，在2007年3月结束。

12.24 另一在缔结双边条约时采用的策略，是将之用于考虑有关成员是否加入WTO的条件，对此，将在就知识产权纳入贸易框架的总体评估中作进一步分析。⑦⓪

（d）谈判的首要目标

12.25 在列举第二代自由贸易协定的标准内容之前，先简单回顾一下美国《2002年贸易法案》的首要谈判目标，以用于解释自由贸易协定的背景。这些目标包括"进一步促进知识产权的充分和有效的保护，包括通过：（i）（Ⅰ）加快及完全实施TRIPS以及通过（Ⅱ）确保美国参加的任何双边或多边贸易协定涉及知识产权的相关条款所体现的保护标准与美国国内法的规定类似；（ii）为新出现的技术以及传输和发行载有知识产权的产品的新方法提供

---

⑥⑥ Price（同前注54），第830页。有关这一自由贸易协定，也可参见http：//www.moroccousafta.com/indes_ ang.htm#；有关突尼斯和阿尔及利亚，参见http：//www.bilateras.org/rubrique.php3？id_ rubrique =55。

⑥⑦ 有关《美国—新加坡自由贸易协定》，参见 C Kenneth，Harmonising Intellectual Property Law between the United States and Singapore：The United States – Singapore Free Trade Agreement's Impact on Singapore's Intellectual Property Law，（2005）18/2 Transnational Lawyer 489 – 513；有关美国和泰国、韩国、马来西亚以及我国台湾地区的谈判，参见http：//www.bilateras.org/rubrique.php3？id_ rubrique =2。

⑥⑧ 有关美国和智利签订的自由贸易协定，参见 P Roffe，Bilateral Agreements and a TRIPS – Plus world：The Chile – USA Free Trade Agreemen（2004），参见 http：//www.qiap.ca 或 http：//www.geneva.quno.info；有关美国与巴拿马的自由贸易协定（谈判于2006年12月达成），参见http：//www.bilateras.org/rubrique.php3？id_ rubrique =139；有关美国与秘鲁和哥伦比亚的自由贸易协定（作为安第斯贸易促进法的一部分），参见http：//www.ustr.gov/Trade_Agreements/Bilateral/Section_ Index.html；有关针对厄瓜多尔的计划，参见http：//www.bilateras.org/rubrique.php3？id_ rubrique =55；也可参见美国与中美洲地区国家签订的类似区域性条约，CAFTA – DR，参见上文第11.37 ~11.44段。

⑥⑨ 《美国—澳大利亚自由贸易协定》（http：//www.ustr.gov/Trade_Agreements/Bilateral/Austrilia_ FTA/Section_ Index.html）在澳大利亚引起了很大的担忧，主要是因为条款中的特定措辞，参见 L Weiss，E Thurbon and J Mathews，How to Kill a Country：Australia's Devastating Trade Deal with the United States（2004）（尤其是讨论知识产权的第五章）；C Antons，Intellectual Property Chapters in Australia's Free Trade Agreements with Countries in the Asia – Pacific Region，Conference Paper on 30 March 25 at the New York Conference "Recent Developments in and Enforcement of Asian Intellectual Property Law"（Fordham University School of Law and IP Academy Singapore）at 3 – 6。

⑦⓪ 参见下文第14.05段。

强有力的保护；……（iii）确保保护和执法标准与技术的发展相一致，尤其是确保权利持有人享有法律和技术手段来控制通过互联网和其他全球通讯媒介对其作品的使用，以及防止未经授权对其作品进行使用；以及（iv）为知识产权提供强有力的执法手段……”此外，还有确保那些依赖知识产权保护的美国公民获得公正、平等以及无歧视的市场准入机会。(71)

（e）自由贸易协定的内容

12.26　（i）一般条款　NAFTA 和第一代双边条约已经采用的一般方式，是以现有国际知识产权法为基础，在此基础上要求提供额外的保护。在版权与邻接权领域，采用这一方式缔结的条款，其保护水平不仅超过 TRIPS（一般被称为“TRIPS 递增条款”），还超过了那些近来缔结的多边条约，如 WCT 和 WPPT。“TRIPS 递增”标准似乎是美国设定的必要条件。(72) 的确，美国如今将现有的多边条约（尤其是 WCT 和 WPPT）作为自由贸易协定保护的基础标准。(73)

12.27　因此，自由贸易协定的标准内容是缔约方应有义务加入《1974 年布鲁塞尔卫星公约》(74)，WCT 以及 WPPT。(75) 可以存在变化的内容仅仅是：规定有义务令这些条约的实质性条款生效，(76) 还是加入或者仅批准条约的部分内容，(77) 抑或是确认已经加入或者批准条约。(78) 就此类义务而言，许多自由贸易协定规定了对 TRIPS 项下(79)权利和义务的一般确认条款，并且规定自由贸易协

---

(71) 《贸易促进授权法》（《2002 年贸易法案》）（同前注 15）第 2102 条。

(72) Roffe（同前注 68），第 9 页：“对于美国而言，不会选择缔结一项没有规定更高保护水平的贸易协定”；美国贸易代表办公室的 V Espinel 在 2005 年于纽约举办的第十三届国际知识产权法律与政策年会上指出，美国签订的自由贸易协定以美国国内法为基础，因此当美国国内法进行修订时可能会导致问题。也可参见大多数咨询委员会报告中对于“TRIPS 递增”方式的称赞，例如 ITAC 15 对美国和巴林签订的自由贸易协定的论述（同前注 57），第 5 页以下。

(73) 负责知识产权与创新事务的助理美国贸易代表助理 V Espinel，于 2007 年 4 月 13 日在 Fordham 大学在纽约举办的第十五届国际知识产权法律与政策年会上的发言。

(74) 有关此公约，参见上文第 4.70～4.74 段。

(75) 例如《美国—新加坡自由贸易协定》第 16.1 条第（2）款（a）项（i）、（iii）、（iv）目；标准用语是“批准并加入”这些条约。

(76) 例如《美国—约旦自由贸易协定》第 4 条第（1）款（c）、（d）项，仅提及了 WCT 和 WPPT。

(77) 例如《美国—智利自由贸易协定》第 17.1 条第（3）款（c）项，仅提及《布鲁塞尔卫星公约》，而未提及 WCT 和 WPPT。

(78) 例如《美国—澳大利亚自由贸易协定》第 17.1 条第（2）款（b）项和（h）项提及的是《布鲁塞尔卫星公约》和《伯尔尼公约》。

(79) 参见《美国—澳大利亚自由贸易协定》第 17.1 条第（3）款；《美国—约旦自由贸易协定》第 1 条第（2）款。

定中的知识产权条款只是最低限度的义务。(80)

12.28 其他一般条款涉及的内容有：缔约国之间不得减损一般或特定国际法义务；(81) 适用的时限（对自由贸易协定生效前已经发生的行为不予适用；(82) 但对协定生效时已有的客体予以适用，前提是该客体在寻求保护的国家受到保护或者符合保护的标准(83)）；实施法律、规章和相关程序时应当采用书面和公开的方式的透明度要求(84)以及一般国民待遇条款。

12.29 通常，自由贸易协定中的国民待遇条款与 TRIPS 中的类似；在某些情况下，它们甚至明确规定，扩展适用于"来源于知识产权"的任何利益。(85) 就此类保护私人复制的获得报酬权的利益而言——例如《美国—新加坡自由贸易协定》就明确作了规定，(86) 美国通过规定优于 WPPT 中国民待遇的条款，(87) 以双边方式获得了其在 WPPT 的多边框架内因受到世界各国反对而被排除的内容(88)。国民待遇的受益人在 TRIPS 中被称为"国民"。TRIPS 参考了《伯尔尼公约》《罗马公约》以及其他已有公约的资格标准，对"国民"这一用语进行定义，而仅有某些自由贸易协定——不同于 TRIPS，包含了"国民"通常定义之外的其他标准。(89)

12.30 大多数自由贸易协定只对司法和行政程序［与 TRIPS 第 3 条第

---

(80) 参见《美国—澳大利亚自由贸易协定》第 17.1 条第（1）款；《美国—智利自由贸易协定》第 17.1 条第（1）款；《美国—新加坡自由贸易协定》第 16.1 条第（1）款；《美国—约旦自由贸易协定》第 4 条第（1）款。

(81) 这些条款采用了不同的措辞，参见《美国—约旦自由贸易协定》第 1 条第（3）款；《美国—新加坡自由贸易协定》第 1.1 条第（3）款有关国民待遇一般义务的规定，以及《美国—智利自由贸易协定》第 17.1 条第（5）款特别提及了 TRIPS 以及由 WIPO 管理的其他条约中规定的不减损条款。

(82) 参见《美国—澳大利亚自由贸易协定》第 17.1 条第（11）款；《美国—智利自由贸易协定》第 17.1 条第（9）款。

(83) 参见《美国—智利自由贸易协定》第 17.1 条第（9）、（10）款［第 17.7 条第（7）款详细解释了第 17.1 条第（10）款，该条款涉及《伯尔尼公约》第 18 条］；《美国—新加坡自由贸易协定》第 16.1 条第（6）款。

(84) 参见《美国—澳大利亚自由贸易协定》第 17.1 条第（12）款；也对透明度作出了要求，例如参见 TRIPS 第 84 条。

(85) 例如，参见《美国—澳大利亚自由贸易协定》第 17.1 条第（6）款；《美国—新加坡自由贸易协定》第 16.1 条第（3）款；TRIPS 第 3 条。

(86) 《美国—新加坡自由贸易协定》第 16.1 条第（3）款的注释 16－4，解释了此类利益包含"空白磁带补偿金"。

(87) 有关拒绝美国提案的投票，参见下文第 17.44 段。

(88) 有关 WPPT 未规定私人复制获得报酬权的论述，参见下文第 17.45～17.46 段。有关各条约之间的关系，参见第 24.15 段、第 24.18 段；也参见下文第 12.30 段。

(89) 例如，《美国—澳大利亚自由贸易协定》第 17.1 条第（6）款注释 17－1；与《美国—新加坡自由贸易协定》第 16.1 条第（3）款注释 16－2 类似。

（2）款一样］规定了国民待遇例外；有些自由贸易协定对表演者和录音制品制作者二次使用录音制品规定了例外。(90) 最新的发展趋势是提供完全的国民待遇，而不设定例外，例如美国与巴林，美国与新加坡签订的自由贸易协定。(91) 这再次说明，美国似乎希望在双边层面获得它在多边层面无法获得的东西，尤其是涉及相关权利的内容。(92) 然而，有人可能会疑惑《伯尔尼公约》《罗马公约》《世界版权公约》和 TRIPS 之前已经规定的有关国民待遇的例外是否不再在这些国家之间适用。根据有关措辞，自由贸易协定内容中涉及 TRIPS 的不减损条款，可能是一个强有力的论据来支持以下观点：自由贸易协定的任一缔约国有权在相关自由贸易协定的框架下，适用 TRIPS（以及《伯尔尼公约》《罗马公约》项下有关国民待遇的例外条款）。(93)

12.31 （ii）版权与相关权的具体义务 虽然自由贸易协定的缔约国通常依据一般条款的规定，必须遵守 WCT 和 WPPT，许多自由贸易协定仍然采用类似于 WCT 和 WPPT 的措辞明确规定这两个条约中的相关义务，或者以美国法为范本进行更为详细的规定。这些具体规定一般不对版权与邻接权加以区分——不管这样做是出于实用主义还是原则性的要求，(94) 在共同条款中对这些权利作了规定。具体而言，实质性保护条款的标准内容是：复制专有权（包括以电子形式进行的临时存储），按需提供权、(95) 发行权以及有的协定规定的

(90) 只规定了第一项例外的有《美国—约旦自由贸易协定》第 4 条第（4）款，《美国—新加坡自由贸易协定》第 16.1 条第（4）款；还规定了二次使用的有《美国—智利自由贸易协定》第 17.1 条第（6）款和《美国—澳大利亚自由贸易协定》第 17.1 条第（6）款第 2 项。

(91) 参见 ITAC 在其报告中的肯定性评价（同前注 57），第 7 页。

(92) 有关多边公约中限制国民待遇的多边条款，参见例如：TRIPS 第 3 条第（1）款第 2 句和 WPPT 第 4 条，以及上文第 10.34 段和下文第 17.45 ~ 17.27 段。也参见 ITAC 在其报告（见前注 57）第 57 页中的如下表述："美国一向支持没有例外的完全的国民待遇"。

(93) 有关 TRIPS 项下国民待遇的例外规定，参见上文第 10.30 段和第 10.36 段。类似的国民待遇例外条款，参见《美国—智利自由贸易协定》，Roffe（同前注 68），第 18 页；有关《中美洲自由贸易协定》，参见上文第 11.39 段。

(94) 反对区分版权与相关权（例如《美国—智利自由贸易协定》第 17 条第 5 款和第 6 款）的意见主要来自美国工业界，后者一致反对将录音制品制作者和表演者规定在"相关权"或"邻接权"制度中，这样相当于"被归为二等公民"，IFCA - 3 - CAFTA，2004，10，http：//www.ustr.gov/assets/Trade_Agreements/Regional/CAFTA/CAFTA_ Reports/assets_ upload_ file571_ 5945.pdf；此种设想的平等待遇具有正当性，尽管在数字化环境下未必具有说服力，同上注；此外，这一观点反映了版权体系和作者权体系的对立，参见上文第 3.68 段。

(95) 例如《美国—约旦自由贸易协定》第 4 条第（10）款（仅涉及复制权）；《美国—新加坡自由贸易协定》第 16.4 条第（1）款和第（2）款（a）项；《美国—智利自由贸易协定》第 17.5 条第（1）、（2）款和第 17.6 条第（1）、（2）款；《美国—澳大利亚自由贸易协定》第 17.4 条第（1）、（2）款。

作者、表演者和录音作品制作者对授权复制品的进口权。(96) 对于表演者和录音作品制作者而言，部分自由贸易协定额外规定了广播和向公众传播专有权，同时允许对模拟传输和免费无线广播规定例外，以及允许在符合相关条件的情况下对非交互式传输适用法定许可。(97)

12.32 这些为表演者和录音制品制作者提供的传播和广播转播权——使适用于法定许可——反映了版权体系原则上平均对待作者和相关权权利人，而作者权体系原则上对表演者和录音制品制作者的保护则较为有限的区别，例如其授予相关权权利人对于广播和向公众传播获得报酬权，而非专有权。(98)

12.33 自由贸易协定有关保护期限的规定也持类似观点。这些条款基于保护期限是否根据自然人的生命为基础进行计算而作出不同的区分。在第一种情况下，仅适用于作者，这一期限通常规定为作者终生及死亡后 70 年。在第二种情况下，大部分条款并不区分作者和相关权权利人。它们为所有类型的权利所有人提供的保护期限均为：首次获得授权出版后 70 年，或者在完成后 50 年内未出版的，保护期限为自完成之日起 70 年。(99) 在第一种情况下，通常作者权受保护的期限和相关权受保护的期限存在着区别，因为从作者死亡后开始计算的期限通常比从录制或出版之日开始计算的期限长，(100)不过，希望对此加以调整，使得对表演者和录音制品制作者的保护期限和作者的保护期限一样长的愿望是很明显的。相反，作者权体系的国家通常为作者提供的保护期限比相关权权利人更长。(101)

12.34 美国产业界对于作者可能比相关权权利人获得的待遇更好的担忧，

---

(96) 例如，《美国—澳大利亚自由贸易协定》第 17.4 条第（2）款（澳大利亚成功地获得了规定适用国际用尽原则的可能）；《美国—智利自由贸易协定》第 17.5 条第（3）款和第 17.6 条第（2）款；《美国—新加坡自由贸易协定》第 16.4 条第（3）款和《美国—约旦自由贸易协定》第 4 条第（11）款（仅涉及出口权）。

(97) 例如，《美国—约旦自由贸易协定》第 4 条第（12）款；《美国—新加坡自由贸易协定》第 16.4 条第（2）款（a）项，在其第一部分重复了 WCT 第 8 条的措辞［该款提及了《伯尔尼公约》的相关条款］，同时其也适用于表演者和录音制品制作者，这样就为解释传播权带来了困难；（b）项也为通过因特网转播电视信号规定了专有权；《美国—智利自由贸易协定》第 17.6 条第（5）款。

(98) 有关这一区别，参见上文第 3.68 段。

(99) 例如，《美国—澳大利亚自由贸易协定》第 17.4 条第（4）款；《美国—新加坡自由贸易协定》第 16.4 条第（4）款；作为例外，《美国—智利自由贸易协定》第 17.5 条第（4）款和第 17.6 条第（7）款对作者和相关权权利人予以了区分，不过与 70 年的保护期限无关，仅与计算期限的起始点有关：对于相关权权利人，起算点是“录制”完成之日，而非“创作”完成之日。

(100) 当表演在录制完成之后 50 年内但在表演者去世之后出版时，就存在例外。在这种情况下，保护期限（自出版之日起 70 年）可能会比表演者终生及死亡后 70 年的期限更长。

(101) 通常情况下，为作者提供的保护期限是 70 年，为相关权权利人提供的保护期限是 50 年；参见上文第 3.68 段，也参见本书第七章有关欧共体的论述。

也体现在《美国—智利自由贸易协定》的规定中,该协定明确要求:在涉及作者和相关权权利人时,需要同时获得他们的授权。[102] 这一条款直接与智利版权法中之前的规定相悖,后者规定:就录音制品的公开表演而言作者的利益一般优先于表演者和录音制品制作者的利益。对美国产业界而言,"明确规定作者和唱片制作者的权利之间不存在层级体系上的高低"似乎是很重要的。这对某些拉丁美洲国家的版权法中的危险条款是一个受欢迎的澄清。[103]

12.35 许多自由贸易协定也纳入了版权体系的其他一些基本特点,例如:自由和独立转让原则,以及权利人通过合同、包括雇佣合同取得或持有任何经济权利享受其权利或利益。[104] 美国曾试图将类似条款纳入 TRIPS 中,但未取得成功;[105] 只有在与发展中国家签订的三边协定(NAFTA)、双边协定或地区性协定中,美国才有能力引入类似条款,而不管采取此种规定是否会对采用作者权体系国家的国内法体系造成扭曲。[106]

12.36 至于限制和例外,大部分自由贸易协定都照搬了 TRIPS、WCT 和 WPPT 中有关三步检验法的规定。部分自由贸易协定甚至还照搬了 WCT 和 WPPT 的议定声明,并特别规定允许有关瞬时复制和偶然复制的限制和例外。[107]

12.37 有一些自由贸易协定不仅规定了有关规避技术保护措施和保护版权管理信息的条款,还规定了有关互联网服务提供者的责任的条款,后者大部

---

[102] 《美国—智利自由贸易协定》第 17.7 条第(1)款;类似条款参见《中美洲自由贸易协定(CAFTA)》第 15.5 条第(3)款(上文第 14.40 段)。

[103] IFAC – 3 – CAFTA, 2004, p. 11, 转引自 Roffe(同前注 68),第 31 页。

[104] 例如,《美国—约旦自由贸易协定》第 4 条第(14)款;《美国—新加坡自由贸易协定》第 16.4 条第(6)款;《美国—智利自由贸易协定》第 17.7 条第(2)款和《美国—澳大利亚自由贸易协定》第 17.4 条第(6)款(是这里列举的自由贸易协定中唯一一个仅对"版权",而不包括相关权规定了这一规则的条款;不过,该条款接下来的内容提及了表演和录音制品)。

[105] 参见上文第 11.18 段和第 11.42 段。

[106] 对这一发展的批评意见,参见 Roffe(同前注 68),第 32 页;有关版权体系和作者权体系在这一点上的区别,参见上文第 3.70 段。

[107] 例如,《美国—约旦自由贸易协定》第 4 条第(16)款;《美国—新加坡自由贸易协定》第 16.4 条第(10)款;《美国—智利自由贸易协定》第 17.7 条第(3)款(其脚注 17 对瞬时复制和偶然复制及数字环境下的例外作了规定);《美国—澳大利亚自由贸易协定》第 17.4 条第(10)款。

分借鉴了美国《数字千年版权法（DMCA)》的相关条款。(108) 另一个常见的条款与防范解密已加密的卫星信号相关措辞基本上与NAFTA一样。(109)近来出现的一个新兴条款是：要求缔约国有义务采取措辞，包括颁布法律，来保证所有政府部门只能使用获得授权的计算机程序；这一规定显然主要是为了保护美国的软件公司。(110)

12.38 (iii)执法和争端解决方式 自由贸易协定的一个重要组成部分，也是在第一代条约中就已经存在的，是一系列有关知识产权的执法条款。大多数自由贸易协定的条款沿袭了TRIPS中的执法条款。(111) 自由贸易协定通常也会规定争端解决条款，此类条款基本上与WTO的相关规定类似，不过，在细节上存在一些差异。一般来说，如果自由贸易协定的缔约国同时也是WTO的成员方，申诉方有权选择争议解决的场所；此后，不得再寻求其他地方解决争议。(112)

(f) 实施

12.39 尽管有一些自由贸易协定规定了不同期限的过渡期以实施要求的

---

(108) 《美国—约旦自由贸易协定》第4条第（13）款因其简洁而成为例外，它与《美国—新加坡自由贸易协定》第16.4条第（7)、(8）款不同（规定了大约4页以单倍行距排版的内容)；《美国—智利自由贸易协定》第17.7条第（5)、(6）款以及《美国—澳大利亚自由贸易协定》第17.4条第（7)、(8）款（分别规定了大约5页以单倍行距排版的内容)，全部规定的是有关技术措施和权利管理信息的内容；有关互联网服务提供者（ISP）的责任，可见《美国—智利自由贸易协定》第17.12条第（23）款；《美国—澳大利亚自由贸易协定》第17.11条第（29）款（有3页半以单倍行距排版的内容完全规定的是ISP责任)，经2004年5月18日换文补充，对权利所有人向服务提供者提供有效的通知的模板以及消费者提出有效的反通知的模板作了进一步详细规定（参见http://www.ustr.gov)；《美国—新加坡自由贸易协定》第16.9条第（22）款（经2003年5月6日换文补充，也规定了类似模板)。美国《数字千年版权法》实施了WCT和WPPT的相关义务，并引入了有关互联网服务提供者责任的相关条款。

(109) NAFTA第1707条，参见上文第11.19段；类似条款，参见《美国—新加坡自由贸易协定》第16.6条；《美国—智利自由贸易协定》第17.8条；《美国—澳大利亚自由贸易协定》第17.7条。

(110) 例如，《美国—约旦自由贸易协定》第4条第（15）款；《美国—新加坡自由贸易协定》第16.4条第（9）款；《美国—智利自由贸易协定》第17.7条第（4）款；《美国—澳大利亚自由贸易协定》第17.4条第（9）款。

(111) 例如，《美国—澳大利亚自由贸易协定》第17.11条第（1）~(28）款；《美国—智利自由贸易协定》第17.11条第（1）~(22）款；《美国—新加坡自由贸易协定》第16.9条第（1）~(21）款；相反，《美国—约旦自由贸易协定》仅包含5个条款：第4条第（24）~(28）款，以及一份相关的谅解备忘录（参见http://www.ustr.gov）在这方面增加了2条较短的条款；有关《美国—智利自由贸易协定》的相关条款，参见Roffe（同前注68)，第42~45页。

(112) 有关《美国—智利自由贸易协定》中的争端解决条款，参见Roffe（同前注68)，第46~48页；此类条款参见《美国—智利自由贸易协定》第22章（有关之前提及的选择争端解决场所的条款，参见第22.3条)；《美国—澳大利亚自由贸易协定》第21章（尤其是B节)；《美国—约旦自由贸易协定》第17条；以及《美国—新加坡自由贸易协定》第20章（尤其是第20.2条)。

标准或加入特定的条约,[113] 但是美国最新采取的趋势是反对规定任何过渡期,并要求在条约生效之时完全遵守并加入相关条约,例如《美国—巴林自由贸易协定》的规定。[114] 这一趋势符合确保"加快以及完全实施"TRIPS[115] 的缔约目的(不管 TRIPS 中规定的过渡期是否已经结束)。[116]

12.40 各种双边协定——贸易与投资框架协定、双边投资条约以及自由贸易协定——通常都会规定一个联合委员会或者理事会作为美国贸易代表(USTR)与相关国家持续对话交流的平台,或者作为"监督"相关条约"正确实施"的工具。[117] 此类委员会在具体实施相关条约的过程中扮演了非常重要的角色。由于联合委员会通常在初审中扮演了争端解决机构的角色,因此,它们一直被视为事实上为其他国家制定了法律。[118] 事实上,委员会的工作和其他措施可能能够为美国保证其他国家的"法律将根据美国的模式制定"。[119] 此种在实施阶段对国家主权的限制,同样反映在许多多边知识产权条约缺乏相关标准条款上,根据多边条约,缔约国可以根据其自身的法律体系和实践决定实施的方式。[120]

12.41 例如,以《美国—澳大利亚自由贸易协定》为例,美国不满意澳大利亚在 2000 年实施 WCT 和 WPPT 时所采用的具体措辞,坚持根据自由贸易协定采取特殊方式实施特定条款。[121] 虽然这一自由贸易协定已经缔结并由双方缔约国签署,被美国国会批准并由美国总统签署成为法律,同时也被澳大利亚议会通过并已获得御准,美国方面有关实施的担忧必须在协定生效之前解决。根据美国《1979 年贸易协定法》,美国总统有权单方面决定一项已被总统批准

---

[113] 例如,《美国—智利自由贸易协定》第 17.1 条和第 17.12 条(同前注 68),对各种单独的标准作出了区分。

[114] ITAC 在其报告(同前注 57)第 22 页中将这一原则(仅适用两项例外)作为对之前的自由贸易协定的"重要进步":"所有其他条约义务,以及知识产权章节规定的所有其他义务,必须在协定生效之后得到实施,这使得这一自由贸易协定成为所有自由贸易协定中最具积极意义的一项协定……为之后的自由协定谈判提供了完美的先例。"

[115] 参见《2002 年贸易法案》第 2102 节以及上文第 12.25 段。

[116] 与 TRIPS 条约可能的冲突,参见下文第 13.07~13.10 段。

[117] 例如,《美国—约旦自由贸易协定》谅解备忘录第 15.1 条。

[118] 有关对于这些深远影响的可能批评,参见 P Drahos, "BITs and BIPs: Bilateralism in Intellectual Property",(2001) 4/6 Journal of World Intellectual Property 791, 798;有关《美国—约旦自由贸易协定》联合委员会的论述,参见 el Said(同前注 64),第 517 页。

[119] Price(同前注 54),第 847 页对《美国—巴林自由贸易协定》进行了论述;《美国—澳大利亚自由贸易协定》与此类似,参见 Weiss/Thurbon/Mathews(同前注 69),第 115、125、133 页。

[120] 例如 TRIPS 第 1 条,WCT 第 14 条第(1)款,WPPT 第 23 条第(1)款。

[121] Weiss/Thurbon/Mathews(同前注 69),第 133 页也提到这点;也参见 Ricketson/Ginsburg(同前注 7),第 4.54 段,注释 108、111。

和国会通过的双边条约,是否被另一缔约国适当实施,如果未被适当实施,可能会阻止其适用。[122]

(4) 小结

12.42 美国近来启动的自由贸易协定所规定的最低保护标准,一般来说,不仅高于 TRIPS 设定的标准,而且高于 WCT 和 WPPT 设定的标准;在大多数情况下,相关措辞与美国国内法类似。双边贸易协定是美国广泛贸易策略的一部分;因此,将贸易协定和类似策略分别做出评估似乎也是合适的。[123]

B. 欧共体与非欧共体之间的条约

(1) 概述

(a) 早期在双边条约中纳入知识产权的动力

12.43 早期的欧共体国家与非欧共体国家之间缔结的自由贸易协定和类似协定所规定的知识产权内容,只有类似欧共体条约相关条款和 GATT 第 20 条(d)项的保障条款。[124] 欧共体几乎在与美国同一时间,开始考虑将知识产权纳入其与非欧共体国家签订的双边协定中。1988 年,美国通过了相关贸易法案,[125] 欧共体则在《1988 年绿皮书》中表明通过双边条约中的相关条款完善现有的多边公约和谈判(尤其是在 GATT 框架内的谈判)的需要。与美国类似,欧共体对于国际社会"缺乏适当的保护知识产权的实质性标准,(以及)在存在此种标准的情况下又缺乏有效的执法机制"提出了批评。[126]

12.44 三年以后,中东欧社会主义国家解体,这些国家向西方开放;这为欧共体提供了另一个重要动力缔结双边协定。作为自然发展的结果,中东欧国家努力向欧共体靠拢;它们也是当时欧共体签订双边条约的主要目标对象。广泛的联合协定(包含了知识产权方面的义务)是中东欧各国准备加入欧共

---

[122] USTR Press Relaese of 17 November 2004 on the US – Australia FTA, http://www.ustr.gov/assets/Document_ Library/Press_ Releases/2004/November/asset_ upload_ file236_ 6752.pdf. 根据《美国法典》第 19 编第 2503 条(b)款第(2)项(A)目,总统可以决定协定另一方成员方是否"接受了条约中与美国相关的义务。"

[123] 参见下文第十四章;有关全球不同地区的双边协定的简要比较,参见下文第 12.76~12.89 段。

[124] 参见欧共体条约第 30 条(之前是第 36 条)以及本书第二章;例如,参见欧共体与瑞士签订的协定第 20 条,OJ L 300, 189 of 31 December 1992;也参见下文与 GATT 条约有关的第 14.01 段。

[125] 参见上文第 12.04~12.05 段。

[126] 参见 Green Paper on Copyright and the Challenge of Technology: Copyright Issues Requiring Immediate Action, COM (88) 172 final, 7.3.1. 也参见理事会在这一领域内的工作计划,"Follow – up to the Green Paper" COM (90) 584 final, 7.8.2. 实际上,某些现有的双边条约在此之后曾重新进行过谈判,以纳入知识产权的相关内容。

体的工具。⑫⑦

（b）协定的类型

12.45 除了旨在为加入欧共体做准备的联合协定之外，欧共体为建立另外两种形式的联合体也缔结了相关协定：一种是以建立自由贸易区为目的的自由贸易协定，另一种是针对发展政治领域的发展联合。所有形式的联合协定都是基于欧共体条约第310条的规定⑫⑧；其首要目标是与非欧共体国家建立特别紧密以及长期的关系。要实现这一目标，必须通过“共同行动以及特殊程序”达成。⑫⑨ 换句话说，联合体必须拥有各自获得授权的机构（具有同等的代表权），在其职责范围内，有权作出具有约束力的决定，并因此促进联合的实现和进一步发展。

12.46 这些协定的标准内容包括：自由贸易规则、原产地规则、人员的自由流动以及在某些情况下禁止对另一缔约国国民的歧视条款。因此，根据欧共体条约第133条项下欧共体的一般通用的商业政策权限，联合协定比贸易协定具有更深远的影响。⑬⓪ 协定的名称并不一定反映其法律实质；例如，“合作伙伴”协定可能是联合协定，也可能是基于欧共体条约第133条缔结的协定。这些协定可能也规定了涉及知识产权的相关义务。然而，其他协定，例如合作框架协定，一般并不涉及知识产权相关条款，因为这可能超出了涉及合作的一般规则的范围。⑬①

（2）旨在为加入欧洲共同体做准备的条约

（a）第一代协定

12.47 在1989年到1991年之间，欧共体⑬②缔结了涵盖知识产权保护义务条款的第一代协定⑬③。这些协定主要针对中东欧各国⑬④，因为后者只有在欧洲

---

(127) 这些条约的法律基础是欧共体条约第238条（在尼斯条约版本中是第310条）；参见S von Lewinski，“Copyright within the External Relations of the European Union and the EFTA Countries”（1994）10 EIPR 429，430。有关最终导致加入的协定，参见下文第12.47～12.53段。

(128) 欧共体条约第310条通过提及缔约国的互惠性权利和义务，说明了国际公法下条约的一个显著特点。

(129) 参见欧共体条约第310条。

(130) 它们近来常见被用在非优惠性贸易协定中。

(131) 例如，欧共体和阿根廷在1990年4月2日签订的协定，［1990］OJ L295/67。

(132) 在某些情况下，此类协定的欧方签署者可能是欧洲经济共同体和欧洲原子能共同体或者所有三个欧洲共同体机构。

(133) 它们被称为“贸易、商业和经济发展协定”，例如欧洲经济共同体、欧洲原子能共同体与苏联（USSR）在1989年12月18日缔结的协定，［1990］OJ L 68/1。

(134) 欧共体也与其他国家，例如中国、越南以及某些地中海国家就签订类似协定进行了谈判，其中部分协定已经缔结。参见von Lewinski（同前注127），第430页。

经济共同体与经济互助委员会（COMECON）于1988年6月25日签署联合声明之后，才能与欧共体直接订立协定。[135] 在此之前，经济互助委员会拥有专属权限，可有效阻止各国签订国际协定，但是欧共体并不承认其这一权限，并且只准备与各国直接协商。在柏林墙于1989年11月倒塌后，欧共体与中东欧国家的关系进入了一个新时期。

12.48 协定中的知识产权条款反映了这些国家对具体的政治、社会和经济形势的思考，它们需要时间在其本国的社会主义制度失败之后重建经济，以调整经济结构适应市场经济。此外，这些条款启动了对话交流。[136] 因此，这些条款仅限于规定以下义务：（a）确保知识产权的适当保护和执法，（b）确保相关国家在这一领域已作出的国际承诺，（c）鼓励在欧共体和非欧共体国家内就相关事务和机构作出合理安排，以及（d）鼓励负责知识产权事务的机构和组织之间进行合作与交流观点。[137]

（b）第二代协定和欧洲协定

12.49 第二代双边贸易和合作协定的缔结始于1992年，当时是作为与那些在未来短期内不会成为欧共体成员的国家——波罗的海海湾国家、阿尔巴尼亚和斯洛文尼亚——之间订立协定的过渡方式。[138] 这些协定规定了要求略微提高知识产权相关义务[139]，并且提及了将缔结联合协定作为进一步的目标。这些联

---

[135] [1988] OJ L 157, 34. 经济互助委员会（COMECON）成员包括苏联以及之前采取计划经济政策的东欧国家、蒙古国、越南和古巴。

[136] D Franzone, "Les Relations entre la Communaute et les pays d'Europe Central et Oriental: versunevoieenropeenne des droits de proprieteintellectuelle?" (1993) Dirittod'autore 245, 256ff, 249ff.

[137] 《欧洲经济共同体与保加利亚人民共和国关于贸易、商业和经济合作协定》第19条第（4）款，OJ L 291/9 of 23 October 1990。类似的条款也出现在欧共体与捷克斯洛伐克联邦共和国在同日签订的协定（同前注28）第15条第（3）款，以及1991年3月26日欧洲经济共同体与罗马尼亚签订的协定第18条，OJ L 79/13 OF 26 March 1991。也参见欧洲经济共同体及欧洲原子能共同体与苏联签订的有关贸易、商业和经济合作协定第19条，OJ L 68/3 of 15 March 1990；该协定并未规定上述提及的最后一项义务。

[138] 欧洲经济共同体和爱沙尼亚之间签订的协定，OL J 403/2 of December 1992；欧洲经济共同体与拉脱维亚之间签订的协定，OL J 403/11 of 31 December 1992；欧洲经济共同体与欧洲原子能共同体和立陶宛签订的协定，OL 1992 L 403/19 of 31 December 1992；欧洲经济共同体与阿尔巴尼亚签订的协定，OL J 343/2 of 25 November 1992；欧洲经济共同体与斯洛文尼亚签订的协定，OL J 189/1 of 29 July 1993。

[139] 尤其是，适当保护应当与"欧共体内采取的水平类似"，而且当事国应加入（尽管并不特定）与知识产权有关的国际条约。

合协定,被称为"欧洲协定",之后代替了前两代双边协定。⑭⁰ 它们被视为加入欧盟前的最后一个步骤。为了方便申请国的加入,提供必要的灵活性以使各国的法律能够平稳地与共同体现有法律体系相适应是非常必要的。⑭¹ 此种与共同体现有法律体系相协调的行为,并不是为了欧共体产业界的利益而设置任何标准,而是为了与欧共体成员方应尊重并且适当实施欧共体法律的义务相符。

12.50 因此,欧洲协定涵盖诸多领域,既包括货物、服务、资本、人员的自由流动、促进竞争、协调法律,也包括经济、财政以及文化合作。其中就知识产权规定的相关义务比早期的协定更为具体。首先,提供"有效及适当的保护"的义务被限定为"采用类似于欧共体现存的水平,包括采用类似的方式落实这些权利"。这一限制条件反映了使法律趋于一致的目的,以确保有更多国家在未来可以加入欧共体。这一方式的优势之一是可以通过仅仅提及现有欧共体法律的方式,将未来欧共体进行的协调作为双边条约中的自动义务。⑭² 与此同时,这一义务仅要求采用类似于欧共体的水平,保留了较高程度的灵活性。第二,这些协定要求遵守特定的国际公约。上述两种义务必须在协定生效之后的 15 年之内完成。第三,还要求未来的立法与欧共体的立法"尽可能地"——仍然采用的是较为弹性的措辞——保持一致。⑭³

12.51 最终,经过对此类协定进行再次谈判和采取进一步的过渡步骤之后,相关国家最终加入了欧盟。

(c) 稳定与紧密关系协定

12.52 2000 年之后,欧盟开始与西巴尔干半岛各国推进所谓的"稳定与紧密关系协定(SAAs)",首先是马其顿、克罗地亚,接着是阿尔巴尼亚。⑭⁴ 欧盟于 2006 年开始与波斯尼亚、黑塞哥维那、黑山和塞尔维亚进行谈判。⑭⁵ 稳定与紧密关系协定被视为同时针对加入和发展议题的紧密关系协定。总体的

---

⑭⁰ 就波兰和匈牙利而言,参见 1993 年 12 月 31 日 OL J348 号和 L 347 号文件中的协定;上述协定于 1994 年 2 月 1 日生效。就保加利亚、斯洛伐克共和国、捷克共和国、罗马尼亚、立陶宛、拉脱维亚、爱沙尼亚和斯洛文尼亚而言,分别参见第 OJ L 358/2, 359/2, 360/3, 357/2(都是 1994 年)、51/3, 26/3, 68/3(都是 1998 年)以及 51/3 号文件(1999 年)中的协定。规定有此类条款的中期协定,是由具有完整权限的欧共体(不同于其成员方)在这之前订立的,参见 von Levinski(同前注 127),第 430 页。

⑭¹ "acquis communautaire"指的是欧共体在相关领域内的法律,包括基本法和派生法,也包括欧共体法院对前者的解释,参见第二卷。

⑭² Franzone(同前注 136),第 256 页。

⑭³ 例如《匈牙利欧洲协定》第 67、68 条(同前注 140)。

⑭⁴ 欧盟与前南斯拉夫马其顿共和国和克罗地亚分别于 2001 年签订了稳定与紧密关系协定(这两个协定分别于 2004 年 5 月 1 日和 2005 年 2 月 1 日生效),[2004] OJ L 84/13 和 [2005] OJ L 26/3;欧盟与阿尔巴尼亚在 2006 年签订协定(临时协定,[2006] OJ L 239/3,从 2006 年 12 月 1 日起生效)。

⑭⁵ 欧盟与塞尔维亚的谈判于 2006 年 5 月中断,并在 2007 年 5 月重新开始。

政治稳定、经济繁荣以及整个地区的和平是此类协定的主要目标，也是将之与欧洲（和其他加入）协定相区别的主要因素。此类协定的基础性义务包括保障民主原则、国际法、人权、法治以及市场经济。

12.53 与此同时，协定的序言明确提及可选择加入欧盟。事实上，克罗地亚和马其顿都已经是欧盟成员候选国。[146] 鉴于让这些国家加入欧盟是首选，[147]因此，稳定与紧密关系协定的结构和条款实质上与欧洲协定基本一样。有关版权与相关权，各缔约国基本上都确认为知识产权提供适当且有效的保护和执法的重要性，包括遵守《伯尔尼公约》《罗马公约》《日内瓦录音制品公约》以及 WCT 和 WPPT 的重要性。此外，非欧共体国家"应采取必要措施"在稳定与紧密关系协定生效后三到五年内保证提供"接近于"欧共体标准的保护水平；缔约国同意稳定与紧密关系协定委员会可以要求非欧共体成员方加入特定的国际公约，并向委员会报告涉及贸易条件的关知识产权问题。此外，有关知识产权的最惠国待遇条款也被纳入了进来。[148]

（3）与苏联成员方签订的伙伴与合作协定

12.54 自 20 世纪 90 年代中期起，欧共体开始与苏联成员方启动伙伴与合作协定的谈判工作。[149] 一般来说，这些协定着眼于政治对话、扩展经济交流以及多领域内的合作；不过，此类协定并不涉及加入欧共体的议题。其中规定的知识产权义务与稳定和紧密关系协定类似。[150]

（4）发展紧密关系协定

12.55 欧共体与来自世界不同地区的国家，尤其是与地中海沿岸国家（"泛欧地中海紧密关系协定"）、非洲—加勒比—太平洋沿岸国家（"科托努协

---

[146] 克罗地亚于 2004 年 6 月，马其顿于 2005 年 12 月加入欧盟。

[147] 欧洲议会在多个场合，例如在 1993 年、1995 年和 2000 年，宣布原则上可考虑让西巴尔干半岛的国家加入欧盟，Press release no 200/1/00 no 67 of 19 June 2000。

[148] 例如，欧盟与克罗地亚签订的稳定与紧密关系协定（同前注 144）第 71 条及附录八。

[149] 欧共体与俄罗斯联邦于 1994 年 6 月 24 日签订的协定，[1997] OJ L327/3；欧共体与摩尔多瓦于 1994 年 11 月 28 日签订的协定，[1998] OJ L181/3；欧共体与乌克兰在 1994 年 6 月 14 日签订的条约，[1998] OJ L49/3；欧共体与吉尔吉斯斯坦在 1995 年 2 月 9 日签订的协定，[1999] OJ L196/48；欧共体与哈萨克在 1995 年 1 月 23 日签订的协定，[1999] OJ L196/3；欧共体与乌兹别克斯坦在 1996 年 6 月 21 日签订的协定，[1999] OJ L229/3；欧共体与阿塞拜疆在 1996 年 4 月 22 日签订的协定，[1999] OJ L246/3；欧共体与格鲁吉亚在 1996 年 4 月 22 日签订的协定，[1999] OJ L205/3；欧共体与亚美尼亚于 1996 年 4 月 24 日签订的协定，[1999] OJ L239/3。

[150] 例如，欧共体与俄罗斯签订的协定中的序言以及涉及知识产权的第 54 条和附件十；与之类似，欧共体与乌克兰签订的协定（同前注 149）的序文以及第 50 条和附录三。

定")、⑮ 南非⑫以及智利⑬,都签订了发展紧密关系协定。缔结这些协定的主要目的在于促进贸易自由化、深化合作和政治稳定,以及尊重民主原则和基本权利。

12.56 就地中海沿岸贸易伙伴而言,欧盟在 1995 年 11 月通过了"巴塞罗那宣言",希望让欧盟和特定的地中海国家的关系进入一个新时期:通过发展广泛的合作和双边紧密关系协定,以便最终在 2010 年建立泛欧地中海伙伴关系和自由贸易区。在塞浦路斯和马耳他于 2004 年加入欧盟之后,还剩下 10 个地中海伙伴国家没有加入欧盟,它们分别是:阿尔及利亚、埃及、以色列、约旦、黎巴嫩、摩洛哥、巴勒斯坦、叙利亚、突尼斯和土耳其。⑭ 到目前为止,欧盟与上述所有国家的谈判都已经结束。⑮ 从 1995 年开始,这些协定已经取代了之前 20 世纪 70 年代缔结的协定。

12.57 此类协定以及其他上文提及的其他类型的协定是欧盟的另一项重要政策——欧洲睦邻政策的一部分,该项政策不仅涉及地中海沿岸国家,还涉及欧盟的其他邻国:阿尔及利亚、亚美尼亚、阿塞拜疆、白俄罗斯、埃及、格鲁吉亚、以色列、约旦、黎巴嫩、利比亚、摩尔多瓦、摩洛哥、巴勒斯坦、叙利亚、突尼斯以及乌克兰;对俄罗斯,欧盟则与之发展战略伙伴关系。该项政策于 2004 年开始发展,其目的是为欧盟邻国提供一种优先发展关系,以避免欧盟(在其 2004 年扩大之后)与其新邻国之间产生新的分界线。⑯ 与泛欧—地中海伙伴关系一样,欧洲睦邻政策也是以双边协定为基础进行发展。

12.58 大多数此类协定中的知识产权条款几乎采用了相同的模式。它们

---

⑮ 科托努协定属于区域性协定,参见上文第 11.69~11.70 段。

⑫ 欧共体与南非签订的协定,[1999] OJ L311/3(于 2004 年 5 月 1 日生效),有关知识产权条款,参见第 46 条。

⑬ 欧共体与智利签订的协定,[2002] OJ L352/3;欧共体计划与拉丁美洲国家也签订类似协定。欧共体与其他发展中国家存在着其他形式的协定,而其中部分协定规定有知识产权相关义务(例如欧共体与韩国于 1996 年 10 月 28 日签订的协定,[2001] OJ L90/46,第 9 条以及附录规定了知识产权义务的一般条款);也参见注 131 有关阿根廷的相关内容。

⑭ 参见欧共体分别与以下国家签订的协定,突尼斯[1998] OJ L97/2;阿尔及利亚[2005] OJ L265/2;摩洛哥[2000] OJ L170/2;埃及[2004] OJ L304/39;约旦[2002] OJ L129/3;黎巴嫩[2002] OJ L262/2(临时协定);以及以色列[2000] OJ L147/3(不是发展紧密关系协定)。

⑮ 目前的状态(签署、生效),参见 http://ec.europa.eu/trade/issues/bilateral/regions/euromedy/aa_en.htm。

⑯ 有关欧洲睦邻政策(ENP),参见 http://ec.europa.eu/world/enp/policy_en.htm;Communication from the Commission of 12 May 2004 (COM 2004 373 final), European Neighbourhood Policy: Strategy Paper。

继续保持早期欧共体双边协定的传统，措辞简洁、相对概括。例如，此类协定的典型条款有：缔约国应"依据国际最高标准，为知识产权提供适当、有效的保护"，或者"依据主流的国际标准以及对知识产权进行执法的有效手段"。[157] 此种宽泛的措辞一方面具有较大的灵活性，另一方面也会成为潜在争端产生的原因。尤其是，什么是"国际最高标准"是不明确的，究竟是根据多边条约、双边条约还是同时根据这两种条约是最高标准；此外，究竟是在条约缔结时是最高标准，还是在条约缔结之后的任何时间都是最高标准。

12.59 发展紧密关系协定还规定了一些非专属性的义务：当事国应加入特定的国际公约[158]，确保公约得到适当和有效的实施，以及确认他们遵守其已经加入的条约的重要性。加入相关协定的期限通常在条约生效（通常发生在签署条约之后的三至五年内）之后的四至五年内。[159] 任何与加入 TRIPS 相关的义务必须尊重 TRIPS 第 65 条授予发展中国家的过渡期。[160] 仅有某些协定规定缔约国也应加入 WCT 和 WPPT。[161] 在大部分协定中，加入其他条约的义务是由开放式条款来规定的：即由紧密关系协定委员会（由当事国的部长组成）决定当事国应当加入相关领域的哪些其他多边公约。[162]根据这一条款，协定具有较大的活力；当然，在未来作出决定时，需要得到双方同意。

12.60 在某些协定中，缔约国一方为发展中国家的特殊情况会通过其他因素予以体现。例如，南非没有义务加入某些条约；欧共体确认其遵守这些条约义务的重要性，而南非可以"善意地考虑是否加入这些条约"。[163] 此外，"欧共体可根据请求或者基于双方达成合意的条款和条件，在法律的起草和防止知识产权的滥用方面向南非提供技术支持"。[164]

---

[157] 例如《欧共体—智利紧密关系协定》第 55 条第（g）款（同前注 153）；《欧共体—埃及联合协议》第 37 条（同前注 154）；《欧共体—南非联合协议》第 46 条第（1）款（同前注 152）。

[158] 对每一个国家的要求都有所不同；通常，仅限于《罗马公约》，例如，《欧共体—埃及紧密关系协定》附录六以及《欧共体—摩洛哥紧密关系协定》附录七（同前注 154）；《欧共体—智利紧密关系协定》第 170 条第（c）款（i）项也规定了《日内瓦录音制品公约》）。

[159] 欧共体与埃及和摩洛哥签订的协定中的此项条款规定为 4 年（同前注 158）。

[160] 例如《欧共体—阿尔及利亚紧密关系协定》附录六（同前注 154）。

[161] 同上注；《欧共体—智利紧密关系协定》第 170 条（b）款（ii）项、（iii）项（同前注 153）。

[162] 例如《欧共体—智利紧密关系协定》第 171 条；《欧共体—埃及紧密关系协定》附录六（同前注 153、154）。

[163] 该协定第 46 条第（4）款（同前注 152）。

[164] 同上注。第 46 条第（6）款。

C. 其他国家之间的双边条约

(1) 概述

12.61 虽然美国和欧洲在发起缔结包含有知识产权相关条款的双边自由贸易协定或类似协定方面一直表现得最为积极，其他国家，特别是在20世纪90年代中期之后，也开始实践双边主义。在有些情况下，来自不同地区的两个以上国家缔结了类似协定。⑯ 国家集团也参与了地区性协定，例如"中美洲自由贸易联盟""欧洲自由贸易联盟"，已经与单个国家签订了协定。⑯ 虽然严格来说，它们并不是所谓的"双边协定"，但与地区性协定相比，它们与双边协定更接近，因此本章也对其予以论述。⑯ 不同于对包含有知识产权条款的其他协定的详细分析，本节只着重分析现有条约的主要模式。

(2) 欧洲自由贸易联盟（EFTA）

12.62 迄今为止（截至2007年11月），欧洲自由贸易联盟已经签订了15项自由贸易协定；其从1990年开始，首先与其他欧洲国家签订协定，最近与墨西哥、智利、韩国、新加坡、埃及、以色列、约旦、黎巴嫩、摩洛哥、巴勒斯坦、突尼斯、土耳其以及南部非洲关税同盟（尚未生效）签订了协定。⑯ 这些自由贸易协定规定了为知识产权提供适当、有效的保护以及执法措施的一般义务，并规定了国民待遇和最惠国待遇，不过，它们需受TRIPS有关例外的限制。此外，协定还列出了一系列需要当事国重新确认其承诺以及应保证加入的条约。协定中设定的条件根据不同国家各有不同；例如，《智利—EFTA自由贸易协定》要求缔约国应有义务在2007年1月1日之前成为WCT和WPPT的成员方，但《墨西哥—EFTA自由贸易协定》仅要求"墨西哥努力在尽可能短的时间内完成加入WCT和WPPT的必要程序"。⑯

---

⑯ 例如，文莱、智利、新加坡和新西兰之间于2005年签订的"跨太平洋战略经济伙伴关系协定"（尚未生效），参见 http://www.mfat.gov.nz/Trade-and-Economic-Relations/Trade-Agreements/Trans-Pacific/index.php。

⑯ 例如，欧洲自由贸易联盟签订的协定，参见 http://secretariat.efta.int/Web/legaldocuments/；类似的，哥斯达黎加、萨尔瓦多、危地马拉、洪都拉斯以及尼加拉瓜与巴拿马签订的《中美洲—巴拿马协定》（于2002年签署），参见 http://www.sice.org/ctyindex/PAN/PANagreements_e.asp。

⑯ 有关区域性协定，例如欧洲自由贸易协定，参见上文第十一章。

⑯ 参见 http://secretariat.efta.int/Web/legaldocuments/。也可查看与其他国家展开合作的七项声明。

⑯ 《墨西哥—EFTA自由贸易协定》附录二十一，参见 http://secretariat.efta.int/Web/ExternalRelations/PartnerCountries/Mexico。

(3) 拉丁美洲

12.63 许多拉丁美洲自由贸易协定——类似于双边投资条约——在投资章节中将知识产权作为投资予以规定，因此其也应遵守国民待遇和最惠国条款的义务。[170] 此外，它们通常规定了"为知识产权提供适当、有效保护以及执法措施"的一般义务，并且重新确认了 TRIPS[171] 以及缔约国加入的其他条约中的相关义务。[172] 这些协定通常规定，缔约国可以为知识产权提供更广泛的保护。[173]

12.64 尽管有些条约的知识产权条款仅规定了此种一般义务[174]，其他条约则以《北美自由贸易协定》（NAFTA）为模版规定了更为详细的内容。尤其值得指出的是，虽然拉丁美洲国家采取的是作者权体系，但那些 NAFTA 中有关版权体系的特殊规定也被纳入到了这些协定中。[175] 协定明确规定了国民待遇和最惠国待遇条款，但也明确规定应受《伯尔尼公约》《罗马公约》和 TRIPS 项下例外的约束。[176] 某些条协定要求当事国不仅有义务遵守《伯尔尼公约》和《日内瓦制品公约》的实质性条款规定，还应遵守《罗马公约》的实质性条款。[177]此类协定与 NAFTA 存在其他显著区别的地方是：它还以《罗马公约》为模板，新增了有关表演者的条款，[178] 以及新增了有效保护民间文学艺术和传统

---

[170] 加勒比共同体与哥斯达黎加之间签订的自由贸易协定第 10 条第 2 款（d）项和第 10 条第（5）款（于 2004 年签署，对巴巴多斯于 2006 年生效，对圭亚那于 2006 年生效，对特立尼达和多巴哥于 2005 年生效），作为第十章投资的一部分，参见 http：//www.sice.org/Trade/crcrcom_e/crcrcomind_e.asp。

[171] 如《智利—韩国自由贸易协定》（于 2004 年生效）第 16.1 条，参见 http：//www.sice.org/Trade/Chi-SKorea_e/ChiKoreaind_e.asp。

[172] 如《智利—EFTA 自由贸易协定》（于 2004 年生效）附录十二，参见 http：//sceretariat.efta.int/Web/ExternalRelations/PartnerCountries/Chile；也可参见《跨太平洋战略经济伙伴关系协定》（条注 165）第 10.3 条。

[173] 例如《智利—韩国自由贸易协定》第 16.2 条（同前注 171），与 TRIPS 第 1 条第（1）款第 1 句的规定类似。

[174] 也参见 2006 年 8 月 22 日签订的《智利—秘鲁自由贸易协定》第 19.7 条，http：//www.sice.oas.org/ctyindex/CHL/CHLAgreements_e.asp。

[175] 尤其是有关权利的自由转让和对取得的权利（包括通过雇佣关系取得的权利）完全享受的条款。

[176] 例如，《哥斯达黎加—墨西哥自由贸易协定》（于 1995 年生效），http：//www.sice.org/trade/Mexcr_s/cerind.asp 和《智利—墨西哥自由贸易协定》（于 1999 年生效），http：//www.sice.org/trade/chmefta/indice/asp。

[177] 同上注；与此相反，《北美自由贸易协定》并未规定应遵守《罗马公约》的条款。

[178] 例如，参见《墨西哥—玻利维亚自由贸易协定》（于 1995 年生效），第 16 条第（10）～（14）款，http：//www.sice.org/trade/mexbo_s/mbind.asp；《墨西哥—智利自由贸易协定》（同前注 176）第 15 条第（9）～（14）款；《哥斯达黎加—墨西哥自由贸易协定》（同前注 176）第 14～20 条；类似的还有哥伦比亚、墨西哥和委内瑞拉之间签订的三边协定（于 1995 年生效），http：//www.sice.org/Trade/go3/G3INDICE.ASP。

知识的一般义务条款。⑰

12.65 智利与欧洲自由贸易联盟之间签订的协定以及与墨西哥与欧洲自由贸易联盟之间签订的协定沿用了欧洲自由贸易联盟的模式，后者与欧共体适用的模式类似。⑱

（4）跨太平洋战略经济伙伴关系协定

12.66 另一种略有不同、更为注重"平衡"的模式，反映在文莱、智利、新西兰和新加坡之间订立的跨太平洋战略经济伙伴关系协定中。⑲ 该协定第1.1条第（4）款（e）项在规定一般贸易目标时，提及了为知识产权提供适当、有效的保护和执法措施，其第10章"知识产权"规定了一般条款，要求当事国承认知识产权在促进经济和社会发展方面的重要性，以及有必要在保护权利所有人的权利和使用人的合法利益之间维持平衡。其他条款明确允许采取措施防止知识产权滥用以及反竞争的行为；其他条款确认了当事国可以规定国际用尽（遵守国际义务的前提下规定），而且可以制定便利采用技术措施手段的相关行为。⑳

12.67 就版权与相关权而言，该协定仅要求当事国有义务根据 WCT 和 WPPT，引入有关复制权和向公众传播权的规定，以及与 TRIPS 对表演者的保护相类似的规定。此外，它还提及了《伯尔尼公约》、TRIPS、WCT 和 WPPT 有关限制与例外的规定，并对相关权规定了互惠待遇，但须受 TRIPS 的限制。㉑与其他涉及拉丁美洲国家的协定一样，该协定对地理标志也作了详细规定。

（5）澳大利亚和新西兰

（a）澳大利亚

12.68 虽然澳大利亚在贸易谈判领域的优先考虑仍然是在 WTO 框架下进行谈判，但由于 WTO 框架下的对话停滞不前，导致澳大利亚启动新的自由贸易协定谈判议程。为了加快贸易自由化，尤其是加快与重要的国外市场之间的

---

⑰ 例如《危地马拉—台湾地区自由贸易协定》第15条第4款和第15条第3款（于2006年生效），http://www.sice.org/Trade/GTM_TW/Index_s.asp；以及2004年签订的《巴拿马—台湾地区自由贸易协定》第16条第6款，http://www.sice.org/Trade/PanRC/PANRC_e.asp。

⑱ 有关欧共体的论述，参见上文第12.55段，第12.58～12.60段，有关欧洲自由贸易联盟，参见上文第12.62段。

⑲ 同前注165，也参见上文第12.61段。

⑳ 上述协定第10.3条第（1）～（3）款。

㉑ 上述协定第10.3条第（4）～（5）款。

贸易自由化，澳大利亚将双边以及区域性自由贸易协定作为重点考虑的手段。⑱ 除了与美国在 2005 年签订自由贸易协定之外，⑱ 澳大利亚与新加坡（SAFTA, 2003）和泰国（TAFTA, 2005）⑱ 分别签订了自由贸易协定，最近（在 2007 年）其又与中国、马来西亚、新西兰/东南亚国家联盟、日本以及智利就签订自由贸易协定进行谈判。此外，澳大利亚还计划与海湾合作委员会（GCC）就自由贸易展开谈判；⑱ 最初，它曾与阿拉伯联合酋长国（UAE）展开双边谈判，但在后者告知澳大利亚：海湾合作委员会最高法院判定其成员方只能集体进行自由贸易协定谈判之后，两者最终未能达成协议。作为可能的自由贸易协定谈判的第一步，澳大利亚和韩国已经同意就它们之间是否签订自由贸易协定展开合作研究。⑱

12.69 《澳大利亚—新加坡自由贸易协定》和《澳大利亚—泰国自由贸易协定》比《澳大利亚—美国自由贸易协定》的规定更为简略。《澳大利亚—新加坡自由贸易协定》第 13 章"知识产权"章的规定仅有 7 款。就版权和相关权而言，当事国重新确认了它们在 TRIPS 中所作出的承诺，并且保证自协定生效之日起 4 年内加入 WCT 和 WPPT。⑱ 有关版权的唯一一条具体的条款明确将复制权的适用范围扩展到作品、唱片以及电影的电子复制品，但须受各当事国国内法规定的限制和例外的约束。⑲ 其余的唯一一项规制义务是在获取相关信息和投诉之后，采取措施防止侵权货物的出口；TRIPS 项下广泛的边境控制措施并未规定这一义务。⑲ 其他条款的内容则涉及执法、教育方面的合作，以及有关知识产权方面信息的交换。⑲

12.70 《澳大利亚—泰国自由贸易协定》对涉及版权与相关权方面的义

---

⑱ 参见 http：//www. dfat. gov. att/trade/fs_ fta_ essential_ guide. html. 有关澳大利亚自由贸易协定政策的总体性评论，参见 C Dent, *New Free Trade Agreements in the Asia Pacific* (2006), 66ff.

⑱ http：//www. ustr. gov/Trade_ Agreements/Bilateral/Australia_ FTA/Section_ Index. html.

⑱ 《澳大利亚—新加坡自由贸易协定（SAFTA）》于 2003 年 7 月 28 日生效，它是第一个规定有知识产权条款的自由贸易协定，也是澳大利亚自从与新西兰在 1983 年签订《澳大利亚—新西兰更紧密经济关系贸易协定》之后，澳大利亚签订的第一个双边自由贸易协定。《澳大利亚—泰国自由贸易协定（TAFTA）》于 2005 年 1 月 1 日生效，有关这两项协定的内容和相关信息，参见 http：//www. fta. gov. au/default. aspx? FolderID = 260&ArticleID = 206。

⑱ 海湾合作委员会（GCC）包括巴林、科威特、阿曼、卡塔尔、沙特阿拉伯以及阿拉伯联合酋长国。有关与 GCC 展开的谈判以及有关与 GCC 签订自由贸易协定可能产生的利益的研究，参见 http：//www. dfat. gov. au/trade/fta/gcc/index. html。

⑱ http：//www. trademinister. gov. au/releases/2006/wtt026_ 06. html.

⑲ 《澳大利亚—新加坡自由贸易协定（SAFTA）》第 13 章第 2 条（1）、(2)、(3) 款。

⑲ 同上注，第 13 章第 3 条。

⑲ 同上注，第 13 章第 4 条。

⑲ 同上注，第 13 章第 5、6 条；其第 7 条规定了域名及商标。

务规定得更少。尽管该协定的当事国也应"完全遵守"TRIPS 以及"其他双方当事国都是成员方的多边协定有关知识产权的规定,[193]但协定并未要求它们承诺加入 WCT 或 WPPT。此外,《澳大利亚—泰国自由贸易协定》并没有规定复制权适用于电子复制品;其与《澳大利亚—新加坡自由贸易协定》规定的唯一相同的义务是防止侵权货物的出口。[194]该协定同样重视执法合作以及知识产权和相关权领域的信息和教育合作;它明确规定"激励各当事国的所有个体,尤其是个人发明者、创造者以及中小型企业在知识产权领域的创造和发展"。[195]

(b) 新西兰

12.71 与澳大利亚类似,新西兰也与泰国[196]和新加坡[197]签订了包含有知识产权条款的双边协定。不过,这些协定仅包含了非常有限的知识产权条款,例如一般性提及 TRIPS 的相关条款,[198]或者规定重申 TRIPS 以及其他知识产权条约相关义务的条款以及合作条款。[199]最近,新西兰又在就多项双边条约展开谈判,其中通常都会涉及知识产权。[200]

(6) 亚洲

(a) 发展中国家[201]

12.72 亚洲发展中国家之间签订的双边自由贸易协定大多数都没有规定任何与知识产权有关的条款。即使是那些规定了知识产权条款的协定,其中大

---

[193] 《澳大利亚—泰国自由贸易协定(TAFTA)》第 1302 条。

[194] 同上注,第 1303 条。

[195] 同上注,第 1305 条第(ii)款。有关《澳大利亚—新加坡自由贸易协定(SAFTA)》和《澳大利亚—泰国自由贸易协定(TAFTA)》的简要介绍,可参见 Antons(同前注 69),第 6~7 页。有关与其他协定的比较,参见下文第 12.76~12.80 段,尤其是第 12.79 段。

[196] 《新西兰—泰国更紧密经济联系贸易协定》,参见 http://www.mfat.govt.nz/Trade-and-Economic-Relations/Trade-Agreements/Thailand/index.php。

[197] 《新西兰—新加坡更紧密经济关系贸易协定》,参见 http://www.mfat.govt.nz/Trade-and-Economic-Relations/Trade-Agreements/Singapore/index.php。

[198] 同前注 57。

[199] 参见《新西兰—泰国更紧密经济关系贸易协定》(同前注 196)第 12.1~12.5 条。

[200] 新西兰与海湾合作委员会、中国、马来西亚以及香港地区签订的协定,参见 http://www.mfat.govt.nz/Trade-and-Economic-Relations/Trade-Agreements/index.php。对新西兰自由贸易协定政策的总体评论,参见 Dent(同前注 184),第 87 页以下。

[201] 有关新加坡、韩国、泰国以及中国台湾地区对于自由贸易协定政策的总体评论,参见 Dent(同前注 184),第 96、104、112 页和第 120 页以下;有关该区域国家签订的双边协定的总体评论,同上注,第 150 页以下。

部分也只规定了最基本的条款,例如重申 WTO 协定中与知识产权有关的承诺;㉒其余协定主要规定的则是知识产权领域的合作,㉓ 或者只是在投资章节中将知识产权作为投资的一部分予以规定。㉔ 它们通常没有对版权与相关权作出详细规定;不过,它们倒是对商标甚至地理标志作了较为详细的规定。㉕

(b) 日本

12.73 日本已经缔结了若干包括不同知识产权条款的双边协定㉖。例如,日本与墨西哥签订的自由贸易协定仅规定了针对日本和墨西哥都加入了的多边知识产权条约的一般性非减损条款,与投资相关的一个条款,以及有关知识产权合作的一般条款。㉗

12.74 在日本签订的其他自由贸易协定中,一般目标包括加强知识产权保护和知识产权领域的合作以促进贸易和投资。㉘此外,这些自由贸易协定在有关信息交换和投资的相关条款中也规定了涉及知识产权的内容。㉙ 协定还有完整的一章来规定知识产权。㉚ 这些章节的内容包括:根据双方当事国都已加入的国际条约,为知识产权提供适当、非歧视的保护以及执法措施的一般义务;在知识产权领域内加强合作的条款;增加透明度的条款(例如,就知识产权保护体系提供更易获得的信息);以及提高公众意识的条款。

㉒ 2004 年《新加坡—约旦自由贸易协定》第 8.8 条,参见 http://www.bilateral.org/IMG/pdf/SJFTA-2004.pdf.

㉓ 例如,2005 年《韩国—新加坡自由贸易协定》第 17 条,其中也再次重申缔约国应当遵守 TRIPS 的义务,也规定了"为缔约国民的知识产权提供适当、有效的保护"的一般义务,以及提供符合 TRIPS 规定的执法措施,而且澄清:如果完全遵守 TRIPS 的规定,可以提供比自由贸易协定更为广泛的保护;参见 http://www.bilaterals.org/IMG/pdf/KSFTA-2005.pdf.

㉔ 例如,《韩国—新加坡自由贸易协定》第 10.1 条[对"投资"的定义,将知识产权也涵盖在内:(g)项];第 10.9 第(5)款(TRIPS 和其他相关知识产权条约的非减损条款);第 10.13 条第(6)款(征收规则不适用于 TRIPS 项下的强制许可)(同前注 203)。

㉕ 例如,2003 年《韩国—智利自由贸易协定》第 16.3 条和第 16.4 条,http://www.bilateral.org/IMG? pdfLkorea-chile_FTA.pdf.有关亚洲双边和区域性贸易协定中的知识产权条款,参见 R Sen, "'New Regionalism' in Asia: A Comparative Analysis of Emerging Regional and Bilateral Trading Agreements Involving ASEAN, China and India"(2006)40/4 Journal of World Trade 553, 579。

㉖ 有关日本自由贸易协定政策的总体评论,参见 Dent(同前注 184),第 76 页。

㉗ 2004 年 9 月《日本—墨西哥自由贸易协定》第 73 条和 144 条,http://www.bilateral.org/IMG/pdf/JAP-Mex_FTA_Sep_2004.pdf.

㉘ 例如,2006 年《日本—菲律宾自由贸易协定》第 1 条(d)款,http://www.bilaterals.org/IMG/pdf/JPEPA_2006_.pdf; 2005 年《日本—马来西亚经济伙伴关系协定》第 1 条(d)款,http://www.bilaterals.org/IMG/doc/JMEPA_2005_.doc; 2007 年《日本—智利自由贸易协定》第 1 条(d)款,http://www.bilaterals.org/article.php3?id_article=7680。

㉙ 例如《日本—菲律宾自由贸易协定》第 53 条和第 88 条第(b)款(vi)项(同前注 208)。

㉚ 例如《日本—马来西亚经济伙伴关系协定》第 9 章(第 112~130 条)(同前注 208)。

12.75 就版权与相关权而言，此类自由贸易协定规定了授予作者、表演者以及录音制品制作者提供权的义务（以 WCT 第 8 条为模版），以及以 WCT 和 WPPT 为模板规定了就规避有效技术措施和版权管理信息提供适当的法律保护。[211] 有些协定还可能规定了互联网服务提供者责任限制条款以及为集体管理组织发展采取措施的义务。[212] 此外，此类协定根据 TRIPS 规定了执法条款，不过比 TRIPS 要简略。[213] 此外，为了有效实施和适用知识产权条款，协定还规定应设立知识产权分委员会。[214]

D. 不同模式的比较

12.76 正如本章前文所述，美国所缔结的双边自由贸易协定要求采用最高保护水平，而且内容最为详细；相关条款是根据美国产业界的希望制定，而不管其他国家的法律或传统如何。这些条款通常基于美国法所实施的提供最高保护水平的多边条约而制定，并且进一步扩展到反映以市场为导向和对产业友好的其他条款。

12.77 与此形成鲜明对比的是，如果自由贸易协定不是与美国签订，则大多数此类协定只对版权与相关权规定了非常概括性且通常是柔性的义务。发展中国家之间签订的自由贸易协定通常只规定合作条款，或者重申现有多边条约项下义务的条款，或者在投资章节作出一般规定（如国民待遇）。其他自由贸易协定通常规定一般条款，要求为知识产权提供"适当、有效的保护以及执法措施"，有时则要求与"国际上的最高标准（未特指）"保持一致，或者在欧共体为缔约方时，规定"采用与欧共体现有保护水平一致的水平"。[215] 因此，在除美国之外的其他国家之间签订的自由贸易协定并没有规定任何详细内容，或者采用任何具体的措施，因此另一方当事国在履行协定项下的义务时，仍然可以继续保持其采用的（版权或者作者权）体系和法律传统。

12.78 除美国之外的其他国家之间签订的自由贸易协定通常也要求当事

---

[211] 例如，《日本—菲律宾自由贸易协定》第 126、127 条（同前注 208）；2007 年《日本—泰国经济伙伴关系协定》第 133 条，http://www.bilaterals.org/article.php3?id_article=7748。

[212] 例如，《日本—马来西亚经济伙伴关系协定》第 122 条第（2）、（3）款（同前注 208）。

[213] 例如，《日本—菲律宾自由贸易协定》第 129 条（同前注 208）；《日本—智利自由贸易协定》第 164 条（同前注 208）。

[214] 例如，《日本—菲律宾自由贸易协定》第 130 条（同前注 208）；《日本—智利自由贸易协定》第 165 条（同前注 208）。

[215] 对于某些国家，这一义务采用类似"尽力确保其法律最终与欧盟的法律保持一致"的柔性措施进行规定，例如与摩尔多瓦签订的合作协定第 50 条以及与乌克兰签订的协定第 51 条。

国加入特定的国际条约（通常并未包括多边条约领域最高保护水平的 WCT 和 WPPT），但与美国参加的自由贸易协定相比，前者规定的期限更为宽松。[216] 有些情形下，仅要求当事国"尽可能早地""尽一切努力"加入。[217] 大多数欧洲协定所具有的另一项特殊内容是，其主要目的在于将当事国融入大的欧洲地区，以及提升民主和人权，[218] 而非仅仅局限于为了自由贸易和市场准入这一目的。

12.79 某些除美国之外的工业化国家和发展中国家之间签订的自由贸易协定规定了有利于发展中国家的条款，例如确认可以规定发行权的国际用尽，以及防止知识产权滥用。[219] 尤其是澳大利亚和新西兰作为当事方签订的自由贸易协定比美国作为当事方签订的自由贸易协定存在更大的灵活性。[220] 此外，在就东盟与澳大利亚和新西兰自由贸易区的谈判过程中澳大利亚所坚持的原则而言，显示了澳大利亚已做好准备考虑缔约国的不同发展水平，将提供技术支持和能力建设；为完全实施该自由贸易协定设定了 10 年的期限，也反映了这一点。[221] 因此，根据另一缔约国的不同发展水平，澳大利亚和新西兰与东盟或者其他国家签订的此种和其他类似自由贸易协定可能类似于《澳大利亚—泰国自由贸易协定》那样，重点在于合作。[222]

12.80 总而言之，实际上大多数国家都已经实施了双边主义，只不过采用的方式和程度不同罢了。当其中的规定远远比单纯的合作条款的规定更为广泛时，通常的情形是重申已有多边条约的义务，纳入其中的实质性条款，或者规定有义务加入这些条约；特别是与美国签订的自由贸易协定，其中有关义务的规定通常超出了多边条约规定的最高水平，而且与美国国内法规定类似。

---

[216] 例如，在欧洲协定中，这一时间限制通常在 5 年左右；与美国同期签订的协定相比，多了不到 1 年的时间，参见 von Lewinski（同前注 127），第 431 页（注 28）。

[217] 参见上文第 12.62 段。

[218] 根据第二代协定的规定，其适用甚至可以被欧盟所中止，前提是《赫尔辛基最终法案》和《新欧洲巴黎宪章》所确立的民主原则和人权受到了实质性影响，参见 Franzone（同前注 136），第 247 页。

[219] 上文第 12.66 段。

[220] 《澳大利亚—新加坡自由贸易协定（SAFTA）》中有关要求新加坡加入 WCT 和 WPPT 的义务，以及在复制权中涵盖电子复制的义务，必须在新加坡已经同步与美国就相同的义务（以及更为宽泛的义务）进行自由贸易协定谈判的背景中考虑。

[221] 有关谈判原则的论述，参见 http://www.dfat.gov.au/trade/fta/asean/principles.html，尤其参见（e）项；与 WTO 条款相一致以及令成员在 WTO 框架下承诺的目的，参见（j）项、（c）项。

[222] 参见 Antons（同前注 195），第 8 页。

第十三章
单边贸易措施

A. 美国采取的措施

（1）背景

13.01 作为美国为应对自20世纪60年代开始①出现的经济衰退而采取的措施之一，《1974年贸易法案》"301条款"通过向外国施压为美国的产品和服务提供进入该国市场公平渠道的方式，引入了促进美国出口的新贸易政策。如果美国认为一国采取不公平措施而损害了美国的出口贸易，则无论该措施是否违反国际法，"301条款"都允许美国总统对该国实施贸易制裁。考虑到美国的经济实力，其采取报复性措施的威胁是十分有效的。尽管该条款也涵盖知识产权，不过后来，美国国会和产业界更希望美国贸易代表办公室②在将该条款适用于知识产权时，采取更为严厉和激进的立场，最起码可以在GATT乌拉圭回合谈判期间，（如此）使用该条款。③因此，作为对《1974年贸易法案》④"301条款"以下条款全面修改的一部分，《1988年综合贸易与竞争法案》引入了专门针对知识产权⑤的"特别301条款"——被称为行使美国贸易

---

① 参见上文第12.04段。
② 美国贸易代表办公室是美国总统行政办公室的一部分；其负责人——美国贸易代表是内阁成员，以首席贸易顾问、涉及贸易议题时的谈判代表和发言人的身份为总统服务，参见《美国法典》第19编，第2171条。
③ 有关这一部分，参见上文第10.20段有关GATT和下文第14.04段有关TRIPS的论述。
④ 尤其是，美国《1988年综合贸易与竞争法》（PubL 100-418 of 23 August 1988）第1303条（b）款修改了美国《1974年贸易法》第182条（《美国法典》第19编，第2242条，随后经1994年生效的《乌拉圭回合协定法》修正），该条是"特别301条款"的法律依据。
⑤ PubL 93-618；参见《美国法典》第19编，第2411~2416条。

权的"超级301条款"。"特别301条款"旨在确保外国的法律规定与执法措施有利于美国产业,能有效地提供知识产权保护,从而使得美国产业界从其产品在国外市场上的不断利用中受益。⑥

(2)"特别301条款"⑦ 的内容和运作机制

13.02 该条款要求美国贸易代表认定:"(1)具有如下情形的国家(A)拒绝为知识产权提供充分有效的保护,⑧ 或者(B)拒绝对依赖于知识产权保护的美国国民提供公正平等的市场准入条件;⑨ 以及(2)确认为具有前述情形的,将被美国贸易代表认定为优先国。"⑩ 以上述规定为基础,美国贸易代表在实践中确立了下列做法:根据美国相关产业界收集的信息⑪以及对美国所有贸易伙伴的调查,发布年度"特别301报告",⑫ 该报告将各国分为不同类别:若一国对美国知识产权造成损害的威胁较低,则该国只是作为"受到监

---

⑥ 美国贸易代表 R Zoellick,曾在《美国—澳大利亚自由贸易协定》的文本中使用这种表述,参见 Press Release of 17 November 2004, http://www.ustr.gov/assets/Document_Liberary/Press_Rrelease/2004/November/asset_uphold_file236_6752.pdf:"US business are eager to begin reaping the benefits of this historic agreement"。

⑦ 有关"301条款"要求和程序的综述,参见《美国法典》第19编,第2411~2419条以及 M Getlan, "TRIPS and the Future of Section 301: A Comparative Study in Trade Dispute Resolution"(1995)34 Columbia J'l of Transnational Law 173, 179-182; C Schede, "The Strengthening of the Multilateral System"(1997/8)20/1 World Competition 109, 123-130。

⑧ 关于这一概念的广义定义,参见《美国法典》第19编,第2411(d)(3)(F)(i)条。

⑨ 关于定义,同上注。

⑩ 参见《美国法典》第19编,第2242(a)条;对于另一种仅针对加拿大的认定,参见《美国法典》第19编,第2241(f)(1)条;该条款与影响美国文化产业的措施有关,其于1992年12月17日之后通过,依据《北美自由贸易协定》第2106条,该条款可诉;参见上文第11.04段;J McIlroy, "American Enforcement of Intellectual Property Rights: A Canadian Perspective"(1998)1/3 J'l of World Intellectual Property 445, 451 f。

⑪ 在版权领域,国际知识产权联盟(IIPA)基于其在他国的经验,每年向美国贸易代表提出建议,例如,2007年的建议(http://www.iipa.com/2007_SPEC301_TOC.htm);《美国法典》第19编,第2242(b)(2)(B)条要求在确定优先国时,应参考利益当事方(其定义参见《美国法典》第19编,第2411(d)(9)条)提供的信息;根据《美国法典》第19编,第2242(b)(2)(A)条,美国贸易代表也应向版权局和其他部门咨询。ITAC(产业贸易咨询委员会)15 是美国贸易代表咨询委员会系统下的22个部门之一;有关其组成,参见 http://www.ustr.gov/assets/Who_We_Are/Advisory_Committee_Lists/asset_uphold_file786_5754.pdf。

⑫ 根据《美国法典》第19编第2242(a)条的规定,美国贸易代表应在国家贸易评估报告发布后不超过30天内依据"特别301条款"确认国家名单,其每年的截止日期为3月30日,参见《美国法典》第19编,第2241(b)条。

管"的国家或受到"越来越多关注"的国家。⑬ 如果威胁高于上一等级，则该国将被列入"观察国名单"，美国将与其进行旨在提高该国知识产权特定领域保护水平的谈判。如果威胁更大，则该国将被列为"优先观察国名单"，并将面临美国更加严厉的贸易措施，例如缩短通常为一年的审查周期。将某一国列入"优先观察国名单"会对该国产生更大的压力，使其采取符合美国意愿的措施。

13.03 最为严重的类别是被认定为"优先国"的情形。该类别指具有下列情形的国家：

（A）存在极为严重、恶劣的法律、政策或实践——
（i）拒绝为知识产权提供充分有效的保护，或者
（ii）拒绝为依赖知识产权保护的美国国民提供公正平等的市场准入条件，
（B）符合上述（A）款规定的法律、政策或实践对相关的美国产品造成了最严重的（实质或潜在的）负面影响，且
（C）该国并未：
（i）（同美国）进行善意谈判，或
（ii）在双边或多边谈判中，为充分和有效保护知识产权而作出显著进步。⑭

13.04 将一国列入上述任一名单中，除了会使该国在其与美国的其他贸易、外交关系中承受更多的压力外，将一国列为"优先国"时，通常⑮还会要求美国贸易代表采取报复性措施。⑯ 例如，美国贸易代表可以对该国的进口货物征收关税或施加其他限制、暂停贸易优惠或者撤回根据普惠制授予的关税豁免；美国贸易代表也可以选择和该国达成协定，要求该国保证停止不当行为或

---

⑬ M Young, *United States Trade Law and Policy*（2001）108 - 109；1998 Trade Policy Agenda and 1997 Annual Report of the President of the United States on Trade Agreements Program, March 1998, 244［McIlroy（同前注10），no 27］；IIPA 于 2007 年向美国贸易代表提交的报告也提及需要"特别关注"国家的级别比"观察国名单"低。

⑭ 参见《美国法典》第19编，第2242（b）(1)条。

⑮ 例外的是，在特定情况下，例如国家已经采取措施以消除不当行为，美国贸易代表无需作出此类认定；参见《美国法典》第19编，第2411（a）(2)（A），(B)条。

⑯ 参见《美国法典》第19编，第2411（a）(1)条；有关启动针对这些国家的调查和磋商的前置义务，参见《美国法典》第19编，第2412（b）(2)（A）条）；参见《美国法典》第19编，第2413（a）(1)条；更多的细节和截止日期，参见上述条款及后续条款。

提供补偿性的贸易优惠。⑰ 由于和"优先国"的谈判以美国可能采取较为严厉的贸易制裁措施为支撑，双方通常会达成协定或者该国同意实施符合美国要求的措施，例如关闭盗版工厂。⑱

13.05 在双边或多边贸易的框架下，上述制裁措施的"牙齿"在于可以进行交叉报复，即针对不同贸易领域的报复，例如报复领域为他国特别脆弱的贸易领域。⑲ 美国贸易代表受到的唯一限制是任何报复措施"对他国货物和服务的影响在数量上应等同于该国对美国商业造成的影响或限制"。⑳ 如果美国贸易代表采取了报复措施，那么其必须监督报复措施的实施，并且关注被报复国是否停止了不当行为，这一过程使得美国贸易代表可以采取进一步的相关措施。㉑

13.06 虽然"特别301条款"报告通常于每年4月30日发布，㉒ 但为了迅速对美国产业界或其他机构提交申诉的新的信息作出反应，美国贸易代表也会进行"特别301条款"的不定期审查；㉓ 此种信息可能会引发报复措施，或者在被审查国作出了充分改进的情况下，将一国移除出"优先国"名单或者撤回这种指定。

---

⑰ 参见《美国法典》第19编，第2411（c）（1）条；关于普惠制这一点，也就是说针对发展中和最不发达国家的优惠待遇（单边无关税贸易特权），参见《美国法典》第19编第2462条，国会对该条文最近一次更新是2006年12月；关于类似的特殊体系，参见《美国法典》第19编第2702、3202条（加勒比盆地、安第斯山脉国家）；例如美国贸易代表于2001年8月7日暂停了依据普惠制授予乌克兰的无关税待遇。

⑱ 例如中国在1994/5年几乎将要受到贸易制裁；在将要受到上述制裁的威胁下，中国于1995年和1996年与美国签订了知识产权协定，参见相关报告，载（1999）World Intellectual Property Report 193, 194；K Newby, "The Effectiveness of Special 301 in Creating Long Term Copyright Protection for US Companies Overseas"（1995）21 Syracuse J Int'l Law and Commerce 29, 42, in particular 44；P Yu, "From Pirates to Partner: Protecting Inte llectual Property in China in the Twenty-first Century"（2001）50/1 American University Law Review 131, 144–151。

⑲ 例如美国贸易代表于2001年12月29日宣布将对乌克兰实施报复措施，因为乌克兰没有打击盗版光盘，报复措施是对价值7500万美元的钢铁、鞋类和其他进口产品征收100%的关税（Anon, "US hits Ukraine with Sanctions for Failure to Combat Optical Media Piracy", (2002) World E-commerce & IP Report 21）。

⑳ 参见《美国法典》第19编，第2411（a）（3）条。

㉑ 参见《美国法典》第19编第2416、2417条；例如在2007年特别301报告中，巴拉圭被列为优先国；此后，它签署了一份有关知识产权保护的谅解备忘录，随后其被认定为受监管国。

㉒ 《美国法典》第19编第2242（a）条和第2241（b）条有关。

㉓ "不定期审查"由克林顿政府于1993年引入，目的在于保证"特别301条款"充分有效实施，并作为对不履行义务的国家的一种"快速而强有力的回应"，参见Anon, "US Trade Representative's Fact Sheet on Actions Taken under 'Special 301' Provisions of Trade Act, Released April 30, 1993", (1993) World Intellectual Property Report165。

(3) "特别 301 条款"和 WTO 其他协定的关系

13.07 没有任何一国愿意受制于此种系统性、威胁性单边主义。[24] 实际上，在 GATT 乌拉圭回合谈判中，许多受影响的国家将在 GATT 框架下建立一个完善的争端解决程序视为规制美国单边主义的机会。[25]《关于争端解决规则与程序的谅解》第 23 条[26]为遏制单边主义而强化了多边机制，要求成员方在解决违反包括 TRIPS 在内的"所涉协议"的争议中适用 DSU。据此，正如上述条款的目的所重申的那样，该条款默示排除了单边措施的适用。[27] 因此，当争议双方为 WTO 成员，且争议问题属于 TRIPS 涵盖范围时，不能基于解决争端的目的而使用单边措施。

13.08 由于美国已经表达了其将在尽可能大的范围内继续适用"特别 301 条款"的愿望，[28] 因此，每个个案中的关键问题就在于争议问题是否属于 WTO 的管辖范围。[29] 这一问题也许并不总能轻易找到答案。例如，TRIPS 第 65 条和第 66 条针对发展中国家和最不发达国家的"过渡期"，即所谓的"转型"，[30] 似乎旨在保护这些国家以避免任何在该期限内寻求获得 TRIPS 保护的主张；同时，过渡期也可被解释为 TRIPS 不规制该国国内知识产权法的特殊时

---

[24] 关于其他国家对这一问题的反应，参见下文第 14.20~14.23 段。

[25] J Bello and A Holmer, "US Trade Law and Policy Series No 24: Dispute Resolution in the New World Trade Organisation: Concerns and Net – Benefits" (1994) 28/4 Int'l Lawyer 1095, 1101 ff; Schede (同前注 7), 138 on initial proposal of the EC and its trading partner for Act 23 of the DSU; S Chang, "Taming Unilateralism under the Multilateral Trade System: Unfinished Job on the WTO Panel Ruling on US Section 301 – 310 of the Trade Act of 1974" (2000) 31 Law & Policy Int Business 1151, 1154.

[26] 有关 WTO《争端解决规则和程序的谅解》(DSU), 参见上文第 10.116 段以下。

[27] K Lee and Svon Lewinski, "The Settlement of International Disputes in the Fields of Intellectual Property" in F – K Beier and G Schricker (eds), From GATT to TRIPS: The Agreement on Trade – Related Aspects of Intellectual Property Rights (1996) 278, 325; 进一步参考 LM Montén, "The Inconsistency between Section 301 and TRIPS: Counterproductive with Respect to the Forum of International Protection of Intellectual Property Rights?" (2005) 9/2 Marquette Intellectual Property Law Review 387, 404ff; 对历史背景的分析，参见 N Telecki, "The Role of Special 301 in the Development of International Protection of Intellectual Property Rights after the Uruguay Round" (1996) 14 Boston International L J' 1, 187, 213 – 218。

[28] 在美国法中实施《乌拉圭回合协定》的规定时，最具争议的问题之一是如何调整"301 条款"，使之符合《乌拉圭回合协定》的要求（或者不如说如何使其继续存续下去），参见 Schede (同前注 7) 110。Getlan (同前注 7), 第 173 页和 Montén (同前注 27), 第 404 页，提到的不同的众议院报告中均有所反映；这也反映在《美国法典》第 19 编第 2242 (d)(4) 条中，根据该条款，其他国家的法律规定即使符合 TRIPS 的要求，也可能构成第"301 条款"项下的"拒绝提供适当和有效的保护"；以及《乌拉圭回合协定法》附带的行政行为声明 [HR Doc no 103 – 316 (Vol I, 656ff.)], V Espinel of the USTR at the 12th International Intellectual Property Law & Policy Conference of Fordham Law School 2004。

[29] 关于"301 条款"是否符合 DSU 第 23 条的讨论，参见 Schede (同前注 7), 第 130~135 页。

[30] 转型国家指将其经济转型为自由市场经济的前社会主义国家，参见 TRIPS 第 65 (2) 条。

期,因而可以适用单边措施。㉛ 此外,由于 TRIPS 提供的只是最低程度的保护标准,且其适用范围只涵盖特定的最低限度保护标准,因此有观点认为:提供 TRIPS 递增保护不属于 WTO 的管辖范围。㉜ 如果对 DSU 第 23 条采取此种狭义解释,则任何 WTO 成员都可以单方要求其他成员提供 TRIPS 递增保护,而不违反 DSU 第 23 条的规定。如果采取广义解释,则在过渡期内,DSU 第 23 条可以管制已由 TRIPS 涵盖的知识产权领域的争议,或者可以认为 TRIPS 默示其成员有权仅实施 TRIPS 要求的保护标准,因此上述任何单边措施都是不允许的。㉝

13.09 如果争议属于 WTO 的管辖范围,则"特别 301 条款"只能被视为在国内层面决定是否启动 WTO 争端解决程序的第一步。㉞ 事实上,美国正是以这种方式适用"特别 301 条款"的。㉟ 鉴于对"301 条款"是否符合 WTO 协定这一问题尚有部分争议,欧盟于 1999 年启动 WTO 专家组程序,请求专家组确认"301 条款"在总体上是否符合 WTO 协定,尤其是否符合 DSU。㊱ 后来,有 13 个国家加入到了这一专家组程序。专家组在 1999 年 12 月 22 日的报告㊲中认为:"301 条款"最重要的部分初步(prima facie)违反 WTO 义务,㊳但是,只要美国按照其"行政行为说明"㊴ 以及美国代表在专家组程序中声明

㉛ Getlan(同前注 7),第 215 页;The Report of the (US) Advisory Committee for Trade Policy and Negotiations concerning the Uruguay Round of Negotiation on the General Agreement on Tarifs and Trade (1994) (ACTPN);向国会建议可以采用"特别 301 条款"和其他工具,以便在相关国家"长时间的过渡期"结束前获得更高水平的知识产权保护,第 3 页、11 页、74 页和 79 页。

㉜ Schede(同前注 7),第 132 页以下。这也是美国在行政行为声明(同前注 28),第 1035 页中表达的立场,Telecki(同前注 27),第 218~220 页对此作了论述。

㉝ 例如 European Commission,"1995 Report on US Barriers to Trade and Investment"(May 1995)11;Telecki(同前注 27),第 220 页以下。

㉞ 参见《美国法典》第 19 编,第 2413(a)(2)条。

㉟ 例如美国在《1997 年特别 301 报告》中宣布:其将启动针对丹麦、瑞典、爱尔兰和厄瓜多尔的 WTO 争端解决程序;经过谈判实现美国所要求的措施之后,上述举措行动往往不再必要。在《2000 年特别 301 报告》中,美国贸易代表宣布针对阿根廷和巴西违反 TRIPS 的行为而启动 WTO 争端解决程序。

㊱ 例如在不同时间段,《美国法典》第 19 编第 2414(a)(2)(A)条和第 2416(b)条与《争端解决的规则和程序的谅解》第 23(2)(a)条不一致;19 USC §§2416(b) 和 2415(a)与《争端解决的规则和程序的谅解》第 23(2)(c)、21(5)和 22 条不一致;《美国法典》第 19 编第 2416(b)条和《1944 年关贸总协定》第 Ⅰ、Ⅱ、Ⅲ、Ⅷ和 Ⅺ 条不一致。

㊲ WT/DS152/R.

㊳ 参见《美国法典》第 19 编,第 2414(a)(2)(A)条;就其他条款而言,法律问题大多数都没有得到解决,因为专家组对于美国以其行政行为声明为基础的实际适用表示满意,参见 D Jakob,"Die Zukunft US – amerikanischer unilateraler Section – 301 Maβnahmen"(2000)GRUR Int715,720 – 722。

㊴ 同注 28;专家组报告(同前注 37)第 350 页、第 365 页以下、第 330 页;专家组认为这一由总统提交并被国会采纳的行政行为声明已经满足了国际义务的要求。

的方式适用"301条款",则"301条款"并未与WTO法不符,因而也并未违反WTO义务。⑩ 鉴于该专家组程序仅限于对"301条款"的抽象审查,专家组不能决定可以适用的具体情形,而且专家组报告还多次承认在此类案件中其结论可能不同。㊶

13.10 综上所述,WTO法限制了单边措施的实施。因此,众多国家——尤其是工业化国家——似乎并不再被美国有失偏颇的"特别301条款"报告和采取报复措施的威胁所困。㊷ 然而,其他国家仍然受到上述威胁。美国单边主义的适当性仍存在着巨大争议。㊸

B. 欧共体采取的措施

13.11 相比于美国,欧共体在制定特定法律文件并以此为依据对非欧共体国家特定贸易措施采取行动的问题上,表现出更为犹豫的态度。1964年欧洲委员会对这一问题的初步考虑以及欧洲议会1980年的决议并未产生任何正式的结果。同样,当法国政府于1982年向欧洲委员会建议提出制定类似美国"301条款"法律文件的议案时,㊹ 欧洲委员会认为该种条款并无必要,原因是欧洲委员会当时已拥有制定一般性商业政策的权力,㊺ 以及已存在反倾销、反补贴及例外条款的行动。后来,在欧洲理事会的压力下,欧洲委员会于1983年提出制定一项新商业政策文件的议案,㊻ 但遭到了丹麦、德国、荷兰以及其他认为该法案并无必要且具有贸易保护主义倾向的国家和不希望欧共体产业界享有提起申诉权利的国家的反对。㊼ 最终,欧共体于1984年通过了《新贸易政策工具》(NCPI),㊽ 该文件允许对非欧共体国家采取单边措施,以应

---

⑩ 专家组报告(同前注37),第333页。

㊶ Jacob(同前注38),第723页。

㊷ 类似评价,参见J Gero and K Lannan, "Trade and Innovation: Unilateralism versus Multilateralism" (1995) 21 Canada – US L J' I, 81, 94 – 95。

㊸ 有关这一方面,参见下文第14.20~14.23段。

㊹ H Beekmann, "The 1944 Revised Commercial Policy Instrument of the European Union" (1995/6) 19/1 World Competition 53, 54.

㊺ 《欧洲经济共体条约》第113条,现在是《欧共体条约》第133条。

㊻ Commission Proposal for a Council Regulation on the Strengthening of the Commercial Policy with Regard in Particular to Protection against Unfair Commercial Practices, [1983] OJ C 83/6.

㊼ 关于欧共体贸易实践工具的历史背景,参见Beekmann(同前注44),第54页。

㊽ Council Regulation (EEC) no 2641/84 of 17 September 1984 on the Strenghening of the Commercial Policy with Regard in Particular to Protection against Illicit Commercial Practices, OJ EC L252/1 of 20 September 1984.

对给欧共体产业造成损害的不正当商业做法。NCPI 借鉴了《美国贸易法案》"301 条款"的规定，也是对"301 条款"的回应；[49] 然而，欧共体从未像美国那样激进地仅在四年之后就通过了有关知识产权的特殊条款。[50] 同样，欧共体从未采取过相对系统或严厉的措施。

13.12 NCPI 要求在实施贸易制裁措施，例如暂停适用优惠待遇之前，应满足特定条件。与"特别 301 条款"不同的是，NCPI 仅适用于"非法"贸易政策，而非"不公正"或"不正当"贸易政策，因而其主要依据国际法而非仅仅是纯国内需求。进一步而言，由于其对可能的申诉和证明由贸易做法造成损害的证据的要求更为严格，NCPI 相比"特别 301 条款"更难适用。此外，只有在采用国际争端解决机制之后，欧盟才可采取报复措施。同时，NCPI 的目的并不在于强迫贸易伙伴作出新的让步，而意在"协调实施欧共体在国际贸易规则下已存在的权利"。[51] 最后，与"特别 301 条款"不同，NCPI 并非特别针对知识产权。因此，至其 1994 年被废止时，NCPI 仅在版权和邻接权领域被适用过两次。目标国在欧共体认为需要采取单边措施之前即已经达到了欧共体的要求。[52]

13.13 在 WTO–TRIPS 生效后，因为在 WTO 成员之间有关 WTO 法所涉事项的争议范围内应优先适用 WTO 争端解决机制，所以 NCPI 无法再按照之前的方式适用。考虑到新的 WTO 争端解决机制，NCPI 进行了第一次修正。不久之后，欧共体通过了新的贸易法规——《贸易壁垒条例》（TBR），[53] 废止了 NCPI，不过其部分吸收了 NCPI 的相关规定。[54]

13.14 与 NCPI 一样，TBR 的适用范围较为广泛，不仅仅限于知识产权领域。TBR 旨在消除针对欧洲出口商品的贸易壁垒，打开非欧共体国家的市场。这些贸易壁垒往往为国际贸易法[55]——尤其为 WTO 法以及欧共体（与其

---

[49] J–C van Eeckhaute, "Private Complaints against Foreign Unfair Trade Practices: The EC's Trade Barriers Regulation" (1999) 33/6 Journal of World Trade 199, 200.

[50] 关于《1988 年综合贸易与竞争法》引入"特别 301 条款"的论述，参见上文第 13.02～13.06 段。

[51] Van Eeckhaute（同前注 49）200（注释 4）；关于两份文件的比较，参见 C Mavroidis, *Handelspolitische Abwehrmechanismen der EWG und der USA und ihre Vereinbarkeit mit den GATT–Regeln* (1993) 173；关于 NCPI 的论述，参见 Beekmann（同前注 44），第 55～61 页。

[52] S von Lewinski, "Copyright within the External Relations of the European Union and the EFTA Countries" (1994) 10 ETPR 429, 第 432～433 页, 以及对这两个案件的进一步讨论；Beekmann（同前注 44），第 59～60 页。

[53] Council Regulation (EC) 3286/94 of 22 December 1994, [1994] OJ L349/71; 后经 (EC) 356/95, [1995] OJ L041/3 修正。

[54] TBR 第 15 条第 (2) 款（同前注 53）。

[55] 同上注, 第 2 条第 (1) 款中的定义。

他国家）签订的双边协定所禁止。TBR 不再针对"非法做法"，而是针对"贸易障碍"。这些"贸易障碍"的定义以违反国际贸易法规的行为，即以在 WTO 法[56]下属于违法行为或非违法行为为标准，而不是像美国法那样以任何由国内产业建立的标准为依据。TBR 不是要求非欧共体国家做出新的贸易减让的依据，也没有赋予欧共体任何超越其在国际法上享有的权利。TBR 的适用范围比 NCPI 要广，因为 TBR 还涵盖了某些服务，并将"潜在申诉者"的范围扩大到包括"欧共体产业界""欧共体企业"和成员方本身，较 NCPI 适用范围更广。[57] TBR 的创新之处在于，如果某种"贸易障碍"根据多边或者复边贸易协定可诉，该"贸易障碍"对非欧共体国家的市场造成了影响，且一家或多家欧共体企业因为该项贸易障碍受到了负面影响，则受害企业可提出申诉。因此，相比于其他类似法律文件，企业有可能触发 WTO 争端解决程序，而直接依据 WTO 法是不可能的。

13.15 在申诉时，应一并提交可以证明存在贸易障碍、损害、消极贸易影响和其他相关影响的充分证据。[58] 作为接受申诉的机关，欧洲委员会必须在四十五天内决定是否受理该申诉；如果受理，其将启动审查程序，并在程序结束后作出决定。[59] 当不采取任何行动符合欧共体的利益时，委员会应与理事会合作终止审查程序。[60] 如果被申诉的非欧共体国家采取了令欧洲委员会满意的措施，且欧共体再无采取措施的必要，审查程序将暂停。[61] 另一种解决方式则是暂停审查程序，力图通过与被申诉的非欧共体国家达成协议来解决该问题。[62]

13.16 然而，如果欧共体需要采取行动来保证其国际贸易法下权利的实施，则欧共体可能会采取适当的措施，比如"暂停或撤回任何通过商业政策谈判达成的贸易减让、提高现行关税、开始征收其他有关进口的费用、实施数量限制、任何其他改变进口或出口条件的措施，或任何影响与非欧共体国家进行相关贸易的措施"。[63] 然而，如果国际法要求欧共体应遵循特定的国际协商

---

[56] TBR 第 2 条第（1）款第 1 句第二部分；van Eeckhaute（同前注 49），第 201 页。

[57] 关于"欧共体产业界"和"欧共体企业"的定义，参见 TBR 第 2 条第（5）款和第 2 条第（6）款；关于三种申诉方法，参见 TBR 第 3、4 和 6 条（同前注 56）。

[58] 同上注，第 3 条第（2）款、第 4 条第（2）款和第 6 条第（2）款。

[59] 关于递交申诉之后的程序，参见上注第 7～10 条；van Eeckhaute（同前注 49），第 204～206 页；E Turnbull and M Attew, "Protecting International Trade Right" (1995) 4 International Trade Law and Regulations 128, 131–132.

[60] TBR 第 11 条第（1）款和第 14 条。

[61] 同上注，第 11（2）条。

[62] 同上注，第 11（3）条。

[63] 同上注，第 12（3）条。

或争端解决程序，例如WTO争端解决程序，则欧共体只有在该国际程序结束后才可决定采取上述措施。(64) 因此，TBR通过明示规定优先适用DSU第23条和其他争端解决机制的方式，排除了任何与DSU第23条有关的冲突发生。同时，TBR试图通过非正式的双边磋商来避免任何上述程序的启动。欧洲委员会可以适用的争端解决程序不仅限于TBR程序，其仍有权主动发起或依据《欧共体条约》第133条应成员方的要求发起WTO争端解决程序。(65)

13.17 与NCPI类似，采用TBR的情形并不多。在其生效的第一个十年里，一共启动了24项TBR审查程序；在一部分案件中，与被申诉的非欧共体国家的谈判和该国主动采取的行动解决了争议；然而在另一些案件中，WTO争端解决程序对于解决争议是必要的。(66) 其中有两件案件涉及版权与相关权：第一件是由爱尔兰音乐权利组织发起的针对美国《1976年版权法》第110（5）条的申诉，该案件在1997年6月引起了WTO争端解决程序；(67) 第二件是由国际唱片业协会（IFPI）发起的针对泰国盗版行为的申诉(68)（在泰国适用了新的版权法和新设了专门针对知识产权的法庭之后，这一案件的程序被推迟了四年）。(69) 在随后的几年内，欧洲委员会继续监督泰国版权保护的情况，并与泰国当局展开了对话，就如何进一步减少录音制品盗版行为提出了建议；其推荐采取一系列行动，比如打击盗版业背后的犯罪组织等。(70)

13.18 作为对美国每年发布的“301特别条款”名单的回应，欧洲委员会也形成了每年发布一份《有关美国实施的贸易和投资壁垒政策的报告》的惯例，无论所述贸易壁垒措施是否违反国际法，欧盟都会在该报告中列明并表达其对这些措施的担忧。(71) 目前，该报告仅针对美国，其主要作用在于作为进行对话和谈判的工具。

---

(64) TBR第12（2）条；有关不同观点，参见van Eeckhaute（同前注49），第208~209页。

(65) 所谓的“133委员会”由所有成员方组成。相对TBR而言，他们对这个程序有更大的影响；另见van Eeckhaute（同前注49），第210~211页。

(66) http://ec.europa.eu/trade/issues/respectrules/tbr/cases/index_en.htm.

(67) 发起审查程序的通知：（1997）OJ C77；调查报告参见http://ec.europa.eu/trade/issues/respectrules/tbr/cases/usa_mus.htm；委员会关于发起WTO争端解决程序的决定：（1998）OJ L 346/60；有关WTO专家组报告以及进一步程序，参见上文第10.129~10.132段。

(68) 关于发起审查程序的通知，参见（1991）OJ C189。

(69) 1995年12月20日作出的暂停决定，（1996）OJ L11。

(70) 有关这些活动，参见http://ec.europe.eu/trade/issues/respectrules/tbr/cases/tha_sou.htm。

(71) 2006年报告，由欧共体理事会于2007年2月发布，参见http://trade.ec.europa.eu/doclib/docs/2007/february/tradoc_133290.290；有关1996年发布的第12份报告，参见Anon，“European Commission Criticises US IPR Legislation in Annual Report”［1996］World Intellectual Property Report 281。

C. 小　　结

13.19 上文对美国和欧共体的单边措施同时展开了论述，指出了两者所采用方法的不同之处。美国自 20 世纪 80 年代中期开始就在知识产权领域系统而全面地采用了单边措施，而且在不违背 TRIPS 的前提下继续适用。虽然美国在不同背景[72]下将单边措施作为一种有效、激进的工具进行使用，但基本上都是为了达到相同的目的，即要求外国提高对美国产业的保护水平，而不管该外国是否负有相关的国际义务。与此相反，欧共体最初采取的措施并不十分有效，其针对的是一般议题，而非专门针对知识产权；经过反复权衡之后，欧盟对其贸易措施进行了修订，然后，现行改进后的措施很少适用于知识产权争议。

---

[72] 对这些不同背景，参见下文第 14.04～14.07 段。

第十四章
对于在贸易框架内纳入版权与邻接权的整体评估

A. 版权与邻接权在贸易协定中扮演的角色

（1）20 世纪 80 年代中期之前

14.01 在国际版权法的早期历史中，一直都是由双边贸易协定来规制国际保护，直到《伯尔尼公约》基本上取代了这一不完善和不令人满意的体系。之后，知识产权（包括版权和邻接权）在贸易协定中只扮演了防御的角色：它们被视为贸易的非关税壁垒，因此原则上其与贸易条约的基本目标——减少或消除贸易壁垒相悖。然而，保障条款通常将知识产权排除在贸易协定或自由贸易协定之外，除非将之作为恣意歧视或者隐藏的对贸易进行限制的工具。[1]

（2）20 世纪 80 年代中期之后

14.02 在 20 世纪 80 年代的后半期，知识产权在贸易条约中扮演的角色戏剧性地从防御性、消极的角色转变为积极的角色。导致在贸易条约中包括知识产权贸易保护措施相关条款的原因是多方面的，例如使国际法适应新发展的需要、现有国际公约存在缺陷以及在贸易框架内获得更新的保护的可能。[2]

（a）主导国家

14.03 贸易框架内的重要变化首先是由工业化国家推动的，而其中最为迫切的是美国。作为版权和邻接权相关作品的出口国，美国有提高国际保护水

---

[1] 例如 GATT 条约第 20 条第（d）款；有关更多例子以及更详细的信息，参见 S von Lewinski, "Copyright in Modern International Trade Law"（1994）171 RIDA 5–9。

[2] 有关这些原因，参见 von Lewinski（同前注 1），第 35 页，以及上文第九章。

平的兴趣；然而，在传统的知识产权论坛——世界知识产权组织的框架下开展行动，已被证明是没有前途的。相反，贸易框架对于工业化国家而言似乎尤其有利，因为它使得工业化国家比在联合国/世界知识产权组织系统下进行谈判具有更强大的谈判能力，后者通常规定了透明度规则并且为发展中国家提供了保障措施。

（b）在贸易框架内纳入版权和邻接权的工具

14.04 贸易法为提高国际版权和邻接权保护提供了不同的工具：包括单边措施以及双边、区域性和多边条约。这些工具并不一定会被所有国家完全使用。美国最为系统性地和集中地使用了这些工具。一般来说，这些贸易工具可能以下列方式被使用。第一，针对不同国家，可以以不同方式使用单边措施：实力较强的国家可以通过经济制裁施加经济压力，以便使得其他国家按照其意愿修改法律或者执法措施，或者要求达成双边协定，令其他国家在协定中同意提供其希望的保护。此外，实力较强的国家还可以在多边谈判中使用单边措施，以便在谈判中施加更大的影响，例如 TRIPS 谈判时就是如此。[3] 另外，还可以将这些措施作为补充，在与申请加入 WTO 的候选国进行谈判时与其他措施一并应用。以《美国贸易法案》"301 特别条款"为基础，美国在将单边措施作为一项有效且多样的工具方面，领时代之先。

14.05 第二，双边贸易协定通常要么被作为一项独立的工具以提高保护水平，要么在与 WTO 候选国加入 WTO 谈判时同时开展谈判；要加入 WTO，除了要符合 WTO 法之外，还须符合 WTO 成员方与候选国谈判所确立的其他条件；在某些情形下，还须符合 WTO 成员方与候选国之间签订的补充性双边协定。[4] 单边措施和双边协定使得主导国家能够最有利地利用其谈判能力和策略。

14.06 第三，区域性协定是另一种越来越多被使用的工具——发展中国家通过联合也增强了力量。最后，WTO 的多边框架及其 TRIPS 可能是最重要的，因为它是应用范围最为广泛的工具——将世界上大多数国家纳入国际知识产权保护体系中，并且通过争端解决机制以及 TRIPS 委员会对成员方法律的审查机制来实施知识产权保护。[5]

---

[3] J Watal, *Intellectual Property Rights in the WTO and Developing Countries* (2001) 44.

[4] 参见上文 10.17 段；例如，"301 特别条款" 2007 年年度报告提到：越南制定了一部完善的知识产权法，以构建一个"现代法律体系"（第 3 页）。

[5] 尤其参见美国贸易代表的声明："美国一直积极利用 TRIPS 委员会，推动所有 TRIPS 缔约国及时全面地实施 TRIPS。这其中包括积极应用 WTO 争端解决机制……"（转引自 J McIlroy, "American Enforcement of Intellectual Property Rights: A Canadian Perspective" [1998] Journal of World Intellectual Property 445, 460）。

第十四章　对于在贸易框架内纳入版权与邻接权的整体评估

14.07 主导国家希望根据当时最有可能获得成功的方式，在不同的工具之间进行切换使用。当多边谈判看上去似乎希望不大或者很困难时，例如多哈回合谈判或者 WIPO 在 2004 年前后的谈判，主导国家更倾向于采用更为激进的双边、区域性或者复边协定。⑥ 因此，那些最初抱怨 TRIPS 成果和指责 WTO 谈判对其不利的发展中国家认识到，在 WTO 框架下进行谈判，它们仍然可以获得更多的谈判能力，因为它们可以共同参与谈判，而不是单独面对一个经济上要强大得多的国家。

（c）包含版权和邻接权条款的贸易协定的目的

14.08 根据协定和条款的不同类型，包含有版权和邻接权条款的贸易协定的总体目的可能存在区别；它们可能是更宏观的政治目的，例如维持某一特定地区的稳定与和平进程，整体融合，例如在欧洲，或者贸易自由化。⑦ 大部分贸易协定中的知识产权条款旨在提高知识产权的保护和执法水平；正如美国版权业所描述的那样，最重要的全球目标是"显著减少盗版规模，打开海外市场，增加收入与就业岗位"。⑧ 就此而言，贸易协定中的知识产权条款可以被视为版权产品主要出口商的"摇钱树"。

（d）条款内容或要求

14.09 简单来说，对于大部分贸易协定中的版权和邻接权条款而言，除了合作条款之外，其余条款基本上都是以现有多边条约为基础制定的；缔约国有义务遵守这些条约，或者甚至批准这些条约。许多贸易协定也规定了"为知识产权提供适当、有效的保护和执法措施"的非特定要求，在有些情况下，还会进一步增加一些限制条件，例如："国际最高保护水平"或者"与欧共体法类似的保护水平"。与此相反，美国通常并不依赖于这些一般条款，反而采用了非常详细的规定，另一方必须在国内法执行这些具体的标准。类似的，美国签订的协定也要求提供非常高的保护标准，这些标准超出了国际上多边条约规定的最高标准（目前指的是 WCT 和 WPPT，在 1996 年之前，指的是

---

⑥ 例如：V Zahrnt, "How Regionalisation Can Be a Pillar of a More Effective World Trade Organisation"［2005］Journal of World Trade 671，提及："2003 年坎昆会议失败"之后，各方所采取的更为激进的区域融合方式。也参见 B Mercurio, "TRIPS – plus Provisions in FTAs: Recent Trends" in L Barrtels and F Ortino (eds), *Regional Trade Agreements and the WTO Legal System* (2006) 215, 235–236。有关《反假冒贸易协定（ACTA）》的最新进展，参见下文第 26.05 段/注 5。

⑦ 有关 TRIPS 贸易目标的分析，参见 S Frankel, "WTO Application of 'the Customary Rules of Interpretation of Public International Law' to Intellectual Property" (2006) 46 Virginia Journal of International Law 365, 390。

⑧ IIPA Special 301 Letter to the USTR of 12 February 2007，第 4 页；类似观点，可参见：von Lewinski（同前注 1），第 59 页。

TRIPS），并且缩短或取消了 TRIPS 项下的过渡期。⑨ 从美国缔结的协定可以很容易地看出，美国产业界的大多数诉求都没能在广泛的多边条约——TRIPS、WCT 和 WPPT——中得到满足，不过，它们在双边协定或区域性协定中成功得到了满足，例如权利的自由转让、承认雇佣作品规则以及支付私人复制补偿。

B. 在贸易框架内纳入版权和邻接权的结果

（1）事实上的结果

14.10 采取贸易方式的一个显而易见的结果是越来越多的国家加入了国际保护体系——成为 WTO/TRIPS 和其他贸易条约的成员方；自然，也成为一些传统的国际公约的成员方，尤其是《伯尔尼公约》和《罗马公约》的成员方。⑩ 这样，通过贸易方式，传统的国际知识产权保护体系也间接地得到了加强。达成这一结果，主要是由于乌拉圭回合谈判和其他贸易条约所采用的"一揽子承诺"的方式，将知识产权与其他贸易领域联系在一起。因此，那些本没有兴趣加入国际知识产权条约的国家，可能因为对贸易自由化以及其他领域的好处感兴趣，而同意承担知识产权领域的相关义务。

14.11 另一结果是，由于采用单边措施和双边协定，使得许多国家根据相同的模板在其本国法律中引入了非常高的保护水平，而在大多数情况下都未曾考虑另一缔约国的总体发展水平。正如国际知识产权联盟（IIPA）所言，"缺乏这些贸易工具以及对它们的充分实施，美国的版权产业可能仍然面对着一个充斥着大量不适当的版权法的世界——产业界在 20 世纪 80 年代早期面对的世界。在该世界中，大多数国家的法律完全不保护美国作品，大多数发展中国家的盗版规模是 90% 甚至 100%。"⑪

14.12 此外，这些协定——美国缔结的协定——规定了更详细的版权条款，它们采用相同的模板，而不管另一缔约国所采用的保护体系。因此，即使采用作者权体系的国家也必须引入版权体系的某些内容，例如权利的自由转让。因此，尽管《伯尔尼公约》和《罗马公约》都是以作者权体系为基础制定，但美国单方面所采取的措施使得版权体系的因素遍布世界各国法律之中。这通常体现在以美国法为基础制定的非常详细的措辞上，因而有人将双边或区

---

⑨ 参见 McIlroy（同前注 5），第 459 页。
⑩ 上文第 10.146 段。
⑪ 同前注 8，第 3 页。

第十四章　对于在贸易框架内纳入版权与邻接权的整体评估

域性协定视为美国"出口"其法律的工具。⑫ 因此，贸易方式的另一结果是导致世界各国的法律在许多方面都很相似——至少表面如此。

14.13 即使只是依据单边措施或双边协定将知识产权保护引入国内法中，对于 TRIPS 或其他条约中的国民待遇适用的范围内，此种保护也应适用于其他国家。但是，如果该保护并未被纳入国内法，因而无法适用于其国民时，由于在此种情况下无法适用国民待遇，但通常情况下依据最惠国待遇原则，也应对其他 WTO 成员方提供此种保护。⑬

14.14 在贸易框架内，通过 WTO 争端解决机制、其他贸易协定以及 TRIPS 委员会对成员方法律实施的审查，可以有效地实施此种保护。由此产生的附带影响是，传统国际公约的实质性标准（除《伯尔尼公约》规定的精神权利之外）现在也能够得到更好的实施——虽然需要通过"贸易镜像"进行解释，因为这些条款应在其（贸易）上下文中进行解释，还应考虑相关协定的（贸易）目的。⑭

14.15 有关这一贸易方式的经济成果，尤其是那些出口版权产品的国家从中获得的经济成果，可以参见美国产业界的如下描述："自从知识产权和贸易的第一次联姻以来……美国政府的行动已经产生了重大的法律和执法方面的进步。这一巨大成功已经为美国和当地的版权产业增加了数十亿美元的收入和数百万工作岗位。"⑮ 似乎将贸易协定变成"摇钱树"⑯ 的重要目标已经达成了——至少对于那些实际利用它们的国家而言如此。

（2）对事实上的结果的讨论

（a）经济方面

14.16 从不同方面对贸易方法的结果进行评估，可能得出不同的结论。一般来说，作出整体的经济方面的评价是很困难的，只能对单个协定进行评价；⑰ 结果很有可能是，来自工业化国家的权利人获得的收入比之前更多，而

---

⑫　L Weiss, E Thurbon, and J Mathews, *How to kill a Country：Australia's Devastating Trade Deal with the United States*（2004），提及了国外主导权力体系的"渗透"（第113页），以及澳大利亚被逐渐引向"美国化的体系"（第115页）；类似的，有关法律措辞方面的论述，同上注，第125页；而且他们提及："剪切和复制了1998年《数字千年版权法》中的关键内容，并且除了增加美国国会和法院引入和实施的修改之外，其自身未采取任何方式改动《数字千年版权法》的内容"，第133页。

⑬　尽管这些例子很罕见。

⑭　对此方面的解释，见上文第7.07段、第7.08段以及 Frankel（同前注7），尤其是第402页。

⑮　同前注8，第3页。

⑯　参见上文第14.08段。

⑰　参见 C Flink and P Reichenmiller, "Tightening TRIPS：Intellectual Property Provisions of US Free Trade Agreements", World Bank Trade Note no 20（2005），http：//siteresources.worldbank.org/INTRANE-TRADE/Resources/239054-1126812419270/24.TighteningTRIPS.pdf，第298-300页。有关美国的版权产业，参见上文第14.15段的相关引用。

签订双边贸易协定的发展中国家或其他国家从其他领域获得的收益比知识产权领域更多；与此同时，似乎提高知识产权保护水平并不能，或者说不能立即，增加外国投资。[18] 对知识产权国际高水平保护产生的经济效果，尤其是对发展中国家产生的经济效果，进行详细评估，也是必要的。例如，一个最不发达国家，由于面临着更为基础性的贫困的挑战，例如：如何提供干净的水资源，尚未就版权和邻接权的适当保护提供基础设施；如果其为了有效管理这些权利，向外国权利人付费，其就必须对此种基础设施进行投资，这样可能会阻碍其自身发展，也会减弱其保护版权的必要。可能有人质疑用贸易手段强迫最不发达国家采用最高标准保护水平是否适当，即使这些国家在其他贸易领域得到了回报；因为即使是这些国家负责任的政府专家也不一定能理解，或者不能完全理解实施此类条款的后果，因此，采用这一方式的适当性值得讨论。[19]

（b）法律及法律政策方面

14.17 此外，某些国家是被美国采用单边措施或双边协定被迫进行违背本国传统或文化的立法，即它们必须将版权体系的相关元素纳入作者权体系内；此种做法是值得质疑的。采用详细措辞的立法模式，可能与相关国家的法律起草技术不符，从而也可能扭曲其立法传统。类似的，采用版权体系强调商业和产业而非个人创作者的规定，也是由美国的贸易活动所推动的立法趋势，这可能对个人创作者产生消极影响，并最终导致损害各国的文化多样性。[20]

14.18 将版权和邻接权纳入贸易协定的另一个影响，是协定的缔约国在就版权和邻接权制定国内政策时，将会间接地受到这些协定的约束。尽管这些贸易协定只与国际法律关系有关，大多数立法者都会避免向外国权利人提供的保护水平比本国国民更高。因此，它们未来制定贸易政策的自由，事实上受到了妨碍。尽管这一情形在这一领域的多边条约中也很正常，但贸易协定与多边条约的区别在于：贸易协定将知识产权与其他贸易领域相互关联，因而使得缔约国愿意接受这些它们本不会自愿接受的标准。当保护标准畸高，与相关国家的一般发展水平不相适应时，此种对国内立法选择事实上的限制，会给相关国家带来非常重的负担。

---

[18] Fink/Reichenmiller（同前注17），第299页。

[19] 本书作者通过为最不发达国家提供技术支持获得了相关经验，这些国家的一名政府专家承认他不理解已经被纳入法律草案中的相关条款的含义，例如涉及技术措施和权利管理信息的条款。

[20] 这一以产业为基础的模式，在国际知识产权联盟致美国贸易代表的信函（同前注8，第16页）以及其他地方都得到了体现：只提及出版者，而未提及作者或其他创造者。

第十四章　对于在贸易框架内纳入版权与邻接权的整体评估

14.19　从美国国内立法的角度来看，如果在贸易协定中纳入某些与国内法相悖的条款，或者很难被纳入美国法的条款[21]，似乎值得商榷，尤其是考虑到存在"快速通道"这一缺乏民主的程序（以及最近的"贸易促进授权"）——该程序只允许国会全盘接受或否定整个协定，而不允许对单个条款进行讨论；事实上，如果没有这一程序，大多数贸易协定可能都无法获得通过。[22]

（c）一般政治方面

14.20　从政治的角度来看，这些贸易策略通常会产生消极的影响。在乌拉圭回合谈判时，发展中国家就已经考虑到了这一点；不过，发展中国家在没有适当考虑其自身需要的情况下就接受了。[23] 此外，尤其是美国发起的双边协定以及采取的单边措施，一直被大多数人以相当消极的方式予以理解。对主权国家施加经济压力，以迫使其以一种特定方式修正本国法律和实践，通常会与其本国的法律传统或法律体系相冲突；很难想象这一方式会受到友善的或者愉悦的欢迎。

14.21　中国持续不断地受到来自美国政府的"威胁和恐吓"[24]，这极大地刺激了中国对美国要求的强烈抵抗；国家领导人被寄予厚望不要屈服于压力，因为这将损害其自身利益。[25] 此外，这些措施导致美国的信任度在中国降低，并激起了两国人民之间的敌对情绪，这使得中国政府更加不愿屈服于来自美国的压力。[26] 在这种情况下，对中国施加压力被认为是"无效的、具有误导性的以及自欺欺人的"[27]，因为这只能导致另一轮的谈判，随后缔结协定或谅解，在国外的注意力转移之后盗版又会卷土重来。与此同时，有观点认为，在美国对中国施加的压力比之前小的情况下，中国的知识产权保护水平反而变高了。[28] 其他一直受到美国欺凌（以及执法）的国家的反应是：不再受美国的思

---

[21]　P Yu, "P2P and the Future of Private Copying"（2005）76/3 University of Colorado Law Review, 653, 690.

[22]　"如果这一权限没有得到扩张，事实上将很难缔结这些重要的自由贸易协定……" IIPA Special 301 Letter（同前注8），第17页。

[23]　例如 Yu（同前注21），第689页。

[24]　P Yu, "From Pirates to Partners: Protecting Intellectual Property in China in the Twenty – First Century"（2001）50/1 American University Law Review, 131, 133 – 134.

[25]　SK Sell, *Power and Ideas: North – South Politics of Intellectual Property and Antitrust*（1998）215；"如果他们屈服于美国的压力，他们将被指责向外国利益出卖国家主权"。

[26]　Yu（同前注24），第133~134页。

[27]　同上注，第133页。

[28]　P Yu, "The Second Coming of Intellectual Property Rights in China", Occasional Paper no 11 in Intellectual Property from Benjamin N Cardozo School of Law Yeshiva University, 1, 26ff.

想和概念的影响，甚至不让美国产业界受益，例如，发展开源软件。㉙

14.22 这些在经济上处于弱势地位的国家之所以采取此种消极反应，可能是因为它们需要外国投资，或需要努力发展经济，而与此同时，它们又具有悠久的文化和历史传统，在 20 世纪初就加入了《伯尔尼公约》（不同于美国），甚至拥有受过良好教育和具有法律素养的版权律师。迫使此类国家选择放弃其本国的经济利益或者部分放弃其遵循的法律文化和价值被认为是不道德的，因为美国利用了此类国家在经济上的弱势地位。在某些特定情况下，可能被认为为了（急迫获得）金钱，选择，或者说事实上有义务，出卖自己的灵魂——在法律规定中丧失本国文化和价值的认同。这一所谓的"胡萝卜加大棒"的方法对于主权国家而言通常具有挑衅㉚、傲慢以及不尊重的意味；㉛ 这可能侵害了国家的尊严；㉜ 可能导致的结果是引发怨恨不满㉝，而非其他。

14.23 实际上，不满已经导致不进行执法，或者"在政治层面上不愿"执法。㉞ 即使美国将注意力集中在更好地在外国对知识产权进行执法，问题仍然是采用"胡萝卜加大棒"政策，或者利用经济实力攫取某些经济利益，从长远来看是否会成功——而不管国家主权、尊严以及司法传统。到目前为止，美国被许多国家视为敌对的一方，因此，美国的提议或提案，即使是在多边框架内，也可能受到各方普遍的不信任和反对，而不管美国提出这些提议或提案的实际价值。㉟ 这些影响已经可以在 WIPO 和其他国际组织中观察到，尤其是巴西与美国开始持续展开无益于多边条约制定的权力竞赛。㊱

（3）小结

14.24 除了质疑之外，贸易方式给国际知识产权现状带来了巨大变

㉙ Yu（同前注 21），第 691~692 页；余教授举了越南的例子：越南政府要求所有国有企业和政府部门都应采用开源软件；在此背景下，可以记得：美国发起的许多双边协定要求缔约国有义务保证政府部门只使用正版软件，参见上文第 12.37 段。

㉚ J Bhagwati and HT Patrick（eds），*Aggressive Unilateralism*：*America's 301 Trade Policy and the World Trading System*（1991）.

㉛ R Burrell，"A Case Study in Cultural Imperialism：The Imposition of Copyright on China by the west" in L Bently and S Maniatis（eds），*Intellectual Property and Ethics*（"Perspectives on Intellectual Property" Vol 4）（1998）195，198，206，尤其关注美国的行为，参见 197 页，注 2 以及第 205 页。

㉜ 例如，SS Kim，China and the World：Chinese Foreign Relations in the Post Cold War Era（1994）86。

㉝ 例如，K Newby，"The Effectiveness of Special 301 in Creating Long Term Copyright Protection for US Companies Overseas"（1995）21 Syracuse J Int Law and Commerce 29。

㉞ IIPA Special 301 Letter（同前注 8），第 4 页；McIlroy（同前注 5），第 446 页。

㉟ 例如 Yu（同前注 21），第 689 页；von Lewinski（同前注 1），第 591 页。

㊱ 有关针对拟定的广播组织保护条约的最新例子，参见下文第 19.07 段和第 19.10 段；有关类似的方案，参见下文第 20.38 段和第 20.41 段。

第十四章　对于在贸易框架内纳入版权与邻接权的整体评估

化——在今天与以往相比，国际知识产权保护在更多的国家能够获得、保护的程度更高、执行得更好，也令各国国内法在某种程度上具有一定的相似性（至少表面上如此）。从中受益的群体，尤其是那些出口享有版权保护产品的版权产业界对这些效果予以积极评价。就进口国而言，如果鼓励地看待知识产权，可能认为增加知识产权义务是一项不适当的负担，但如果用更宽广的视角来看相关贸易协定的总体效果，可能认为：相关国家获得了更为均衡的结果。

14.25 此处最重要的问题仍然是平衡不同部门——贸易方式固有的动态性，是否适合在版权和邻接权这一精细的领域进行，因为后者通常与文化领域相关联；而对于文化，一般认为"音乐（以及其他作品）不是商品"，欧洲议会最近也再次对此予以确认。[37] 贸易方式以及为了交换其他领域的利益而在知识产权领域作出让步，如果采用不适当的保护水平，也是有问题的。可能首先在版权专家圈子内盛行的对贸易方式提出的质疑，具有正当性，至少在欧洲如此；[38] 最终的评价交由未来。尽管如此，贸易协定所要求的提供强有力的保护措施，似乎是贸易方式的必然结果；对此，必须在更广的范围内进行讨论。其他效果（例如美国所要求的采用某些具体措辞）[39] 则不是必要的，而是超出了贸易方式产生的自然后果，这一点可以从许多采用宽泛措辞规定义务的贸易协定获得的成功上体现出来。

---

[37] European Parliament, Report on the Commission Recommendation of 18 October 2005 on Collective Cross-border of Copyright and Related Rights for Legitimate Online Music Services (2005/737/EC), (2006/2008 (INI), http://www.europarl.europa.eu/oeil/file.jsl?id=5303682, p5 (lit H).

[38] U Joos, R Moufang, "Report on the Second Ringberg-Symposium", in FK Beier and G Schricker (eds), *GATT or WIPO? New Ways in the International Protection of Intellectual Property* (1989) 1, 18.

[39] 有关这一方面，参见上文第12.31段和第12.76段。

第三编

TRIPS 协定缔结后版权议题在世界知识产权组织框架内的发展

第十五章
世界知识产权组织简介

A. 世界知识产权组织的发展

15.01 在世界知识产权组织于 1970 年成立之前,巴黎联盟和伯尔尼联盟以及其他知识产权条约都是由保护知识产权联合国际局(BIRPI)管理。① 保护知识产权联合国际局起源于 1883 年缔结的《保护工业产权巴黎公约》国际局以及 1886 年缔结的《伯尔尼公约》国际局;之后,两者于 1893 年合并为一个共同的国际局,并保持了原有员工及主管人员。"局"(bureau)在当时被广泛采用,以描述某一国际机构的秘书处。由于当时国际联盟和联合国尚未出现,知识产权联合国际局在瑞士联邦政府中被作为"高度监管"的机构。② 瑞士联邦政府任命了知识产权联合国际局的主管和员工,控制了其日常活动和财政;伯尔尼联盟、巴黎联盟以及其他相关条约的成员方仅在需要的时候作出决定,决定通常只是在修订会议上做出,而不是在类似管理机关的架构下需要连续作出决定。

15.02 在第二次世界大战之后,许多在 20 世纪晚期成立的其他联盟更新了自身架构,并成为新成立的联合国下属的专门机构。尤其是,1865 年成立的国际电信联盟和 1874 年成立的万国邮政联盟分别于 1949 年和 1948 年采取了类似行动。知识产权联合国际局则花费了更多时间完成类似行动。世界知识产权组织是依据 1967 年 7 月 14 日通过的《建立世界知识产权组织公约》而成

---

① 英文为:United International Bureaux for the Protection of Intellectual Property;也可参见上文第 4.03 段。

② 有关保护知识产权联合国际局发展的更多详细信息,参见 A Bogsch, "Brief History of the Frist 25 Years of the World Intellectual Property Organization" 1992, Copyright 247, 249 – 250; S Ricketson and J Ginsburg, International Copyright and Neighbouring Rights: The Berne Convention and Beyond (2006) 16.29 – 16.32;参见上文第 4.03 段。

立。③ 当该公约在 1970 年生效时，世界知识产权组织正式成立。④ 其总部设在日内瓦。⑤ 根据成立之初的设想，1974 年，在与联合国签订协定之后⑥，世界知识产权组织成为联合国组织系统的一个专门机构。

15.03 联合国组织系统的专门机构，不同于其字面含义，是隶属于联合国的自治性国际组织⑦，而非仅仅是联合国的一个部门。它们基于政府间协定而成立。⑧ "专门"也并不意味着它们在各自专业活动领域内拥有专有权限；例如，世界知识产权组织的职责受"联合国及其机关的权限和职责"的约束。⑨ 专门机构通常设置有大会、行政委员会以及秘书处。专门机构负责就不同领域缔结条约，例如：知识产权；电信；邮政服务；教育、科学和文化；食品和农业；以及财政等。⑩ 虽然大部分专门机构拥有全球性的成员方，但并不是所有联合国会员国都是每个专门机构的成员方。这些机构的职员，与其成员方代表一样，在联合国系统内享受类似的特权与豁免。⑪

15.04 作为前殖民地国家陆续成为独立主权国家的结果，联合国会员国数量在 20 世纪六七十年代大幅度增加，国际组织加入联合国系统这一步似乎为其发展全球会员扩展了新的空间。⑫ 尤其是，世界知识产权一直希望之前尚未成为知识产权联合国际局成员方的发展中国家能成为其成员方。加入联合国系统的另一个优势是成员方无须处理其职员的工作条件问题，因为所有有关职员雇佣方面的问题都由联合国及其专门机构的"共同系统"进行管理。⑬ 工业

---

③ 这一公约在斯德哥尔摩会议上签署，导致了《巴黎公约》和《伯尔尼公约》的修订以及更多该领域内的多边条约的产生，参见 Bogsch（同前注2），第 250 页。

④ 参见《建立世界知识产权组织公约》第 1 条，以及第 15 条有关生效的规定。

⑤ 同上注，第 10 条。

⑥ 联合国与世界知识产权组织签订的协定于 1974 年 12 月 17 日生效，参见 Bogsch（同前注2），第 254 页以及 http：//www.wipo.int，点击"About WIPO""Treaties and Contracting Parties"和"Related Documents"。

⑦ 《联合国宪章》第 57 条对此种关系作了规定。

⑧ 同上注，第 63 条。

⑨ 1974 年《联合国—世界知识产权组织条约》（同前注6）第 1 条。

⑩ 这些相关组织是：国际电信联盟、万国邮政联盟、联合国科教文组织（UNESCO）、联合国粮食与农业组织（FAO）、世界银行以及国际货币基金组织。

⑪ B Simma, Universellers Volkerrecht (1984) §286. 有关专门机构的详细论述，参见 I Seidl - Hohenveldern, "Specialized Agencies" in R Wolfrum (ed), *United Nations*：*Law, Policies and Practice* (1995) 1202.

⑫ MP Ryan, "Adaptation and Change at the World Intellectual Property Organization" [1998] J'l World Intellectual Property 507, 509, 也指出了由部分知识产权组织提出的重要观点。

⑬ Bogsch（同前注2），第 253 页；《联合国—世界知识产权组织条约》（同前注6）第 14、15 条。其余优势包括：可与联合国其他组成机构及会议互派代表（上述条约第 3 条）以及实现世界知识产权组织和联合国之间的信息交换，这其中也包含了世界知识产权组织有义务应要求披露信息（上述条约第 6、8 条）。

化国家对于是否支持世界知识产权组织成为联合国的一个专门机构曾犹豫不决，原因在于它们担心发展中国家将会占据世界知识产权组织成员方的大多数席位，而基于"一国一票"的投票机制，发展中国家将会主导决策的制定，从而削弱国际知识产权保护体系。[14]

15.05　世界知识产权组织为每一个伯尔尼联盟或巴黎联盟或其他由世界知识产权组织管理的条约的成员方提供成员身份，但不强制要求它们成为其会员。此外，世界知识产权组织的成员身份也向所有联合国成员方、联合国专门机构的成员方、国际原子能机构的成员方或国际法院规约的当事国开放以及向所有被世界知识产权组织大会邀请成为成员方的其他国家开放。[15] 因此，任一国家，只要之前与知识产权联合国际局（尽管其并不属于联合国系统）存在关联，或者与联合国系统存在关联（而不必与知识产权联合国际局存在关联），都能成为世界知识产权组织的成员。截至2007年7月，世界知识产权组织共有184个成员。

B. 世界知识产权组织的架构和工作机制

15.06　从知识产权联合国际局到由成员驱动的组织（WIPO）的转变[16]，也体现在世界知识产权组织的架构上，其有三个领导机关[17]：作为最高机关的大会，以及成员方会议和协调委员会。大会由同时是《建立WIPO公约》缔约方和WIPO管理的任一条约的缔约方的成员方组成。[18] 成员方会议由《建立WIPO公约》缔约方组成，而不论其是否也是WIPO管理的其他条约的缔约方。[19] 协调委员会则由那些是巴黎联盟或伯尔尼同盟或同时是两者的执行委员会成员《建立WIPO公约》缔约方组成。[20]

15.07　大会对于成员身份的要求最高，其承担的职责也是三个管理机关中最重要的职责，尤其是任命总干事以及通过两年度预算。大会每两年开一次

---

[14]　实际上，发展中国家在1974年以"七十七国集团"形式加入联合国系统，这反映了其潜在的实力；参见Ryan（同前注12），第509页；Bogsch（同前注2），第253～255页；认为这一决定是值得的，尤其是考虑到在知识产权领域内日益发展和广泛的国际联系。

[15]　《建立世界知识产权组织公约》第5条。

[16]　朝这一方向转变的第一步是在1948年布鲁塞尔修订会议上"伯尔尼公约常设委员会"成立时就已经做出，参见Bogsch（同前注2），第249页。

[17]　有关领导机关的简要介绍，参见Bogsch（同前注2），第252～253页。

[18]　《建立世界知识产权组织公约》第6条第（1）款第（a）项和第2条第（vii）项。

[19]　同上注，第7条第（1）款第（a）项。

[20]　同上注，第8条第（1）款第（a）项规定了更为详细的具体内容。

会议。㉑ 成员方会议主要承担建议性职责，通常在大会期间召开会议。㉒ 协调委员会每年召开一次会议，主要承担筹备和建议性职责；尤其是，它负责准备大会议程草案，提名由大会任命的总干事人选，并为成员方会议准备议程草案以及准备计划草案和预算。㉓

15.08 国际局作为 WIPO 的秘书处，管理所有由 WIPO 管理的联盟或条约。秘书处由秘总干事领导，总干事是 WIPO 的行政首长，对外代表 WIPO。总干事向大会汇报，并遵从大会的指示，负责准备计划草案和预算，并起草工作活动定期报告。㉔ 2007 年，秘书处有来自九十多个国家的职员。

15.09 除 WIPO 大会之外，每一个联盟，例如伯尔尼联盟，都有其自身的大会，其主要功能在于分别为每一个联盟制订两年计划以及预算。㉕

C. 世界知识产权组织的职责

15.10 一般来说，WIPO 的主要目标是通过国家之间的合作，以及在适当情况下与其他国际组织合作，促进世界范围内的知识产权保护。㉖ 为了实现这一目标，WIPO 承担了一系列职责，下文讨论其中五项。㉗

（1）管理和制定条约

15.11 WIPO 管理其负责的现有条约，并且在适当情况下，筹备并协助其修订。㉘ 截至 2007 年，除《建立 WIPO 公约》之外，WIPO 还管理了 24 项国际条约。此外，应成员方的要求，WIPO 筹备并推动新条约的缔结；通常，利益当事方对于成员方提出此类要求起到了重要作用。

15.12 尤其是在准备版权和邻接权领域条约的修订或缔结时，根据大会的决定，召集各种专家委员会开会；在 1998 年之后，专家委员会改为版权与

㉑ 《建立世界知识产权组织公约》，第 6 条第（2）、（4）款，也规定了其他任务；在实践中，在非例会时期也每两年举行一次会议，与常规例会交叉进行。

㉒ 同上注，第 7 条第（2）、（4）款。

㉓ 同上注，第 8 条第（3）、（4）款。

㉔ 同上注，第 9 条，规定了总干事职责的详细内容。需要注意的是，各联盟的开支预算与成员方会议预算是分开的，参见上述条约第 11 条。

㉕ 有关《伯尔尼公约》及其相关机关，参见《伯尔尼公约》第 22~26 条以及上文第 5.252 段。也参见 Ricketson/Ginsburg（同前注 2）第 16.08~16.14 段。

㉖ 《建立世界知识产权组织公约》第 3 条第（i）项。

㉗ 同上注，第 4 条规定了世界知识产权组织最重要的职能；有关世界知识产权组织在伯尔尼联盟内的职能，参见《伯尔尼公约》第 24 条的具体规定。

㉘ 有关伯尔尼联盟，参见《伯尔尼公约》第 24 条第（1）、（7）款。

相关权常设委员会（SCCR）。㉙ 它们由政府专家组成，其中大部分来自相关职能部门或常驻日内瓦代表团；也可能来自观察国；还有来自联合国贸发会议、联合国教科文组织和世界贸易组织等政府间组织的代表；以及来自代表私人利益的非政府间组织，例如作者协会、表演者协会、录音行业协会、电影协会或图书馆协会等机构的代表。截至2007年，有66个政府间组织以及201个国际非政府组织在WIPO拥有观察员身份；31个国内非政府组织也已经获得了观察员身份。㉚

15.13 最近，在WIPO框架内制定新条约时，通常根据下列模式筹备㉛：专家委员会一年召开两次会议，每次持续三到五天。在最初阶段，讨论通常以国际局提交的详细备忘录为基础；在获得成员方通过之后，会将会议报告公开发布。㉜ 在讨论的下一阶段，通常是几年之后，成员方提交各自的提案，提案通常是以条约语言草拟。当成员方最终决定为了修订或通过某一条约召开外交会议，它们通常也要求国际局，或者委员会主席基于讨论的成果，起草一份所谓的"基础提案"，该提案会在外交会议召开之前被分发给各国政府、政府间组织以及非政府组织。"基础提案"是外交会议讨论的基础。㉝ 在召开外交会议时，WIPO国际局会以不同方式推动会议进程。

（2）示范法和立法建议

15.14 此外，WIPO还起草示范法，并将其提交给感兴趣的成员方；通常情况下，WIPO这样做，是为了协助成员方起草知识产权领域的国内法。此类协助对于发展中国家以及那些在知识产权领域立法经验不足的国家尤其重要。WIPO曾起草过多部示范法，例如，1974年有关邻接权保护（当时，该领域远不如现在为人们广泛知晓）的示范法，㉞ 1978年有关计算机程序保护

㉙ 此外，《伯尔尼公约》第24条第（7）款第（a）项要求与执行委员会合作。

㉚ http://www.wipo.int/members/on/organizations.jsp；有关政府间组织，其中17个隶属于联合国系统，9个与知识产权领域有关，11个是全球性组织，29个是区域性组织。某些组织被临时授予观察员身份，例如，在传统遗产领域；有关政府间版权委员会，参见下文第20.36段以下。也参见《伯尔尼公约》第24条第（7）款（b）项。

㉛ 这些观察主要是基于WIPO1996年条约、拟定的2000年视听表演条约，以及计划中的广播组织条约的相关实践，见下文第17.05段、第18.01段和第19.02段。

㉜ 一直到1994年12月，相关备忘和报告会在世界知识产权组织每月发行的杂志"Copyright"以及之后的"Industrial Property and Copyright"上出版；1997年之后召开的版权与相关权常设委员会的相关备忘录和报告，载http://www.wipo.int/meetings/en/topic.jsp?group_id=62。

㉝ 有关《世界知识产权组织版权条约》以及《世界知识产权组织表演与录音制品条约》的相关例子，参见下文第17.10~17.12段。

㉞ 由《罗马公约》政府间委员会于1974年起草的《有关保护表演者、录音制品制作者以及广播组织的示范法》，1974 Copyright 163。这一示范法也是鼓励成员方推行1961年才刚缔结的《罗马公约》所涉及领域的法律，参见上文第4.60段。

（作为版权的一种可能的新的保护客体，当时有较大争议）的示范法，㉟ 1976年有关发展中国家特殊需求的示范法（即"突尼斯版权示范法"）㊱，以及1980年和1983年有关集体管理组织的示范法。㊲ 已经完成但尚未公开的"版权示范法"，以及20世纪90年代早期开始启动的"唱片制作者保护示范法"，后来被更重要的发展所取代，它们就是最后导致WCT和WPPT缔结的专家委员会的工作。㊳ 其他示范法，例如为了所谓的"转型国家"（在1989年苏联解体和东欧剧变之后，由计划经济向市场经济转型的国家）以及发展中国家而起草的示范法不再公开，而只是向相关政府提交。类似的示范法并不具有约束力，只对相关国家的立法机构具有建议作用。然而，它们通常具有很大的影响力，以至于人们将其视为"软法"。

15.15 除了将示范法提交给各国立法机构之外，WIPO还负责准备法律草案，以及对成员方提交的法律草案提出具体建议，以确定该草案是否符合相关国际法；不过，只有在成员方提出请求时，WIPO才会从事上述行为。㊴

（3）培训及其他技术支持

15.16 WIPO通过组织各种研讨会促进知识产权发展；大多数研讨会在发展中国家举办或针对发展中国家派驻日内瓦的代表而举办。WIPO还向参加知识产权硕士项目的学生提供奖学金。最近另一项在知识产权教育领域的活动是WIPO世界学院的建立，其通过现场教学和远程教学的方式提供培训，并提供相关可行的研究项目。WIPO提供的帮助还可能包括设立必要基础设施（例如集体管理组织）的具体建议，以及对发展中国家和转型国家提供经济援助，以帮助或便利这些成员方参加WIPO的相关会议。㊵

（4）研究、会议和资料

15.17 WIPO一直组织相关会议，以探讨未来可能出现的议题或者需要引起更多注意的议题。20世纪90年代与版权和邻接权相关的议题有：为人工智能

㉟ 《保护计算机软件示范条款》（1978），Copyright 6（介绍），12（示范条款）。也可参见上文第7.17段。

㊱ 《发展中国家版权示范法》，（1976）Copyright 139（报告），165（示范法）；有关民间文学艺术的示范法，可参见第20.30段以及《1982年民间文学艺术示范条款》（参见第20.31段）。

㊲ 《发展中国家管理作者权机构示范条款》，（1983）Copyright 348，该示范条款以1980年草案为基础，（1980）Copyright 271，它对公共机构和私人组织作了区分。

㊳ 《版权领域立法示范条款》，（1989）Copyright 146，362；（1990）Copyright 241（相关文件和报告）；有关唱片录音制品制作者示范法专家委员会报告：（1992）Copyright151，188；M Ficsor, The Copyright and the Internet (2002) 1.16, 1.17。

㊴ 《伯尔尼公约》第24条第（4）款。

㊵ 《伯尔尼公约》第24条第（5）款。

第十五章　世界知识产权组织简介

提供可能的保护（斯坦福，1991 年），数字化及其影响（哈佛，1993 年），视听作品与新技术（巴黎，1994 年），全球信息基础设施与信息社会下的版权（墨西哥、那不勒斯，1995 年）以及集体管理和数字技术（塞维利亚，1991 年）。㊶ 最近，电子商务、互联网服务提供者的责任以及准据法等议题，是讨论的热点。㊷ 为了提高知识产权特定领域的知识水平，或者使感兴趣的人能够获得相关信息，WIPO 持续为特定议题组织相关研究。㊸ 此外，它也在其每月出版的法律期刊 *Copyright*, *Industrial Property*——1995 年后更名为 *Industrial Property and Copyright*——发表有关巴黎联盟、伯尔尼联盟和成员方国内法的信息，以及对相关法律问题展开论述的文章。㊹ 例如，这些期刊上的国家报告对特定时期内某些国家的版权发展情况进行了论述。㊺ 上述期刊在 1999 年被 WIPO Magazine 所代替，相关资料则转移到 WIPO 网站上。㊻ 此外，WIPO 用三种联合国官方语言：英文、法文和西班牙文翻译并出版其成员方知识产权领域的相关法律。㊼

（5）仲裁和调解

15.18　1994 年，WIPO 又启动了另一项重要活动。由于知识产权在经济上日益重要，因此，其对替代性争端解决机制（ADR）的需求也越来越大；ADR 比常规诉讼程序要更迅速且更便宜。因此，WIPO 为解决私人当事人之间的知识产权纠纷建立了仲裁和调解中心。WIPO 仲裁和调解中心有以下四种争端解决程序：调解（帮助争议双方达成协议，不具有约束力），仲裁（由一名仲裁员或者由多名仲裁员组成的仲裁庭作出有约束力的决定），快速仲裁（更为迅速以及花费更少的仲裁程序），以及通过仲裁无法解决的情况下进行未达成和解协议的调解之后采取的仲裁。㊽ 仲裁和调解服务主要用于互联网域名争

㊶　WIPO Publication 698（1991），723（1993），731（1994），746（1995），751（1996）以及 756（1998）。

㊷　详细信息，参见第 22.08 段。

㊸　这些研究成果或者单独发表（例如，有关视听表演的研究，参见下文第 18.23～18.24 段），或者在著作中发表，例如 Masouye 有关《罗马公约》的著作，参见 http：//www.wipo.int（Resources, Electronic Bookshop and Guides/Studies and Handbooks）或者在下文列出的相关期刊中发表。也参见《伯尔尼公约》第 24 条第（5）款。

㊹　在 1965 年之前，该期刊只以法文出版，参见上文 4.03 段；《伯尔尼公约》第 24 条第（3）款。

㊺　有关"Copyright"杂志常规内容的总结，参见 Ricketson/Ginburg（同前注 2），第 16.35 段。

㊻　参见 http：//www.wipo.int，查看 Resources 这一栏。

㊼　《伯尔尼公约》第 24 条第（2）款；也参见 CLEA 电子数据库，http：//www.wipo.int/clea/en/index.jsp。

㊽　有关这些程序的特点，参见 F Gurry, "The Dispure Resolution Service of the World Intellectual Property Organization"（1999）J'l of International Economic Law 385-398；有关替代性争端解决机制与知识产权的一般介绍，参见 C Collar Fernandez 和 J Spolter, "International Intellectual Property Dispute Resolution"（1998）J'l of World Intellectual Property 555-569。

议领域。㊾

D. 展　　望

15.19　近来，WIPO 一直受到 1994 年 WTO/TRIPS 的挑战。不过，WIPO 主要通过以下方式应对了挑战。首先，WIPO 与 WTO 在 1995 年缔结了合作协定；根据该协定，WIPO 将协助 WTO 的成员方在实施 TRIPS 以及其他方面提供技术协助。㊿ 其次，在版权和邻接权领域，WIPO 也应付了挑战：它在 1996 年缔结了实质性保护水平更高的 WCT 和 WPPT。[51] 然而，WIPO 与 WTO 在 2004 年前后都面临着新的政治性挑战，主要是由于发展中国家和使用者群体对国际知识产权的进一步发展提出重大反对意见。对此，将在其他章节予以讨论。[52]

㊾　有关仲裁和调解中心，参见 http：//www.wipo.int/amc/en。

㊿　有关相关条约，参见 http：//www.wipo.int，点击"About WIPO""Treaties and Contracting Parties"和"Related Documents"。这些合作是有用的，因为只有世界知识产权组织拥有相关的工作人员，可以完成条约规定的任务，例如收集和翻译法律。参见上文第 10.136 段。

[51]　有关 WCT 和 WPPT，参见下文第十七章。相关内容的比较，参见下文第二十三章。

[52]　参见下文第 25.24 段和第 25.27~25.32 段。

第十六章
争端解决条约草案

A. 制定争端解决条约计划的出现

16.01 1989 年 9—10 月，WIPO 大会决定设立解决国家间知识产权争端的专家委员会，以制定一个可能的争端解决条约草案；这当然不仅仅是巧合。① 就在 1989 年这一年的前几个月，乌拉圭回合中期审查已经显示：发展中国家对于将知识产权纳入 GATT 框架中的抵制已经慢慢弱化，这样就为在 GATT 框架内就知识产权议题展开谈判扫清了道路。② 换言之，正是从这时候开始，GATT 模式的成功才有现实可能；此外，一个处理知识产权议题的新型平台的出现，使 WIPO 面临在领导国际知识产权组织方面失去影响力的可能。由 WIPO 管理的知识产权公约不仅需要更新实质性保护标准，也缺乏执法条款，③ 还面临着缺乏有效争端解决机制的问题。④ 一个独立的专门针对争端解决议题的 WIPO 条约，被视为是使 WIPO 更具吸引力的重要手段，因为它可以在 WTO/TRIPS 适用的 GATT 争端解决机制之外，提供另一种选择。⑤

---

① Anon, "WIPO: Overview of Activities and Developments in 1989" (1990) Copyright 18, 23.
② 有关导致 TRIPS 诞生的磋商，参见上文第 10.19 段以下。
③ 参见上文第 9.04 段以下。
④ 关于《伯尔尼公约》和《罗马公约》，参见上文第 5.257 段和第 6.79 段；也可参见第 8.26 段、第 9.05 段。
⑤ 对此，参见上文第 9.05 段和第 9.09 段；与此同时，也处理了其他不足之处，即在 1989 年和 1991 年召开的伯尔尼联盟大会上，决定就《伯尔尼公约》议定书开始谈判，Anon（同前注 1），第 23 页；A Bogsch, "Brief History of the First 25 Years of the World Intellectual Property Organization" (1992) Copyright 247, 262.

B. 讨论和起草条约

16.02 在 1990 年 2 月专家委员会召开的第一次会议上⑥，各方就出现了分歧：发展中国家强烈支持授权国际局来负责条约草案的准备工作，而美国和一些工业化国家似乎更支持在 GATT 乌拉圭回合谈判成果中找到解决方案：允许更有效的制裁方式，例如交叉报复。⑦ 同时，工业化国家希望给制定 WIPO 争端解决条约设置一个条件：只有当 WTO/TRIPS 的争端解决谅解未获得通过的情况下才可以。如果将国际局的权限限制为只是准备"条约草案的原则"，则工业化国家可以妥协。后来，在专家委员会召开的第二次会议上，国际局起草了这些原则。⑧

16.03 随后在 1991—1994 年召开的六次会议上，政府专家讨论的却是争端解决条约草案的问题。⑨ 条约草案⑩包括以下主要内容。条约仅适用于政府间和特定政府间组织之间的争端，不适用于私人之间的争端。⑪ 条约只适用于由 WIPO 独自管理或由 WIPO 与其他政府间国际组织共同管理的条约下的知识产权争端。⑫ 争议解决程序与 GATT/WTO 等贸易条约下的程序类似；然而，该条约并未规定适用制裁。尤其需要指出的是，程序最开始是当事方之间进行磋商，允许斡旋、调停和调解。如果这些措施都未成功，条约提供了专家组程

---

⑥ 尤其参见国际局为会议准备的备忘录，WIPO Documents SD/CE/I/2 and 3。

⑦ 对此，参见上文第 9.09 段，第 10.115 段，第 10.126 段和第 10.128 段。

⑧ 尤其参见 1990 年 10 月委员会第二次会议文件，WIPO Docs SD/CE/II/2 – 4。

⑨ 第 3 到第 8 次会议分别于 1991 年 9 月，1992 年 7 月，1993 年 5 月，1994 年 2 月，1995 年 5 月和 6 月，1996 年 6 月召开；相关文件编码为 SD/CE/III – VIII，其中单独的文件由阿拉伯数字编号。相关摘要，参见（1992）Copyright 217（第四次会议）；（1993）Copyright 121（第五次会议，条约草案和规定）和 141（有关外交会议的准备会议的注释）；（1994）Industrial Property 122（第六次会议）；（1995）Industrial Property and Copyright 168，264（文件和报告，第七次会议）；（1996）Industrial Property and Copyright 319，（第八次会议）。

⑩ 委员会第六次大会讨论得出的版本在（1994）Copyright 第 70、71 页以下；在第七次大会上被再次修订，参见 WIPO 文件 SD/CE/VII/2（1995）Industrial Property and Copyright 168，and regulations：205），尤其是有关条约草案中的争端解决机制与其他体系之间的关系问题。最近的修订草案（WIPO Document WO/GA/XXI/2，1997 年 4 月 30 日）在 1997 年由国际局准备，附有修订后的解释和新的条文草案，还在最后附有 WIPO 大会在 1996 年 9 月和 10 月召开的会议上的决议（WIPO Document WO/GA/XIX/4，第 22、23 段）。

⑪ 条约草案（后被称为"拟定的条约"，参见 WIPO Doc WO/GA/XXI/2，第 5 页以下）第 1 条第（1）款第（2）项；有关私人之间的争段，参见上文第 15.18 段有关 WIPO 仲裁和调解中心的介绍。

⑫ 有关体现成员方不同立场的更详细介绍，参见条约草案第 2 条。

序，专家组做出报告之后，当事国应就执行专家组报告中的建议提交一份报告。⑬ 根据草案的规定⑭，不得对不遵守专家组建议的当事方实施或授权实施制裁；这一点反映了起草者充分鼓励当事方采取一切措施以确保遵守专家组建议的期望，另一方面，采取的措施却只是将报告向所有相关成员方公开，以及让这些成员之间交换意见。⑮ 同时，缺乏具体的制裁措施⑯，正合工业化国家心意——因为这些国家倾向于适用 GATT/WTO 平台，这样使得他们更容易主张 WIPO 的争端解决条约提供的机制较弱。

16.04 条约草案还规定了正式的仲裁程序，作为上文提及的机制的备选方案。仲裁庭做出的裁决是终局的、具有约束力的，但不得通过任何制裁措施执行仲裁裁决。⑰

C. 讨论结果

16.05 在 1995 年 5—6 月召开的第七次专家委员会会议上，由于大多数国家表示强烈支持，因此，缔结条约的可能性很大。只有美国认为没有必要在 WTO 机制之外再缔结另一个有关争端解决的国际条约。⑱ 在 1996 年 7 月召开的第八次会议上，专家委员会本可以确定一个召开外交会议、以便在 1997 年年末或 1998 年年初缔结争端解决条约的日期。然而，由于日本、加拿大和美国的反对，召开外交会议的决定改由 1996 年秋季 WIPO 大会做出。⑲ 1996 年大会决定于 1998 年上半年召开外交会议；国际局应提交一个草案修改稿，再由 1997 年大会根据 WIPO 新的实践，来确定外交会议是否召开。⑳ 1997 年大会后来决定就是否在晚些时候继续召开外交会议问题进行磋商，然而后来在此

---

⑬ 有关该程序相关步骤的更多细节，参见上注第 3~6 条。
⑭ 拟定的争端解决联盟大会不被允许这样做，同上注，第 5 条第（10）款（d）项。
⑮ 同上注，第 5 条第 10 款（c）项、（d）项。
⑯ 条约没有排除违反义务在一般国际法上产生的后果，参见 WIPO Doc WO/GA/XXI/2 第 5.32 段和第 5.54 段。
⑰ 条约草案第 7 条。
⑱ 参见第七届会议报告，WIPO Doc SD/CE/VII/8，第 25 段有关美国的观点，以及 Anon，"WIPO to Press on with Treaty on Settlement of IP Disputes"（1995）World Intellectual Property Report 241，提到其他国家强调需要避免 WIPO 系统和 WTO 系统发生重叠。
⑲ Anon，"Committee of Experts on the Settlement of Intellectual Property Dispute between States"（1996）Industrial Property and Copyright 319；Anon，"Committee on Dispute Settlement May Call Diplomatic Conference in 1997"（1996）World Intellectual Property Report 292.
⑳ WIPO Doc WO/GA/XIX/4 第 20 段和第 22~23 段；Anon，"Governing Bodies of WIPO and the Unions Administered by WIPO"（1996）Industrial Property and Copyright 342，344。

问题上没有任何进一步的行动。㉑

16.06 WIPO 争端解决条约的反对者的主要理由是：没有必要在 WIPO 框架内缔结此种条约，因为 TRIPS 已经具有有效的争端解决机制，而该协定已经被纳入 WTO 框架中。这些国家的态度或许再一次反映出它们对 WTO 的偏爱多于 WIPO。确实，如果 WTO 具有一个有效的争端解决机制，这一优于 WIPO 的优势足以吸引更多的国家加入 WTO。其他国家认为：不同系统可以共存；的确，有并存的争端解决机制存在，例如，NAFTA 和 WTO 框架下的有关机制。㉒我们只需要澄清不同机制之间的关系即可。此外，诸如中国和俄罗斯这样的国家提出：它们不是 WTO 成员方，因此希望争端解决机制在 WIPO 框架下也存在。㉓

16.07 在成员方希望推进 WIPO 争端解决条约的希望受挫之后，该议题在 WIPO 框架下就再也没有被提起过，因而一直处于冻结状态。如果再早一些提出该议题，例如早于 GATT 模式被接受之前提出的话，或许可以获得成功。尽管《伯尔尼公约》和《罗马公约》规定了适用国际法院争端解决机制，但该机制并不是那么有效（至少到目前为止如此），㉔ 可以预期成员方只会求助 WTO 争端解决机制，因为 TRIPS 涵盖了这些公约的大部分实质性保护标准（同时新增了一些保护标准）。

㉑ WIPO Doc WO/GA/XXI/13 第 184 段，以及第 165~183 段；美国、日本和澳大利亚认为不需要此种条约，而欧洲、以色列以及大部分发展中国家原则上支持制定此种条约。

㉒ 关于 WTO，参见上文第 10.114~10.132 段；关于 NAFTA，以及两个体系之间的关系，参见上文第 11.22~11.23 段。

㉓ Anon, "Committee on Dispute Settlement May Call Diplomatic Conference in 1997" (1996) World Intellectual Property Report 292.

㉔ 参见上文第 5.257 段和第 6.79 段，也参见上文第 8.26 段。

第十七章
1996年《世界知识产权组织版权条约》(WCT)和《世界知识产权组织表演和录音制品条约》(WPPT)

A. 1996年WIPO条约的背景和发展历程

(1) 1971—1991：在"指导发展"和"议定书"的新方法之间

17.01 在1971年之前，1886年《伯尔尼公约》大约每20年修订一次。1971年，由于当时出现的工业化国家和发展中国家之间的南北冲突，经过很大努力才达成修订《伯尔尼公约》所要求的全体一致。① 在那之后，版权的经济重要性，以及由此而来的成员方之间的利益冲突日益增多——这不仅发生在工业化国家和发展中国家之间，也发生在工业化国家之间。因此，未来达成全体一致似乎更困难。② 无论如何，需要使版权法适应1971年以后发生的技术和其他新发展。WIPO决定通过所谓的"指导发展"来应对这一挑战，而非通过准备一次新的修订会议。"指导发展"策略的目的是讨论和促进对新的作品类型和新的使用方式的普遍的、新的保护标准。相关工作主要通过WIPO和联合国教科文组织（UNESCO）的共同专家委员会来完成，工作成果是建议、指导原则或示范条款等，并伴随着WIPO和UNESCO委托完成或实际实施的研究。尽管这些成果对各成员方没有拘束力，但是，对于政府就特定问题的认识

---

① 参见上文第4.22段、第9.05段。
② WIPO总干事曾表达过对未来可能的修订表示悲观的看法：A Bogsch, "The First Hundred Years of the Berne Convention for the Protection of Literary and Artistic Works" (1986) Copyright 291, 327。

和各国国内版权法的发展而言，前述成果都有相当大的影响。③

17.02 不过，有观点认为，"指导发展"并不够，持该观点的尤其是工业化国家，其权利所有者一直受到已有公约缺陷的损害。④ 当这些国家最终试图通过关贸总协定（GATT）的平台在乌拉圭回合谈判中纳入知识产权时，WIPO 意识到了其他平台潜在的有力竞争的威胁，以及失去或减少其作为当时唯一与知识产权法有关的国际组织自身重要性的威胁。在 1989 年 4 月乌拉圭回合谈判中期审议时，发展中国家放弃了它们对将知识产权纳入 GATT 的根本反对，使得对实质性条款的讨论得以开始；在此之后，WIPO 对前述威胁的感受更强烈了。⑤

17.03 仅在数月之后，即 1989 年 9/10 月，WIPO 领导机关决定，在接下来的两年内召集一个政府专家委员会，来审查是否应当起草一个《伯尔尼公约》的议定书，其目的是在 1991 年之后召开的外交会议上提交一份草案以获得通过。《伯尔尼公约》已有条款被认为应当通过新的国际规范予以明确或补充。新方法的正当性在于，伯尔尼联盟各成员方经常对已有规范作出不同的解释。⑥ 第一个此种伯尔尼议定书委员会于 1991 年 11 月成立，这一时间仅在对 TRIPS 的实质内容谈判暂时结束，接受了所谓的"邓克尔草案"（"Dunkel Draft"）部分内容的一个月之前——因此，在前述委员会成立时，TRIPS 在可以预见的未来获得通过，以及（当时的）GATT 将领先于 WIPO，是非常具有现实可能的。⑦

17.04 通过缔结《伯尔尼公约》"议定书"的方法，WIPO 成功地找到了解决方案，既能满足国际社会对新的国际版权规范的需要，同时又不需要承担（全体一致的）修订的风险。该"议定书"被视为《伯尔尼公约》第 20 条意义下的一个多边条约，一个所谓的"专门协定"。⑧ 这样的协定可以由有限数量的伯尔尼联盟成员方通过，并因此使得 WIPO 可以避开全体一致的要求——只要这样的协定比《伯尔尼公约》的规定授予了更广泛的权利，并且，新增

---

③ 关于"指导发展"时期所处理的问题，具体参见 M Ficsor, *The Law of Copyright and the Internet: The 1996 WIPO Treaties, their Interpretation and Implementation* (2002) 1.03 – 1.17。

④ 参见上文第九章，特别是第 9.04～9.06 段。

⑤ 参见上文第 10.20～10.21 段。

⑥ 关于 1990—1991 年度计划的该项内容，参见 WIPO Doc AB/XX/2, Annex A, item PRG.02 (2)。关于在解释《伯尔尼公约》时存在的不确定性，参见第七章，特别是第 7.13 段以下，以及第 7.22～7.33 段。

⑦ 关于邓克尔草案，参见第 10.22 段；另外，关于 TRIPS 谈判和 WIPO 提议制定争端解决条约这两者在时间上相近这一巧合，参见上文第 16.01 段。

⑧ WIPO Doc BCP/CE/I/2，第 3 段；关于《伯尔尼公约》第 20 条，参见上文第 5.250～5.251 段。

第十七章 1996 年《世界知识产权组织版权条约》(WCT) 和《世界知识产权组织表演和录音制品条约》(WPPT)

加的内容不与《伯尔尼公约》相冲突。⑨ 选择"议定书"这一表达,没有考虑未来的文书的标题是什么,也没有考虑有哪些国家可能加入该文书。

(2) 1991—1993:关于伯尔尼议定书的初步讨论以及第二个专家委员会的成立

17.05 专家委员会第一次会议的文件⑩讨论了要纳入伯尔尼议定书中的不同类型的受保护的客体,即计算机程序、数据库、专家系统和其他人工智能系统、计算机制作的作品和录音制品。各成员方认为,原则上应当纳入计算机程序和数据库,⑪ 而讨论专家系统、其他人工智能系统和计算机制作的作品的时机则尚未成熟。不过,大多数成员方⑫都反对将录音制品纳入伯尔尼议定书,因为录音制品不是《伯尔尼公约》所涵盖的作品,WIPO 文件本身也确认了这一点。⑬ 因此,不应在更广泛的《伯尔尼公约》的背景下来规制录音制品。

17.06 与此同时,成员方并不反对提高对录音制品的国际保护。因此,1992 年 9 月,WIPO 领导机关成立了第二个专家委员会,该委员会与伯尔尼议定书委员会平行起草一个关于保护表演者和录音制品制作者权利的可能的新文书。⑭ 在录音制品制作者之外加上表演者,是因为表演者的处境与对录音制品的利用紧密相连。不过,对于是否也纳入视听表演者,委员会未作出最终决定。⑮

(3) 1993—1996:包括"数字议程"的实质性讨论

17.07 因此,从 1993 年起,两个委员会分别各自召开会议;不过,从 1995 年 9 月起,两个委员会开始一同召开会议,原因是,一些议题(例如新

---

⑨ 《伯尔尼公约》第 20 条和上文第 5.250~5.251 段。

⑩ "Questions Concerning a Possible Protocol to the Berne Convention, Part I Memorandum", (1992) Copyright 第 30 页以下;该文件由 WIPO 秘书处提交。

⑪ 不过,对于细节仍然存在疑问,特别是关于计算机程序,参见第一次会议报告(1992)Copyright 第 40 页,第 48~50 段(第 75 段以下);关于数据库参见第 89 段以下。

⑫ 除了美国、英国、埃及和印度以外,S von Lewinski, "Erste Sitzung des Sachverständigenausschusses der WIPO über ein Protokoll zur Berner Konvention zum Schutz von Werken der Literatur und Kunst – III" (1992) GRUR Int 45, 49;Report(同前注 11)第 107 段(未指明国家)。

⑬ 参见第一次会议文件(同前注 10),第 60~61 段。

⑭ 该委员会被正式称为"关于制定保护表演者和录音制品制作者权利可能的新文书专家委员会";伯尔尼委员会被称为"关于制定伯尔尼公约可能议定书专家委员会"。两个委员会采用的新术语明确了议程中的议题,委员会中成员和观察员的地位(尤其包括作为成员的欧共体委员会),等,WIPO Doc B/A/XIII/2,第 22 段。

⑮ WIPO 专家委员会第一次会议备忘录有意没有处理这个问题,(1993)Copyright 第 142 页,第 144 页(第 7~9 段);这一问题在委员会会议期间一直有争议,J Reinbothe and S von Lewinski, *The WIPO Treaties* 1996 (2002) 470–472 (nn 20~23)。

的提供权）可能涉及同样类型的问题。⑯在讨论初期，许多拟定的条款从议程上被删除了，主要是因为这些规定过于详细，例如，关于私人使用和图书馆及档案馆的使用限制复制权的规定。不过，后来在议程上添加了新的内容，特别是与数字技术的发展和互联网有关的内容。实际上，在 1994 年 4 月通过 TRIPS 之后，政府对数字技术对版权和邻接权的影响的认识才明朗，因此，立法者开始思考；从 1994 年年中开始，主要的工业化国家开始公布关于数字技术对其国内法的可能影响的文件。⑰

17.08 在 1989 年启动伯尔尼议定书的计划之前，这些新问题并没有被预见到。当这些问题在 TRIPS 通过之后出现时，对于 WIPO 将其纳入其正在拟定

---

⑯ 伯尔尼议定书委员会在 1996 年外交会议之前举行了七次会议：时间分别是 1991 年 11 月，1992 年 2 月，1993 年 6 月，1994 年 12 月，1995 年 9 月，1996 年 2 月和 5 月；参见历次会议的备忘录和报告，分别在（1992）Copyright 第 30 页以下，第 66 页以下，第 93 页以下；（1993）Copyright 第 84 页以下，第 179 页以下；（1994）Copyright 第 214 页以下；（1995）Industrial Property and Copyright 第 107 页以下，第 299 页以下；（1996）Industrial Property and Copyright 第 118 页以下两页和第 236 页以下两页。新文书委员会举行了六次会议，时间分别是：1993 年 6 月/7 月，1993 年 9 月，1994 年 12 月，1995 年 9 月，1996 年 2 月和 5 月；参见历次会议的备忘录和报告，分别在（1993）Copyright 第 142 页以下，第 196 页以下；（1994）Copyright 第 44 页以下，第 241 页以下；（1995）Industrial Property and Copyright 第 110 页以下，第 363 页以下；（1996）Industrial Property and Copyright 第 118 页以下两页和第 236 页以下两页。

⑰ 美国绿皮书，《知识产权与国家信息基础设施——知识产权工作组的初步草案》（1994 年 7 月）和最终版本（《白皮书》，1995 年 9 月），参见 S von Lewinski, "Das Weißbuch der USA zum geistigen Eigentum und zur National Information Infrastructure"（1995）GRUR Int 858。欧共体："Green Paper: Copyright and Related Rights in the Information Society"[Doc COM (95) final, 1995 年 7 月]，以及在磋商之后的修订版本："Follow – up to the Green Paper on Copyright and Related Rights in the Information Society"（Doc COM (96) 568 final, November 1996）；参见 S von Lewinski, "Das europäische Grünbuch über Urheberrecht und neue Technologien"（1995）GRUR Int 831, Vol II chs 4, 10; 法国："Industries culturelles et nouvelles technologies"（由 P Sirinelli 担任主席的一个委员会提交的报告、由文化部委托，1994 年 9 月），参见 T Dreier, "Der französische 'Rapport Sirinelli' zum Urheberrecht und den neuen Technologien"（1995）GRUR Int 840ff; F Genton, "Multimedia im französischen Urheberrecht: der zweite Sirinelli – Bericht"（1996）GRUR Int 693。德国："Urheberrecht auf dem Weg zur Informationsgesellschaft"（由司法部于 1996 年 7 月委托，T Dreier, P Katzenberger, S von Lewinski, G Schricker 起草，于 2007 年公布）。澳大利亚："Highways to change: Copyright in the New Communications Environment"（Copyright Convergence Group, 由司法部委托，1994 年 8 月），参见 T Dreier, "'Highways to change': Der Bericht der australischen Copyright Convergence Group zum Urheberrecht im neuen Kommunikationsfeld"（1995）GRUR Int 837。加拿大："Copyright and the Information Highway"（草案：1994 年 12 月；最终报告：1995 年 3 月），由加拿大工业部授权（"Industry Canada"）；参见 S von Lewinski, "Der kanadische Bericht des 'Copyright Subcommittee' über Urheberrecht und die Datenautobahn"（1995）GRUR Int 851。日本："A Report on Discussions by the Working Group of the Subcommittee on Multimedia, Copyright Council: Study of Institutional Issues Regarding Multimedia"（日本文部省，1995 年 2 月；此前曾在 1993 年公布过一个初步报告）；参见 C Heath, "Multimedia und Urheberrecht in Japan"（1995）GRUR Int 843ff。关于美国、欧共体和日本的研究状况，参见 Ficsor（同前注 3）第 4.57 段。

第十七章 1996 年《世界知识产权组织版权条约》（WCT）和《世界知识产权组织表演和录音制品条约》（WPPT）

的条约、并由此取得比 WTO 的 TRIPS 具有的优势而言，提供了一个绝好的机会。由于互联网能立刻实现全球使用，因此，甚至在国内法发展之前，就需要全球性解决方案。时机对于 WIPO 是绝好的。WIPO 条约后来对互联网采用的解决方案，的确是条约所具有的与众不同的特点，从而也使条约被称为"互联网条约"，尽管这些条约包含的内容比对互联网引发的问题的解决方案要多得多。

17.09 从 1995 年开始，随着数字技术出现在了议程上——被称为"数字议程"，⑱ 讨论开始密集和提速。在 1994 年 12 月会议上，宣布将召开外交会议；后来，在 1995 年 9 月会议上，美国正式提议，在 1996 年下半年召开外交会议，以通过伯尔尼议定书和新文书。⑲ 尽管很多与会者意识到余下的分歧和疑问还有很多，因此都非正式地表示这个提案不成熟，也不是很现实，⑳ 但是，与会者还是进一步加快了他们的谈判进程；此外，从这次会议开始，谈判就是以各成员方而非 WIPO 秘书处提交的提案为基础召开的，而且提案都是以条约语言起草。与会者之所以这样，是因为他们认识到，需要在国内法以不同方式独立地发展之前，快速地在国际层面应对互联网的挑战。这一需要的确在随后的 1996 年 WIPO 条约中得到了满足，此种在国际层面规定的规则早于这些规则在国内层面发展的情形，在国际版权法领域可能是第一次。

（4）1996：筹备外交会议

17.10 随后，在 1996 年 2 月的会议上，专家委员会迅速通过了召开外交会议所需要的所有决定和建议。尤其是，专家委员会建议，为了筹备 1996 年 12 月 2 日至 20 日将要召开的外交会议，应当召集筹备委员会和 WIPO 领导机关。㉑ 专家委员会还建议，委员会主席应当确定草案文本——"基础提案"，作为在外交会议上进行谈判的基础。此外，专家委员会还通过了待筹备小组磋商的提案，这对由 WIPO 国际局组织的发展中国家区域集团尤其有利。㉒

---

⑱ 1995 年 9 月联席会议的备忘录，WIPO Doc BCP/CE/V - INR/CE/IV/INF.2 第一次使用了这个术语。

⑲ 该次会议的报告，WIPO Doc BCP/CE/V/9 - INR/CE/IV/8，第 20 段。

⑳ R Kreile, "Bericht über die WIPO - Sitzungen zum möglichen Protokoll zur Berner Konvention und zum 'Neuen Instrument' im September 1995" (1995) Zeitschrift für Urheber - und Medientrcht 第 815 页，第 816 页；A Schäfers, "Normsetzung zum geistigen Eigentum in internationalen Organisationen: WIPO und WTO — ein Vergleich" (1996) GRUR Int 第 763 页，第 777 页。

㉑ 报告参见 (1996) Industrial Property and Copyright 第 118 页，第 119 页（WIPO Doc BCP/CE/VI/16 - INR/CE/V/14，第 275 段，错误地将时间标为 12 月 1 日至 21 日）。

㉒ 关于详情，参见 WIPO Doc BCP/CE/VI/16 - INR/CE/V/14，第 277 段。地区集团应当于 5 月、9 月和 11 月开会。此外，一个由 12 个发展中国家和 12 个工业国家组成的混合集团应当于 10 月开会；不过，这个会议后来被扩大了，参见 Fiscor（同前注 3）第 3.55 段，关于地区会议。

17.11 在筹备工作以及之后的外交会议中，发展中国家的区域会议代替了之前的"77国集团"或"D国集团"，这两个集团一直在联合国框架下代表所有的发展中国家。㉓ 新的三个集团分别代表非洲国家、亚洲国家和中国，以及拉丁美洲和加勒比国家（"GRULAC"）。将原来的"77国集团"分开的决定被证明是适当的，因为三个集团在某些方面表达了不同的观点。例如，就基础提案而言，非洲国家集团和GRULAC的态度整体上是积极的，而亚洲集团则更保守。在外交会议召开之前，在欧洲共同体内部、中东欧和波罗的海国家临时集团内部和工业化国家之间的许多双边和多边联系的框架下，而不是在所谓的"B国集团"（发达国家）的正式架构下，也进行了协调。㉔ 无论如何，集团协调促进了谈判的筹备工作，也使谈判更有效率。

17.12 截至1996年9月1日，WIPO向受邀参加外交会议的与会者提交了拟定的三个条约实质性条款的基础提案，这三个条约分别是：关于版权的条约，关于表演者和录音制品制作者的权利的条约，以及关于对数据库的特殊保护的条约。㉕ 此外，WIPO还散发了条约行政条款和最终条款的基础提案，以及议程草案和外交会议议事规则草案。㉖ 基础提案实质性条款的内容，和这些条款的解释性备忘录，体现了专家委员会的讨论情况，并且包含了各国政府表示不同意见的备选方案。㉗

B. 外交会议的程序

17.13 可以1996年WIPO条约为例来剖析外交会议上的程序问题，以此说明此种类型的国际条约是怎样获得通过的。

（1）受邀的与会者

17.14 WIPO邀请了WIPO所有成员方的代表团、所谓的"特别代表团"

㉓ 关于"77国集团"，其实质上是联合国贸易和发展会议（UNCTAD）和其他联合国机构框架下的一个谈判小组，参见 A Fatouros, "Developing States" in R Bernhardt (ed), *Encyclopedia of Public International Law* (1992) Vol I, 第1019页以下。

㉔ 关于"B国集团"，参见同上注，第1019页。

㉕ "Basic Proposal for the Substantive Provisions of the Treaty on Certain Questions Concerning the Protection of Literary and Artistic Works to be Considered by the Diplomatic Conference", WIPO Doc CRNR/DC/4; "Basic Proposal for the Substantive Provisions of the Treaty for the Protection of the Rights of Performers and Producers of Phonograms to be Considered by the Diplomatic Conference", WIPO Doc CRNR/DC/5; "Basic Proposal for the Substantive Provisions of the Treaty on Intellectual Property in Respect of Databases to be Considered by the Diplomatic Conference", WIPO Doc CRNR/DC/6.

㉖ WIPO Docs CRNR/DC/3, 第1页和第2页。

㉗ 关于基础提案内容的总结，参见 Reinbothe/von Lewinski（同前注15）第6~7页。

第十七章 1996 年《世界知识产权组织版权条约》(WCT) 和《世界知识产权组织表演和录音制品条约》(WPPT)

（欧洲共同体）以及是联合国成员但不是 WIPO 成员的国家的代表团作为观察员参加会议。此外，政府间组织和非政府组织的代表也受邀作为观察员参会。在外交会议上，WIPO 161 个成员方中的 127 个都有代表参会[28]——比 1971 年斯德哥尔摩外交会议上的国家多得多；在斯德哥尔摩外交会议上，为了建立世界知识产权组织并修订《伯尔尼公约》和其他公约，129 个已有成员方中仅有 74 个国家派了代表参会。参会国家在数量上的增长，部分是由于苏联解体后出现的新国家，以及中东欧国家的重组。另外，欧洲共同体在 1971 年外交会议上还没有获得代表资格。在 1996 年，埃塞俄比亚、伊朗和多米尼加共和国作为观察国参会。仅有 7 个政府间组织派代表参会[29]（1971 年，有 19 个组织受邀，其中 13 个组织派代表参会）。

17.15 与 1971 年相比，非政府组织的数量显著增长：在 1996 年，76 个非政府组织派代表参会——几乎是 1971 年数量的三倍：在 1971 年，只有 27 个组织受邀，其中有 26 个派代表参会。这一区别尤其引人注意，因为这 26 个组织甚至还有工业产权领域的组织，工业产权在当时也是谈判的内容。现在，非政府组织已经变得高度多样化，不仅包括国际协会，也包括区域性和国内组织，例如，在 1996 年外交会议上，参会者包括美国律师协会、阿根廷表演者协会、美国电影营销协会、日本电子产业发展协会、美国全国广播组织协会、美国全国音乐出版商协会，以及美国电话协会。高度多样性的非政府组织的例子有，欧洲数字视频广播发展组织，以及日本光盘出租商业贸易协会。使用者协会不再仅仅代表传统的领域，例如教育（例如，教育者特设版权法委员会和音乐学院国际联合会），而且也代表在线服务提供者和其他传播产业，后者的主要目的是通过防止提高版权保护水平以避免使他们承担版权侵权的责任。

17.16 大量非政府组织和总计超过 750 位代表与观察员参加会议，[30]这体现了版权和邻接权在经济上越来越重要，也说明媒体在此方面有重要利益。[31]

（2）外交会议的委员会

17.17 外交会议全体会议仅在外交会议的开始和结束时比较活跃。很多

---

[28] 在 1997 年 1 月 1 日，伯尔尼联盟有 121 个成员方，《罗马公约》有 53 个成员方。

[29] 非洲联盟组织、联合国教科文组织、国际劳工组织（ILO）、国际海事组织、世界气象组织、世界贸易组织和国际电信联盟。

[30] 在 1971 年斯德哥尔摩外交会议上，超过 400 个代表和观察员参会；不过，这次会议不仅处理版权和邻接权的问题，也处理建立 WIPO 的问题和工业产权的问题。

[31] 例如，关于外交会议的发展的报告，几乎每天都在《金融时报》（*Financial Times*）上发表。

委员会完成了正式讨论的主要工作。㉜ 与早期的 WIPO 外交会议一样，第一主要委员会负责拟定条约的实质性条款，包括议定声明、建议或者决议；第二主要委员会负责拟定条约的行政条款和最终条款。只有这两个主要委员会向所有的成员方代表团、观察员代表团，以及政府间组织和非政府组织开放。

17.18 起草委员会、资格证书委员会和指导委员会的成员资格和任务则更加有限。起草委员会应审查和协调主要委员会提交给它的所有文本，并且在不改动文本实质性内容的情况下，协调六种语言㉝文本。㉞ 资格证书委员会的任务是审查资格证书、全权证书、任命书以及其他类似的文件。㉟该任务在任何外交会议上都是非常重要的，因为只有当一个国家的代表经过全权授权代表该国，且授权的目的包括通过和认证条约的约文以及表达该国同意受该条约约束，该国才受到该条约的约束。一个人未经必要授权而缔结条约的行为是没有法律效力的，除非事后经该国确认；㊱ 因此，在谈判的初期确认各谈判方的全权授权，对于各谈判方是有利的。㊲

17.19 指导委员会应当管理外交会议，在必要的时候对进一步的发展可能是至关重要的。在 1996 年外交会议上，指导委员会几乎不需要进行干涉；但是，当其进行干涉时，可以很强烈地感受到其影响。指导委员会由外交会议主席和所有副主席、两个主要委员会的主席，以及起草委员会和资格证书委员会的主席组成。㊳

（3）特殊的程序性问题

（a）职位

17.20 在外交会议开始时，最困难的任务之一，是在许多委员会之间重新分配职位，以及在起草委员会和资格证书委员会中分配成员资格。这个任务主要是一个政治性的任务；必须以一种平衡的方式考虑到不同组别的国家，从而让所有与会者满意。为了达成一个可以接受的解决方案，必须增加《外交

㉜ 不过，关于外交会议上的非正式讨论的重要性，参见下文第 17.25 段。

㉝ 与联合国规则一致，六种语言为阿拉伯文、中文、英文、法文、俄文和西班牙文。

㉞ 关于后一项义务，参见 1996 年 12 月 3 日通过、1996 年 12 月 5 日修订的《议事规则》第 13 条第（3）款，WIPO Doc CRNR/DC/9 rev；关于将委员会和任何工作组的任何书面提案和报告从一种官方语言翻译为另外五种官方语言、并以六种语言发行前述提案和报告的义务，参见《议事规则》第 43 条（同上注）。

㉟ 同上注，第 9 条。

㊱ 《维也纳条约法公约》第 8 条。

㊲ S Rosenne, "Treaties, Conclusion and Entry into Force" in R Bernhardt (ed), *Encyclopedia of Public International Law* (2000) Vol Ⅳ, 932, 934；也论述了全权授权和将其纳入资格证书的问题；也参见《维也纳公约》第 7 条，以及上文第 8.02 段。

㊳ 《议事规则》第 14 条第（2）款、第（3）款。

第十七章 1996 年《世界知识产权组织版权条约》(WCT) 和《世界知识产权组织表演和录音制品条约》(WPPT)

会议议事规则》拟议的职位和成员的数量。[39] 对于起草委员会而言，除了政治方面的考量以外，关键在于候选人进行起草工作的能力。对于负责条约实质性条款的第一主要委员会的主席职位而言，当时已经担任了推动 1996 年 WIPO 条约的两个专家委员会主席的 Jukka Liedes 似乎是合适人选。

(b) 欧共体的表决权

17.21 另一个重要的程序性问题是，特别代表团[40]在外交会议期间对欧共体成员方的表决权的行使。从一开始，各方对这一问题的理解是，欧共体不应当有自己的表决权，而只能在其成员方授权的前提下，行使那些成员方的表决权。不过，在这一背景下，其他代表团对欧共体有一些要求。第一，一些代表团要求，就欧共体及其成员方对不同客体的管辖权分配而言，欧共体应当提交一份声明，使得其他缔约方可以清楚地知道欧共体或者其各成员方是否依据欧共体的内部规则获得了授权。[41] 这一要求随后被撤销了。

17.22 第二，美国特别要求，（当时）所有的十五个欧共体成员方代表团都应当在特别代表团行使他们的表决权时亲自在场，依据该要求，如果在一次表决中，一个代表团恰好不在房间内，则该次表决不能被算作一次表决。这一规则被通过了;[42] 另一条规则也被通过了，即当欧共体成员方自己进行表决时，其不能被特别代表团所代表，反过来也是一样。这些规则对欧洲共同体及其各成员方施加了额外的负担，自从所有的国家代表团都被以字母表的顺序安排座位以后更是如此，因为欧共体各成员方分散在整个房间中。因此，欧共体及其各成员方之间的协调必须极大地加强。不过，该条规则在最后只有很小的影响，因为需要表决的只有三个条款和一个议定声明，而其他大多数条款都获得了一致通过。[43]

(4) 外交会议的程序

17.23 1996 年 12 月 2 日，WIPO 总干事 Arpad Bogsch 宣布外交会议开幕。在全体会议上，议事规则草案的大部分内容都被立即通过了。不过，职位和成员资格的分配，以及与欧共体的表决权有关的程序性问题[44]，还需要在非

---

[39] 根据决定的内容，外交会议应当有一位主席，18 位副主席，2 个主要委员会、起草委员会和资格证书委员会各有 1 位主席，3 位副主席，起草委员会有 18 位委员，资格证书委员会有 7 位委员，参见同上注，第 15 条第 (1) 款、第 (2) 款。

[40] 欧洲共同体 (EC)，参见上文第 17.40 段。

[41] 关于欧共体及其各成员方的权限分配，参见第 II 卷第 3 章。

[42] 《议事规则》第 33 条 [特别是第 (3) 款]。

[43] 同上注，第 34 条第 (1) 款规定了经协商一致"尽可能快地"作出决定的目标。

[44] 参见上文第 17.20～17.22 段。

正式讨论中进行处理。12月3日的一次表决解决了欧共体表决权的问题，而直到12月6日才解决职位和成员资格在委员会的分配问题。因此，预想中的三个条约的实质性条款，直到三周中的第一周的星期五才开始予以处理。

17.24 之后，全体会议的工作以开场白开始；随后，第一主要委员会对版权条约和邻接权条约的基础提案文本进行首次审查，一直持续到12月12日。仅就极少数的条款立即达成了一致。甚至是看起来不会引起太多争议的提案，例如关于保护计算机程序和数据库的草案条款（这些规定与两年前已经纳入TRIPS的规定类似），也没有在合理的短时间内达成一致；争议与草案的具体措辞有关。至于其他提案，剩下问题的性质和重要性变得明晰。

17.25 在余下的八天时间内，如果在第一主要委员会的正式框架内继续讨论，似乎连一个条约也不可能通过。因此，在12月13日、14日的周末过后，在小组协调和双边接触时，各代表团决定在所有政府代表团与欧共体都参与的非正式框架内，继续进行谈判。㊺ 这一决定被证明是外交会议最终成功的关键：仅在12月15日到19日之间，各方就版权和邻接权条约的大多数条款都非正式地达成了一致意见，并可以在随后通过一致同意正式通过，而不需要第一主要委员会在12月19日和20日再进一步地进行讨论。㊻ 仅有少数表决必须在第一主要委员会进行：关于出租权的表决，关于在版权条约中废除对广播的非自愿许可的表决，关于邻接权条约中的国民待遇的表决，以及关于两个条约中的复制权的议定声明的表决。第二主要委员会正式讨论了两个条约的行政条款和最后条款草案，并于12月17日和18日对前述草案进行了非正式讨论。起草委员会于12月19日和20日修正了所有通过的条款。

17.26 在外交会议的最后一个晚上，关于两个条约的复制权的议定声明，各方进行了长时间的程序性辩论，这可能会威胁到已经达成的成果：如果这些最后剩余的问题没有得到解决，而条约又没有在午夜前获得通过，则没有任何条约得以通过的可能性似乎就变成现实了，尽管各方已经就几乎所有的条款达成了一致。在这种情况下，唯一的"营救方案"——决定延长外交会议，并不一定会成功。㊼一旦失败，在接下来的一年内，重新获得再次谈判的机会㊽是

㊺ 关于非正式讨论的特征，参见下文第17.27段。

㊻ 第三个拟定的数据库的特殊保护的条约甚至根本未被讨论；关于理由，参见下文第17.155~17.157段。

㊼ 关于理由，参见 S von Lewinski, "Negotiation Methods and Role of Lobby Groups" in ALAI (ed), *Exploring the Sources of Copyright*, *ALAI Congress*, 18–21 September 2005, Paris (2007) 第154页, 第157页。

㊽ 关于国际谈判中这一必要的内容，同上注，第156页。

第十七章 1996年《世界知识产权组织版权条约》(WCT) 和《世界知识产权组织表演和录音制品条约》(WPPT)

很小的,尤其是因为使用者反对版权保护的运动已经出现并且开始壮大。[49] 因此,在午夜前通过剩余条款和条约的压力是很大的。最后,在与会者感受了可以被称为惊悚小说的经历之后,[50] 直到临近午夜的前夕,第一主要委员会才通过了关于复制权的议定声明,而版权条约和邻接权条约、相关的议定声明,以及对关于视听表演和数据库的进一步工作的决议和建议,则在全体会议上获得通过。[51]

(5) 谈判的特点

17.27 与之前的WIPO外交会议相比,这次外交会议有许多不同的特点,这些特点可能是受到GATT框架下的谈判的启发。具体而言,WIPO谈判传统上一直非常透明,允许所有成员方代表团、观察国、政府间组织和非政府组织参与。与之相反,GATT框架下的谈判不允许政府间组织和非政府组织参与政府层面的谈判,后者大多是非正式的,由不同的小组进行。[52] 类似的,必须减少1996年WIPO外交会议的透明度,特别是通过转变为非正式谈判的形式,来获得通过条约的机会。[53] 排除政府间组织和非政府组织,对谈判内容不作正式记录,并且选择了一个相对较小的、甚至无法容纳全体政府代表团成员出席的空间,使得各方在一个较短的时间内达成了妥协。除了前述缺乏透明度的情况以外,政府间组织和非政府组织有很多机会表达它们的观点,并获知谈判的进展。[54]

17.28 另一个可能由GATT的实践所启发的特点是,在许多正式和非正式的集团中协调立场,例如中东欧和波罗的海国家特别集团。[55] 这一程序加快了讨论的进度,并因此有助于外交会议的成功。与早期的WIPO外交会议相比,另一个新的但是与GATT乌拉圭回合的经历类似的现象,是各成员方利益的高度多样化,以及由此而来的就讨论中的相关问题而产生的不同冲突。在过去,非殖民地化以后,谈判由"一个相当没有效果的北南对峙"主导。[56] 不

---

[49] 关于该运动,参见下文第25.27~25.32段。
[50] 最后那一晚的确只能被恰当地描述为一个"疯狂"的夜晚,正如Ficsor(同前注3)在第2.10段的标题中所描述的那样;关于那晚的讨论,参见Ficsor(同前注3),第2.11段。
[51] 关于这种进一步的工作,参见下文第18.08段以下和第22.01~22.04段。
[52] 在这方面,WTO的改变很少,关于GATT/WTO的实践,参见von Lewinski(同前注47),第158页,第164~165页。
[53] 参见上文第17.25段。
[54] Reinbothe/von Lewinski(同前注15),第15页。
[55] 关于1996年外交会议上的不同小组,参见上文第17.10~17.11段。
[56] J Reinbothe and A Howard, "The State of Play in the Negotiations on TRIPS (GATT/Uruguay Round)" (1991) 5 EIPR 157.

过，在1996年，利益冲突也在工业化国家之间出现了，或者一方面在个别工业化国家和发展中国家之间出现，另一方面在个别工业化国家和其他工业化国家之间出现，这取决于系争的具体条款（例如涉及发行权用尽的问题(57)）。另外，不同的发展中国家集团并不总是采取相同的立场。这一就不同问题产生的利益分化和冲突，使得谈判尤其复杂。

C. WCT和WPPT中的保护原则与先前国际法的比较

17.29 《伯尔尼公约》和《罗马公约》中的保护原则都包括：国民待遇原则、最低限度权利原则和“无手续”原则，尽管它们对这些原则的规定可能不相同。WCT从《伯尔尼公约》照搬了这三个原则而未作任何改动，WPPT从《罗马公约》照搬了国民待遇原则，但将其明确限定在一定范围内(58)，并将“有限手续”原则(59)转换成了没有限制的“无手续”原则。不过，TRIPS中的第四个原则——最惠国待遇原则，并没有被纳入WIPO条约，因为该原则是贸易条约的固有条款，而不是单纯的知识产权条约的固有条款。

（1）WCT

17.30 WCT是《伯尔尼公约》第20条意义下的一个专门协定，因此，不允许对《伯尔尼公约》下的原则作任何限制；实际上，此种限制甚至都没有被实质性讨论过。(60) 此外，此种限制会与遵守条款相冲突。(61) 因此，WCT第3条只是简单澄清：(62) 三项《伯尔尼公约》原则通过类比［“比照”（mutatis mutandis）］适用于WCT；关于WCT第3条的议定声明澄清了如何通过类比适用《伯尔尼公约》的规定。(63) WCT第3条不仅援引了整个《伯尔尼公约》第5

---

(57) 下文第17.62~17.64段，特别是第17.63段。

(58) 即使与TRIPS相比（上文第10.34段），它也明显更有限。

(59) 上文第6.32~6.33段。

(60) 仅讨论了WCT援引《伯尔尼公约》原则的方式，参见Reinbothe/von Lewinski（同前注15）WCT第3条注释8以下。关于作为《伯尔尼公约》第20条意义上的专门协定的性质，参见WCT第1条第（1）款和Reinbothe/von Lewinski（同前注15）WCT第1条，第8~11段。

(61) WCT第1条第（4）款的遵守条款要求成员遵守《伯尔尼公约》第1~21条和附件；下文第17.161段。

(62) 鉴于存在遵守条款，WCT第3条甚至可能被认为是多余的；只有议定声明可能是有用的，尽管议定声明没有援引所有相关的条款：Ficsor（同前注3），特别是C3.01、C3.05、C3.07。

(63) 关于适用这些规定的一个说明，参见下文第17.32~17.33段；Fiscor（同前注3）C3.03。关于与政府间组织有关的“国民”这一术语，议定声明第2句考虑到了欧共体，欧共体是WCT的一个成员，但是，如果国籍指的是成员方的国籍的话，则欧共体没有合适的国籍。关于《伯尔尼公约》的原则，参见上文第5.01段以下。

条（该条款包括各项原则和“起源国”的定义），也援引了《伯尔尼公约》第2条和第2条之二关于受保护的作品的规定（澄清了它们是WCT的保护客体），还援引了《伯尔尼公约》第3条和第4条关于资格标准的规定。对于后者，曾考虑过对于仅通过在线出版作品的“已出版的作品”[《伯尔尼公约》第3条第（3）款]做出新的定义，但是没有通过任何文本。(64)

17.31 WCT第3条也援引了《伯尔尼公约》中国民待遇的两个例外[《伯尔尼公约》第6条和第2条第（7）款第2句]；《伯尔尼公约》中的另一个例外，通过WCT第1条第（4）款的遵守条款被纳入了WCT之中，因此，《伯尔尼公约》中国民待遇的所有例外，在WCT中都可以适用。(65)

17.32 为了说明国民待遇原则在WCT框架下如何适用，下面以《伯尔尼公约》为背景举一个假设性例子(66)：作者A是老挝（不是WCT成员方）国民，于2004年3月8日在老挝、2004年3月28日在墨西哥（WCT成员方）出版了同一部小说。这部小说随后在美国（WCT成员方）未经作者同意被利用。作者可以基于WCT下的国民待遇在美国就其小说请求保护吗？

17.33 实际上，除了分析的起点，即将WCT第3条与《伯尔尼公约》第5条第（1）款相结合以外，解决方案与《伯尔尼公约》框架下的解决方案一致。(67) WCT第3条结合《伯尔尼公约》第3条和第4条（在做出必要修改之后）适用于资格标准。因此，作者A有资格——尽管他不是WCT成员方的国民或居民——因为他已经在一个非WCT成员方（老挝）和一个WCT成员方（墨西哥）同时出版了(68)他的作品。(69)将WCT第3条与《伯尔尼公约》第2条（在做出必要修改之后）结合适用，可以认为：他的作品受到保护。与上述《伯尔尼公约》背景下的解决方式类似，由于墨西哥是来源国(70)，因此作者A可以在美国——WCT成员方但非来源国——请求保护。

（2）WPPT

17.34 WPPT并没有完全遵循早期条约——《罗马公约》和TRIPS——中规定的保护原则。因此，与WCT不同，WPPT不是采取类比的方式适用

---

(64) 关于此处，参见下文第17.151～17.152段。

(65) Reinbothe/von Lewinski（同前注15）WCT第3条，第28、29段。关于《伯尔尼公约》下的国民待遇的所有例外，参见上文第5.40～5.53段。

(66) 上文第5.09段。

(67) 上文第5.10段以下。

(68) 在《伯尔尼公约》第3条第（4）款的意义下（作出必要修改）。

(69) 同上注，第3条第（1）款（b）项（作出必要修改）。

(70) WCT第3条结合《伯尔尼公约》第5条第（4）款（b）项（作出必要修改）下的首次发行国。

《罗马公约》的相关原则，而是在其第4条（国民待遇）、第3条（涵盖最低限度权利的一般原则）和第20条（无手续）中明确规定或修改了这些原则。只有《罗马公约》的资格标准可以通过类比适用。(71)

（a）资格标准

17.35　（i）概述　关于保护原则的适用，WPPT引入了《罗马公约》中的资格标准。(72) 为了这一目的，WPPT使用了与TRIPS相同的立法技术：依据WPPT第3条第（1）款和第4条第（1）款，必须对其他缔约国的“国民”授予最低权利和国民待遇，WPPT第3条第（2）款通过援用《罗马公约》下的资格标准，对“国民”进行了定义。使用“国民”这一术语，在TRIPS中是必要的，因为TRIPS需要援用不同的知识产权条约。(73) 不过，在WPPT中，使用“表演者和录音制品制作者”这一术语，并直接援引《罗马公约》就已经足够了；在WPPT的背景下，再使用“国民”这一术语是多余的，而且也发挥不了什么适当的功能。(74) 事实上，这两种援用技术之间没有差别：如果所有WPPT缔约国都是《罗马公约》的缔约国，则分别满足《罗马公约》第4条和第5条项下资格标准的表演者和录音制品制作者受WPPT涵盖。

17.36　（ii）表演者　因此，如果一个表演者的表演满足以下标准之一，该表演者在WPPT的缔约方就可受到保护。(75) 第一，其表演是在另一个WPPT的缔约方进行的。(76) 例如，具有任一国籍（甚至来自WPPT非缔约方）的小提琴家在法国（WPPT缔约方）进行了一场独奏表演，随后对其表演的广播或录制在比利时（也是WPPT缔约方）被利用，则该小提琴家在比利时受到保护，但在表演发生地的法国不受保护（实际上，在这种情况下，表演者可以在除了法国以外的任何一个缔约方获得保护，而在法国则只能适用国内法）。(77)

17.37　第二，如果表演已经被录制在录音制品上，而该录音制品本身是受到WPPT保护的，则该表演者受到保护，(78) 因为（a）该录音制品的制作者

---

(71) WPPT第3条第（2）款和下文第17.35～17.40段。

(72) 关于比下文第17.35～17.40段更具体的《罗马公约》的标准，参见上文第6.01～6.12段。

(73) TRIPS第1条第（3）款第2句，上文第10.25段。

(74) S Ricktson and J Ginsburg, *International Copyright and Neighbouring Rights: The Berne Convention and Beyond*（2006）19.48，认为：国籍（按照该术语的原始含义）和《罗马公约》的标准都必须得到满足，这似乎误解了WPPT第3条下的体系。

(75) 关于《罗马公约》适用于此处的这些标准（作出必要修改），参见上文第6.02～6.07段。

(76) WPPT第3条第（2）款第1句结合《罗马公约》第4条（a）项（作出必要修改之后适用）。

(77) WPPT第3条第（2）款第1句结合《罗马公约》第4条（a）项（作出必要修改之后适用）。在上述《罗马公约》背景下对应的例子，参见上文第6.03段。法国被认为在本书出版后将很快成为缔约方。

(78) WPPT第3条第（2）款第1句结合《罗马公约》第4条（b）项（做出必要修改之后适用）。

第十七章 1996年《世界知识产权组织版权条约》(WCT)和《世界知识产权组织表演和录音制品条约》(WPPT)

是另一个缔约方的国民,或者(b)声音的首次录制发生在另一个缔约方,或者(c)录音制品首次在另一个缔约方出版。在上述例子中,如果表演者在法国请求保护,而表演在法国被一个制作者录制,该制作者是一个比利时国民,则该表演者在法国可受到保护。[79] 同样的结论也适用于录制品首次在比利时发行,[80] 或者同时在加拿大(非WPPT缔约国)和比利时出版。[81] 在前述两种情况下(在法国表演,制作者具有比利时国籍或在比利时首次出版),表演者不仅可以在法国请求保护,而且可以在除比利时之外的其他所有缔约方请求保护。[82] 如果表演在加拿大进行,而制作者是比利时人,或者录制品首次在比利时出版,则表演者可以在除比利时之外的所有缔约方受到保护。[83]

17.38 在上述例子中,如果表演者在法国请求保护,则不满足在另一个缔约方录制的标准[84],因为法国是录制发生的国家,而不是"另一个"缔约方。[85] 这个标准只允许表演者在除了法国以外的缔约方请求保护。[86]

17.39 第三,WPPT第3条第(2)款援引的内容并没有排除《罗马公约》第4条(c)项,即表演未被录制在录音制品,但在受《罗马公约》第6条保护的广播中播放。该标准在WPPT框架下是否适用是有疑问的,因为WPPT本身并不保护广播。支持和反对比照适用《罗马公约》第4条(c)项的观点,似乎都有一定的道理。[87]

---

[79] 《罗马公约》第4条(b)项结合第5条第(1)款(a)项(做出必要修改之后适用)。

[80] 《罗马公约》第4条(b)项结合第5条第(1)款(c)项(做出必要修改之后适用)。不过,缔约方可以选择不适用出版标准,参见WPPT第3条第(3)款结合《罗马公约》第5条第(3)款,第17条(做出必要修改之后适用);下文第17.40段。

[81] "同时出版"相当于"首次出版",并且被定义为一个30天的期间,正如《伯尔尼公约》第3条第(4)款的规定,参见《罗马公约》第5条第(2)款(做出必要修改之后适用)。

[82] 表演者可以依据《罗马公约》第4条(a)项和第4条(b)项,结合第5条第(1)款(a)项或(c)项(做出必要修改之后适用)。比利时不符合,因为其是国籍国/首次出版国,而非"另一个"缔约方,《罗马公约》第5条第(1)款(a)项、(c)项(做出必要修改之后适用)。

[83] 关于《罗马公约》背景下对应的例子,参见上文第6.04~6.06段。

[84] WPPT第3条第(2)款第1句结合《罗马公约》第5条第(1)款(b)项(做出必要修改之后适用)。

[85] 通常,录制发生在表演所在地(此处是法国);将现场广播或其他传播录制下来的可能性,至今为止在实践中都不太重要,因为其质量上有缺陷。不过,如果录制是在法国以外的另一个缔约方以此种方式发生的,则表演者可以在法国主张保护。

[86] 不过,缔约方可以选择不适用录制标准,WPPT第3条第(3)款和《罗马公约》第5条第(3)款(做出必要修改之后适用);下文第17.40段。关于在相应的《罗马公约》背景下这种情况下的例子[《罗马公约》第4条(b)项/第5条(做出必要修改)]在这里如何也适用的总结,参见上文第6.06段。

[87] 反对:Fiscor(同前注3)PP3.05;支持:Reinbothe/von Lewinski(同前注15)WPPT第3条第6段;大多数其他评论者似乎都没有讨论这个问题。

17.40　（iii）录音制品　在上述（a）至（c）（制作者的国籍，在另一个缔约方首次录制或发行）的任何一个情况下，录音制品制作者都受到保护。⑧⑧ 不过，与《罗马公约》类似，WPPT允许缔约方不适用录音制品的首次出版或首次录制标准中的任何一项，⑧⑨ 或者，依据《罗马公约》第17条中的条件，仅适用录制标准。⑨⓪

17.41　（iv）与资格有关的定义　就资格标准而言，WPPT并未引入《罗马公约》相关术语（"表演者""录音制品制作者""录音制品""发行"）的定义，而是在WPPT第2条中专门进行了定义，该条还对"录制"一词进行了定义。⑨① 此外，一项议定声明明确规定，在这一上下文中，"录制"仅指制作完成母带，因为这一最终的录制是利用的基础，因此，其重要性足以成为一个适当的资格标准。⑨②

17.42　在版权的背景下，只在线"出版"能否构成符合资格标准的出版，存在争议。在WPPT的上下文中，"出版"并不包括在线"出版"。⑨③

（b）国民待遇

17.43　（i）背景　在《罗马公约》中，国民待遇的范围是有争议的。⑨④ 在TRIPS中，国民待遇的范围明确限于协定中规定的最低权利。⑨⑤ WPPT第4条第（1）款甚至比TRIPS更明确，该条款将国民待遇的范围限于WPPT专门授予的"专有"权，以及WPPT中包含的唯一一项获得报酬权（即WPPT第15条项下二次使用的获得报酬权）。

17.44　WPPT第4条是仅有的几个需要表决的条款之一，因为各代表团没有就其达成一致意见。对该条款的争议反映了各方不同的经济利益。基本上

---

⑧⑧　WPPT第3条第（2）款第1句结合《罗马公约》第5条第（1）款（a）项至（c）项（做出必要修改之后适用）；也参见《罗马公约》第5条第（2）款，关于同时出版。

⑧⑨　WPPT第3条第（3）款结合《罗马公约》第5条第（3）款（做出必要修改之后适用）。

⑨⓪　为了《罗马公约》第5条的目的，WPPT第3条第（3）款结合《罗马公约》第17条（做出必要修改之后）。WPPT第3条第（3）款也规定了相关的声明在WPPT框架下应当如何做出。关于《罗马公约》下的这些可能性，参见上文第6.10～6.11段；关于WPPT第3条第（3）款适用的具体情况，参见Reinbothe/von Lewinski（同前注15）WPPT第3条，第9～13段。

⑨①　WPPT第3条第（2）款第2句。

⑨②　关于WPPT第3条第（2）款的议定声明。关于更多背景，参见Reinbothe/von Lewinski（同前注15）WPPT第3条，第14段。

⑨③　WPPT第2条（e）项和相关的议定声明；Reinbothe/von Lewinski（同前注15）WPPT第2条，第17、48和52段，以及下文第17.139段；关于版权背景下的"在线出版"的问题，参见下文第17.151～17.152段。

⑨④　参见上文第6.27段、第7.34～7.40段。

⑨⑤　TRIPS第3条第（1）款第2句；也参见上文第10.34段。

第十七章 1996 年《世界知识产权组织版权条约》(WCT) 和《世界知识产权组织表演和录音制品条约》(WPPT)

来说,美国倾向于一个范围不受限制的国民待遇条款——除了对 WPPT 第 15 条下获得报酬权作出保留以外。这一立场与美国作为一个主要的音乐出口国的利益一致。与之相反,世界上大多数其他国家进口的音乐录制品比其出口的要多,因此,尽可能地限制国民待遇的范围对它们有利。为了达成这一目标,欧共体及其各成员方、加拿大和瑞士提交了不同的提案,特别是为了将私人复制的获得报酬权排除在国民待遇范围之外的提案。[96] 瑞士的提案最终似乎最好地达到了这个目标。在多次试图缩小瑞士的提案和美国的立场之间的差距失败之后,瑞士的提案被表决通过,在经过技术性修改之后,成为 WPPT 第 4 条。[97]

17.45 (ii) 国民待遇的范围 因此,国民待遇没有超出 WPPT 明确规定的专有权的范围(即表演者的精神权利[98]和对未固定的表演的权利[99],以及表演者和录音制品制作者的复制、发行、出租和提供专有权)。[100] 经济权利仅以专有权而非获得报酬权的形式被纳入。例如,涵盖专有复制权,但不涵盖任何对私人复制的获得报酬权。[101] 此外,国民待遇明确涵盖 WPPT 第 15 条下对广播和向公众传播的二次使用获得合理报酬的权利。这一点必须被明确提及,否则,作为一项获得报酬权而非一项专有权,该项权利将不被 WPPT 第 4 条下受限制的国民待遇所涵盖。

17.46 因此,WPPT 的缔约方不需要对超出前述权利范围的任何权利提供国民待遇,即使国内法中规定了这种权利。就国民待遇所涵盖的权利而言,国民待遇的适用扩展至 WPPT 有关期限、救济和执法的规定,包括那些有关技

---

[96] 这些提案参见 WIPO Docs CRNR/DC/32(欧共体和各成员方)、CRNR/DC/44(加拿大)、CRNR/DC/59(跟进加拿大提案的欧共体和成员方的提案),以及瑞士口头提交讨论的提案,第一主要委员会会议纪要,参见 WIPO(ed),*Records of the Diplomatic Conference on Certain Copyright and Neighbouring Rights Questions*(1996)第 771 页、第 772 页(第 950 段)。

[97] 表决显示存在明显分歧:八十八票支持瑞士的提案,两票反对(美国和泰国),四票弃权;关于提及表决的不同提案的具体区别,参见 Reinbothe/von Lewinski(同前注 15)WPPT 第 4 条注释 7~8;Fiscor(同前注 3)PP4.02~4.06。美国现在通过双边方式来实现其目的,参见上文第 12.29 段/注释 86。

[98] 即使精神权利不是"专有"权利(即可以被转让或许可的财产权利),但是,对精神权利的理解上,它们属于明确规定的、国民待遇应当包含的权利,Reinbothe/von Lewinski(同前注 15)WPPT 第 4 条,第 13 段;似乎更不确定的观点,参见 Ricketson/Ginsburg(同前注 74)第 19.50 段。

[99] WPPT 第 6 条。

[100] 同上注,第 7~11 条和第 9~13 条。

[101] 国内法,特别是大陆法系国家的国内法,在许多情况下,在私人复制以外还授予一项法定获得报酬权,以在法定限制的基础上补偿一项专有权利的损失,参见上文第 3.59~3.61 段。Fiscor(同前注 3)PP4.14 似乎观点不同,尽管其是基于有些模糊不清的论据。

术措施和权利管理信息的规定。(102)

17.47 **(iii) 国民待遇的例外** 国民待遇唯一的例外与WPPT第15条规定的二次使用的获得报酬权有关。(103) 如果一个缔约方作出WPPT第15条第(3)款下允许的保留，则其他缔约方可以适用实质互惠，而不适用国民待遇。例如，如果一个缔约方选择仅对广播而不对向公众传播适用获得报酬权，则其他对两种使用都规定了获得报酬权的缔约方仅有义务就广播对前述缔约方授予国民待遇。因此，就国民待遇的例外而言，WPPT与《罗马公约》一样。(104)

(c) 最低限度权利

17.48 与《罗马公约》类似，WPPT规定了最低限度权利原则。的确，WPPT的文本没有明确指出缔约国可以规定更高水平的保护。尤其是，WPPT第3条第(1)款仅要求缔约国授予WPPT下规定的保护，而第4条第(1)款提到“本条约所专门授予的权利”，没有明确这些权利是最低限度权利。(105) 不过，谈判方将保护理解为最低限度保护，一些用于澄清的议定声明也确认了这一点。(106)

17.49 WPPT第5~15条明确规定了各项最低限度权利。值得注意的是，这是第一次在一个主要的多边条约中，授予表演者的最低限度经济权利(107)是专有权，而非仅是“防止”特定行为的“可能性。”(108) 不过，除了现场广播权以外，所有的权利仅适用于声音表演，而不同时适用于视听表演。(109)

(d) 无手续原则

17.50 最后，WPPT第20条首次在一个规范邻接权的多边条约中按照《伯尔尼公约》的模式纳入了不受限制的“无手续”原则。对该原则的解释，

---

(102) WPPT第18条、第19条和第23条第(2)款；关于国民待遇的范围，也参见Reinbothe/von Lewinski(同前注15)WPPT第4条注释12、13。

(103) WPPT第4条第(2)款。

(104) 《罗马公约》第16条第(1)款(a)项第(iv)目。《罗马公约》下另一个实质互惠的情况与对广播组织的保护有关，其没有被涵盖在WPPT中；关于《罗马公约》，参见上文第6.28~6.31段。TRIPS甚至没有对二次使用规定一项获得报酬权，因此，国民待遇也不适用[第3条第(1)款第2句]，结果是，一项对国民待遇的例外是不必要的。不过，《罗马公约》和WPPT下达到了同样的结果。

(105) 参见《伯尔尼公约》第5条第(1)款描述最低权利时使用的类似措辞：“……本公约特别授予的权利”。

(106) 关于WPPT第1条第(2)款第2句的议定声明，以及关于第15条的两个议定声明。

(107) 除了WPPT第15条下的获得报酬权。

(108) 关于“防止的可能性”，参见上文第6.35~6.36段；Reinbothe/von Lewinski(同前注15)WPPT第6条注释3。

(109) 关于背景，参见下文第18.01~18.07段。

第十七章 1996 年《世界知识产权组织版权条约》(WCT) 和《世界知识产权组织表演和录音制品条约》(WPPT)

原则上可以遵循对《伯尔尼公约》中相应条款的解释。[110] 该原则没有经过太多讨论即被通过。该原则仅声明，享有和行使 WPPT 下的权利不需要履行任何手续。与《罗马公约》第 11 条允许特定的手续，以及在此问题上依循《罗马公约》的 TRIPS 相比，WPPT 的规定是一个进步。[111] 因此，诸如登记、定金或交存录音制品、支付费用或者使用包含符号（P）的通知等手续，不能被要求作为提供保护的条件。这些手续仅可以被要求作为证据，为实施权利提供便利，或者用于其他目的。[112]

D. 保护的实质性标准

（1）两个条约中的平行标准

17.51 以下标准在两个条约中平行进行了谈判：复制、发行、出租、提供专有权；相关的限制与例外；与技术保护措施和权利管理信息有关的义务。因此，在此一并予以讨论。

（a）复制权

17.52 （i）**背景** 专有复制权是外交会议上最有争议的问题之一：尽管该权利已经被规定在了早期公约中，但是，数字技术对该项权利的范围产生了新的问题。[113] 尤其是，对于技术性或自动复制行为是否或者是否应当被复制权所涵盖，以及如果应当被涵盖，限制与例外应当在什么范围内适用于复制权，各代表团有不同的观点。例如，在使用计算机程序时，或者在互联网传输的过程中，会发生此种复制行为，但复制只持续几微秒，而且是自动地发生在缓存或者类似的服务器上。版权条约基础提案第 7 条就是为了澄清：《伯尔尼公约》第 9 条第（1）款项下的复制权不仅包括直接和永久的复制，也包括间接和临时的复制，不过，在特殊条件下，可以豁免某些临时复制行为。

17.53 这一提案引起了游说集团非常强烈的反应，尤其是受到了电信行业、互联网服务提供者以及教育与研究领域使用者的代表的批评。他们基本上反对任何纳入临时复制的文本，或者要求将此种复制作为保护的一项强制性例外。电信行业和互联网服务提供者的主要担心是：如果通过数字网络传输，在

---

[110]《伯尔尼公约》第 5 条第（2）款第 1 句前半句，参见上文第 5.55 段以下。

[111] 关于《罗马公约》，参见上文 6.32~6.33 段以下，关于 TRIPS，参见上文第 10.39 段以下，以及 TRIPS 第 14 条第（6）款。

[112] Reinbothe/von Lewinski（同前注 15）WPPT 第 20 条，第 6、7 段。

[113] 关于 WIPO 对电子复制从最早的讨论直到 1996 年外交会议的一个非常详细的介绍，参见 Fiscor（同前注 3）第 3.26~3.122 段。

— 395 —

个人之间进行的此种传输是非法的，它们可能要为此种复制行为负责。[114]

17.54 相比较而言，不持此种立场的政府代表则认为，应当遵守《伯尔尼公约》第20条，[115]应当将权利的范围及其限制的问题与责任的问题区分开来。他们的一般方法是，在责任条款的框架下向相关产业寻求解决方案；不过，责任问题不在此次外交会议的议程上。他们也指出了临时复制可能给权利所有人造成的高风险问题。就限制而言，他们认为，在超过120个国家之间就任何具体、统一和强制性的限制与例外达成一致，是不现实的。[116]

17.55 在多次尝试起草一个能令所有与会方满意的文本之后，各方仍然未能就任何有关临时复制的具体文本达成一致；最后，通过表决的方式通过了相关议定声明。[117]

17.56 （ⅱ）**权利的内容** 因此，WCT只是通过遵守条款的方式——援引《伯尔尼公约》第9条（复制权）规定了复制权[118]。WPPT由于没有遵守条款，因此在第7条和第11条中规定了复制权。这两个条款进一步明确规定，复制权包括"直接或间接地"进行复制，这一点依循了《罗马公约》第10条的模式；[119]此外，复制权包括"以任何方式或形式"进行复制，这一点依循了《伯尔尼公约》第9条第（1）款的模式。[120]表演者的复制权不受制于《罗马公约》中规定的那些条件，例如未经同意进行录制。[121]不过，正如除了现场广播权以外的表演者所有其他的最低限度权利一样，复制权限于录制在录音制品上的表演或声音，而不包括视听表演。[122]根据1996年外交会议上各代表团对拟定的修改权所表达的理解，WPPT下的复制权应被理解为也包括以修改形式

---

[114] 关于他们的详细观点，参见S von Lewinski and J Gaster, "Die Diplomatische Konferenz der WIPO 1996 zum Urheberrecht und zu verwandten Schutzrechten" (1997) Zeitschrift für Urheber – und Medienrecht 607, 624–625；也参见T Vinje, "All's not Quiet on the Berne Front" (1996) EIPR 585, 588。

[115] 关于这个观点，参见下文第17.57段。

[116] 关于对该观点的更详细的介绍，参见von Lewinski/Gaster（同前注144）第615~616页。

[117] 议定声明第2句由多数通过这一事实，不"减少其约束力"［正如A Françon, "The Diplomatic Conference on Certain Copyright and Neighbouring Rights Questions" (1997) RIDA 第2页、第12页所认为的］；通过的文本具有同样的约束力，不论是基于多数表决还是一致通过的表决。关于外交会议上的辩论和表决，参见Reinbothe/von Lewinski（同前注15）WCT第1条第（4）款的附件，第9~13段；Fiscor（同前注3）第3.111~3.127段。

[118] WCT第1条第（4）款。

[119] 关于这一明确规定，参见上文第6.61段；Fiscor（同前注3）PP7.03和C1.49认为这一要求与"以任何方式或形式"结合在一起是多余的。

[120] 关于这一明确规定，参见上文第5.117~5.118段。

[121] 关于《罗马公约》第7条第（1）款（c）项，参见上文第6.40~6.41段；TRIPS并没有遵循这些限制。

[122] 关于背景，参见下文第18.01~18.07段。

第十七章 1996 年《世界知识产权组织版权条约》(WCT) 和《世界知识产权组织表演和录音制品条约》(WPPT)

进行的复制。[123]

17.57 关于 WCT 第 1 条第 (4) 款的议定声明[124]以及关于 WPPT 第 7 条与第 11 条的议定声明,在第一句中仅以概括性措辞声明,复制权及其例外完全适用于数字环境,尤其是以数字形式使用作品的情况。就 WCT 而言,这些措辞应在 WCT 作为《伯尔尼公约》第 20 条意义下的一个专门协定这一背景下来理解,因此不得作出限制性解释。[125]由于《伯尔尼公约》第 9 条第 (1) 款的措辞"以任何方式或形式……复制"足够广泛,也可以包括持续很短时间的复制行为,而 WCT 不能被解释为提供的保护水平更低。[126]因此,WCT 包括所有的复制行为,甚至包括为缓存、浏览或在电子存储器中存储为目的的附带的、技术性的、短暂的复制。[127]对使用者利益的必要平衡由三步检验法解决,[128]三步检验法为国内法中的限制与例外规定提供了足够的灵活性。

17.58 上述议定声明的第二句,澄清了以数字形式在电子媒体内进行存储构成一种复制。1982 年 WIPO 的一个专家委员会已经一致认为,如果"以一种其稳定性足以允许将其向个人传播的方式",将作品存储在计算机中,则此种存储构成复制。[129]因此,上述议定声明的第二句体现了一种普遍的、传统的观点。[130]

(b) 发行权

17.59 (i) 一般评论和权利内容　《伯尔尼公约》和之后的 TRIPS 仅在电影领域规定了发行权,[131]《罗马公约》和《日内瓦录音制品公约》没有规

---

[123] 下文第 17.153 ~ 17.154 段;Richetson/Ginsburg(同前注 74)第 19.56 段;Reinbothe/von Lewinski(同前注 15)第 3 章,第 18 段。

[124] 关于复制权,WCT 第 1 条第 (4) 款援引了《伯尔尼公约》第 9 条第 (1) 款,因此,这一议定声明援引后者是合适的。

[125] 关于《伯尔尼公约》第 20 条,参见上文第 5.250 ~ 5.251 段。

[126] 尽管如此,可以提出质疑:短时间的复制这一固定形式是否足够稳定,以至于认为被固定的客体可以被感知、复制或以其他形式传播;关于这一条件,参见 Reinbothe/von Lewinski(同前注 15)WCT 第 1 条第 (4) 款的附件,第 14 段;关于临时复制,参见 Ricketson/Ginsburg(同前注 74)第 19.56 段。

[127] 关于临时复制,参见 Fiscor(同前注 3)C1.50 ~ C1.56。

[128] WCT 第 1 条第 (4) 款结合《伯尔尼公约》第 9 条第 (2) 款和 WCT 第 10 条,以及 WPPT 第 16 条。

[129] Second Committee of Government Experts on Copyright Problems Arising From the Use of Computers for Access to or the Creation of Works, (1982) Copyright 239, 245 – 246.

[130] Reinbothe/von Lewinski(同前注 15)WCT 第 1 条第 (4) 款的附件,第 17 段;Fiscor(同前注 3)C1.51。

[131] 《伯尔尼公约》第 14 条和第 14 条之二,关于电影作品和为电影目的而改编的作品;有人认为,《伯尔尼公约》也默示地纳入了一项一般发行权 [上文第 5.131 段;Fiscor(同前注 3)第 4.09 段和第 4.41 段];这里没有采纳这一观点。关于 TRIPS,参见其第 9 条第 (1) 款援引《伯尔尼公约》的规定。

定任何发行权，[132] WCT 和 WPPT 则首次在多边层面上规定了一般专有发行权。[133] 这项权利的范围被限于所有权的转移（例如销售），其来源于许多国内法的规定；不过，有的国内法中的发行权也包括转移占有（例如出租和出借）。WCT 和 WPPT 规定了一种区别于发行权的出租权。

17.60 发行被定义为"通过销售或其他所有权转让形式……向公众提供"，尤其包括将客体投入市场进行销售、捐赠和以物易物。"发行"仅涉及作品或者录制的表演/录音制品的原件和复制件（即有形客体，例如书籍、CD 和 DVD）。[134] 因此，该项权利不同于"提供权"，后者已被纳入条约中，以涵盖以无形形式在互联网和类似网络上传播作品的行为。[135]

17.61 （ii）**在国内法上的适用** WCT 和 WPPT 没有规定必须以任何具体的方式实施发行权；条约仅要求作者、表演者和录音制品制作者能够授权或禁止所定义的发行行为。因此，国内法可以照搬条约的措辞，或者通过所谓的"流通权"（droit de destination）来实施发行权；法国已经通过以作者的复制权为基础的法理发展了流通权。[136] 国内法也可以使 WCT 和 WPPT 中狭义的发行权成为一项广义的发行权的一部分，后者还包括占有的转移，例如出租。在这种情况下，发行权用尽不应包括出租权，从而与两个条约下的专有出租权的规定一致。两个条约对"公众"这一术语的解释也留下了一些灵活性，对该词没有定义，尽管两个条约不会允许一个太过狭义的有关"公众"的解释。[137]

17.62 （iii）**发行权的用尽** 在外交会议上，与发行权有关的主要争论涉及发行权用尽的条件。立法者选择的发行权用尽模式大概有：（1）国内用尽（即仅在客体经权利持有人同意后在其同意的国家范围内首次发行的情况下，发行权用尽）——这一选择在效果上与规定专有进口权一样，可以阻止平行进口；（2）区域用尽（即与国内用尽相对应的一种发行权用尽模式，但其适用于整个地区而非一国的领土，例如欧洲共同体）；[138]（3）国际用尽（经权利持有人同意在世界上任何地方首次发行之后，发行权用尽，这种情况不能阻止平行进口）。

---

[132] 《日内瓦录音制品公约》第 2 条对发行提供的保护，并不需要作为一项专有权来实施，参见上文第 4.66 段。

[133] WCT 第 6 条与 WPPT 第 8 条和第 12 条，以及议定声明。

[134] 由相关的议定声明所确认。

[135] WCT 第 8 条与 WPPT 第 10 条和第 14 条；关于这些，参见下文 17.72 段以下。

[136] 参见上文第 3.56 段、第 5.132 段和注 243。

[137] Reinbothe/von Lewinski（同前注 15）WCT 第 6 条，第 10 段。

[138] 关于欧共体内的区域用尽，参见第 Ⅱ 卷第 2 章、第 6 章和第 10 章。

第十七章 1996年《世界知识产权组织版权条约》(WCT)和
《世界知识产权组织表演和录音制品条约》(WPPT)

17.63 一些国家,特别是美国,一直强烈支持规定进口权,或者,至少是禁止国际用尽;原因是因为这样一项强势的权利将会促进(而非阻碍)贸易,并且允许通过地域性许可而形成细分市场。其他国家,特别是发展中国家、澳大利亚、加拿大和新西兰,则对进口权和禁止国际用尽持反对态度,并且支持平行进口的可能,以促进自由贸易和消费者保护。[139]

17.64 在经过长时间的讨论之后,由于主张进口权或至少是禁止国际用尽的观点没有得到充分支持,[140] 因此,对用尽模式的选择就由缔约方自行决定;发行权用尽仅需符合下列强制性[141]条件:用尽只能发生在首次销售之后,或者作品、表演或录音制品的原件或复制品的所有权进行其他转移之后,并且只能在这种首次销售获得权利所有人授权的情况下。[142] 条约没有明确规定此种首次销售应当发生的地点,即并未在国内/区域用尽和国际用尽之间做出选择。如果一个缔约方要求,首次销售或其他的所有权转移发生在其领土或区域内时,发行权在其领土或区域内用尽,则该缔约方也就禁止了国际用尽。

17.65 "本条约的任何内容均不得"影响缔约方选择用尽的条件的自由,这一规定也意味着,用尽不受制于WCT第10条和WPPT第16条下的条件。因此,不能认为,导致国际用尽的条件会有损于权利持有人的经济利益。[143]

17.66 值得注意的是,用尽仅适用于已经投入市场的原件或特定复制品。因此,在CD的复制品经权利持有人同意首次销售之后,只有发行该特定复制品的权利已经用尽。否则,销售一个新版本的首个复制件将会导致对还未销售的货物的发行权用尽。

(c) 出租权

17.67 (i) **一般原则:TRIPS 模式** 在 WCT 和 WPPT 通过两年前,TRIPS 第 11 条和第 14 条第(4)款已经为几类受益人明确规定了出租权。[144] 这一事实被证明阻碍了将出租权扩展至所有类型的作品的作者(而不是特定类型作品的作者),因为版权条约基础提案曾作出此种规定,也得到许多代表

---

[139] 关于外交会议上表达的观点,参见 Reinbothe/von Lewinski(同前注15)WCT第6条,第6段。

[140] 不过,关于美国所缔结的双边条约和NAFTA纳入进口权的论述,参见上文第12.10段、第12.31段和第11.11段;关于 FTAA 草案:上文第11.31段;关于安第斯共同体第351号决议:上文第11.47段。

[141] 缔约国可以对权利用尽规定其他的条件。

[142] WCT第6条第(2)款和WPPT第8条第(2)款以及第12条第(2)款。

[143] 关于WCT,参见 Reinbothe/von Lewinski(同前注15)WCT第6条,第14段。

[144] 参见上文第10.64~10.79段。

团的支持。⁽¹⁴⁵⁾然而，最后，大多数发展中国家和其他不希望条约超过 TRIPS 保护水平的国家的观点占了上风。因此，为 WPPT 拟定的"出租"的定义未获通过。⁽¹⁴⁶⁾ 不过，"商业性"一词被加入两个条约中，用以描述出租的特征，从而与 TRIPS 一样。

17.68 此外，WCT 和 WPPT 中的出租权还在以下方面借鉴了 TRIPS 第 11 条和第 14 条第（4）款的规定，排除了计算机程序本身并非出租主要标的的计算机程序的出租权，⁽¹⁴⁷⁾有关电影作品的损害检验法，⁽¹⁴⁸⁾以及有关已有合理报酬制度的祖父条款——该条款的日期甚至都与 TRIPS 规定的日期一样，不过仍需遵守损害检验法。⁽¹⁴⁹⁾

17.69 **(ii) 与 TRIPS 比较后获得的澄清**　在与 TRIPS 进行比较之后，可以获得一些澄清。特别是，以录音制品体现的作品的作者和表演者都被明确规定为出租权的受益人；TRIPS 第 14 条第（4）款对两者的规定则远没有如此明确。⁽¹⁵⁰⁾ 此外，在两个条约中，授予出租权的条件都是"按缔约各方国内法的规定"，这一用语来自 TRIPS。这一用语的含义并不非常明确；TRIPS 的模糊性可能通过这一条件被引入了两个条约。⁽¹⁵¹⁾有很充分的论据支持做出如下解释：出租权应当授予那些在国内法下对录音制品享有任何权利的作者和表演者。⁽¹⁵²⁾ 因此，如果作者和表演者对其纳入某一录音制品的作品和表演享有复制权或其他权利，作者和表演者也应当被授予出租权。⁽¹⁵³⁾ 不过，一些缔约方似乎将这一

⁽¹⁴⁵⁾ 只有实用艺术作品和建筑作品被排除；提案与协调后的欧共体法律（关于欧共体出租权指令，参见第Ⅱ卷第 6 章）和《卡塔赫纳协定》/《安第斯条约》第 351 号决议一致，因此，受到诸如欧共体和秘鲁的支持，参见第一主要委员会会议纪要（同前注 96）第 807 段、第 841 段。

⁽¹⁴⁶⁾ 相关的基础提案第 2 条（f）项。关于原因，参见下文第 17.150 段。

⁽¹⁴⁷⁾ WCT 第 7 条第（2）款（i）项。

⁽¹⁴⁸⁾ 同上注，第 7 条第（2）款（ii）项。

⁽¹⁴⁹⁾ 同上注，第 7 条第（3）款，WPPT 第 9 条第（2）款，第 13 条第（2）款；关于 TRIPS 中的这些内容，参见上文第 10.67～10.70 段和第 10.79 段。

⁽¹⁵⁰⁾ WCT 第 7 条第（1）款（iii）项和 WPPT 第 9 条；关于 TRIPS 第 14 条第（4）项及其模糊的措辞，参见上文的第 10.72～10.77 段。

⁽¹⁵¹⁾ Fiscor（同前注 3）C7.11，C7.12。关于解释 TRIPS 的不同方式，参见上文第 10.72～10.77 段。

⁽¹⁵²⁾ 依据关于 WCT 第 7 条的议定声明第 1 句得出的结论；尽管对表演者的出租权，没有相应的关于 WPPT 第 9 条的议定声明，但是，有支持同样解决方案的观点，Reinbothe/von Lewinski（同前注 15）WPPT 第 9 条，第 13 段，Fiscor（同前注 3）PP9.02；Ricketson//Ginsburg（同前注 74）第 19.58 段，提出疑问。

⁽¹⁵³⁾ Reinbothe/von Lewinski（同前注 15）WCT 第 7 条，第 18 段，也提及了更多论据；类似的，参见上文第 10.72～10.77 段。

第十七章 1996 年《世界知识产权组织版权条约》(WCT) 和《世界知识产权组织表演和录音制品条约》(WPPT)

规定理解为允许拒绝将出租权授予此种作者和表演者。⑭ 关于 WCT 第 7 条第 2 句的议定声明确认,以录音制品体现的作品的作者的出租权,WCT 的规定和 TRIPS 的相关规定是一致的。由于 TRIPS 的规定是模糊的,因此,可以以两种方式解读议定声明——为澄清 TRIPS 可能的广泛含义,以包含所有类型的作者;或者为 WCT 采用一个对 TRIPS 可能具有限制性的解释。因此,不同的观点很可能在缔约方之间继续存在。

17.70 此外,WPPT 已经明确规定,即使录音制品已获授权发行,也应当授予出租权。因此,规定一个广义的发行权(包括出租)。并且规定发行权首次销售后即用尽的国家,应当将出租权排除在权利用尽的范围之外。在 TRIPS 下,以及在其之前,都很明确:应当对任何出租行为授予出租权,不管是销售的任何中介行为还是其他发行行为;否则,出租权可能被剥夺其特有的价值和目的。这一仅被明确规定在 WPPT 条款中的内容,仅仅具有澄清性质。⑮ 因此,不能进行反推,即直到一个广泛的发行权已经用尽(一般来说,直到客体已经出售或已经以其他方式发行),才应当对作者授予 WCT(甚至 TRIPS)下的出租权。

17.71 第三项澄清是在 WCT 第 7 条和 WPPT 第 9 条与第 13 条的议定声明中,根据这几个条款的议定声明,这些条款中提到的"原件和复制品"仅指有形物品。因此,不允许将这些条款适用于按需使用和类似的使用,即使曾经对这些使用适用出租权的问题进行过讨论。⑯

(d) 提供权

17.72 (i) **一般评论和背景** 作者、表演者和录音制品制作者的"提供"专有权是两个条约最引人注目的部分,该权利第一次在一个大型多边条约中,⑰ 将在互联网和类似网络上供给和传输作品、表演和录音制品的行为涵

---

⑭ Fiscor(同前注 3) C7.11 提到了"几个代表团"支持限制性的解释;关于 WCT 的实施,以澳大利亚为例,参见 C Creswell, "Copyright Protection enters the Digital Age: The New WIPO Treaties on Copyright and on Performances and on Sound Recordings" (1997) Copyright Reporter 4, 13 (Creswell 曾经是 1996 年外交会议澳大利亚代表团的负责人)。对这一解释的批评,O Morgan, *International Protection of Performers' Rights* (2002) 第 189~190 页;在美国,非戏剧音乐作品的作者至少能依据版权法(美国法典第 17 章)第 115 条(c)项第(3)目请求支付版税,关于美国,参见 H Abrams, *The Law of Copyright* (2004, Release 10/06) §5: 179。

⑮ Reinbothe/von Lewinski (同前注 15) WPPT 第 9 条,第 16 段;WCT 和 TRIPS 都没有规定这一内容。

⑯ Reinbothe/von Lewinski (同前注 15) WCT 第 8 条,第 2 段;在国内层面,仍然可以通过出租权来实施按需使用权,同上注,第 16 段。

⑰ 在此之前,NAFTA 已经纳入了这项权利,参见上文第 11.11 段;关于也纳入了这项权利的双边条约,参见上文第 12.31~12.75 段。

盖在内——此种使用已经被证明具有很重要的经济价值。讨论一开始，各国政府对于需要用一项专有权来涵盖此种重要的使用行为没有表示任何疑问；在专家委员会的框架下进行了辩论，辩论主要是关于选择哪一适当的权利适用于此种使用。讨论过适用现有的广播权、发行权、出租权和向公众传播权，甚至讨论过"通过传输复制"的权利，还讨论了引入一种新的权利。[158] 最后，欧共体及其各成员于1996年5月提交的一项提案获得了广泛支持，并被纳入基础提案中；最终，外交会议几乎未作修改就通过了该提案。尽管按需使用仅被WCT和WPPT中的提供（而非发行、出租或其他）权所涵盖，但是，不言而喻，各缔约方可以以不同方式在其国内法中实施这一权利，例如，通过广播权、发行权或其他权利的方式来实施，只要能涵盖条约有关按需使用条款的实质性内容。[159] 这意味着，例如，一个通过发行权来实施提供权的国家，不能对提供权适用权利用尽。

17.73 （ii）**权利的内容** 最终通过的措辞的成功之处可能在于，其解决了将"向公众传播"和"向公众传输"的概念适用于按需传输时遇到的主要问题之一。"向公众传播/传输"，与广播和类似的行为一样，一般被理解为使某一特定的作品、表演或录音制品同时向公众发生。然而，按需使用和其他的互联网使用，通常是在单个基础上发生，而非同时向公众发生。提供权在不需要明确规定或修订国内法传统上理解的"公众"这一术语的含义的情况下，就可以解决上述问题。对提供权的定义，可以涵盖在实际传输之前已经开始的行为，即供给或提供作品和录音制品。[160] 这一更早的供给作品和录音制品以供获取的行为的确同时向公众发生。因此，提供行为应被理解为也包括后续的单独获取和传输行为，如果后者发生的话。[161]

17.74 总而言之，任何人向某个服务器上传了一件作品或者录音制品，使得公众的成员可以获得该作品或录音制品，则其不仅实施了复制行为，也实施了WCT第8条和WPPT第10条与第14条意义下的提供行为，并因此在上传的时刻就需要获得权利持有人的授权。在点对点网络的框架下——也是这种

---

[158] 关于各国政府的不同提案，参见"Comparative table of proposals and comments received by the International Bureau"，WIPO Docs of 10 January 1996，BCP/CE/VI/12（第24~30段）和INR/V/11（特别是第38~42段和第65~68段），以及关于美国、欧共体和日本对数字技术的政府研究，参见Fiscor（同前注3）第4.57~4.80段。

[159] 关于这一所谓的"伞形解决方案"，参见Reinbothe/von Lewinski（同前注15）WCT第8条，第6、16段；Fiscor（同前注3）C.8.06~C.8.23，也提到了不同国家的实施方法。

[160] 在涉及提供权的部分，"录音制品"被扩大理解为包括录制的表演。

[161] Reinbothe/von Lewinski（同前注15）WCT第8条，第17段。

第十七章 1996 年《世界知识产权组织版权条约》(WCT) 和《世界知识产权组织表演和录音制品条约》(WPPT)

使用通常发生的情形下,大多数行为人都没有寻求获得授权。各方对于应采取何种适当的执法方式,产生了争论。此外,也有人提出强制许可或其他模式的建议,尽管这些建议可能并不符合国际法。[162] 诸如"YouTube"等平台也存在类似的情形。

17.75 发行权的定义经常也用"提供"(making available)这一用语来修饰,而提供权(making available right)仅涉及以无形而非有形形式存在的作品、表演和录音制品。[163]

17.76 提供权只适用于公众中的成员在"其个人选定的地点和时间"可以获得作品和录音制品的情况。这一要求描述了按需获得或类似获得的典型情况,并且排除了对事先确定的节目的任何传播行为,因为这种传播不会使公众中的成员在特定的时间单独获得某一特定的作品或者录制品。[164]因此,不属于提供权的涵盖范围的情形有:网络广播或同时广播事先确定的节目,而不论其是原始节目,还是通过数字网络未进行任何改变的同时转播传统的广播节目;付费电视或者付费广播;按使用付费的服务;多通道服务;以及重复地、以常规时间间隔广播特定作品或录音制品(例如音乐排行榜前 10 名)的准按需式服务。

17.77 "公众"这一术语一直留待在国内法层面予以定义,在两个条约中也是如此;不过,为了确保提供有效的保护,[165] 缔约各方不得选择过于狭窄的"公众"的定义。[166] 例如,将按需服务的对象限于订阅者,并不会使该使用成为非公众的使用,因为任何想获得前述服务的人都可以通过订阅而获得该服务。[167]

17.78 提供权一直是采取技术中立的术语加以规定,使其不仅包括在线使用,也包括通过卫星或其他方式进行的使用。

17.79 (iii) 与传播权的关系 在 WCT 中,提供权被规定为向公众传播权的一部分。在 WPPT 中,提供权被规定为独立于传播权的一项权利。之所以存在这一区别,是因为:与作者不同,表演者和录音制品制作者传统上一直没

---

[162] 关于点对点使用的相关问题的总结,参见 S von Lewinski,"Certain Legal Problems Related to the Making Available of Literary and Artistic Works and Other Protected Subject Matter through Digital Networks"(2005/1) e. Copyright Bulletin of UNESCO, 1–16。

[163] 关于发行权,参见上文第 17.59~17.66 段。

[164] 关于这一要求的更多详情,参见 Reinbothe/von Lewinski(同前注 15)WCT 第 8 条,第 20 段。

[165] 关于这一要求,参见 WCT 序言,第 1 句。

[166] 关于这一术语,参见 Reinbothe/von Lewinski(同前注 15)WCT 第 8 条,第 21 段。

[167] 关于类似的受规范的卫星加密的情况,参见 WPPT 第 2 条(f)项和下文第 17.140 段。

有专有传播权,而且,在当时看来,他们在 WPPT 中对传统的使用也不应享有专有传播权,⑱因此,拟定的专有提供权不能成为一个(不存在的)专有传播权的一部分。

17.80 无论如何,由于两个条约允许通过任何合适的权利来实施提供权——"伞形解决方案"已对此予以了确认,⑲ 因此,提供权与传播权在条约中的关系,不会影响国内法对提供权的系统性分类作出选择。

17.81 (iv)议定声明 在对关于 WCT 第 8 条的议定声明的第一句⑳进行解释时,应考虑以下背景:在线服务提供者主张能获得保障措施,以免就其用户的非法行为而承担责任。不过,前述议定声明没有回应这一主张,只是作了如下澄清:仅仅提供实物设施,例如电缆,并不构成传播(包括提供),因此,仅仅提供这种设备不可能构成侵权,即使其他人后来通过此种设备进行侵权使用。这是不言而喻的,也不会在任何方面与之前已有的法律相冲突。㉑ 不过,议定声明没有排除任何在线网络经营者的可能的间接责任,即对第三人在这些网络上提供作品的行为承担责任。责任的问题已经被两个条约排除在外。㉒

17.82 关于 WCT 第 8 条的议定声明第二句指出,WCT 第 8 条的任何内容均不阻止缔约方适用《伯尔尼公约》第 11 条之二第(2)款中的强制许可。这只是澄清:WCT 第 8 条明确规定的是最低限度权利,而非权利的限制,《伯尔尼公约》第 11 条之二第(2)款可继续适用:WCT 第 1 条第(4)款已对此作了确认。不过,《伯尔尼公约》第 11 条之二第(2)款与第 11 条之二第(1)款涵盖的权利有关,因此不适用于"提供"行为。㉓

(e)限制与例外

17.83 《伯尔尼公约》和《罗马公约》规定了可允许的特定限制与例外(《罗马公约》通过援引国内版权法,予以进一步补充)。TRIPS 整合了这些规定,并且对版权增加了三个一般条件,即三步检验法。㉔ WCT 遵循了 TRIPS 版

---

⑱ 他们对传统的向公众传播行为享有获得报酬权,而非专有权,WPPT 第 15 条和下文第 17.126~17.130 段。

⑲ 上文第 17.72 段和注 159。

⑳ 这一句的内容是:"不言而喻,仅仅为促成或进行传播提供实物设施不致构成本条约或《伯尔尼公约》意义下的传播。"

㉑ 也参见版权条约基础提案第 10.10 段,WIPO Doc CRNR/DC/4;Fiscor(同前注 3)C8.24;Reinbothe/von Lewinski(同前注 15)WCT 第 8 条,第 22 段。

㉒ 在复制权上下文中的讨论,参见上文第 17.53~17.54 段。

㉓ Fiscor(同前注 3)C8.05 也指出:强制许可仅适用于对其作出规定的国家这一条件,因此,强制许可不能适用于任何未来的非交互式全球无线传播的类型。

㉔ TRIPS 第 9 条第(1)款第 1 句,第 14 条第(6)款和第 13 条;上文第 10.83~10.88 段和第 10.100 段。

第十七章 1996 年《世界知识产权组织版权条约》(WCT) 和《世界知识产权组织表演和录音制品条约》(WPPT)

权条款的方法。[175] WPPT 只是借鉴了《罗马公约》和 TRIPS 一般性提及国内版权法下的例外与限制的方法,将之适用于邻接权。[176] 并且第一次在一个主要的多边条约中增加了[177]适用于邻接权的三步检验法,跟随了 TRIPS 版权条款和 WCT 的"步伐"。[178]

17.84 (i) WCT 就《伯尔尼公约》中的权利而言,由于通过遵守条款,所有权利都被纳入了 WCT,[179] 因此,《伯尔尼公约》中的相关限制(包括默示的限制[180])应当适用。[181] 如果国内条款符合这些限制,则该条款也还须符合 WCT 第 10 条第(2)款下的三步检验法。[182] 正如"限于"(confine)一词所澄清的,国内立法者有权规定限制与例外,但它们应当符合三步检验法中的每一个条件。这一规定明确了国内法所允许的限制与例外的外部界限。

17.85 与 TRIPS 第 13 条类似,WCT 第 10 条第(2)款的立法目的是防止对《伯尔尼公约》中的限制与例外作出过于广泛的解释。[183] 对《伯尔尼公约》项下权利作进一步的限制,在 WCT 中是不被允许的,原因很简单,因为 WCT 是《伯尔尼公约》第 20 条意义下的专门协定。[184] 可能有人认为,三步检验法的进一步规定只是一种澄清,因为《伯尔尼公约》中的特定限制与例外无论如何都不会与正常使用相冲突,也不会不合理地损害作者的合法利益。[185] 与此同时,WCT 第 10 条第(2)款并不缩小《伯尔尼公约》所允许的限制的可适用性范围。[186]

17.86 就 WCT 中专门规定而《伯尔尼公约》中没有规定的最低限度权利而言〔即发行权(适用于所有类型的作品)、出租权和(部分)向公众传

---

[175] WCT 第 1 条第(4)款和第 10 条。
[176] 《罗马公约》第 15 条第(2)款;WPPT 第 16 条第(1)款。
[177] 关于这一方面,在 WPPT 之前缔结的 NAFTA 第 1706 条第(3)款,参见上文第 11.17 段。
[178] WPPT 第 16 条第(2)款。
[179] WCT 第 1 条第(4)款。
[180] 关于默示限制,参见上文第 5.199~5.204 段。
[181] 这些限制也基于 WCT 第 1 条第(4)款的遵守条款而适用。
[182] 关于在《伯尔尼公约》和 TRIPS 背景下的三个条件的实质,参见上文第 5.175~5.186 段和第 10.83~10.87 段。原则上,这些评论也可以作为 WCT 的指导意见。
[183] 在相关的议定声明中,《伯尔尼公约》的限制与例外适用的范围没有被扩大。J Reinbothe, M Martin – Prat, and S von Lewinski, "The New WIPO Treaties: A First Résumé" (1997) 4 EIPR 第 171 页,第 173 页。关于 TRIPS 下的相同情况,参见上文第 10.83~10.84 段。
[184] WCT 第 1 条第(1)款。关于《伯尔尼公约》第 20 条,参见上文第 5.250~5.251 段;Reinbothe/von Lewinski(同前注 15)WCT 第 10 条,第 24 段。
[185] 同上注,第 34 段,援引 P Sirinelli, "Exceptions and Limitations to Copyright and Neighbouring Rights", WIPO Doc WCT – WPPT/IMP/1, of 3 December 1999, 45。
[186] 相关的议定声明也确认了这一点,参见关于 WCT 第 10 条的议定声明,第 2 段。

播/提供权],只适用 WCT 第 10 条第(1)款中的三步检验法。而且,在这种情况下,立法者只能规定满足三步检验法中所有三个条件的限制与例外。即使 WCT 第 10 条第(1)款没有明确表明这种限制,这种解释也是唯一有意义的一种解释方式:如果允许影响更广的、更广泛的限制与例外,则对限制规定任何条件都是多余和无意义的。

17.87 关于 WCT 第 10 条的议定声明的第一段适用于整个条款,其明确规定,缔约方可以继续适用《伯尔尼公约》允许的限制与例外并适当地延伸到数字环境中,并且可以制定新的限制与例外。例如,《伯尔尼公约》对复制权允许的限制与例外,也能适用于电子复制,但是应当符合三步检验法,而三步检验法已经基于《伯尔尼公约》第 9 条第(2)款适用。另外,可以制定新的例外(例如,对提供权)。不过,无论如何,必须满足三步检验法中的三个条件。

17.88 (ii) WPPT WPPT 没有规定遵守条款,因此,《罗马公约》的限制与例外并未被纳入 WPPT 中。不过,WPPT 第 16 条第(1)款允许缔约各方在对表演者和录音制品制作者的保护方面规定与其国内版权法下所规定的相同种类的限制或例外。就这项规定而言,其遵循了《罗马公约》第 15 条第(2)款第 1 句的模式和许多国内法中的传统。[187] 不过,该条款并未照搬《罗马公约》第 15 条第(2)款第 2 句,后者禁止与《罗马公约》相违背的强制许可。因此,对适用于版权的强制许可并未被禁止。这与大陆法系的观念一致,即邻接权不应享有比著作权更广泛的保护。不过,这一可能的新的强制许可很难产生效果,因为版权领域的相关强制许可包括对机械录音的强制许可和对广播的强制许可,这些强制许可对表演和录音制品没有意义,或者意义很有限:[188] 对机械录音的许可对于表演和录音制品没有意义,因为这种许可的目的是允许对同一作品的不同表现;因此,这种许可涉及的是不同情形。关于对广播的许可,该许可只对现场广播有意义,因为录制品包含在 WPPT 第 15 条的获得报酬权中。就这方面而言,对于《罗马公约》的成员,强制许可将与《罗马公约》第 22 条相违背。[189] 因此,应当被解释为不被允许;无论如何,适用 WPPT 第 16 条第(2)款下的三步检验法几乎都会得出相同的结论。

17.89 WPPT 第 16 条第(1)款暗示:任何超出缔约方在国内法中有关

---

[187] 关于该规定,参见上文第 6.67~6.69 段。

[188] 《伯尔尼公约》第 13 条和第 11 条之二第(2)款;如果所有缔约方都是《伯尔尼公约》的成员,则这些缔约方必须遵守这些对版权的规定。

[189] 关于《罗马公约》第 22 条,参见上文第 6.78 段;《罗马公约》第 7 条第(2)款仅在已经同意广播的情况下允许限制,因此,对现场广播的强制许可将意味着比《罗马公约》下更少的保护。

第十七章 1996年《世界知识产权组织版权条约》(WCT)和《世界知识产权组织表演和录音制品条约》(WPPT)

版权限制与例外范围规定的限制或例外都不被允许。否则，整个条款将是多余和没有意义的。

17.90 此外，⑩ 这种限制与例外必须符合 WPPT 第 16 条第（2）款下的三步检验法。在这里，"限于"一词又一次明确澄清：不能规定不符合三步检验法中任何一个条件的限制或例外。⑪ 关于 WCT 第 10 条的议定声明通过类比适用 WPPT 第 16 条。⑫

（f）关于技术措施和权利管理信息的义务

17.91 与技术措施和权利管理信息有关的义务的条款⑬，大部分属于在之前的国内法和国际法中没有出现的新规定。即使之前存在有关技术保护的类似条款，大部分规定的范围也非常有限，例如，NAFTA 第 1707 条和英国 1988 年《版权、外观设计和专利法》第 296 条以下对非法解码卫星编码的规定。⑭ 与最低限度权利不同，这些规定没有授予任何直接的保护以对抗未经授权的使用，而是以通过侧面的法律措施保护最低限度权利为目的，并且由此间接地为执行最低权利提供服务。⑮ 在对技术措施和权利管理信息的可行性、用户接受程度、满意度和适当的平衡做出全面评估之前，需要有对技术措施和权利管理信息以及相关法律保护的更多经验。

17.92 WIPO 条约没有要求缔约各方使用技术措施和权利管理信息；完全由权利持有人及其代表来决定是否使用技术措施和权利管理信息，以及如果使用，在何种情形下使用什么措施。

17.93 （i）**技术措施** 在数字环境下，大多数使用行为，例如复制和提供作品和录音制品，可以很容易地由任何使用者进行，却很难通过任何特定的机制予以控制。因此，权利持有人利用技术保护措施，例如加密或其他可以禁止访问、复制或以其他形式使用作品或录音制品的设备。然而，此种技术保护措施可以被使用者规避，之后，使用者就可以很容易地进一步传播或提供在技

---

⑩ WPPT 第 16 条第（2）款并非与第（1）款累积适用，而是择一适用的观点（Morgan，同前注 154，第 212 页）与没有包括对适用第（2）款的任何限制的措辞相矛盾，也明显地与版权模式下的目的相矛盾，即三步检验法也作为适用特定例外与限制的一项额外保障而适用。

⑪ 关于三个条件的实质，参见在《伯尔尼公约》和 TRIPS 背景下，上文第 5.175～5.186 段和第 10.83～10.87 段。

⑫ 关于 WPPT 第 16 条的议定声明；关于 WCT 第 10 条的议定声明，参见上文第 17.87 段。

⑬ WCT 第 11 条和第 12 条，以及 WPPT 第 18 条和第 19 条。

⑭ 关于 NAFTA 的规定，参见上文第 11.19 段。另外，关于欧共体 1991 年计算机程序指令第 7 条第（1）款（c）项，参见第Ⅱ卷第 5 章。

⑮ 关于两项规定的详情：Ricketson/Ginsburg（同前注 74）第 15 章；关于外交会议前和会上的 WIPO 的工作，参见 Fiscor（同前注 3）第 6 章。

术上不再受保护的资料和用于规避的设备。为有效在数字环境下保护作品和录音制品，单纯提供技术保护是不够的。随着数字技术的出现，权利所有者呼吁对规避技术措施实施法律制裁，以获得有效的保护。因此，技术措施条款背后的法理是：版权和邻接权法仍然是保护的基础。这一保护在数字环境下由第二层保护——即技术保护措施予以加强。因为仅有这些措施被认为是不充分的，因此，引入了第三层保护，即提供法律救济以制止规避用来保护版权与邻接权的技术措施。

17.94 鉴于在1996年时国际社会缺乏有关技术措施的立法经验，因此，各方对基础提案中的具体条款进行了深入讨论，这并不令人感到吃惊，尽管几乎没有人对这些条款的必要性提出疑义。具体而言，有争议的内容包括：用于规避的设备的限制条件（根据其主要用途、主要效果，还是仅根据其规避目的）、应当在法律上受到制裁的行为（例如复制和传播用于规避的设备）和服务，以及法律制裁的类型和条件。

17.95 最后，主要由不同的利益相关方团体起草了一条相当简短和概括的规定，这些团体可能对技术和其他相关的问题有非常好的见解。他们的妥协方案被采纳并获得通过；各政府代表团认为，对该条款的修改没有很大的操作空间，而且，必须考虑到会期时间有限，因此，其仅对前述方案作了两个小的改动。这一通过的条款似乎是第一个在多边条约中主要由私人部门起草、并在政府层面基本获得通过的条款。[196]

17.96 依据WCT第11条和WPPT第18条的规定，只需要对规避"有效的"技术措施进行制裁。规定这一条件的目的是，在技术措施没有恰当地运行或者妨碍设备或服务的正常运行的情况下，不适用法律制裁。例如，如果正常使用录像机，可自动导致技术保护措施停止运行，则不能因此种行为而对使用者施加任何制裁。与此同时，"有效的"一词并不意味着保护措施可起到百分之百的作用，否则，对规避的任何规定都没有意义了。

17.97 上述措施只能由作者、表演者或者录音制品制作者使用，或者，在通常情况下，只能由他们的权利继受人，例如被许可人，来使用。[197] 使用技术保护措施，必须与WCT和WPPT下相关权利的实施有关。因此，技术保护措施包括直接的（利用控制措施）和间接的（访问控制措施）控制受保护的

---

[196] 参见 Reinbothe/von Lewinski（同前注15）WCT 第11条，第8段。
[197] 关于非排他性的许可，具体参见 Ricketson/Ginsburg（同前注74）第15.12段。

第十七章 1996 年《世界知识产权组织版权条约》(WCT) 和
《世界知识产权组织表演和录音制品条约》(WPPT)

使用的措施。⑱与权利实施相联系，也就意味着，在处于公共领域的作品或录音制品受到技术保护、而技术保护措施被规避的情况下，两个条约没有规定任何保护。此外，对这种措施的使用，必须是为了防止未经权利持有人许可或未由法律（尤其是限制或例外条款）准许的使用行为。例如，使用者未经权利持有人授权，为制作复制品而规避技术措施，但其目的是相关国内法下允许的私人目的或教育目的，在这种情况下，WCT 和 WPPT 不要求缔约国规定对此种规避的法律救济；这两个条约明确地在版权或邻接权保护与针对规避的保护之间建立了联系。与此同时，缔约各方可以自由地规定更高水平的保护，因为条约的规定是最低标准。⑲的确，许多国内法甚至就法律允许的使用提供了针对规避的保护。⑳在提供充分有效的保护——条约所要求的——与尊重国内法中的限制与例外之间找到正确的平衡是非常困难的，因为设备不能区分被准许使用的和不被准许的使用。㉑

17.98　缔约各方应规定"适当的法律保护和有效的法律补救办法"，制止规避。很可能会有人认为，只有在除了制裁规避行为本身以外，同时也制裁预备行为，例如生产和销售规避设备的行为，或者第三方提供的便利或促成规避的服务，法律保护才是充分的。㉒另外，规避设备不仅应当包括那些以规避为唯一目的的设备，也应包括那些，例如，设计的主要目的是为规避的设备。㉓就法律补救办法而言，缔约各方在选择补救办法的类型（例如，通过民事、刑事或者行政法律途径）以及决定制裁的具体程度方面有一些弹性。补救办法只需要是"有效的"，其可以被解释为迅速的和具有威慑性的。㉔这一措辞对于保持相关各方之间的适当的利益平衡留出了一些弹性空间。㉕

17.99　**(ii) 权利管理信息**　WCT 第 12 条第（2）款和 WPPT 第 19 条第（2）款对权利管理信息进行了定义，权利管理信息系指识别权利持有人、保护客体、任何派生权利的持有人和使用的条款与条件，以及代表此种信息的任

---

⑱ Ricketson/Ginsburg（同前注 74）第 15.14 ~ 15.16 段；Reinbothe/von Lewinski（同前注 15）WCT 第 11 条，第 18 ~ 19 段；Fiscor（同前注 3）C11.09。

⑲ Reinbothe/von Lewinski（同前注 15）WCT 第 11 条，第 28 段。

⑳ 例如，2001 年欧共体信息社会指令第 6 条第（4）款，该条款仅仅对特定使用排除保护，参见第 II 卷第 10 章。

㉑ Ricketson/Ginsburg（同前注 74）第 15.19 段。

㉒ Reinbothe/von Lewinski（同前注 15）WCT 第 11 条，第 23 段；Fiscor（同前注 3）C11.12。

㉓ Fiscor（同前注 3）C11.12。

㉔ Reinbothe/von Lewinski（同前注 15）WCT 第 11 条，第 21 段，提到了 TRIPS 第 41 条第（1）款。

㉕ 关于更多详情，参见 Reinbothe/von Lewinski（同前注 15）WCT 第 11 条，第 17 ~ 23 段。

何数字或代码。上述信息在附于某个复制品，或者在向公众传播[206]或提供某作品或其他标的的情况下出现时，应受到保护。此种信息可能被未经授权的第三人通过去除、改变或其他方式而篡改。此外，此种经过篡改的信息可能被附于作品、表演、录音制品或它们的复制品上，而这些作品、表演、录音制品或复制品可能未经授权而被发行，或以其他方式被利用[207]。

17.100 当权利管理信息被用作，例如，许可的基础或计算应付给权利所有人的使用费的基础时，两种类型的行为——篡改权利管理信息的行为和对附有经篡改信息的作品、表演和录音制品的利用行为——都可能诱使、促成、便利或包庇对权利的侵害。而且，权利管理信息经常与技术措施相互作用。例如，复制设备中的权利管理信息可能向一项技术措施"指示"，如果有复制品被许可制作的话，一个特定的录制品被许可制作多少复制品。如果对"无"的指示被改成了"无限量"或者任何其他数字，则权利持有人的复制权就受到了侵害，因为技术措施最终将促成被指示数量的复制品得以复制，而这是违反许可条款的，因此不会得到权利持有人的授权。

17.101 为了打击此种间接的侵权行为，WCT 第 12 条和 WPPT 第 19 条规定，对任何篡改此种电子信息或实施任何上述后续行为的人，缔约国有义务根据不同的"知道"要求，规定"适当和有效的法律补救办法"[208]。此外，缔约各方可以自由地决定具体的法律补救措施，选择是否在民事法律、刑事法律或行政法律中规定这些补救措施。不过，补救措施必须是"适当的"；因此，这些补救措施必须在补救的强度和后果与受制裁的行为之间建立适当的平衡。此外，这些补救措施必须是"有效的"，即强度足以威慑潜在侵权人，以实现保护[209]。关于 WCT 第 12 条的议定声明[210]规定，在篡改权利管理信息之后的侵权行为或随后的相关行为，指的不仅是对专有权的侵犯，也包括对获得报酬权的侵犯。

---

[206] 在 WCT 中，"传播"包括广播和提供，Reinbothe/von Lewinski（同前注 15）WCT 第 12 条，第 24 段。这与 WCT 中的术语一样。不过，WPPT 中对"传播"的定义排除了"广播"和"提供"，因此 WPPT 第 19 条单独提到的"提供"应当被理解为包括"广播"；关于理由，参见 Reinbothe/von Lewinski（同前注 15）WPPT 第 19 条，第 25 段。

[207] WCT 第 12 条分别提到了广播和向公众传播，尽管 WCT 下的传播包括广播；这可以被理解为是澄清。

[208] Fiscor（同前注 3）C12.03 表示，这些措辞在 WCT 第 11 条和 WPPT 第 18 条下应当被理解为"适当的法律保护和有效的法律补救办法"。

[209] Reinbothe/von Lewinski（同前注 15）WCT 第 12 条，第 12～14 段。

[210] 该规定也可以类比适用于 WPPT 第 19 条，关于 WPPT 第 19 条的议定声明。

第十七章 1996年《世界知识产权组织版权条约》(WCT)和
《世界知识产权组织表演和录音制品条约》(WPPT)

(2) WCT 的独有标准

(a)《伯尔尼公约》的实质性标准

17.102 WCT 第 1 条第(4)款将《伯尔尼公约》第 1 条至第 21 条和附件中所有的实质性保护标准都纳入了 WCT 中，作为缔约各方在 WCT 下的义务。即使 WCT 没有明确规定这些标准，而仅是予以援引，在 WCT 中，这些标准也必须被完全遵守。[211] 与此同时，WCT 第 1 条第(4)款没有要求缔约国加入《伯尔尼公约》。与 TRIPS 中类似的"遵守条款"不同，[212] WCT 没有将精神权利排除出去。[213]

(b) 计算机程序

17.103 《伯尔尼公约》文本没有明确地将计算机程序作为作品予以规定；对此问题的解释也总是不够明确。[214] TRIPS 是明确规定将计算机程序作为文学作品保护的第一个主要的多边条约。[215] TRIPS 的规定仅发生在 WCT 缔结两年前，这一点后来成了 WCT 谈判时对其加以进一步完善的障碍。尤其是，发展中国家希望完全照搬 TRIPS 第 10 条第(1)款的措辞，反对任何扩张性保护。最终，各方达成了如下妥协方案：WCT 第 4 条略微修改 TRIPS 的措辞，同时通过一个议定声明确认，WCT 下对计算机程序的保护范围与《伯尔尼公约》第 2 条一致，与 TRIPS 的相关规定也一致。此外，TRIPS 中关于思想／表达二分法的一般条款[216]——最开始是在计算机程序的上下文中予以规定的，后来发展为独立的一般规则——被引入了 WCT，[217] 用来满足希望 WCT 中的计算机程序保护与 TRIPS 一样的国家的要求。[218] 因此，WCT 第 4 条可以被认为是对 TRIPS 第 10 条第(1)款的一个澄清。

17.104 WCT 在两方面修改了 TRIPS 的措辞。第一，"应受保护"（TRIPS）被改为"受到保护"。这意味着计算机程序已经作为文学作品受到保护，该项规定是宣言性规定。第二，WCT 应根据《伯尔尼公约》第 2 条第

---

[211] 关于这些条款，参见上文第五章（除了第 5.252 段以下之外）。关于这些条款在 WCT 框架下的适用。参见 Fiscor（同前注 3）C1.21～C1.56。

[212] TRIPS 第 9 条第 (1) 款第 2 句，上文第 10.52～10.54 段。

[213] 这一似乎不一致的地方可以被解释为，与 TRIPS 相反，WCT 缺少一个有效的争端解决机制；关于这一方面与《伯尔尼公约》的关系，参见上文第 10.53 段。

[214] 关于解释的问题，参见上文第 7.13～7.19 段。

[215] 关于 TRIPS 第 10 条第 (1) 款，参见上文第 10.56～10.59 段；TRIPS 生效不久之前，NAFTA 已经规定了对计算机程序的保护［第 1705 条第 (1) 款 (a) 项］；不过，NAFTA 谈判发生在 TRIPS 谈判暂时结束之后，参见上文第 11.11 段。

[216] 关于 TRIPS 第 9 条第 (2) 款，上文第 10.58 段。

[217] WCT 第 2 条。

[218] Fiscor（同前注 3）C2.03～2.04。Reinbothe/von Lewinski（同前注 15）WCT 第 4 条，第 5 段。

(1)款保护计算机程序,"无论其表达方式或表达形式如何",而不仅限于计算机程序的"源代码或目标代码"(TRIPS)。[219] 这一修改,不仅涵盖了计算机程序的源代码和目标代码,而且可以涵盖未来可能出现的其他形式。[220]

(c)数据库

17.105 关于对数据库的保护的讨论,与关于对计算机程序的保护的讨论类似,主要是因为发展中国家没有准备好接受超过仅在两年前在 TRIPS 中规定的对数据库的保护范围。[221] 而且,妥协方案与对计算机程序的妥协方案也类似:WCT 第 5 条仅略微修改了 TRIPS 第 10 条第(2)款的措辞,同时通过了一个与关于计算机程序[222]的议定声明相类似的议定声明:数据库的保护范围与《伯尔尼公约》的规定一致。WCT 在措辞上的改动,对于数据库的保护而言,仍然只具有宣言性质。[223] 此外,WCT 还使用了范围似乎更为广泛的术语:"以任何形式",而非"无论机器可读还是其他形式"。

17.106 除此之外,WCT 第 5 条与 TRIPS 的措辞一致。不过,WCT 使用了"汇编"(compilation)一词,而非"集合"(collections)[《伯尔尼公约》第 2 条第(5)款]。[224] 此外,与 TRIPS 一样,WCT 也规定了:保护不损害数据库中的"数据或资料已存在的任何版权"。本来,各方希望明确规定,对数据库的保护不仅不损害数据库的内容中已经存在的任何版权,而且不损害其内容中已经存在的"任何权利",例如,其录制品包含在某个数据库中的表演者或录音制品制作者的权利;基础提案第 5 条也作了上述规定。不过,发展中国家坚持照搬 TRIPS 中的措辞。不管怎样,"不损害"条款提及版权,应当被视为仅是举例,因为这一条款的目的不是为了(也从来不是为了)允许对数据库的保护损害任何其他存在于数据库的内容中的权利,例如表演者的权利或者录音制品制作者的权利。[225]

---

[219] 关于 WCT 第 4 条(除了文本中已经明确提到的内容之外)和 WCT 第 2 条的内容,参见对 TRIPS 第 10 条第(1)款和第 9 条第(2)款的评论,原则上也适用于此处,参见上文第 10.56~10.59 段。

[220] Fiscor(同前注 3)C4.19。

[221] 参见 TRIPS 第 10 条第(2)款及对其的评论,上文第 10.60~10.63 段。关于导致此种澄清有必要的《伯尔尼公约》的模糊性,参见第 10.60 段和 Reinbothe/von Lewinski(同前注 15)WCT 第 5 条,第 13 段。

[222] 上文第 17.103 段。

[223] "应受到保护"的措辞被替换为"受到保护"。

[224] 关于这些术语,参见上文第 10.63 段注 129,以及 Reinbothe/von Lewinski(同前注 15)WCT 第 5 条,第 8 段。

[225] 同上注,注释 15。

第十七章 1996 年《世界知识产权组织版权条约》(WCT) 和
《世界知识产权组织表演和录音制品条约》(WPPT)

(d) 向公众传播权

17.107 在不同的版权和邻接权条约中,"向公众传播"这一术语的含义是不同的,而条约对术语的使用又经常与国内法对术语的用法不同,因此,可能很难确定该术语在每个条约中的准确含义。WCT 中传统的传播权(不同于提供权)[226] 应当被置于《伯尔尼公约》中传播权的背景下来理解。WCT 纳入了《伯尔尼公约》关于传播权的分散的规定,将其作为自己的义务,[227] 并且对其进行了补充。WCT 对传播权的规定没有损害《伯尔尼公约》关于传播权的具体规定。[228] 考虑到对《伯尔尼公约》规定的这一援引,应当以理解前述《伯尔尼公约》规定的相同方式来理解 WCT 中"向公众传播"的术语,并遵循 WCT 的援引体系。

17.108 WCT 所援引的《伯尔尼公约》条款在使用"向公众传播"这一术语时,排除了"公开表演"和"公开朗诵"这两个单独的术语;这两个术语指的是两种直接表现的形式,在国内法中经常被称为"公开表演"。[229] WCT 也没有提及另一种直接表现的形式,即"通过扩音器向公众传播"。[230] 即使《伯尔尼公约》本身使用"传播"这一术语来描述"通过扩音器向公众传播"这种直接表现的形式,但是,从 WCT 的援引体系来看,WCT 中的传播权排除了所有形式的直接表现。因此,直接表现和 WCT 的传播权之间没有任何可能的冲突,因此在这方面不需要一个"不损害"条款。通过遵守条款,WCT 在传播权以外包含了直接表现/公开表演的权利。[231]

17.109 与此同时,《伯尔尼公约》条款使用"向公众传播"这一术语来涵盖广播、无线转播和类似的向公众进行无线传播的形式,以及对广播的有线转播。因此,在 WCT 中规定一个含义不同的"向公众传播"的空间很小:直接表现已被排除,而《伯尔尼公约》的规定已经包含了大多数的远程传播的形式。具体而言,WCT 中新的内容有,对《伯尔尼公约》没有对原始有线传输规定保护的作品类型,规定了对其进行的原始有线传输;[232] 对此种原始有线

---

[226] 上文第 17.72~17.82 段。
[227] 参见 WCT 第 1 条第 (4) 款的遵守条款。
[228] WCT 第 8 条第一部分提到了《伯尔尼公约》第 11 条第 (1) 款第 (ii) 目,第 11 条之二第 (1) 款第 (i) 目和第 (ii) 目,第 11 条之三第 (1) 款第 (ii) 目、第 14 条第 (1) 款第 (ii) 目和第 14 条之二第 (1) 款,上文第 5.138~5.140 段。
[229] 参见《伯尔尼公约》第 11 条第 (1) 款第 (i) 目,第 11 条之三第 (1) 款第 (i) 目,第 14 条第 (1) 款第 (ii) 目。
[230] 《伯尔尼公约》第 11 条之二第 (1) 款第 (iii) 目。
[231] 更详论述,参见 Reinbothe/von Lewinski(同前注 15)WCT 第 8 条,第 11 段。
[232] 《伯尔尼公约》第 11 条第 (1) 款第 (ii) 目、第 11 条之三第 (1) 款第 (ii) 目、第 14 条第 (1) 款第 (ii) 目和第 14 条之二第 (1) 款仅对音乐作品和其他明确规定的作品类型纳入了有线传播权,参见上文第 5.135~5.136 段和第 5.138~5.139 段。

传输的有线转播；对发送原始节目的组织制作的广播进行的无线转播和有线转播。㉓

17.110 关于 WCT 第 8 条的议定声明的第 2 句只是进行了澄清：该条款不影响缔约方适用《伯尔尼公约》第 11 条之二第（2）款下的强制许可或类似对保护的限制；WCT 第 8 条规定的是最低限度权利，其并未规制相关的限制与例外。因此，缔约各方可以，例如，保留对有线转播广播的非自愿许可。

（e）摄影作品的保护期限

17.111 WCT 第 9 条是外交会议上争议最少的条款之一。该条款禁止各缔约方适用《伯尔尼公约》第 7 条第（4）款；后者允许对摄影作品规定一个更短的最低保护期限（自作品完成后 25 年），而不适用作者终生及死后 50 年的一般保护期。这一对摄影作品的不利规定源于许多国家在《伯尔尼公约》早期岁月的观念，即摄影作品获得的保护应当比其他作品少，原因主要是因为仅需按一个按钮这一简单的动作，即可产生摄影作品。㉔ 在一些国家的国内法中，这一观念经常体现为对摄影作品规定的保护期比作品的一般保护期要短。不同的国内法差异巨大，以至于直到 1967 年修订会议才可能就对摄影作品的一个最低保护期达成一致意见。到今天，这一观点已经得到了普遍的认可，即摄影远不止按一个按钮那么简单，其可能包括与其他类型的作品至少一样多的创造和价值。

17.112 因此，直到 WCT 第 9 条，才将《伯尔尼公约》中对摄影作品的最低保护期同化为作者终生及死后 50 年这一一般保护期。由此，WCT 的缔约各方也必须将《伯尔尼公约》第 7 条中的另一些一般规则适用于摄影作品。除了一般保护期以外，这些规则还有，关于匿名作品和假名作品的规则，期限的计算从摄影者死亡或《伯尔尼公约》第 7 条第（3）款下的其他事件发生的次年一月一日起计算，明确了可以规定一个更长的保护期，关于仅受《伯尔尼公约》罗马文本约束的各缔约方的特殊规则，以及规定实质互惠的可能性。㉕ 此外，《伯尔尼公约》第 7 条之二有关合作作品的规定也适用。㉖

17.113 WCT 第 9 条应当被理解为一个特别条款，其适用优先于 WCT 第

㉓ Reinbothe/von Lewinski（同前注 15）WCT 第 8 条，第 10~11 段。

㉔ Ricketson/Ginsburg（同前注 74）第 8.48 段；上文第 5.224 段；关于《伯尔尼公约》历史上对摄影作品的保护，参见，例如，Fiscor（同前注 3）C9.02~C9.08。

㉕ 参见《伯尔尼公约》第 7 条第（1）款、第（3）款和第（5）~（8）款；上文第 5.127 段，第 5.220~5.221 段，第 5.227~5.228 段和第 5.41~5.44 段。

㉖ 《伯尔尼公约》第 7 条第（3）款、第（5）~（8）款和第 7 条之二之前已经适用于摄影作品，尽管最低保护期仅为作品完成起 25 年。

第十七章 1996年《世界知识产权组织版权条约》(WCT)和《世界知识产权组织表演和录音制品条约》(WPPT)

1条第（4）款的遵守条款对《伯尔尼公约》第7条第（4）款的援引；因此，两个规定之间不存在冲突。

17.114 如果一个国家对摄影作品规定了一个更短的保护期，则其在加入WCT后，必须依据WCT第9条的规定延长保护期；根据WCT第13条和《伯尔尼公约》第18条有关适用的时限的规定，延长后的更长保护期适用于已有的摄影作品。[237]

（3）WPPT的独有标准

（a）表演者的精神权利

17.115 （i）**该条款的重要性和历史背景** WPPT第5条是第一个在多边条约中承认表演者的精神权利——即表明表演者身份权或署名权、保护表演完整权——的条款。在国际条约中纳入这些权利的第一个提案，可以追溯到向1939年萨马登会议提交的条约草案。[238]在第二次世界大战之后，在就这样一个条约开展工作时，支持者放弃了将精神权利纳入海牙草案的主张，因为很多代表团无法接受这样一个主张。[239]

17.116 1996年外交会议的基础提案中的规定是参考《伯尔尼公约》第6条之二起草的。这一基于政府代表们已经熟悉的已有模式的立法技术，可能为各方最后就具体措辞达成一致提供了便利。[240] 实际上，大多数代表团都同意为表演者规定精神权利。对精神权利的强烈支持，阻止了个别代表团提议删除精神权利的规定或者限制权利范围（例如，仅限于已录制的表演）的提案获得通过。[241] 只有一项对表明表演者身份权做出很小限制的提案，经过妥协获得了通过。[242]原本设想精神权利的对象仅限于音乐表演[243]，最终被扩展为声音表演。大多数代表团都反对精神权利可以放弃；不过，作为妥协方案的一部分，最终的决定是在条文中不涉及这一问题。最终，那些依据WPPT的规定在其国内法中纳入精神权利存在困难的国家，对WPPT第22条第（2）款的过渡条款很满意，该条款允许前述国家仅对WPPT对该成员生效后发生的表演适用精神权利；从实际效果的角度看，WPPT缺少一个有效的争端解决机制，可能也限制

---

[237] 关于WCT第13条，下文第17.164段。
[238] 上文第4.55段和第6.60段。
[239] Morgan（同前注154）第195页。
[240] 关于这一方法的缺点，参见下文第17.123段。
[241] 关于这些提案，以及更多被拒绝的提案，参见Reinbothe/von Lewinski（同前注15）WPPT第5条，第5段。
[242] 参见WPPT第5条第（1）款后半句的"除非……"条款。
[243] 基础提案第5条，备选方案A。

了某些国家可能提出的反对。㉔

17.117 外交会议之前和会议上的讨论反映了主流观点：精神权利在数字使用的背景下可能尤其重要。对保护表演完整权的规定，甚至被认为其强度已经足够应对由以数字形式修改已有录制品的可能性所带来的挑战。保护表演完整权也被用作论据，用来反对为表演者规定专有修改权的提议。㉕

17.118 （ii）**适用的范围** 值得注意的是，WPPT 第 5 条下的精神权利被限于现场有声表演和以录音制品录制的表演。这一限制体现了讨论纳入视听表演时遇到的一般性争议。㉖声音表演是人类的耳朵可以感知的任何表演，包括音乐的表演和通过嗓音表达的任何表演，例如朗读一篇演说、背诵一首诗，或者朗诵任何文本。即使表演不完全是声音的部分，例如歌剧演员的表演，但如果与表演的声音部分有关，精神权利就可能受到侵犯；例如，通过扩音器或者通过现场无线电广播，以电子损坏形式使剧场外的听众可以听到一位歌剧演唱家在舞台上的表演。如果表演的音乐部分在表演过程中被以电子方式修改，表演者的精神权利也可能受到侵犯。"现场"表演是没有录制在录音制品或其他载体上的任何表演，例如音乐会上的表演，即使该表演被广播、有线传输，以及在未被录制的情况下同时被无线转播或有线转播。㉗

17.119 （iii）**表明表演者身份权** 由于要求被承认为某个表演的表演者的权利，主要是依据《伯尔尼公约》第 6 条之二规定，因此，对该权利可以省去一些评论。㉘不过，WPPT 与《伯尔尼公约》的一个重要不同是：WPPT 规定了对表明身份权的例外，即 "使用表演的方式决定" 可省略不提其系表演者。这一例外是相当狭窄的，正如 "决定" 这一术语所暗示的，其排除了任何基于标准操作、识别表演者的习惯方式或仅仅以现实可行性为由而拒绝表明身份权的可能性。在电台广播中使用大型乐团的表演，可能被视为决定了对所有表演者的名字的省略，因为在前述广播中读出全部表演者的名字将会占用广播大部分的可用时间，并且不会对听众起到与在纸上列出名字类似的效果。不论如何，如果权利人提出了要求，广播电台至少有义务应念出乐团中所有成员的名字。这一情况不同于 CD 或演唱会节目的宣传页，因为使用的方式并不要求省略名字；在这种情况下，现有实践都是将所有表演者的名字列出，即使是

㉔ 关于美国在 TRIPS 下采取的方法，参见上文第 10.53 段。
㉕ 关于这一提案，参见下文第 17.153～17.154 段。
㉖ 关于这一讨论，参见下文第 18.01 段以下，特别是第 18.02～18.07 段。
㉗ Reinbothe/von Lewinski（同前注 15）WPPT 第 5 条，第 13 段。
㉘ 关于对《伯尔尼公约》第 6 条之二下对应的精神权利的更详细的介绍，参见上文第 5.96～5.104 段。

第十七章 1996年《世界知识产权组织版权条约》(WCT)和《世界知识产权组织表演和录音制品条约》(WPPT)

大型乐团也是如此。[249]

17.120 即使没有明确规定,表演者也可以选择使用其真名、假名甚至不具名。不过,表明表演者身份权,并不包括表演者反对将第三人的表演错误地归属为其本人的权利。[250]

17.121 (iv) 保护表演完整权 完整权与表演有关,而非与《伯尔尼公约》第6条之二下的作品有关,不过,该权利也遵循《伯尔尼公约》下的规则。[251] 相关的歪曲、篡改或其他修改可以包括:改编所录制的表演的速度,将所录制的表演转换为另一个音调,变换所录制的表演声音的音量、音质或共振,或者,在多声轨录音的情况下,对声轨的混合或重混。取样(Sampling)是否构成侵犯完整权,需根据个案和国内法来确定。取样是从录制的表演提取出单独的声音或一系列声音,可能经过修改,然后插入一个不同的录制品中。如果被提取的表演的部分足够重要,在国内法中构成受保护的表演部分(就单独的声音而言,这一点是不确定的),则取样就构成对"表演"的修改。[252]

17.122 与《伯尔尼公约》对作品的规定不同,"与表演有关的损害行为"并不侵犯 WPPT 第5条下的精神权利。因此,如果表演本身没有被修改,而只是被表现在一个可能对表演本身造成损害性影响的背景中,在这种情况下,依据 WPPT 的规定,表演者不受保护。另外,与《伯尔尼公约》不同,只要对表演的修改对表演者的名声有损害,就可以反对前述修改,而不需对其荣誉也有损害。[253] 因此,当有可能损害表演者的荣誉时,并不需要保护表演者。不过,由于这是一项最低权利,因此,国内立法者甚至可以不考虑任何可能的损害,授予完整权。[254] 实际损害不是必要的;只要修改具有对名声造成损害的可能性即可。[255]

17.123 (v) WPPT 第5条第(2)款和第(3)款 在 WPPT 中,引入《伯尔尼公约》规定最低保护期和作者死后精神权利的行使的模式,可能会带

---

[249] Reinbothe/von Lewinski(同前注15)WPPT 第5条,第16段;Ricketson/Ginsburg(同前注74)第19.53段(vi)部分。

[250] 关于在《伯尔尼公约》背景下这些方面的论述,也参见上文第5.99段。

[251] 关于《伯尔尼公约》下的保护作品完整权,参见上文第5.100~5.104段。

[252] 更详细论述,参见 Reinbothe/von Lewinski(同前注15)WPPT 第5条,第20~21段。

[253] Ricketson/Ginsburg(同前注74)第19.53段(vii)项认为,这可能使一般保护名誉利益的普通法系更容易规定这项权利。也参见 Fiscor(同前注3)PP5.05。

[254] 一些国家,例如法国和希腊,作出了这样的规定, S von Lewinski,"Neighbouring Rights:Comparison of Laws" in G Schricker (ed), *International Encyclopedia of Comparative Law:Copyright and Industrial Property* (2006) ch 5, 8。

[255] 更详细论述,参见 Reinbothe/von Lewinski(同前注15)WPPT 第5条,第25段。

来一定的不确定性，而且这种不加修改的立法技术可能并不总是合适的。特别是，与作者权不同，表演者的经济权利的最低保护期（决定了精神权利的最低保护期）通常在表演者死亡之前期满。WPPT 第 5 条第（2）款第 1 句似乎假定，保护期至少持续到表演者死亡。有人可能因此将该规定解释为，将精神权利的最低保护期设定为至少持续到表演者死亡，而经济权利在表演者死亡之前期满。[256]

17.124 WPPT 第 5 条第（3）款仅仅只是澄清，因为补救办法通常遵循被请求保护国的国内法。[257]

（b）未录制的表演中的表演者权

17.125 WPPT 第 6 条规定了表演者的广播和向公众传播[258]未录制的和尚未广播的（即现场）表演的专有权，以及对其未录制的表演的专有录制权[259]。该条款基本上遵循了《罗马公约》下的相应规定。[260] 不过，与《罗马公约》和 TRIPS 不同，WPPT 规定的是专有权，而非仅是"阻止"特定的行为的"可能性"。[261] 相比较而言，WPPT 将录制权和传播权限于声音的表现物，而《罗马公约》将前述权利扩展到视听录制品，就这一点而言，WPPT 的保护范围不如《罗马公约》。[262] 现场广播权是 WPPT 中唯一一个不仅包括声音表演，也包括视听表演和视觉表演的权利，这一点可以从 WPPT 第 2 条（f）项中"广播"的定义看出。[263]除了现场表演的广播和传播专有权之外，WPPT 第 15 条还规定

---

[256] 关于论据和可能的不同解释，同上注，第 28 段；同上注，第 29 段，对第 5 条第（2）款第 2 句的其他模糊之处，进行了论述。

[257] 关于对应的《伯尔尼公约》第 6 条之二第（3）款，参见上文第 5.106 段。

[258] 关于这些定义，参见 WPPT 第 2 条（f）项、（g）项和下文第 17.140~17.143 段；因此，通过互联网现场传输表演，甚至也被包括在传播权中 ［Morgan（同前注 154）第 160 页］。

[259] WPPT 第 2 条（c）项的定义和下文第 17.138 段。

[260] 《罗马公约》第 7 条第（1）款（a）项、（b）项，上文第 6.37~6.39 段；关于修改后的定义，参见下文第 17.140~17.143 段。TRIPS 有关广播权和传播权的措辞更不明确，仅使用了"现场表演"这一措辞，而非"除外条款"，上文第 10.92~10.93 段。

[261] 上文第 17.49 段。关于《罗马公约》下仅规定"防止可能发生的"，参见上文第 6.35~6.36 段；以及 TRIPS 第 14 条第（1）款，上文第 10.91 段。

[262] 这一限制来自 WPPT 第 2 条（c）项和（g）项对"录制"和"向公众传播"的定义（下文第 17.138 段和第 17.143 段），并且应被置于纳入视听表演引起争议这一背景下来理解，参见下文第 18.02~18.07 段；Reinbothe/von Lewinski（同前注 15）WPPT 第 6 条，第 7 段；Fiscor（同前注 3）PP6.04~PP6.07 讨论了支持一个更宽泛的解释的依据。TRIPS 下的录制权也被限于录音制品上的录制，参见第 14 条第（1）款第 1 句和上文第 10.91 段；不过，其现场传播权扩展到了视听表演，参见上文第 10.93 段。

[263] 关于《罗马公约》下关于现场广播权的类似情况，参见《罗马公约》第 7 条第（1）款（a）项和第 3 条（f）项；上文第 6.38 段。关于 TRIPS，参见上文第 10.93 段。

第十七章 1996年《世界知识产权组织版权条约》(WCT)和《世界知识产权组织表演和录音制品条约》(WPPT)

了基于包含表演的录音制品进行的广播和传播的获得报酬权。[264]

(c) 因广播和向公众传播的获得报酬权

17.126 (i) **主要特点** WPPT第15条遵循了《罗马公约》第12条结合第16条第(1)款(a)项的模式,为表演者和录音制品制作者规定了一项对将商业录音制品用于广播和向公众传播的获得报酬权。[265]不过,第15条在以下方面加强了保护:一般而言,[266]表演者和录音制品制作者都享有前述权利,[267]并且,该项权利也包括间接地(而非仅是直接地)用于广播和传播;因此,不仅在将录音制品用于广播或用于在迪斯科舞厅向公众播放时(直接使用),应当支付报酬;而且,对基于录音制品制作的广播进行转播(间接用于广播),以及播放或以其他方式向公众传播前述广播(间接用于传播)时,也应当支付报酬。[268]不过,就广播而言,"间接"这一条件似乎没有增加任何含义,因为,不同于《罗马公约》第3条(f)项对"广播"的定义,WPPT第2条(f)项对"广播"的定义也包括转播。因此,有人曾建议,"间接"应当被解释为与录音制品有关,这样,间接的使用将意味着使用录音制品的复制品。[269]

17.127 此外,依据WPPT第15条第(4)款的规定,使用仅通过互联网或类似网络"出版"的录音制品,而非使用传统的为出售或其他商业目的发行的录音制品,也应当支付报酬。就将WPPT第2条(e)项的"出版"这一术语明确定义为也包括"在线出版"而言,各代表团未能达成一致意见,[270]但是,各代表团希望将在线"出版"的录音制品纳入WPPT第15条。他们希望通过这种方式确保仅在线"出版"的录音制品被用于广播或向公众传播时,也应当支付报酬。WPPT第15条的目的是补偿用于广播和向公众传播的对录音制品的使用,而不论录音制品是怎样被制作和投入市场的。对两种类型的录音制品提供平等待遇,防止了可能的区别对待,以及通过使用仅在线"出版"

---

[264] 关于这项权利,参见下文第17.126~17.130段。

[265] 关于《罗马公约》第12条,参见上文第6.49~6.58段。

[266] 在WPPT第15条第(3)款的两种情况下,保留都是可能的[Reinbothe/von Lewinski(同前注15)WPPT第15条,第23段],其结果也是类似的,尽管需要对保留进行声明。

[267] 《罗马公约》第12条将把权利仅授予表演者、仅授予制作者或授予两者的选择留给了国内立法者。

[268] 关于直接使用,参见上文第6.52段,关于《罗马公约》第12条;Reinbothe/von Lewinski(同前注15)WPPT第15条注释21。

[269] Fiscor(同前注3)PP15.04。不过,这个解释本身受到质疑,因为,不论该规定是否包括复制品,复制品都是应当适用该条款的,Reinbothe/von Lewinski(同前注15)WPPT第15条,第20段。关于《罗马公约》第12条提及"复制品"的论述,参见上文第6.52段。

[270] 关于该定义,下文第17.139段;对资格标准的论述,参见上文第17.42段,和下文第17.151~17.152段。

的录音制品而可能"规避"付款义务。

17.128　（ⅱ）议定声明　关于 WPPT 第 15 条的第一个议定声明体现了效力更广泛（甚至对特定的订阅服务规定专有权而非获得报酬权），但被绝大多数代表团拒绝的一些提案内容。[271]因此，议定声明表达了许多国家的更高目标，在这一点上，其具有政治上的价值，而非独立的法律价值；除此之外，该议定声明陈述了显而易见的事实，因为，WPPT 授予的只是最低限度权利，允许规定更高水平的保护。

17.129　类似的，第二个议定声明也是主要具有政治上的价值。关于民间文学艺术的特殊问题，该议定声明也陈述了显而易见的事实，即国内法可以规定比 WPPT 第 15 条的规定更广泛的保护。该议定声明指出，WPPT 第 15 条下的权利可以适用于民间文学艺术表演的录制品，这种录制品在实践中通常不以获得商业利润为目的而出版，因而不被 WPPT 第 15 条所涵盖。由于 WPPT 规定的只是最低保护，国内法可以规定：使用任何类型的录音制品，都应当支付报酬，不论是否是为商业目的而出版的录音制品。录制了民间文学艺术的录音制品的确被大量用于广播和向公众传播，特别是在发展中国家；明确提及这种录音制品，可以被视为是一个政治信号，表达了民间文学艺术重要以及应促进对其国际保护的意思。[272]

17.130　（ⅲ）对权利的保留　在允许更广泛的保留方面，WPPT 第 15 条第（3）款大体上遵循了《罗马公约》第 16 条第（1）款（a）项的规定：缔约各方可以声明，根本不适用该项获得报酬权；或者仅对某些使用适用该项获得报酬权，例如广播、向公众传播，或者某种类型的广播或向公众传播；或者，缔约各方可以以某些其他方式限制 WPPT 第 15 条第（1）款的适用，例如，通过排除特定的受益人群体。[273]需要再次纳入此种保留，似乎说明许多国家还没有准备好规定此种权利。一个可能的原因是，这些权利对于广播电台和其他相关的使用者而言，可能意味着财务负担，而这些权利在经济上对于表演者和录音制品制作者而言又是非常重要的一些权利。与《罗马公约》类似，[274]

---

[271]　关于这些提案，包括美国提案——似乎是根据其国内法定制的，参见 Fiscor（同前注 3）PP15.07~15.10；Reinbothe/von Lewinski（同前注 15）WPPT 第 15 条，第 8 段、第 13 段。

[272]　关于对民间文学艺术的保护，参见下文第二十章；关于第二个议定声明，参见 Reinbothe/von Lewinski（同前注 15）WPPT 第 15 条，第 19 段。

[273]　同上注，第 23 段。

[274]　《罗马公约》第 16 条第（1）款（a）项第（ⅳ）目；WPPT 第 4 条第（2）款甚至没有要求希望适用实质互惠的成员作出保留；Reinbothe/von Lewinski（同前注 15）WPPT 第 15 条，第 7 段；Fiscor（同前注 3）PP15.06 似乎不认为其相似，而是认为不同。

第十七章 1996年《世界知识产权组织版权条约》(WCT)和《世界知识产权组织表演和录音制品条约》(WPPT)

WPPT第4条第(2)款允许缔约各方对其他已经对WPPT第15条第(3)款作出保留的缔约方适用实质性互惠。㉕

(d) 保护期

17.131 由于WPPT没有规定类似WCT第1条第(4)款这样的遵守条款,因此,WPPT需要规定一项最低保护期。由于对邻接权规定50年保护期已成了世界性趋势,因此,录音制品行业在TRIPS通过前几年就开始积极主张,最终体现在TRIPS第14条第(5)款中——WPPT第17条规定了相同的期限,但是,在期限的计算方式上略有不同:在TRIPS下,保护期从录制或表演完成开始;在WPPT下,保护期从录制开始,对于录音制品制作者,如果录音制品已出版,则从出版开始;因此,在后一种情况下,保护期可能长于TRIPS下的保护期。在这一规定的上下文中,出版不包括在线"出版"。㉖

(e) 定义

17.132 WPPT第2条以《罗马公约》第3条规定的定义为基础作了相关规定。前者部分地扩展或以其他方式修订了之前的定义,并且增加了"录制"和"向公众传播"的定义。

17.133 (i) **表演者** WPPT第2条(a)项将"表演者"的定义扩展到了表演"民间文学艺术的表达"的表演者,而非仅限于文学和艺术作品。民间文学艺术的表达被认为不是版权意义下的"作品"㉗,因此,民间文学艺术的表演者在国际法下未能受到保护。这一对表演者的定义的增加,强调了民间文学艺术表演对于许多国家文化的重要性;增加这一定义没有受到任何反对。而且,与《罗马公约》下的定义相比,该条款增加了"表现"(interpreting)行为。增加该行为只具有澄清性质:英文"performers"(表演者)在法文和西班牙文中的同义语是:"artistes – interprètes ou exécutants"和"artistas interprétes o ejecutantes",这两个术语包括了表现行为,而前述定义现在已经明确提及了这种行为。㉘需要指出的是,尽管前述定义包括了演员和其他视听表演者,但是,WPPT的保护除了现场广播权以外,仅限于声音表演。㉙

㉕ 关于WPPT第15条从《罗马公约》第12条中照搬的其他内容,参见上文第6.57~6.58段(在《罗马公约》的上下文中)。

㉖ WPPT第2条(e)项和下文第17.139段。关于这一背景下的在线出版,参见Reinbothe/von Lewinski(同前注15)WPPT第17条,第9段。

㉗ 下文第20.07~20.09段。

㉘ 关于区分表演者的表现行为和执行行为的不同方法,参见Reinbothe/von Lewinski(同前注15)WPPT第2条,第27段。

㉙ 这些权利限于声音表演,原因是关于权利的条款使用了诸如"有声表演"和"以录音制品录制的表演"等措辞;关于广播权,参见上文第17.125段,关于背景,参见下文第18.02~18.07段。

17.134 （ii）录音制品　WPPT 以两种方式修改了《罗马公约》对"录音制品"的定义。第一，WPPT 第 2 条（b）项纳入了对"声音的表现物"的固定，目的是不仅将固定"声音"（其是可以听到的）考虑在内，而且将固定不能听到的声音表现物的可能性也考虑在内。特别是，录制的声音可以以数字形式修改，然后直接以修改后的形式固定，其修改后的版本并未被"听到"；或者，通过电脑制作，不存在任何事先对声音的固定。在这些情况下，只有"声音的表现物"被固定。在定义中增加这一内容，使该定义成为技术中立的定义，并且澄清，制作录音制品的特殊方法（例如，通过合成器）并不妨碍（对录音制品的认定）。进行固定的电脑存储器可构成录音制品，它相当于传统上用于制作复制品的母带。

17.135 第二，该定义以一种不同的方式将录音制品区别于视听录制品。《罗马公约》第 3 条（b）项将录音制品定义为"对声音的专门录音"，而 WPPT 将"以电影作品或其他视听作品所含的固定形式"排除在"录音制品"以外。因此，如果将录音制品与图像一起固定，但是，在利用时单独利用，则录音制品还是作为录音制品受到保护：例如销售的电影原声带。如果录制的声音或声音表现物与图像被分别固定，则录制的声音或声音表现物是录音制品；在录制的声音或声音表现物被纳入视听作品之前，须获得录制的声音或声音表现物中的相关权利。如果录制的声音或声音表现物后来独立于视听作品被使用，则录制的声音或声音表现物仍然是录音制品：关于 WPPT 第 2 条（b）项的议定声明对此予以了确认。如果录制的声音或声音表现物仅仅被纳入移动图像——由于缺乏独创性而不构成"作品"的视听固定物——则录制的声音或声音表现物同样被认为是录音制品。[280]

17.136 （iii）录音制品制作者　《罗马公约》将录音制品制作者定义为首次将声音录制下来的自然人或法人；与之相比，WPPT 也修改了"录音制品制作者"的定义。[281]《罗马公约》的定义措辞似乎暗示，任何实际上进行固定行为的录音师都是录音制品制作者，但是，该定义一直被理解为在经济上为录音制品的制作负责的自然人或法人。[282] WPPT 第 2 条（d）项明确指出了此

---

[280] 关于这一复杂定义的更详细论述，以及相关的议定声明，参见 Reinbothe/von Lewinski（同前注 15）WPPT 第 2 条，第 34～37 段；Fiscor（同前注 3）2.07～PP2.08；B Machuel, "The Definition of 'Phonogram' in the WPPT" in ALAI (ed), *Creators' Rights in the Information Society*：*ALAI Budapest* 2003 (2004) 706ff。

[281]《罗马公约》第 3 条（c）项。

[282] W Nordemann, K Vinck, P Hertin, and G Meyer, *International Copyright* (1990) Art 3 RT n 12；也参见上文第 6.22～6.23 段。

第十七章 1996年《世界知识产权组织版权条约》(WCT)和《世界知识产权组织表演和录音制品条约》(WPPT)

种意思，该条将录音制品制作者定义为对首次将声音或声音表现物固定下来提出动议并负有责任的自然人或法人。㉓

17.137 明确地提及"首次"（固定）一词，特别澄清了：数字化重新灌录已有的相同录制品不构成"首次固定"。因此，数字化重新灌录某一录制品的人不能就重新灌录的版本获得独立的保护；只有相应录制品的第一个制作者能就该录制品受到保护，不论该录制品是否被数字化重新灌录。

17.138 (iv) **录制** WPPT第2条（c）项对"录制"的定义没有包含在《罗马公约》中。该定义基本上是不言自明的，其包括了对声音或声音表现物的体现，通过此种体现，声音或其表现物可以被听到、复制或通过某种设备传播。例如：光盘、声音磁带、计算机存储器（例如硬盘或软盘）。与大多数其他定义类似，前述定义没有包括图像的录制品。㉔ 该定义不限于对母带的最终制作。㉕

17.139 (v) **出版** 与《罗马公约》相比，WPPT第2条（e）项修改了"出版"的定义，修改的方面仅是要求经权利持有人同意向公众提供复制品；这一要求照搬了《伯尔尼公约》第3条第（3）款。㉖ 相关的议定声明指出，"复制品"专指"可以作为有形物品投放流通的固定的复制品"。因此，该定义将任何在线提供录音制品以供获取的行为排除在"出版"的定义之外，因为在这种情况下，仅以无形形式提供录音制品，而非以有形物品的形式提供录音制品。㉗ 因此，仅在线"出版"不构成符合资格标准的"出版"㉘，也不构成WPPT第17条下的保护期的起点，而仅被明确规定在WPPT第15条中。㉙

17.140 (vi) **广播** 与《罗马公约》相比，WPPT第2条（f）项修改了"广播"的定义，增加了"声音表现物"，㉚ 并且澄清了该定义也包括卫星传送。㉛ 此外，该定义明确规定，如果广播组织或经其同意向公众提供了解密

㉓ 更详细论述，参见Reinbothe/von Lewinski（同前注15）WPPT第2条，第41~45段。
㉔ 有关背景，即纳入视听表演引起的争议，参见下文第18.02~18.07段。
㉕ 对关于WPPT第3条第（2）款的议定声明的反面推论，也参见上文第17.41段，在资格标准的特殊背景下的论述，以及Reinbothe/von Lewinski（同前注15）WPPT第2条，第40段。
㉖ 关于《罗马公约》和《伯尔尼公约》的对应内容，参见上文第6.12段、第5.33段；关于在线"出版"，参见上文第7.31~7.33段。
㉗ 更多论据，参见Reinbothe/von Lewinski（同前注15）WPPT第2条，第48段。
㉘ 上文第17.42段；WPPT第3条第（2）款。
㉙ WPPT第15条第（4）款，上文第17.127段。关于该讨论，也参见下文第17.151~17.152段。
㉚ 关于这一概念，参见上文第17.134段。
㉛ 关于《罗马公约》中卫星广播的争议，参见上文第6.25段。

的方法，则对加密信号的播送也是"广播"。如果没有这一澄清，则可以主张加密阻碍了公众接收，因此没有发生"广播"。这一澄清遵循了欧共体卫星广播和有线转播指令的模式。[292]

17.141 与《罗马公约》不同，WPPT 没有单独定义转播，而是将其视为广播的一种形式。[293]

17.142 在两个值得注意的方面，WPPT 都遵循了《罗马公约》的规定。第一，WPPT 对"广播"的定义也包括对图像和声音的传输，因此，WPPT 下的表演者就视听表演也享有现场广播权（不同于其他所有的权利）。[294] 第二，"广播"的定义限于无线传输，因此，任何形式的有线广播，不论是原始的有线传输、有线转播，还是有线网络广播等，都不包括在"广播"的定义中。

17.143 （vii）向公众传播 不过，在新纳入的"向公众传播"的定义中，通过除了广播以外的任何媒体向公众传输，以及任何类型的向公众有线传输，都被涵盖了进来；该定义可包括：有线广播、有线转播、通过互联网现场传输音乐会，等等。"传输"一词暗示了声音可以被听到的地方与传输起源的地方存在一定的距离。为了使 WPPT 第 15 条也包含直接表现，定义增加了第二句。该句确保了直接使公众听到声音构成"向公众传播"。结果是，在录音制品播放的地方，例如迪斯科舞厅，向公众播放录音制品的声音时，也应依据 WPPT 第 15 条就向公众传播支付报酬。不过，"向公众传播"并不包括在线提供录音制品的形式，后者被 WPPT 第 10 条和第 14 条项下的提供权〔而非 WPPT 第 6 条第（i）项和第 15 条的传播权〕单独规制。值得注意的是，该定义不包括对图像的传播，因此，视听表演不受传播权的保护。

E. 执法条款

17.144 《伯尔尼公约》和《罗马公约》几乎都没有包括任何有关版权和邻接权的执法义务，但是，TRIPS 第三部分第一次在多边条约中以非常详细的方式规定了此种义务。[295] WCT 和 WPPT 的"基础提案"拟订了两种备选方案：一种是类比适用 TRIPS 规定的义务，另一种是对 TRIPS 的规定进行修改后，规定在 WCT 和 WPPT 的附件中。

---

[292] 关于 1993 年 9 月 27 日欧共体卫星广播和有线转播指令第 1 条第（2）款（c）项，参见第 Ⅱ 卷第 8 章。

[293] Reinbothe/von Lewinski（同前注 15）WPPT 第 2 条，第 54 段；Fiscor（同前注 3）PP2.17。

[294] 参见上文第 17.125 段。

[295] 参见上文第 10.103～10.113 段。

第十七章 1996年《世界知识产权组织版权条约》(WCT)和
《世界知识产权组织表演和录音制品条约》(WPPT)

17.145 不过，这两种方案都未被采纳，因为很多国家反对以任何形式援引 TRIPS 的规定，尽管这些国家已经作为 WTO/TRIPS 的成员接受了这些规定。特别是，在 TRIPS 成功纳入了关于执法的专门规定以后，美国认为不再需要在 WIPO 条约中纳入此种规定，并且认为：1996年 WIPO 条约项下的权利应当适用 TRIPS 的执法条款。此外，许多发展中国家更希望仅在国内法层面处理执法的问题，而大多数国家倾向于选择至少纳入基本执法条款；欧共体、拉丁美洲和加勒比国家集团（GRULAC）特别强调了执法条款作为现代国际版权和邻接权协定（例如新的 WIPO 条约）的要素的重要性。[296] 最后，获得一致同意的妥协方案的内容包括，仅在 WIPO 条约中规定一个一般条款。[297] 这一条款与 TRIPS 第41条第（1）款第1句（在做出必要修改之后）是相同的，因此，后者可以作为解释性指导意见。[298]

F. 没有获得通过的提案

（1）对非自愿许可的废除
（a）背景

17.146 《伯尔尼公约》第13条第（1）款和第11条之二第（2）款允许对音乐作品的机械录制权以及第11条之二第（1）款项下的广播权和传播权规定强制许可。这些条款分别于1908年和1928年被纳入公约，以回应录音制品制作者和广播组织的担忧：相关权权利持有者可能行使专有的录制权和广播权，对它们的活动造成负面影响。[299]

17.147 在准备可能的伯尔尼公约议定书时，WIPO 国际局认为，这样的担忧已经被证明是没有道理的，因此不再需要这些非自愿许可了。这样，在可能的伯尔尼议定书[300]的框架下删除这两个条款的提案，受到了广泛的欢迎；不过，许多国家仍然不愿废除这两个非自愿许可，或更倾向于仅就特定的使用废

---

[296] 关于更多详情和参考，参见 Reinbothe/von Lewinski（同前注15）WCT 第14条，第6~7段。
[297] WCT 第14条第（2）款和 WPPT 第23条第（2）款。
[298] Reinbothe/von Lewinski（同前注15）WCT 第14条，第14~15段，WPPT 第23条，第12~13段。关于 TRIPS 第41条第（1）款第1句，参见 C Correa, *Trade Related Aspects of Intellectual Property Rights: A Commentary on the TRIPS Agreement* (2007) 410–412; D Gervais, *The TRIPS Agreement: Drafting History and Analysis* (2nd edn, 2003) 2.376。
[299] 关于历史背景，参见上文第5.193段。
[300] 关于伯尔尼公约可能的议定书专家委员会第二次会议的 WIPO 备忘录，参见（1992）Copyright 第66页以下，第73页（第104~107段）和第78页（第144~148段）。

除非自愿许可，例如对首次广播，而不对有线转播废除非自愿许可。[301]

(b) 机械录音

17.148 在 1996 年外交会议上，反对废除关于机械录音的非自愿许可的声音特别强烈。代表们提到了以下经验：作者依据法定非自愿许可制度似乎比起依据专有权制度能获得更有效的保护，因为在后一种情况下，作者在与出版者就买断合同进行谈判时无法商定一个合理的报酬。考虑到目前市场是由几个主要的录制公司支配的状况，专有录制权被认为不能实现其传统的功能——为作者提供一定的议价能力；结果是非自愿许可体系下的获得报酬权被认为比专有权更有利于曲作者和词作者。[302]

(c) 广播和传播

17.149 有关废除关于广播的非自愿许可的提案[303]受到的反对更少；关于在特定条件下废除对广播的非自愿许可，各方通过非正式磋商达成了一个初步的妥协方案。不过，在随后的第一主要委员会正式会议上，中国代表团以及后续追随的其他代表团，坚持认为需要保留关于广播的非自愿许可，以更好地传播文化和确保对作者的合理报酬；此外，葡萄牙代表团指出：此种非自愿许可对作者有利，尤其是"因为垄断的情况经常发生"。[304] 因此，经过表决，提议删除非自愿许可的两个提案都从议程上被删除了。[305] 就作者和出版者及其他行业的关系而言，在世界范围内就保护作者开展政策讨论这一背景下，特别是在版权合同法的保护并不充分的情况下，葡萄牙和其他代表团的主张是值得重视的。他们的主张表明，在特定的情况下，对于谈判地位相对较弱的作者而言，强制许可和法定获得报酬权可能比专有权对他们更有利。[306]

(2) 出租的定义

17.150 与《伯尔尼公约》的传统一样，版权条约基础提案也没有关于出租的定义。不过，在拟定的邻接权条约的基础提案中，"出租"被定义为"为获取报酬以任何形式在一段有限的时间内转移录音制品的复制品的占有"；"为获取报酬"意味着"收取费用"。[307] 由于这可能包括公共图书馆对使用者

---

[301] 关于专家委员会的讨论，参见 Reinbothe/von Lewinski（同前注 15）第 3 章注释 1~5。

[302] 第一主要委员会会议纪要（同前注 96）第 95 段、第 96 段、第 100 段、第 103 段和第 92 段、第 98 段、第 109 段、第 112 段和第 114 段。

[303] 基础提案第 6 条第（1）款限于广播，其故意不包括《伯尔尼公约》第 11 条之二第（1）款第（ii）目意义上的有线转播和无线转播。

[304] 会议纪要（同前注 96）第 874 段。

[305] 关于进一步的参考，参见 Reinbothe/von Lewinski（同前注 15）第 3 章，第 7~10 段。

[306] 关于这一方面，也参见上文第 3.60 段。

[307] 基础提案第 2 条（f）项（同前注 25）。

第十七章 1996年《世界知识产权组织版权条约》(WCT) 和《世界知识产权组织表演和录音制品条约》(WPPT)

收取出借费用的行为，因此，出租的商业性质更应当被视为是一项界定因素。最终，各方决定：在出租权条款中，直接用"商业的"一词来修饰"出租"，而不是增加一个新的定义。除了更简洁以外，这一解决方案也具有以下优点：可以很容易地在版权条约中适用，也与 TRIPS 的措辞相一致。

（3）在线"出版"

17.151 《伯尔尼公约》第 3 条第（3）款对"已出版的作品"的定义没有明确地回答仅通过互联网向公众提供某作品是否构成该定义下的出版这一问题。[308] 因此，版权条约基础提案第 3 条遵循欧洲委员会在专家委员会最后一次会议上为解决该问题提出的建议，[309] 将"出版"一词定义为涵盖在线出版。另外也明确规定，此种出版应当发生在"为这些作品向公众中的成员提供已作出必要安排"的缔约方。

17.152 这一定义尤其与 WCT 下作者受保护的资格、[310] 保护期限的比较、[311] 适用的时限[312]以及起源国的确定（WCT 适用的地理区域仅能延及起源国以外的缔约方）有关。[313] 不过，这一高度技术性的问题可能出现的太晚了，以至于没有充分的时间对其进行讨论。另外，各代表团可能已经推定，在商议的过程中，确定在线出版地点的问题，可能对电子环境下准据法的问题以及在线服务提供者的责任问题产生不好的影响。因此，从议程中删去这一提案，似乎比在讨论中投入更多时间更为合适。[314]

（4）表演者和录音制品制作者的修改权

17.153 关于拟定的邻接权条约，在专家委员会第一次会议上，WIPO 国际局已经提议，为表演艺术家和录音制品制作者规定一项专有的改编权，以应对实践中广泛存在的、对已有录制品进行数字修改和后续结合的行为。[315] 后来，考虑到可能与《伯尔尼公约》第 12 条下的"改编"（adaptation）的含义

---

[308] 关于解释的相关问题，参见上文第 7.31~7.33 段。

[309] 第七次会议报告，1996 年 8 月 5 日 WIPO Doc BCP/CE/Ⅶ/4 – INR/CE/Ⅵ/4，第 5 页（第 10 段）。

[310] WCT 第 3 条结合《伯尔尼公约》第 3 条第（1）款（b）项。

[311] WCT 第 1 条第（4）款结合《伯尔尼公约》第 7 条第（8）款和与首次出版有关的"起源国"这一术语。

[312] WCT 对第 1 条第（4）款和第 13 条结合《伯尔尼公约》第 18 条第（1）款（通过"起源国"）。

[313] WCT 第 3 条结合《伯尔尼公约》第 5 条第（4）款。

[314] 关于外交会议上的讨论，参见第一主要委员会会议纪要（同前注 96）第 325~335 段。关于 WPPT 背景下选择的方法，参见上文第 17.139 段关于"出版"定义的论述。

[315] 关于可能的新文书专家委员会第一次会议的会议纪要，(1993) Copyright 第 142 页、第 150 页、第 152 页 [第 48 段、第 56 段（d）项]。

产生混淆，提案用“修改”（modification）替代了“改编”。这明确表明：对作品的改编的性质与对录制品的修改的性质不同，不过，该提案受到了一些代表团的反对，主要理由是，没有必要规定这一权利，因为复制权和表演者享有的保护表演完整权这一精神权利可以解决相关问题。此外，一些代表团似乎希望，通过为表演者和录音制品制作者规定修改权的方式，可以不仅在版权体系中，而且在国际法下进一步地将录音制品同化为作品[316]——这一点可能是其他很多代表团（特别是来自作者权体系国家的代表团）反对这一提案的一个原因。

17.154 在外交会议上，意见分歧仍然继续存在。各方对新权利范围的模糊性广泛感到担忧，以及不清楚该权利对作者权的影响、该权利与复制权的关系，最终导致后来决定从议程中删去拟定的修改权。有一个代表团表达了以下观点：复制权也可以涵盖以修改的形式进行复制的行为；对此，没有任何代表团表示反对。[317]

（5）对数据库的特殊保护

17.155 在1996年WIPO外交会议上，涉及两个主要议题的提案没有获得通过：一个提案是用单独一章来规定保护视听表演[318]，另一个提案是关于对数据库的特殊保护。关于可能的伯尔尼议定书专家委员会自第四次会议开始，已经讨论了将对数据库的特殊保护纳入一个国际协定的可能性。在其1996年2月的第六次会议上，欧共体及其成员方提交了一个相关提案；几乎在同一时间，欧共体通过了协调此种权利的数据库指令。[319] 在第七次会议上，美国提交了一个相关提案。非洲和拉丁美洲国家表达了普遍的支持和兴趣，不过，其中许多国家认为，关于这一问题仍然需要进一步的研究。[320]

17.156 大多数代表团总体上反应积极，鼓励了WIPO在外交会议上提交一个单独的关于对数据库的特殊保护的“基础提案”。[321] 该提案的内容在很大程度上与欧共体数据库指令的内容一致，并且纳入了美国提案和讨论的主要内容。尤其是，该提案将对于在收集、汇编、核对、组织或表现数据库内容方面的实质性投资作为保护的客体。数据库的制作者被授予提取（extraction）和利

---

[316] 第一次会议报告，(1993) Copyright 第196页、第220页（第105～109段）。

[317] 关于与修改权有关的提案和讨论，参见 Reinbothe/von Lewinski（同前注15）第3章，第15～18段。

[318] 关于1996年外交会议会前和会中的讨论，参见下文第18.01～18.07段。

[319] 关于欧共体数据库指令下的特殊权利，参见第Ⅱ卷第9章。

[320] 关于专家委员会的讨论，参见 Reinbothe/von Lewinski（同前注15）第3章，第52～55段。

[321] 1996年8月30日 WIPO Doc CRNR/DC/6。

第十七章 1996年《世界知识产权组织版权条约》(WCT)和《世界知识产权组织表演和录音制品条约》(WPPT)

用（utilization）的专有权，但受三步检验法的制约。也有提案建议：保护期应为某一特定事件发生之后25年或50年，以及在对数据库进行实质性的改动后，如果该改动构成一项新的实质性投资，则保护期重新开始计算。提案参考《伯尔尼公约》第5条的规定，纳入了国民待遇原则和自动保护原则，也纳入了有关技术措施和权利执行的规定。

17.157 不过，1996年外交会议的会期受到了限制，特别是约三分之一可利用的时间已经被用于程序性问题。这样，会议决定优先讨论版权条约以及表演者和录音制品制作者权条约，以至于后来对数据库条约的谈判甚至都没有开始。外交会议召开的前几个月，数据库保护议题在美国的进展情况，进一步阻碍了谈判的启动：利益相关的圈子，特别是来自学术界的人士，质疑此种保护的必要性和适当性。他们强烈反对该谈判，从而使得提议的国家之一——美国对谈判的支持力度显著下降。结果，外交会议仅通过了一项建议，呼吁负责的WIPO领导机关在外交会议结束后3个月内召集一个特别会议，来决定关于数据库条约的进一步准备工作的日程。[322]

G. 两个条约的框架条款

（1）与其他条约的关系

（a）WCT

17.158 WCT第1条第（1）款从最早考虑的方案中选择了一个方案：即将WCT作为《伯尔尼公约》第20条意义下的专门协定，而非将其视为对《伯尔尼公约》的修订。[323] 因此，对于WCT的缔约方中同时也是伯尔尼联盟成员方的那些国家，[324] 对WCT的解释必须符合《伯尔尼公约》第20条的规定，特别是，要防止对WCT的解释，导致其比《伯尔尼公约》提供的保护水平更低。[325]这一义务可能与以下情形有关：在结合相关的议定声明，对WCT第1条第（4）款下复制权进行解释。[326]

---

[322] Recommendation concerning Databases adopted by the Diplomatic Conference on 20 December 1996, WIPO Doc CRNR/DC/100, 参见 Records of the Diplomatic Conference on Certain Copyright and Neighbouring Rights Questions, Geneva 1996, 97; 关于这一议题的后续进展，参见下文第22.01~22.04段。

[323] 关于这一方法的优点（即规避了必需的全体一致），参见上文第17.04段。

[324] 截至2007年7月，WCT的所有成员都是《伯尔尼公约》的成员。注意，欧共体不是《伯尔尼公约》成员。

[325] 关于《伯尔尼公约》第20条的更详细论述，参见上文第5.250~5.251段。

[326] 关于复制权的问题，参见上文第17.54段。

17.159 此外，该条款澄清了：WCT 与《伯尔尼公约》以外的其他条约没有（法律上的）联系，其他条约下的任何权利和义务都不受 WCT 的影响。纳入该条款主要是考虑到发展中国家的担忧：如果没有这一规定，TRIPS 的执行条款、甚至可能连 TRIPS 的争端解决机制都能适用于 WCT 和 WPPT；不过，实际上，并没有必要规定 WCT 第 1 条第（1）款。[327] 即使这些担忧在法律上并不合理，但是，它们反映了发展中国家避免受 TRIPS 的任何影响的迫切感受。因此，TRIPS、《世界版权公约》和其他条约是独立的条约，其权利和义务继续有效，不受影响。[328] 另外，对这些条约的解释也是独立的，即使它们使用了相同措辞。例如，WCT 的成员适用 WCT 的三步检验法时，不需要遵循 WTO 专家组对 TRIPS 的三步检验法的解释。

17.160 WCT 第 1 条第（2）款包括了所谓的"不减损"条款或"伯尔尼保障条款"，该条款参考了 TRIPS 第 2 条第（2）款。该条款确认，如果 WCT 的缔约方也是《伯尔尼公约》的成员，则《伯尔尼公约》下已有的义务继续约束该 WCT 的缔约方。该条款也确认，WCT 不减损《伯尔尼公约》下的义务。该条款适用于对各伯尔尼联盟成员具有约束力的《伯尔尼公约》下的义务。[329] 尽管 WCT 不减损《伯尔尼公约》下的义务，但是，WCT 减损了《伯尔尼公约》下的权利。特别是，WCT 第 9 条减损了《伯尔尼公约》第 7 条第（4）款下、伯尔尼联盟国家对摄影作品仅适用自完成作品起二十五年的保护期的权利。

17.161 最后，WCT 第 1 条第（4）款规定了所谓的"遵守条款"，这与 TRIPS 第 9 条第（1）款第 1 句下的相同条款一样。[330] 因此，WCT 的所有缔约方都必须遵守《伯尔尼公约》的实质性条款，即第 1 条至第 21 条及其附件，包括默示的限制。[331] 这不意味着缔约各方应承担加入《伯尔尼公约》的义务；对于欧共体而言，这甚至是不可能的，因为《伯尔尼公约》仅对国家开放加

---

[327] Fiscor（同前注 3）C1.02~1.04。

[328] 关于不同条约之间关系的更详细论述，参见下文第二十四章（特别是第 24.02~24.18 段），以及 Reinbothe/von Lewinski（同前注 15）WCT 第 1 条，第 12 段。

[329] 从 WCT 第 1 条第（3）款可以反推出以下结论：《伯尔尼公约》仅指巴黎文本，只适用于 WCT 第 1 条第（3）款之后的条款。只有少数《伯尔尼公约》成员今天仍受罗马文本或布鲁塞尔文本的约束，参见上文第 4.47 段，注 122 和下文 24.08 段。

[330] 关于"伯尔尼递增"的方法，参加上文第 10.50~10.51 段。类似的，NAFTA 第 1701 条第（2）款要求各成员方"实施"特定条约的"实质性条款"，美国最近的自由贸易协定也对 WCT 和 WPPT 的实质性条款作出了这样的规定，上文第 12.26~12.27 段。

[331] Fiscor（同前注 3）C1.18。关于对《伯尔尼公约》的条款如何作为 WCT 的一部分适用的分析，参见同上注，C1.21~C1.56。

第十七章 1996 年《世界知识产权组织版权条约》(WCT) 和《世界知识产权组织表演和录音制品条约》(WPPT)

入。这仅仅意味着,将《伯尔尼公约》的实质性条款纳入 WCT,作为 WCT 的义务。不过,与 TRIPS 不同,WCT 没有排除适用精神权利的规定;这一议题甚至没有得到严肃地讨论。[332] 遵守条款（以及该条款之后的其他款）在提及《伯尔尼公约》时,仅指其巴黎文本,因此,该文本代表了 WCT 增加补充性最低保护内容的基础。[333] 这些增加的内容,包括大多数 TRIPS 条款的实质性内容,以及其他内容。因此,WCT 通过特定的"TRIPS 递增"内容,对 TRIPS 的"伯尔尼递增"保护又作了进一步补充。

(b) WPPT

17.162 与 WCT 第 1 条第 (2) 款相对应,WPPT 第 1 条规定了与《罗马公约》有关的不减损条款或"罗马保障"条款。例如,根据《罗马公约》第 7 条第 (1) 款 (a) 项和 (b) 项,表演者对其现场表演的传播和录制权,不仅授予声音表演者,也授予视听表演者;在这种《罗马公约》比 WPPT 规定了更广泛保护的情况下,前述澄清是特别重要的。如果《罗马公约》的一些缔约国也是 WPPT 的缔约方,则这一更广泛的义务在这些国家之间继续有效。虽然 WPPT 不减损《罗马公约》的义务,但是,WPPT 减损《罗马公约》缔约国的权利。例如,WPPT 的缔约各方不能再适用《罗马公约》第 11 条下允许的手续。[334]

17.163 关于与版权保护的关系,WPPT 第 1 条第 (2) 款通过类比复制了《罗马公约》第 1 条的措辞,因此,可以以相同的解释方式解释该条款。[335] 最后,与 WCT 类似,WPPT 第 1 条第 (3) 款包括了一个确认 WPPT 在与任何其他条约的关系上的自立性质的条款。[336] 在这里,"任何其他条约"意味着"除了《罗马公约》以外的任何条约"。实际上,对于《罗马公约》的成员而言,《罗马公约》和 WPPT 的关系受《罗马公约》第 22 条的规制,该条款与《伯尔尼公约》有关"专门协定"的第 20 条相对应。即使没有明确指出这一点,WPPT 仍然可以被视为《罗马公约》的一个专门协定。[337]

(2) 适用的时限

17.164 WCT 第 13 条通过类比,使《伯尔尼公约》第 18 条可以适用于

---

[332] 与 TRIPS 下不同,美国不（需要）要求排除精神权利,主要的政治原因可能是,WCT 缺少一个有效的争端解决机制;关于 TRIPS,参见上文第 10.53 段。

[333] WCT 第 1 条第 (3) 款。

[334] WPPT 第 20 条。

[335] 关于《罗马公约》第 1 条,参见上文第 6.73~6.75 段。也参见关于 WPPT 第 1 条第 (2) 款的议定声明。

[336] 与 WCT 第 1 条第 (1) 款第 2 句相对应的条款,参见上文第 17.159 段。

[337] 关于理由,参见上文第 6.52 段。Ricketson/Ginsburg（同前注 74）第 19.37 段;Fiscor（同前注 3）PP1.02~PP1.04。

WCT 规定的保护。因此，WCT 在原则上适用于所有在 WCT 生效时或缔约方加入 WCT 时，该缔约方已有的并在来源国仍然受保护的作品。㊳ 同样的规则，通过类比也适用于 WPPT 下规定的表演者和录音制品制作者的权利，但不适用于表演者的精神权利：在 WPPT 对相关成员生效后发生的表演，表演者精神权利的适用可能受到限制。㊴ 因此，就版权和邻接权而言，WCT 和 WPPT 与 TRIPS 一样，照搬了《伯尔尼公约》的模式。

H. 两个条约的行政条款与最终条款

17.165 这些条款在两个条约中的规定都是类似的，可以总结如下。对于每个条约，其持续的存在和适用都由其大会保证；除了其他事项以外，大会应当对召开修订条约的外交会议作出决定，以及决定接纳除了（已经接纳的）欧洲共同体以外的任何政府间组织成为条约的成员。㊵ 大会应每两年召开一次例会。就表决而言，任何属于政府间组织的缔约方都可以代替其成员方参加表决，其票数与其属于相关条约缔约方的成员方数目相等。如果一个成员方参加表决，则该政府间组织本身无权再参加表决，反之亦然。WIPO 国际局履行与条约有关的行政工作。㊶

17.166 两个条约不仅向 WIPO 的所有成员方开放加入，而且，在欧洲共同体声明其对相关条约涵盖的事项具有权限和制定其自己的约束所有成员方的法律，并根据其内部程序被授权成为相关条约的缔约方以后，两个条约也向欧洲共同体开放加入。因此，WIPO 条约是版权和邻接权领域第一个向欧共体提供加入可能性的条约。㊷ 在条约所规定的条件下，两个条约也向任何其他政府间组织开放加入，例如南方共同市场（MERCOSUR）。㊸ 条约生效所必需的相对较高的批准书或加入书的数量㊹——三十个——是发展中国家特别主张的；

㊳ 关于《伯尔尼公约》第 18 条下各项规则的运行，参见上文第 5.243~5.249 段；关于 TRIPS，参见上文第 10.138 段；关于其在 WCT 背景下的运行，参见 Reinbothe/von Lewinski（同前注 15）WCT 第 13 条，第 5~16 段。

㊴ WPPT 第 22 条；上文第 17.116 条，以及关于 TRIPS 下的类似情况，参见上文第 10.101~10.102 段；Reinbothe/von Lewinski（同前注 15）WPPT 第 5 条，第 5 段和 WPPT 第 22 条，第 16 段。

㊵ WCT 第 15 条，WPPT 第 24 条和 WCT 第 17 条第（2）款、第（3）款，WPPT 第 26 条第（2）款、第（3）款。

㊶ WCT 第 16 条和 WPPT 第 25 条。

㊷ 就 WCT/TRIPS 而言，这已经是可能的了，不过，WTO/TRIPS 包括更多的领域。

㊸ WCT 第 17 条第（2）款和 WPPT 第 26 条第（2）款。

㊹ WCT 第 20 条和 WPPT 第 29 条。

第十七章 1996 年《世界知识产权组织版权条约》（WCT）和
《世界知识产权组织表演和录音制品条约》（WPPT）

这一条件在两个条约通过后第六年得到了满足，因此，WCT 于 2002 年 3 月 6 日生效，WPPT 于 2002 年 5 月 20 日生效。两个条约的六种联合国语言文本都同等有效，即阿拉伯文、中文、英文、法文、俄文和西班牙文。㉟ 可以通过通知退约。㊱

I. WIPO 条约评述：与《伯尔尼公约》《罗马公约》和 TRIPS 相比较

17.167 总的来说，《世界知识产权组织版权条约》和《世界知识产权组织表演和录音制品条约》可以被视为国际版权和邻接权法发展史上的一个里程碑，理由如下：与 1971 年《伯尔尼公约》最后修订文本和 1961 年《罗马公约》文本相比，甚至与 WIPO 条约通过仅两年前通过的 TRIPS 相比，在传统领域和最新的技术发展方面，最低保护水平都被显著提高。实际上，1996 年 WIPO 条约的卓越之处在于，其恰好在数字技术和互联网开始影响版权和邻接权领域之时，应对了挑战，并且甚至在许多国内立法者遇到这些全球性的挑战之前，提供了全球性的解决方案。

17.168 缔结 1996 年 WIPO 条约的时机也是最佳的，因为各代表团对作者、表演者和录音制品制作者的需求普遍持有积极的态度；在 1996 年后不久，使用者团体发起了有些激进的、相当引人关注的运动，其对高水平的版权和邻接权保护持有相当敌意的态度。在这样一个环境下，即便不是不可能，也很难通过像 1996 年 WIPO 条约这样的条约。㊳

17.169 最后，1996 年 WIPO 条约特别引人瞩目的地方是，127 个国家经协商一致，准备好同意一个相当具体的文本，提供高水平的最低保护；而且，甚至没有任何提供便利的动力，例如 GATT/WTO 框架下准备的"一揽子协议"。㊴ 这说明通过全体一致方式对《伯尔尼公约》进行修订是可能的。

㉟ WCT 第 24 条第（1）款和 WPPT 第 32 条第（1）款；关于官方文本，参见这些条文的第（2）款。
㊱ WCT 第 23 条和 WPPT 第 31 条。
㊳ 关于这一运动，参见 S von Lewinski,"International Copyright over the Last 50 Years: A Foreign Perspective"(2003) 50 J'l of the Copyright Society of the USA 581, 597ff; 2003 年 4 月 25 日在纽约福特汉姆大学法学院第 11 届国际知识产权法律 & 政策会议的一个专题讨论会上，约格·莱茵伯特（J Reinbothe）、米哈依·菲彻尔（M Ficsor）和其他专家表达了以下观点：在 WCT 和 WPPT 缔结之后，再缔结与 WCT 和 WPPT 类似的条约可能存在困难。
㊴ 关于一揽子协议，参见上文第 9.09 和第 10.07 段。

(1) WCT 较之《伯尔尼公约》（1971）的进步[349]

17.170 WCT 纳入了《伯尔尼公约》的实质性法律规定，将其作为 WCT 下的义务的一个来源，并且确保对 WCT 中的《伯尔尼公约》规则的解释不会减少其保护。[350] 其他的最低限度保护标准包括，将作为文学作品保护的计算机程序和没有明确包括在《伯尔尼公约》中的数据汇编（与作品汇编不同）作为强制性保护的客体。就最低限度权利而言，关于复制权的议定声明确认，该权利在数字环境下完全适用，包括以数字形式存储在电子媒体上。[351] 与《伯尔尼公约》相比，其他的最低限度权利有，在《伯尔尼公约》第 14 条第（1）款第（i）目和第 14 条之二第（1）款第 2 句规定的对电影改编和电影作品的发行权以外，规定了一般专有发行权；对计算机程序、电影作品和以录音制品体现的作品的专有出租权；将传统领域的向公众传播权扩展到《伯尔尼公约》未涵盖的使用（特别是，对除了戏剧、音乐戏剧、音乐、文学作品、为电影目的改编的作品和电影作品以外的作品的原始有线传输）；以及在互联网和类似网络上提供作品的专有权，因此涵盖了非常重要的利用作品的形式。

17.171 三步检验法对任何限制与例外的强制性适用，目的是确保一个合理的保护水平，而不致过于宽泛地解释限制与例外。将对摄影作品的最低保护期扩展到与一般保护期一样：作者终生及死亡后 50 年，是另一项进步。对规避保护作者权利的技术措施的制裁，以及对篡改权利管理信息的制裁，目的是帮助在数字环境下更好地执法；当然，从长远来看，这是否对作者有积极的效果仍然有待观察。而且——尽管是一般——执法条款超过了《伯尔尼公约》的水平。最后，与《伯尔尼公约》不同，WCT 向欧共体和其他政府间组织开放成员资格。

(2) WPPT 较之《罗马公约》的进步

17.172 尽管 WPPT 没有涵盖广播组织，但是，WPPT 显著提高了对表演者和录音制品制作者的保护。首先，WPPT 更新了定义：例如，纳入了民间文学艺术的表演者；澄清了录音制品制作者和录音制品的定义；在多个定义中，考虑到了不仅声音可以录制而且数字及其他形式的声音表现物也可以录制的可能性；依据《伯尔尼公约》的模式，完善了"出版"的定义；就卫星播送和

---

[349] 由于《伯尔尼公约》和 WCT 是保护作者权利的条约，"进步"是以此为角度而言的。这样一个解释似乎是必要的，这一事实可能体现了 1996 年（当时，将保护的提高理解为"进步"是不受质疑的）至今的环境变化，在今天，使用者可能否认这一观点的逻辑和合理性。这一观点也适用于第 2 点和第 3 点。

[350] 参见 WCT 第 1 条第（4）款和第 1 条第（1）款以及《伯尔尼公约》第 20 条。

[351] 关于 WCT 第 1 条第（4）款的议定声明。

第十七章 1996 年《世界知识产权组织版权条约》(WCT) 和《世界知识产权组织表演和录音制品条约》(WPPT)

加密信号播送而言，澄清了"广播"的定义。此外，纳入了"录制"和"向公众传播"的新定义。

17.173 与《罗马公约》第 2 条第（2）款的规定相比，WPPT 以一种更清晰的方式定义了国民待遇原则的范围：该原则被明确地规定：仅限于专有权形式的最低限度权利，以及 WPPT 第 15 条下的获得报酬权。因此，该原则不适用于其他的获得报酬权，例如对私人复制的获得报酬权。WPPT 完全纳入了"无手续"原则。与仍然允许特定手续的《罗马公约》第 11 条相比，这是一个进步。

17.174 就表演者的最低限度权利而言，WPPT 有很多发展。首先，WPPT 不再允许仅通过刑法或类似的方式提供保护；相反，必须规定完整的专有权。[652] 另外，WPPT 扩展了已有的权利，并纳入了很多新权利。复制权不再受制于《罗马公约》规定的条件，而且，复制权被明确地扩大到包括间接形式的复制和以任何形式或方式的复制行为。议定声明也澄清了，复制权适用于数字环境，以及在电子媒体中以数字形式进行的存储。不过，复制权（与 WPPT 新规定的所有权利相同）以及对未固定的表演的权利（除了现场广播）不包括视听表演，因此，前述权利比《罗马公约》中的权利范围更有限——不包括《罗马公约》第 19 条。新纳入的权利包括两项基本的精神权利，即要求承认为特定表演的表演者的权利和保护表演完整权；以及新的经济权利，即发行、出租和提供已录制的表演的专有权。与《罗马公约》第 12 条相比，对于将录音制品用于广播和向公众传播这种二次使用的获得报酬权，被扩展到间接使用（特别是对以录音制品为基础的广播进行转播和向公众播放）和专门在线出版的录音制品。另外，原则上必须对表演者和录音制品制作者授予获得报酬权。不过，与《罗马公约》一样，对这一（扩展的）保护可以做出不同的保留。

17.175 除了《罗马公约》已经涵盖的复制权以外，录音制品制作者被授予了发行、出租和向公众提供的专有权，以及上文刚刚提到的、扩展的对用于广播和向公众传播的二次使用的获得报酬权。

17.176 对于表演者和录音制品制作者而言，这一保护水平也受到适用于限制与例外的三步检验法的保障。《罗马公约》规定的二十年最低保护期也被延长到 50 年。与版权领域一样，涉及技术措施、权利管理信息和执法的义务，是增加的保护内容。WPPT 有关适用的时限的规则，比《罗马公约》第 20 条更宽松，因为前者还涵盖根据《伯尔尼公约》第 18 条的条件（比照适用），

---

[652] 关于《罗马公约》下"防止可能发生的"特定行为的含义，参见上文第 6.35~6.36 段。

在条约生效或加入条约时已有的表演和录音制品。最后，与 WCT 类似，WPPT 向欧共体和其他政府间组织开放成员资格。

（3）WCT 和 WPPT 较之 TRIPS 的进步

17.177 与 TRIPS 相比，WCT 和 WPPT 的实质性保护标准也有显著提高。关于计算机程序、数据库和数字环境下复制权的范围，WCT 进行了一些澄清。就专有性发行权、向公众传播权[53]以及提供权而言，WCT 明显超过了 TRIPS 的保护水平。对"以录音制品体现的作品的作者"的专有出租权的规定，比 TRIPS 第 14 条第（4）款第 1 句的规定更为清楚。另外，对摄影作品的作者的最低保护期为作者终生及死后 50 年，以及与技术措施和权利管理信息有关的义务，都超过了 TRIPS 的保护水平。最后但并非最不重要的是，WCT 没有将精神权利排除在适用范围之外。

17.178 就表演者和录音制品制作者的权利而言，WPPT 的进步甚至更为显著：WPPT 为表演者额外规定的权利包括精神权利和很多经济权利，这些经济权利必须是专有权，而非仅通过刑事法律或类似法律保护的权利。对复制权范围的规定更加清晰，对专有出租权的规定也比 TRIPS 第 14 条第（4）款第 1 句的规定更加清晰；不过，WPPT 的现场传播权的范围更小，因为该权利不包括视听表演。WPPT 为表演者和录音制品制作者新增的权利有：发行和在线提供专有权，以及对为广播和向公众传播的二次使用的获得报酬权。与技术措施和权利管理信息有关的义务也是新增的保护内容。

17.179 在 WPPT 中，录音制品制作者的保护期也可能更长：如果录音制品在录制后五十年出版，依据 WPPT，保护期从其出版之年的年终算起，而不是从录制算起。

（4）小结

17.180 总的来说，两个条约成功地应对了新技术的挑战，并相应地调整了国际保护规范。两个条约中的最低保护水平，明显比之前的多边条约的最低保护水平更高。[54] 与此同时，值得注意的是，两个条约基本上遵循了已有条约的模式，而且未必是相同领域的条约。例如，关于精神权利、出版的定义、对复制权的规定等，WPPT 参考了《伯尔尼公约》的模板或内容。1996 年之后不久，曾有过将 WCT 和 WPPT 的实质性内容整体纳入 TRIPS 将来的一个版本

---

[53] 通过 TRIPS 第 9 条第（1）款这一关于《伯尔尼公约》的遵守条款，这些权利仅被分散地规定在 TRIPS 中。

[54] 也参见下文第二十三章，比较该领域内主要条约的保护水平的表格。

第十七章 1996 年《世界知识产权组织版权条约》(WCT) 和《世界知识产权组织表演和录音制品条约》(WPPT)

中的想法——在目前的环境下,这一想法已经不再受到支持。[55] 实际上,美国最近缔结的双边条约已经纳入了 WCT 和 WPPT 的实质性内容,并将其作为最低义务。因此,1996 年 WIPO 条约也以这种协定为载体,延续其"使命"。

---

[55] 关于这一环境,参见下文第 25.27~25.33 段;在 TRIPS 第 71 条第(2)款以及与各国政府沟通的基础上,提出这一想法,参见 Fiscor(同前注 3)C1.07。

第十八章
保护视听表演

18.01 到目前为止,视听表演(即可以或已经以视觉或视听载体录制下来的表演)无法在多边条约中受到保护。与其他表演一样,视听表演无法作为作品受到任何版权条约的保护。① 此外,由于美国的极力反对,视听表演原本可以在《罗马公约》中获得的保护空间也被极大地压缩;尽管,美国最终并未加入《罗马公约》。② TRIPS 对视听表演的保护,仅限于现场广播权以及向公众传播权的范围;至于其他权利,TRIPS 只涵盖以录音制品录制的表演。③ WIPO 近来正尝试制定一个有关保护视听表演的国际条约,但此种尝试目前已经失败;在近期,要达成这一目标,似乎希望渺茫。视听表演(这一重要领域)缺乏有效的国际保护,这种情形是很罕见的:其他受到国内法保护的版权与邻接权的重要领域,都获得了国际条约的保护。要较好地理解视听表演为何缺乏国际条约的保护,应当分析各方在 1996 年和 2000 年 WIPO 外交会议期间及之后的讨论与立场。

A. 1996 年 WIPO 外交会议

(1) 不同的方案

18.02 在召开 1996 年外交会议之前,各国政府的专家对于是否应在拟定的条约——当时被称为《保护表演者和录音制品制作者可能的文书》——之

---

① 最初,曾有人提出将表演作为改编作品纳入《伯尔尼公约》中予以保护;对此的详细论述,参见上文第 4.50 段及以下。
② E Ulmer, "The Rome Convention for the Protection of Performers, Producers of Phonograms and Broadcasting Organisations – Part III" [1963] 10 Bulletin of the Copyright Society of the USA 219, 242.
③ TRIPS 第 14 条第(1)款、第(4)款;也参见第 10.91~10.93 段。

中规定视听表演并未达成一致意见。④ 尽管美国希望将该条约的涵盖范围限于音乐表演，但其他大多数国家都倾向于将条约的保护范围涵盖所有类型的表演。⑤ 因此，后来在基础提案（即1996年外交会议据以讨论的文本⑥）中规定了以下备选方案：只涵盖音乐表演；涵盖所有表演；或者涵盖所有表演，但同时允许缔约方发表声明，将条约仅适用于声音/音乐表演。⑦ 尽管第三种备选方案似乎为每一个代表团都提供了充分的空间，但美国不同意该方案允许保留的内容，它甚至也不同意后来欧共体及其成员方提出的另一项提案——允许更多元化的保留，而不是综合性的一揽子保留。⑧

18.03 相反，美国提交了一项包含有全新内容的一揽子提案；美国表示，如果该提案被通过了，它将允许在条约中涵盖视听表演。⑨ 该一揽子提案的内容包括：所有类型的表演者享有录制专有权、复制专有权、发行专有权以及提供权，不享有精神权利，表演者和录音制品制作者不享有修改权，视听表演者不享有出租权。此外，其中还有一个条款规定，允许自由转让条约中规定的所有专有权，包括声音表演者的专有权——这一内容是美国在 TRIPS 谈判时就希望在协定中予以规定以适用于表演者以及作者所享有的权利的内容，但当时未获成功。⑩ 美国提案中的一项核心要素是，表演者一旦同意录制，即意味着将条约规定的表演者享有的所有权利强制推定转让给视听录制品制作者，不过，该推定是可以被推翻的。此外，美国的提案还涉及准据法规则：当合同条款未规定准据法时，适用与合同有最密切联系的缔约方的法律。此外，美国提案中所谓的"实施"条款规定，允许缔约方自行决定实施条约义务的方式，尤其是允许缔约方在劳动法的框架下采取集体谈判协议的方式，而不是（在版权法的框架下）授予表演者以专有权的方式，来实施条约义务。这一规定将允

---

④ J Reinbothe, M Martin‐Prat, and S von Lewinski, "The New WIPO Treaties: A First Resume" (1997) 4 EIPR 171, 175.

⑤ 参见比较表中美国及其他政府代表团，尤其是欧共体及其成员方和拉美国家代表团的提案（同前注4）。

⑥ Basic Proposal for the Substantive Provisions of the Treaty for the Protection of the Rights of Performers and Producers of Phonograms to be Considered by the Diplomatic Conference, WIPO Doc CRNR/DC/5；关于1996年外交会议三个不同条约的基础提案，参见上文第17.10段、第17.12段。

⑦ 基础提案（同上注）第25条第（1）款；备选方案C和D与备选方案A和B出现在基础提案所有相关的条款中。

⑧ WIPO Doc CRNR/DC/32 以及 Summary Minutes of the Main Committee I, WIPO (ed), Records of the Diplomatic Conference on Certain Copyright and Neighboring Rights Questions (1999) paras 471, 472.

⑨ WIPO Doc CRNR/DC/32 以及 Summary Minutes of the Main Committee I, 同上注，第465~468段。

⑩ 关于自由转让，参见 S von Lewinski, "Copyright in Modern International Trade Law" (1994) 161 RIDA 4, 57 以及上文第11.18段、第12.13段。

许美国继续维持其国内法的现行体制，同时令在外国电影中表演的表演者如何在美国获得保护的问题无法确定。最后，美国提案还建议，对于包括声音表演者在内的所有表演者，应适用扩大的国民待遇原则（该内容之前已遭到大多数谈判方的反对）[11]。美国代表团表示，只有当其他代表团接受其提出的上述一揽子提案，它才会同意在条约中规定保护视听表演。

18.04 显然，美国提案的大部分内容，例如，不规定精神权利与出租权，在视听表演范围之外适用扩大的国民待遇原则，尤其是，自由转让条款，准据法规则以及将表演者的权利强制推定转让给制作者的规定，与大多数代表团的利益与立场是相悖的。

（2）有关各方不同立场的背景知识

18.05 各方之所以存在不同立场，主要是由于美国与其他国家，尤其是欧洲大陆法系国家，在保护制度以及经济利益方面存在区别。在美国，对视听表演者的保护，主要是在劳动法的框架内采取集体谈判协议的方式进行。美国法规定，任何人（包括外国人）如果希望在一个美国制片商的视听产品中演出或表演，必须是某一工会，例如演员工会的会员，从而受到集体谈判协议的保护。类似的另一项规定是，美国制片商也只允许雇佣那些是演员工会会员的演员。因此，演员工会不断壮大，在进行集体谈判时，拥有强大的谈判力量在集体协议中谈出合理的条件。演员工会有权罢工——这是非常强大的权利，因为在电影行业，只要罢工一天，就会带来重大的经济损失——这进一步增强了他们的力量。演员个人可以自行谈判，以获得更多的报酬、更好的待遇。外国电影的演员，由于不适用美国劳动法，因此当外国电影在美国进行商业利用时，无法享受此种保护。[12]

18.06 然而，在采用欧洲大陆法系制度的国家，一般来说，视听表演者与声音表演者享受的待遇是一样的，因为给予不同类型的表演者不同的待遇，被认为不具有正当性。的确，无论录制表演的载体为何，表演的价值都是一样的。从表演者的角度来看，为什么当其音乐表演录制在录音制品上，其可以获得保护；然而，当其形象增加进去，或者通过电视广播其表演或通过视听手段固定其表演，其就不能获得保护，这是难以理解的。[13] 因此，在这些国家，视

---

[11] 参见上文第 17.45~17.46 段。

[12] 关于美国的集体谈判协定，参见 N Reber, Film Copyright, Contracts and Profit Participation (2000) 208ff; 有关美国与欧洲大陆国家的制度比较，参见 S von Lewinski, "The Protection of Performers in the Audio-Visual Field in Europe and the United States" in H Hansen (ed), International Intellectual Property Law & Policy (Vol IV, 2000) 96-1-96-14。

[13] 参见上文第 6.47 段。

听表演者就像声音表演者一样,在邻接权保护制度下获得保护。合同法规定的保护性条款[14]也可以适用。很多国家已经引入了推定权利转让给录制者的制度;不过,需要受到限制,或者受到具体条件的约束,例如:支付合理报酬。[15] 然而,在1996年外交会议上,大多数政府代表团并不希望受到国际条约义务的约束,继续提供推定权利转让制度,尤其是在没有为表演者提供某些保障措施的前提下承担该义务。

(3) 1996年外交会议的结果

18.07 在经过激烈讨论,包括美国与欧共体及其成员方之间进行双边对话,基本上已经非正式地达成了可能的妥协之后,欧洲、其他非美国表演者以及大多数政府代表团的主流观点是:该妥协方案——可能会规定可推翻之强制推定转让制度——对表演者地位的潜在影响,甚至会超过将视听表演完全排除在条约之外。各方担忧:该妥协方案可能带来的结果是:将条约变成了为电影制片人制定的条约,而不是为表演者制定的条约;此外,它还将进一步强化已经占据主导地位的美国电影产业的地位,尤其是考虑到该妥协方案的其他因素就更是如此。[16] 因此,对于大多数代表团而言,不提供任何保护比此种妥协方案,似乎更好。这样,外交会议就不再讨论该议题。与此同时,欧共体及其成员方、非洲国家和拉美国家对这一结果所表示的强烈遗憾,在1996年外交会议通过的一项决议中予以了体现:关于这一议题的工作将继续开展,以便在1998年年底之前缔结一项关于WPPT的附加议定书。[17]

B. 1996—2000年的活动

18.08 在1996年之后,相关工作先是在WIPO关于视听表演议定书专家委员会的领导下开展,后来则是由版权与相关权常设委员会来负责。[18] 在这些

---

[14] 关于欧洲大陆法系的概念,参见上文第3.70~3.72段。

[15] 关于推定转让,参见 S von Lewinski, "Legal Presumptions of Transfer of Rights of Audiovisual Performers in Selected European Countries",载 S Martin (ed), Mélanges pour Victor Nabhan (Les Cahiers de Propriété Intellectuelle, Hors série, 2005) 275–288;也参见《1992年欧共体出租权指令》第2条第(5)款、第(7)款(关于该指令,参见第2卷,第6章)。

[16] J Reinbothe and S von Lewinski, The WIPO Treaties 1996 (2002) 475f; S von Lewinski, "The WIPO Diplomatic Conference on Audiovisual Performances: A First Resume" (2000) EIPR 333, 334.

[17] WIPO Doc CRNR/DC/99.

[18] 专家委员会在1997年9月和1998年6月召开会议(WIPO Docs AP/CE/I/4, AP/CE/II/9),常设委员会在1998年11月、1999年5月、1999年11月和2000年4月分别召开会议(WIPO Docs SCCR/1/9, SCCR/2/11, SCCR/3/11, SCCR/4/6)。

委员会开展的讨论，使得各代表团能充分地就各自不同立场进行交流，讨论新的提案以及草拟相关意见。不过，各代表团的基本立场并没有发生变化。特别是，欧共体及其他欧洲代表团、非洲、拉美以及加勒比国家继续主张：应依据1996年的决议，采取缔结 WPPT 的议定书的方式，因为这样将沿袭 WPPT 的规定，不纳入任何有关权利转让的条款。另一方面，美国以及一些亚洲国家则主张：应制定一个独立的条约，从而在很多方面，包括权利转让问题，不同于 WPPT。[19] 到了1999年，所有相关议题都已经明确。尽管各方并未能达成妥协，但在犹豫与几次延期之后，2000年4月终于作出决定：继续召开外交会议。[20]

C. 2000 年外交会议

18.09 WIPO 关于保护视听表演的外交会议于 2000 年 12 月 7—20 日，在日内瓦召开。有两周的时间可以用来谈判 1996 年外交会议遗留下来的条约。谈判是以 2000 年 8 月 1 日公布的由委员会主席准备的"基础提案"为基础进行的。[21]

（1）最不具争议的条款

18.10 基础提案中最不具争议的条款是：表演者对其尚未录制的表演的专有权以及复制权、发行权、出租权、提供已录制表演的权利；保护期；关于技术措施的义务、关于权利管理信息的义务；手续；保留；权利行使。[22] 此外，各方暂时同意：相关议定声明可以通过类比的方式，借鉴 WPPT 的规定。关于出租权，各方对所谓的"减损测试"仍然存有争议。为了协调美国的要求，TRIPS 第 11 条在规定电影作品时，引入了"减损测试"，[23] 不过，WPPT 第 9 条没有规定。[24] 然而，欧共体及其成员方已经做好了妥协的准备，以便减

---

[19] 关于 WIPO 委员会在 1996 年之后、2000 年外交会议之前的讨论情况，参见：Reinbothe/von Lewinski（同前注 16），第 476~478 页。

[20] 同上注，第 478 页（注 32）。

[21] "拟由外交会议审议的关于保护视听表演文书的实质性条款的基础提案"（WIPO Doc IAVP/DC/3 of 1 August 2000）由专家委员会主席准备；也参见由国际局准备的"拟由外交会议审议的关于保护视听表演国际文书的行政条款与最终条款的基础提案"（WIPO Doc IAVP/DC/4 of 22 September 2000）。

[22] 基础提案第 6~10 条，以及第 13~20 条。

[23] 参见上文第 10.67~10.69 段。

[24] WPPT 第 9 条规定的减损测试只适用于已有制度下的获得报酬权，参见 Reinbothe and von Lewinski（同前注 16），WPPT 第 9 条，注 17。

损测试能保留在暂时达成一致的基础提案第 9 条中。[25]

18.11 各方对于其余几项没有太大争议的议题：与其他公约和条约的关系[26]、保护的受益人[27]，也相对容易地达成了暂定协议。关于新条约与 WPPT 的关系——该条约究竟应当是作为 WPPT 的一个议定书还是应当作为一个单独的条约——最后决定将之转移到行政条款与最终条款中去解决。作为暂定协议的基础提案的第 1 条只规定了不减损条款：即新条约不减损 WPPT、《罗马公约》规定的义务；这是以 WPPT 第 1 条为模板制定的。[28] 确定新条约究竟是议定书还是独立的条约的问题，被认为不如在最后条款和行政条款中明确规定新条约与 WPPT 之间的实际法律联系重要；最后，在这些条款的框架下，对于这一议题，没能达成任何一致意见。[29]

18.12 关于保护的受益人，欧共体和其他欧洲代表团倾向于只接受将表演者的国籍，而不是也包括惯常居所，作为可能的连接点。他们希望避免通过这一附加标准，提供后门保护；因为惯常居所标准可以令新条约非成员方的国民通过在缔约方设立惯常居所的方式，获得保护，而该非成员方在此方面又无须承担国际义务。不过，美国及其他代表团希望扩展受益人的范围。欧共体及其成员方则再次默许，以便各方就两个连接点达成暂时协议。[30]

（2）最具争议的议题

18.13 最具争议的议题包括：定义（尤其是"视听录制品"的定义）、精神权利、广播和向公众传播权，以及一般国民待遇、适用的时限和涉及面更广的权利转让。这些议题都是在法律上或政治上相互关联的。除了权利转让之外，各方在没有经过讨论的情况下，达成了一个暂时的默示协定；至于权利转让，最终也未能解决。不过，该部分协议的内容，必须在最终为达成一揽子协议，即关于视听表演条约的大背景下思考。由于权利转让的议题一直未能解决，关于其他争议议题所达成的暂时协议也难以视为相关政府一直所持的立场。

---

[25] Text of Draft Articles and Draft Agreed Statements provisionally adopted at the Diplomatic Conference on the protection of Audiovisual Performances, Geneva, 7 – 20 December 2000, WIPO Doc IAVP/DC/34; von Lewinski（同前注 16），第 333 页、第 336～337 页。

[26] 基础提案第 1 条（注 21）。

[27] 同上注，第 3 条。

[28] 然而，它在第 1 条第（3）款中规定其与 WPPT 没有特殊关联。

[29] von Lewinski（同前注 16），第 338 页。

[30] von Lewinski, "International Protection for Audiovisual Performers: A Never – Ending Story? A Resume of the WIPO Diplomatic Conference 2000"（2001）189 RIDA 3, 23 – 25.

(a) 视听录制品的定义

18.14 第一,拟定的"视听录制品"㉛的定义被规定得非常广泛,导致其可能与 WPPT 第 2 条(b)项中的"录音制品"的定义发生重叠;当然,是否重叠,取决于如何解释后一条款,因为它是各方妥协的结果,其范围具有一定的弹性。相对于录制者而言,表演者在视听表演的新条约中所享有的待遇,可能要低于其在 WPPT 中的待遇;因此,表演者会倾向于维持 WPPT 最广泛可能的适用。考虑到录制者可能在制作音乐录制品之后增加视觉因素,以便从新条约中对录制者可能更有利的条款中受益,表演者采取这一方式的可能尤其大。因此,议定声明草案采用了一种所罗门式的解决方案:对视听录制品的定义,不损害 WPPT 第 2 条(b)项的定义。㉜ 这样,即使采用最宽泛的解释,录音制品的定义也不致受到影响。

(b) 精神权利

18.15 第二,就精神权利而言,基础提案以 WPPT 第 5 条为模板。㉝ 不过,它将在授权使用表演的过程中,符合正常利用的任何修改予以了豁免,从而极大地减少了保护作品完整权适用的可能。㉞ 与精神权利的有关争议,主要涉及:应在多大范围内承认保护作品完整权;尤其是,美国一直试图通过容忍"惯常实践"或"标准行业实践"(在这些情况下,不尊重保护作品完整权非常普遍)而排除其适用。相反,欧共体及其成员方和其他代表团则倾向于规定较强的精神权利保护。最终,经过妥协,达成了暂时协议;其内容非常含糊,可以采用多种解释方法对其加以解释。㉟

(c) 广播和传播权及国民待遇

18.16 第三,就已录制的表演而言,在涉及国民待遇的问题时,广播和向公众传播的权利引起的争议非常大。基础提案第 11 条规定了专有权,不过,国内法可以选择用获得报酬权来取代专有权。专有权和获得报酬权都要适用类似《罗马公约》第 16 条关于对商业性录音制品进行二次使用的保留。㊱ 因此,这一条款并没有规定任何严格意义上的最低保护标准。不过,在条约中作此规定,被认为具有重要意义,因为该权利适用于国民待遇。欧洲表演者尤其希望

㉛ 基础提案(注21)第2条第(c)项。

㉜ von Lewinski(同前注16),第336页。

㉝ 关于WPPT第5条,参见17.115段以下;它是以《伯尔尼公约》第6条之二为基础制定的,并且包括署名权和保护作品完整权。

㉞ 基础提案(注21)第5条第1款第(ii)目。

㉟ von Lewinski(同前注16),第337页。

㊱ 参见上文第17.130段。

尽可能地将该权利排除在国民待遇的适用范围之外。他们认为：由于特殊的基础设施问题，其很难在美国从同时有线转播权中获益；然而，美国及其他外国表演者却可以充分享受到欧洲集体管理组织提供的高水平的服务。在对相关提案进行进一步讨论之后，各方达成了如下暂时性妥协：鉴于基础提案第 11 条第（3）款规定了可能的保留，在基础提案第 11 条有关专有权和获得报酬权的规定中，引入实质性互惠条款。

18.17 就一般国民待遇而言，相关情形与 WPPT 类似；因此，以 WPPT 第 4 条的规定为模板，各方对于在新条约中采用范围有限的国民待遇也达成了暂时性协议。㊲

（d）适用的时限

18.18 作为模板的 WPPT 第 22 条原则上使该条约可以适用于已有表演。㊳ 基础提案并没有完全参照这一模板，而是允许缔约方不将经济权利适用于已有表演，以便其他缔约方可以适用实质性互惠。不过，欧共体及其成员方希望不将精神权利适用于已有表演，从而依循 WPPT 第 22 条的模板。然而，其他一些国家则希望不将经济权利和精神权利适用于已有表演，也就是完全不对已有表演提供任何保护。各方后来以基础提案为基础达成了暂时性协议。因此，缔约方可以选择对于在拟定的条约生效时已有的表演不提供任何经济权利保护。㊴

（e）权利转让

18.19 与 1996 年外交会议上的情形一样，有关权利转让的议题又是最具争议的议题——而且又一次，一直到最后都未能解决。基础提案提供了如下备选方案：① 将条约中的所有专有权强制推定转让给录制者，但该推定是可推翻的——该备选方案已经在 1996 年被否决了；㊵ ② 一旦表演者同意将其表演进行视听录制，强制推定录制者有权行使条约中的专有权，但该推定是可推翻的——该方案与上述已经在 1996 年被否决的第一种方案很相近，因此，获得通过的机会不大；③ 在条约中不作出规定，将该议题交由国内法处理——该方案符合大多数国家的需求，但肯定无法符合美国的需求，因为美国从一开始就坚持应在拟定的条约中明确解决这一议题；④ 以合同或法律适用为基础，

㊲ 暂时性协议文本第 4 条第（1）款；von Lewinski（同前注 16），第 336～337 页；关于 WPPT 第 4 条，参见上文第 17.43 段以下。

㊳ WPPT 第 22 条以《伯尔尼公约》第 18 条为模板制定；关于 WPPT 第 22 条以及将精神权利限制为未来表演的可能性问题，参见上文第 17.164 段。

㊴ 关于适用的时限，参见 von Lewinski（同前注 16），第 338 页。

㊵ Reinbothe/Martin‑Prat/von Lewinski（同前注 4），第 175 页。

对于将表演者权转让给录制者的事项规定准据法规则。㊶ 基本上来说，第四种备选方案可允许成员方对于在世界范围内为利用其电影而转让权利时，适用其本国法。这可能与很多国家的法律不符，并且可能扭曲国际私法领域国内制度的一致性。㊷

18.20 经过充分的谈判，最终各方认为：分歧并不在于术语，而是关乎实质内容。一方面，大多数国家倾向于或者至少可以接受在条约中完全不处理这一问题。不过，它们已经准备好了接受一个规定通过合同进行转让的准据法条款。同时，它们拒绝接受规定通过法律适用进行转让的条款。㊸ 另一方面，尤其是美国坚持：视听作品制作国法律中的法定转让条款（例如：雇用作品规则），应当被明确承认可以在利用国进行"域外"适用。通过这些方式，美国希望能将世界范围内的所有权利集中到电影制作者手中，从而达到通过规定强制转让权利、有利于制作者的相同效果。美国代表团表示：达到这一目的，对于其而言非常重要，会再次激发他们缔结条约的兴趣。显然，该条约会为美国利益服务，确保在世界范围内将表演者的权利转让给制作者，从而便利录制者利用电影。进一步强化本来就已经占据世界电影主要市场的美国电影行业的利益，明显不符合其他国家的利益。这样的结果，以及在只涉及某一具体方面的邻接权条约中纳入国际私法规则，对于大多数更为关心表演者而非录制者利益的代表团而言，是难以接受在条约中作出此种规定的。㊹

（3）外交会议的成果

18.21 尽管根据议事规则，通过多数同意的方式缔结一个没有转让条款的条约的可能性一直存在，但是，WIPO总干事一直努力避免进行投票（这样将孤立美国）。采用该程序，显然是基于政治原因并且符合WIPO传统的和基本的目标。不过，也有人对其适当性提出了质疑，尤其是因为大多数国家似乎都已经准备好了接受一个没有转让条款的条约。因此，对视听表演提供国际保护，最终似乎可以实现，而且也会得到广泛的承认。㊺ 然而，事实上，2000年

㊶ 基础提案（同前注21）第12条备选方案G。

㊷ 例如，Summary Minutes of Main Committee I, WIPO Doc IAVP/DC/37，第442段。

㊸ 尤其参见欧共体及其成员方提交的提案，WIPO Doc IAVP/DC/12；该提案规定：有关的议定声明应受制于请求保护国的强制条款，从而不损害国际法；也参见von Lewinski（同前注16），第339页。

㊹ Von Lewinski（同前注16），第338~339页；有关美国的立场，参见 R Oman, "The Protection of Actors' Rights: The U.S. Perspective", in ALAI Hungary (ed), Creators' Rights in the Information Society: ALAI Budapest 2003 (2004) 911ff; 有关各方在外交会议上对转让议题的讨论，参见：Summary Minutes of Main Committee I（同前注42），尤其是第428~475页；例如，印度代表团认为：其对于"引入录制权"感到困惑，同上注，第433段；也参见前注42。

㊺ von Lewinski（同前注16），第340页。

外交会议的唯一成果是：会议主席在全会上宣读的一项声明："外交会议注意到各方已经就 19 个条文达成了暂时协议，因此建议 WIPO 成员方大会于 2001 年 9 月举行，以便重新召开外交会议，就一些重要议题达成一致意见。"[46] 因此，原则上，可以再次召开外交会议，以便对剩下的议题找到妥协方案。然而，这一期望并不现实。解决剩下的议题的可能性，非常渺茫。此外，各方对条约名称、序言、19 个条文［第1～12条第（1）款、第 13～19 条］只是达成了暂时性协议，很可能需要与剩下的议题一起再进行谈判；剩下的议题包括：转让/准据法、关于新条约与 WPPT 之间关系的行政条款和最终条款，以及条约生效所需要的批准书数量。[47]

D. 2000 年之后的发展

18.22 WIPO 领导机关在 2001 年召开会议时，认为：重新启动视听表演条约的谈判工作，似乎为时过早；大会主席提议将该议题保留在议程上，鼓励各方通知版权与相关权常设委员会有关讨论的任何进展。[48]

18.23 后来，非正式接触继续开展，WIPO 发起并出版了一系列研究报告：由秘书处与成员方合作，对 98 个 WIPO 成员方有关视听表演的国内法保护进行了调查研究；[49] 对墨西哥、英国与美国，[50] 以及法国和德国[51]的视听表演者合同及获得报酬权的实践活动开展研究；对于表演者权转让给视听录制品制作者的转让问题开展研究，尤其是权利转让规则以及相关的国际私法规则。主要研究涵盖相关多边条约、法国法、美国法以及对埃及、德国、印度、日本、墨西哥和英国开展的单独国别研究。[52]

18.24 2003 年 11 月 6 日和 7 日、2004 年 11 月 17 日，WIPO 在版权与相关权常设委员会架构之外，组织了两次临时非正式会议；上述所有研究报告都

---

[46] Reinbothe/von Lewinski（同前注 16），第 485 页，注 96；后来发表在 Summary Minutes of the Plenary 上，WIPO Doc IAVP/DC/36，第 96 段。

[47] von Lewinski（同前注 16），第 340 页。

[48] 有关 WIPO 大会主席在该场合的完整发言，参见 Reinbothe/von Lewinski（同前注 16），第 485 页（注 97）。

[49] WIPO Doc AVP/IM/03/2 Rev 2 of 25 August 2005.

[50] K Sand 的研究，WIPO Doc AVP/IM/03/3A。

[51] M Salokannel 的研究，WIPO Doc AVP/IM/03/3B。

[52] 参见 J Ginsburg 和 A Lucas 所撰写的主研究报告，WIPO Doc AVP/IM/03/04 Add of 12 May 2004。

在这两次会议上予以了陈述和讨论。㊳ 关于权利转让的研究报告以及现场讨论清晰地表明，各国解决方案非常复杂且多样，尤其是涉及国际私法的问题就更是如此。因此，大多数与会者都有这样一种感觉：在未来制定保护视听表演的条约时，最好不要涉及这些复杂议题。有关权利转让的主要研究报告还清楚表明，由于实体法规定的多样性，有关准据法的条约条款可能无法解决基础性难题。㊴ 不过，研究报告甚至都没有建议：将协调表演者权利（尤其是涉及权利转让）的实体性法律规范作为一种现实的解决方案。最后，在合同中规定准据法条款并不是一个可以解决所有问题的可行方案，因为至少有些问题需受实体法的规制，而无法适用有关准据法的合同条款的规制。

18.25 在 2003 年 11 月召开的 WIPO 非正式会议上，㊵ 一些表演者和独立制作者进行了发言，（美国）演员工会宣布改变其立场。此前，包括在 2000 年 WIPO 外交会议上，电影工会一直同意美国制作者的观点，选择权利转让条款，以换取一定的回报。不过，在上述提及的会议上，其宣布加入世界其他国家表演者的阵营，主张通过一个不存在将权利转让给制作者的条款的条约。㊶ 这一变化似乎开启了重新启动谈判视听表演条约的大门。不过，美国政府似乎并不支持这一不利于制作者的观点，而且 WIPO 还是倾向于采用全体一致同意原则。如果美国政府也持这一立场，则缔结一个有关视听表演的条约似乎是可能的，㊷ 尤其是其他国家一直以来都主张缔结一个没有任何转让条款的条约，或者至少不反对缔结此种条约。目前，非正式对话继续进行。除非任何一方的立场发生根本性变化，否则缔结条约似乎可能性不大。自《罗马公约》缔结以后，这一议题就一直存有争议；多次试图填补这一漏洞的努力，尤其是两次外交会议都未能成功，似乎暗示：各方不可能达成妥协，至少目前如此。

㊳ "Ad hoc informal meeting on the protection of audiovisual performance" 6 – 7 November 2003; "Information meeting on the protection of audiovisual performance" 17 November 2004.

㊴ 参见 Ginsburg 和 Lucas 所撰写的主研究报告（同前注 52），第 6~7 页，提供了多种可能的选择，并分析了各自的弊端。

㊵ 参见同前注 53。

㊶ Oman（同前注 44），第 915 页，间接提到：在 1 月会议之前，立场已经发生变化。

㊷ 在一些发展中国家对国际知识产权谈判领域的总体态度在 2004 年左右变得更加保守之后，前景变得更不明朗；尽管发展中国家在 2000 年的时候强烈支持对视听表演者提供更好的保护。

第十九章
保护广播组织权公约计划

A. 在 WIPO 框架下就保护广播组织进行谈判的启动和发展

（1）初始工作

（a）WPPT 无保护广播组织内容

19.01 最近缔结的邻接权条约——《世界知识产权组织表演和录音制品条约》（WPPT）并未像《罗马公约》和 TRIPS 那样涵盖广播组织。[1] 其中一个原因是，当时，国际层面出现了要求更好地保护录音制品及其制作者的呼声；表演者，由于其表演被录制在录音制品中，自然也支持提供此种保护。然而，广播组织并不是此种主张的天然支持者；相反，它们的利益常常与录音制品制作者和表演者的利益发生冲突。因此，是否在 WPPT 中纳入广播组织的问题，在谈判过程中引起了很大争议。此外，就在 WIPO 委员会启动条约谈判工作之前，从 TRIPS 的谈判情况来看，已经表明为广播组织提供最低标准的保护存在困难：各国不同的国内法背景，成为在 TRIPS 中规定实质性保护条款的绊脚石。[2] 然而，在专家委员会会议上，一些代表团提议将广播组织纳入晚些时候缔结的 WPPT 之中，但他们没有为此种扩张委员会权限的行为找到充分依据。[3]

---

[1] 《罗马公约》第 13 条以及上文第六章（第 6.24、6.63~6.66 段）；TRIPS 第 14 条第（3）款以及上文第十章（第 10.33 和第 10.96~10.97 段）。

[2] TRIPS 第 14 条第（3）款的缺陷，参见上文第 10.97 段。

[3] 瑞典和挪威主张在三种邻接权之间建立平衡，参见 Anon, "Committee of Experts on a Possible Protocol to the Berne Convention for the Protection of Literary and Artistic Works, First Session, Report" (1992) Copyright 30, 45 paras 41, 45; 一些代表团提议纳入广播组织权，参见 Anon, "Committee of Experts on a Possible Instrument on the Protection of the Rights of Performers and Producers of Phonograms, First Session, Report" (1993) Copyright 196, 198, paras 11, 12 (Ecuador, Austria)。

(b) 新行动

19.02 在 1996 年 WPPT 缔结之前召开的最后一次会议上，菲律宾提议召开一次国际保护广播组织权论坛，以评估是否有必要制定新的国际规则；该提议得到了总干事的热烈回应。④ 随后，在 1997 年 4 月于马尼拉和 1998 年 2 月于坎昆召开的两次 WIPO 国际研讨会上，为广播组织提供更好国际保护的主张再次被提起。⑤ 在 1997 年 4 月马尼拉研讨会的小组讨论上，来自政府和非政府机构的与会者就保护广播组织提出了不同的议题，例如现行国际法；广播者作为邻接权权利人面临的新挑战；作为作品和其他材料使用者的广播组织；卫星广播权、有线转播和通过有线向公众传播的权利；以及互联网传输。⑥

19.03 在马尼拉研讨会的最后，负责版权事务的助理总干事观察到政府代表团希望就保护广播组织启动国际规则的制定程序，并且鼓励他们向 WIPO 提交提案。⑦ 坎昆研讨会最后还发表了宣言，指出：在新技术背景下，现有国际知识产权保护是不充分的，需要改进。该宣言建议在 WIPO 专家委员会框架下就制定一项可能的国际公约开展工作。⑧ 随后，WIPO 领导机关在 1998 年 3 月批准了将保护广播组织的议题纳入 1998—1999 年两年计划预算内。

(2) WIPO 常设委员会工作的发展

(a) 初期会议

19.04 在 1998 年召开的第一次会议上，新成立的版权与相关权常设委员会（SCCR）就讨论了保护广播组织的问题；但考虑到召开此次会议的主要目的是讨论视听表演问题——这也是 1996 年外交会议上悬而未决的问题之一，因此会议对广播组织问题的讨论并不深入。不过，委员会建议将广播组织的议题仍列在议事日程上，并在区域性磋商时予以讨论；此外，国际局也邀请与会者就这一议题提交相关提案。⑨ 在 1999 年 5 月和 9 月召开的 SCCR 第二、第三次会议上，与会者对政府和非政府组织提交的提案（有些还是以条约措辞形

---

④ 参见 1996 年 2 月召开的两次会议的报告，WIPO Doc BCP/CE/VI/16 – INR/CE/V/14，第 266 ~ 268 段；在本次会议早期，建议扩大委员会议事范围，同上注，第 35 段。

⑤ WIPO (ed)，*WIPO World Symposium on Broadcasting*，*New Communication Technologies and Intellectual Property* Manila，April 28 – 30，1997（1998）1，*WIPO Publication* 757（*E*）；*WIPO Symposium on Copyright*，*Broadcasting and New Technologies for Countries of Latin America*，Cancun 16 – 18 February 1998，WIPO Doc OMPI/DA/CUN/98.

⑥ 参见会议论文集，同上注；有关讨论概要，参见 M Ogawa，Protection of Broadcasters' Right（2006）76 – 91。

⑦ 参见会议论文集，第 114 页，同前注 5。

⑧ 载国际广播协会（IAB）提交的报告，参见 WIPO Doc SCCR/2/6，第 21 页，第 6 段。

⑨ 参见 1998 年 11 月 SCCR 第一次会议报告，WIPO Doc SCCR/1/9，1998 年 11 月 10 日，第 204 段（c）。

式草拟的）进行了讨论，尽管只是一般性评述。⑩ 大多数以条约措辞形式草拟的提案基本上都是依照 WPPT 的模板，有些甚至还规定了更为宽泛的权利。⑪ 鉴于 SCCR 第四次会议几乎完全是在讨论视听表演的议题，以便为 2000 年外交会议做准备，⑫ 因此直到 2001 年 5 月的第五次会议，有关广播组织的议题才得到进一步实质性讨论；也直到后续的会议上，各方才将讨论的重点放在关键问题上，例如定义、保护的客体，以及授予的权利。⑬

（b）有关网播者的提案

19.05 在 2002 年 11 月召开的第八次会议上，美国——原先并未积极推动广播组织权的保护⑭——提交了提案，建议不仅为传统的广播组织和有线传播组织提供保护，而且为网播组织提供保护，这一提案令其他代表团感到震惊。⑮ 不过，讽刺的是，这一提案在以后多年里成为后续讨论的负担，因为大多数代表团认为保护网播组织的时机尚不成熟，而备受孤立的美国传递出来的信息是：它对不规定保护网播组织的广播组织条约毫无兴趣。在委员会主席提出多种方案试图解决网播组织的问题之后，上述状况仍然存在；主席提出的方案包括为拟定的广播组织条约规定一个非强制性的议定书。⑯ 直到 2006 年 5 月召开的第 14 次会议上，美国才不情愿地接受主席的建议，将传统广播与网播相分离，在外交会议上只讨论传统广播和有线传播行为，这样才得以解开这一死结；与会者同时也同意，如果大会没有建议筹备外交会议以制定有关传统广播组织和有线传播组织的条约，可以重新将网播纳入 SCCR 会议的讨论议题范围之中。⑰

---

⑩ 相关提案，参见 WIPO Docs SCCR/2/5（欧共体及其成员方、日本、瑞士）、SCCR/2/6 and Add（非政府间广播组织、作者、表演者组织以及数字媒体协会）、SCCR/2/7（墨西哥）、SCCR/2/8（联合国教科文组织）、SCCR/2/12（喀麦隆）、SCCR/3/4（阿根廷）、SCCR/3/5（坦桑尼亚）；也可参见区域性会议报告，WIPO Docs SCCR/2/10 Rev（中欧和波罗的海国家），以及 SCCR/3/6（亚洲和非洲）两次会议的报告，WIPO Docs SCCR/2/11，第 119～157 段和 SCCR/3/11，第 87～121 段。

⑪ 瑞士关于 WPPT "议定书"的提案，以及由广播组织提交的提案。

⑫ 关于该次会议，参见第 18.09 段以下。

⑬ 关于第五次到第七次会议，参见 WIPO Doc SCCR/5/2-4（坦桑尼亚、苏丹和日本提案）、SCCR/6/2 和 3（欧共体和乌克兰）、SCCR/7/7（乌拉圭）以及 WIPO Doc SCCR/5/6，SCCR/6/4 和 SCCR/7/10 中的报告。

⑭ 有关在 TRIPS 中的这种立场，参见上文第 10.97 段；Ogawa（同前注 6），第 83 页。

⑮ WIPO Doc SCCR/8/7，以及 SCCR/9/4。

⑯ WIPO Doc SCCR/12/5；其他两项提案是：将网络广播组织纳入条约，同时允许保留，以及"以通知选择加入"条款纳入网络广播组织。

⑰ 该会议的报告，参见 WIPO Doc SCCR/14/7/prov，第 286 段以下；有关美国，尤其参见第 346 段。后来的确重新纳入了，参见下文第 19.11 段。

(c) 保护范围

19.06 除了网播组织之外,SCCR 讨论过程中的另一重要发展是有关授予广播组织的保护范围问题。很多提案,例如瑞士政府提交的提案,对于最低限度专有权规定了非常详细的列表,其中包括同步广播[18]和解密加密广播的专有权。然而,越来越多的政府代表团和非政府组织的代表,倾向于提供范围较小的保护,以减少广播组织与广播内容的权利人之间可能发生的利益冲突,将重点放在打击盗版上。各国提出了不同的反盗版方法,例如美国提议对于某些录制后权利,只应授予禁止权,这样就不存在许可的可能(与完整的专有权不同);加拿大的建议也与之类似,只有在未经广播组织授权而录制或者在允许的限制范围内录制时,才应授予录制后权利。[19] 此类建议的基础是广播组织只应就其信号获得保护,而不应就信号载有的内容获得保护,因为这些内容已经受到作者权、表演者权和录音制品制作者权的保护。从一开始,一些发展中国家就反对任何可能损害广播内容中的作者权及其他权利的保护;他们指出广播组织的广泛实践,尤其是在非洲的实践,并未尊重作者和邻接权所有人的现有权利。[20]

(d) 通向构想中的外交会议之路

19.07 为了推动外交会议的召开,常设委员会主席编拟了一份包括有一致意见和不同意见的合并案文,这样就将自 2004 年以来的讨论情况串了起来。[21] 同时,那些更倾向于提供有限范围保护的与会者的呼声更高了。此外,一些发展中国家,尤其是印度和巴西,开始质疑制定条约的时机是否成熟,以及一些条款是否适当,这些条款包括规避技术措施以及 50 年保护期的规定;它们指出,有必要平衡保护,以使之适应发展中国家的发展程度。它们的质疑可能体现了广义上的政治策略,即延缓 WIPO、WTO 和其他国际组织的规则制定程序;这一策略在 2004 年 6 月召开的 SCCR 会议上表现得尤为明显,在此次会议上,这些国家在讨论时对程序性内容的关注远胜于实体内容。然而,在 2004 年 11 月召开的会议上,其他发展中国家,尤其是拉丁美洲和非洲国家,改变了它们之前对外交会议时机不成熟的质疑,并表示它们希望能尽快解决那些有争议的问题,尽早缔结条约。[22]

---

[18] 关于同步广播,参见下文第 19.15 段以下。

[19] 有关加拿大提案,参见 WIPO Doc SCCR/10/5 第 22、44、47、49 段;有关美国提案,参见 WIPO Doc SCCR/9/4 Rev5—6 以及会议报告,WIPO Doc SCCR/9/11,第 25、54、66 段。

[20] WIPO Doc SCCR/5/6 第 38~39 段,93 段;SCCR/6/4 第 99,141 段。

[21] 合并案文首次在 2004 年 6 月召开的第十一次会议上被提交,参见 WIPO Doc SCCR/11/3。

[22] 2004 年 6 月第十一次会议之前的所有报告概述,参见 Ogawa(同前注6),第 92~112 页。

19.08 根据 SCCR 在 2004 年 6 月会议上的建议,[23] 2004 年大会只是宣布可以在 2005 年召开的下一次大会上批准召开外交会议,但不能为外交会议确定日期。[24] 2005 年大会决定,为了保证 2006 年大会能建议召开外交会议,SCCR 需要再召开两次会议。在 2005 年 11 月召开的 SCCR 会议上,总体趋势是缔结一个保护水平较低的条约,尤其是发展中国家持这种观点;巴西和智利提交了新的提案,其中规定了一般公共利益条款,联合国教科文组织《保护文化多样性公约》所确定的文化多样性优先条款,有关限制和例外的详细条款,保护竞争,防止对竞争产生消极影响的滥用知识产权行为等。[25] 这些新提案,在经过 2006 年 5 月会议上其他代表团的补充之后,[26] 扩展了讨论范围,而不是使讨论范围变得更加集中,这样就导致那些对外交会议持怀疑态度的发展中国家更有理由认为有必要再召开更多的 SCCR 会议。

19.09 2006 年大会最终同意于 2007 年 11 月/12 月召开外交会议,以缔结一个仅保护传统意义上的广播组织和有线传播组织的条约;外交会议的谈判基础是 SCCR 草拟的基础提案草案。[27] 然而,作出该决定的前提是:各方同意将基础提案的修订版本作为外交会议谈判的基础。各方认为应按照以信号为基础的途径,就保护目标、具体范围和客体达成一致意见;此外,2007 年 SCCR 还应召开两次特别会议,[28] 因为发展中国家提出了如此要求,它们认为召开外交会议的时机尚未成熟,在最终决定召开外交会议之前,需要召开多次会议以便开展进一步的讨论。

19.10 作为非文件向 SCCR 第二次特别会议递交的最后文本草案,不仅采用了以信号为基础的方法,而且像发展中国家要求的那样,范围相当有限。然而,尽管付出了巨大的努力,将外交会议转换成非正式的会议,各代表团仍然不能就文本内容达成一致意见;造成这一结果,似乎主要是由于政治上的不情愿,而非实体问题。[29] 尤其是,我们可以发现一些主要发展中国家,例如巴西和印度,采取了不同的策略,比如提交一些会弱化讨论、引起主要工业化国家反对以及导致美国与它们之间产生争议的议案。这些策略和争议,可能是对

---

[23] 关于该会议的报告,参见 WIPO Doc SCCR/11/4,第 146 A 段。
[24] 2009 年 9 月 WIPO 大会期间召开的第 31 次会议(第 15 次特别会议)报告,WIPO Doc WO/GA/31/15(2004),第 51 和第 56 段。
[25] WIPO Docs SCCR/13/3 以及 SCCR/13/4。
[26] 秘鲁,WIPO Doc SCCR/14/6;哥伦比亚,SCCR/14/4。
[27] 经修订后的基础提案草案,见 WIPO Doc SCCR/15/2。
[28] WIPO Doc WO/GA/33/10,第 107 段。
[29] 在 2006 年大会上,就已经有此印象,参见克罗地亚代表的点评,WIPO Doc WO/GA/33/10 第 99 段。

美国双边主义和单边主义作出政治应对的最初信号。同时，需要指出的是，广播组织保护问题并不属于南北问题。㉚

19.11 考虑到各方在 SCCR 第二次特别会议上未能达成一致意见，因此，有关保护广播组织的议题没能上升到外交会议层面，而是又回到了 SCCR 的议事日程上。然而，未来在 SCCR 框架下达成协议或取得进步，与之前相比，变得更加不可能了，因为具有高度争议的网络广播组织和同步广播议题会再次被纳入进来；㉛ 同时从过去 9 年的经验来看，各方继续讨论广播组织这一事项的动力可能变得非常小。

B. 作为广播组织条约可能内容的主要议题概述

19.12 从目前情况来看，制定广播组织条约的可能性很小，因此，本节只简单概述 2006 年 7 月为《世界知识产权组织保护广播组织条约》准备的《基础提案草案修订稿》（RDBP）的主要内容，以及向 2007 年 SCCR 第二次特别会议提交的非文件的主要内容；这些文件在 2007 年进行了最后的讨论。㉜ RDBP 是以各代表团自 SCCR 第二次会议以来提交的提案以及委员会内部讨论内容为基础而草拟的。其包括很多备选方案，当各代表团的意见出现重大分歧时就会有备选方案。从原则上讲，RDBP 的主要部分与 WPPT 很相似。因此，下文的分析主要集中专门针对广播组织的特殊议题。

（1）保护原则

19.13 各代表团对于保护原则——国民待遇原则、最低保护原则以及"无手续"原则——讨论得较少。对于国民待遇原则，RDBP 提供了三种备选方案：伯尔尼模式下的完全国民待遇，TRIPS 模式下适用于邻接权的有限国民待遇，㉝ 以及 WPPT 第 4 条模式下的有限国民待遇。㉞ 互惠原则也被作为一种

㉚ 在 2006 年召开的 WIPO 大会上，在出席正式会议的代表团中，支持2007 年召开外交会议的国家有欧共体、日本、克罗地亚、中欧国家和波罗的海国家、挪威以及尼加拉瓜、墨西哥、萨尔瓦多、巴基斯坦、蒙古国、吉尔吉斯斯坦、乌克兰、阿塞拜疆、中国、俄罗斯、新加坡、摩洛哥、马其顿、肯尼亚；附条件支持的有，尼日利亚（代表非洲联盟）、阿尔及利亚、洪都拉斯；印度尼西亚建议延期至 2008 年召开外交会议。以下代表团认为在 2007 年召开外交会议尚不成熟，或不希望召开：美国、印度、乌拉圭、智利、加拿大、南非以及委内瑞拉；同上注，第 74～104 段。

㉛ 关于美国与 SCCR 的妥协，参见上文第 19.05 段。关于同步广播，参见下文第 19.15 段以下。

㉜ WIPO Doc SCCR/15/2 Rev；2007 年 4 月 20 日 WIPO 有关保护广播组织条约的非文件，参见 http：//www.wipo.int/edocs/mdocs/sccr/en/sccr_s2/sccr_s2paper1.doc。

㉝ TRIPS 第 3 条第（1）款第 2 句，参见上文第 10.34 段。

㉞ WPPT 第 4 条，参见上文第 17.43～17.46 段。非文件（第 6 条）仅规定了伯尔尼模式和 WPPT 模式。

备选方案,当一个国家将权利限制为仅指禁止权时,可供选择适用。[35] 考虑到国民待遇原则的经济和政治影响,该原则通常不是外交会议上讨论的候选对象。

19.14 "无手续"原则来自 WPPT 第 20 条(以及,间接地来自《伯尔尼公约》第 5 条第(2)款)。[36] 由于手续要求对于广播组织而言并不普遍,因此该条款似乎影响不大。

(2) 权利所有人和保护客体

(a) 概述

19.15 SCCR 会议对以下五组权利所有人和保护客体进行了讨论:广播组织及其"传统"意义上的广播(通过空中传播,可为一般公众直接接收)以及广播之前的信号;有线广播组织及其有线广播行为;进行同步广播的组织(对传统广播和有线传播进行实时同步广播);以及进行网络广播的网络广播组织。最后提到的两类与互联网相关的客体被排除出拟定公约的适用范围,因为它们一直遭到除一个代表团之外的其他所有代表团的持续反对。[37]

(b) 同步广播和网络广播

19.16 同步广播通常被认为是指同时进行无线广播和互联网传播,或通过不同的传播系统同时发送广播,例如通过电台广播电视节目的声音。[38] 代表团认为不需要对同步广播为同步广播组织提供单独的保护。

19.17 正如同步广播一样,"网络广播"也未被国际邻接权法律进行定义;可以将其理解为通过"流媒体"技术传播音频、视频或其他数据文件。流媒体可以是实时(或现场)传播,[39] 也可以是按需传播。[40] 无论在何种情况下,用户必须发出个人传输要求;[41] 因此,与传统广播不同,网络广播是通过互联网进行的点对点传输,由用户触发。就一般互联网技术而言,这种传播可

---

[35] RDBP 第 8 条,备选方案 FF;有关完整的专有权与"禁止权"之间的区别,参见下文第 19.29 段。

[36] RDBP 第 21 条,以及非文件第 11 条。有关《伯尔尼公约》第 20 条,参见上文第 5.250~5.251 段。

[37] 参见上文第 19.05 段;RDBP 第 6 条第(4)款。它们又重返 SCCR 的议事日程,参见上文第 19.11 段。

[38] WIPO Doc SCCR/7/8,第 57 段;另一个例子是同时在有线、宽带或手机系统上播送广播,参见 W Rumphorst, "The Broadcasters' Neighbouring Right: Impossible to Understand?" (2006) July–September e–Copyright Bulletin of UNESCO 1, 5。

[39] 在这种情况下,数据通过服务器发送,不会产生中间文件。

[40] 在这种情况下,用户在获得数据之前,该数据首先被存储在一个文件中。

[41] 这种特征也被称为"拉技术";有关网络广播/流媒体的介绍,参见 WIPO Doc SCCR/7/8,第 47~56 段。

以通过有线或无线进行。

19.18 有一种比较有力的观点认为,在《罗马公约》和 TRIPS 的框架下,网络广播组织不受保护。尤其是,《罗马公约》第 3 条第（f）款对"广播"的定义是"供公众接收"的传播行为,应被理解为是指向公众中的成员进行同步传输;因此,排除了根据用户请求进行的点对点传输。此外,通过有线进行网络传播也不受保护,原因是这些公约中的"广播"仅限于无线传输。㊷

19.19 代表团完全拒绝保护网络广播组织的网络广播的提案,认为时机尚未成熟;主要是因为尚未证明需要提供此种保护,同时在该领域也缺乏经验。日本通过分析一系列值得深入研究的问题,颇有说服力地证明了这种立场。㊸

（c）传统广播和有线广播

（i）无线广播

19.20 将其他三组权利人和保护客体纳入拟定条约的涵盖范围,没有遭到类似的反对。就传统无线广播而言,相关提案旨在通过明确涵盖卫星广播的方式,以弥补《罗马公约》定义的缺陷;㊹ 提案甚至还根据 WPPT 第 2 条第（f）款的模板,提及了加密信号。㊺ 出于澄清的目的,同时也为了使那些反对提及"计算机网络"的代表团消除疑虑,拟定的定义明确将通过计算机网络传输的行为排除出"广播"的范围。

（ii）广播前信号

19.21 盗版信号——未经授权,在广播前信号㊻从发射站向卫星发送或从卫星向发射站发送的过程中,将其劫取的行为——十分频繁。然而,在《罗马公约》㊼或 TRIPS 框架下,广播组织在该领域未受到保护。《布鲁塞尔卫星公约》规定了此种保护,尽管是通过不必要的邻接权的方式提供保护。㊽ RDBP 规定应对此予以保护,但采取何种保护方式没有规定,因为各代表团无

㊷ 也可参见 WIPO Doc SCCR/9/9,第 14 段,第 15 段。

㊸ WIPO Doc SCCR/9/9。

㊹ 该问题在卫星广播变成可能之后就变得极有争议;然而,《罗马公约》如今常常被解释为包括卫星广播,参见上文第 6.25 段。

㊺ 与《罗马公约》第 3 条第（f）款相比,RDBP 第 5 条第（1）款像 WPPT 那样,增加了声音和图形"表现物",并采用了更准确的方式来表述传输是"为了被公众接收"而非"为了公众接收"。也参见非文件第 2 条（a）款:反映了以信号为基础的方法。

㊻ 在整个向公众传输或广播行为发生之前,信号就已经存在了。

㊼ 广播前信号并不是《罗马公约》第 3 条第（f）款规定的"为公众接收"。

㊽ 有关《布鲁塞尔卫星公约》,参见上文第 4.70~4.74 段;参见该公约第 2 条。

法对通过邻接权还是其他方式，例如电信法保护广播前信号达成一致意见。㊾

（iii）有线广播

19.22 在缔结《罗马公约》时，有线广播技术尚不可行。因此，《罗马公约》及后来的 TRIPS 就只规定了保护实施无线传输的广播组织。如今，人们普遍认为，对于使用有线而非无线方式传输载有节目的信号的广播组织，也应提供同样的保护。

19.23 RDBP 根据“广播”定义的模式，对“有线广播”进行了定义，包括了加密信号，排除了计算机网络传输。㊿ 广播和有线广播的基本差别在于传输的方式是无线还是有线。很多国内法使用同样的术语来指代无线广播和有线广播，因此涵盖有线广播，符合大多数国家的现行法律。(51) 与对无线广播组织的保护一样，有线广播组织也只能就原始有线传输，而非有线转播获得保护。(52)

（iv）广播组织和有线广播组织的定义

19.24 尽管《罗马公约》并未将广播组织定义为权利人，RDBP 还是部分参考了 WPPT 对录音制品制作者的定义，对广播组织和有线广播组织进行了定义，并增加了一些专门要素。因此，这两种广播组织应当是提出动议并负有责任播送以及对播送内容进行组合及安排时间的法人。(53)

（v）信号保护 v. 内容保护

19.25 就保护客体——广播信号、有线广播信号以及前广播信号——而言，贯穿 SCCR 工作全过程的基本争论是：究竟是应当只保护信号，还是也保护其他要素，例如内容。当初引发这一讨论，是因为有提案要求扩大最低限度保护权利的列表，将录制后的使用也涵盖进来。很多代表团和内容所有者认为，录制后的使用与信号无关，而只与内容有关，因此不应为广播组织提供此种保护。因此，2006 年大会授权 SCCR 在 2007 年就“以信号为基础的方法”的基础提案最终文本达成一致意见。(54) 2007 年 1 月的讨论旨在澄清：保护仅限

㊾ RDBP 第 16 条：对相关行为提供“充分有效的法律保护”属于为广播组织提供的最低限度权利；类似规定：参见非文件第 8 条。

㊿ RDBP 第 5 条第（2）款，与第 5 条第（a）款以及上文第 19.20 段比较。

(51) 1992 年 11 月 19 日《欧共体出租权指令》，第 6 条第（2）款，参见第六章；S von Lewinski，“Neighbouring Rights：Comparison of Laws” in G Schricker（ed），*International Encyclopedia of Comparative Law：Copyright and Industrial Property*（2006）ch 5，1，20；参见 RDBP 第 6 条第（3）款。

(52) 同上注，第 6 条第（4）款（i）项；以及非文件第（3）条第（4）款（i）项。

(53) RDBP 第 5 条第（c）款；只有该定义的第一部分出现在非文件第 2 条第（c）款中，且仅限于广播组织。

(54) 该授权延及 SCCR 的两次特别会议，WIPO Doc WO/GA/33/10，第 107 段。

于广播（被定义为用于广播组织传输的载有节目的信号），以及条约不保护节目的内容本身；非文件也明确采用了这一做法。(55)

19.26 在很多情况下，广播组织可以依赖来源于作者和邻接权人就内容所享有的权利打击盗版。然而，当权利无法被全部转让时，此种保护可能是不充分的。此外，如果缺乏国际保护，广播组织也无法依赖就其自己的产品对其进行投资的权利。另外，有一些重要情形，例如体育节目，其内容通常不受版权或邻接权保护，因此广播组织也无法依赖来源于他人的权利寻求保护。这可以解释为什么广播组织极力呼吁在信号和通常的提供保护的正当性（对广播活动的投资）之外获得更多的保护。

19.27 的确，提供录制后权利似乎与只保护信号的方法相冲突，因为一旦录制之后，信号就不存在了。即使认为广播组织的投资是提供保护的正当化理由，也很难确定对录制的广播进行使用，与对播送（广播）的投资以及编排节目是否有关。此外，录制后使用可能与内容的成就有关，例如制作电影或者录制唱片。

19.28 即使只保护信号，也不能避免广播组织与内容权利所有者之间发生利益冲突，因为当广播组织禁止相关使用时，内容权利所有者将无法通过授权行使其权利。即使存在类似《罗马公约》第 1 条那样的保障条款，也无法改变这一状况。尽管内容权利所有者不反对限制直接与信号或广播组织投资相关的权利的行使，但他们反对就录制后使用行为进行限制，例如发行录像带，或按需提供其作品的录制品及广播中含有的其他内容。

（3）最低限度权利

19.29 有关将信号作为保护客体的讨论，直接与最低限度权利的范围有关。一般来说，代表团选择只为打击“盗版”——“盗窃”信号(56)——提供保护。有些代表团提议，对于录制后使用，只授予“禁止权”，并将之作为“专有权”的一种备选方案。此种权利将不允许权利所有人授权许可；不过，上文提及的与内容权利所有人之间的利益冲突依然存在。RDBP 规定了此种专有权之外的备选方案，同时也规定了另一种备选方案：授予专有权，但同时允许成员方声明只适用禁止权。(57)

19.30 RDBP 对录制后权利的列表（复制权、发行权、录制后的传输权以及提供权）比 SCCR 早期讨论的文本中的列表要更短一些，后者还规定了解

(55) 尤其参见第 2 条第（a）款有关“广播”的定义。

(56) “盗版”不是一个法律术语，也未被任何邻接权条约所定义。

(57) RDBP 第 12 ~ 15 条中的备选方案 O、HH、Q、II、KK、S 以及 LL。

码加密广播以及出租广播录制品的专有权。就录制前行为而言，RDBP 规定了以下专有权：转播权（包括无线转播、有线转播以及通过计算机网络转播）、录制权以及在收门票的地方向公众传播权（被定义为：在对公众开放的地方使传输可被听和/或看到）(58)。很多代表团尤为反对任何形式的通过计算机网络传播，例如同步广播。非文件只规定了转播和滞后播送专有权。

（4）保护的限制和其他制约

19.31 关于限制和例外，一种备选方案与 WPPT 第 16 条的规定一样，提及了国内法有关版权所允许的限制和例外，同时规定应遵守三步检验法。一些发展中国家建议的其他备选方案则结合三步检验法，以不同形式列出了具体的可允许的限制和例外的清单。(59)

19.32 一些发展中国家还提出了相当全面的条款，例如，不得限制缔约国促进人们获得知识和信息的自由，遏制反竞争的做法的自由，促进重要领域的公共利益的自由，保护和促进文化多样性的自由，以及缔约国有采取适当措施防止知识产权滥用的义务。(60) 2007 年特别会议的主要争议即涉及这些条款，尤其是它们的位置应该是在文本条款中（经一些国家提议，并体现在 RDBP 文本中），还是在序言中（体现在非文件中）。

（5）其他最低保护标准

19.33 《罗马公约》和 TRIPS 规定的最低保护期限都是 20 年，而 RDBP 规定的保护期则是 50 年。很多代表团的提案都只是简单照搬了 WPPT 规定的 50 年保护期。随着时间的迁移，越来越明显的趋势是采用 20 年作为适当的保护期。(61)

19.34 类似的，在开始时，WPPT 有关技术保护措施和权利管理信息的条款都被一些代表团照搬到其提案中，但后来，遭到了很多代表团的强烈反对。(62) 不过，源于 WPPT 的权利行使条款，却未受到太多反对——事实上，TRIPS 已经规定了更详细的权利行使条款约束其成员方。(63)

（6）框架条款

19.35 至于适用的时限，对于比照适用《伯尔尼公约》第 18 条的提

---

(58) RDBP 第 9 条、第 11 条和第 10 条，以及第 5 条第（e）款的定义；参见非文件第（2）条第（e）款对转播更具限制性的定义，未规定录制权和传播权。

(59) RDBP 第 17 条；非文件第 10 条是以 WPPT 模式为基础制定。

(60) RDBP 第 2～4 条。

(61) 同上注，第 18 条规定了两种备选方案，非文件未对保护期作出任何规定。

(62) 关于 RDBP 中的不同备选方案，参见其第 19 条；非文件第 9 条规定了简化版本。

(63) RDBP 第 24 条以及非文件第 14 条的同样规定。

案——又部分照搬了 WPPT 的规定——没有进行太多讨论。WPPT 的相关规定也是第 1 条有关与其他公约和条约关系的三个备选方案中的一个的模板；其他备选方案则是简要提及《罗马公约》和其他版权或相关权条约的不减损条款[64]。

C. 小　　结

19.36　与 1996 年外交会议，甚至与 2000 年视听表演外交会议的筹备工作相比，各方对广播组织条约的筹备工作并不那么热情。广播组织权并未得到同等程度的支持。尤其是，美国从未在保护广播组织方面表现出真正的兴趣；美国不是《罗马公约》的缔约国，而是推动 TRIPS 规定第 14 条第 3 款第 2 句的"支持者"：后者在很大程度上排除了保护广播组织的义务。[65] 事实上，在旨在启动广播组织条约的马尼拉研讨会上，[66] 美国是唯一一个希望"不采取行动"的国家。[67] 欧共体及其成员方已经提供了较高程度的保护，并且推动这一行动，尽管与 1996 年和 2000 年会议相比，欧共体的热情已经冷淡了不少。发展中国家最初对广播组织条约持批评态度；它们希望优先为视听表演者提供国际保护，并且指出，它们国家的广播组织在广播时，经常不尊重作者权和相关权。

19.37　当美国提出了自己的提案，希望将保护网络广播组织作为条约一项必要内容，否则其将不打算缔结任何有关广播组织的条约时，又出现了新的障碍，因为其他国家认为该建议的时机尚不成熟。尽管这一问题随后暂时得以解决，即将之从可能的外交会议议事日程上移除。然而，此时又出现了新的问题，一些发展中国家，例如巴西和印度，成功地延缓了外交会议的进程；这似乎是他们整体政治策略的一部分。最终，即便是在条约中只规定非常有限的"反盗播"措施，该妥协方案也没有为外交会议的召开提供充分支持。正如上文所述，[68] 在可预见的未来时间里，缔结一个保护广播组织的条约，机会非常渺茫。

---

[64]　RDBP 第 23 条以及非文件第 13 条的同样规定；RDBP 第 1 条。
[65]　上文第 10.97 段。
[66]　上文第 19.02～19.03 段。
[67]　Ogawa（同前注 6），第 83 页。
[68]　上文第 19.11 段。

第二十章
保护民间文学艺术

A. 引言：系争议题

20.01 长期以来，土著人民①一直寻求对其民间文学艺术或传统文化表达予以尊重和保护。② 他们认为民间文学艺术属于他们的特定社群，这也得到了他们习惯法的认可；然而，西方知识产权体系在很大程度上却认为民间文学艺术是公共领域的一部分。由此产生的冲突是显而易见的：西方人和其他外部人群，以西方法律对合法性的界定为依据，在未经土著人民同意、未与土著人民分享收益的情况下，频繁地使用民间文学艺术。因此，西方人影响了由土著人民习惯法所认可的原住民的经济和非经济利益；然而，这些习惯法并不适用于外部人群。因此，土著人民一直寻求在国内和国际层面获得保护。

20.02 解决这一问题的主要挑战在于西方和土著文化之间潜在的基本差异。为便于讨论民间文学艺术，在此冒着不准确概括的风险，提及其中的一些重要差异。第一，西方文化强调个人主义，这与土著文化强调集体主义正好相反。例如，民间文学艺术的表达通常是集体所有，根据习惯法，可能由特定的个人、氏族，或原住民社群的其他群体享有，也可能只允许特定成员以特定方

---

① 本书对该术语未定义，参见 P‑T Stoll and A von Hahn, "Indigenous Peoples, Indigenous Knowledge and Indigenous Resources in International Law" in S von Lewinski (ed), *Indigenous Heritage and Intellectual Property* (2nd edn, 2008) 8 ff。

② 在本书中，"民间文学艺术"和"民间文学艺术表达"是"传统文化表达"的同义语，且并未暗指任何贬义。WIPO 政府间委员会的讨论（参见下文第 20.36 段及其后文）表明"民间文学艺术"这一术语仅在世界某些地方具有消极含义，但在其他地方，对该词的偏好超过"传统文化表达"。WIPO 因此同时使用这两个术语。本书对该术语未作定义；不同的文本提出了很多定义。有关"民间文学艺术"的术语和定义，参见 A Lucas‑Schloetter, von Lewinski (ed)，同前注 1，第 342 页以下。

式使用。因此，在该领域，通常适用的是社区的专有责任和特权规则，而非西方的财产权概念或广义的表达自由概念。

20.03 第二，西方文化是以书面、固定为基础的，以及——相应的在法律领域——法律稳定性也是基于成文法。与此相反，民间文学艺术，与狭义的传统知识③一样，都是以口头方式代代相传，通常经过了很长时间。口头特征进一步增强了土著文化的动态性质；例如，民间文学艺术通常不是静止的，而是活的遗产的一部分，因此受到使用过程中持续、细微变化的影响。同时，习惯法通常未以书面形式记载，因而并不稳定。第三，土著人民具有整体世界观，认为万事万物普遍联系，因此不能独立地看待特定事物，例如民间文学艺术和传统知识。

20.04 第四，西方社会艺术的主要功能是娱乐，并具有经济性质。相反，民间文学艺术（正如活的遗产的其他要素）对土著社区生活的所有方面都有意义。民间文化艺术可以表达和重续土著社区成员与他们的土地、其他生物、他们自己、社区，甚至与他们精神上的先辈之间的关系。④ 民间文学艺术对于身份认同感、自主决定权，甚至对生存都具有重要作用。因此，必须在这一背景下考虑土著人民对控制处置和解释民间文学艺术的权利要求，这样才能理解其重要性。同时，将他们的这些权利要求与自主决定权和承认主权的要求结合起来，再加上政府和土著居民的土地居住权之间的关系问题可能引发更多、更具体的问题，这样将会导致对保护民间文学艺术的讨论变得更加困难。

20.05 民间文学艺术的这些特征，表明土著人民控制权的主张主要植根于一些非经济性利益，尤其是与神圣、隐秘的民间文学艺术表达相关的利益，以及防止出现可能具有较大冒犯性或其他具有消极非经济后果的未经授权、非习惯性的行为。此外，"真实性"要求提供保护，以防止将非真实的、抄袭的民间文学艺术表达作为真实的予以提供。第五，要保护分享利用民间文学艺术所获经济利益，也应以专有权或许可权或法定获得报酬权为基础。⑤

20.06 在 20 世纪 70 年代后期至 80 年代中期被讨论之后，到了 90 年代后期，保护民间文学艺术的话题，随着保护传统知识和遗传资源的呼声，再次被提起。该话题之所以被再次提起，是为了应对外部人群日渐增多的利用民间

---

③ 从广义上讲，传统知识包括民间文学艺术；从狭义上讲，传统知识仅包括非艺术领域，技术的、农业的、医学的以及类似的领域知识。

④ 有关澳大利亚土著人，参见 J Cowan, *Mysteries of the Dreaming: The Spiritual Life of Australian Aborigines* (3rd edn, 2001) 38 ff, 68 ff, 124 ff。

⑤ 关于受到威胁的各自利益，参见 Lucas – Schloetter（同前注 2），第 341~342 页。

文学艺术；同时，从土著人民的角度讲，也是为了增加人们对利用带来的不利后果的意识，改善自我管理，并提高土著人民在国际组织中的话语权。本章分析了现行法律框架下保护民间文化的可能，概括了该领域寻求国际保护已作的努力，并呈现了目前该领域的领导组织——WIPO 内部的讨论现状。由于本书的主题限于版权问题，因此本章不涉及民间文学艺术的其他问题，例如保存问题，不管其可能有多重要。⑥

B. 保护民间文学艺术的现有可能

（1）直接保护民间文学艺术

20.07 到目前为止，各方广泛认为：民间文学艺术的表达本身（而不是以此为基础创作的作品）不能受版权保护，因为民间文学艺术的表达在性质上与受版权保护的作品不同。⑦ 特别是，我们不能确定单独的作者个体或者合作作者个体，因为民间文学艺术表达常常通过集体参与而不断发展——它们是"活的"遗产，而不是在特定时间由个体创作的作品。即使某一作者个体参与了特定民间文学艺术表达的产生过程，其创作成果也只有经过社区的改动和不断发展之后，才能成为"民间文学艺术"。⑧ 使用其他概念，例如匿名作品，也无法解决缺乏版权归属的问题，尤其是经一段时期之后保护期届满的情形。⑨

20.08 确实，版权的有限保护期是将之适用于民间文学艺术的最大障碍之一。由于大部分现有民间文学艺术根据版权制度都将被认为属于公有领域的一部分，因此产生了另一个障碍：所要求的独创性只可能与对民间文学艺术进行持续的、细微的修改有关。然而，这种修改通常又无法满足独创性的要求，即使是对独创性标准要求很低的国家，例如适用版权制度的国家。即便在一些个案中，此种修改受到版权的保护，保护范围也仅限于此种修改，民间文学艺术表达的主体部分还是得不到版权保护。

---

⑥ 有关联合国教科文组织在文化遗产领域制定的涉及这些方面的不同公约，同前注 2，第 418 页以下。

⑦ 有关更详细的理由，同前注 2，第 381 页以下。

⑧ 参见 K Puri, "Preservation and Conservation of Expressions of Folklore"（1998）v32/4 Copyright Bulletin of UNESCO 15。

⑨ 特别是，《伯尔尼公约》第 7 条第（3）款第四句允许国家终止对匿名作品的保护，前提是可以合理推定其作者去世已超过 50 年。此外，作品上注明的出版者视为代表作者这一规定，通常不会为社区带来预期的保护。

20.09　此外，在版权体系（与作者权体系相对）国家，通常要求应以有形形式固定作品，而民间文学艺术通常是以口头形式代代相传，而不是以书面形式或其他形式固定下来，因此，民间文学艺术也得不到版权保护。即使民间文学艺术被固定了，例如出于保存的目的，它也会经过一段时间的使用而持续变化，从而与固定下来的表达不同；因此，就民间文学艺术表达的后续版本而言，无法满足固定要求。⑩

20.10　与版权法类似，外观设计法通常也无法保护民间文学艺术，因为其无法满足新颖性和独创性要求。⑪

（2）间接保护民间文学艺术

（a）版权和邻接权

20.11　如果个人作品是在民间文学艺术的基础上创作，或民间文学艺术被固定或表演了，则民间文学艺术表达或许可以间接地受到版权和邻接权的保护。首先，以民间文学艺术为基础创作的个人作品，只要满足了一般条件，例如独创性，就可以得到保护。例如，当代原住民艺术家对民间文学艺术进行改编后产生的作品，通常可以受到保护。这也适用于翻译。然而，在这些情形下，保护的范围并不延及被使用的民间文学艺术，而仅限于改编——个体添加了创造性的部分——或作者的翻译。因此，作为基础的民间文学艺术本身仍然未受到版权保护，因而可以在未经改编/翻译的作者或民间文学艺术所有者授权的情况下，由第三人使用。

20.12　如果民间文学艺术被纳入数据库或其他集合中，其也可间接地受到版权法的保护，只要对材料的编排或选择构成智力创作。⑫ 保护的范围限于对材料的编排或选择，不能及于材料本身。在某些对民间文学艺术进行固定的情况下也类似。例如，某人对某一传统设计进行拍照，则其对照片（而非设计本身）享有版权，并可以禁止或授权他人使用该照片。将传统歌曲制作成唱片的人——录音制品制作者——对唱片（而非歌曲）可享有邻接权，或者在版权体系国家，则享有版权。如果有人对传统舞蹈制作了纪录片，也同样如此。

20.13　最后，由于《世界知识产权组织表演和录音制品条约》的要求，⑬

---

⑩ 更多细节，参见 S von Lewinski, "The Protection of Folklore" (2003) Cardozo Journal of International and Comparative Law 747, PP. 757－759。

⑪ Lucas－Schloetter（同前注2），第397~398页。

⑫ 如今，大部分版权法把保护范围扩张到作品之外的资料汇编，因此可以涵盖民间文学艺术的汇编；该领域在国际法层面迈出了重要一步，参见上文第10.60~10.63段。

⑬ WPPT 第2条第（1）款，参见上文第17.133段。

很多国家的法律已经规定了，对民间文学艺术表达的表演者（《罗马公约》只规定了保护作品的表演者）提供保护。因此，民间文学艺术音乐家和舞蹈家尤其能享受保护；但是，此类保护仅仅针对表演，而非被表演的民间文学艺术。因此，他们不能禁止其他人演唱传统歌曲，只能禁止录制和进一步使用他们的表演。

（b）其他知识产权

20.14 如果民间文学艺术的改编物符合外观设计保护的一般条件，并且已注册，则可以作为外观设计获得保护。将改编物作为外观设计予以保护，其效力和后果与版权法制度下的改编物一样。[14]

20.15 商标、地理标志，以及不正当竞争法也可以提供一些保护。商标，尤其是集体商标以及其专门形式：证明商标非常重要，因为集体商标允许组织成为权利所有人，这与传统文化表达的集体性质相符。此外，该组织不需要有工商业场所。通过成立此种组织，土著社区可以注册集体商标。

20.16 集体商标（与一般商标一样）并不能直接保护民间文学艺术：土著社区不能制止他人复制、发行含有其民间文学艺术的商品，而只能制止他人在此类商品上使用其商标。因此，集体商标通过表明商品的身份和商业来源，保护了真实性。土著社区用集体商标标记其商品，可以在市场竞争中具有一定优势，因为商标可以让消费者将真品与那些由土著社区以外的人生产的仿制品相区别。

20.17 证明商标或保证商标更能保护土著社区的利益，因为它们进一步确保了相关商品的某些特征，例如质量标准或采取社区传统方法进行制造。质量标准和其他特征由注册证明商标的协会予以确定和控制。在实践中，很多土著人民为了减少外部人群制造的仿制品的市场，已经开始使用集体商标。[15]

20.18 同样，地理标志也不能保护民间文学艺术本身未经授权使用，而是确认商品来自某一特定地理区域或某一特定区域的其他地方。因此，它们也具有确定真实性的功能，不过是在民间文学艺术的地理起源方面。

20.19 从某种程度上说，不正当竞争规范也可以提供保护，例如，商业交易涉及包含民间文学艺术的商品，或者土著社区与对民间文学艺术进行商业

---

[14] 参见上文第20.11段以下和下文第20.24段以下；Lucas – Schloetter（同前注2），第397~398页。

[15] 参见有关毛利文化表达的毛利制造商标（Toi Iho），2002年11月25日，WIPO Doc GRTKF/IC/4INF/2, nos 79 ff；有关澳大利亚土著人和北美易洛魁族人的标记，参见 WIPO（ed），*Intellectual Property Needs and Expectations of Traditional Knowledge Holders: WIPO Report on Fact – Finding Missions on Intellectual Property and Traditional Knowledge*（1998—1999）（2001）（WIPO publication 768E）73, 213。

化利用的个体之间存在竞争关系。尤其是，未披露的民间文学艺术可以根据 TRIPS 第 39 条有关保护未披露信息的规定而得到良好保护，也可以根据大陆法系国家有关禁止披露保密信息的规定或普通法系国家有关违反保密义务的规定得到保护。在此基础上，可以禁止秘密表达向公众提供，或——如果希望的话——根据专有技术许可进行商业化利用。

20.20 最后，有一些国家引入对民间文学艺术的特殊保护制度。此种保护可能属于，也可能不属于版权法，不过，都在某种程度上偏离了版权法原则。[16] 然而，至少后者在实践中很难运行良好。[17]

（c）知识产权以外的保护

20.21 一般来说，文化遗产法的目的通常在于鉴定、记录、保存或促进文化遗产，而不是给土著人民提供控制使用其遗产（包括民间文学艺术）的权利。[18] 虽然这些方面很重要，但它们不在本书讨论的主题——知识产权范围之内。

20.22 迄今为止，国际人权法对该领域的作用甚微，因为它采用个人主义，而且措辞含义模糊。不过，《联合国土著人民权利宣言》并不存在这些缺陷；该宣言经过 22 年的讨论，于 2007 年 9 月 13 日在联合国大会上获得通过，投反对票的国家有澳大利亚、加拿大、新西兰以及美国。该宣言为土著人民设立了一系列的人权，并在第 31 条规定了维护、控制、保护及发展其传统文化表达的权利。然而，该宣言并无约束力。即便如此，该宣言所具有的高度政治性和象征性价值也赋予其重要地位。对土著人民就其土地和文化遗产的权利作了进一步明确规定的国内宪法和其他法律可能更适合保护民间文学艺术。[19]

20.23 土著社区的习惯法也是一种重要的保护手段。习惯法通常在很多方面对使用民间文学艺术规定了相关条件。[20] 然而，习惯法通常不适用于外部人群，因此适用范围有限。[21] 采用不同方式将习惯法融入特殊法律保护制度之

---

[16] 对于不属于版权法的解决方案（巴拿马和菲律宾），参见 W Wendland, "Intellectual Property and the Protection of Culture Expressions: The Work of the World Intellectual Property Organisation (WIPO)" in W Grosheide and J Brinkhof (eds), *The Legal Protection of Culture Expressions Indigenous Knowledge* (2002) 101, 115 ff; 对于属于版权法的方案，参见 Lucas – Schloetter（同前注 2），第 371~380 页。

[17] Wendland,（同前注 16），第 115 页。

[18] 相关例子，参见 Lucas – Schloetter（同前注 2），第 418 页以下。

[19] 有关联合国宣言，参见上注；有关例子，参见上注，第 438~439 页。

[20] 有关例子，同上注，第 411 页以下。

[21] S von Lewinski, "Final Considerations", 载 S von Lewinski（同前注 1）第 505、514 页，也论述了西方人眼中的不利因素。

中，似乎前景乐观；例如，将"习惯性使用"排除在保护范围之外，并且将保护的受益人设定为——传统的所有者——习惯法下的管理人。㉒

(d) 小结

20.24 原则上，民间文学艺术本身不能受到经典知识产权的保护。当民间文学艺术间接受版权、邻接权或外观设计法的保护时（例如，民间文学艺术被改编、收集、表演或录制在录音制品、电影或照片中），事实上是人类学家、音乐家或其他外部人群，而非社区成员享有禁止或授权使用这些衍生产品的权利。土著社区甚至可能被禁止使用这些受保护的产品，因此可能希望有"防护"利益，以对抗这些衍生产品上的权利；例如，通过在民间文学艺术设立积极的特殊保护权利，以对抗此类使用行为。㉓ 就改编和表演而言，社区成员更有可能在事实上从这种间接保护中受益，因为，土著人民更多的是改编或表演其民间文学艺术，而非将它们录制或收集到数据库中。

20.25 当土著艺术家就民间文学艺术的改编/翻译享有版权时，间接保护的另一个问题出现了，因为该权利可能与习惯规则相冲突：习惯规则通常提供了另一种不同的特权，例如对被使用的民间文学艺术本身的管理权。不过，在土著社区内部，以习惯法为基础，应当可以找到解决途径。

20.26 不正当竞争规则只能在存在竞争关系时提供有限的保护。商标和地理标志可以为单纯的真实性利益提供保护。文化遗产法通常侧重于保存和记录，而非制止未经授权的使用。习惯法通常不适用于社区以外的人群。特别法似乎尚未在实践中发挥适当作用。因此，目前国际社会，尤其是WIPO正在制定新的规则。㉔

C. 为民间文学艺术提供国际保护的已有尝试

(1)《伯尔尼公约》

20.27 第一次为民间文学艺术表达提供国际保护进行首次尝试，是在1967年伯尔尼公约斯德哥尔摩修订会议上。当时，大多数前殖民地已经成为独立的国家，并且开始以发展中国家的身份主张自身权益。正是这些国家，提出并强调支持民间文学艺术的议题，这不单纯是一个南北问题，因为不仅仅发

㉒ 有关例子，参见太平洋共同体秘书处通过的"Regional Framework for the Protection of Traditional Knowledge and Expressions of Culture", Model Law of 2002, ISBN982-203-933-6；最新的WIPO提案（下文第20.39段~20.40段），有关讨论，参见von Lewinski（同前注21），第515~516页。

㉓ 同上注，第511~513页。

㉔ 参见下文第20.39~20.40段。

展中国家有土著人民，工业化国家，例如澳大利亚、新西兰、加拿大以及美国也有。初看上去，在一个保护作者作品的国际条约中"纳入"民间文学艺术，似乎不具有正当性，因为两者都属于受《伯尔尼公约》涵盖的文学和艺术领域的产物。不过，之所以选择采取伯尔尼途径，主要是出于实用目的考虑，因为《伯尔尼公约》的成员方众多，这样将免去缔结一个独立条约的麻烦。

20.28 同时，代表团也意识到了，民间文学艺术与作者作品存在区别：印度[25]提议将"民间文学艺术作品"纳入《伯尔尼公约》第2条第（1）款有关文学和艺术作品的非穷尽性列表中，尽管该提案得到了很多代表团的支持，但最终未被采纳；主要是因为澳大利亚对此提出质疑：《伯尔尼公约》（保护的是可确定的个体作者）是否可以适用于民间文学艺术（不存在可确定的作者）。相反，最后采纳了在《伯尔尼公约》第15条新增第（4）款的建议。

20.29 新增的条款故意未使用"民间文学艺术"一词，因为在定义上存在困难。[26] 相反，民间文学艺术被描述为"对作者的身份不明但有充分理由假定该作者是本联盟某一成员方国民的未发表作品"，这考虑到了民间文学艺术通常未发表，且没有可确定的一个或多个作者或作品，但人们可把某一特定的民间文学艺术表达与一个特定的地理区域联系起来。不过，该条款仍然是以个体作者概念为基础；仅仅指定主管当局代表该作者并据此维护和行使作者在伯尔尼联盟各成员方内的权利，并没有充分考虑民间文学艺术的特殊性。这可能是伯尔尼途径未能成功的主要原因之一；事实上，只有印度指定了此类主管当局。[27]

（2）WIPO 示范条款

20.30 因此，国际社会选择了一种新途径：将民间文学艺术条款纳入不具有约束力的示范法之中，[28] 最初是1976年《突尼斯示范法》。[29] 制定该示范法的目的是帮助发展中国家草拟其本国的版权法。因此，有关民间文学艺术的条款只占了示范法的一小部分。示范法对民间文学艺术规定了一些具体规则，

---

[25] 参见 Records of the Intellectual Property Conference of Stockholm 1967, Vol II (1971), 第1152页第126段，第127段。

[26] 然而，该新增条款所适用的主要领域是民间文学艺术，同上注，第1173页第252段；也参见第918页第1509.2段。

[27] Lucas – Schloetter（同前注2），第351页。更详细论述，参见 M Nordmann, *Rechtsschutz von Folkloreformen* (2001) 25 ff.

[28] 有关 WIPO 示范法，参见上文第15.14段。

[29] 有关 UNESCO 秘书处和 WIPO 国际局草拟的附带评论意见的《突尼斯版权示范法》，参见 Copyright 165 ff。该示范法在1976年2月23日至3月2日由 UNESCO 和 WIPO 的政府专家委员会在突尼斯通过。参见 Lucas – Schloetter（同前注2），第443~435页。

包括民间文学艺术的定义，不要求固定，以及没有限制的保护期限。㉚这些条款比伯尔尼途径更适合民间文学艺术的特性，一些国家国内法也的确实施了这些条款。然而，这些条款仍存在缺陷；例如，没有考虑民间文学艺术的集体性质。㉛

20.31 不久以后，在1978年，应WIPO领导机关的请求，WIPO/ UNESCO政府专家委员会就民间文学艺术进行了讨论，并且在1982年制定了"保护民间文学艺术表达，反对不正当使用和其他损害行为的国内法示范条款"，以帮助国内立法者。㉜示范条款采用了特殊保护模式，而不是版权保护模式。示范条款规定了保护客体，相关行为应得到主管当局或社区的授权，以及这些授权的例外情形。示范条款还规定了指明任何可识别的民间文学艺术表达来源的义务，以及其他条款，例如，关于执行、保护外国民间文学艺术以及与其他保护形式之间的关系的规定。

（3）条约草案

20.32 1982年示范条款是朝着国际保护迈出的第一步。此后，在1984年，WIPO/ UNESCO专家组经过讨论，决定以1982年示范条款和国民待遇原则为依据，草拟一个条约草案。㉝尽管专家组原则上认为：有必要为保护民间文学艺术建立一个国际法律框架，但它也提出了一些担忧。例如，专家组认为，很难确定在其他成员方应受保护的民间文学艺术表达。此外，对于一些可能存在于多国的民间文学艺术表达，缺乏可适用的争端解决机制。这样，拟定的条约在国际义务范围方面存在的法律不确定性，就变成了缔结条约的绊脚石。最终，大多数与会者认为制定这样一个国际条约为时过早，并建议先从国内法层面（可借鉴1982年示范条款）开始积累经验。㉞在出现这一令人失望

㉚ 重点参见《突尼斯示范法》第1条第3款，以及第6条、第18条第4款、第5条之二和第6条第2款（同前注29）。

㉛ 也参见 Nordmann（同前注27），第28页。

㉜ （1982）Copyright 278 ff. 有关示范法，参见 P Kuruk, "Protecting Folklore under Modern Intellectual Property Regimes: A Reappraisal of the Tension between the Individual and Communal Rights in Africa and the United States" (1998) 48 American University Law Review 815 ff; M Ficsor, "Indigenous Peoples and Local Communities: Exploration of Issues Related to Intellectual Property Protection of Expressions of Traditional Culture ('Expressions of Folklore')", ATRIP paper GVA/99/27, 7–12；以及 Lucas – Schloetter（同前注2），第445~448页。

㉝ Group of Experts on the International Protection of Expressions of Folklore by Intellectual Property; Draft Treaty for the Protection of Expressions of Folklore against Illicit Exploitation and other Prejudicial Action (1984), reprinted in (1985) Copyright Bulletin of UNESCO 34 ff (para 9.19, no 2)；以及 (1985) Copyright 47 ff（附带评论）。参见 Lucas – Schloetter（同前注2），第448~450页。

㉞ 参见会议报告，(1985) Copyright 40 ff, 尤其是第14段。

的结果之后,制定国际条约的热情退却了很长时间。

(4) WIPO 内部近期再次启动讨论

20.33 直到筹备1996年WIPO条约㉟,有关民间文学艺术的议题才再次浮出水面。在1996年WIPO外交会议除了打算缔结WCT和WPPT㊱之外,还准备就数据库的特殊保护缔结一个条约,这使得发展中国家察觉到这些新的条约,尤其是数据库条约,将主要有利于工业化国家。因此,发展中国家试图在可能的数据库条约与可能的保护民间文学艺术国际文书之间建立联系。结果,负责筹备1996年条约的 WIPO 专家委员会于1996年2月向WIPO 领导机关管理机构建议:应组织召开一次国际论坛,以讨论有关民间文学艺术表达的保存和保护、相关知识产权以及协调不同区域利益等问题。㊲

20.34 随后,在1997年4月,WIPO 和 UNESCO 在普吉岛组织了一次论坛。㊳ 该论坛决定通过"行动计划",并向 WIPO 和 UNESCO 的主管机关提交。其中的建议相当含糊:WIPO 不仅应开展区域性磋商,而且应与 UNESCO 合作设立一个专家委员会,以"完成对民间文学艺术实行特殊保护的新国际文书的起草……至于可能召开的外交会议,希望于1998年下半年举行"。㊴ 很明显,这一计划过于激进。

20.35 不久以后,WIPO 面临遗传资源和传统知识等相关议题,这些议题已在1993年《保护生物多样性公约》和其他国际论坛上讨论过了。㊵ 与这些议题有关的一些初步行动包括:1998年 WIPO 和 UNEP(联合国环境规划署)一起开展的有关利益共享、㊶ 实况调查的联合研究。㊷ 随后,在为2000年5月/6月举行的有关制定专利法条约的外交会议设定议程时,WIPO 被要求增

㉟ WCT 和 WPPT;von Lewinski(同前注10),第755页。

㊱ 事实上,第三个条约草案甚至都没有在1996年外交会议上得到磋商,这主要是因为时间所限,参见 J Reinbothe 和 S von Lewinski, The WIPO Treaties 1996(2002)第三章,注释57,以及上文第17.157。

㊲ 参见大会报告,WIPO Doc BCP/CE/VI/16 – INR/CE/V/14,第269段。

㊳ 参见该论坛上的稿件和其他材料的合集,UNESCO Publication No CLT/CIC/98/1he WIPO Publication No 758 E。

㊴ UNESCO/WIPO(ed),*World Forum on the Protection of Folklore*(1998)235。

㊵ 1993年12月29日公约(31 ILM 818)第8条第10款。有关其他国际论坛,参见 Stoll 和 von Hahn(同前注1),第35~45页。

㊶ A Grpta, *WIPO – UNEP Study on the Role of Intellectual Property Rights in the Sharing of Benefits Arising from the Use of Biological Resources and Associated Traditional Knowledge – Study n°4* (2004)。

㊷ 实况调查任务也包括了民间文学艺术,并以一份报告的形式呈现(同前注15)。也可参见 W Wendland,"*Intellectual Property*, Traditional Knowledge and Folklore:WIPO's Exploratory Program"(2002)33 IIC 485,488。

加有关土著人民的遗传资源等方面的议题。㊸ 加入这类富有争议的议题,将极大地妨碍拟定条约的谈判工作。最后,WIPO 成功地拒绝了这种要求;但是,有关讨论遗传资源和传统知识的持续压力,导致 WIPO 设立了有关民间文学艺术的政府间委员会。

D. WIPO 政府间委员会

(1) 委员会涉民间文学艺术工作概述

20.36　2001 年 5 月,WIPO 知识产权与遗传资源、传统知识和民间文学艺术政府间委员会召开了第一次会议;最近一次会议是 2007 年 7 月召开的第十一次会议。㊹ 从一开始,会议就讨论了很多议题,其中部分已得到解决。首先,信息搜集是关键。与其他知识产权领域——知识众多,或至少很容易获得——不同,在 2001 年的时候,有关民间文学艺术的信息相对较少且不系统;此外,该议题对很多代表团而言是新的领域,尽管他们是知识产权领域的专家。在此背景下,WIPO 秘书处为会议作了极为重要的工作,包括搜集、审查各国现有保护制度的经验,㊺ 起草了包含大量信息(包括有关现行保护方式和术语问题的信息)的会议文件,㊻ 组织案例研究,㊼ 以交流信息,作为对相关议题开展更好讨论的基础。

20.37　其次,WIPO 已经为成员方及其土著人民、社区或区域组织提供了法律和技术支持,以帮助其为保护民间文学艺术表达而设立、加强及更有效地实施相关制度和措施。在此基础上,WIPO 已经帮助太平洋共同体起草了区域框架协定,并将继续为其他区域提供帮助。㊽

20.38　第三,可能是最重要的任务,但也是存在争议的,就是 WIPO 参与的一些立法活动。早期主张修订 1982 年《示范条款》㊾ 的提议并未在 WIPO

㊸　其他有关该背景下的行为,参见 von Lewinski(同前注 10),第 749 页。

㊹　会议分别于 2001 年 5 月,2001 年 12 月,2002 年 6 月,2002 年 12 月,2003 年 7 月,2004 年 3 月,2004 年 11 月,2005 年 6 月,2006 年 4 月,2006 年 11 月/12 月,2007 年 7 月召开,参见 WIPO Docs GRTKF/IC/1 – 10(附带会议报告),http://www.wipo.int/meetings/en/topic.jsp? group_ id = 110. 有关最初的会议,具体参见 Wendland(同前注 16),第 115 页以下。

㊺　对政府的问卷调查:WIPO Docs GRTKF/IC/2/7.C;回馈和总结:WIPO Docs GRTKF/IC/3/10;也可参见 Wendland(同前注 16),第 115 页以下。

㊻　http://www.wipo.int/meetings/en/topic.jsp? group_ id = 110.

㊼　有关 WIPO 组织的学习活动和相关出版物,参见 http://www.wipo.int/tk/en/publications/index.html,目前正在准备一个有关习惯法方面的授权研究。

㊽　同前注 22。

㊾　上文第 20.31 段。

各代表团中达成共识。⑤⓪ 为保护民间文学艺术表达（和传统只是）筹备国际条约或其他有法律约束力的文书已得到讨论，并纳入其职权范围。然而，自委员会开始工作以来，发展中国家和工业化国家之间的分歧变得越来越明显：发展中国家一直推动委员会朝缔结条约这一终极目标而努力，⑤① 而工业化国家，尤其是美国，对此竭力反对。很多时候，各代表团很难在委员会的权限问题上达成一致，而其权限又必须定期得到续展。⑤② 迄今为止，大会并没有排除委员会的任何工作成果，因此制定条约仍属于委员会的权限范围。⑤③ 工业化国家对在该领域缔结任何具有约束力的文书都表示强烈反对，这导致它们甚至拒绝讨论WIPO秘书处提交的任何条款，而这些条款明确表明：相关内容（拟定的条款及对其进行逐条解释的评论）不损害任何可能的法律文书的法律性质，只是为国内或区域性立法提供示范，或在有需要的情况下为任何国际文书（不管其是否具有约束力）提供示范。⑤④

（2）最新的提案

20.39 上文提到的这些条款是为第七次会议所准备的文件的一部分，应委员会的要求，有待在第八次会议上由秘书处进行修订，以便对保护民间文化表达的政策目标和核心原则进行概述。⑤⑤ 该文件反映了委员会自成立以来所做的工作，并采纳了 WIPO 过去的磋商成果。文件包括起草的政策性目标（保护的一般共同目标，例如承认民间文学艺术的价值，促进对民间文学艺术的尊重）；确保实质性原则（例如平衡原则、比例原则，以及尊重民间文学艺术的习惯性使用原则）的一致性、平衡性和有效性的一般指导原则；以及具体的实质性原则（即用条款和附带解释的方式阐述保护的实质内容）。

---

⑤⓪ 根据 WIPO 的惯例，WIPO 并没开展该项任务工作；有关第二项任务，参见 WIPO Docs GRT-KF/IC/1/3，附录 4 和 IV，关于报告，参见 WIPO Docs GRTKF/IC/3/17，第 294 段。

⑤① 重点参见非洲团在 2003 年的提案：要求大会在 2004/2005 两年预算中纳入条约计划，《第五次会议报告》，WIPO Docs GRTKF/IC/5/15 第 175 段，第 123 段和第 48 段。

⑤② 例如，在第八次会议上，发展中国家只同意授权委员会制定条约，对此工业化国家竭力反对。最终，委员会不得不建议大会将授权改为"继续履行职责"，而不是明确职责的种类或目的，WIPO Doc "Decisions adopted by the Committee, June 10, 2005 – Intergovernmental Committee on Intellectual Property and Genetic Resources, Traditional Knowledge and Folklore, Eighth session, Geneva, June 6 to 10, 2005" para 9, http：//www.wipo.int/meetings/en/details.jsp? meetings_ id =7130。

⑤③ 参见大会于 2005 年作出的有关授权的决定，2005 年 10 月 WIPO Doc WO/GA 32/13，第 166 ~ 202 段。

⑤④ 有关这些条款，参见第 20.39 ~ 20.40 段，下注 55（Doc 8/4）。有关未来选择的前景展望，参见下文第 20.41 段、第 20.42 段。

⑤⑤ WIPO Docs GRTKF/IC/7/3，有关民间文学艺术保护的政策选择和法律机制概述，参见 GRT-KF/IC/7/4；修订后的版本：WIPO Docs GRTKF/IC/8/4（重印于 Docs GRTKF/IC/9/4 和 GRTKF/IC/10/4 的附录）。

20.40 草案条款涉及的事项与版权法规涵盖的事项很相似，例如客体、保护的受益人，不适当的使用行为/保护范围，例外和限制，保护期以及无手续原则。然而，由于民间文学艺术的特性，这些条款在很多方面又与版权法不同。虽然对此进行详细分析，可能会超出本章的主题范围，(56) 但在此还是要强调一些重点方面。民间文学艺术的定义非常广泛，甚至包括标记、名称和符号。它所要求的表达，既具有该特定社区的文化和社会身份这一特性，也属于被该社区或在该社区内根据习惯法所使用的文化遗产。这反映了保护的正当性，即将民间文学艺术作为活的遗产予以保护的重要性。因此，草案提议在保护期与持续满足这些要求之间建立联系；类似的，受益者仅限于其民间文学艺术表达还属于活的遗产的社区。草案规定，以必要的事先和知情同意（已登记的表达）、法定报酬权以及类似精神权利为基础提供保护禁止盗用；将习惯性使用排除在保护范围之外。在管理权力方面，可由代理机构提供协助。总之，这些条款属于目前保护民间文学艺术领域最先进的模式，尤其是因为它们考虑到了土著社会的特殊需求和习惯法。

E. 前景展望

20.41 2006 年 12 月，发展中国家和工业化国家之间在条约宗旨方面出现了分歧，导致会议出现僵局；后来，双方同意先讨论一些保护的实质性问题，而非条约条款问题，僵局才得以化解。(57) 这一妥协朝制定条约这一终极目标又迈进了坚实的一步。(58) 同时，区域性协定和国内法应该在实践中得到发展和实施，以消除以下疑虑：尚无充分证据证明 WIPO 起草的这一保护机制可以有效运作。WIPO 已经成功地帮助南太平洋、(59) 非洲(60)和其他地区发展了相关机制。

20.42 最后，人们可能好奇，为什么工业化国家如此不愿制定一个有约

---

(56) 有关细节，参见 WIPO Docs GRTKF/IC/8/4 中的解释和代表团们在 Docs GRTKF/7/15 第 65 ~ 99 段以及后续会议报告中对前一版本的评论；也可参见 S von Lewinski，“Adequate Protection of Folklore：A Work in Progress” in P Torremans（ed），*Copyright Law：A Handbook of Contemporary Research*（2007）207，217 ff。

(57) 上文第 20.38 段。

(58) WIPO Doc “Decisions of the Tenth Session of the Committee” of 8 December 2006，para 8（i），http：//www. wipo. int/meetings/en/details. jsp？meetings_ id = 11222.

(59) 第 20.37 段和前注 22。

(60) 非洲区域性组织：OAPI 在 2007 年秋季，主要根据 WIPO 的第一次草案（同前注 55）通过了一项区域性文件，参见 Lucas - Schloetter（同前注 2），第 465 ~ 467 页，也可参见 ARIPO 的类似规定。

束力的条约，甚至都不愿意提及这一议题。过去，发展中国家在经典知识产权条约领域表现得非常合作，得到的并不如付出的那么多；因此，工业化国家在民间文学艺术领域也采取同样的合作态度，似乎是合适的——因为，任何条约一经达成，都很有可能给他们带来相对较小的经济"损失"，但同时却会在"善意"方面给他们带来巨大收益，而这正是当今社会亟须的要素。[61] 或许，目前仍然需要真诚倾听另一方意见，并尝试理解和接受不同的世界观和财产概念——简言之：相互尊重。

---

[61] 参见下文第 26.02 段以下、第 26.13 段和第 26.14 段。

第二十一章
WIPO 发展议程

A. 背 景

21.01 政治越来越深刻地影响着国际组织里的专家机构,例如作为联合国专门机构的世界知识产权组织(WIPO)。最近出现了一项旨在总体上增强发展中国家和最不发达国家(LDCs)实力的政治性运动——至少在减少全球化对这些国家的消极影响方面,该运动被认为是必要的。值得注意的是,2000年9月,联合国大会通过了《联合国千年宣言》,该宣言包含了新千年的八个发展目标,以改善发展中国家和最不发达国家的境况。① 为实现这种改善目标,联合国和其他国际组织内部出现了很多行动、宣言和发展议程;例如,当前的 WTO 多哈回合在2001年11月就制定了"多哈发展议程";同时,信息社会全球峰会提出了所谓的"数字鸿沟"和类似议题。②

21.02 在此背景下,阿根廷和巴西向2004年 WIPO 大会——几乎与此同时,一些发展中国家在 WIPO、WTO 和其他国际组织中,也启动了政治性议程以证明其潜在影响力③——提出了一个"为 WIPO 设立发展议程"的提案。④

---

① http://www.un.org/millnniumgoals/background.html;有关全球化,参见第5段。
② 关于2003年12月在日内瓦和2005年11月在突尼斯召开的信息社会全球峰会及其成果,参见 http://www.itu.int/wsis/index.html. 有关发展问题的更多举措在 WIPO Doc WO/GA/31/11 Annex p1 中被提及。
③ 参见上文第19.07段和第19.37段。
④ WIPO Doc WO/GA/31/11. 值得注意的是,巴西曾在1961年向联合国大会提交针对发展问题的解决方案,尽管其仅限于专利法内容,参见 A Menescal, "Changing WIPO's Ways? The 2004 Development Agenda in Historical Perspective"(2005)8/6 Journal of World Intellectual Property 761 ff。

该提案随后得到其他 12 个发展中国家的支持，这些自称为"发展伙伴小组"⑤的国家基本主张是：应当将发展方面的问题纳入 WIPO 的工作中。为回应这一提议，大会不仅决定组织召开一个有关知识产权与发展的国际研讨会，⑥ 而且决定在大会闭会期间召开政府间会议，以研究这一议题以及未来的类似提议。

B. 后续活动

21.03 随后，2005 年召开了三次政府间会议。与会者不仅讨论了上述提案，而且还讨论了美国、墨西哥、英国、巴林（得到另外 10 个阿拉伯国家的支持）的提案，以及英国的另外一个提案；由于时间有限，非洲提交的提案未得到讨论。⑦ 国际局在一份独立文件中强调了其开展的发展合作活动。⑧ 会议讨论比较宏观，且常常涉及知识产权法；讨论内容基本限于观点的交流。⑨ 鉴于这些提案，WIPO 后来在 2005 年召开的大会上决定成立一个临时委员会，以跟进会议进程，确保加速完成 WIPO 发展议程上所列的提案的讨论。⑩

21.04 在 2006—2007 年召开的四次会议上，临时委员会讨论了旧的、修正后的和新的提案。⑪ 为了安排对这么多提案的讨论，主席准备了一系列提案组，每组内的提案具有相同的目的。由于直至 2006 年 6 月还没就实质问题达成一致意见，随后的 2006 年大会将临时委员会的授权延长了一年，以确保对 111 个提案的讨论能更深入、更有条理。大会还授权委员会限缩提案的范围，以避免重复，将具有可操作性的提案从单纯的一般原则性宣言中分离出来，并

---

⑤ WIPO Doc WO/GA/31/11. 加上：玻利维亚、古巴、多米尼加共和国、厄瓜多尔、埃及、伊朗、肯尼亚、秘鲁、塞拉利昂、南非、坦桑尼亚和委内瑞拉；也可参见 WIPO Doc IIM/1/4 中更多详细建议。

⑥ 该讨论会于 2005 年 5 月 2 日、3 日召开，由 UNCTAD，UNIDO，WHO 和 WTO 共同举办。会议以"知识产权和公共政策"和"知识产权和发展"为主题，讨论了很多问题，WIPO Doc ISIPD/05/INF/1 Prov，参见 http://www.wipo.int/meetings/en/details.jsp?meeting_id=7523。

⑦ 有关这些提案，参见 WIPO Doc IIM/1/2，IIM/1/5，IIM/2/2，IIM/2/3，和 IIM/3/2。

⑧ WIPO Doc EDS/INF/1.

⑨ 第一次会议报告：WIPO Doc IIM/1/6；第二次会议报告：WIPO Doc IIM/2/10；第三次会议报告：WIPO Doc IIM/3/3。

⑩ Provisional Committee on Proposals related to a WIPO Development Agenda；WIPO Doc WO/GA/32/13 第 146 段，也对该背景作了深度讨论。

⑪ 例如，参见修正后的非洲提案（IIM/2/3 Rev）；智利提案（WIPO Doc PCDA/1/2），哥伦比亚提案（WIPO Doc PCDA/1/3），美国提案（WIPO Doc PCDA/1/4），阿根廷和"发展伙伴小组"提案（WIPO Doc PCDA/2/2），吉尔吉斯斯坦共和国提案（WIPO Doc PCDA/2/3）。有关四次会议的介绍，参见 http://www.wipo.int/ip-development/en/agenda.html。

关注那些与 WIPO 现有活动有关的提案。⑫ 在 2007 年会议上，临时委员会成功地在没有遗漏任何实质性议题内容的前提下，将提案减少至 45 个。⑬

21.05 在 2007 年 6 月的会议上，各方终于达成一致意见，建议大会采纳这些提案并付诸行动；其中有 19 项行动得到了立即实施，并成立了发展与知识产权委员会，以取代临时委员会和知识产权合作促进发展常设委员会，并且制订了执行这些建议的工作计划，监督执行情况，以及讨论知识产权和与发展有关的议题；大会在 2007 年 9 月 28 日采纳了这些建议。⑭

C. 提案的主要内容

21.06 提案被归类为以下几个领域：技术支持和能力建设；规则制定、灵活性、公共政策和公共领域；技术转移、信息和通信技术，以及获取知识；评价、评估和影响力研究；以及授权和管理等机构事项。

21.07 对于这些提案，这里只提及部分例子。⑮ 就技术支持而言，一个重要的要求是希望 WIPO 在立法建议中把发展中国家的特殊需求和成员方之间的不同发展程度考虑在内，可以参考 TRIPS 中的灵活性规定；其他提案建议 WIPO 重点关注科研和文化产业的中小企业和机构；帮助成员方发展基础设施，并在知识产权领域制定国际策略；以及帮助成员方处理与知识产权和反竞争有关的行为。

21.08 规则制定应考虑成员方的不同发展程度，支持"丰富的公共领域"，便利获取知识，考虑知识产权条约提供的灵活性，并且体现发达国家和发展中国家在得失方面的平衡。WIPO 的有关规则制定的工作文件应当规定知识产权和竞争之间的关系，以及"确保知识产权规则的国内的实施"。巴西最初的提案更明确地提及：成员方有权根据"其自身法律制度和实践"实施国际义务。⑯ 这种对国家实施义务的特殊关注，常常在与美国缔结的双边条约中缺失，⑰ 这可能反映出成员方希望在将条约落实到国内法时能维护主权。在开展制定新规则的活动之前，WIPO 应当进行非正式的、开放的、公平的磋商。

---

⑫ WIPO Doc WO/GA/33/10 第 66 段，此处列明了 2007 年两次会议上的不同议案组。
⑬ WIPO Doc PCDA/4/3 Annex I.
⑭ 有关这些建议的完整版目录，参见 WIPO Doc PCDA/4/3 第 76 段。
⑮ 关于最初 111 个提议的完整版别表，参见 WIPO 大会报告（同前注 12）；关于 2007 年采纳的列表，参见注 13。
⑯ WIPO Doc WO/GA/31/11，附录第 4 页提及了 TRIPS 第 1 条第（1）款的灵活性内容。
⑰ 参见上文第 12.31、第 12.41 段和 14.20 段，有关例子，参见《美国—澳大利亚自由贸易协定》。

另外，应当加速遗传资源、传统知识和民间文学艺术的保护进程。

21.09 此外，与会者还建议 WIPO 对其以发展为目标的活动开展年度审核和评估，并对知识产权和发展，以及相关议题开展研究。同时，与会者要求 WIPO 就知识产权领域加强与其他国际组织的合作，并加强措施确保公民社会在 WIPO 活动中的参与度。

21.10 WIPO 发展议程上提出的工作建议涵盖了知识产权的所有领域，在架构上相当广泛、开放、模糊——这有助于代表团对建议达成一致意见。

D. 前景展望

21.11 最后，WIPO 各成员方应协商如何构建、实施这些提案，以及可能的后果。2008 年新一轮会议上开始的讨论或许会持续一段时间，尤其是考虑到发展议程的政治本质；此外，要就实施这些提案的具体方面达成一致意见，难度远大于在 2007 年就 45 项宽泛的提案达成一致意见。无论如何，由于新委员会可能会涉及 WIPO 授权的不同领域，因此委员会的任何具体建议都将由大会通过，并重新转交给有权的委员会，例如，在版权和相关权方面，转交给版权和相关权常设委员会。

21.12 另一方面，提交讨论的提案并不是革命性的；它们涉及的都是一些自 WIPO 成立以来一直关心的主要问题：例如，WIPO 一直为发展中国家提供技术和其他支持，并且用其他方式照顾发展中国家的需求，例如，通过外交会议的内部程序。[18] 此外，只有在一些 WIPO 授权范围清晰的领域，例如竞争实践，采纳这些提案可能才是有意义的。这可能反映出成员方希望将 WIPO 关注的重点更多地转移到发展问题上；这一点在规则制定领域表现得尤为明显。在该领域，发展中国家感到颇受欺凌，因为它们不得不接受 TRIPS 的规定，甚至区域贸易协定、双边贸易协定中的更高标准，此外，还可能受到单边措施制裁。因此，WIPO 发展议程的初衷可视为发展中国家对这些压力的回应，也可视为对其他国家发出停止这种趋势的信号。这也反映出发展中国家希望证明自己在国际舞台上具有重要分量——近几年在 WIPO 多个委员会，甚至在 WIPO 之外，国际社会已经感受到了发展中国家的此种分量。

---

[18] 这些 WIPO 程序比 GATT/WTO 更公开，提供更多的平等机会；对此，参见上文第 9.09 段和下文第 25.15 段。

第二十二章
1996年之后WIPO讨论的其他议题①

A. 对数据库的特殊保护

22.01 早在1996年，欧共体就制定了《数据库指令》，其中规定了对数据库的特殊保护制度，② 并向WIPO提出了制定数据库特殊保护条约的提案，③ 该提案得到了其他代表团的积极响应，因而委员会主席获得授权，为制定数据库条约基础提案做准备。然而，在提交提案和1996年12月召开外交会议之间的短暂时间里，出于担心使用者的利益受损，支持提案的代表团大幅减少；此外，外交会议也没有时间讨论该基础提案。结果，外交会议只通过了在1997年第一季度召开WIPO领导机关特别会议的建议；召开该会议的目的是为条约的进一步工作制定时间表。④

22.02 在1997年3月召开的特别会议上，WIPO大会和伯尔尼大会决定，对于保护数据库的议题，只需要召开一个信息会议；相反，其他在1996年外交会议上遗留下来的问题——视听表演——则由专家委员会讨论。⑤ 因此，1997年9月，"数据库中的知识产权信息大会"与关于视听表演议定书专家委

---

① 视听表演、广播组织、民间文学艺术以及WIPO发展议程，分别在上文第十八章至第二十一章中作了单独论述。有关1996年外交会议之前的数据库保护，参见上文第17.155~17.157段。
② Dir 96/9/EC of the European Parliament and of the Council of 11 March 1996 on the Legal Protection of Databases, 尤其是第7条以下；第9章。
③ WIPO doc BCP/CE/6/13.
④ 关于1996年及以前专家委员会为数据库提供的特殊保护，参见上文17.155~17.156段。
⑤ WIPO Doc AB/3X/4第20段；关于从1996年到1999年11月版权和相关权常设委员会第三次会议之间在WIPO内部召开的讨论，参见J Reinbothe 和 S von Lewinski, *The WIPO Treaties* 1996（2002）489-491。

员会第一次会议一起召开了。会议的主要目的是为了交流有关保护数据库的必要性的信息；讨论的基础是 WIPO 从成员方⑥获取的现行立法和信息，而不是为 1996 年外交会议准备的数据库条约基础提案。

22.03 很多代表团都不否认有必要对数据库提供特殊保护；然而，多个代表团的发言都强调公共利益，例如研究和教育的重要性⑦，因而表现出强烈的对用户的担忧，这一点在 1996 年下半年已经开始体现出来。⑧ 会议要求国际局进一步收集、发布相关信息。⑨ 1998 年，对数据库提供特殊保护又被纳入到了当时刚成立的版权和相关权常设委员会（SCCR）的议事日程上。SCCR 和区域小组会议⑩进行的工作表明，倾向于对数据库提供特殊保护的国家与担心自由获取信息和公共利益的国家之间存在争议。很多代表团认为在该领域制定条约为时过早，并要求国际局开展针对数据保护的经济影响和后果的研究，尤其是在发展中国家和最不发达国家开展此类研究。⑪ 随后，一些研究报告被提交到 2002 年 5 月召开的 SCCR 第七次会议。⑫ 不过，这些研究报告并没有引起太多讨论。⑬

22.04 虽然在 2000 年以前，SCCR 的工作重心在于制定视听表演条约，因而很少花时间在数据库特殊保护问题上，但是在 2000 年视听表演外交会议召开之后，SCCR 对该领域的兴趣仍然不大。如果能够成功让美国加入欧共体

---

⑥ WIPO Docs DB/IM/2, DB/IM/3 和 DB/IM/3Add 中的 WIPO 备忘录；也可参见世界气象组织的提案：WIPO Doc DB/IM/4，以及联合国教科文组织的提案：WIPO Doc DB/IM/5。

⑦ 数据库中的知识产权信息大会报告，1997 年 9 月 17—19 日，WIPO Doc DB/IM/6 Rev 4 ff，有关讨论，参见 Annex II。

⑧ 上文第 17.157 段。

⑨ 报告（同前注 7）第 4~5 段，第 12 段。

⑩ 中欧和巴尔干国家之间的磋商会议 WIPO Docs SCCR/2/10 以及 SCCR/2/10 Rev；有关非洲国家，参见 WIPO Doc SCCR/3/2；有关亚太地区，参见 WIPO Doc SCCR/3/6；有关中欧和东欧国家，参见 WIPO Doc SCCR/3/10。

⑪ SCCR 第一次会议报告，WIPO Doc SCCR/1/9 para 204（b）(ii) /p35。

⑫ Y Braunstein, "Economic Impact of Database Protection in Developing Countries and Countries in Transition" WIPO Doc SCCR/7/2；S EL – Kassas, "Study on the Protection of Unoriginal Database" WIPO Doc SCCR/7/3；T Riis, "Economic Impact of the Protection of Unoriginal Databases in Developing Countries and Countries in Transition" WIPO Doc SCCR/7/4；P Vandrevala, "A Study on the Impact of Protection of Unoriginal Database on Developing Countries: India Experience" WIPO Doc SCCR/7/5；Z Shengli, "The Economic Impact of the Protection of Database in China" WIPO Doc SCCR/7/6；A López, "The Impact of Protection of Non – original Databases on the Countries of Latin America and the Caribbean", WIPO Doc SCCR/8/6；也参见欧共体及其成员方所做的类似研究，"The Legal Protection of Databases", WIPO Doc SCCR/8/8，以及肯尼亚的提议，"Protection of Non – original Databases", WIPO Doc SCCR/9/2 和 SCCR/9/2 Corr。

⑬ 第七次会议报告：WIPO Doc SCCR/7/10 第 12~23 段；第八次会议报告：WIPO Doc SCCR/8/9 第 12~15 段。

第二十二章 1996 年之后WIPO 讨论的其他议题

的队伍，一起在国内法层面引入该保护，这种情况或许可以得到扭转；尽管各方对此有诸多尝试，结果仍未成功。缺乏制定条约的主要推动力量（除欧共体之外），以及即使在提交研究报告之后，各方仍然缺乏对数据库特殊保护的兴趣，导致一些国家提议将该议题从 SCCR 的议事日程中删去。尽管遭到美国、欧共体、俄罗斯和罗马尼亚的反对，委员会在第九次会议上还是决定在以后的会议上再讨论数据库保护的问题。⑭ 在第十一次会议上经过类似的讨论之后，委员会又决定将该议题纳入第十三次会议议程。⑮ 经过在第十三次会议上非常短暂的讨论，⑯ SCCR 再没有讨论该议题；目前也没有迹象表明存在数据库条约的任何新动向。

B. 其他议题

（1）寻找新议题

22.05 SCCR 首次面临新议题的问题是在 2001 年——当时，制定视听表演者条约的计划在经历 2000 年外交会议上的失败之后大势已去，与此同时，完成其他重要计划，例如制定广播组织权条约，在当时可预见的未来一段时间里是现实可行的。⑰ 因此，有人认为这是寻找新议题的适当时机。当然，并非所有议题都会被列入 SCCR 的工作计划；有些议题只是用于研究、召开座谈会、信息会议以及类似场合使用。⑱

22.06 在第七次会议上，墨西哥提交了有关互联网服务提供者责任⑲、国际版权和邻接权侵权行为的准据法、自愿的版权登记体系以及追续权的研究报告。匈牙利提交的研究报告则是关于多媒体产品的所有权以及国际私法问题，即有关选择法院和选择法律的研究报告；俄罗斯建议对数字环境下的数字权利管理和所有权问题开展研究；美国提交了版权的经济影响研究报告；苏丹与匈牙利一样，建议对版权和邻接权的集体管理问题开展研究；此外，还有一些非政府组织提及了限制和例外的问题。⑳

---

⑭ 2003 年 7 月 SCCR 第九次会议报告，WIPO Doc SCCR/9/11 第 10，22 段，130（e）。
⑮ 第十一次会议报告，WIPO Doc SCCR/11/4 Annex III p2。
⑯ 第十三次会议报告，WIPO Doc SCCR/13/6 第 186～193 段。
⑰ 有关第六次会议，参见 Report, WIPO Doc SCCR/6/4, 第 170 段以下；在外交会议上，主席乐观地预测，在 2004 年有可能召开关于广播组织条约的外交会议，相关文件参见第八次会议报告，WIPO Doc SCCR/8/9 第 125 段。
⑱ 同上注，第 104 段。
⑲ 原文以三种语言做出；意思很可能是指"责任"。
⑳ 第七次会议报告，WIPO Doc SCCR/7/10 第 132～145 段。

22.07 在第八次会议上,国际局提交了一份概括各代表团提及的议题的文件。国际局建议讨论各议题在 SCCR 将来工作中的优先性问题,尽管这不是规则制定所必要的工作。各代表团对文件中的许多议题都表示感兴趣,并对议题的优先性表达了各自意见。[21] 一些代表团还建议委员会应首先处理和解决有关视听表演、广播组织以及数据库特殊保护这些悬而未决的问题。[22]

(2) 对新议题开展工作

(a) 互联网服务提供者的责任

22.08 WCT 和 WPPT 没有涉及互联网服务提供者的责任问题;[23] WIPO 在 1999 年组建了一个工作小组,并将该问题纳入 1999 年和 2001 年 WIPO 召开的"电子商务国际会议"的议程中。[24] 2005 年,WIPO 组织了一个有关版权和互联网中间商的研讨会,会议讨论的议题包括:扩大互联网中间商的含义,使之包括点对点服务和诸如 YouTube 这样的互联网平台;以及通知与移除程序、监管以及未来的政策导向等。[25]

(b) 国际私法

22.09 在互联网领域,国际私法的问题尤为重要和复杂,例如,在互联网上提供作品——这一行为具有全球影响——应适用什么法律。对于这一问题,WIPO 在 1994 年和 1995 年举办了三次国际研讨会,并在 1998 年 12 月设立了"与通过全球数字网络传输的作品和相关权客体保护有关的国际私法问题顾问组"。[26] WIPO 在"电子商务的首要问题"中包括了管辖和准据法的问题。[27] 在 2001 年 1 月,WIPO 组织了国际私法与知识产权论坛。

22.10 正当大家在尝试重新确立一个制定视听表演条约的目的的时候,WIPO 发表了一些授权性研究成果:有关特定国家转让表演者在视听作品上的

---

[21] 这些问题在 WIPO Doc SCCR/8/2 中得到阐述。

[22] 关于代表团的反映,参见第 8 次会议报告(同前注 17),第 103~123 段。

[23] 上文第 17.54 段。

[24] 有关 1999 年 12 月 9—10 日在日内瓦召开的"服务提供者责任研讨会",参见 WIPO Doc OSP/LLA/1-3;有关电子商务领域的会议,参见 1999 年 9 月 14—16 日在日内瓦召开的"电子商务和知识产权国际会议",WIPO/EC/Conf/99/SPK/4ff,尤其是 15-A,http://www.wipo.int/meetings/en/details.jsp?meeting_id=3834,以及 2001 年 9 月 19—21 日在日内瓦召开的 WIPO"第二次电子商务和知识产权国际会议",WIPO Doc WIPO/EC/Conf/01/SPK/1ff,http://www.wipo.int/meetings/en/details.jsp?meeting_id=4390;短期评估,也可参见"电子商务和知识产权的首要问题",2000 年 5 月,WIPO Doc WIPO/OLOA/EC/PRIMER,第 132~135 段和第 137 段。更多关于 WIPO 在电子商务方面的会议和座谈会,参见 http://www.wipo.int/meetings/en/topic.jsp?group_id=21。

[25] http://www.wipo.int/meetings/en/2005/wipo_iis/program.html。

[26] WIPO Docs GCPIC/1 and 2 (A Lucas 和 J Ginsburg 的研究)。

[27] 同前注 24,第 37~39 段。

权利的实体性规则和国际私法规则,以及在此基础上所做的一项一般研究。㉘ 2003年11月和2004年11月就这些研究开展的讨论表明:这些问题非常复杂,可能打击成员方和WIPO秘书处在该领域采取进一步行动的信心。

(c) 版权和相关权的经济重要性

22.11 在版权和相关权的经济重要性问题上,WIPO于2002年设立了一个由经济学家组成的工作小组,以便协调计量版权和相关权经济重要性的方法,以及在2003年发表相关报告做准备。工作小组总结了现有经验,为将来的调查提供了可行的机制,以建立起比较基础。㉙

(d) 权利集体管理、登记以及其他新的议题

22.12 1997年在西班牙塞维利亚召开的WIPO"应对数字技术挑战,实施和管理版权与邻接权国际论坛"上,权利集体管理的议题被提及;㉚ 此后,在其他会议上,包括1999年和2001年的电子商务会议也都讨论了该议题。㉛

22.13 至于作品和其他客体的自愿登记问题,2005年11月,国际局提交了基于一项对12个国家国内法进行问卷调查的文件。㉜ 该文件指出了自愿登记制度的一些优点,例如作为版权存在的初步证据;㉝ 尤其对于数字环境下近来出现的"孤儿作品"(即版权人不明的作品),登记可发挥作用。这一议题没有引发讨论。㉞ 成员方就新议题(追续权以及多媒体产品的所有权)提交的其他提案,也没有得到讨论。㉟

(e) 实施WCT和WPPT

22.14 针对WCT和WPPT的实施问题,很多成员方认为有必要相互交换信息,尤其是在技术措施的法律保护方面——大多数国家对这一领域缺乏经验。㊱ 类似的,在数字环境下的新权利和使用者利益之间找到合适的平衡点,对很多WIPO成员来说也是一个挑战。国际局通过组织专题研讨会和会议,在

㉘ 参见上文第18.23段。

㉙ "Guide of Surveying the Economic Contribution of the Copyright – Based Industries", WIPO Doc SC-CR/10/4 [也可见 WIPO Publication no 893 (E)]。

㉚ WIPO Publication no 756 (E).

㉛ 同前注24。此外,就该议题还召开过其他很多研讨会和专题讨论会,http://www.wipo.int/meetings/en/topic.jsp?group_id=155。

㉜ SCCR第十三次会议;WIPO Doc SCCR/13/2。

㉝ WIPO Doc SCCR/8/2 第13段。

㉞ 第十三次会议报告,WIPO Doc SCCR/13/6 第184~185段。

㉟ 有关这些问题,参见 WIPO Doc SCCR/8/2 第14~15段以及第16~18段。其他提议的议题,以及保护民间文学艺术的议题(同上注,第35~38段),已经在一个新的政府间委员会上得到讨论,见上文第20.36段及其后文。

㊱ 一些相关问题,参见 WIPO Doc SCCR/8/6 第22段。

这些领域对成员方予以帮助。㊲ 在 WCT 和 WPPT 生效之前，有关这两个条约实施问题的研讨会就已经讨论了例外和限制问题；讨论是基于 Pierre Sirinelli 的一项具体研究而展开。㊳ 2003 年 4 月，WIPO 提交了 Sam Ricketson 的一项重要研究报告，该研究报告专门分析了《伯尔尼公约》《罗马公约》、TRIPS、WCT 和 WPPT 中例外和限制条款。此外，该研究报告还分析了三步检验法，对该检验法适用具体情形，以及其在美国、欧共体和澳大利亚法律中的实施情况进行了分析。㊴ 在 WCT 和 WPPT 生效之后，WIPO 对成员方实施条约的国内法条款进行了汇编。㊵ WIPO 还发表了一项有关"数字权利管理领域最新发展"的研究报告，该报告在饱受诟病之后进行了修改，因为其内容失实，且很主观地反映了产业界的观点。㊶ 另一项研究是关于"自动化权利管理系统及版权的限制和例外"。㊷

(f) 限制和例外

22.15 由于智利的建议，有关限制和例外的议题在 2004 年 11 月再次被纳入 SCCR 的议事日程；不过，这一次，该议题是在其他背景下出现的，而且只与教育、图书馆以及残障人士有关。㊸ 所有参加讨论的代表团都来自发展中国家，它们总体上支持该建议；然而，智利没有明确回答此次讨论的最终目标是什么：仅仅是该领域相关经验的一个信息交流，还是制定规则？㊹ 在后续会议中，对限制和例外的讨论呈现出不同观点；例如，贝宁和摩纳哥认为有必要确保权利人的利益不受例外情形的损害，其他很多国家还提到将三步检验法作为限制手段；然而，也有很多国家倾向于保护使用者的利益。与 SCCR 相关的

㊲ 1999 年 12 月 WIPO 有关实施 WCT 和 WPPT 的专题研讨会，WIPO Doc WCT – WPPT/IMP，重点参见第 2 段、第 3 段[A Strowel 和 D Marks/B Turnbull 的研究，以及上文提到的在 1999 年和 2001 年召开的电子商务会议（同前注 24）]。

㊳ 1999 年 12 月 3 日的 WIPO Doc WCT – WPPT/IMP/1；也参见 WIPO 于 1999 年和 2001 年召开的电子商务会议（同前注 24）。

㊴ WIPO Study on limitations and exceptions of copyright and related rights in the digital environment, WIPO Doc SCCR/9/7.

㊵ WIPO Doc SCCR/9/6 及附录 Ⅰ – Ⅲ，WIPO Doc SCCR/9/6 add 1 of 25 April and 11 July 2003；有关实施 WCT 和 WPPT 涉及的利益问题，参见第六次大会报告（同前注 17），第 170 段。

㊶ 第十次会议报告，WIPO Doc SCCR/10/5 第 62、67 段；修订后的版本，参见 J Cunard, K Hill, 和 C Barlas, WIPO Doc SCCR/10/2 Rev，其中论述了当前的数字权利管理技术和国际条约的现行法律框架，以及美国、欧共体、澳大利亚和日本的相关规定；其中还阐述了数字权利管理系统的实施现状，并讨论了政策问题。

㊷ N Garnett, WIPO Doc SCCR/14/5.

㊸ SCCR 第十二次会议，WIPO Doc SCCR/12/3，该报告没有涉及任何进一步的实质性问题。该议题在《发展议程》中再次出现，参见上文第 21.04、第 21.08 段。

㊹ 对此的简要论述，参见 WIPO Doc SCCR/12/4，第 11 ~ 31 段。

一个信息交流会议也就此类限制进行了重点讨论。㊺

22.16 有一项提案颇受各方欢迎，那就是：建议 WIPO 开展对成员方国内法的调查，以作为未来建议修改国内法或国际条约的基础。㊻ 智利随后提交了一项更具实质性的文件，对其之前的提案作了进一步的明确，指出：SCCR 未来可以从事以下三方面的工作：确立有关例外和限制方面的国内法模式和实践；对例外和限制予以分析，以促进今后的新发展；以及制定一项有关例外和限制的协定，将之作为成员方国内法的最低要求。㊼ 该文件未被讨论。随后的 SCCR 会议只讨论了制定广播组织条约这一更具争议的议题；不过，后来还是有一项"适用于视觉障碍者的版权限制和例外研究"提交给了 SCCR，可惜仍未得到讨论。㊽ WIPO 秘书处继续就限制与例外领域（例如，现行国内法规定）展开研究。

（g）执法

22.17 至于另一项重要活动，就是 WIPO 成立了执法咨询委员会；该委员会第一次会议于 2003 年 6 月召开。㊾ 会议涵盖了知识产权的所有领域。会议没有获得授权制定规则。㊿ 国际局在内部成立了一个负责执法的专门项目组，该项目组同时负责更便利交换信息的电子论坛建设。○51 咨询委员会可获得一些有价值的文件，例如有关不同国家在知识产权民事诉讼和行政救济方面的经验的文件。○52

C. 前景展望

22.18 正如本章所述，一些有价值的工作不仅可以成为规则制定活动的一部分，还可以具有超出这一范围的价值。我们可以推定，在未来的几年里，SCCR 和其他相关委员会，可能会首先提供一个论坛，以讨论、交流版权、邻接权领域遇到的新挑战以及相关国内法经验；尤其是，如果限制和例外议题成

㊺ http://www.wipo.int/meetings/en/details.jsp?meeting_id=9462, 2005 年 11 月 21 日会议。

㊻ 参见报告，WIPO Doc SCCR/13/6, 第 17~54 段。

㊼ WIPO Doc SCCR/13/5.

㊽ WIPO Doc SCCR/15/7, 一项由 J Sullivan 开展的研究；也可参见"为视障人士的数字内容信息交流会"，该会议在 SCCR 第十次会议期间组织召开，http://www.wipo.int/meetings/en/details.jsp?meeting_id=5035。

㊾ 参见主席的结论，WIPO Doc ACE/1/7 Rev。

㊿ 同上注，第 4 段。

○51 IPEIS——知识产权议题和策略数字论坛。

○52 参见 WIPO Docs ACE/2 和/3, http://www.wipo.int/meetings/en/details.jsp?group_id=142。

为优先考虑的议题，至少在 WIPO 发展议程中有极大可能成为优先考虑的议题，我们可以预计规则制定将不会成为这些活动的直接目标，甚至任何有关软法方面的协议都很难达成。

第四编

总结与展望

第四章

空间滤波

第二十三章
主要国际版权与邻接权条约内容比较表

23.01 以下有关主要国际版权与邻接权条约的表格，通过将各条约进行对比，展示了不同条约保护规则和内容的"大图景"，以便于更好地从宏观上进行理解。表格可以帮助读者更清楚地认识一些随着时间演变而发生的变化，以及相关的早期条约演变趋势。通过这样的整理归纳，可以为一些在比较版权和邻接权保护及条款的单项要素方面感兴趣的读者提供帮助。表格只是一个初步的框架；有关细节问题请参考前面的章节。

A. 版　　权

保护要素	《伯尔尼公约》（BC）（1971年巴黎文本）	TRIPS（1994年）	《世界知识产权组织版权条约》（WCT）（1996年）
保护原则	● 国民待遇原则：第5条第（1）款/第（4）款 ● 国民待遇原则的例外：第7条第（8）款，第2条第（7）款第2句、6句，第14条之三第（2）款，第30条第（2）款（b）项第2句	● 国民待遇原则：第3条第（1）款第1句 ● 国民待遇原则的例外：第3条第（1）款第1句及其提及的《伯尔尼公约》中的例外	● 国民待遇原则：第3条及其提及的《伯尔尼公约》第5条第（1）款/第（4）款 ● 国民待遇原则的例外：第3条和第1条第（4）款及其提及的《伯尔尼公约》中的例外
	● 最低限度权利：第5条第（1）款/第（4）款；第19条	● 最低限度权利：第1条第（1）款第1句、第2句；第1条第（3）款第1句	● 最低限度权利：第3条及其提及的《伯尔尼公约》第5条第（1）款/第（4）款

续表

保护要素	《伯尔尼公约》（BC）（1971年巴黎文本）	TRIPS（1994年）	《世界知识产权组织版权条约》（WCT）（1996年）
保护原则	• "无手续"原则：第5条第（2）款	• "无手续"原则：第9条第（1）款第1句及其提及的《伯尔尼公约》第5条第（2）款 • 最惠国待遇原则：第4条，免除《伯尔尼公约》中的国民待遇例外情形［第4条第2句（b）项］	• "无手续"原则：第3条及其提及的《伯尔尼公约》第5条第（2）款
	• 资格标准：第3条、第4条	• 资格标准同《伯尔尼公约》：第1条第（3）款第2句以及《伯尔尼公约》第3条、第4条 • 上文提到的3个原则也可参见：第9条第（1）款第1句中的遵守条款及其提及的《伯尔尼公约》相关条款	• 资格标准同《伯尔尼公约》：第3条及其提及的《伯尔尼公约》第3条、第4条 • 在所有情况下：第1条第（4）款的遵守条款及其提及的《伯尔尼公约》相关条款
受保护的作品	• 第2条，第2条之二第（1）款，第14条之二第（1）款第1句	• 第9条第（1）款第1句（遵守条款）及其提及的《伯尔尼公约》第2条、第2条之二第（1）款，第14条之二第（1）款第1句 • 加上第10条（计算机程序、数据库）	• 第3条及其提及的《伯尔尼公约》第2条、第2条之二第（1）款，第14条之二第（1）款第1句 • 第1条第4款（遵守条款）及其提及的所有《伯尔尼公约》的条款，包括第14条之二 • 加上第4条、第5条（计算机程序、数据库）
作品的保护范围	• 第2条第（1）款的"表达"暗示TRIPS第9条第（2）款的相同内容	• 第9条第（2）款的思想/表达二分法	• 第2条［与TRIPS第9条第（2）款一样］

第二十三章 主要国际版权与邻接权条约内容比较表

续表

保护要素	《伯尔尼公约》(BC)（1971年巴黎文本）	TRIPS（1994年）	《世界知识产权组织版权条约》（WCT）（1996年）
权利人	• 作者（未被定义；一般仅指自然人），第2条第（6）款等 • 权利继承人：第2条第（6）款 • 电影作品：第14条之二第（2）款、第（3）款	• 第9条第（1）款第1句（遵守条款）及其提及的《伯尔尼公约》第2条第（6）款、第14条之二第（2）款、第（3）款 • "作者和权利继承人"，第11条	• 第3条及其提及的《伯尔尼公约》第2条第（6）款 • 此外：第1条第（4）款（遵守条款）及其提及的《伯尔尼公约》第2条第（6）款、第14条之二第（2）款、第（3）款
精神权利	• 第6条之二以及其他条款的明文保护规定，例如第11条之二第（2）款第2句	• 被排除出遵守条款的适用范围，第9条第（1）款第2句	• 第1条第4款（遵守条款）及其提及的《伯尔尼公约》第6条之二及保障条款
经济权利	• 以任何方式或形式复制，第9条第（1）款、第（3）款 • 翻译、改编/改动，第8条，第12条 • 对戏剧作品、音乐戏剧作品或音乐作品进行公开表演、向公众传播（不包括第11条之二的相关行为）：第11条、第11条之三 • 上述四种权利（翻译除外）也可适用于电影作品：第14条第（1）款、第（2）款，第14条之二第（1）款第2句 • 广播、传播广播：第11条之二 • 发行电影作品：第14条第（1）款（i）项，第14条之二第（1）款第2句；有观点认为可适用于没收，第16条	• 权利同《伯尔尼公约》：第9条第（1）款第1句（遵守条款）及其提及的《伯尔尼公约》相应条款 • 加上：适用于计算机程序、电影作品，以及（可能的）录音制品的出租权：第11条、第14条第（4）款	• 权利同《伯尔尼公约》：第1条第（4）款（遵守条款）及其提及的《伯尔尼公约》相应条款 • 加上：适用于计算机程序、电影作品，以及录音制品所载有的作品的出租权（存在类似于TRIPS的限制）：第7条 • 适用于所有作品的发行权：第6条 • 广泛的传播权，包括"提供"，对《伯尔尼公约》中的传播权予以了补充：第8条

续表

保护要素	《伯尔尼公约》（BC）（1971年巴黎文本）	TRIPS（1994年）	《世界知识产权组织版权条约》（WCT）（1996年）
限制和例外	●为提供信息目的对公共演讲的某些使用：第2条之二第（2）款 ●复制：第9条第（2）款 ●引用：第10条第（1）款 ●为教学进行解说：第10条第（2）款 ●为报道时事性文章而附带使用作品：第10条之二第（2）款 ●短暂复制：第11条之二第（2）款第2、第3分句 ●强制许可：广播［第11条之二第（2）款］和（第二次以及更多次）机械录制（第13条） ●默示例外和限制（细琐性质以及涉及翻译权）	●限制和例外同《伯尔尼公约》：第9条第（1）款第1句（遵守条款）及其提及的《伯尔尼公约》相关条款；包括默示例外和限制 ●加上：将三步检验法附加适用于《伯尔尼公约》项下权利，以及单独适用于TRIPS项下权利（出租权）：第13条	●限制和例外同《伯尔尼公约》：第1条第（4）款第1句（遵守条款）及其提及的《伯尔尼公约》相关条款；包括默示例外和限制 ●加上：将三步检验法附加适用于《伯尔尼公约》项下权利：第10条第（2）款（包括议定声明），以及单独适用于WCT项下权利：第10条第（1）款
保护期限	●一般期限为作者终生及死亡后50年：第7条第（1）款 ●电影作品、不具名作品和笔名作品、摄影作品和实用艺术作品、合作作品的特殊保护期限：第7条第（2）款至第（4）款，第7条之二 ●精神权利：第6条之二第（2）款	●同《伯尔尼公约》：第9条第（1）款第一句（遵守条款）及其提及的《伯尔尼公约》相关条款，精神权利除外（第2句） ●非以自然人的生命为基础计算的特殊保护期（主要是法人作品）：第12条	●同《伯尔尼公约》：第1条第（4）款（遵守条款）及其提及的《伯尔尼公约》相关条款 ●摄影作品的保护期限被同化为一般保护期限：第9条

第二十三章 主要国际版权与邻接权条约内容比较表

续表

保护要素	《伯尔尼公约》（BC）（1971年巴黎文本）	TRIPS（1994年）	《世界知识产权组织版权条约》（WCT）（1996年）
执法条款	• 没收：第16条 • 程序方面的最低要求（推定版权归属等）：第15条	• 同《伯尔尼公约》：第9条第（1）款第1句（遵守条款）及其提及的《伯尔尼公约》相关条款 • 一般义务方面的扩张性规定，民事、行政程序和救济，临时措施，边境措施，以及刑事程序：第3部分（第41条至第61条）	• 同《伯尔尼公约》：第1条第（4）款（遵守条款）及其提及的《伯尔尼公约》相关条款 • 一般条款：第14条第（2）款，与TRIPS第41条第（1）款一样
技术措施和权利管理信息	• 没有规定	• 没有规定	• 第11条，第12条
适用的时限	• 原则上，适用于现有受到保护的作品：第18条	• 第70条第（1）款（不适用于过去的行为） • 对于涵盖的作品，同《伯尔尼公约》：第70条第（2）款第3句和第9条第1款第1句（遵守条款）及其提及的《伯尔尼公约》第18条 • 第70条第（5）款（对于已购买的原件或复制件，不适用出租权）	• 同《伯尔尼公约》：第1条第（4）款（遵守条款）及其提及的《伯尔尼公约》第18条
成员方之间的争端解决	• 诉诸国际法院：第33条（可声明不受约束）	• 特殊的争端解决机制：第64条及其提及的GATT 1994第22条和第23条以及《关于纠纷解决规则和程序的谅解》	• 没有规定（适用国际公法的一般规则——在当事双方同意的条件下诉诸国际法院）；WIPO争端解决条约的起草处于"冻结"状态

B. 邻接权

保护要素	《罗马公约》（RC）（1961年）	TRIPS（1994年）	《世界知识产权组织表演与录音制品条约》（WPPT）（1996年）
保护原则	• 国民待遇原则：第2条	• 国民待遇原则：第3条第（1）款第1句	• 国民待遇原则：第4条
	• 国民待遇原则的例外：第12条和第16条第（1）款第（1）项（iv）目（录音制品二次使用的获得报酬权）以及第13条（d）项和16条第（1）款（b）项（广播组织的传播权）	• 国民待遇原则的例外：第3条第（1）款一句及其援引的《罗马公约》中的例外	• 国民待遇原则的例外：第4条第（2）款［类似于《罗马公约》第16条第（1）款（a）项（iv）目］
	• 国民待遇原则的范围存在争议，第2条第（2）款：不受限制，或者很可能受到最低限度权利的限制	• 国民待遇原则的范围限为TRIPS中的最低限度权利：第3条第（1）款第2句	• 国民待遇原则的范围限定为最低限度专有权和第15条的获得报偿权
	• 最低限度权利：第2条第（3）款	• 最低限度权利：第1条第（1）款第1句、第2句；第1条第（3）款第1句	• 最低限度权利：第3条第（1）款
	• 手续：允许要求录音制品履行有限的手续，第11条	• 手续：允许要求录音制品履行有限的手续，第11条 • 最惠国待遇：第4条，免除《罗马公约》中的国民待遇例外情形与［第4条第2句（b）项，以及国民待遇受限制的范围，第4条第2句（c）项］	• "无手续"：不受限制的"无手续原则"：第20条

第二十三章　主要国际版权与邻接权条约内容比较表

续表

保护要素	《罗马公约》（RC）（1961年）	TRIPS（1994年）	《世界知识产权组织表演与录音制品条约》（WPPT）（1996年）
保护原则	● 资格标准：第4条、第5条及第6条	● 资格标准同《罗马公约》：第1条第（3）款第2句和第3句及其提及的《罗马公约》第4条、第5条、第6条	● 资格标准同《罗马公约》：第3条第（2）款、第（3）款及其提及的《罗马公约》第4条、第5条以及（可能的）第6条
受保护的客体和权利所有人	● "表演者"的表演：第3条（a）项，对视听表演者仅提供非常有效的保护：第19条	● 没有定义 ● 仅限于录音制品载有的表演者的表演（广播权和传播权除外）：第14条第（1）款	● "表演者"的表演：第2条（a）项：定义与《罗马公约》类似，再加上民间文学艺术表达的表演者；视听表演者：只有现场广播权［第6条（i）项和第2条（f）项］
受保护的客体和权利所有人	● 录音制品：第3条（b）项，由录音制品制作者制作：第3条（c）项	● 由其制作者制作的录音制品：第14条第（2）款	● 由"录音制品制作者"制作的"录音制品"：第2条（b）项、（c）项（与《罗马公约》不同：与视听录制品相区分；制作者是提出动议并负有责任的人；包括"声音表现物"）
受保护的客体和权利所有人	● 通过广播组织进行广播："广播的定义"规定在第2条（f）项中	● 通过广播组织进行广播：没有严格的（如果有的话）保护义务：第14条第（3）款	● 通过广播组织进行广播：没有涉及；制定新的WIPO条约的希望渺茫
精神权利	● 无	● 无	● 表演者的精神权利（以《伯尔尼公约》第6条之二为范本）：第5条

续表

保护要素	《罗马公约》（RC）（1961年）	TRIPS（1994年）	《世界知识产权组织表演与录音制品条约》（WPPT）（1996年）
经济权利	• 表演者：只享有"防止可能"，而不享有专有权 • 现场广播和向公众传播：第7条第（1）款第1项 • 录制：第7条第（1）款第2项 • 在一定条件下复制：第7条第（1）款第3项	• 表演者：只享有"防止可能"（与《罗马公约》一样） • 权利范围与《罗马公约》类似［现场广播和向公众传播；录制，复制通过提及《罗马公约》第14条第（6）款，规定了与其一样的条件］：第14条第（1）款；此外，（可能）还有出租权：第14条第（4）款	• 表演者：完整的专有权： • 现场广播和传播，录制：第6条 • 复制：第7条 • 发行：第8条 • 出租（与TRIPS类似："按缔约各方国内法中的规定"）：第9条 • 提供：第10条
	• 因广播和向公众传播商业性录音制品而获得报酬：第12条（可提出保留，第16条第（1）款第1项）	• 不可因广播和向公众传播商业性录音制品而获得报酬（例如《罗马公约》第12条）	• 因广播和向公众传播商业性录音制品的获得报酬权（甚至包括"间接使用"，这一点不同于《罗马公约》第12条）：第15条［可提出保留，第15条第（3）款］
	• 录音制品制作者：专有复制权：第10条 • 因广播和向公众传播商业性录音制品的获得报酬权：第12条［可提出保留，第16条第（1）款（a）项］	• 录音制品制作者：专有复制权：第14条第（2）款 • 专有出租权：第14条第（4）款 • 没有获得报酬权：同《罗马公约》第12条	• 录音制品制作者：专有权： • 复制权：第11条 • 出租权：第13条 • 发行权：第12条 • 提供：第14条 • 因广播和向公众传播商业性录音制品而获得报酬，甚至包括间接使用，这一点不同于《罗马公约》第12条、第15条［可提出保留，第15条第（3）款］

第二十三章 主要国际版权与邻接权条约内容比较表

续表

保护要素	《罗马公约》（RC）(1961年)	TRIPS（1994年）	《世界知识产权组织表演与录音制品条约》（WPPT）(1996年)
经济权利	• 广播组织：对下列事项享有专有权 • 无线转播：第13条（a）项 • 录制：第13条（b）项 • 在一定条件下复制：第13条（c）项 • 在收门票的公共场所向公众传播电视节目：第13条（d）项〔可提出保留，第16条第（1）款（a）项〕	• 广播组织：权利范围与《罗马公约》类似：对下列事项享有专有权 • 无线转播 • 录制 • 复制（通过提及《罗马公约》第14条第（6）款，条件同《罗马公约》） • 向公众传播电视节目〔通过提及《罗马公约》第14条第（6）款，条件同《罗马公约》〕 • 然而，没有严格的义务，参见上文"受保护的客体和权利所有人"：第14条第（3）款第2句	• 广播组织：没有涵盖
限制和例外	• 四种情形（私人使用，在时事报道中少量引用，暂时录制，教学和研究）：第15条第（1）款 • 加上：国内版权法中相同限制：第15条第（2）款	• 同《罗马公约》：在第14条第（6）款第1句提及	• 国内版权法中的相同限制：第16条第（1）款〔与《罗马公约》第15条第（2）款类似〕 • 此外：三步检验法：第16条第（2）款
保护期	• 对所有群体：20年 • 表演者：录制之后〔第14条（a）项〕或表演之后（表演未被录制在录音制品中）开始计算，第14条（b）项 • 录音录制之后开始计算，第14条（a）项 • 广播组织：广播之后开始计算，第14条（c）项	• 表演者和录音制品制作者：50年，广播组织：20年 • 表演者、录音制品制作者：与《罗马公约》一样：录制之后或表演之后开始计算：第14条第（5）款第1句 • 广播组织：与《罗马公约》一样：广播之后开始计算：第14条第（5）款第2句	• 表演者和录音制品制作者：50年；广播组织未作规定 • 表演者：录制之后开始计算：第17条第（1）款 • 录音制品制作者：录制之后开始计算，或者，如果录音制品自录制完成起50年内未被出版，则保护期为录制完成之后50年：第17条第（2）款

续表

保护要素	《罗马公约》（RC）（1961年）	TRIPS（1994年）	《世界知识产权组织表演与录音制品条约》（WPPT）（1996年）
执法条款	● 无	● 一般义务方面的扩张性规定，民事、行政程序和救济，临时措施，边境措施，以及刑事程序：第3部分（第41条至第61条）	● 一般条款：第23条第（2）款［与TRIPS第41条第（1）款一样］
技术措施和权利管理信息	● 没有规定	● 没有规定	● 第18条、第19条
适用的时限	● 不损害公约生效前已经获得的权利：第20条第（1）款 ● 不保护公约在该国生效之前已经存在的表演、录音制品和广播节目：第20条第（2）款	● 第70条第（1）款（不影响过去的行为） ● 对于受条约保护的表演和录音制品，原则上保护条约实施前就已存在的客体：第70条第（2）款第3句与第14条第6款，以及类比适用《伯尔尼公约》第18条 ● 对于广播组织：适用的一般规则：第70条第（2）款第1、第3、第4分句（原则上保护现存的或受保护的客体，但不对保护期已满的内容恢复保护） ● 第70条第（5）款（对于已购买的原件或复制件，不适用出租权）	● 原则上，保护公约实施前已存在的客体：第22条第（1）款（类比适用《罗马公约》第18条） ● 可将精神权利仅适用于在条约生效之后进行的表演：第22条第（2）款
成员方之间的争端解决	● 诉诸国际法院：第30条（可声明不受约束）	● 特殊的争端解决机制：第64条及其援引的《关贸总协定》（1994）第22条和第23条以及《关于纠纷解决规则和程序的谅解》	● 没有规定（适用国际公法的一般规则——在当事双方同意的条件下诉诸国际法院）；WIPO争端解决条约的起草处于"冻结"状态

第二十四章
不同条约之间的关系

A. 引　言

24.01　正如前述章节所述,目前有许多条约都规定了版权与邻接权,既有专门处理知识产权事项的条约,也有将知识产权包含在贸易或投资领域内的范围广泛的条约。即使那些并没有版权和邻接权专门条款的条约也可能对这一领域的法律产生影响,例如有关人权和文化多样性的条约。此外,涉及知识产权的条约可能是多边条约、区域性条约或者双边条约。因此,厘清这些条约之间的关系与管辖权限是非常重要的。

B. 条约之间的关系

（1）相关规则

（a）特殊规则

24.02　在版权和邻接权条约中,规定与相同领域内的其他条约之间关系的特殊条款已经成为此类条约的标准要素,主要原因是这一领域内的条约越来越多。此类条款优先于一般规则,例如《维也纳条约法公约（维也纳公约）》第30条有关先后订立的条约的规定;《维也纳公约》的规定仅在不存在具体条约条款的情况予以适用。① 在最重要的版权和邻接权条约中规定的特殊规则的例子将会在下文讨论。②

---

① IM Sinclair, *The Vienna Convention on the Law of Treaties* (2nd edn, 1984) 94.
② 参见下文第 24.07~24.20 段。

(b) 一般规则

24.03 尽管在版权和邻接权领域内广泛适用特殊规则，此处仍将简略介绍有关条约之间关系的一般规则。不同时期签订的条约之间存在着各种类型的关系。第一，如果前一个条约的所有缔约国都表示了同意，第二个条约可能会导致先前一个条约终止。[3] 第二，第二个条约对于第一个条约的缔约国而言可能被解释为对第一个条约的修订。然而，根据国际公法的一般原则，修订需要一致同意，除非条约另有规定；第一个条约规定的程序性条款也必须得到满足。第三，第二个条约默示地导致第一个条约适用的终止或暂停，前提是第一个条约的所有缔约国都参加了同一事项的第二个条约。[4] 第四，仅通过少数缔约国之间的协议暂时停止适用第一个条约是可能的，但前提是存在相关程序。[5] 第五，如果其他的条件得到了满足，第一个条约的两个或多个缔约国之间签订的新条约可能构成对第一个条约的修订。[6] 在版权和邻接权领域，所有的上述规则都不太可能适用。

24.04 当然，《维也纳公约》第30条有关同一事项先后所订条约的适用规则通常也可管理不同版权和邻接权条约之间的关系，但需遵守这些条约的特殊规则。《维也纳公约》第30条适用于所有《维也纳公约》生效之后签订的条约[7]，而且由于第30条中的规则是将国际习惯法进行法典化的成果，因此，通常也可适用于《维也纳公约》生效之前订立的条约。

24.05 由于所有的条约一般都处于同一位阶，先后制定的条约之间潜在的冲突只能根据位阶标准之外的其他标准解决。实质上，《维也纳公约》第30条依据"新法优于旧法"原则，采用了时间先后顺序的标准；据此标准，后订条约应优先适用。[8]

24.06 "新法优于旧法"原则仅适用于两个条约之间存在冲突的情况。冲突是否存在以及在多大范围内存在冲突，则须通过条约解释确认——这通常

---

[3] 《维也纳条约法公约》第54条。
[4] 同上注，第59条。
[5] 同上注，第58条、第65条。
[6] 同上注，第41条。
[7] 同上注，第4条。
[8] 这一点是有争议的。虽然，是否适用《维也纳公约》第30条第（3）款以及适用到何种程度，吸收了国际习惯法的一般规则，参见 WH Wilting, Vertragskonkurrenz im Volkerrecht (1996) 78–79；这一条款如下："遇先订条约全体当事国亦为后订条约当事国但不依第五十九条终止或停止施行先订条约时，先订条约仅于其规定与后订条约规定相合之范围内适用之。"有关后订立条约之间的关系，参见 Sinclair（同前注1）第96~98页。有关国际法渊源缺乏优先等级的论述，参见 J Pauwelyn, Conflict of Norms in Public International Law (2003) 94，以及有关"新法优于旧法"规则，参见第96页，第361页以下。

是一个艰巨的任务。在存在潜在冲突的情况下,"特别法优于普通法"规则通常适用于解决后订条约的规定更为具体但与先订条约的规定不相一致时的冲突。⑨ 只有当条约解释表明冲突存在时,后订条约才能依照"新法优于旧法"原则优先适用。总体来说,这些基本规则看上去清晰明了,且易于适用;然而,值得注意的是,"冲突"的含义以及在适用这些规则时,在国际公法的许多方面都存在争议。⑩

(2) 具体例证

(a)《世界版权公约》(UCC)

24.07　《世界版权公约》规定了其与《伯尔尼公约》之间的关系,⑪ 尤其是排除了其对于那些同时是伯尔尼联盟成员方和 UCC 成员方,又将某一伯尔尼联盟成员方作为起源国的作品的适用;这样规定的目的是为了确保对于那些既是伯尔尼联盟成员方又是 UCC 的国家,适用保护水平更高的《伯尔尼公约》。⑫ UCC 同时也规制了其与美洲国家组织之间签订的双边或多边条约之间的关系以及与之前已有的双边条约和多边条约之间的关系。⑬ TRIPS 和 WCT 也都规定了 UCC 规定的相同事项,即版权保护;但它们未规定其与 UCC 之间的关系。一项分析表明,如果两个国家同时是 UCC 成员方以及 TRIPS 成员方或 WCT 缔约国时,只能适用 TRIPS 和 WCT。⑭

(b)《伯尔尼公约》不同文本之间的关系

24.08　《伯尔尼公约》的每一个修订文本都构成一个独立的条约,只对批准或加入其的联盟成员方具有约束力。因此,联盟成员方可能受不同的修订文本所约束。由于新加入的国家只能加入最新的 1971 年修订文本,而且如今大部分国家都已经批准了 1971 年文本,因此,《伯尔尼公约》第 32 条有关依照不同文本的国家之间的关系的规定,只与剩下的十个目前仍受罗马文本和布鲁塞尔文本约束的国家有关。第 32 条的基本规则符合一个国家仅能受其加入

---

⑨　W Karl,"Conflict between Treaties" in R Bernhardt (ed), Encyclopedia of Public International Law (Vol Ⅳ, 2000) 935, 937-938. 有关这一以及其他的避免冲突的方式,参见 Pauwelyn(同前注 8),第 385 页以下,第 240 页以下。

⑩　例如 Wilting(同前注 8),第 78 页以下,尤其是第 88 页;E Vranes,"The Definition of 'Norm Conflict' in International Law and Legal Theory" (2006) 17/2 European Journal of International Law 第 395 页之后;Sinclair(同前注 1),第 96~98 页。Pauwelyn(同前注 8),第 164 页以下:有关"冲突"的论述。

⑪　第 17 条以及相关附件声明。

⑫　有关详细内容,参见 S von Lewinski,"The Role and Future of the Universal Copyright Convention" (2006) October e-Copyright Bulletin UNESCO 1, 2-3。

⑬　《世界版权公约》第 18 条和第 19 条。

⑭　有关这一争议的详细内容,参见 von Lewinski(同前注 12),第 3~6 页。

的条约所约束的国际公法一般规则。因此,一个加入布鲁塞尔文本的成员方与另一个加入巴黎文本的成员方之间的关系,应由两个都是成员方的最新文本所规制。⑮《维也纳公约》第 30 条第（4）款（b）项也作出了类似的规定。

(c)《伯尔尼公约》与《TRIPS》或 WCT 之间的关系

24.09　（i）不减损条款　TRIPS 和 WCT 都规定了不减损条款,⑯ 据此规定,同时也加入了 TRIPS 或 WCT 的伯尔尼联盟成员方依据《伯尔尼公约》应履行的义务仍然存在。因此,对于一个既是《伯尔尼公约》,又是 TRIPS 或者 WCT 成员方的国家,《伯尔尼公约》与另一条约下的规则将会累积适用。这可能不会发生冲突。实际上,由于《伯尔尼公约》规定了最低保护标准,TRIPS 和 WCT 规定的更高水平的最低保护标准并不会导致冲突:正如伯尔尼联盟成员方可以单方面决定提供更高水平的保护,或伯尔尼联盟成员方相互之间同意提供更高水平的保护一样。即使有观点认为:提供更高保护水平的 TRIPS 和 WCT 禁止其成员方适用《伯尔尼公约》规定的较低保护标准,这可能与《伯尔尼公约》发生冲突,但这一结果是被《伯尔尼公约》所允许的,因为《伯尔尼公约》明确规定允许更高水平的保护。⑰ 当 TRIPS 提供较低的保护时,例如在精神权利领域,两个条约仍然能够累积适用,因为 TRIPS 规定的也是最低标准,并不禁止在《伯尔尼公约》成员方之间适用更高水平的保护标准。

24.10　（ii）"特别协议"　对于伯尔尼联盟成员方而言,TRIPS 和 WCT 都构成《伯尔尼公约》第 20 条意义下的"特别协议"。WCT 明确指出了这一点⑱,对于 TRIPS 而言也是如此,尽管其没有明确规定。⑲ 因此,应当将 TRIPS 和 WCT 解释为:或者提供了更宽泛的权利,或者规定了与《伯尔尼公约》不冲突的其他条款。

24.11　第一眼看上去,TRIPS 似乎不符合《伯尔尼公约》第 20 条的规定,因为其将精神权利排除在了第 9 条第（1）款"遵守条款"的范围之外,

---

⑮　针对加入了巴黎文本而未加入之前文本的成员方以及仅加入了之前文本的成员方的特殊规则,参见《伯尔尼公约》第 32 条第（2）款。有关《伯尔尼公约》第 32 条,参见 S Ricketson & J Ginsburg, *International Copyright and Neighbouring Rights*: *The Berne Convention and Beyond*（2006）, 17.69 – 17.77。

⑯　TRIPS 第 2 条第（2）款以及 WCT 第 1 条第（2）款;有关后者,参见 J Reinbothe & S von Lewinski, *The WIPO Treaties 1996*（2002）WCT 第 1 条,第 14 ~ 15 段。

⑰　《伯尔尼公约》第 19 条、第 20 条保障和促进了更高水平的保护。

⑱　WCT 第 1 条第（1）款第 1 段;Reinbothe/von Lewinski（同前注 16）,WCT 第 1 条,第 8 ~ 11 段。有关《伯尔尼公约》第 20 条,参见上文第 5.250 ~ 5.251 段。

⑲　它满足了"特殊协议"的标准;参见 M Ficsor, *The Law of Copyright and the Internet*（2002）C1.11;WIPO（ed）, *Implications of the TRIPS Agreement on Treaties Administered by WIPO*（1996）, WIPO Publication no 464（E）para 17。

仅要求 TRIPS 成员方有义务遵守《伯尔尼公约》中的其他实质性条款。然而，TRIPS 并未减损《伯尔尼公约》的义务，因此符合《伯尔尼公约》第 20 条的立法目的，伯尔尼联盟成员方之间的保护也未削弱；排除遵守条款的范围，只具有不再适用 TRIPS 项下争端解决程序的效力。[20]

(d) TRIPS 和 WCT 的关系

24.12 WCT 第 1 条第 (1) 款第 2 句规定了其与《伯尔尼公约》以外的其他条约之间的关系：本条约不得与除《伯尔尼公约》以外的条约有任何关联，亦不得损害依任何其他条约的任何权利和义务。[21] 因此，两个条约的成员方继续依照两个条约享受权利、履行义务。换句话说，它们同时共存，并被认为不存在冲突。实际上，由于 TRIPS 规定的是最低标准保护水平，任何提供更高水平保护的条约，例如 WCT，都不会与之发生冲突。[22]

(e) 邻接权领域的条约之间的关系

24.13 (i) **不减损条款** 邻接权领域的条约之间的关系原则上与版权领域的条约类似。首先，TRIPS 第 2 条第 (2) 款和 WPPT 第 1 条第 (1) 款都规定了针对《罗马公约》的不减损条款。因此，《罗马公约》的规定和上述两个条约的规定同时共存，且累积适用。与版权类似，这是可行的，并且不会导致冲突，因为规定最低标准的条约允许适用更高的标准。

24.14 (ii) "**特别协议**" 其次，TRIPS 和 WPPT 都被视为《罗马公约》第 22 条意义下的"特别协议"，这与《伯尔尼公约》第 20 条的规定类似。虽然 TRIPS 和 WPPT 都没有明确提及这一关系，但它们符合第 22 条规定的条件，因而应将其解释为：或者提供了更宽泛的权利，或者规定了与《罗马公约》不冲突的其他条款。[23] 第一眼看上去，有人可能提出疑问，在 TRIPS 和 WPPT 都未提供《罗马公约》规定的保护或者提供更低水平的保护的情况

---

[20] Ricketson/ Ginsburg（同前注 15），第 6.136～6.137 段，认为：TRIPS 将精神权利排除在外，并没有降低《伯尔尼公约》成员方的保护水平，因为《伯尔尼公约》中本来就没有有效的争端解决机制；然而，即使《伯尔尼公约》中有类似机制，并因此构建了比 TRIPS 保护水平更高的保护，不减损条款仍然可以保证《伯尔尼公约》成员方之间可以达到《伯尔尼公约》规定水平的保护。参见 Fiscor（同前注 19）C1.15 段，也指出了在交叉报复情形下，可能出现的保护水平的降低；D Gervais，*The TRIPS Agreement: Drafting History and Analysis* (2nd edn, 2003), 2.89－2.90。

[21] 有关这一条款，同上注，WCT 第 1 条，第 12～13 段。

[22] 有关《伯尔尼公约》与 TRIPS 或 WCT 之间关系的类似推理，参见上文第 24.09 段。

[23] 有关 WPPT 的这一原因和其他原因，参见 Reinbothe/von Lewinski（同前注 16），WPPT 第 1 条，第 12 段。然而，将成员资格作为条件存在争议，参见上文第 6.78 段。

下，例如广播组织、视听表演以及其他领域，这些条件是否得到满足。㉔ 然而，可以认为满足了《罗马公约》第 22 条的规定，因为不减损条款符合第 22 条的立法目的，防止根据《罗马公约》继续承担较高水平保护义务的《罗马公约》成员方降低保护水平。㉕

24.15 原则上，如果将《罗马公约》理解为规定了不受限制的保护范围，同样的推理也可适用于国民待遇的范围。在这种情况下，根据不减损条款，TRIPS 和 WPPT 规定的有限适用范围并不会降低《罗马公约》成员方之间的保护水平。然而，将国民待遇明确和有意地限制为 TRIPS 和 WPPT 中最低（专有）权利的水平，似乎可以被认为是以更明确的措辞反映了《罗马公约》中国民待遇的规定；如果依照当事国与《罗马公约》国民待遇的范围保持一致的观点来理解，这一措辞也与《罗马公约》第 22 条规定的条件保持一致。这意味着《罗马公约》已经限制了国民待遇的适用范围，TRIPS 和 WPPT 只是体现了出来；不能假定 TRIPS 和 WPPT 的成员方故意起草了这一限制条件，以试图架空第 22 条规定的条件。㉖

(f) 双边条约、区域性条约和其他条约的关系

24.16 目前，规定版权和邻接权的双边和区域性贸易条约通常包含有针对缔约方在同一领域加入的其他条约的不减损条款。㉗ 因此，上文详细介绍的相同原则也可适用。㉘ 此外，它们通常将遵守主要多边条约的条款或加入条约作为最低标准。㉙ 因此，它们是以多边条约为基础；就此而言，很难说它们与其他多边条约相冲突，因此累积适用是可能的。这些双边和区域性条约可能比多边条约的规定更为详细，或者以早期条款为基础，或者规定了更多、更高水平的保护。在上述两种情况下，基于上述同一原因，条约之间都不存在冲突。㉚

24.17 不过，在某些情况下还是可能产生冲突，例如，TRIPS 为发展中国家和最不发达国家规定了过渡期，以使它们能够平稳过渡，达到协定规定的

㉔ 在视听表演者和二次使用的获得报酬权方面，存在着细微的差别，TRIPS 对此未作出规定，但在《罗马公约》中，这也不是严格的义务，因为其第 16 条允许进行保留；WPPT 未规定广播组织，广播组织也未被 TRIPS 所完全涵盖；有关这些区别，参见上文第 10.144 段和第 17.172 段。

㉕ 有关未被后续条约涵盖的权利所有人类型的更为具体的原因，参见 Reinbothe/von Lewinski（同前注 16），WPPT 第 1 条，第 12 段。

㉖ 有关《罗马公约》中规定的国民待遇，参见上文第 7.34~7.40 段。

㉗ 上文第 12.28 段和注 81。

㉘ 上文第 24.09 段。

㉙ 有关此类义务，参见上文第 11.09 段、第 12.26~12.27 段、第 12.50 段和第 12.78 段。

㉚ 上文第 24.09 段。

标准。如果一个后订立的双边条约要求发展中国家和最不发达国家在更短时期内达到相同甚至更高的标准，TRIPS 的上述目的就不能实现。[31] 必须分析后订立条约的所有相关条款，来确定条约之间是否存在冲突；不过，事实可能并非如此，例如，缔约国重新相互确认了它们在 WTO 协定下的权利和义务——包含了从这一较长过渡期中获益的权利。[32] 如果认为存在直接冲突，一般来说，"新法优于旧法"原则将使后订立的条约具有优先适用效力，因此适用更短的过渡期。

24.18 当投资条约或贸易条约中的投资章节规定了版权和邻接权的内容，它们通常会规定无限制的国民待遇。[33] 相比较而言，经典版权和邻接权公约中的国民待遇条款通常受限制和例外的约束，而且还会作出具体规定；此外，它只涵盖了那些根据公约确定的标准有资格获得保护的权利所有者。[34] 在缺乏特殊规则的情况下，为确定投资条约规定的广泛的国民待遇与版权和邻接权条约规定的有限或进一步具体化的国民待遇之间是否存在冲突，必须考虑"特殊法优于一般法"规则；由于投资条约或贸易条约章节及其国民待遇条款适用于贸易的许多不同领域，而非专门适用于版权和相关权领域，而版权和相关权条约的国民待遇条款对国民待遇的范围和例外规定得更为明确，因此，"特殊法优于一般法"规则通常并不会产生冲突，因为投资条约中有关国民待遇的一般规则只是在版权和邻接权条约中得到了具体化，因而也具有可适用性。

24.19 讨论人权条约中的非歧视条款与版权条约中有关国民待遇的更为具体的条款之间的关系时，也可得出相同的结论；[35] 讨论人权条约中的作者权

---

[31] 这一情形与早期签订的条约提供最低程度保护的情形不同，这些国家可能提供更高水平的保护；发展中国家享有的过渡期，在这里意味着其可以避免被更早要求实施此类措施的最长时间。

[32] 例如《美国—约旦自由贸易协定》第 1 条第（2）款，参见上文第 12.27 段。

[33] 例如《美国双边投资条约范本》（参见上文第 12.18 段、第 12.19 段/注 53）规定了没有例外的国民待遇；在早期的范本中，知识产权是被排除在外的，参见 UNCTAD（ed），*National Treatment*：*UNCTAD Series on Issues in International Investment Agreements*（1999），UNCTAD/ITE/IIT/11（Vol IV）at 45，12。有关 MAI 草案，由于受到欧洲和美国之外的其他国家的强烈反对而未获得通过，参见 S Ercolani，"The OECD Multilateral Agreement on Investment（MAI）Project：The Possible Consequences of Including Intellectual Property"（1998）EntLR 125（128：关于国民待遇），以及 M Haedecke，"Urheberrecht als Investitionsschutz？Das Urheberrecht im geplanten multilateralen Investitionsbkornmen（MAI - Abkommen）"（1998）GRUR Int 631（633-634：关于国民待遇）。

[34] 《伯尔尼公约》中有关国民待遇的例外，参见上文第 5.40~5.53 段；有关邻接权，参见上文第 6.28~6.31 段；有关 TRIPS，参见上文第 10.36 段，以及有关 WCT 和 WPPT，参见上文第 17.31 段和第 17.47 段。

[35] 相关更深入的分析，参见 S von Lewinski，"Intellectual Property，Nationality，and Non - discrimination" in WIPO（ed），*Intellectual Property and Human Rights*〔1999，repr2000；WIPO Production no 762（E）〕175，尤其是第 191~195 页。

和表达自由规则，与版权条约中的作者权和为一般公众利益对作者权施加限制的更为具体的规定的关系时，也可得出相同结论；这些受到广泛承认的人权，首先需要在其内部建立平衡，否则难以作为解释版权条约具体规则的充分基础。㊱

C. 管辖权

24.20 如果根据不同条约下的相同或类似规则，可以在相同国家适用于相同情形时，选择管辖的问题就出现了。一般来说，这一情形如今在版权与相关权领域出现的可能性更大了，㊲ 因为规定了相同或类似义务的条约数量在不断增长。与此同时，这些条约也分别规定了各自的争端解决机制；贸易领域的条约尤其如此。

24.21 对于版权和邻接权条约所产生的争端，国际法院（ICJ）通常具有管辖权，不管条约是否明确提及争端由国际法院管辖。需要指出的是，《伯尔尼公约》和《罗马公约》中都提及了国际法院，这意味着公约成员方事前就同意国际法院对其具有管辖权㊳，而其他未作出类似规定的条约，例如 WCT 和 WPPT，所产生的争端，在另一方当事人同意的情况下，也可以依据《国际法院规约》，提交国际法院解决。

24.22 由于各国都尚未使用（在可预见的未来，可能也不会使用）这一程序，因此，实践中涉及管辖权的更重要的问题，可能与 TRIPS 下的争端解决机制以及双边和区域性贸易或投资条约有关。大多数双边或区域性协定通常以 WTO 争端解决机制为模板，规定了它们自身的争端解决机制。其中有些还规定了其与 WTO 争端解决机制之间的关系，不过，采取的方式各异：有的规定，申诉方有选择权，直到选定一个管辖机构；㊴ 其他条约则规定，如果当事人双

㊱ 同前注 35，讨论记录第 202 页。

㊲ 有关这一现象的一般情况，参见 Y Shany, *The Competing Jurisdiction between International Courts and Tribunals* (2003)。

㊳ 《伯尔尼公约》第 33 条和《罗马公约》第 30 条，参见上文 5.257 段、第 6.79 段和第 8.23 段。

㊴ 例如，韩国和欧洲自由贸易联盟成员方之间签订的协议，参见 A Ziegler, "Dispute Settlement in Bilateral Trade Agreements: The EFTA Experience" in L Bartels and F Ortino (eds), *Regional Trade Agreements and the WTO Legal System* (2006)，第 415～416 页；《北美自由贸易协定》也遵循了这一解决方式，并更深入地细化了当第三方试图诉诸《北美自由贸易协定》，而申诉方选择 WTO 程序时的相关规则，参见《北美自由贸易协定》第 2005 条，K Lee, S von Lewinski, "The Settlement of International Disputes in the Field of Intellectual Property" in Fk Beier and G Schricker (eds), *From GATT to TRIPS: The Agreement on Trade-Related Aspects of Intellectual Property Rights* (1996) 278, 321–322。

方不能确定一个管辖机构，它们将不得不根据双边条约而非 WTO 解决其争端。⑩

24.23 一般来说，似乎各国更愿意采用 WTO 的争端解决机制，而非区域性或双边贸易条约的争端解决机制。⑪ 因此，由双边条约项下的争端解决机构解释双边条约中纳入的 TRIPS 相关条款或 WTO 法律的情形，将很少出现。因此，提出此种解释在事实上如何影响 WTO 专家组——如果相同争议在 WTO 框架下发生——的问题，可能不太具有现实意义。在任何情况下，由于争端解决机构的职权仅限于相关条约，因此，某一争端解决机构作出的解释对另一条约的争端解决机构并不具有约束力，即使这两个条约的条款采用了完全相同的措辞。

D. 小　　结

24.24 总而言之，由于在版权与相关权领域存在大量的条约，可能导致出现以下难题：同时是多个条约成员方的不同国家之间就同一议题产生的争议，应如何适用，如何选择管辖机构，尤其是没有相关规定的时候难度更大。就版权和相关权领域的条约之间的关系而言，似乎累积适用是基本规则，造成这种情况的原因是存在不减损条款或者相关规则之间并不存在冲突。然而，在个案中，即使通过条约解释确认冲突的存在也是很困难的。如果事实上存在冲突，则应适用上述解决冲突的规则和程序。

---

⑩ 《欧洲自由贸易联盟成员方—墨西哥协定》第 77 条第（2）款；Ziegler（同前注 39），第 416 页。
⑪ 有关区域性贸易定义，参见 W Davey,"Dispute Settlement in the WTO and RTAs: A Comment" in L Bartels and F Ortino (eds), Regional Trade Agreements and the WTO Legal System (2006) 343, 344, 349ff。

第二十五章
国际版权与邻接权保护
发展历程的全面评估

A. 前　言

25.01　最初，德国签署了 32 个双边条约。随后，十个国家签订了《伯尔尼公约》，这些国家中大部分为欧洲国家。现今，在大约 120 年以后，国际社会有四个主要涉及版权保护的多边条约以及 5 个主要涉及不同邻接权的多边条约，此外还有许多涉及版权与邻接权保护的双边和区域性贸易或投资条约；同时在诸如人权或者执法等一般问题方面也有许多条约，[①] 这些条约对于版权与邻接权的保护也产生了一定的影响。如今，世界大多数国家都提供国际版权与邻接权保护。最近缔结的条约已经成功地应对了因技术和其他领域的发展而对版权与邻接权保护提出了新要求。本章将重点讨论国际版权与邻接权条约最新发展过程中一些值得注意的方面。

B. 选择的议题

（1）《伯尔尼公约》充满挑战及有活力的一生

（a）成员方之间的碎片化保护

25.02　当《伯尔尼公约》的发起者于 1886 年对其第一个文本达成一致意见时，他们认为这一事件具有重要的历史意义，该公约具有巨大的潜能发展为之前所设想的对作者权利进行全球性保护的一个公约。鉴于公约的目标是获得

[①] 例如，2004 年《联合国国家及其财产管辖豁免公约》第 4 条。

第二十五章　国际版权与邻接权保护发展历程的全面评估

最广泛的适用可能，可以预见会遭遇很多挑战。事实上，《伯尔尼公约》最初的十个成员方都处于比较相似的发展阶段，而且它们对于有必要保护作者作品持基本相同的观点——当时还不存在广泛适用的问题。在1896年公约的第一次修订会议上，首次遇到了挑战；当时，各方未能就修订公约达成所需要的全体一致同意，成员方的意见出现了分裂：有的主张采用附加文本、有的主张通过解释性宣言，有的主张同时适用这两者。直到1908年会议，修改《伯尔尼公约》才具备了可能性，因为成员方可以声明保留，对于全部或部分事项，其仅受先前1886年公约文本的约束。此外，新加入的成员方也被允许加入《伯尔尼公约》的1886年文本而非1908年文本；这样，持续的碎片化就成为了不得不接受的现实。伯尔尼联盟中各成员方适用不同文本的这一情形一直延续到今天；尽管从1948年起，新加入的成员方必须接受最新修订的文本，以此来避免更大的碎片化，从而增强联盟的统一性。②

（b）主要成员方可能的流失以及布鲁塞尔会议进程减慢

25.03　后来，《伯尔尼公约》遇到的一个小挑战是，英国及其属国威胁要退出伯尔尼联盟，除非允许对在非联盟成员方进行的后门保护采取报复措施。这一问题后来通过缔结1914年附加议定书的方式而得以解决。③ 另一个更重要的挑战则是使用者行业、一般公众以及发展中国家的影响日益增大，而它们反对广泛的版权保护，这使得布鲁塞尔外交会议有关作者权保护的进程减慢。④

（c）不具创造性的客体导致的潜在淡化

25.04　另一项挑战来源于要求对邻接权提供国际保护的主张。与许多国内法一样，对表演者以及录音制品制作者的保护最初是建立在作者权的基础之上的，早在1908年和1928年，就有相关提案建议将邻接权纳入《伯尔尼公约》的保护范围。但是，在布鲁塞尔会议上，原打算缔结一个有关邻接权的《伯尔尼公约》附件的计划被修改了，目的在于在另一个平台上寻求保护邻接权，从而可以将作者权与邻接权这两者清晰地区分开来。⑤ 将这些事项纳入《伯尔尼公约》，会削弱其对作者权利事项的运作，同时也淡化了作者权与邻接权这两者在概念上的差异。

（d）美洲联盟与伯尔尼联盟之间的潜在分歧

25.05　对于《伯尔尼公约》旨在实现全球性保护这一目标的另一主要挑

---

② 1948年布鲁塞尔文本第28条第（3）款规定：允许自1951年7月1日之后加入；1971年巴黎文本第34条第（1）款。
③ 参见上文第4.11段。
④ 参见上文第4.16段。
⑤ 参见上文第4.57段。有关1991年录音制品的类似发展，参见上文第17.05~17.06段。

— 509 —

战，在于美洲和欧洲在20世纪前半叶分别就国际版权保护进行了各自独立的发展。在20世纪40年代中期，随着1946年《华盛顿公约》以及多个美洲国家之间公约的签订，使得世界分裂为两个不同的国际保护体系变成了现实的威胁。因此，伯尔尼联盟成员方首先尝试寻求各种解决方案，例如用一个总协定来替代现有的协定；但是，此后采取的方案是：鼓励通过《世界版权公约》提出一个单独的解决方案，这样就能符合美洲国家希望提供低于《伯尔尼公约》保护水平的要求，同时也能使伯尔尼联盟成员方加入《世界版权公约》。因此，世界性这一概念得以实现。⑥

（e）南北冲突成为获得一致同意进行修订的障碍

25.06 随后，1967年和1971年修订会议又面临一次重要挑战——对于《伯尔尼公约》而言甚至可能是危机，因为发展中国家为了保障其自身利益而主张规定强制许可以及对保护施加类似的限制，而工业化国家第一次拒绝加入1967年修订文本。最终双方艰难地在1971年巴黎会议上达成必要的妥协，工业化国家同意批准巴黎文本，同时发展中国家不得退出公约。但是，南北冲突表明：对于处在不同发展阶段的国家，要想就具体的最低保护标准达成全体一致同意，仍将非常困难。

（f）通过贸易论坛的"竞争"

25.07 大约20年之后，《伯尔尼公约》及其管理机关——世界知识产权组织（WIPO）遇到一种不同的挑战，这一挑战植根于1967—1971年这段时间，并且导致许多条约制订计划被放弃。先进的工业化国家对于在WIPO的框架下通过新的《伯尔尼公约》修订文本的可能已经失去信心，尽管进行此种修订一直被认为是有必要的。因此，它们选择关贸总协定（GATT）作为一个新的平台来修改国际版权与邻接权保护，使之能应对科技进步以及世界性的盗版现象。1991年，当缔结TRIPS变得具有现实可能性时⑦，WIPO作为这一领域的国际组织的领导地位，受到了严重威胁。

25.08 尽管并没有明确的因果链证据，但引人注目的是，WIPO在这一非常时期开始召开《伯尔尼公约》可能的议定书专家委员会会议。他们最终选择通过制定"特别协议"的方式，来规避修改《伯尔尼公约》需要一致同意这一要求；缔结"特别协议"并不需要所有伯尔尼联盟成员方同意——这一解决方案能避免碎片化。几乎同时，为了修补现有的体系漏洞，回应成员方的需求，WIPO精心起草了一个争端解决条约草案，以解决由其所管理的条约

---

⑥ 参见上文第4.34、4.35段。

⑦ 该协定于1991年12月暂时达成，参见上文第10.22段。

第二十五章 国际版权与邻接权保护发展历程的全面评估

引起的争端。

25.09 但是，这些行动已经难以阻止向贸易框架所进行的转变；如果WIPO能更早一点实施这些行动，其可能已经避免了GATT的日益迫近，以及其与之后成立的世界贸易组织（WTO）之间的"竞争"。事实上，当争端阶段条约草案准备于1994年通过时，WIPO突然决定不再实施这一计划，主要原因是：作为重要成员的美国认为，新出现了WTO框架下的争端阶段机制，因此没有必要再通过这一草案。这一决定等于昭示着WIPO的失败，因为WTO/TRIPS就成为唯一能够有效实施版权与邻接权保护条款（包括《伯尔尼公约》相关条款）的协定（不包括其他贸易协定）——尽管是透过贸易的视角。

25.10 与之形成对比的是，WIPO不仅于1996年成功地一致通过两个条约——《世界知识产权组织版权条约》（WCT）以及《世界知识产权组织表演和录音制品条约》（WPPT），并且其对作者、表演者及录音制品制作者的保护标准也与数字技术最新挑战相适应——WTO在两年前没有预想会遇到这些挑战，当时TRIPS几乎都无法修改1971年《伯尔尼公约》和1961年《罗马公约》的陈旧标准。

25.11 此外，《伯尔尼公约》从这次挑战中获得了一个新形象，因为它的实质性法律条款被TRIPS以及大多数涵盖知识产权条款的双边和区域性贸易协定作为最低保护标准纳入了进来。类似的，WCT和WPPT的大部分内容也被许多双边及区域性贸易协定纳入进来。除规定遵守条款之外，大多数贸易协定都对其缔约国施加义务，要求它们加入《伯尔尼公约》、WCT和WPPT。

25.12 因此，《伯尔尼公约》（及其特别协议——WCT和WPPT）不仅避免了被边缘化的危机，而且反而增强了其影响力及成员规模。⑧事实上，《伯尔尼公约》因其实质性法律规定被纳入TRIPS及双边和区域性贸易协定中，完成了其"事业生涯"最强劲的发展。此外，WIPO以WIPO-WTO合作协定为基础，在各国国内法实施TRIPS的过程中提供技术支持，进一步扩大了影响力。⑨。总之，WIPO基本上化解了贸易协定带来的威胁，并将之成功地转化为自身发展提供动力。

（2）将版权与邻接权纳入贸易框架

25.13 由于上文已经将知识产权纳入贸易框架的原因以及对贸易途径的评估作了论述⑩，这里只进一步强调指出贸易途径的一些重要方面和效果。简

---

⑧ 参见上文第10.146段。
⑨ 参见上文第15.19段。
⑩ 参见第九章全文以及上文第14.02段以下。

而言之，贸易途径极大地增加了受国际版权与邻接权保护义务约束国家的数量，并且提高了国际保护水平，提升了执行力，并且使各国国内法规定不断趋同。之所以会有这些效果，主要是由于将知识产权与其他贸易领域进行关联；这些贸易领域对各国而言至关重要，如果没有这些领域，各国可能不会同意此种国际义务。因此，这些国家对于知识产权以外的其他领域的市场准入或贸易自由化的需求，对于工业化国家获得知识产权领域的利益是有益处的。

25.14 尤其是在涉及美国的情形下，许多其他国家已经同意在其国内法律体系中纳入实施灵活性特定的知识产权保护标准，即使这种方式没有足够的灵活性；这些国家还是接受了与其发展阶段相比明显不符的畸高标准[11]——之所以作出这一决定，主要是为了避免受到可能的单边贸易措施制裁。如此激进的贸易政策所需付出的代价是：其他国家会愤恨美国，并消极执法；此外，这样做不仅对美国国家形象会产生负面影响，也会对版权与邻接权保护产生负面影响，因为这被理解为完全是为了外国人的利益而强加的义务。这些负面的看法通常会压倒相关国家在其他贸易领域签订贸易协定可获得潜在经济利益的看法。此外，最近一些发展中国家在国际组织中提出政治性议事日程，可能这是这种实践所导致的结果。[12]

25.15 贸易途径的另一大缺点在于 TRIPS 以及双边和区域性贸易协定的谈判机制。GATT 的程序向来被认为缺乏透明度，这一先天不足主要是因为发展中国家以及最不发达国家普遍缺乏谈判能力所致，但这对于发达国家的相关产业而言却是好处，这一点从最终的谈判结果总是对其有利可以看出。[13] 对于双边和区域性贸易协定而言，谈判能力方面的不平衡显得更为明显；此外，谈判通常是秘密进行的，谈判的提案也都是不为公众所知悉的，所以利益当事方只有有限的渠道和可能来维护他们的利益。这些谈判通常与国家的批准程序相联系，而这些程序，例如美国的"快速通道"程序几乎不允许议会辩论，这样就导致整个程序运作变得更有问题。

25.16 双边条约，尤其是一方是美国（以及独立的游说行为）的双边条约的另一种效果是，美国产业所要求的特殊保护标准已经并将继续在世界各国适用；之所以如此，主要是由于发展中国家在谈判中向来处于比较弱势的地位，除了接受这样的标准，美国通常不会允许它们有其他选择。那些没有与美

---

[11] 关于这些方面，参见上文第 14.11 段、第 14.16 段。
[12] 参见上文第 19.07 段、第 19.37 段以及第 21.02 段。
[13] P Drahos, "BITs and BIPs: Bilateralism in Intellectual Property"（2001）4/6 Journal of World Intellectual Property 791 ff.

国签订双边条约（或在外国受到单独游说）的国家开始时通常都不会注意，例如欧洲国家，或者意识到了这个问题，它已然成为一个既定事实。这样所造成的结果就是在某一时间点，这些标准在世界上大多数国家的法律中都规定了，剩下的国家就会在压力下也予以接受。类似情形可以见诸 20 世纪 90 年代计算机程序和数据库保护，以及近期出现的有关表演者权和录音制品制作者权的保护期限问题以及其他一些问题的规定上。[14] 因此，此种不是非常民主的贸易协定谈判程序似乎将间接地限制第三国依据其自身观点进行立法的自由。

25.17 很难确定贸易途径是否改变了版权适用的方式。诚然，TRIPS 将精神权利排除在其适用范围之外，因此其适用范围仅限于财产权利。但是，精神权利在那些已经作出了规定的国家中仍然扮演着非常重要的角色。精神权利被 WTO 争端解决程序排除在外，从这方面而言，精神权利与财产权利相比处于弱势，财产权利可以通过争端阶段机制获得国际执行。[15]

25.18 同样很难弄清将知识产权纳入 TRIPS 以及其他贸易协定框架内，为跨国企业带来的好处是否要多于中小企业，以及这一发展是否因为版权与邻接权的商品在市场上的经济重要性日趋显著。在任何情况下，大公司似乎都能从不断增强的国际保护中获得最大利益，这会导致媒体行业的不断集中以及更加严酷的竞争，进而导致在严酷的商务活动中只会片面地强调利润最大化，而不重视那些创作作品的个体作者权利的保护，也不会重视希望获得作品的消费者的需要。此外，对于如今的商业活动而言，在某些情况下，公司冒险忽略这些法律规定似乎是有吸引力的，因为这样可能会带给他们更多的利润。[16]

25.19 规模不断扩大但是数量却越来越少的跨国公司占据统治地位，减少了文化多样性，消费者也无法接触到种类更为丰富的作品。[17] 另一个需要进一步评估的方面是，将版权与邻接权纳入贸易协定，并提供相应有效的争端解决机制的这一做法，是否会导致在对版权与邻接权条款进行解释时，采取贸易中心主义的解释。到目前为止，TRIPS 争端解决机制付诸实施也有十年了，涉

---

[14] S von Lewinski, "Negotiation Methods and Role of Lobby Groups" in ALAI (ed), *Exploring the Sources of Copyright*, ALAI Congress, 18 - 21 Sepember 2005; Paris (2007) 154, 168.

[15] 但是，这样的执法也会受到限制，例如 WTO 关于美国版权法案第 110 条案，参见上文第 10.52 ~ 10.54 段。

[16] 事实上，这种情况通常发生在国家层面上，例如美国因为违反 TRIPS 所支付的赔偿额被指远远低于如果其遵守 TRIPS 所要支付的费用；参见上文第 10.132 段。

[17] 欧盟委员会关于在线音乐许可的建议对此种发展作出了强烈的批评，参见例如：European Parliament, "Report on the Commission Recommendation of 18 October 2005 on collective cross - border management of copyright and related rights for legitimate online music service (2005/737/EC),(2006/2008 (INI))", http: www. europarl. europa. eu/oeil/file. jsp. id =5303682。

及版权与邻接权领域的专家组报告只有一例，因此，贸易通过争端解决机制所产生的影响仍然是有限的；尽管原则上，在将TRIPS的贸易目的考虑在内所作的解释，在某些情况下，可能导致结果会与在经典公约框架下所作的解释存在细微的差别。

（3）主要参与者

25.20 随着时间的推移，在国际版权与邻接权领域中，不同参与者所扮演的角色也在不断地变化。对于工业化国家而言，最重要的两个参与者是美国和欧盟。对于发展中国家而言，并不存在某个特别突出的个体，但是他们被视为一个整体。

（a）美国

25.21 在版权发展历史过程中的大部分时间，美国在国际版权领域一直扮演着一种防御性的、较为消极的角色；开始，美国一直没有准备好来接受一些国际性的义务，后来，其也仅仅在有限的程度上成为《世界版权公约》（UCC）的成员。[18] 在20世纪80年代中期，美国的态度开始变得积极起来：1988年加入《伯尔尼公约》，并于同年在《1988年贸易法案》的基础上启动贸易途径。[19] 这样产生的后果是版权体系在世界范围内的影响力不断增加，作者权体系与版权体系之间的冲突被不断强化，并且越来越显著，成为阻碍签订或者适用国际条约的主要因素。至于贸易途径的问题，美国成为一股重要推动力量，其在很多方面是第一个也是唯一主张将特定条款纳入TRIPS的国家，例如对于计算机程序的保护以及出租权的相关规定。[20] 至于贸易措施以及协定，美国比其他国家更加系统、密切地行动着。即使在WIPO，美国也扮演着非常重要的角色，尽管其他国家也是重要成员。[21]

（b）欧共体

25.22 就在美国积极地踏上版权保护的国际舞台的同一年，欧共体在协调其成员方版权法律的道路上也迈出了第一步。协调的结果就是欧共体（与其成员方相比）在贸易之外的其他领域的权限，从共有变为专有。之所以采

---

[18] W Patry, *Patry on Copyright*（2007）§23；1 ff, 对美国参与国际版权法的历史作了介绍。

[19] 更详细论述，参见 S von Lewcinski, "International Copyright over the Last 50 Years: A Foreign Perspective"（2003）50 J Copyright Soc USA581, 588ff。

[20] 参见上文第10.56~10.57段以及第10.64段。

[21] 参见例如，美国在争端解决条约草案起草过程中以及在视听表演外交会议上所起到的阻碍作用（上文第16.05段），参见上文第18.20~28.21段，以及美国对WCT及WPPT的通过所起到的推动角色，参见上文第17.09段。

第二十五章　国际版权与邻接权保护发展历程的全面评估

取协调行动，主要还是由于经济因素：因为根据1986年单一欧洲法案的要求，[22] 到1992年要形成内部市场。因此，从20世纪80年代中期开始，欧共体总是以一致的口径发声，并且成为对美国的一股重要的制衡力量。[23] 欧共体的出现为国际谈判带来了一股新的势力。美国与欧共体被其他国家视为领导力量；同时，这一新的格局显示发达国家也并非一直站在相同的立场上。与之前的南北冲突相比，关系变得更为复杂。欧共的成员方数量从1988年的12个增长为2007年的27个，其政治力量也在不断增强。

（c）发展中国家

25.23 随着时间的推移，发展中国家的角色同样也发生了变化。从获得独立时起，发展中国家考虑到他们所处的发展阶段和需求，不断寻求有利于它们的强制许可以及对专有权的其他限制。1971年《伯尔尼公约》巴黎文本的妥协方案其实并不符合它们的最初诉求，因为其中的强制许可适用的范围有限。尽管这可能使发达国家的权利所有者更愿意在优惠条件下授予许可，但此种效果是难以确定的。正如目前在WIPO发展议程框架下开展的讨论所建议的那样，还有很多措施能够使发达国家的作品更容易地在发展中国家被使用。

25.24 在很长一段时间里，发展中国家都没能再获得比《伯尔尼公约》附录的更多的特权。在经历了GATT-TRIPS谈判及其结果，以及与工业化国家在贸易领域进行谈判之后，许多发展中国家感到沮丧，认为不受尊重。从WIPO发展议程中可以看出，发展中国家如今更为关注其自身的需求；此外，某些发展中国家还特别启动了政治议程，通过减缓在不同国际组织中的谈判进程来显示其潜能[24]——即使此种程序对它们未必有用，因为发达国家相应地改为单边措施以及双边条约谈判。

25.25 也许考虑发展中国家的需求，是必要的。当然，发展中国家为了促进自身的发展，更依赖于来自工业化国家的发明专利，而不是作品和录音制品。尤其是发展中国家自身通常都有丰富的文化资源；人们常常会质疑：他们听了西方主流音乐或者看了西方商业电影，对于其本国的发展究竟会有多大帮助。事实上，在文化领域，发展中国家所需要的是工作基础设施、技术以及财政能力来帮助他们生产及营销高质量的电影以及其他产品，这样他们就能有竞争力将自己的文化产品出口到国外市场，真正地从国际保护中获益。

25.26 一些国家的实践已经表明：在版权领域，它们可能并不能从广泛

---

[22] 更详细论述，参见 von Lewinski（同前注19），第592页以下。
[23] 同上注，第593~594页。
[24] 例如：上文第19.07段、第19.37段以及第21.03段。

的强制许可中获得好处：例如，印度有非常发达的电影及计算机产业，尼日利亚的电影产业已经被贴上了"Nollywood"的标签，[25] 埃及也生产大量的电影。在这些国家，外国的作品虽受到保护，但其与本土作品相比更为昂贵，因此，本土的权利所有者有价格便宜这一竞争优势。又例如，印度尼西亚的音乐集体管理组织来源于本土作品的收入高于来源于外国作品的收入。[26] 这种情形在教育资料领域可能有所不同；然而，为教育目的的限制不管如何都可依据一般原则来规定。

（4）使用者运动

25.27 近来引人注目的一项全球性运动是：使用者群体开始在 WIPO 会议以及其他国际性会议上表达他们的观点，主张应当在保护版权与邻接权和保障个体使用者的利益之间建立一种新的平衡。他们发起了一个高度情绪化，通常很激进的辩论。使用者运动第一次出现是在 1996 年 WIPO 打算制定数据库的特殊保护条约的时候。[27] 当欧共体在未受到太多反对的情况下引入了此种保护之后，同样的理念在美国学术界以及其他使用者圈内都受到了强烈的反对，以至于美国代表团很有可能不会在 1996 年召开的外交会议上强力支持提供此种保护；最终，有关 WIPO 数据库特殊保护条约的谈判甚至都没有进行，当然其中也有时间紧迫这一因素。当这一运动被大家所意识到之后，它迅速在世界其他地方传播开来，并且在许多国家的学术圈成为主流观点；在 WIPO 中，代表公众利益的非政府组织的数量从 1996 年以后也迅速增长。

25.28 一般而言，主张更多"获取信息"并非一种新现象：在 1884 年《伯尔尼公约》外交会议上，获取信息这一问题就已经被讨论过了。[28] 在《世界版权公约》制定的初期，此类主张尤为强烈；到了后期，专家意见成功地说服了主张获取信息的支持者理解一定程度的版权保护具有正当性。[29]

25.29 今天的使用者运动似乎主要是源于个体使用者与那些先前只能由出版者、广播组织或其他专业人员所实施的版权使用之间的直接接触。互联网使得用户能够实施此种行为，例如他们可以利用点对点网络或在其个人主页上

---

[25] Anon, "The Nollywood Phenomenon" (2007) June WIPO Magazine 8.

[26] W Ramelan, "Karya Cipta Indonesia: Copyright Collective Management" in EPO (ed), "EU - ASEAN Symposium on Copyrights and Neighbouring Rights: Proceedings" (2004), slides 6, 8, and 10.

[27] 参见上文第 22.01 段。

[28] M Ficsor, *The Law of Copyright and the Internet: The 1996 WIPO Treaties, their Interpretation and Implementation* (2002) n 5.06；关于 1948 年布鲁塞尔外交会议，参见上文第 4.16 段。

[29] 事实上，联合国教科文组织在版权领域所实施的初步计划包含了制定一个国际性条约，这反映了其对于教育及科技领域的重视，同时该组织认为版权会阻碍知识流通——这一观点随后得到了修正，参见 Anon, "La Premiere Conference General de l'UNESCO", (1947) Droit d'auteur 4 - 5。

第二十五章　国际版权与邻接权保护发展历程的全面评估

上传作品。许多使用者已经习惯于能够自由地在互联网上获取各种作品，因此很难再向他们解释作者的作品在互联网上也同样受到保护。用户通过在博客或者其他互联网论坛中的交流，在其内心更加确定自己免费使用互联网上的作品具有充分的正当性。因此，片面的观点在没有任何法律或者政策方面考虑的基础上被表达了出来，这些观点通常只是基于情感考虑而并非专业、客观、衡平推理的结果，但是这些观点可能具有影响力，并且对其拥趸者而言是"真理"。[30]

25.30　语言在这场运动中是一个非常强大的工具，其通常以一种令人误解、操纵的方式被使用。例如"公民社会联盟"仅仅代表的是作品的使用者，而不包括其他公民社会的成员，例如作者、艺术家；自由获取"信息"其实是合法的要求，按照《伯尔尼公约》对信息的理解，单纯的事实并不会受到保护。但是，这一合法要求被理解为包含了诸如音乐作品这样受保护的作品，这样一来，版权这一概念就被完全削弱了。同样，《思想的未来》[31]一书的标题，似乎暗示未来将受到版权的危害，然而思想从未受到版权的保护。最近，"转换性使用"一词被发明出来，[32] 其含义不明——可能是为了规避版权的技术性措辞，暗示：某种应当获得作者授权的使用，例如改编，不再落入这些措辞的涵盖范围。

25.31　辩论中所运用到的许多论据，尤其是表达自由这一人权，通常被有偏见地使用。值得注意的是，甚至连一些学术性的国际组织都忽视了这样一个事实，那就是作者权同样属于人权的一种，应当在它们之间寻求一种平衡。[33] 这种平衡事实上从一开始就存在于版权保护之中；例如，思想从来就不受到保护，作品要获得保护，也需要满足一些条件，例如独创性等；此外，保

---

[30] 更详细论述，参见 von Lewinski（同前注19），第597～604页。
[31] L Lessig, *The Future of Ideas* (2001).
[32] *Gower's Review of Intellectual Property* (2006), 66 ff.
[33] 甚至联合国有关促进和保护人权的分委员会在其2000年8月17日通过的2000年第7号决议（Resolution E/CN. 4/SUB. 2/RES/2000/7）因为反对表达自由而受到批评，认为没有注意到作者权的人权因素，参见 S von Lewinski, "Opinion by the Max Planck Institute" (submission to the Sub – commission, summarized in the Report of the Secretary General on Economic, Social and Cultural Rights – Intellectual Property Rights and Human Rights, UN Economic and Social Council, Doc no E/CN. 4/Sub. 2/2001/12 of 14 June 2001, p17, http: //www. unhchr. ch/huridocda/huridoca. nsf/AllSymbols/95A1F896BC21VBA9C1256A9A005A49C3/ $ File/G0114202. doc? OpenElement). 尤其是在美国学术界，以言论自由（或者在欧洲，表达自由）为主要视角谈论人权与知识产权之间的关系，并寻求一种与作者权之间的平衡已经成为一种主流的讨论进路；通常，语言总是用来使人权与版权或其他知识产权之间产生区别，从而暗示后者并不属于人权，例如 A Brown, "Human Rights: In the Real World' (2006) J" l of Intellectual Property Law and Practice 603, eg at 607（这个例子中人权与知识产权之间发生了冲突）。

护是有期限的，为了一般公众的利益，通过限制和例外对版权施加一定的限制。因此，对于整个版权保护体系而言，应该做的不是质疑它，而是根据最新的现实情况来不断适应和做出细微的调整。㉞ 这样的一种平衡在现行的版权和邻接权条约中受到冲击；这些条约的条文比《国际人权公约》的条文更为具体。因此，如果为了对更具体的版权条约进行明确解释，而要在作者权与人权公约的表达自由的平衡之间得出确定结论，几乎是不可能的。"特别法优于一般法"规则通常可以避免条约之间发生冲突。㉟

25.32 在作者和邻接权所有者的权利与使用者利益之间建立良好的平衡工作，在版权历史发展的整个过程中，一直都是版权立法者和法官的重要任务；如果在个案中版权保护被认为延伸得太广了，进行有根据的辩论是解决问题的合适途径。

（5）技术进步

25.33 互联网一直在使用者运动中扮演着非常重要的角色；互联网产生了新的使用形式，给执法带来了新的问题，同时也给国际私法上的属地原则提出了挑战。这些当然是主要的问题，其中的一些问题已经得到解决，但是仍然需要继续在法律与实践中不断适应与调整。互联网给版权与邻接权保护带来的难以处理的挑战，与先前科技发展所带来的挑战是否完全不同，仍然要拭目以待。似乎在每一个发展阶段，当时的情形与之前的相比总是最为戏剧性及不同的。例如，尽管我们的时代已经拥有了互联网，但是25年前，科学和技术革命在作品使用领域也给版权带来了非常重大的变化。㊱ 无论如何，在互联网被视为版权与邻接权保护领域的一个全球性问题之后，通过WCT和WPPT，国际法立即作出了回应并制定出了未来的全球标准，从而为各国立法者应对这一挑战提供了基础。

㉞ R Anderson and H Wager, "Human Rights, Development, and the WTO: The Cases of Intellectual Property and Competition Policy" (2006) 9/3 J'l of International Economic Law 707, 724, 725; 指出美国法与欧盟法之间的差异，参见 von Lewinski（同前注19）597, 601; P Goldstein, "Copyright's Commons" (2005) 29/1 Columbia J'l of Law and the Arts, 1, 2ff.

㉟ 参见上文第24.19段；法院对于在国内法案件中直接依据国际条约（使用者一般依据人权条约）起诉的主张，一般不予支持，参见例如 G Karnell, "Copyright Protection under Human Rights Control, in particular of Works not Disseminated to the Public" (2004) 10 World Intellectual Property Report 23 ff; H Cohen Jehoram, "Copyright and Freedom of Expression, Abuse of Rights and Standard Chicanery: American and Dutch Approaches" (2004) EIPR, 275 ff.

㊱ M Ficsor, "Disquieting Report from the Maginot Line of Authors; Technological Progress and Crisis Tendencies in Copyright" (1982) Copyright 104, 106.

C. 小　　结

25.34 回顾《伯尔尼公约》的创始者以及他们最初的目标——或者说梦想——为作者提供世界范围内的保护，可能有人会问他们当初有没有预想到今天的情形与他们当初设定的目标如此接近，甚至已经实现了这个目标。至少从表面上看来，《伯尔尼公约》已经非常接近世界性保护这一目标了：大多数国家目前的法律均遵守国民待遇原则以及最惠国待遇原则，这可能是由于对《伯尔尼公约》及其后续条约的广泛接受，或者也可能是由于双边和区域性协定以及单边贸易措施而造成的。即使《伯尔尼公约》的创始人可能第一眼看上去对现状感到满意，但是他们也会发现某些比较令人不甚满意的方面。

25.35 例如，利用不同的贸易工具对处于较低发展水平的国家强行适用很高的保护标准这一做法是否合理，就是值得质疑的；这种做法的缺点已经在上文进行了详尽的阐述。[37] 此外，正如《伯尔尼公约》所反映出来的，《伯尔尼公约》的创始者可能不希望版权体系的元素侵入大部分基于作者权体系所建立起来的国际法之中。就此方面而言，由于注重与贸易和经济有关的版权而导致个体作者的地位变弱，商业活动地位增强，必然不符合《伯尔尼公约》创始者希望为个体创作者的权利实现全世界范围内的保护这一最初（到现在仍然有效）动机。[38]

25.36 从另一个角度而言，今天的情况也表明了一种理念或者概念——例如作者对于其作品权利的承认——来源于某种特定文化时，就不能轻易地转化到其他文化中，如果一开始其他文化中存在不同的概念时（例如亚洲文化，当作品被他人复制时，作者往往感到非常荣幸，而并不会感到其"权利"受到了侵犯）。[39] 今天，我们可以看到这些概念要渗透的话，需要很长的时间，而且效果可能并不明显；在这种情形下，差异仍将长时间地持续下去。这一点，从精神权利在版权体系国家的实践就可以很明显地感受到；即使有些版权体系国家对精神权利提供了保护，他们的理解与作者权体系的国家也存在着巨

---

[37] 参见上文第 14.20~14.23 段。

[38] 例如，瑞士政府在邀请各方参加 1884 年第一次外交会议时，就提及了"人类天赋的作品"、作者与艺术家的权利，并且支持 ALAI 的前身：ALI 关于制定国际公约的想法——ALAI 由 Victor Hugo 创立，其主要宗旨是保护个体创作者，它对《伯尔尼公约》产生了重要影响，参见 J Cavalli, *La Genese de la Convention de Berne pour la protection des ceuvres litteraires et artistiques du 9 Septmbre* 1886 163 in n 18。

[39] 参见上文第 3.04 段。

大的差异。最后，这一观察似乎印证了《伯尔尼公约》创始者最初想要完全实现世界性保护这一目标太过理想化，因为法律是对于深植于社会及文化中的各种理念、价值观及概念的反映，在高度相似的版权规范的表象之下，将——而且应当——会存在一定程度的多元化的保护方式（例如，作者权体系与版权体系之间就存在不一样的地方）。

第二十六章
展望：国际版权与邻接权法的发展前景

A. 另一场危机？

26.01 我们目前处于何种环境，在我们可以期待的不远的未来，国际版权与邻接权法将取得怎样的发展？回顾前不久发生的事情，可以发现，在国际层面，氛围发生了重要变化：1996年《世界知识产权组织版权条约》（WCT）和《世界知识产权组织表演和录音制品条约》（WPPT）的成功通过，被广泛认为是版权与邻接权保护领域的一个高峰；各方热情高涨，以致在不久之后，就开始考虑在 TRIPS① 中全盘纳入上述两个条约的想法。为版权与邻接权所有人提供有意义的保护，仍然是一项毋庸置疑的目标，并被认为是应当追求的有价值的目标。但仅在几年之后，这一观点就并不再是不受置疑的，而且没有人会严肃考虑在 TRIPS 中纳入 WCT 和 WPPT 的保护标准（尽管具有讽刺意味的是，通过双边贸易条约和其他贸易手段达到了同一目的）。使用者运动以及发展中国家在多边论坛中不断提出的反对意见，已经改变了大局。

26.02 在1996年之后，试图在邻接权领域通过多边条约的尝试均未取得成功。这是否意味着在这一法律领域内制定多边条约已经不再可能了？在1996年之后，第一个被延缓的计划是保护视听表演的条约草案。有关这一计划，必须注意的是，从一开始，其就面临以下问题，因此最终国际保护无法获得通过：在1961年《罗马公约》的框架下，保护视听表演者就在很大程度上被排除了；在 TRIPS 和 WPPT 中也未引入保护视听表演者的规定。这一问题的

---

① 有关这一可能性，参见上文第10.140段。

根源，在于美国所采取的保护体系与世界其他地区的差异一直存在；只要有美国参与的谈判中，它就一直妨碍通过国际保护条约。因此，缔结一项有关视听表演的条约的失败，并不一定意味着总体危机。

26.03 不过，在涉及保护广播组织条约草案的问题上，情况可能就有所不同。然而，需要注意的是，缔结这一条约的热情本来就一直比缔结 WCT 和 WPPT 的热情要低得多。提供此种保护的需要，似乎没有那么强烈；许多发展中国家以及美国，在一开始都未对这一议题表现出强烈的兴趣。当美国后来在保护网络广播组织方面表现出兴趣时，世界其他地区尚未准备好通过国际规范规制这一新兴现象。后来，发展中国家的"领头羊"（尤其是巴西和印度）表示它们强烈反对这一条约，即使其中不纳入网络广播组织，它们也表示反对；这似乎是发展中国家采取的一般政治议程的一部分，它们在其他国际组织，例如世界贸易组织，也采取同样做法；在英美国家的大学受过良好教育的发展中国家的代表如今应用其学识和策略的方式，与以往主要工业化国家的代表一样，都在上演所谓的"肌肉秀"，以显示其国家的力量；对于实质性议题而言，后者通常比谈判更重要。最终，各代表团无法就计划召开的外交会议的基础提案达成一致意见。尽管一般来说，似乎找出谁是这场游戏的胜利者比较重要，因为其在下一场游戏中占据了有利地位，但这一状况对于未来的谈判并不合适。

26.04 在 WIPO 就有关民间文学艺术的议题展开讨论时，发生了类似的情形，只要缔结有关可能的条约并不迫在眉睫，可以认为相关讨论还是取得了一定成果的。然而，在这种情况下，工业化国家甚至拒绝承认委员会工作的任何实质成果，并且反对制定国际条约的想法。② 最近在 WIPO 发展议程框架下取得的成功可能并不一定能说明相关工作更具有建设性，因为代表团仅仅同意在未来的会议上讨论一系列含义模糊的议题，而与此同时并未涉及任何有关制定条约的问题。

26.05 因此，我们能否认为国际版权与邻接权法的另一场危机已经来临？即使有人倾向于这么认为，这也不可能是国际版权与邻接权保护或者这一领域未来发展的终点。《伯尔尼公约》和其他条约已经成功渡过了多次危机，③ 未来仍将如此。实际上，讨论"危机"甚至是版权的终结，似乎一直很流

---

② Report of the Eleventh Session of the IGC, WIPO Doc GRTKF/11/14，尤其参见决定第 8（v）点：要求秘书处仅进行"事实的提取……综合成员方提出的观点和问题"；也参见上文第 20.38、20.41 和 20.42 段。

③ 有关挑战（通常被称为"危机"）的简要概述，参见上文第 25.02~25.12 段。

第二十六章 展望：国际版权与邻接权法的发展前景

行——也许每一代人都需要他们自己的版权危机，而且热爱推测版权的危险未来。④ 从这一背景来看，"危机"可能是一个错误的用语，因为在经过巨大努力提高国际保护之后，短时间内不再缔结条约是很正常的：WCT 和 WPPT 于 1996 年缔结以后，短期内不会有——也不应当有——条约制定，正如 1971 年 WIPO 开始"指导发展"时期之后也同样如此。即使在过去，多边条约也需要经过很长的时间间隔才能缔结。然而，某些工业化国家感到进一步开展条约制定工作的紧迫性，计划在它们之间进行《反假冒贸易协定（ACTA）》的谈判，并将之作为正式框架之外，在以下领域的主导性协定："TRIPS 递增"的执法条款，最佳实践以及国际合作的领导协议。在该协定缔结之后，工业化国家还计划劝说其他国家加入该协定。⑤

B. 未来之路

（1）巩固

26.06 仍然有其他方式能够有效地促进国际版权与邻接权保护。应当充分利用当前这一时期消化新引入的保护标准，进行适当的实施，好好体验，如果实践中显示存在缺陷或不平衡之处，进行修正和调整。此外，尤其是发展中国家，应当完成更多的基础准备工作，包含集中开展培训；帮助建设必要的基础设施，例如集体管理组织或执法机制，以使发展中国家的作者从提供的保护中获益；以及提升作者应用最好方式维护其自身权利的意识，以及使用者尊重其国家受到保护的文化的价值和作者需要依其作品生活的意识。在第一阶段，发展中国家应做出许多努力以建立一个合法的市场；通常，由于缺少出版商或制造商，作者仍然难以出版其作品，或者作者缺少其他手段实现其作品的市场

---

④ 有关"危机"的相关参考文献，参见 W Goldbaum, *Verfall und Auflösung der sogenannten Berner Union und Übereinkunft zum Schutz von Werken der Literatur und Kunst* (1959)（本书作者对该书名的英文翻译为："Decline and Dissolution of the so-called Berne Union and Convention on the Protection of Literary and Artistic Works"）；在 1967 年之后，例如 E Ulmer "The Revision of the Copyright Conventions in the Light of the Washington Recommendation" (1970) IIC 235ff；在 20 世纪 80 年代初期，参见 M Ficsor, "Disquieting Report from the Maginot Line of Authors: Technological Progress and Crisis Tendencies in Copyright" (1982) Copyright 104ff，提到了很多与危机有关的文章；在 20 世纪 90 年代早期，E Traple and J Barta, "Is the Berne Convention Undergoing a Crisis?" (1992) 152 RIDA 3 ff；在更晚期，参见 P Geller, "Intellectual Property in the Global market Place: Impact of TRIPS Dispute Settlements" (1995) 29/1 The International Lawyer 99, 100 ff。

⑤ 美国、日本、欧盟和瑞士是最初的发起国，其他对知识产权高水平保护感兴趣的国家（包括发展中国家）后来也加入了，参见澳大利亚政府的一份讨论文件，http://www.dfat.gov.au/ip/ACTA_discussion_paper.html；http://www.ustr.gov，2007 年 10 月 23 日发表；http://www.iipa.com。

价值，使得其难以依靠收入谋生。

26.07 只有运行良好且适当的保护体系才能充分保护版权与邻接权，而且为作者提供信心：此种保护可以帮助本国作者，而不是受到外国的压力为了保护外国作者的利益。⑥ 只有一个运行良好且适当的保护体系能够使使用者确信：此种保护可以带来更具多样性和更高质量的创作成果，而且如果创作成果未能得到充分地保护和尊重，要获得多样性的创作成果也将难以实现。此外，无论是 WIPO 的官员还是在其他技术支持项目的人员，向政府提供知识产权立法的法律建议时，必须考虑到当地的需求和实际情况，充分利用国际法允许范围内的弹性，尤其是限制和例外。

26.08 WIPO 已经采用了这一方式，例如在涉及视听表演的问题上就是如此。在 2000 年外交会议失败之后，WIPO 推进了一系列有效的基础工作，例如专业化的培训，以及为某一领域的集体管理组织的建立和运行提供帮助。类似的，WIPO 官员也以对话为基础，帮助有需求的国家草拟保护民间文学艺术的国家或区域性规范。在当下，此种行动比进一步尝试制定条约更为重要。

（2）与其他方面的平衡

26.09 尤其是在贸易框架内，对贸易领域的关注必须与其他方面相平衡；我们必须重视对贸易途径引起的消极后果采取补救措施。尤其是，单方面的经济途径以及更多媒体趋于集中的趋势，将更有利于跨国公司，因此，需要进行再平衡，以有利于其他同样具有正当性的价值。在这些补救措施中，竞争法律和政策应当在对抗媒体集中的过程中扮演更重要的角色；媒体公司更具多样性，对于作者而言是有利的，这样作者可以在更多的独立公司中选择签约合作伙伴，同时使用者也能获利，因为其可以从市场上选择更多样的作品。更多的竞争还有可能在某种程度上间接帮助将（弱势）作者与（强势）出版者或其他签约合作伙伴之间非常不平衡的关系重新达到平衡；这样，作者可以进行谈判，从其创作成果中获得更多收入。

26.10 更为直接也更好地提高作者应对与媒体公司之间关系的实力的方式是：对作者与相关公司之间的合同关系制定相关法律规则予以保护（就像作者权体系国家那样）。⑦ 到目前为止，国际法尚不存在类似的规则；然而，美国已在其贸易条约中推行可能导致相反结果的条款。在目前的情形下，即使制定条约的整体大环境是积极的，但是要在国际条约中纳入此类条款，似乎只

---

⑥ 许多发展中国家的作者确实面临着后一种情形，在许多场合，他们都对本书作者表达了这一观点。

⑦ 上文第 3.70 段。

第二十六章 展望：国际版权与邻接权法的发展前景

是乌托邦空想。个体作者通常并不具有足够强大的游说组织或者充足的财力进行有效的游说，使得其能与媒体公司在国际层面上展开现实的竞争。[8] 如果主要的大公司被许多小公司所取代，作者的境况可能有所改善。即使这一目标看上去仍然过于乌托邦，朝这一方向推动某些活动，以及尝试某些看上去不可能的事也是值得的，至少能为保护提供更为充足的理由。

26.11 另一个相关的议题，则是应当尊重文化多样性，包括在贸易领域也应如此。实际上，文化多样性的理论预设是：适当保护那些需要从其自身作品中获得收入以能够继续进行创作的创作者，并提供公平的市场架构使创作者能顺利发行其作品或以其他方式使公众能获得，这样最终会令使用者受益。以加拿大的经验为例，对本土产品实施配额制，使本土文化产品繁荣发展，目前大部分用于出口；在此之前，加拿大的文化产品都没有现实机会让更广泛的公众知晓。在国际关系中，应承认作者权体系国家集体管理组织提供的社会和文化基金[9]为保护作者权和文化多样性起到了重要作用，而不应采取以财产权为基础的纯经济的方式予以拒绝。[10] 互联网为不知名的艺术家赢得观众提供了某种程度上的帮助，但是一般来说这是不够的。文化多样性是一项亟待保护和维系的价值：因为它可以用来反对主流文化产品，反对国际贸易的"强制命令"；[11] 因此，近来联合国教科文组织通过了《文化多样性公约》。[12] 然而，这一公约并不减损缔约国已加入的其他条约（例如 WTO 协定）项下的义务，[13]

---

[8] 虽然有多个代表个人作者的非政府组织被允许参加会议（例如创作者权利联盟、欧洲视觉艺术家协会、欧洲作者大会、欧洲视听导演联盟、欧洲编剧协会、国际作者作曲者协会联合会，http://www.wipo.int/members/en/organizations.jsp？=type=NGO_INT），但只有少量组织（与其他非政府组织相比）派代表出席了会议（例如在第 15 次 SCCR 会议上，只有创作者权利联盟、国际文学艺术协会以及葡萄牙作者协会代表个体作者利益，其余 47 个非政府组织代表的是其他群体的利益）。

[9] 上文第 3.75 段。

[10] European Parliament, Report on the Commission Recommendation of 18 October 2005 on Collective Cross–Border Management of Copyright and Related Rights for Legitimate Online Music Services (2005/737/EC) (2006/2008 (INI), http://www.europarl.eu.oeil/file.jsp？id=5303682，其主要与序言第 1 条以及第 10 条第 6 句有关。

[11] A Dorion, "La Convention sur la divesité des expressions culturelles et la proprieété intellecturelle: Panacée ou placebo?" (2007) 19/1 Les Cahiers de le propriété intellectuelle 321, 322, 援引了 E Brooks: "Cultural Imperialism vs Cultural Protectionism: Hollywood's Response to UNESCO Efforts to Promote Cultural Diversity" [Spring 2006] Journal of International Business & Law 5–112。

[12] 公约于 2005 年 10 月 20 日通过，于 2007 年 3 月 18 日生效；http://protal.unesco.org/en/ev.php–URL_ID=31038&URL_DO=DO_TOPIC&URL_SECTION=201.html；值得注意的是，美国曾强烈反对这一公约，但最终失败了。

[13] 公约第 20 条第（2）款："本公约的任何规定不得解释为变更缔约方在其为缔约方的其他条约中的权利和义务"；也参见公约第 20 条第（1）款有关对其他条约中的相互支持的内容。

因此其政治意义可能大于法律效果。事实上，自该公约通过以后，许多有关版权或邻接权的官方文件都提及了文化多样性[14]，当然，这也反映了各方广泛认可有必要保护文化多样性。与此同时，某些成员方，尤其是发展中国家，似乎将文化多样性作为降低版权保护水平的可能论据——一种应被视为误解的方式。[15]

C. 版权与邻接权的总体发展

26.12 尽管贸易自由化给大多数国家带来了经济繁荣，[16]但单边贸易措施给版权和邻接权带来了负面影响；对此，应予修正，尤其是通过竞争法、促进文化多样性，改善个体作者的境况，以及依据使用者的正当利益对权利做出适当再平衡的方式进行；以上方式，考虑到了贸易之外的其他方面，也符合WTO最近考虑其他领域的要求，例如环境保护以及劳工法针对雇工的最低工作标准等。[17]尽管并不存在具有预测功能的水晶球，我们也能够很确信地认为：全球性公民社会运动（按照最广义范围理解，在版权领域，不仅包括使用者，还包括作者和艺术家）体现了部分最新的需求和趋势，对全球发展的影响比之前更大。实际上，版权与邻接权法已经脱离了专业性的壁龛，产生了消极的和积极的后果；积极后果是带来了更为民主的影响，消极后果是带来了更多缺乏专业知识的讨论。[18]这一朝着更具影响力的全球运动的发展，可能是全球化的结果之一，是对跨国公司的全球影响力的反映；可以在"全球治理"的大背景下予以理解，将之视为用主权国家影响力的不断削弱，交换国际组

---

[14] 尤其参见注10，该文件全文都提及了文化多样性；也参加见巴西和其他国家在有关保护广播组织的条约草案框架内提出的提案（参见上文第19.08段和19.32段）；巴西WIPO Doc SCCR/13/3/Cort，Annex pp. 2 – 3（Art [y]）以及秘鲁WIPO Doc SCCR/14/6 Annex pp. 2 – 3。

[15] T Desurmont, "Considerations on the Relationship between the Convention on the Protection and Promotion of the Diversity of Cultural Expressions and the Protection of Authors' Rights" (2006) 208 RIDA 2, 4, 并将巴西的提案（同上注）作为发展中国家观点的例子，第8页下。

[16] PT Stoll and F Schorkopf, *WTO – Welthandelsordnung und Welthandelsrecht* (2002) nn. 3 – 5.

[17] 例如，1994年的部长决议创立了WTO贸易和环境委员会，多哈发展议程中也包含了有关贸易和环境谈判的相关内容；2001年多哈部长宣言，第8段，再次确认了新加坡宣言中有关国际劳工标准的核心内容，并提及了国际劳工组织（ILO）在全球化的社会性工作。

[18] 有关消极后果，参见P Goldstein, "Copyright's Commons" (2005) 29/1 Columbia J'l of Law and the Arts, 1, 2ff，其中提到了，例如，需要公共教育以及所采用的观点存在缺陷。

第二十六章　展望：国际版权与邻接权法的发展前景

织，例如 NGO 和跨国公司作为世界公民社会的一员来参与决策。⑲

26.13　然而，版权与邻接权领域的另一项发展，似乎只是反映了一般的政治和社会现象。尤其是，贫富差距似乎不论在国内层面还是在国际层面，都在不断加深，导致在市场上出现更多激进的行为。在决策制定领域，经济论证优于法律论证——不仅存在于立法活动和其他规范制定领域，也存在于公司（主要是跨国公司）的决策制定领域；谈判能力较弱的一方已经处于典型的弱势地位（例如个人作者）；在个人作者与媒体公司之间的关系，个人使用者与强大的权利所有者之间的关系，甚至强大的权利所有者与同类较为弱势的权利所有者之间的关系，例如在集体管理组织之间的关系，出现了更多未适当考虑另一方关切的自私自利的短视行为。

26.14　一般而言，尤其是在版权与邻接权领域，不同的社会团体之间需要更少僵化的对抗，而需要更多的对话。倾听另一方诉求的意愿以及真诚考虑争议的意愿降低了，并且干扰了为应对当前挑战所需要的对话。在这种情况下，人们应当放弃某些广泛流行的、甚至在某些方面蛊惑人心的行为或言辞，或者某些具有操纵性质的老生常谈的建议，而应代之以客观的、信息充分的以及非感性的讨论，此种讨论有可能解决今天面临的挑战。出版或以其他方式传播版权与邻接权议题的人有责任澄清版权法及其基本概念，尤其是对于那些呼吁"获取信息"但仅仅只是希望获得免费的娱乐的人，以及那些能够接触版权文化，但对承认版权基本原则没有兴趣的人，更应如此；尽管此种做法并不普遍。⑳ 也许这本书能够在这一领域做出一点小小的贡献。只有讨论体现出专业知识，以及对另一方表现出足够尊重时，才能在国内和国际层面获得更具建设性的成果。

---

⑲　有关"全球治理"，参见 JS Rosenau, "Governance, Order and Change in the World" in JS Rosenau and E - O Czempiel (eds), *Governance without Government: Order and Change in World Politics* (1992), 1, 4ff.

⑳　Goldstein（同前注18），第2，作者感叹到，对版权存在不正确的认知，同时对其缺乏基本了解，应继续对版权的基本概念进行必要的澄清。